被災コミュニティの実相と変容

―― 福島県浜通り地方の調査分析 ――

松本行真著

御茶の水書房

被災コミュニティの実相と変容

福島県浜通り地方の調査分析

目　次

目　次

序章　コミュニティは変わったのか……………………………………… 3
1. はじめに──被災コミュニティにおける「情報」── 3
2. 被災コミュニティと「絆」 4
3. 被災コミュニティと「原発事故」 6
4. 問題の視角 8
5. コミュニティの諸相 9
6. 本書のねらいと構成 12

第Ⅰ部　地域のネットワーク組織と商業活性化
　　　　──「道の駅」よつくら港を事例に

第1章　「道の駅」化に向けた地域の役割 ……………………………… 17
　　　　──「道の駅」以前と開業後──
1. 道の駅をめぐる諸環境 17
　1.1 道の駅のこれまで 17
　1.2 人びとの移動 20
2. 道の駅への設立経緯 32
　2.1 概要 32
　2.2 ワークショップ以前 37
　2.3 ワークショップ以後 56
　2.4 小括──ワークショップを終えて── 79
3. 開業前後の動静 80
4. むすび 92

第2章　活性化がもたらす運営組織内外の葛藤 ……………………… 97
　　　　──震災前──

1. 運営側と利用側に生起する違和感　97
2. NPO による商業施設運営の課題　102
3. NPO による道の駅運営に向けて　104
    3.1 「道の駅」の位置づけはどうなっているのか──直売所の視点から──　104
    3.2 「道の駅よつくら港」の方向性をどうしていくか　120
4. むすび──NPO による道の駅は可能か──　123

第3章　「道の駅」が果たす復旧・復興への役割 ……………………… 133
　　　　──震災後──

1. 大震災後の道の駅　133
2. 震災復興に向けた現状と課題　142
    2.1 背景と目的　142
    2.2 インタビュー調査にみる風評被害の実態　144
    2.3 アンケートによる利用者実態の調査　148
    2.4 道の駅再生にとっての積み残された課題　155
    2.5 むすびにかえて　158
3. 地域住民と震災復興　159
    3.1 はじめに──問題の所在──　159
    3.2 震災復興に向けた取組み──三つの視点から──　160
    3.3 聞き取りから得られた各関係者の行動　163
    3.4 得られた知見　166
4. 道の駅利用者の実相と対応　170
    4.1 はじめに　170
    4.2 調査概要　172
    4.3 震災前後における利用者評価の変化　172
    4.4 3.11 はマーケティング戦略に影響を与えたのか　187
5. むすび　189

第Ⅱ部　被災後の地域による温度差
　　　　──いわき市自治会調査などを事例に

第4章　合併による広域自治体の地域差　　　　　　　　　　203
　　　──自治会長調査から──

1. いわき市自治会の概況　203
   - 1.1　いわき市自治会の動向　206
   - 1.2　自治会の活動資源　221
   - 1.3　自治会の会長（人的）資源　232
2. 地域別でみた実態と課題　237
   - 2.1　いわき市自治会の資源分布　237
   - 2.2　セグメントでみたいわき市自治会の課題　239
   - 2.3　支所別にみた諸問題の解決に向けた自治会の役割　241
3. 安心・安全まちづくりと自治会　246
   - 3.1　はじめに　246
   - 3.2　防犯活動の現状と今後　247
   - 3.3　防災活動の現状と今後　254
   - 3.4　福祉活動の現状と今後　259
   - 3.5　安全・安心まちづくりにおける自治会と行政の役割　261
4. むすび　264

第5章　復旧・復興に向けた地域住民組織の果たす役割　　　267

1. 被災と避難の実態　267
   - 1.1　はじめに　267
   - 1.2　調査対象地の概要　269
   - 1.3　民衆知が避難に結びつくには何が必要か　273
   - 1.4　「減災」コミュニティ構築に向けて　285
2. 防災・防犯活動を通じた絆づくり　291

 2.1 自治会における防災活動 291
 2.2 自治会への評価 296
 2.3 復興プロセスにおける情報共有・発信と「絆」づくり 297
3. むすび 301

第6章　住まい、安全・安心、利便性の葛藤 …………………… 309
  ——沿岸部の事例から——

1. 情報伝達・共有と帰還意思 309
 1.1 震災前のコミュニティ活動 310
 1.2 震災後のコミュニティ活動 315
 1.3 情報、コミュニティ、復帰意向の関係 321
2. 復興組織と防災・減災活動 325
 2.1 震災前について 325
 2.2 震災後について 327
 2.3 防災・減災コミュニティ構築に向けて 329
3. むすび 330

第Ⅲ部　コミュニティの構築／再構築のはざまに
  ——楢葉町・富岡町を事例に

第7章　大震災がもたらすコミュニティの変容 …………………… 335
  ——コミュニティ調査から——

1. 楢葉町・富岡町の概要 335
2. 楢葉町のコミュニティ 339
 2.1 コミュニティの実態 339
 2.2 地域コミュニティの過去・現在・未来 350
3. 富岡町の事例 356
 3.1 コミュニティの実態 356

3.2　地域コミュニティの過去・現在・未来　366
  4.　むすび　372

第8章　仮設／広域自治会の実態と課題　375
——自治会長・居住者調査から——

  1.　仮設／広域自治会のこれまで　375
     1.1　問題意識の背景　375
     1.2　過去の震災と東日本大震災　380
     1.3　調査設計と概要　384
  2.　各自治会の現状と課題　388
     2.1　楢葉町における被災コミュニティの現状　388
     2.2　富岡町における被災コミュニティの現状　399
  3.　むすび　419
     3.1　避難生活とコミュニティ　419
     3.2　今後の課題　422

第9章　震災前後におけるコミュニティ・リーダーの出来　431

  1.　個人とコミュニティの関係は変容したのか　431
     1.1　問題意識の背景と目的　431
     1.2　調査手法と回収結果　433
     1.3　調査対象者の概要　433
  2.　コミュニティ関与の類型化　437
     2.1　類型化の考え方と分布　437
     2.2　震災前後で変化するコミュニティとの関わり　439
     2.3　「あるけど、ない／なかった」はどのタイプか　449
  3.　コミュニティ・リーダーとコミュニティ　450
     3.1　震災前後で変わらずにコミュニティの中心（パターンⅠ）　450
     3.2　震災により元区から離脱し避難先で中心に（パターンⅡ）　451
     3.3　震災後コミュニティの中心に（パターンⅢ）　452
     3.4　震災後コミュニティから離脱（パターンⅣ）　453

4. むすび　454

終章　むすびにかえて ……………………………………………… 457

　　1. 四倉地区と道の駅よつくら港　458
　　2. 平豊間地区　461
　　3. 双葉郡楢葉町・富岡町　465
　　4. 創発は「叛逆」を生み出すのか　470

あとがき──「福島」の復興に向けて ……………………………… 475
【初出一覧】論文・報告書 ………………………………………… 479
【付録資料】道の駅・町内会・自治会等調査集計表 …………… 481
索引 ………………………………………………………………… 539
ABSTRACT ………………………………………………………… 555

被災コミュニティの実相と変容

福島県浜通り地方の調査分析

序章

コミュニティは変わったのか

1. はじめに——被災コミュニティにおける「情報」——

　2011年3月11日に東北、関東の広い地域に甚大な災害をもたらした「東北地方太平洋沖地震」は、想定外の巨大津波やそれに続く福島第一原発の事故といった事象の他に、われわれに様々な問題を提起した。津波や原発については、社会基盤整備やエネルギーといった文字通り国の根幹を問い直す問題であるといえる。しかしながら、こうした「あらわれ」としての災害の他に、看過できない、より重要な問題がそれらと互いに関連しながら横たわっているのではないか。その一つが「コミュニティ」であり、その中で流通する「情報」である。
　これまで、都市と地方というステレオタイプの対比により、例えば、東京＝自由だが人情味がない、東北＝やや不自由だが人情味がある、といった印象を抱いていた人も多いのではなかろうか。もう少し掘り下げれば、自由と「守られている感」というのはトレード・オフの関係であり、前者を享受してきたのが東京を始めとする大都市であり、後者が地方という構図だったのである。そして、「守られている感」→「セーフティネット」を担保するのが、地域住民組織としての自治会・町内会（ないしはそれに準ずる組織・団体）とみなしていたのではなかろうか。
　それが幻想であると知ったのが、東北地方を中心に襲った今回の大震災において、（筆者の知る限りでは）災害対応においてほとんどの自治会・町内会で機能していない現実である。災害時の避難の指示や安否確認の方法等が組織的になされなかったのは言うに及ばず、災害後の行方不明者の確認や食糧といった物資の配分等が地域の自治体任せになっている現状があった。ただでさえ人員

削減等により過重労働になりつつある自治体職員にとって、今回の災害への対応は彼ら／彼女らのキャパシティを超えるものであり、そうしたことをさせ続けることは、とりもなおさずわれわれ住民の災害後の生活の復旧そして復興に、結果として大きな障壁として立ち現れてしまうのである。被災地外からやって来るボランティアに頼るだけではなく、「そこに住まう」人たちで構成される自治会・町内会がもっとサポートをするべきであり、ここに自治体─自治会・町内会─住民といった「タテとヨコ」の関係による連携の再構築が求められるといえよう。しかしながら、それは決して、「絆」や「人情」等といった、『三丁目の夕日』の表層的解釈による感傷的なレベルのものではない。こうした確率的な計算では予測できない（「リスク」ではない）「クライシス」に対応するための、必要に迫られた「動機」によるものである。

　そして、もう一つは「情報」である。地震発生直後から携帯電話（の通話機能）がほとんど役に立たなくなり、携帯メールやツイッターやフェイス・ブック等のSNS（ソーシャル・ネットワーキング・サービス）といったインターネット経由のメディアが被災地の把握や安否確認において非常に重要な役割を果たしている。これは原発に関する政府や電力会社による「上から」の情報提供による、いわば「ガヴァメント型」とは正反対の、草の根レベルによる「下から」の「ガヴァナンス型」として湧出する情報ともいえよう。もう少し説明を加えれば、先の「コミュニティ」を補完する形でこうしたツールが用いられているともいえ、GfK Japanによる調査データによれば震災後にスマートフォンが売れている[1]というのも、緊急時に多量な情報を得るための手段として認知されたということの証なのかもしれない。

　そこで目標としてたてられるのは、これら二つの要素を互いに交差させながら、自治会・町内会活動の活性化／充実化を図ることであろう。それらをクロスさせたところに果たして「絆」なるものが立ちあらわれるのだろうか。

2. 被災コミュニティと「絆」

　発災直後からメディアは「絆」を喧伝するものの、複数の関係者等からの話を聞くにつれ、「本当に絆なんて存在するのか」、そして（仮にあるとすれば）

「絆の成立要件は何か」という疑問を感じたのは（正確ではないが）2011年の3月末から4月にかかる頃である。こうした問題意識から、筆者が勤務していた福島高専松本研究室に所属する学生10名といわき市関係部署の協力を得て、同年の4月下旬から市内避難所へのアンケート調査、5月下旬からインタビュー調査を実施した。その結果については本書のⅡ部とⅢ部をご覧いただきたいが、ほとんどの地域において絆は弱い／存在しなかったものの、一部の地域では「あった／ある」と推察できる結果であった。インタビュー時に被災前の自治会活動等も質問しているのだが、「ある」地域では3.11前における活動に工夫があったといえる。そうしたプロセスにより地域内の人間関係＝ネットワークが形成される中、そこに住まう人びとの対話＝コミュニケーションも成立し、両者の相互作用により「地域の知恵」（≒ギアーツのいう「ローカル・ナレッジ」）が蓄積され、それがまた地域の活力と「絆」を生み出していくという循環が（何とか）できていたものと結論づけることができよう。

　では、こうした循環のメタ・レベルでの成立要件は何なのか、ということになる。それは人びとの「生活の場」としての地域という物理的な空間領域が存在することともいえるのだが、今回の震災で市のいくつかの沿岸部は大きな被害を受け、その領域すらも（現時点で）消失してしまった。ところが沿岸地域にもそうした「絆」が存在していたのである。ということは、上記だけが必要条件ではなかろう。ここでは説明を抜きにして断言するが、少なくともわれわれが実施した調査においては、「地縁（または血縁）」が重要な要件となる。こうした「縁」が強く存在するところに「絆」が（何とか）保たれており、それが今回の震災からの復興・復旧のプロセスで強化されたという例も出てきたのである。

　別にコミュニタリアンのように、「閉じた」共同体への回帰を唱えたいわけではない。逆に閉じ過ぎたために形骸化しているところも多いのである。筆者が開業前から携わっている「道の駅よつくら港」をはじめとした、四倉地区をめぐる復旧・復興への主たる原動力となっているのは（相対的に）「開いた」NPOである。強調したいことは、推進する組織体がどういう形態であるかが問題ではなく、組織を形成する人たちの関係を維持するコストを（それまでに）払ってきたかということであり、その担保が地縁（または血縁）にあるという

のが—少なくともいわき市という地方都市においては—現時点での結論である。

「絆が大切だ」というのは心情的には理解できるが、それを維持するそして使う権利を有するためには様々な義務を果たさねばならず、コミュニティの文脈に引き寄せていえば、それは自治会・町内会への参画ということになろう。しかしながら、どこの地域でも共通の課題となっているように、現役世代の参画は少ないために主な担い手は「若くて60代」が現状である。そうしたことから、筆者らは2010年度から世代を超えた自治会活動への巻き込みの「しかけ」としての情報発信と共有の可能性とその展開を検討してきたが、それらの成立要件として「絆」を基底とした自治会・町内会ないしはそれに準じた地域住民組織の成立・維持が求められることがわかっている。さて、現在まで大部分の町村において全町民の避難が余儀なくされる福島県双葉郡、そして風評被害で苦しむ周辺自治体において、コミュニティとか絆などはどう作用しているのだろうか。

3. 被災コミュニティと「原発事故」

東日本大震災の記憶が薄れつつあると実感したのは、2012年末に行われた総選挙の争点が復旧・復興や脱原発というよりは景気回復などの経済問題に重きが置かれていたように、人々の関心は青森・岩手・宮城・福島・茨城・千葉などといった被災地から遠のきつつある。その一方で、いわゆる「フクシマ」に至っては、その他の問題も山積しているはずであるのに、いまだに原発問題がすべての起点にあるかのような取り上げられかたをしており、そこに住まう人たちの「ありのままの生活」に迫るような描写に至っておらず、筆者の本拠が仙台に移っても、週の半分を「福島」で過ごすものとしては、もどかしさを感じざるを得ない。

いくつかのエピソードをあげよう。「道の駅よつくら港」に、「キッズランド」という大型テントによる子供の遊び場が設置された。このテントは津波被害の施設損壊による建て替えの間の仮営業のために駐車場内につくられたもので、2012年8月11日の本開業を機に転用されたものである。道の駅を運営するNPOの関係者によれば、設置目的は「子供たちを遊ばせる施設」として、

いくつかのメディアによる取材に応えていたようだ。ところが、関係者氏によれば「『放射線の影響を避けるための』子供たちを遊ばせる施設」として取り上げられたことに憤り、「何でも原発と放射能につなげるような話をするなら、われわれは元気に生活をしているのだから、放っておいてほしい」と述べていた。もう一つは、双葉郡出身のある学生が町主催のイベントのとりまとめ役になり、各メディアがその彼に取材をしたようだが、そこでもメディアによる「原発事故の避難により生み出される悲惨な現状」の演出にその学生は違和感を持ったようだ。このことを何度も否定したようなのだが、結局はメディアが抱く被災者像を「捏造」され放送されたのである。

　こうした例は枚挙にいとまがない。というのも、(公共放送も含めた)メディアはあくまでも「商売(≒資本)」の論理で動いているのであり、彼らが求めているのは「ふつうに生活をしている福島人」よりも「本震災(特に原発事故)によって心に大きな傷を負ったフクシマ人」であり、彼ら／彼女らを「フクシマ人」として閉じこめ続けることが当然なことながら「絵になる＝数字がとれる」からである。

　本書で取り上げるのは、そうしたメディアによる虚像としてのフクシマ人ではない。主に避難で福島県内各地にある仮設住宅や借り上げ住宅で暮らす人たちを対象にした調査結果により述べられる「だけ」のものであるため、読者にとってはつまらないものと感じるかもしれない。しかしながら、震災前後を通じたコミュニティの実相と変容に焦点をあてると、そこには「諸問題を抱えながら、コミュニティで形成・蓄積された知恵と力により、問題を解決する動きが至るところに芽生えている」ことが確認できる。確かに本震災における原発事故が人びとに与えた影響は災害の(時間・空間・移動における)規模で桁違いではあるのだが、それに対応する人たちは存外に(もちろん、よい意味で)「しぶとく」、「ふつう」に生活しようとしているし、またしているのである。ありのままの姿を捉え、分析・解釈し、今後のコミュニティなどを論じていくこと、今後数十年続くであろう楢葉町・富岡町調査と研究の立脚点がここにあるといえる。

　これまでコミュニティを「情報」、「絆」、「原発事故」といったトピックについて、それぞれ本書の問題意識に引き寄せて議論してきた。以下ではもう少し

具体的に、本書での論考の視角について検討していきたい。

4. 問題の視角

　本書がはじめに対象とするのは福島県いわき市内の四倉地区、平薄磯・豊間地区である。それぞれに復興委員会（協議会）が設立され、特に四倉地区には四倉ふれあい市民会議、NPO法人よつくらぶというまちづくり組織があり、同町の区長会や支所との連携により地域の活性化を震災前から推進してきた（NPOと区長会メンバーで重複している）。一方で薄磯や豊間については、それぞれが区会を始めとした諸組織を持ち、豊間が区役員を中心とした復興協議会を立ち上げる一方で、薄磯は地区の若手に復旧・復興を担わせており、3地区だけでも組織形態の違いがみられる。

　各地区での被害状況が大きく異なることから一概にはいえないが、施設の回復等といった復興のスピードだけでは、「薄磯≒豊間＜四倉」の順である。因みにいわき市によれば2010年4月時点の人口は四倉町5,354世帯15,163人（男7,147人、女8,016人）、薄磯266世帯761人（男354人、女407人）、豊間663世帯2,212人（男1,017人、女1,195人）である。

　このように規模が大きく異なるのだが、被災と復旧・復興に向けた一般住民と地域住民組織との関係の「構造」はさほど変わらないものと考える。また、本研究では「惨事便乗型資本主義」（クライン）に回収されない要因と復旧・復興に必要な要素を探求することも目的であることから、議論を進めるにあたってこうした規模はさほど影響を受けないと考えているからである。

　いずれにせよ、復旧・復興というoutputに対する地域の力（資源）としてのinputという構図で、そのinputの部分の実態と成立要因は何かを把握することを通じて、inputとoutputとの関係を推察していきたい。

　具体的な研究の視点については以下の大きく二つになるだろう。

　一つはコミュニティそして組織の視点である。地域の活性化や復旧・復興に向けた組織がどのような構造であるのか、構成員の関係はどうなっているのかを、設立経緯から現在に至るまでの事象を主に聞き取り調査により確認する。想定される鍵語はトップダウン型／ボトムアップ型の意思決定（とリーダー

シップ)、開いた／閉じたネットワーク（他組織との連携）であろう。また、何故に組織化が必要なのかという視点も必要になろう。フランク・ナイト（Knight：2009）の議論に引きよせると、ある確率分布（ある一定の）予測が可能な Risk であれば、個々の対応（management）だけでも十分かもしれない[2]。ただ、そうした分布が想定できない不確実性に対しては、個々の対応ではなく組織による活動とその背景にある知識・知恵で対処する（manage を「管理」ではなく「何とか乗り切る」という意味での）Crisis management ことになろう。ここに組織における知識・知恵の問題が立ちはだかる。

そこで知識と情報の視点が求められる。地域住民組織への時代の担い手である若者が参入しなくなった要因の一つが、（活動参加・関与への必要性もさることながら）知識の偏在による敷居の高さである。あまりにも一部の人たちによる暗黙知が多いために、その他の人たちが意思決定に携われなかったり[3]、いわゆるガヴァナンスの問題に帰着している。これは野中郁次郎らによる「ナレッジマネジメント」の議論を用いることができよう（野中・紺野1999）。その議論の基底にあるポランニー（1967：2003）の「暗黙知」がどのように形成され、野中のいう「形式知」となっているのか。ある意味で「知識の分布」が各組織で異なる可能性が高く、その違いをみることで意思決定、ひいては復旧・復興へのスピードが異なる現状を明らかにすることができるのではないか。この二つの input を理解する段階で初めて、input と output の関係を推察することができよう。

これらの問題意識について、分析・解釈の手段として陽表的にすべて取り込んでいるわけではないが、第Ⅰ部と第Ⅱ部における議論の基層をなしている。

5. コミュニティの諸相

これまでの事実をまじえながら推論を重ねていくことで、問題の諸相を明らかにしていきたい。

先にふれたいわき市沿岸部の四倉地区については、いわき市への合併前は単独の「町」として存立していたこと、石炭産業や漁業などで栄えていたこともあり、これだけでは他とは比べられないのだろうが、注目したいのは強固な人

的ネットワークである。4代目福島県知事を輩出した頃までとはいかないものの、震災前に市内初となる道の駅設置と震災後にみられた同施設の復旧スピードの速さは個人や企業の力だけでは困難だったのは他の地区をみても明らかである。ここには合併前の四ツ倉町、大野村、大浦村で構成される三つの区長会（因みに四倉住民の指す「区長会」は旧四ツ倉町のそれである）、四倉ふれあい市民会議とNPOよつくらぶなどが組織されている。各組織が各々の役割を果たしているのだろうが、地域の活性化等の中心の一つは市民会議・NPOなのではないか。というのも、この組織のメンバーが区長会などともオーバーラップしているからである。興味深いのは区長会を束ねる区長の年齢（70代以上）と市民会議・NPO代表の年齢（50代）の違いとその関係である。町の復興についても市民会議・NPOが青写真を描き、それを区長会に承認を得るという形になっている（と2011年秋の段階ではみえた）。そして、市民会議・NPOのメンバーも全体的に若く（40～50代が中心）、そのつながりも閉じた性質のものではない。仮説であるが市民会議・NPOは「町内会連合会」のような生いたちをもった組織でありつつも、それは各地区の利益代表者によって構成されるのではなく、もう少しマクロな視点を持った、そして水平的な関係によるものではないかと考えられる。詳細な調査とそれによる考察を重ねる必要があるが、これはネグリ＝ハートが指摘する「共」を創出するマルチチュードを示す一つのあらわれなのかもしれない。

　四倉に近い動きを示しつつあるのが薄磯ではないか。ここは調査対象となる三地区の中で最も小さい規模であるが、地域の復旧・復興の取り組みについては年配者が役員の多くを占める（2013年5月まで任期の区長は80歳前後であった）薄磯区会ではなく、50代以下が中心の復興協議委員会にほぼ一任しているようだ[4]。ただ、委員自体も現役世代がほとんどであることから、時間的な資源が足りないこともあり、それが故に復旧・復興への動きはややもすると遅くみえる。その要因の一つとして、薄磯が抱える問題に「知識の偏在」があるかもしれない。この部分も仮説ではあるのだが、当時の区長自身（もしかしたら薄磯の文化なのかもしれない）が復旧・復興に関する情報発信について問うと「聞いたら教える」というスタンスであり、「聞かないとわからない」ことが委員会における意思決定のスピードを低下させる要因にもなっているのではない

か。そのあたりの連携・関係の状況を確認する必要がある。

　最後に豊間である。区長は70代後半であり、他と同様に役員の年齢層も高い（と思われる）。その人たちが主体となり復興協議委員会を立ち上げており、いわば旧来型の地域住民組織主導による取り組みといえる。隣り合う薄磯区に比べてスピード感があるのは区の規模の大きさだけでなく、経験のある年配者が中心となっているために知識・知恵があることと、最大の要因は平日の日中も活動できることにあろう。反面、ワークショップを開催しても、（印象ベースに過ぎないが）年配の参加者が目立っており[5]、復旧・復興への長い道のりにおいてどの段階で世代交代を果たすのかが最大の課題になると思われる。豊間では仮設商店街や道の駅設立など、数々の施策立案・実行に向けての様々な会議体が形成されている。その構成員や組織体制を確認することで、豊間の全体像（組織等）をうかがい知ることができるのではないか。

　これらの組織・知識的な視点に続いて必要なのが、「地域住民組織」の構成員を輩出する地域住民との関わりである。これにはいくつかの切り口があり、大きくは自治会・町内会単位、班・組単位、家族・個人単位の三つになろう。これら三つの単位と復旧・復興に関わる組織との関係をみることにより、復旧・復興へのドライバーがどの単位にあるのかを知ることができるのではないか。

　第Ⅲ部で展開される楢葉・富岡調査の調査分析結果によれば、震災後に形成されたコミュニティの中心にあるのは震災前にそうした活動に関わった人が大半であり、現在のいわゆる地域資源は震災前に依存することが（一次的な分析と解釈では）わかりつつある。暫定的にこの帰結を用いれば、震災前の活動は「薄磯＜豊間＜四倉」である。そして、（主に第Ⅱ部で展開する）2011～13年の被災者調査によれば、津波避難における最適な単位は近所・隣組単位になる。こうした知見を重ね合わせると、近所・隣組単位での活動が活発な地域には地域資源が多く、ひいては復旧・復興に大きな力になるといえるのではないか。活動や行事等が地域資源を大きくするのはこれまでの分析結果から明らかになっている。本調査ではその結果を所与として、別の視点でみていきたい。

　具体的には「どのように地域のリーダーを送り出しているか」である。つま

り、どの単位で地域を担う人材を育成し、輩出しているのかのプロセスを追うことであり、萌芽的な段階にすぎないが、第Ⅲ部・第9章で展開する。

6. 本書のねらいと構成

　ずいぶん遠回りをしてしまった観があるものの、本書の基層をなす問題意識とその視角は以上の通りである。あらためて最後に本書のねらいと以下に続く構成について説明しよう。

　本書は、2011年3月に発生した東北地方太平洋沖地震による津波で甚大な被害を受け、今も風評などで苦しみ続けている福島県の浜通り地方を事例にして、メディアをはじめとして「フクシマ＝原発」というイメージに閉じこめようとする（原発事故や津波被害などによる）被災コミュニティの実態をみていくとともに、それらが震災前の地域資源（人と活動）に大きく依拠することを示す。これらの分析と解釈を通じて、「3.11（東日本大震災）が社会を変える／変えた」といった言説にはさほどリアリティがなく、そこに住まう／住んでいた人びとは震災前後も「さほど」変わらないことを、質問紙調査と聞き取り調査の両面から明らかにしたい。

　第Ⅰ部『地域のネットワーク組織と商業活性化──道の駅よつくら港を事例に』では地域活性化における軸の一つとなる商業機能が地域住民によるネットワーク組織（NPO）主体で生み出されていることを示すとともに、同時に地域住民が主体であるがゆえの葛藤を、いわき市内にある「道の駅よつくら港」の設立前／設立後／被災後の時系列の視点で論じる。具体的に、第1章では道の駅をめぐる環境と利用者の移動意識について論じた上で、設立前後の経緯をふりかえりつつ、NPOによる商業施設運営と地域活性化におけるメリットとデメリットを浮き彫りにする。第2章では開業前後に実施した利用者調査の比較を通じて、各関係者による「つながり」が創出されているのか、その維持や創出に向けた課題を検討する。第3章では震災後について、道の駅の復旧・復興にNPOの果たした役割などをふれるとともに、「福島第一原発から約35km」の道の駅を利用する人たちの利用・購入実態・評価があまり変わっていないことを明らかにする。

第Ⅱ部『被災後の地域による温度差――いわき市自治会調査などを事例に』においては主に自治会・町内会などといった地域住民組織に焦点をあて、いわき市という広域自治体における被災格差とそれによる温度差が震災後の復旧・復興に向けた活動に影響を与え、それは震災前の地域活動への意識や取り組みに出来していたことを論じる。具体的に、第4章では震災前に実施したいわき市自治会長質問紙調査の分析を通じて、自治会を活性化させるためのインプット→リソース形成の要因を探る。第5章では発災直後に果たした地域住民組織の役割をみていくとともに、震災後をみすえた防災を含めたまちづくりにこれらの組織がどのように関わっているのかをみる。第6章ではいわき市沿岸部の豊間地区に焦点をあてて、質問紙調査分析により帰還意思と震災前後の地域活動・ネットワークとの関わりを明らかにするとともに、震災後の安全・安心を担保する活動の一つである「防災訓練」の各区のありようがそれぞれ異なることも示す。

　第Ⅲ部『コミュニティの構築／再構築のはざまに――楢葉町・富岡町を事例に』では全町民の避難が余儀なくされる双葉郡楢葉町と富岡町で形成されていた／されるコミュニティにおいて、「人、活動」という地域資源の視点では保存されており、非連続ではないことを明らかにする。具体的には、第7章において6章と同様な分析方法により帰還意思と震災前後の地域活動・ネットワークとの関わりを明らかにするとともに、現居住形態（仮設、借り上げ）の違いが帰還意思にも影響を与えることを論じている。第8章では仮設・広域自治会関係者や入居者への聞き取り調査から、定量調査では捉えきれなかったコミュニティ内外のつながりなどを明らかにするとともに、集団移転・帰還に向けたコミュニティ構築の課題を示す。第9章では震災前後のコミュニティ関与の類型化を行い、各タイプの聞き取り調査からコミュニティ・リーダーのいくつかの出現パターンを取り上げ、「あるけど、ない／なかった」コミュニティにおいて今後の「新しい近隣」の可能性を検討する。

　むすびにかえてでは、2013年の夏までの調査結果で構成される本編の「その後」を概観するとともに今後の課題について論じる。

注

1) ジーエフケー　マーケティングサービス　ジャパン（GfK Japan）(2011年4月7日)によれば、2011年4月第1週に携帯電話全体の販売数量に占めるスマートフォンの割合が初めて過半数に達し、3月第4週の携帯電話全体の販売数量が過去2年間で最高水準となった。背景には今回の大震災の影響が少なからずあったとしている。
2) ここではサイモン（1947：1965）の議論を参考にしている。
3) その結果として現出するのが「担い手がいない」や「後継者の問題」である。
4) こうした役割分担は活動を円滑にする。例えば、道の駅よつくら港の例では震災前はNPO自体が販売などの意思決定も担っていたが、震災後は駅長と販売スタッフに委ね、NPOは施設の管理・運営とイベント等の交流事業にウェイトを置きつつある。
5) 薄磯区のそれはもう少し若く、道の駅よつくら港のワークショップに至っては40～50代が参加者の中心であった。

参考文献

Knight, F. H., 1921, *Risk, Uncertainty and Profit*, Dover Publications.（＝1959、奥隅栄喜訳『危険・不確実性および利潤』文雅堂銀行研究社）

野中郁次郎・紺野登、1999、知識経営のすすめ―ナレッジマネジメントとその時代―、ちくま新書

Polanyi, M., 1967, *THE TACIT DIMENSION*, Anchor Books.（＝2003、高橋勇夫訳『暗黙知の次元』筑摩書房）

Simon, H. A., 1947, *Administrative Behavior*, Free Press.（＝1965、松田・高柳ら訳『経営行動』ダイヤモンド社）

第Ⅰ部
地域のネットワーク組織と商業活性化
―― 道の駅よつくら港を事例に

第1章

「道の駅」化に向けた地域の役割
―― 「道の駅」以前と開業後 ――

1. 道の駅をめぐる諸環境

　本節では施策としての道の駅をめぐる環境を概観した後に、それを使う人たちの価値観を「移動」の視点から論じることを通じて、コンセプトレベルにおける今後の展開に向けた方途を探る。

1.1　道の駅のこれまで

　当時の建設省と地方自治体、地域住民との協力によって、1993年から道の駅事業が開始された。道の駅は高速道路のSA・PA（サービスエリア・パーキングエリア）に類似した機能を持ち、一般道における休憩所、情報発信の役割を担っている。道の駅の場合は、地域の情報発信、周辺観光地のPRがよりきめ細やかに行えることに加え、生産物直売所（以下直売所）を介した地産品・名産品の販売などが行われており、その分だけ地域活性化のツールとしての魅力が大きいと考えられる[1]。特に直売所は地域活性化を図りながらも地域の農業振興も併せて進めることができ、多くの道の駅では直売所が展開されている。「道の駅には直売所」という組み合わせはほぼ形式化しているが、特定の道の駅では、それ以外にもキャンプ場や温泉など、「直売所」以外の領域で地域や道の駅をアピールしようという施設も併行して展開されており、その様相は多種多様である。そのような中、道の駅の登録数は整備中であるものを含めて952ヵ所にまで増加した[2]。

　開始から順調に登録数を伸ばしてきた道の駅の事業だが、道の駅が増加して

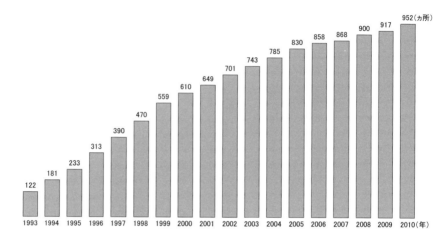

図 1.1.1　道の駅の登録数の推移

いくことによって、いくつかの問題が発生したと考えられる。

　まずあげられるのが、近年起こっているといわれている"直売所ブーム"である。企業の相次ぐ産地偽装、食品衛生問題などによって、食の安全・品質の確保が声高に叫ばれ始めたことが契機とされ、(これは道の駅だけでなく、直売所全体を対象にした動きだが) 直売所ブームが起こった。この動きは、直売所市場の規模を拡大させ[3]、道の駅の順調な増加の一因になったと考えられる。しかし、この直売所ブームが下火になってしまうと、道の駅だけでなく直売所全体の魅力が消費者のニーズと合致せず、利用者が減ってしまうのでは、という懸念がある。

　また、道の駅は開始から20年足らずで9倍強まで増加している[4]。道の駅事業は地方自治体と密接な関係を持つため、事業として淘汰されにくく、開始から事業を取りやめた例はわずかに1ヵ所である。こうした側面をふまえると、今後数年で道の駅の数が減少基調に転じることはまず考えられないだろう。

　都道府県単位で道の駅の数をみると、最も多いのは北海道の約100ヵ所、次いで岐阜県の約50ヵ所と続く。多くの県では10ヵ所以上の道の駅が設置され、約3分の1の都道府県では20ヵ所を超えている。道の駅を各都道府県別に密度 (道の駅あたり面積) で表すと、最も密度が高いのは香川県である。同県は

日本で最も面積が小さいが、展開されている道の駅は全国の平均値である約20ヵ所に迫る数である。また、先の岐阜県のような比較的面積の広い県でも、約50ヵ所もの道の駅が展開され、3番目に密度の高い都道府県になっている。

こうした現状をふまえた上で、道の駅を一つの市場としてみた場合、この急速な登録数の増加によって、競争の環境が厳しくなったといえる。利用者は各道の駅へと散らばり、道の駅単位の利用者は減少していくのではないかと考えられる。道の駅は増えることはあっても急激に減ることはないと考えると、利用者の分散は避けられない問題である。

また、こうした状況下で「道の駅」というネームブランドだけでは、利用者の獲得につながらなくなるということを意味する。したがって今後、道の駅には個々の差別化が求められているのではないか。

これまで道の駅の差別化の必要性について述べたが、一般道にあるという道の駅の特徴を考慮しなければならない。交通量や道の駅までのアクセシビリティによって、差別化の必要性に相違が生じるのではないかと考えるためである。

以下では、福島県を対象に立地のパターンを仮説的に分類している。福島県は、道の駅あたりの面積は47都道府県でも比較的広いが、道の駅の数は22ヵ所と全国平均を上回って展開されている。また、いくつかの箇所に分かれて道の駅が密集している部分がみられるのもこの県の特徴である[5]。交通量やアクセシビリティを考慮すると、道の駅は以下の3パターンに分類することができる。

(1) 主要幹線道路付近[6]
　　例：よつくら港、あだち、ならは[7] 等
(2) 県境付近
　　例：はなわ、しもごう、たじま等
(3) その他、中山間地域
　　例：たまかわ、ふるどの、ひらた等

(1)に該当する道の駅は主要幹線道路沿いに立地するものとし、交通量の多さから、必然的に利用者の絶対数が多いと考えられる。また(2)では、県境に立地していることから、他県からの入り口として、来街者にとって情報収集の

拠点としての需要があると考えられる。以上にあげた2つは立地上、利用者が多い、または特定の需要があると考えられるのに対し、(3)に該当する道の駅は、主要道路や県境から外れるため、利用者の絶対数が相対的に少なく、利用者を確保し、確実にリピーターとして取り込まなければならないと考えられる。したがって、道の駅に必要とされている差別化は(3)の中山間地域に属する道の駅において強いのではないか。

1.2 人びとの移動

1.2.1 移動をどう捉えるか

　移動というのを、例えばある空間からある空間へのプロセスを含むもの—空間Aと空間Bだけの議論—か、プロセスを含むもの—空間Aから空間Bまでの移動時間[8]も含む—というように、それを考えるためには様々な変数が存在することがわかる。こうした移動への考え方を大きく変化させたのは、交通・通信手段、特に1990年代から発達したICT（Information and Communication Technology）であるのはいうまでもないことだろう。

　ここで議論の対象を絞ることにしよう。以下では「国内」の「観光」（もう少し正確にいえば、通勤や通学以外の移動である）に関する移動に焦点をあてることにする。

　そこであらためて、観光に関する議論を振り返ると、その中心にはマネジメントが主に据えられており、「移動」という概念がそれらに（陽表的に）組み入れられていないことが多い。何故かというと、観光そのものの意義はAに直接的に関わりのない≒住んでいない人たちが、Aを何らかの形（広義）で楽しむことであるとすれば、A以外の場所からAへ「移動する」という前提が（暗に）込められているからである。従って、観光を捉えるためには、Aという空間的に静的な現象だけではなく[9]、非A→Aへ移動するという空間「間」での、または「際」を超える動的な現象も併せて考察する必要があるといえる。しかしながら、この移動においては量的にも質的にも、大きな変化が生じていることはいうまでもなく、その部分をも照射する必要があるといえる。

　抽象的でミクロな視点からの議論になってしまったが、筆者が移動に立ち入ることになったマクロ的な要因として、次の二つである[10]。一つは「若者の

第1章 「道の駅」化に向けた地域の役割——道の駅以前と開業後——　21

車離れ」、もう一つは「直売所ブーム」である。前者について、自工会調査[11]の主な結論としてあげられたのは、「車という財自体の魅力の低下」、「時間と金の使い方の変化」である。後者では、「安くて、安心・安全なモノが購入できる」などといわれている。

　これらの結論はいわば表面に現れ出たものであり、それらの基底に横たわる鍵語を移動（そして場所）とするならば、異なった視界が開けてくる[12]。何故にそこまでに立ち入る必要があるのかというと、先のような議論は、単に「若者ウケのするクルマの開発」といったハードの議論に終始してしまう[13]からである。直売所についても同様で、それは単に嗜好や購買行動の変化だけに帰着させられるものではなく、自分たちが毎日口にする食料が、あまりにもみえないところで「（生産・加工・流通などが）決定される」不安への抵抗という形の現れではないだろうか。

　「商品やサービスの消費と場所[14]との間には複雑な相互依存関係」（アーリ 1995：2003, p.50）を手がかりに、それを実現するための「移動」をアーリの議論に引き寄せて考えれば、自分の足（身体的、自分で操作する道具も含む）で移動することは「クロック・タイム」ではなく、「経験された時間」という認識であり、これは時間と（移動）空間の所有または共有を認識すること、つまり「移動のプロセスを味わう」ことにつながるのであり[15]、それらを含めての直売所での消費ということができるのではないか。そうでなければ、大手資本による「直売所ビジネス」が大勢を占めることになるのだが、現在、一部企業でそうした展開を行っているものの、各地にあるいわゆる地場の直売所を脅かすには至っていない。

　以上のように、旅や観光といった「場所」に関わる議論は、「移動」と大きく関係していることがわかる。これまでの移動に関する議論は、文化資本や所得といった、人や経済的な側面にその多くが割かれてきた[16]。しかしながら、移動は（リアル／ヴァーチャルにかかわらず）空間間、場所間で発生する現象であり、そこの性質≒地域・場所性と何らかの関わりがあると考えられる

　そこで以下では、これまでの考察に分け入るための準備的な手続きとして、2009年に実施した調査[17]から、都市規模別住民と移動や観光などの価値観をクロスさせ、人びとの移動観の共通性／差異性を明らかにすることを通じて、

表 1.1.1　移動・観光イメージ

Ⅰ軸 自分探し ・非日常	旅や観光で新しい自分を発見したい	0.771
	旅や観光で自分を見つめ直したい	0.762
	旅先でふれあった人たちとの違いを確認したい	0.715
	昔ながらのライフスタイルを体験したい	0.639
	旅や観光は自分の感受性を鋭くさせる	0.590
	旅先の人たちと交流したい	0.576
	その土地のライフスタイルを体験・経験したい	0.554
	とくに目的のない旅がいい	0.327
Ⅱ軸 ゆったり ・充実	休暇を取って旅や観光をすることはよいことだ	0.687
	まがいものではなく、本物にふれたい	0.667
	旅に行くことで日常から解放されたい	0.635
	旅先ではゆったりとめぐりたい	0.597
	家族や友人と行くのがよい	0.475
	観光地を事前に学んでおくことは大切だ	0.390
	気に入った場所には繰り返し行く	0.392
	旅先では心身ともに静養したい	0.464
	人に押しつけられて行動するのはいやだ	0.417
	寺社仏閣や古墳など、歴史的建造物を見たい	0.396
Ⅲ軸 顕示的な 旅行	旅はみんなで行くものだ	0.547
	旅先で優越感に浸りたい	0.492
	旅先では贅沢にお金を使う	0.483
	旅や観光へ行ったことを周りのみんなに伝えたい	0.459
	定番の土産品は安心だ	0.393
	計画を立てて行動するのは大切だ	0.349

上記の問題意識への接近を図ることにする。

1.2.2　人びとの移動に対する考え方

　ここでは観光や移動に関する価値観項目についての分析を進める。具体的には、31個の旅、観光、移動に関する価値観項目を因子分析により、三つの軸に分類（累積寄与率が77.2％）した（表1.1.1[18]）。Ⅰ軸は「自分探し・非日常」（寄与率：55.6％、固有値：7.97）であり、項目として上位には「旅や観光で新しい自分を発見したい」、「旅や観光で自分を見つめ直したい」、「旅先でふれあっ

た人たちとの違いを確認したい」、などがあげられる。Ⅱ軸は「ゆったり・充実」(寄与率：13.3％、固有値：1.91）であり、「休暇を取って旅や観光をすることはよいことだ」、「まがいものではなく、本物にふれたい」、「旅に行くことで日常から解放されたい」である。Ⅲ軸は「顕示的な旅行」(寄与率：8.3％、固有値：1.19）であり、「旅はみんなで行くものだ」、「旅先で優越感に浸りたい」、「旅先では贅沢にお金を使う」である。

　本論における移動と観光は、（調査の枠組みも含めて）国内に限定することにする。移動はA→Bへというプロセスであり、この移動は仮想空間の中でも成立すると考える。また、観光であるが、さしあたり移動先Bでの活動（見る、食べる、体験するなど）とする[19]。

　その上で、分析軸の一つを各調査対象者の居住都市規模と設定する。理由の一つとしては次の通りである。産直品購入チャネルへのイメージと期待が都市規模別に異なるのだが[20]、産直品そのものが地域性[21]を帯びるものである。ここではその要因（の一つ）を、「獲得する」手段としての移動[22]における考え方の差異として捉えることにする。なお、集計ベースであるが、就業者ベースでみることにする。

　ここで「200万以上の大都市」は東京23区、横浜市、大阪市、名古屋市であり、「100万～200万の政令指定都市」は札幌市、神戸市、福岡市など、「30万～100万程度の地方都市」は例えばいわき市、岡山市、熊本市など、「10万～30万程度の地方都市」は福島市などである。

(1)　移動や観光に関する価値観

　この居住都市規模別で移動や観光に関する価値観の特徴的な結果をみると（表1.1.2）、「200万以上」では「自分探し・非日常」と「顕示的な旅行」が強く、「100万～200万の政令指定都市」では「ゆったり・充実」が弱く、また「10万未満」は「顕示的な旅行」が弱い[23]。「自分探し・非日常」は「200万以上」が一番強く、「10万未満」につれて減少していくことがわかる。「ゆったり・充実」については、「200万以上」から「政令指定都市」で減少するものの、「30万～100万」から「10万未満」にかけて増加基調にある。最後に「顕示的な旅行」であるが、「200万以上」から「政令指定都市」にかけて減少するものの「30万～100万」で増加し、その後、「10万～30万」から「10万

表 1.1.2　居住都市規模別の移動・観光の価値観[24]

	全体	自分探し・非日常	ゆったり・充実	顕示的な旅行
合　計	604	0.07	-0.02	-0.05
人口 200 万以上の大都市	155	↑ 0.20	0.01	0.01
人口 100 万〜200 万の政令指定都市	93	0.08	-0.11	-0.07
人口 30 万〜100 万程度の地方都市	133	0.07	-0.02	0.01
人口 10 万〜30 万程度の地方都市	128	-0.03	0.01	-0.05
人口 10 万未満の市町村	93	-0.04	0.01	↓ -0.20

未満」にかけて大きく減少している。

(2)　消費に関する価値観

次に消費に関する価値観についてみてみよう。ふだんの買い物に関する 29 個の価値観項目について因子分析を行ったところ、四つの軸に分類された（表1.1.3）。Ⅰ軸は「バンドワゴン消費」（寄与率：49.6%、固有値：7.17）、Ⅱ軸は「先端消費」（寄与率：12.5%、固有値：1.81）、Ⅲ軸は「趣味消費」（寄与率：11.1%、固有値：1.61）、Ⅳ軸は「堅実消費」（寄与率：7.7%、固有値：1.11）である。これらを居住規模別にみていくと、「200 万以上」では「バンドワゴン」と「先端」が強く、「政令指定都市」は「バンドワゴン」がやや弱いものの「先端」が強い。「10 万未満」では「先端」が弱い。

それぞれの消費軸でみていくと（表1.1.4）、「バンドワゴン」は「政令指定都市」で減少するものの、「30 万〜100 万」から「30 万〜100 万」にかけて増加基調になり、「10 万未満」で減少する。「先端」は「政令指定都市」以上の規模では強いものの、規模が小さくなるにつれて減少している。また、「趣味」や「堅実」は規模による差はあまりないものの、何らかの境界が存在していることがわかる。

(3)　居住都市規模別の人物像

これまで、移動や観光に関する価値観項目を居住都市規模別にみてきたが、その規模による違いが発生する要因は何なのだろうか。これらの結果に対するさらなる読み取りは必要であるが、旅や観光（その手段としての移動）における時間の使い方に影響を与えるであろう、日常的な余暇時間の使い方についてのプロフィール（就業者ベース）を中心に以下では確認する。具体的には、労

第1章 「道の駅」化に向けた地域の役割——道の駅以前と開業後—— 25

表 1.1.3 消費意識

Ⅰ軸 バンド ワゴン 消費	他の人が持っているものをみると欲しくなる	0.824
	街を歩いている人が持っているものをみると欲しくなる	0.803
	商品を選ぶとき、他人にどうみられているかが気になる	0.651
	友人や知人と同じものを持っているとうれしい	0.572
	商品を買った後にむなしくなることがある	0.530
	他人にうらやましがられるのは気分がよい	0.530
	有名ブランドのメーカーが販売している商品は安心だ	0.480
	周りの口コミや評判を参考にして選ぶ	0.460
	ついつい似たようなテイストのモノばかりを買ってしまう	0.406
Ⅱ軸 先端消費	自分の持ち物などを、他人が真似することがある	0.746
	商品についてアドバイスを求められたりすることが多い	0.742
	気に入った商品や店を家族や友人にすすめるほうだ	0.705
	トレンドに敏感な方だ	0.689
	新製品や変わったものを見つけると試しに買ってみる	0.613
	自分へのご褒美のためにちょっと贅沢をしたい	0.421
Ⅲ軸 趣味消費	価格などより趣味や感性を重視して商品を選ぶ	0.598
	機能や効果より趣味や感性を重視して商品を選ぶ	0.547
	商品は他人の評判や情報は一切気にせず選ぶ	0.376
Ⅳ軸 堅実消費	お金を使うことには慎重な方だ	0.682
	欲しいものはお金を貯めてから買う	0.616
	分相応なものを選ぶべきだ	0.455

表 1.1.4 居住都市規模別の消費意識

	全体	バンド ワゴン消費	先端消費	趣味消費	堅実消費
合　計	601	-0.01	0.02	0.00	-0.02
人口200万以上の大都市	152	↑ 0.13	▲ 0.25	0.05	-0.03
人口100万～200万の政令指定都市	91	-0.12	↑ 0.20	-0.09	-0.01
人口30万～100万程度の地方都市	135	-0.05	-0.07	0.02	0.01
人口10万～30万程度の地方都市	129	-0.01	-0.06	-0.01	-0.04
人口10万未満の市町村	92	-0.07	▼ -0.30	-0.02	-0.05

働時間、平日・休日における余暇時間の過ごし方をみることで、労働環境などのふだんの生活と移動価値観の関連を考えていくことにする。

　まずは平日の労働時間であるが、各居住規模での特徴をみると、「200万以

表 1.1.5　居住都市規模別の労働時間

	全体	5時間未満	5時間以上 8時間未満	8時間以上 10時間未満	10時間以上 12時間未満	12時間以上
合　計	667	11.7	26.7	50.5	7.3	2.8
人口200万以上の大都市	175	10.3	24.6	48.0	△11.4	↑5.1
人口100万〜200万の政令指定都市	102	11.8	23.5	55.9	6.9	2.0
人口30万〜100万程度の地方都市	146	↑16.4	25.3	45.9	6.8	2.7
人口10万〜30万程度の地方都市	140	9.3	28.6	55.7	5.0	∵0.7
人口10万未満の市町村	101	10.9	31.7	49.5	5.0	3.0

表 1.1.6　居住都市規模別の仕事後の過ごし方

	全体	まっすぐ帰宅する	家で読書、テレビやネットを見る	家で趣味のことをする	買い物に行く	家族と話す
合　計	667	75.0	55.3	37.2	36.6	34.5
人口200万以上の大都市	175	76.0	58.9	↑44.0	39.4	36.0
人口100万〜200万の政令指定都市	102	∵68.6	53.9	32.4	42.2	39.2
人口30万〜100万程度の地方都市	146	78.1	56.2	37.0	↓29.5	32.2
人口10万〜30万程度の地方都市	140	71.4	56.4	39.3	37.1	36.4
人口10万未満の市町村	101	79.2	49.5	↓28.7	36.6	28.7

	全体	外で食事をする	人と会う	家で仕事をする	習い事等の学校に行く
合　計	667	25.5	19.8	11.4	8.2
人口200万以上の大都市	175	▲46.3	▲30.9	13.7	▲15.4
人口100万〜200万の政令指定都市	102	∵19.6	20.6	10.8	5.9
人口30万〜100万程度の地方都市	146	∵20.5	17.1	9.6	6.2
人口10万〜30万程度の地方都市	140	↓19.3	▽12.9	∵15.7	∵5.0
人口10万未満の市町村	101	▼11.9	∵13.9	▽5.0	5.9

　上」では1日の労働時間は10時間以上が多く、「人口30万〜100万」では5時間未満のパートが多く、大都市での労働時間の長さが顕著であるといえる（表1.1.5）。

　次に仕事後の時間の使い方について確認する（表1.1.6）。「200万以上」では「家で趣味のこと」、「外で食事」、「人と会う」、「習い事をする」など、他の規模と比べると過ごし方のバリエーションが多い。また着目すべき点として、「人と会う」、「習い事をする」といった、平均的な労働時間が他と比べて長い

第1章 「道の駅」化に向けた地域の役割——道の駅以前と開業後—— 27

表 1.1.7 居住都市規模別の同居人数

	全体	1人 (自分だけ)	2人	3人	4人	5人	6人以上
合　計	667	11.2	21.6	26.2	26.4	8.2	6.3
人口 200 万以上	175	▲ 20.0	∴ 25.7	25.1	▽ 18.9	▽ 4.0	6.3
人口 100 万〜200 万	102	9.8	20.6	25.5	30.4	7.8	5.9
人口 30 万〜100 万	146	8.2	18.5	∴ 32.2	28.8	6.8	5.5
人口 10 万〜30 万	140	▽ 5.7	18.6	27.9	∴ 32.1	10.7	5.0
人口 10 万未満	101	9.9	22.8	↓ 18.8	24.8	△ 13.9	∴ 9.9

表 1.1.8 居住都市規模別の休日に一緒に過ごす人

	全体	配偶者、恋人	自分ひとり	子供	趣味関係の友人・知人	両親	学校や会社の友人等
合　計	667	73.3	45.6	35.5	22.8	17.8	15.1
人口 200 万以上	175	73.7	↑ 52.6	32.6	▲ 33.7	19.4	∴ 19.4
人口 100 万〜200 万	102	75.5	↓ 36.5	36.3	19.6	15.7	16.7
人口 30 万〜100 万	146	▽ 64.4	47.9	34.9	20.5	∴ 21.9	12.3
人口 10 万〜30 万	140	△ 80.7	42.9	40.0	∵ 17.9	∵ 13.6	15.7
人口 10 万未満	101	73.3	42.6	34.7	17.8	16.8	∵ 9.9

中で、(自分以外の) 外へ開くコミュニケーションをとる機会を設けているところである。こうした時間の使い方の背景としては、同居人数に依存するのかもしれない (表1.1.7)。大都市であるほど単独世帯が多く、外との関わりを要すると人びとが考えている可能性もあるからである。

　これは休日の過ごし方にもあらわれている。一緒に過ごす人をみると (表1.1.8)、「200 万以上」では「ひとりで」、「趣味関係の友人・知人」や「学校・会社関係の友人・知人」が他に比べて多いことが確認できる。また、「人口 30 万〜100 万」では「両親」、「人口 10 万〜30 万程度」は「配偶者・恋人」が多い。これは大都市ほど、ひとり志向／つながりを求めるネットワーク志向の両面が強く、それが旅・観光や移動に関する価値観に何らかの影響を与えている可能性を示唆している。

　これらを具体的な活動としてみると (表1.1.9)、「200 万以上」では「音楽・芸術鑑賞」や「スポーツ観戦」、「体力づくり」、「習い事」、「飲み屋」、「まち歩

表 1.1.9　居住都市規模別の休日の過ごし方

	全体	スーパーなどでの買い物	デパートや専門店などでのショッピング	日帰り旅行	目的のあるドライブ（目的地あり）	Webサイトの閲覧・書き込み・メール等	外食・バー・パブ・飲み屋	近所の散歩、まち歩き
合　計	667	63.7	51.4	46.9	42.7	35.1	33.3	30.4
人口200万以上	175	64.0	55.4	50.3	42.3	36.6	△41.1	△38.3
人口100万～200万	102	69.6	△63.7	50.0	44.1	37.3	38.2	∴36.3
人口30万～100万	146	62.3	52.1	↓39.0	40.4	∵29.5	30.1	∵25.3
人口10万～30万	140	61.4	50.7	47.1	45.0	32.1	29.3	26.4
人口10万未満	101	64.4	▼33.7	48.5	42.6	↑43.6	∵25.7	∵23.8

	全体	AV機器による音楽・映画等の鑑賞	昼寝	ウォーキング等での体力づくり	美術館・音楽ホール・映画館等での芸術鑑賞	園芸・庭いじり・ガーデニング	遊園地・動物園・水族館等の遊覧・観覧	目的のないドライブ
合　計	667	30.1	29.5	27.7	26.8	22.5	20.1	19.2
人口200万以上	175	↑36.0	29.1	△34.9	△34.3	↓16.6	△27.4	22.3
人口100万～200万	102	27.5	32.4	28.4	30.4	20.6	↓12.7	15.7
人口30万～100万	146	∵24.0	∵24.0	27.4	26.0	24.0	∵15.1	19.9
人口10万～30万	140	31.4	29.3	25.0	∵21.4	20.7	∴25.0	18.6
人口10万未満	101	30.7	∴35.6	▽18.8	↓18.8	▲33.7	∵14.9	17.8

	全体	ゴルフ・テニス等のスポーツ	釣り・海水浴・ハイキング等のアウトドア活動	球場やサッカー場でのスポーツ観戦	語学習得・資格取得などの勉強・読書	絵画・陶芸・日曜大工等の制作・創作活動	パチンコ・競馬・競輪等のギャンブル	二輪車でのツーリング・サイクリング
合　計	667	18.9	18.4	12.7	11.7	9.9	9.0	7.2
人口200万以上	175	20.6	21.1	∴16.0	∴14.9	12.0	9.7	∴10.3
人口100万～200万	102	17.6	13.7	15.7	11.8	12.7	∵4.9	9.8
人口30万～100万	146	21.2	17.8	9.6	10.3	11.0	7.5	5.5
人口10万～30万	140	22.9	22.1	15.0	10.7	7.1	↑13.6	5.7
人口10万未満	101	▽8.9	14.9	▽5.9	8.9	∵5.9	7.9	4.0

き」など、多様である。「政令指定都市」では、「ショッピング」、「まち歩き」である。これ以下の規模になると活動が少なくなり、「10万未満」になると「昼寝」、「Web閲覧」、「ガーデニング」など、休日には積極的に外には出かけない、いわゆる「プチこもり」的な様相を呈する。

1.2.3　二つの地域性と移動との関わり——産直品購入の期待

　これまで、移動や観光の価値観、居住都市規模別による価値観の差異、さら

第1章 「道の駅」化に向けた地域の役割——道の駅以前と開業後——　29

にはそれらに住まう人物像の全般をみてきた。ここでさらに立ち入るために、観光の手段としての移動には何らかの目的があると仮定した上で[25]、「道の駅」などの直売所で販売される産直品への期待を確認し、居住都市規模別の移動や観光に関する価値意識の違いを具体的なレベルで明らかにすることにしよう。

　「道の駅」の直売コーナーにおける一つの特徴は「産直品」や「安心・安全」といった、ある意味で「地域に根づいた」ことを担保にしたものであるとされているが、本当にそうなのだろうかという疑問もある。次の表（表1.1.10）によれば、こうした期待は居住都市規模別でみると違うことがわかる。「品揃えに地元色が強いこと」、「新鮮であること」、「産地、生産者がわかること」、「店内やコーナーの地域色が強いこと」は居住都市規模が小さくなるにつれて期待が高くなる傾向にあり、実は、道の駅での産直品購入に対して「大都市居住者ほど地方の特色を求めていない」ことがわかる。人びとが居住する都市規模が大きいほど、こうした商品・サービスを手に入れる機会があるために、旅先でこうした活動（産直品を購入する）をするのではなく、別のことを期待しているということなのだろうか。その一方で、「地方」というイメージがある道の駅の環境に近いところに居住する人ほど、地方の特色に対する期待が高いのである。

　もちろん、こうした直売所を「安心・安全」で「低価格」なスーパーの——ふだん使いとしての——代替チャネルとしてとらえている側面も否定はできない。しかしながら、こうした「地方」という空間における二つのイメージ（「地域性」）がある意味、（移動先のという意味で）空間を超えたところにねじれた形——繰り返すと、旅や観光といった自分たちが住むところとは違う空間での経験を求めているのにもかかわらず、都市居住者→地方以外のコト、地方居住者→地方そのものという形——で立ちあられている[26]。また、都市居住者にとっては領域のボーダレス化と水平化という側面[27]、アーリのグローバル化をめぐる議論を援用すると、領域→流動体、構造→ネットワークへの移行という外へ「開いた」志向がある一方で、地方居住者は（相対的に）「閉じ」るという、居住地の違いにより生じる地域性をめぐる二つの性質があるのかもしれない。

表 1.1.10　居住都市規模別の「道の駅」に期待すること

	全体	新鮮である	品揃えに地元色が強い	産地、生産者がわかる	限定品（地域限定など）である	地元の人が販売している
合　計	667	55.8	42.6	28.5	18.9	15.4
人口 200 万以上	175	▽ 48.0	38.9	▽ 20.0	∴ 22.9	14.9
人口 100 万～200 万	102	53.9	41.2	27.5	19.6	12.7
人口 30 万～100 万	146	56.2	41.8	31.5	∵ 13.7	∵ 11.0
人口 10 万～30 万	140	∴ 61.4	43.6	∴ 34.3	15.0	15.0
人口 10 万未満	101	∴ 63.4	∴ 50.5	31.7	∴ 24.8	▲ 26.7

	全体	店内やコーナーの地域色が強い	地元の人がよく利用・購入している	地域の人たちと交流が出来る	地元の資本が入っている	大手企業が生産・製造や販売
合　計	667	13.0	8.7	3.6	3.1	0.4
人口 200 万以上	175	▽ 7.4	8.0	2.9	2.9	0.6
人口 100 万～200 万	102	12.7	8.8	3.9	2.9	0.0
人口 30 万～100 万	146	∵ 8.9	8.2	2.7	2.1	0.7
人口 10 万～30 万	140	↑ 17.9	8.6	2.9	3.6	0.7
人口 10 万未満	101	▲ 22.8	8.9	↑ 6.9	5.0	0.0

1.2.4　二つの地域性と移動との関わり——移動における空間と時間

　先の移動・観光の価値観に立ち戻ると（表 1.1.1）、「200 万以上」では「自分探し・非日常」と「顕示的な旅行」が強い。これはふだん経験していないことを旅や観光に求め、それをさらに周りの人に伝えようとする欲求が強いことを意味している。また、先の分析結果によれば、（産直品購入に関しては）「大都市居住者ほど地方の特色を求めていない」。つまり、「地方」に住んでいる人が「地方」へのイメージを強く期待して移動するのに対して、大都市に居住する人ほど「地方」へのイメージへの期待を（相対的に）持たずに移動しているのである。

　これらはあくまでも産直品購入という旅先における様々な活動の中の一つであること、もっといえば、回答者の想起する道の駅が居住地の近くに立地しているか否かなども留意する必要はある。そうしたことをふまえ、同質的なものを求めるという意味で、「地方」居住者の移動が対象とする空間の範囲は狭い

第1章 「道の駅」化に向けた地域の役割——道の駅以前と開業後—— 31

（比較的近い空間性を持った空間間を人びとが移動する）。加えて、「自分探し・非日常」の意識項目から、時間の視点でも日常の延長線上にこうした移動や観光を位置づけていることがわかる。一方で、（「地方」に対するという意味での）「都市」居住者は移動における空間の範域が広く、時間も日常を超えていく、ということなのだが、前者の空間については「地方へ行って産直品を購入する」という、ある意味でパッケージ化された空間性（地域性）への期待ではなく、それらとは異なった他のものであるということはわかる。もう少しいえば、都市居住者はグローバル化による様々な側面からの力（情報の量と質、ネットワークの拡大でもよい）により、何らかのあらたな「かたち」を模索する必然性が生じているために、自分たちで「空間や時間をつむぐ≒文脈化」（脱領域化から再領域化か？）への志向が高まっているのであり、その一側面で消費における「先端性」や、そうした結果としての移動・観光意識における「発見」、それを皆に伝えるという「顕示的」な旅行を求めるという意識をあらわしているのだろうか。一方、地方においては、アンチ・グローバル化に対するローカル化への志向が強い（「おらが村」を守らんが）ために、行動の範囲／空間性、時間の範域はあまり変わらないということになろうか。

こうした関係をどう捉えなおせばよいのだろうか。仮説的ではあるが、「大都市ほど、移動・観光先の結果（何らかの地域性にふれる／を味わう）を異なった移動（手段とプロセス）によりすでに獲得・経験している（可能性が高い）」背景には、アーリが指摘する現行の自動車移動システムにおける非線形性だけに留まらずに、移動全般において、A→Bへの移動、Bでの獲得・経験という直線的、線形的な関係が崩れていると考えられる。これは、大都市居住者ほど、情報収集のためのネットワークを多くもち、それによる（仮想を含む）体験を済ませていることは（少なくとも情報収集とネットワークについては）調査結果からもうかがえる。輸送、さらには冷凍手段の発達により、地方の生鮮品がどこでも容易に入手可能になったことも要因であると考えられる[28]が、それだけではないだろう。というのも、地方で行われる旅・観光が産直品購入から他の活動や体験へシフトしたとしても、それらの活動等がインターネットといった（広義の）移動手段の発達によって物理的な距離を経た空間移動をせずに実現可能になったら、産直品購入と同様なことが起こりうるからである。い

ずれにせよ、移動手段の発達により、都市型が「違うもの／こと」を求め、「同じもの／こと」を求めるのが地方型、というように収斂していくのだろうかという疑問が残される。

今後の課題の一つとなるが、本論で考察したのは地方の産直品を購入するという意味で「地方型観光」であった。これを例えば、東京都心の（六本木ヒルズや東京ミッドタウン等）商業施設などへの「都市型観光」を対象にした時に、移動と観光、その先での地域との関わり、それらの関係への問い込みも必要であろう。

2. 道の駅への設立経緯

「道の駅よつくら港」は他のそれが自治体や農協、第三セクターなどが主体となっているのとは異なり、NPOが中心となって設立・運営にあたってきている。その基底には「自分たちの地域を自らの手で活性化させる」というねらいを垣間見ることができ、従ってこの道の駅はいわば「下から」の意思決定によりつくられるものである。

そこで本章ではその設立経緯を振り返ることを通じて、そうしたねらいが達成されているのか、また一連の取組が利用者にどう評価されているかを運営側の視点からみていくことで、NPOによって地域づくりがなされていくメリットとデメリットを浮き彫りにする。

具体的には次の通りである。まずは全体の経緯を確認し、次いで産官学の関わり方、四倉ふれあい市民会議が実施した「道の駅実行委員会会議」とその中で行われたワークショップを中心に、これまでを振り返っていこう[29]。

2.1 概要

2.1.1 経緯

四倉地区におけるいわゆる直売所との関わりは1998（平成10）年までにさかのぼり、それまでの漁具保管倉庫を改修し、同年10月末に開業した物産館（「四倉ふれあい物産館」）がそもそもの始まりである（写真1.2.1）。その後、2007年6月に道の駅実行委員会が発足、その活動・運営主体としてのNPOよつく

第1章 「道の駅」化に向けた地域の役割——道の駅以前と開業後——　33

写真 1.2.1　四倉ふれあい物産館（2008 年 12 月 21 日筆者撮影）

らぶが法人登記されたのは 2009 年 1 月であった。また、NPO よつくらぶ、いわき市、福島工業高等専門学校（以下、高専）の連携による道の駅整備に向けた検討（ワークショップなど）が始まったのは 2008 年 10 月である。そして、野菜や魚などの物販やフードコートを含む「交流館」を先行開業（仮オープン）したのが 2009 年 12 月、利用者が地域の観光などの情報を収集したり、休憩することができる施設「情報館」を含めた本開業は 2010 年 7 月であった。

1998 年 9 月 10 日	四倉まちづくり推進協議会が漁具保管倉庫を借用し、北側半分を四倉ふれあい物産館に改修
10 月 31 日	よつくら総合開発株式会社がふれあい物産館を運営開始
2004 年 11 月 24 日	四倉ふれあい市民会議（以下「市民会議」）が設立
2005 年 5 月 26 日	市民会議地区計画策定委員会が四倉地区グランドデザインの策定に着手
2006 年 10 月 11 日	市長に市民会議・四倉町区長会・四倉町商工会・いわき市漁業協同組合四倉支所が建設要望書提出
2007 年 5 月 10 日	いわき市と市民会議がパートナーシップ協定を締結
6 月 5 日	市民会議道の駅実行委員会が発足
11 月 23 日	福島県内の道の駅を視察調査
2008 年 3 月 26 日	市民会議が四倉地区グランドデザインを策定。重点目標として、国道 6 号沿いで唯一漁港に隣接している四倉漁港区域を「観光と交流の拠点づくり」に位置づける

7月15日	市長に市民会議・四倉町区長会・四倉町商工会・いわき市漁業協同組合四倉支所・いわき農業協同組合大浦支店が早期実現要望書を提出
7月20日	市民会議が農林水産省の「広域連携共生・対流等対策交付金」公募に事業実施計画を提出
9月9日	まちづくり計画の具現化を図るため、特定非営利活動法人よつくらぶ（以下「NPOよつくらぶ」）設立申請
9月30日	農林水産省の「広域連携共生・対流等対策交付金」交付決定
10月8日	市民会議・福島工業高等専門学校・いわき市の連携による道の駅整備検討開始
11月23日	千葉県・茨城県の道の駅を視察調査
12月26日	「交流館」の実施設計
2009年1月16日	NPOよつくらぶの法人登記
3月16日	いわき市が四倉地区まちづくり計画を策定
4月20日	漁具保管倉庫新築工事着工（6月30日完成）
5月22日	道の駅名称「道の駅よつくら港」、愛称「浜風香るシーサイド夢長屋」に決定
7月31日	国土交通省から県内19番目の道の駅として登録
8月1日	NPOよつくらぶが四倉ふれあい物産館の運営を開始
8月6日	「交流館」改築工事着工
12月15日	道の駅よつくら港「交流館」完成
12月26日	道の駅よつくら港「交流館」オープン（道の駅仮オープン）
2010年7月14日	道の駅よつくら港「情報館」オープン（道の駅グランドオープン）

出典：仮オープン時に配布された資料から筆者作成。

2.1.2　産官学それぞれの関わり方（連携体制）

　本取組は 2.1.1 の経緯でも示したように、2008 年秋から「産官学」によってなされたものである。「産」は四倉ふれあい市民会議、NPO よつくらぶ、「官」はいわき市土木課、国土交通省東北地方整備局、「学」は福島高専、また、港区の財団法人港区スポーツふれあい文化健康財団（愛称：kiss ポート財団）な

どである。

　これらの主体を具体的に示すと次の通りである。

　「産」（四倉ふれあい市民会議、NPO よつくらぶ）であるが、市民会議が 2008 年に農林水産省の「広域連携共生・対流等対策交付金」交付対象に採択された。この対策は「都市と農村の多様な主体が参加して行う共生・対流に資する広域連携プロジェクト等や都市農業振興を国が直接（民間に）支援する」ものである。さらに広域連携共生・対流等推進交付金による都道府県を越えた広域的な連携の先導的取組を実現するために必要な施設等の整備を支援する事業にも採択され、それは「交流館」の整備に反映されている。また、「情報館」の指定管理者として NPO よつくらぶ（指定期間 2010 年 7 月 14 日～2013 年 3 月 31 日までの三年間）が選定されている。

　次に「官」（いわき市土木課、国土交通省東北地方整備局）である。これらは 2007 年より、いわき市と四倉ふれあい市民会議はパートナーシップ協定を締結しており、「情報館」の整備主体としていわき市土木課が施設整備に関することを担当していたが、これは四倉の網倉を改修して道の駅にするという計画が、既存の施設やストックを活用するという市の方針と一致したとのことである。

　「学」（福島高専）であるが、主なメンバーは建設環境工学科の金子研一、コミュニケーション情報学科の高橋雅也と松本、コミュニケーション情報学科 5 年の飯島美奈帆（いずれも当時）であった。このいわき市、NPO よつくらぶ、福島工業高等専門学校の三者による産官学連携事業「（仮称）道の駅よつくら／道の駅よつくら港『交流館』『情報館』等利活用基礎調査業務」の目的は、道の駅よつくら港「交流館」や関連施設、地域資源等を有効活用しながら、広域的な地域間交流の推進・拡大や、農水産業の振興、および地域の活性化を図るため、利用者アンケート調査等の分析・評価結果をもとに、情報館の施設運営の展開方向を具体化するものである。取組の詳細は後述することになるが、概要を示すと、①各種アンケート・実態調査の集計、分析および評価：各種アンケートや類似施設の実態調査等を基に、利用者のニーズを捉えながら、商品の選定・開発やサービス展開等について具体化する、②施設運営の展開方向の検討：アンケート調査等の分析・評価結果をふまえ、交流館や情報館等の施設

運営の展開方向を具体化する、などである。これを実現するために主に検討会（産官学地連携会議ワークショップ）および調査の面で高専のスタッフが関与することになった。

その他、連携して取り組む主体としてkissポート財団がある。これは市民会議と東京都港区の同財団との連携により培った体験学習交流事業の実績から、海・山・里の豊かな自然環境の中で「新鮮かつ安全な食の供給」を享受する取り組みが今後ますます重要になるものと認識し、発展させたものである。連携の方針として、kissポート財団を首都圏域連携の核に位置づけ、ここから都市住民やNPO、企業等への情報提供・発信等を行い、子供を対象とした体験学習交流事業「海と山の冒険隊」の拡大や、新に大人を対象として企画する「農水産物収穫加工体験ツアー」等を実施するための拠点施設「四倉ふれあい交流館」を活用し、首都圏域都市との連携強化・拡大を図るものとした。また、市民会議およびkissポート財団のホームページや、東京都港区のアンテナショップ「いわき・ら・ら」、当該施設に隣接していわき市が整備する「四倉ふれあい情報館」等の情報発信機能を最大限に活用するとともに、地元農水産物等の地域資源を活用した観光および物産の振興並びに交流人口の増加を推し進める目的で設立された「社団法人いわき観光まちづくりビューロー」と連携をとりながら、NPOや観光旅行会社等との提携を構築することにより、当該施設を活用して農水産物の加工体験ができる「交流館体験ツアー」を定期的に実施し、首都圏域のみならず県外市町村との連携拡大を図るものである。

2.1.3 道の駅の施設と整備・管理運営について

道の駅よつくら港「交流館」は、地域振興施設として、また、多様な交流や地域間交流を促進する都市農村交流促進施設として位置づけられており、「四倉ふれあい物産館」の改修を基本とする「交流館」の整備にあたっては、農林水産省の「広域連携共生・対流等交付金」を活用しており、この「交流館」の完成により、「四倉地区グランドデザイン」の重点プロジェクト「道の駅を中心とした観光と商業の核づくり」が大きく前進するといえ、非常に重要な役割を担っているといえる。

整備主体および管理運営主体についてであるが、地域振興施設「交流館」

（地域間交流の促進、農水産業の振興）の整備主体と管理運営主体は市民会議／NPO であり、道路・地域情報施設「情報館」（観光交流人口の拡大）の整備主体はいわき市、管理運営主体が市民会議／NPO である。

以上、本取組の背景と概要について、簡単に述べた。次節以降は、会議議事録、ワークショップ資料から、道の駅の設立決定→（交流館のみ開業）仮開業→（情報館も開業）本開業のプロセスを、高専がワークショップに関与する前／仮開業／本開業の三つに区分し、それらの詳細を追うことにする。

2.2 ワークショップ以前

本項では市民会議から提供された議事録を下敷きに、意思決定のプロセスや施設コンセプトの変遷などを追うことにする。

2.2.1 第 1 回実行委員会

2007 年 6 月 5 日に「第 1 回 四倉ふれあい市民会議 道の駅実行委員会会議」が初開催された。そこでは初めての顔合わせ（自己紹介、経緯の説明）が行われた。具体的には、道の駅登録に向けたこれまでの経緯、いろいろな問題、道の駅登録に向けた手順、登録までの今後のスケジュールなどの説明がなされた。

協議事項はいわき漁協の問題が取り上げられた。そこでは、道の駅の計画は漁協との話し合い次第で、大きく四つのパターンに計画が分けられるとされ、公式／非公式な話し合いを何度か行い、今後も漁協と話し合いの場を持つ予定であるが、難航しそうな雰囲気とのことであった。漁業者の理解は得られてきたものの事務局にも理解を求める必要があり、今後の課題は網倉新設後の物産館の所有権の問題とのことであった。

これらをクリアしてからの道の駅ということになるが、初めは、市民会議と県、市との協働による計画の予定であったが、時間的に前に進めやすい方向として、いわき市が青写真を提示し、それに基づいて協議し計画することになった（市の計画を基に、道の駅実行委員会が協議する）。当時のスケジュール（予定）は次のようであった。2008 年 3 月：新規登録の申請、5 月：県の推薦取得、6 月：登録申請、8 月：登録伝達式、2009 年春：（仮称）道の駅よつくら完成。

また、登録だけが済めば、計画の遅れや市の予算が折り合わない場合、完成は遅れてもよいとのことだった。

その段階の共通の問題意識としては、どのような計画になったとしても、最善の対応ができるように各委員が知識を持つ必要があるとのことだった。

2.2.2　第2回実行委員会

2007年6月27日に行われ、「道の駅　浜みち学校出前講座」が開催された。講師は国土交通省東北地方整備局磐城国道事務所の管理課長であり、道の駅になるための条件（20台以上の駐車場、24時間利用可能な10基以上のトイレ、休憩、情報案内施設を有するなど）や、東北道の駅の事例（夕陽が見える海沿いの休憩室、インターネット、歴史民俗資料館、温泉、美術館、イベント開催、産直、そば打ち体験、ふれあい広場、バンジージャンプ、ワインセラー）についての説明がなされた。その後には「懇談会」が行われ、以下のような意見や要望があげられた。「単独型・一体型の比率、出来の悪い道の駅の例をあげてほしい」、「物産館を道の駅にした場合どのような形にしたらいいか」、「お客様が集まるイメージを出してほしい」、「ふれあい広場を国道から見えるようにしてほしい」、「情報案内施設をつくらなければならない」、「駐車場は十分である」、「既存の施設を使った道の駅の事例はないのか→例：たまかわ（施設は古いがリニューアルしてある）」、「いわき市との関わりを確認したほうがいい」。また、土木部長が「物産館にこだわらない」とする一方で、市長は「物産館を中心に道の駅をつくっていただきたい」と見解の相違があり、一貫性のあるものにしてもらいたいという意見もあげられた。

さらに第二部として、某後援会と市民会議との間で、道の駅のあり方を議論した。そこでは、これまでは漁協、県、国との協議により決まるといった定型的な三つのパターンしかなく、後援会は市民会議、道の駅委員会主導で計画が行われていることに対する不満があるようで、新たに道の駅の施設を小さくつくる方法がよいのでは、という意見であった。また、後援会の方も市民会議に入会してもらい、委員会で意見をいってもらってはどうかという提案もあり、いずれの立場においても、よりよい道の駅をつくりたいという想いは同じであることが確認できた。

2.2.3　第3回実行委員会

2007年7月18日に開催され、6月29日に行われた漁協との協議についての説明がなされた。続いて、市民会議から今後の進め方についての議論が行われ、漁協との関係、物産館の（耐震）強度の問題、（NPOだけで）経営できるのか、などといったテーマをめぐる意見交換がなされた。また、今回はいわき市の考え方と今後の方針が以下のように示された。

【考え方】
・中核施設は、案内・サービス施設である。
・設置者はいわき市となる。
・既存の地域資源（物産館）を有効活用し、民設民営の形態を維持する。

【今後の方針】
・物産館の構造性診断は必要であるが、今年度は予算枠がないため、他の枠の予算から調整する。できない場合は、来年度に持ち越す。
・「道の駅」登録可能性調査を実施したいのだが、これも予算が厳しい。
・道の駅をどの団体が運営管理するのか、またその団体と協議していきたい。（運営管理は）NPO法人などの団体が好ましい。
・権利関係の調整が難しい。土地の権利、現在のテナント、あのエリアの所有者は福島県…などである。

これらの意見に対して市民会議といわき市で交わされたのは、「道の駅を誰が、どこをどのように管理するのか。いわき市はどこまでを管理するのか」や「情報スペースだけの管理か。駐車場、トイレはどうするのか」といった管理上の問題、また、「低予算で仕上げたい」という市の考えとそれによる「構造性診断や登録可能性調査をしていたら、2～3ヶ月ずれ込む可能性がある。当初のスケジュール通りいかない可能性が高い」という懸念があり、「結局、漁協との話し合い、道の駅としての物産館の形態が決まらない限り、何ともいえない」といった道の駅以前の問題が依然として存在する、などであった。

こうしたことから、「市側と市民会議からの数人で集まり、今後の方向性を見出す」、「行政ができることとできないことをはっきりさせる」といった役割分担を数名の主要メンバーで明確にするという結論に至った。

2.2.4　第4回実行委員会

2007年8月28日に行われ、同日に行われた物産館所有権に関する四倉漁協代表者と市民会議代表者で話し合われた内容を報告した。

続いて、道の駅のあり方と今後のスケジュールについて、主にいわき市から以下の内容の提示と議論がなされた。

いわき市土木課からは、まず「道路・地域情報提供施設の設置場所」が提示され、道の駅予定地域の中で、現在の物産館のある漁村再開発施設用地以外に情報提供施設を新設することは、法的に非常に難しいこと、また、用途変更を行い、現在の漁村再開発施設用地以外に施設建設を目指すのは現実性に乏しいとのことであった。次に「物産館に対する市の関わり方」について、トイレ、情報提供休憩施設、駐車場は、準公共的なものとしていわき市が管理主体となる。一方で商業施設は市が管理主体ではなく、運営組織・団体と市が協力して進めていく。そのための話をつめていく必要があるのだが、その団体がはっきりしていないのが現状であるということであった。

同市市民協働課からは「市の支援策」について、網倉の補償費・物産館の改修費等を目的としたその補助率と上限金額提示がなされた。

最後に今後のスケジュールの確認が市土木課によってなされ、2007年12月における市の2008年度予算要求までに、国道からの安全性、駐車場の整備を含めた物産館構造診断等調査を行い、2008年6月に道の駅登録申請を行い、道の駅オープンは、市と運営団体との駐車場・トイレ等管理委託契約を締結した後の2009年3月予定とした。

2.2.5　第5回実行委員会

2007年9月12日に行われ、漁協との網倉の所有権に関する協議内容が報告され、またいわき市土木課から物産館の構造診断の予算化が決定し、9月末～10月にかけて実施する予定であることが伝えられた。

今回は道の駅のあり方に関するワークショップが実施された。

一つ目の課題として、「A．理想の形、B．理想の売り方、C．（仮称）道の駅よつくらの目玉」の三つについての検討が行われた。議論の対象はふれあい物産館の立地部分であり、手法は参加メンバーにABCそれぞれについて意見を書

いてもらい、一人ずつ発表し、議長が白紙にジャンル分けを行い、それぞれの意見への賛同を挙手にて確認した。

　また、それ以外として、道の駅の進め方について、物産館テナント、いわき市などを交えた会合を早いうちに持ち運営母体を2月までにはっきりさせ、また銀行の融資等の様々な視点から、NPO、法人、組合等の団体の違いを明確化し、決定する必要があるとした。

　さらに「四倉ふれあい物産館来場者アンケート」を実施することになり、そのための調査項目の検討を行った。具体的な内容は、「来場者フェース」、「四倉ふれあい物産館を訪れた目的」、「ふれあい物産館の感想」、「施設構成、直売コーナー、レストランの構成、トイレ、駐車場、進入路、周辺環境」、「今後、道の駅としてリニューアルするとき、どのようなサービス・施設を充実させていくべきか」、「道の駅に改装するにあたりどのようなスタイルがよいか」であった。

2.2.6　第6回実行委員会

　2007年10月17日に行われ、まず物産館の耐震強度について報告がなされ、ふれあい物産館は、道の駅として利用する場合、建築基準法としては強度が足りないが、すじかいの補強、梁柱結合部の補強を行えば問題はなく、材自体の強度に関しても問題ないということであった。その他には、国道から物産館へのアクセスを考慮し、信号と右折レーンの設置素案を作成・提示し、この案について国道事務所および港湾事務所の了解を得ることができた。今後、設置に向けて警察署の了解が必要ということであった。

　さらに前回のワークショップの結果を整理したものを提示し、道の駅の理想像に関する確認を行った。また、「物産館利用者アンケート」は作成案を元に内容を修正した。今後物産館利用者に対して実査を行う予定であるとのこと。

　道の駅の運営母体については、株式会社、NPO法人、第三セクター、PFI方式について、特徴等の紹介があった。また、運営会社の今後のあり方、道の駅運営団体の出資方式・利益配分等についての議論が交わされた。

2.2.7　第7回実行委員会

　2007年11月21日に行われ、「物産館利用者アンケート」は物産館にて12月一杯実施することが報告された。続いて、11月23日に実施する道の駅視察のルートについて、見学先のメインとなる3箇所（たまかわ、ふくしま東和、川俣）について30分ずつ説明があった。具体的には次の通りである。たまかわ：建物の規模も小さく、駐車台数も少ない。ふくしま東和：町の研修施設を道の駅に登録しており、指定管理者はNPO法人である。川俣：町の施設である名品館シルクピアを道の駅登録し、展示館スタッフは町の職員であり、シルクピアは第三セクターが運営している。視察のポイントについて、運営管理団体、運営費等のわかる範囲の概要を事前に用意すべきであり、今回は運営団体、出資方法についてメインにみていくべき等といった意見があった。

　運営組織について次のような議論が行われ、運営資金の出資、借入いずれにせよ、どのような組織にするのか、資金の集めやすい団体の決定をしなければならないことや、物産館の経営母体をどうするか、現運営会社との関係、資金計画の作成方法などである。さらに現状のスケジュールが遅れているとの懸念も出され、進め方の予定をふまえ、工程の管理を行うべきとの意見もあった。その背景にはいわゆる「つなぎ役」が不在とされ、市とのやりとりがうまくいっていない現状から、いわき市と四倉町民のパイプとしての地元市議会議員を道の駅実行委員会に入れてはどうか、という提案があった。先述しているが、プランは10月に市から提出予定であったが遅れている状態であり、11月23日までに現段階の進捗状況をまとめ、資料を作成するとした。また、市作成による計画の青写真の進捗状況と完成予定を問い合わせるとともに、完成に向けて討論の足りない議題を明確にして会議を行うべきという意見も出された。

2.2.8　第8回実行委員会

　2007年12月19日に行われ、まず11月23日の道の駅視察報告がなされた。そこでは、視察した道の駅はすべて公設民営であり、どうにか利益が出せている様子であり、要因としてはオリジナル商品や道の駅以外の販路もあり、経営努力をしているようだった。四倉における民設民営の道の駅は、全国で初めての試みであるとのこと。また、物産館利用者アンケートの中間報告資料が配布

された。
　続いて、いわき市からの以下の三つに関する報告があった。
　①方針
　・現在の物産館を利用し、民設民営にて道の駅登録を目指すことは課長会議にて決定。
　・水産庁は、駐車場・トイレ等を道の駅として利用することに同意。
　・民間の施設を含む形での道の駅登録は全国でもまれであるが、いわき市が管理運営に関われば登録は可能と、国土交通省からの回答。市民の声として国に働きかけをしていく方針。
　②問題点
　・漁協、県が所有者として混在し、権利が混在している。
　・いわき市が管理運営となる情報発信スペースがない。
　③問題点解決へ向けた課題の整理
　・市民（市民会議）の課題としては、運営主体や運営・運営計画の明確化、さらには物産館所有権と現運営会社やテナントとの権利調整。
　・行政（いわき市）の課題は、整備方針の策定（情報施設の設置場所・財源等）、具体的な市の関わり方の明確化、管理運営の具体的な支援方法の明確化。
　これらの報告を受けて協議を行ったが、その概要は次の通りである。
　市の方針の変更点について、「情報発信スペースは物産館のスペースではなく、市が財産として所有し管理運営する方針とのことだが、市が情報発信スペースを所有するということは、その所有にかかる漁協への補償をするとかかると考えてよいのか」という疑問に対して、「市が所有する部分に関してはそうなる」との回答であった。
　また、「市長と（四倉）町の意見が一致して道の駅構想があるのに民設民営で進めるのはどうなのか。公設で進めるべきでは」という質問については、「トイレは物産館内に設置する予定であり、浄化槽については物産館の敷地以外も設置可能である」という回答が、更に「物産館周辺の用途規制を外すため、市からの働きかけはできないか」については「周辺の公園・駐車場等は2005年に完成しており、県の意見を否定するわけにはいかない。県の目的を達成し

つつ、道の駅を設置。両立させる方針である」という返答であった。

最後に今後のスケジュールについての議論があり、2008年8月の登録目標であったが、課題が多すぎて、2009年にずれ込む見込みであり、次回会議までに、課題に対応するためのタイムスケジュールを作成してほしいとの意見があった。

2.2.9 第9回実行委員会

2008年1月23日に行われ、まずグランドデザイン作成会議・全体会議の報告がなされ、1月29日に全体会議を持ち、市民から意見を収集し、それをふまえて、2～3月に大野・大浦地区を含めた市民懇談会にて意見集約し、進めるとした。また、物産館利用者アンケートの結果報告は来月に延期するとした。

さらに、以下の報告が行われた。

現状の進捗状況について、道の駅設置に関して水産庁からは県を通じて以下の3点の回答が出ている。①道の駅として利用する建物を設置できるのは、現物産館の敷地のみである、②駐車場、公園等を道の駅の敷地とすることは可能である、③市がきちんとして形で関われば、民設民営は可能である。また、市は水産庁、県への用途申請を行い、物産館、駐車場、トイレ等を利用可能として、国土交通省から情報施設は市が設置運営すべきとのことだった。

情報施設・物産館整備計画についてであるが、行政から、防火壁を設けずに建物の1/3を情報施設、2/3を商業スペースとする案の提示があった。つまり、物産館と網倉の面積690㎡のうち、いわき市が261㎡を取得し整備、残り約430㎡は市民会議が取得整備をする計画案が示された。そして、登録スケジュールは行政から次のような提案があった。道の駅登録は、2年先延ばしして、2010年8月登録の計画。2008年度に整備計画素案策定し、2009年度に設計等の整備計画予算を策定、設計を元に整備計画の策定を行い、2010年度に建設等の予算策定、2011年度春に道の駅オープンを目指す。この登録の遅れについては市長にも報告している。また、市としては、道の駅の採算性の見通し検討、資金計画等の方針決定に要する時間、運営主体の設立準備の時間、いわき市の予算策定の都合等により計画の遅れが発生したとの説明があった。

この提案に対して、市民会議からは以下の意見が出た。

第1章 「道の駅」化に向けた地域の役割——道の駅以前と開業後——　　45

「2011年度オープンという期間は長すぎる。これだけの期間があれば、別の場所（現在の市場）にもっと簡単に作ったほうがよい」、「現在の物産館のテナントさんは、現状維持では厳しく撤退してしまう。漁協との話し合いもこじれてしまう可能性あり」、「他にも民設した例はなく、公設にしていただきたい」、「ボランティア主導では、3年後まで体力（勢い）が持たない」、「もとから、大きくて立派な箱ものは望んでいない。すばやいオープンが可能な規模でよいと思っている」。

　こうした意見に対して、市は次のような返答を行った。

「予算取り、設計、確認、工事に時間がかかる」、「市民会議が求める道の駅を知りたい。それによって期間の短縮ができるかもしれない」、「具体案に基づき、この道の駅の採算性を検討したい」、「今後、市民会議が求める道の駅のパターンを提示し、行政とイメージを共有したい」、「漁協の問題も解決の方向に進んでおり、国からの指示もあったので、あとは実行するだけである」、「市民会議と市が、お互いの求める道の駅のイメージを共有し、工事費、期間、運営方法など具体的に話し合って、イメージを具現化していきたい」。

　今後について、期間を短縮させるためにも会議を前倒しで行い、両者のイメージを共有することに努めるようにして、また2月14日に合同会議を開き、同日開催の道の駅実行委員会開催前に、何度か市と意見交換および打ち合わせの場を持つこととした。

2.2.10　第10回実行委員会

　2008年2月14日に行われ、議論の結果、以下のようになった。

　　①基本方針とスケジュール：いわき市の説明によれば、国・県・市の協議が長引き、当初より2年ほど遅れる見込みである。市としても早く登録をしたく、今後の話し合いで短縮できるのならそうしたいと考えているとのこと。また、既存ストックを有効活用して登録を目指したく、初期投資を少なくするのが市の基本方針なので、公設は難しいとのことであった。一方で市民会議によれば、市長の名のもとでスケジュールが明記された看板を立てさせて欲しいこと、本当に2011年春に開業するという確約が欲しいという要望があった。

②施設の管理運営の方法：公設施設（情報、休憩、トイレ、駐車場、広場）について、市によれば県と市が管理協定を結び、新団体に指定管理者、業務委託、覚え書きを交わし、新団体が運営管理を行うとの回答に対して、市側が物産館を取得することができないのかという質問があり、それについては新団体がNPO法人化して「もの」を取得する方向であるとのことであった。一方、民間施設（物販、飲食）については新団体が行うことである。

③整備計画の検討：市提案ベースで進めていく。因みに他の道の駅では、直売所、テナント数が1～2ほど多いとのこと。また、施設と国道との間にあるスペースは駐車禁止であるとした。

④運営の方針：委員長が組織案を提出することになり、それをたたき台に議論することにした。

2.2.11　第11回実行委員会

2008年3月18日に行われ、以下について議論が交わされた。

まず、道の駅予定地の看板設置についてであるが、港湾事務所によれば、看板設置に対して許可できるとのことで、4月以降に市民会議にて予算をとり、設置時期が決まり次第報告する予定である。また、「道の駅四倉予定地～市民の力で道の駅を誘致しよう！～」といった文言で設置し、看板の下部に空白を残しておき、のちに「設置者：いわき市＆四倉ふれあい市民会議」の文言を入れる予定とした。次に運営の方針について、管理運営組織はNPOが望ましく、次のメリットが考えられる。①法人格となり、いわき市と正式な契約ができる、②法人格があるために財産の所有者となることができる、③非営利であるため、補助金をもらいやすい。こうしたことから、今後、運営団体は、NPO法人として準備を進めることとする。地元団体、行政、ふれあい市民会議を含む、「道の駅」登録検討協議会を設置し、整備計画を承認の場として位置づける。

その他については、現運営会社への対応と外部協力者（コンサルタント）への依頼可能性についての検討が行われ、後者については商工労政課で対応可能であるが早めの申請が必要であるとの回答だった。

2.2.12　第12回実行委員会（2008年度第1回）

2008年4月15日に行われた。まず報告事項について伝えられ、グランドデザインの最終打ち合わせは終了し、5月末～6月初旬に市長へ報告することになった。続いて議論が行われ、以下のような結果になった。

　①道の駅予定地看板設置：見積金額は決定、予算化を予定している。また、サイズは2,400 × 1,200とする。四つの倉をイメージしたものを挿絵として、設置場所は現在の物産館の看板の並びに国道の上下線どちらからもみえるように三角形に配置することにし、6月頃に設置する予定であるとした。

　②管理運営の方針：NPO法人化に向けリーダーは会長として、現運営会社は解散し、NPO法人へ移行する方向で調整している。現在の物産館テナントである3店舗はそのまま出店する意向とのこと。また、直売所に参加する生産者の組織化が進んでいる一方で、JAが北部に直売所を持つという意向を確認する必要がある。

　③2008年度スケジュール：いわき市土木課より次のような説明があった。8月の市予算実施計画の位置づけに向けて、7月には庁議である程度の合意を得る必要があるため、7月中旬には整備計画の素案作成が必要である。それを実現するためには、6月中旬頃には漁協等の内諾が必要であり、4～6月に集中した問題解決（ハードの方針・デザイン、補助の目的の明確化、ソフト面、漁協・テナント・現運営会社等の権利調整）が求められる。

　④配置計画、整備方針：ハード面の配置計画を依頼するデザイン会社の紹介を行った。

2.2.13　第13回実行委員会（2008年度第2回）

2008年5月20日に行われ、議論の結果、以下のようになった。

　①道の駅予定地の看板設置：6月に看板店に依頼して作成し、背景は海の写真、四つの倉の挿絵はなし、ゴシック体でシンプルに、余計な言葉は入れないことにした。

　②運営方針：四倉ふれあい市民会議がNPO化し、それと並行して、現運営会社の解散、テナントとの調整を行い、市民会議NPO化後は現運営

会社の理事にも役員として参加してもらう。

　③配置計画整備方針：基本デザインのレイアウトはワークショップで出た案を基に作成し、施設の基本デザインおよびレイアウトなどを設計会社より平面図、パースの説明を受けた。具体的には、「基礎は残し、スペースの利用の提案。天井は吹き抜けにし、梁をむき出しにして、例えば漁具や凧などの展示スペースにし漁具資料館をかねるようなつくり」、「屋根をガラス張りにし、開放感のある建物にする」などである。この説明を受け、次のような意見や議論が交わされた。「トイレの位置は近すぎるのでは、物産館の中に入れるべきであるが、民設になるので、公設の通路に近いところに設ける」、「通路は3.7mより広く取りたいが、取りすぎると案内所を利用しなくなるのでは。イベントをやる声もあったが、ふれあい広場に必然的に行くのではないかとの意見もあり、プラン通りとする」、「防犯のために直売所にも通路を設けるべき」。

　④情報館の基本コンセプト：地域情報の提供は「タッチパネルPC等のデジタル媒体ではなく、案内板等でアナログにやったほうがいいのでは」という市の提案に対して、「目で見てわかりやすい、目的によりあわせやすい（パンフレット）」、「周辺の施設に行くための案内として、アナログが一番」といった肯定的な意見がある一方で、「紙代などコストがかかるのでは」や「タッチパネルであれば親しみやすいのでは」という見解も出された。

2.2.14　第14回実行委員会（2008年度第3回）

　2008年6月17日に行われ、農林水産省との打ち合わせにより広域連携共生対流等対策交付金が活用可能であること、現運営会社はNPO参画等に協力するなどの報告がなされた。

　次に以下の四つの項目に関する議題の報告・検討を行った。

　　①道の駅予定地の看板設置：6月中に小名浜港湾事務所の許可が下り次第、設置する。場所は大徳丸前に変更する。

　　②物産館の整備計画：設計事務所よりプロジェクターを使った説明があり、前回の協議をもとに、飲食店は各テナント制からフードコート制に切

り替え、直売所も通路を設け、水産コーナー（テナント）と直売所を分けるプラン等が提示された。この案については、窓を多くとり店内をみせたほうがよいとの意見もあり、国道側からか広場側からの眺めを重視するかでわかれた。情報館も前回の意見を反映し、通路を挟んで近い場所にトイレを移動、ふれあい広場および駐車場からの動線を考えたデザインに変更した。次回、このプランに基づき、市が設計事務所に依頼して設計図を作製することになった。

　③情報館の基本コンセプト：市より説明があり、情報提供スペース、トイレ、ミーティングルームの三つの施設構成を基本とする、タッチパネルPCにより道路情報や地域情報を、紙ベースではパネル等により地域情報や市民会議活動情報を提供する案が提示された。

　④道の駅登録検討協議会：市から説明があり、整備計画をとりまとめて、協議会の立ち上げに向けて各団体に協力要請をしていきたいとのことであった。

2.2.15　第15回実行委員会（2008年度第4回）

2008年7月15日に行われ、六つの議題についての報告・検討が行われた。

　①道の駅啓発看板の設置：看板は完成している。7月第3週中に設置予定。

　②漁協（理事会）への協力願い：漁具の移転・漁協との協力は、道の駅委員長・副委員長に一任し、また、地元漁協とはもっと具体的に話を進める。

　③物産館の整備計画：8月までに予算を決定する。外観はもっと検討し、バックルームの拡張は調査中である。また、柱の関係で9mを四分割してその1本分を通路とする。飲食テナントと水産物物販が上下分かれているので、排水設備費がアップする予定。加えて耐震性向上を図りたい。これらの提案に対して、次のような意見があった。「柱、すじかいが多すぎる。大空間が演出できない」、「新築・改装であまり予算が変わらないのではないか→回答：新築は改装の2倍かかる計算」、「上下の通路をもう1本入れてはどうか。南側にバックルームだと光が入りづらいのではないか」、

「いわき北部の玄関にふさわしく、新しい設備がいい」、「パーゴラ部分はルーバーなどでもよい」。また、「テナント数は見込み。現テナントは全て入居予定」という案に対して、市は「新規テナントはオープン公募に」との要望があった。フードコートの座席数の現在案は 50 〜 60 席であるのに対しては「席数は妥当な数か」、「外との一体感をもっと出すべき。野外のイベントに対応できるようにしたい」、「バックルーム前後 3 m 出せないか→回答：見積もってもらう」などであった。

④情報館の整備計画：通路は上下逆にして、物産館に対応する。設置設備は、多目的トイレ（トイレ全体では21基）、ベビールーム、PC は 2 台である。また、情報館は新築・改装両方の可能性を検討することにした。

⑤整備スケジュール（工事工程）：物産館、情報館ともに進行させる。また、物産館・情報館で別々にオープン時期を設ける。情報館の設置予定場所に、現テナントの仮設店舗を建設し、その間、物産館の工事を開始する。物産館を 2009 年 12 月にオープンし、その後、情報館の工事開始。情報館を 2010 年 7 月にオープンし、（仮称）道の駅よつくらグランドオープンとすることとした。

ここで道の駅よつくら港の原型が完成したといえる。

2.2.16　第 16 回実行委員会（2008 年度第 5 回）

2008 年 8 月 19 日に行われ、三つの議題についての報告・検討が行われた。

①NPO：9 月 9 日 18 時より、商工会館 2F にて NPO 設立総会を実施する。

②農林水産省補助（広域連携共生対流）交付金交付申請：建物の設計は現在進行中である。また、連携の調査については次の意見が出された。「都市部との交流について、食べ歩きや買い物をしてもらう」、「アンテナショップの会員向けバスツアーを活用できないか」、「アンテナショップに産直品を置いてもらう」、「水産物の加工体験を売り込む」、「ビューローの力を借りながら、PR していく（入会を検討する）」。

③ふれあい交流館の整備計画：デザイン、レイアウトについて、平面レイアウトをもとに、前回提示された案を組み込んだデザイン等の説明とそ

第 1 章 「道の駅」化に向けた地域の役割——道の駅以前と開業後——　51

れに伴う意見交換がなされた。具体的には次の通り。「ラウンジコーナーの追加、北側の見栄え、西側の見栄え」、「床が 20cm 上がる理由は現在中心部の柱の基礎が上がっているため」、「大雨の時に雨水があふれる場合もあるので、床が上がったほうがよいのでは」（回答：「浄化槽の費用もかかるので、検討したい」）、「国道側でも販売できるようにしたが、バックスペースとの兼ね合いで狭くなった」、「夜間のトイレについて、直売所はシャッターを下ろすので、情報館のトイレへ」。外装については、「アジアンアーバン風、ブリティッシュハーバー風、網倉風」、「費用的には 3 パターンとも計画通りできると思う」、「外壁によっては防火の対策は必要」、「国道からみると屋根が主体に見えるので、屋根を工夫してほしい」（回答：「屋根のガラス張りの部分があるので、ある程度はメリハリがつく」）、「防火壁をどうするか（仮営業のときの対策）」（回答：「いらないのではないか」）。予算について、「予算の金額の内訳を知らせていない」、「NPO についても、運営計画を出さないと参加者が出てこないのではないか」、「自己資金の計画はどうなっているのか」、「NPO の運営について、道の駅に特化した NPO ではない」、「現運営会社の件は、総会で了承済みである」であった。

2.2.17　第 17 回実行委員会（2008 年度第 6 回）

　2008 年 9 月 16 日に行われ、9 月 9 日に NPO 法人「よつくらぶ」の設立総会が開催され、平成 21 年 1 月には県の認可が下りる予定である報告がなされた。続いて三つの議題についての報告・検討が行われた。

　　①これまでの経緯：道の駅整備スケジュールは、2009 年 12 月に交流館オープン、2010 年 7 月に情報館オープンにより、道の駅全館オープンとする。また、まもなくいわき市の道の駅に関する概算の事業費がわかる予定である。事業費計画についてであるが、2008 年度に市民会議で一定額の自己負担が必要となる計画であり、NPO からの借入を検討している。漁協については網倉利用者からは承諾を得ており、新規網倉のレイアウトは一任されている。

　　②デザインレイアウト：デザイン方針については、古きよき網倉風のデザインで進めることに決定。

③先進地視察・広報活動：11月8〜9日港区の祭りに参加、11月23〜24日に千葉・茨城方面の道の駅を視察調査予定である。

　2007年6月5日に第1回の会合が開かれてから、ほぼ月に1回のペースで道の駅設置に向けた検討が行われてきた。その中で第一のハードルとしてあったのは、物産館運営会社（当時）への対応であった。（議事録上から推察するに）この調整がスケジュールをやや遅らせたことは否めない。その背景には諸々の関係が「地域内」で完結していることから、既存施設の道の駅化が収益増をもたらすであろうというメリットが想定されながらも、良くも悪くもビジネスライクに進めることができなかった、ということなのだろうか。もう一つをあげるならば、それは「施設コンセプトの決定」であろう。第5回実行委員会でワークショップ形式での討議が行われているが、（少なくとも議事録上では）その後の具体的な展開がみられず、ハード面の整備計画が進んでいく…というプロセスを経たようである。これは諸メンバーの知識・経験不足というものではなく、ほぼ地域内の人びとだけで進めていくこと自体が困難を生じさせた（ある意味で「三すくみの状況」）のではなかろうか。このように市民会議、市との協議が1年以上なされた中に、「産官学」の「学」として福島高専が以下に示す2回の会議を経て、道の駅実行委員会会議に加わることになったのである。

キックオフ会議（第1回打ち合わせ）
　数名の市民会議メンバー、いわき市、福島高専による初の打ち合わせは2008年10月8日に行われた。そこではこれまでの経緯が市民会議側から簡単になされ、具体的には「交流館」と「情報館」の施設構成・配置計画図、広域連携共生・対流等対策交付金（拡充）に関する資料、四倉ふれあい物産館来場者アンケート中間報告（2007年12月15日まで）等であった。また、高専の金子研一氏からは高専の関わり方等の提案がなされた。さらに市民会議側から、11月末実施予定の道の駅先進事例視察調査と日程に関する説明があった。
　そして、高専側からは以下の項目に関する検討を提案した。①道の駅の『商い』ニーズ調査・仮説検討シート、②想定されるセグメント別の利用形態、③千葉県南房総・道の駅ネットワークにみる差別化、④今後のスケジュール。具

体的には、

　①「来訪者が道の駅の『商い』に求める品揃えと志向性を明らかにする」ことをねらいとした仮説検討シートを提示し、調査課題を次の6つとした。1）どんな人が道の駅を利用するのか【ねらうセグメント】、2）道の駅はどの程度知られているのか【認知のすそ野】、3）何が店の敷居をまたがせるのか【ウチとソトの複眼】、4）道の駅は満足を生んでいるのか【欲望の喚起】、5）道の駅でどんな体験がしたいのか【付加価値ある体験】、6）リピーターを生む商いとは何か【陳腐化の回避】。

　②「想定されるセグメント別の利用形態」では、道の駅が支持を得ていくには、ターゲットとする客層の個別のニーズにピンポイントで対応していく必要があるとして、顧客を性別年代、移動時間、ライフステージなどの指標からセグメント化し、利用想定に沿ってコンセプトや品揃えを考える。ここでは試みに移動時間とライフステージでセグメント化し、どのような利用形態が想定されるかをあげた。

　③「千葉県南房総・道の駅ネットワークにみる差別化」であるが、千葉県南房総にある道の駅8ヵ所を例にあげ、それぞれについて、差別化のポイント、交流施設（物販…海産物・野菜・花・その他。体験…加工・摘採・その他。飲食…食堂・カフェ・その他）、情報施設（案内窓口・その他）、イベント（食の催し・その他）をまとめた表、さらには位置と基本情報についても提示した。差別化のポイントについてみると、富楽里とみやまは「豊富な体験メニュー」、きょなんは「文化施設との連携」、とみうらは「びわへの選択と集中」、鴨川オーシャンパークは「海浜眺望への選択と集中」、ちくら・潮風王国は「カフェや雑貨のモダンさ」、三芳村は「イベントの多彩な戦略」、ローズマリー公園は「英国風の異空間演出」、おおつの里は「花摘みへの選択と集中」と考えられる。

第2回打ち合わせ

2008年10月17日に行われ、前回とほぼ同じメンバーで、調査の仮説設定や質問票に関する検討がなされた。特に「地方来訪ニーズ調査・仮説検討シート」については、「都市住民における地方来訪ニーズを明らかにする」ことを

ねらいとした仮説検討シートを提示し、調査課題は次の六つとした。1）地方来訪を楽しんでいるのはどんな人か【ねらう客層＝ヒト】、2）都市住民は地方でなにを買いたいのか【商品＝モノの交流】、3）都市住民は地方でどんな体験をしたいのか【出来事＝コトの交流】、4）都市住民はどこからどんな情報を集めるのか【入手経路と内容】、5）都市住民はどんな情報を評価し望むのか【評価と今後意向】、6）いわき／四倉は知られているのか【認知の度合い】。

これらの打ち合わせを経て、月末に行われる実行委員会に臨むことになった。

2.2.18　第18回実行委員会（2008年度第7回）

2008年10月21日に開催され、高専が初めて参加した実行委員会である。今回は以下の二つの議題についての報告・検討が行われた。

①ハード面：デザインレイアウトはデザイン会社が「約5坪の面積増加、約100席以上の席数を確保」という提案を行った。それに対して、「食事テナントの国道側の販売スペースが目立つとよい。柱が多すぎる。バックヤードが共同利用のため無駄が多く、テナント同士のトラブルを招くのではないか」という意見が出された。また、新設網倉については平面図が出来上がり、次回会議までには漁協と協議の予定とのことだった。

誘導看板、駐車場についてはいわき市土木部から、以下の説明があった。小名浜港湾、いわき市土木部、市民会議の三者にて敷地の調査・点検を行った。また、12月までに公安委員会に信号設置を要請、横断歩道の設置を予定（警察署）、駐車場のアクセスは今のままで案内看板を設置、駐車場の周りにヤシの木を植え、道の駅の一体的な敷地であることを印象づける。小名浜港湾に申し入れした。その際、現在植えてある桜の木は移植などの検討を行った。情報館の設計についても市土木部から、交流館と同じような意匠で設計を委託している。次週に方向づけを決定する会議が開催され、次回の道の駅実行委員会会議には報告できる予定ということであった。

②ソフト面：港区における広報活動調査およびアンケート（10月25～26日）を行った。時勢を反映して、野菜等はよい売れ行きであった。アン

ケートは福島高専が集計している。また、先進地視察調査（11月23〜24日）に実施し、30名程度が参加予定である。数班にわかれ、それぞれにテーマを持たせ、分担にて調査を予定している。

視察前打ち合わせ

2008年11月19日に行われ、前回とほぼ同じメンバーで①港区アンケート調査の結果報告、②道の駅プロジェクトの全体計画案、③取組ステップに関する検討がなされた。

①アンケート調査報告：2008年10月25〜26日に、東京都港区で実施した「地方の旅と情報についてのアンケート調査」の調査結果を報告した。調査対象は赤坂コミュニティまつり来場者、有効回収数は100サンプルであった。資料「地方来訪ニーズはどこにあるか—地方の旅と情報についてのアンケート調査から」を配布し、「1.都内在住の旅行者像—回答者のプロフィール」、「2.物産・観光情報収集の実態と期待」、「3.地方来訪に何を期待するか」、「4.想定される今後の展開—情報発信・物販・体験」の説明を行い、これらの結果をふまえ、「5.仮説検討と南房総「道の駅」・視察ポイント」を提示した。

②道の駅プロジェクト　全体計画案：調査における三つの方向性について説明を行った。具体的には、1)「『(仮称)道の駅よつくら』の集客力構築」をねらいとして、どのような情報を発信すれば誘客につながるのか【広報活動調査】、2) NPO主体で道の駅をどうマネジメントすればよいか【管理運営調査】、3) どのような商品・サービス（含体験）を提供すればよいのか【交流活動推進調査】という三つの基本課題を立て、それぞれに調査課題とアプローチ方法を提示し、最終的なアウトプットとして、情報発信の方法、施設の差別化ポイント、施設利用実態・評価・期待、地元住民と来街者への展開方法、管理運営の仕組構築、開業後の展開再検討の六つをあげた。

③道の駅開業に向けた取組ステップ（案）：2008年度〜2010年度までの取組ステップ案について、時系列順にまとめた表を提示した。表の内容は、取組項目、取組のねらい、取組概要、事業タイプ、想定される主なアウト

プットである。

また、道の駅先進事例調査視察に高専の金子・高橋・松本も同行することになり、後日、視察調査結果を高専がとりまとめ、ワークショップ内で検討することになった。

2.2.19 第19回実行委員会（2008年度第8回）

2008年11月18日に行われ、以下の三つの議題についての報告・検討が行われた。

①「(仮称) 道の駅よつくら」整備計画（素案）：いわき市土木課により次の説明がなされた。四倉漁港を観光交流拠点とするためのまちづくりに最大限協力する。既存ストックを最大限に利活用し、恵まれた立地条件を活かし、北部地区の活性化を図る。授乳・おむつ換えがゆったりとできる授乳室など、快適な空間を提供できる施設を目指す。駐車場までスムーズにいけるよう、視界を邪魔する立木を伐採し、誘導看板を設置する。国道沿いにある木は移植し、代わりにヤシの木を植え、海岸と物産館等との一体感を演出する。現在の物産館への右折レーンの停止位置をもう少し前にすることによって、より広いレーンが確保できる。信号はつけるが右折専用レーンは設置しない。

②道の駅先進事例調査視察（11月23～24日）：南房総、茨城など14ヶ所の道の駅を視察し、班ごとのテーマに沿って調査を行う。班は当日発表する。また、「道の駅よつくら」は仮称なので、道の駅のネーミングにも意識を持って調査する。

2.3 ワークショップ以後

2.3.1 第20回実行委員会／第1回ワークショップ（2008年度第9回）

(1) 実行委員会報告・協議事項

2008年12月16日に行われた。高専が関与するワークショップが始まったのもこの日である。最初に各委員会からの報告が行われ、まちづくり統括からは2008年12月15日に（仮称）ふれあい交流館および漁具保管庫建築設計業務委託の現地説明会があり、12月25日に入札予定とのことである。

次に「（仮称）道の駅よつくら」整備計画（素案）に対する意見への回答がいわき市土木課からあった。具体的には次の通り。情報館のデザイン案：交流館と相反するデザインがよい、ガラス張りやマジックミラーの外観、屋根を全てガラス張り、白壁の倉、明るいイメージ、北側駐車場のトイレのデザイン、太陽光発電、トイレにアンケートやワークショップの意見を取り入れてほしいという意見があった。それに対する回答であるが、古き良き網倉風のコンセプトを取り入れた「交流館」や、網倉をイメージした「北側トイレ」のデザインとの整合を図ることを基本としている。デザイン等に関する意見については、来年度実施する詳細設計において、初期コストや維持管理コストの低減、およびユニバーサルデザインの導入を基本としながら、可能な限り設計に反映する。誘導・案内：右折レーンの道路に道の駅と書けないかという意見があったが、「道の駅」等の公共施設名を表示することは、原則許されていない（公安委員会）とのことである。その他：看板に外国語表示を入れられるかという質問に対しては、道路上に設置する「道の駅」案内標識には、ローマ字表記を併記することになっている。その他整備区域内の看板については、図による表示や外国語表示（ローマ字含む）も検討するとの回答であった。

(2) ワークショップ「道の駅先進事例調査結果報告」

11月23〜24日の道の駅先進事例調査の報告を高専が行った。『情報発信』、『物販』、『交流体験』の三つについて、観察調査の結果や施設展開の様子を紹介しながら、現状展開されている道の駅について見識を深めた。今回見聞きした情報を参考にしつつ、今後は3班に分かれて、「（仮称）道の駅よつくら」についてどのような施設展開を行っていくか（情報発信、物販、交流体験の三つ）を検討する。

【報告・検討内容】

1）『情報発信』調査結果

「情報発信（施設内）」として、それぞれの道の駅について、情報コーナー、相談窓口、パソコン端末、タッチパネル、ポスター、ちらし、掲示板等の項目に分け、一覧表にまとめた。また、周辺マップ・施設マップ、情報コーナー、パソコン等、面白い取組といった項目別に、特徴がみられたものを画像で紹介した。具体的にきょなんでは、周辺の店がA4横1枚

で自分の店をPRする広告をつくり、「店主からのひとこと」を添えたものを有孔ボードに貼るといった、地元情報の発信や手作りの案内。富楽里とみやまでは、定置網漁法の模型図の展示。鴨川オーシャンパークでは、スクリーンで「地震のしくみ」を紹介するといった、方向性の違う情報発信。

「情報発信（ちらし）」として、それぞれの道の駅で配布していたちらしについて、その数や記載内容を確認した。交通・地図、飲食、施設・観光情報、イベント、みやげ、宿泊、文化施設、地域間交流、他県の案内等の項目に分け、一覧表にまとめた。また、特徴のあるちらしについて画像で紹介した。南房パラダイスやくりもと・紅小町の郷では、農業体験の年間カレンダー、たまつくりでは手づくりのちらし、である。

2）『物販』調査結果

「観察調査結果（施設内、来場者）」の調査結果のデータを提示した。施設内については、商品の種類数、商品の産地、商品の価格、商品のアピール方法など。来場者については、来場者属性、一緒にきた人、地元／観光客比率、来場車ナンバー、最も売れた商品、主に購入した人、リピーター属性などである。施設内についての具体的な結果をみると、商品の種類数：10以上、産地：地元産が多い、価格：350〜2,000円程度のもの、アピール方法：POPやチラシが多い。来場者についての具体的な結果をみると、来場者属性：既婚子ありや既婚子独立が多い、一緒にきた人：夫婦・カップルや親子連れが多い、地元／観光客比率：観光客が多い、来場者ナンバー：関東近県や県内が多い、最も売れた商品：海産品（加工・生鮮）が多い、主に購入した人：既婚子ありが多い、リピーター属性：既婚子ありや既婚子独立が多い。

各道の駅の差別化ポイント、ポジショニングについてであるが、製品・サービス展開の有無と物販の特徴をまとめた一覧表（「施設内の売場配置一覧」）を提示した。物販の特徴についてみると、富楽里とみやまには近隣道の駅との連携コーナーが設けられていたり、POPやのぼりを活用して売場をわかりやすくするといった特徴があった。一方、南房パラダイスは地域と関連のない雑貨や洋服が多く置かれており、地場のものは少ないと

いった特徴がみられた。白浜野島崎では、置かれている製品・サービスが他の道の駅に比べて少なく、完成度の高い加工品などは扱っておらず、手づくり感のある産品や菓子などを主に扱っており、手書きによる周辺施設の説明書きや写真の展示をしているといったPR上の特徴がみられた。

さらに施設内売場配置マップ（「施設内売場配置」）を提示した。このマップは、店の棚割（どこの棚に何の商品が置かれているか）等を示したものである。それによれば、きょなんは施設の前で実演販売を、富楽里とみやまでは売場に生産者の写真や新聞記事を掲示している。とみうら・枇杷倶楽部では施設の前にご当地ソフトクリーム（枇杷ソフト）の屋台を設けている。ちくら・潮風王国は施設内には海産物を置き、直売所（新鮮野菜市場）は施設外に別に設けている、といった特徴がみられた。くりもと・紅小町の郷ではバケツ一杯のメダカを売っているといった、面白い取り組みもあった。

3）『交流体験』調査結果

まず、交流体験コーナーの全体像について、①物販施設とは別に独立した交流体験コーナーを設けている道の駅は稀である、②交流体験の多くはイベント型であり、一年を通した常設型はあまりみられない、③交流体験スペースを外部に設ける場合は、収益を前提とした所有者との連携が必要である、④体験内容の差別化は、ハード面の違いによるものが多い。ソフト面に工夫の余地あり、⑤交流体験を実施していた道の駅8ヵ所について、差別化のポイントと体験内容をまとめた表を提示した。具体的に、富楽里とみやまの差別化ポイントは「施設外の場所への移動・案内」であり、ひもの加工体験は富山町漁協加工場にて行い、枇杷等の摘採体験は農場所有者が道の駅と契約するかたちで行っている。ちくら・潮風王国の差別化ポイントは「臨海立地を最大限に活用」であり、体験内容としては、バーベキューや船遊びなどがあった。

4）施設展開について

交流体験を行っている道の駅を、施設展開の視点から三つのパターンに分類した。それぞれのパターン（A：既存施設の利活用、B：外部施設との連携、C：連続した施設デザイン）について、背景、実態、課題を明らかにし

写真1.2.2 会議風景 左：市の説明（第20回）、右：ワークショップ（第21回）

た。

　最後に、「交流館」展開コンセプト立案に向けてという次回課題について、①道の駅ユーザーをどうみるか（STP）、②物販をどう展開するか（4P）を提示した。

【その他】

　（前回参加しなかった人が、前回の会議までに決定したことを蒸し返すような問答があったが）このワークショップのために、これまでの道の駅実行委員会で決定したことや経緯を説明することはしない。個別に対応する。この会議はこれまでに決定していることを否定しない範囲のものとする。

2.3.2　第21回実行委員会／第2回ワークショップ（2008年度第10回）

(1)　実行委員会報告・協議事項

　2009年1月20日に行われた。まず、NPO検討委員会からは2009年1月8日に設立が承認され、1月16日法人登記を申請、また道の駅交流館実施設計を発注したことが報告された。

(2)　ワークショップ「交流館（物販コーナー・体験コーナー）について」

　最初に、道の駅開業に向けた取組ステップ案を提示し、修正・了承を得た。月単位のスケジュールと検討・決定事項を提示し、同時にこれまでの情報を共有（除：第1回WS内容）した。続いて、ワークショップでは、物販施設（①ターゲット②全体のコンセプト③品揃え・サービス内容）と体験施設（①ターゲッ

ト②全体のコンセプト③体験の種類体験項目、方法）について、3班に分かれてグループワークを行い、最後に班ごとに発表した。

【報告・検討内容】

1）班分け、役割分担

　3班に分かれ（各班の担当者は高専側の4人：金子、高橋、松本と飯島）、各班で同テーマを議論し、コンペ形式で決定することにした。

2）交流館の施設・ハード面の制約

　施設の制約を考慮に入れるものの、今回はコンセプトレベルとする。

3）物販・体験コーナーの展開内容

　これらについては、「検討シート」を配布し、3班に分かれて議論を行った。「検討シート」の内容は、「物販コーナーの展開内容」は、何を売るか、どこで売るか、誰に売るか、「売り」のポイント、どうやって売るのか。「体験コーナーの展開内容」では何を体験するか、どこで体験するか、誰が体験するか、体験の「売り」のポイント、どうやって売るのか。その他、参考データとして、観光客の視点（港区調査から）、地元客の視点（天栄村調査から）、物販の展開内容や差別化ポイントの例（先進事例視察調査から）に関するデータを提示した。具体的には、「物販コーナーの展開内容」は①マーケティングのSTP→ターゲットの設定、②店舗コンセプト→「何」を売りにするのか、雰囲気も、③品揃えコンセプト→品揃えの方向性、④サービスコンセプト→人の問題であり、「体験コーナーの展開内容」は①マーケティングのSTP→ターゲットの設定、②コーナーコンセプト→「何」を売りにするのか、雰囲気も、③体験内容コンセプト→体験の種類の方向性である。

【検討結果】

1）1班

　「物販コーナー」については「魚と野菜がメイン」とするとして、「魚」は加工品（鮮魚は専門店に任せる）として、必ずいわき市内で加工したもの（市内で収穫したものを市内で加工するのがベスト）として、天日干しの干物（天日で干したもの）を売りのポイントとして、価格設定はスーパーより低価格（市場を通さないので原価が低いため）とする。一方の「野菜」

は産直の軽トラ市（通年、月に 1〜2 回定期的に）を行い、仮設（トラックやテントで売る）、季節のとれたて野菜を売る、また生産者をみることができる（その場で会う、または顔写真）コミュニケーションを売りとして、価格設定は低価格であるとした。

　他に意見として出たのは、オペレーションの問題「出品をどうするか」という質問に対しては、車で直づけしてもらいそこで売る。ターゲットという絞り方はしない。地元客（普段食べるものとして）が買いやすく、観光客（いわきで最低限加工したものとして）にとってもそこでしか手に入らないもの、買ってよかったと思えるものを提供したいとのことであった。

　「体験コーナー」であるが、「施設内の体験」として干物体験をあげ、サンマ（生、冷凍の時期）を基軸にしつつ、旬の魚を展開するとした。「サンマ」は常設の体験コーナーで行う。ターゲットは地元客と観光客をクロスさせる。サンマのみりん干し等は若い人はできない。地元の年配層が若い人に教えている光景をみせることで、観光客に伝統の伝承が行われている地域だという印象を与え、自身も珍しい体験ができるようにする。また、旬の魚は仮設のブースやテントで、1 月はタラ、3〜4 月はアジ、その前後はホッキ（殻むき体験）、7〜8 月はヒラガニ（乾燥させる）秋口はサケ（イクラ取り出し体験）やシラス（釜あげ）等を提示した。「施設外の体験」では農業体験（干物乾燥中）をあげ、例えば芋掘り（じゃがいも、さつまいも）で、ターゲットは基本的に観光客のみとした。ここでもオペレーションの問題で誰が畑の維持管理をするのかという意見も出された。

2）2 班

　「物販コーナー」について魚は新鮮、港からすぐ来たものでサンマ、カツオ、ホッキ（ホッキ飯を 500 円程度で）、底曳きでとれるカレイやアンコウ、カニ、常設で生を基本として、レストランに出す場合はレシピを工夫する。ターゲットは地元客を女性／既婚子独立（今の段階で実際来ている客）、観光客は親子連れ（カニ等は楽しんで食べてもらえる）とする。野菜はトマト、ネギ（様々な種類を出しながら通年提供できる）、果物はナシ、イチジク、珍しい古代米、お菓子はかしわもち（よもぎ入り）、酒はシソ焼酎、花は菊（菊作りの伝統がこの地域にはあるので、特産品として）、漬物が集中

する時期があるので、その時期にテントで漬物フェアを開く。白菜の芽、しいたけ、まつたけ、イチゴ等も旬の時期にイベントを開くなどをあげた。

「体験コーナー」の「施設内の体験」は干物体験として、干す魚はカレイ、サンマ、タイ、カワハギ、魚以外で干すものをイチジク、トマト、柿とする。ターゲットは地元のおばちゃんの他、観光客の親子連れに体験学習として活用してもらい、乾燥時間を 30 分〜 2 時間を設定し、価格は干物を 100 円均一（100 円干物）、お店での相場に体験代をちょっと上乗せしたくらいにする。「施設外の体験」は浜焼き（バーベキュー）、磯ガニ釣り・エビガニ釣りはエビガニをとってきて殻をむき、それを餌にして釣る、キラー網・かご漁は仕掛けを沈めてそれを引き上げる、農業体験はいちごやトマト狩りとして 30 分 500 円程度とする。また、若い人はサーフィンに来るのだが、板は貸し出しできないので各自持参とする。

意見としては、施設外の体験は窓口で案内する、基本的には干物体験をメインにしたいので、干すのに 1 〜 2 時間かかってしまう、と思わせる隙を与えず情報提供（「施設外の他の体験もあるので大丈夫ですよ」という感じで）を行うようにする。さらに、団体での申し込みがあった場合は送迎をするという案も提示された。

3）3 班

「物販コーナー」において、魚はトドキ：売りのポイント「珍しい」、ホッキ：乾燥のホッキを作ってお酒を飲む人に売る、ベニズワイガニ、ヒラガニ：鍋セットやボイルで、シラウオなど。野菜はイチジク：干しイチジクやジャム等の加工品、世の中から便秘をなくすために道の駅で貢献、ネギ：下仁井田のネギ、下仁井田のブランド化、イチゴ：近くでイチゴ狩り体験もできるといった提案である。お菓子はイチジクソフト、ヒラガニせんべい：ヒラガニをそのまま潰してせんべいにしたら面白いのではという意見が出た。飲み物・お酒については、晩酌セット：いわきの地酒を魚と一緒にセットで売り、さらにイチジク果実酒やトマトジュース（販売中）といった案も出された。その他については、カツオの塩辛はお酒を飲む人に売る、ガラスの浮き球や昔の漁具はインテリアとして売る、等があった。

「体験コーナー」の「施設内の体験」である干物体験を、魚全般（ホッキ、サンマ等）と魚以外（果物や野菜（イチジク、トマト、イチゴ）、ドライフラワー）にわけて説明し、ふだん干物では売っていないものまで乾燥するのが面白いと考えた。また、野菜ジュース体験も提案され、野菜、果物を適当に並べておいて自分でチョイスして作る。罰ゲームに使ってもらっても面白いとした。他には、網細工・ストラップ、貝殻細工・流木細工であり、後者は海に行って材料を拾ってくるところから始まる、同時に浜辺も綺麗にしてもらうのもねらいであるとした。「施設外の体験」であげられたのは、釣り（竿のレンタル）、地引き網体験、ダイビング（機材のレンタル）、農林業体験（イチゴ、トマト、イチジク狩り）であった。さらに野菜を植えて収穫したものを乾燥して持って帰る体験（所要時間半年、都会の人・子供に成長している野菜の写真を送る）ことや、港の周遊（船・カヌーに乗せて暇をつぶしてもらう）、船で漁業見学等も提案された。

2.3.3　第22回実行委員会／第3回ワークショップ（2008年度第11回）

2009年2月17日に開催され、ワークショップのテーマは「情報館の展開内容」であった。前回ワークショップで検討した交流館の物販コーナー・体験コーナーの展開内容について、全ての意見をとりまとめた資料を配付し、改めて情報共有を行った。その上で、展開コンセプトをどのようにしていくかについて、イメージ図を提示した。情報館の展開内容について、前回と同様に三つの班に分かれてグループワークを行い、最後に班ごとに発表した。

【報告・検討内容】

1）交流館の展開について（前回のまとめを含む）

「物販コーナーの展開内容」については、前回に出たアイディアをとりまとめた資料を配布した。その上で、物販コーナーの展開案として、直売所（常設）、直売所（仮設）の2ヵ所があることをあげ、それぞれについて、コーナーのコンセプトをどうするか、どのように展開していくか（季節ごとにイベントを行う等）をイメージさせた。「体験コーナーの展開内容」についても同様に、前回のワークショップで出された交流体験コーナーのアイディア一覧を提示した。その上で、交流体験コーナーの展開イメージと

して、道の駅・施設内、四倉港・親水エリア、契約農家の3ヵ所をあげ、施設内外の連携をイメージさせた。
2）情報館の展開について
　高専側が作成した情報館展開ワークシート（情報内容×情報媒体のマトリックス。どの情報を何で発信するか）を説明し、3班に分かれて議論を行ったのち、班ごとに発表した。
　その後、国交省で出す道路情報はどの程度のものかという質問に対しては、通常のパソコン（主流はタッチパネル式）による（道の駅ならはの例：道路の規制情報、観光情報、緊急医療情報等、6～8つ）であり、アクセス先は既存のホームページ、国交省で作った独自のもの等であるという回答があった。また、エリアは管轄内（ここであれば浜通り）、いわきから南は関東になってしまうので情報は薄くなるという意見もあった。

2.3.4　第23回実行委員会／第4回ワークショップ（2008年度第12回）
　2009年3月17日に開催され、ワークショップのテーマは「交流館（物販コーナー・体験コーナー）」であった。
（1）　実行委員会報告・協議事項
　「道の駅にかかる産官学連携」について、NPO、ふれあい市民会議、いわき市、福島高専の四者協働の正式な覚書を交わした。今年度から2010年度までの3ヵ年にわたる、道の駅に関しては全国に先駆けた試みとなるという報告がなされた。
　また、いわき市土木課より、道の駅の登録について、道の駅供用の1ヶ月前となっているが、なるべく早く登録証を発行できないか国と協議中であること。道の駅の正式名称・愛称については2009年5月上旬までに決めなければならない。よって広く募集する。選定には地域の人を加えること。道の駅本オープン時期については四倉ねぶたの時期、夏休み前がよいのではないかと考えていること。そして現在、管理運営協定について福島県と検討中であることが伝えられた。
（2）　ワークショップ「交流館（物販コーナー・体験コーナー）」
　最初に、前回議論した情報館の展開内容について、全ての意見をとりまとめ

た資料を配付し、改めて情報共有を行った。今回のワークショップでは、次の3点についてグループワークを行った。①物販コーナーの展開案として、直売所（常設）について店舗レイアウトと販売品目を考える／直売所（仮設）についてイベントスケジュールを考える。②交流体験コーナーの展開案として、交流体験の内容を考える。③道の駅よつくらの愛称（サブネーム）について、方向性と愛称を考える。以上3点について、3班に分かれてグループワークを行い、最後に班ごとに発表した。③については、議論しきれず、次回以降のワークショップに持ち越しすることになった。さらに、5月に実施予定の受容性調査について、仮説検討シートの白地図を提示し、調査のねらいと課題に基づいた調査仮説について、3班に分かれてディスカッションを行い、最後に班ごとに発表する予定だったが、これも次回に持ち越しすることになった。

【報告・検討内容】
1）（仮称）道の駅よつくら展開案（前回WSのまとめを含む）、2）物販コーナーの展開案、3）体験コーナーの展開案、4）道の駅よつくらのサブネーム、5）展開案受容調査。

2.3.5 第24回実行委員会／第5回ワークショップ（2009年度第1回）

2009年4月21日に開催され、ワークショップのテーマは「交流館の展開について、展開案受容性調査」であった。

(1) 実行委員会報告・協議事項

いわき市土木課から「駐車場からの歩行動線の変更」についての説明があった。①警察との協議の結果、歩行者の安全性を優先するため、駐車場から道の駅に至る動線を、6号国道寄りに変更することになった。それ以外の歩道には、乱横断防止の防護柵を設置等する、②動線が変わることにより、6号国道側広場ににぎわいを演出する仕掛けが必要になってくるだろう、③情報館の実施設計は、入札により設計会社を決定した、④現在ある横断歩道での横断が禁止されることにより情報館の出入口を北側に変更する。

他には、道の駅の名称を募集（期間は2009年4月21日～5月8日）し、名称選定委員会を関係者で組織することにした。名称の選定は5月20日に名称検討委員会を開催し行う予定であり、道の駅の正式名称・愛称の募集については

(2) ワークショップ「交流館の展開について、展開案受容性調査」

最初に、前回ワークショップで議論した、交流館（物販コーナー・交流体験コーナー）の展開内容について、全ての意見をとりまとめた資料を配付し、改めて情報共有を行った。また、物販コーナーの販売管理（POS）について情報提供を行った。今回のワークショップでは、5月に実施予定の受容性調査について、仮説検討シートと調査票案を提示し、3班に分かれてディスカッションを行い、最後に班ごとに発表した。

【報告・検討内容・結果】
1）道の駅よつくら展開（前回のまとめ含む）

「物販コーナーの前回検討内容」と「交流体験コーナーの前回検討内容」では、直売所（常設）のレイアウト、直売所（仮設）のイベントスケジュール、交流体験の内容について、前回の意見を全てとりまとめた資料を配布し、情報共有を図った。

2）物販コーナー販売管理

物販コーナーで販売する商品が多様であることと関連して、顧客のニーズを把握するためのツールとしてPOSシステムがあることを説明した。POS導入によるメリット／デメリットについて説明し、POSデータの活用例（他直売所の事例）についてもふれた。

出席者の意見は次のようなものがあった。

<u>POSはぜひ導入すべき</u>

データの活用が売上に貢献する、管理の徹底によって食の安全性もアピールできる、販売の仕方が広がる等。

<u>直売所形式でもあてはまる</u>

商品管理コーナーをどこかに設けて、その中を通してラベルを貼ったものだけを店頭に並べる、という流れをつくり徹底する。現状において交流館の計画の中ではそのような場所がないのはいただけない。

また、高専の意見は次のようであった。

<u>POS、ネットとの連携も必要</u>

商品を欠かさないようにリアルタイムで生産者に通知→ネットでやり

68　第Ⅰ部　地域のネットワーク組織と商業活性化

写真1.2.3　受容性調査（2009年5月3日筆者撮影）

とりする。できるだけリアルタイムで生産者に商品の状況を通知し、生産者側もフィードバックできるという体制がないと辛いかもしれない。商品と連動したブログ、メルマガなども売上アップに有効
　安い・安全など、よいものがあれば遠くても買いに行くという消費者行動が見受けられる。POSなどのデータと連携した商品情報をブログやメールマガジンなどで消費者に通知するのも有効である。
3）展開案受容性調査
　まずは仮説検討シートの説明があり、続いて、高専で作成した仮説検討シートと調査票の説明を行い、3班に分かれて検討を行った。そこでの出席者から「道の駅よつくらに期待すること」をメインとしてアンケートをとったほうが、有用な情報が得られるのではないか、という意見があった。実施予定日は2009年5月3日～5日、物産館前で実施することにした（写真1.2.3）。

2.3.6　第25回実行委員会／第6回ワークショップ（2009年度第2回）
　2009年5月19日に開催され、ワークショップのテーマは「道の駅の正式名称・愛称の集計結果および選考」であった。
（1）　実行委員会報告・協議事項
　いわき市からは2009年4月28日に道の駅登録申請書を提出し、名称が決定次第、正式に提出すること、またNPOより道の駅の運営について、コンサル

第 1 章 「道の駅」化に向けた地域の役割——道の駅以前と開業後—— 69

写真 1.2.4　推薦作品選定の様子（出典：いわき市 HP）

タントと打ち合わせをしている旨が伝えられた。
　(2)　ワークショップ「道の駅の正式名称・愛称の集計結果および選考」
　まず、5月3日～5日に四倉ふれあい物産館前にて実施した受容性調査（有効回収数233s）の結果報告[30]を行い、現状の物産館への満足／不満要因や、物販・サービスおよび体験コーナーへの期待について情報共有を行い、今後の道の駅の展開方向を考えるためのヒントとした。次に、道の駅の正式名称・愛称について、公募（公募期間：2009年4月21日～5月8日）により集まった名称案の一覧表を配布し、3班に分かれてその中から推薦作品を選び、最後に班ごとに発表した（写真1.2.4）。
　【報告・検討内容】
　　1）道の駅受容性調査、2）道の駅名称、3）その他

2.3.7　第26回実行委員会／第7回ワークショップ（2009年度第3回）

　2009年6月16日に開催され、ワークショップのテーマは「情報発信の展開とその内容」と「調査結果からみた交流館の展開」であった。
　(1)　実行委員会報告・協議事項
　道の駅正式名称・愛称の決定報告がいわき市土木課からあり、続いて、看板デザイン（国道）、ロゴデザイン（看板、ホームページ）が提示された。

(2) ワークショップ「情報発信の展開とその内容」、「調査結果からみた交流館の展開」

　交流館の物販・サービス展開について、3班に分かれてより詳細な議論を行い、最後に班ごとに発表した。また、次回の検討内容として、情報館の展開内容について、これまでの検討結果の振り返りとそれに付随した情報提供（他の道の駅の事例について）を行った。

【報告・検討内容】
　　1）調査結果からみた交流館展開、2）物販・サービス展開のディスカッション、3）物販・情報の検討結果の発表、4）体験

2.3.8　第27回実行委員会／第8回ワークショップ（2009年度第4回）

　2009年7月21日に開催され、ワークショップのテーマは「交流館の展開（展開内容、展開ステップ）」と「情報館の展開（コンセプト、レイアウト）」であった。

(1) 実行委員会報告・協議事項

　いわき市から決定施設名が案内された。施設名称：道の駅「よつくら港」情報館、交流館。続いて、情報館の詳細が説明された。

(2) ワークショップ「交流館の展開」、「情報館の展開」

　最初に、前回ワークショップで議論した、交流館の展開内容について、全ての意見をとりまとめた資料を配付し、確認を行った。また、交流館の展開ステップ（仮開業に向けてどのようなスケジュールで準備を進めていくのか）についても確認した。今回のワークショップでは、他の道の駅での情報発信の展開例を紹介した上で、情報館の展開（コンセプト、レイアウト）について、ワークシートを用いて3班に分かれてディスカッションを行い、最後に班ごとに発表した。

【報告・検討内容】
　1）交流館の展開（前回のまとめ）
　　①展開商品・サービスの確認②展開ステップの確認
　2）情報館の展開
　　①コンセプトの検討②コンセプトの検討結果の発表③コンセプトの決定

3）情報発信の展開例

　四国・九州にある三つの道の駅（「伊方きらら館」（愛媛県）、「瀬戸町農業公園」（愛媛県）、「佐賀関」（大分県））と浜通り三つの道の駅（「そうま」（未来本陣 SOMA）（相馬市）、「南相馬」（野馬追の里）（南相馬市）、「ならは」（Jヴィレッジ湯遊ならは）（楢葉町））、「ひらた」の事例を写真付で紹介し、道の駅における情報発信のイメージをつけさせた。

4）レイアウトの検討

5）その他

2.3.9　第28回実行委員会／第9回ワークショップ（2009年度第5回）

　2009年8月20日に開催され、ワークショップのテーマは「情報館の展開内容」、「情報館ができるまでの交流館での情報発信」であった。

　（1）　実行委員会報告・協議事項

　2009年8月4日、入札により施工業者を決定。また、2009年8月24〜25日に仮店舗へ移動することとした。道の駅の正式な登録証が交付された。2009年7月31日付で道の駅の正式登録が認可され、8月11日に東北地方整備局にて伝達式が行われた。登録は県で19番目、供用は20番目となることを、いわき市土木課が説明した。

　（2）　ワークショップ「情報館の展開内容」、「情報館ができるまでの交流館での情報発信」

　最初に、前回ワークショップで議論した、情報館の展開内容（コンセプト、レイアウト）について、全ての意見をとりまとめた資料を配付し、確認・再検討を行った。今回のワークショップでは、情報館ができるまでの間、交流館でどのように情報発信をしていくかについて、ワークシートを用いて3班に分かれてディスカッションを行い、最後に班ごとに発表した。

　【報告・検討内容】

1）前回の検討内容について（前回のまとめを含む）
　①情報館コンセプト②情報館レイアウト③情報発信の方法
2）情報館の展開について
　①コンセプトの決定②レイアウトの決定③12月以降の展開

2.3.10　第 29 回実行委員会／第 10 回ワークショップ（2009 年度第 6 回）

　2009 年 9 月 15 日に開催され、ワークショップのテーマは「情報発信」、「よつくら旬の味覚カレンダー・交流体験カレンダー」、「ロゴマーク」であった。

（1）　実行委員会報告・協議事項

　道の駅よつくら港創造事業として、四倉在住の陶芸家と小学生がつくったタイルを貼った滑り台をつくる。2009 年 12 月 16 日、現地でタイルを貼って完成お披露目予定である。また、道の駅仮オープン日程が決まり、12 月 25 日：記念式典・祝賀会、12 月 26 日：一般オープン。また、看板については今ある紙ベースの四倉マップを拡大して、駐車場付近に掲示して案内板とする。市としては、いわき市北部地域のマップを置きたいとも考えている。具体的な場所は未定である。

（2）　ワークショップ「情報発信」、「よつくら旬の味覚カレンダー・交流体験カレンダー」、「ロゴマーク」

　最初に、前回ワークショップで議論した、情報館コンセプトについて、全ての意見をとりまとめた資料を配付し、確認を行った。また、情報館開業までの交流館での情報発信について、3 班に分かれて再検討を行う予定であったが、カレンダーの議論を優先したいとのことで、次回以降に持ち越すことになった。今回のワークショップでは、主に、よつくら旬の味覚カレンダーについて、ワークシートを用いて 3 班に分かれてディスカッションを行い、最後に班ごとに発表した。また、集まってきているロゴマークについての検討も行った。

【報告・検討内容・結果】

　1）情報発信について

　　情報館コンセプトの決定

　2）よつくら旬の味覚カレンダーについて

　　これまでにワークショップ内で出た意見を総括して高専が作成したカレンダーをもとに、3 班に分かれて内容・時期・レイアウトを検討したが、「この表は間違いが多いので、詳しい人に相談すべき」との意見が出た。

【その他：議事録より】

　　道の駅のホームページを制作中であり、予告ホームページをオープンまで流す。オープン後のホームページについてはこれから検討する。テナン

ト出店者を公募開始（回覧板による）。

2.3.11　第30回実行委員会／第11回ワークショップ（2009年度第7回）

2009年10月20日に開催され、ワークショップのテーマは「情報発信」、「カレンダー2種」、「ロゴマーク・道の駅きっぷ等」であった。

（1）　実行委員会報告・協議事項

スケジュールについては2009年12月25日に内覧会、祝賀会・懇親会、12月26日、27日に一般オープン。進行状況については、テナント飲食：3店舗内定。契約準備中、他、委託業者と交渉中である。24、25日にはよかっぺ市を開催する予定で、直売所出品者募集中である。そして、いわき市土木課から国土交通省看板の報告があった。

（2）　ワークショップ「情報発信」、「カレンダー2種」、「ロゴマーク・道の駅きっぷ等」

情報館のコンセプトについて、全ての意見をとりまとめた資料を配付し、確認を行った。また、情報館開業までの交流館での情報発信について、3班に分かれて再検討を行った。前回議論したよつくら旬の味覚カレンダーを確認した。次に、交流体験カレンダーについて、ワークシートを用いて3班に分かれてディスカッションを行い、最後に班ごとに発表した。また、ロゴマークや道の駅きっぷのデザインについての情報共有および検討も行った。

【報告・検討内容】

1）情報発信　①情報館コンセプトの決定②情報館開業までの交流館での情報発信

2）よつくら旬の味覚カレンダー

3）交流体験カレンダー

4）ロゴマーク・道の駅きっぷ等　営業時間：飲食は9:00〜22:00、直売所は18:00までとする。

【その他】

体制についてであるが、芝生計画などの話はまとまっていない。また、見切り発車的なものになるので、1年くらいは物販だけで精一杯ではないか。人員、マネジメントをどうするか。また、駅長をどうバックアップす

るか。

　売場測定についてはこれまでのリソースを用いる。POS分析を用いたPDCAサイクルはやってほしい。その際に学生を動員させる必要があるか。

2.3.12　第31回実行委員会／第12回ワークショップ（2009年度第8回）

　2009年11月17日に開催され、ワークショップでは議論を行わず、「企画案、カレンダー2種の提案」がなされた。

（1）　実行委員会報告・協議事項

　道の駅の進捗状況であるが、①建築：外壁、内壁、各テナントは工事中である。12月10日頃検査→テナント工事→保健所検査→オープンの予定である。②テナント状況：5店舗が決定した。「手打ちそば他麺類」、「ワンコイン海鮮丼他」、「ソフトクリーム・めひかりせんべい・いかせんべい他」、「道の駅弁当・土産品他」、「浜焼き・刺身他」となっている。全般的に飲食コーナーのウェイトが大きく、交流スペースに流しがあるために自分で魚をさばくなどできるようにする。

　道の駅イベントについては、12月25日18時〜19時半に式典および祝賀会（70人招待）、19時半〜市民会議、NPOで懇談会がある。26〜27日は一般オープンであり、この2日間に福島県内の美味しいものを集める。そして、オープニングイベント（太鼓、歌舞伎、フラダンス、ベンチャーズ、交流のある地域が集まって物産展、市内の物産展、近隣道の駅の物産展。夜にライブを行い、22時まで営業をアピール）を開催する。

　道の駅周辺の施設進捗状況について、駐車場整備工事：9月16日〜12月24日、進入路整備工事：歩道等115m、照明工事：9月25日〜11月24日、標識等設置工事：11月11日〜12月24日、外構工事：11月11日〜12月24日、交差点改良、案内板設置工事：6箇所（2箇所だけは仮オープンに間に合わせる）、排水路改修工事、野外トイレ改修工事（塗装、クリーニング、洋式トイレ化、目隠し設置、多目的トイレのドア修理）、信号機設置工事等が報告された。

　これらの報告について出席者の意見として、「以前、野外トイレに紙がないとの苦情があった」や「イベント前はトイレを綺麗にしてほしい」が出された。

道の駅記念切符は完成、テナントののれん・半纏は作成中である。

道の駅ホームページは11月末には完成予定である。トップページにしばらくはパースを掲載しておき、年4回（季節ごと）更新する予定である。また、動画を活用したり、周辺の宿泊施設の情報も載せる予定であることが報告された。

（2）ワークショップ「企画案、カレンダー2種の提案」

企画案、カレンダー2種を提出し、やってみないとわからないことがあるので、やってみて修正、の繰り返しが大事（PDCA）との意見が出された。

2.3.13　第32回実行委員会（2009年度第9回）

道の駅仮開業直前の2009年12月15日に開催された。

報告事項として、道の駅館内案内マップ作成中であり、12月16日に広場に設置する滑り台に小学生たちが陶板を貼ること、オープニング式典である25日の内覧会には180人程度出席の予定であることが伝えられた。

また、審議事項については①交流館の装飾②交流体験コーナー③道の駅ホームページであった。これらに対して、JRの「浜街道」のパンフレットに四倉のことがあまり載っておらず、駅名が載っているだけである。JRと接点を持つと今後役立つのではないかという意見に対して、高速のパンフレットには載せるように働きかけたい、JRについては今後の課題との回答であった。

また、高専からは「道の駅開業後調査」と「各店舗のPOSデータ分析」に関する提案があった。その他であるが、12月24日は「プレ・プレ・オープン」であり、スタッフはアロハシャツ着用ということにした。

2.3.14　第33回実行委員会／第13回ワークショップ（2009年度第10回）

2010年1月19日に開催され、ワークショップではオープン後の道の駅よつくら港の「実績報告および問題点の検証、今後の対策と展開」について、オープン後の（駅長、テナント、高専による）雑感をふまえた意見交換がなされた。

【情報共有】

1）全体的な印象

2日間、思ったほど売上はよくなかったが、リソースやキャパシティ上

の限界かもしれない。売上を増加させるためのしくみをどうするか？　凧揚げやイベントの5.5千人と同等の来場であり、宣伝効果はあったのか。POSデータのABC分析によると、魚類が他の商品よりもやや売れている様子である。駐車場で車のナンバーを調べたところ、ほぼいわきナンバーであった。

2）その他印象等

　店の中において交流コーナーは少し狭い感があり、店の外では川沿いを走る車が危ない。また、データ入力が煩雑である。

3）テナント

　物販・飲食とも、思っていたほど売上は伸びなかった感がある。回転率をあげるのが課題であり、座席数の少なさ／限界といった交流館の建物自体のキャパシティがみえてきた。また、品揃えを開店直後よりも多くした。地元民と県外からの人のどちらを相手に営業すればよいのかを迷っている。もし地元中心なら、直売所レイアウトを変えるべき（土産はレジ前ではなく壁のほうに寄せる等）。「ほっき飯はないのか」とよく聞かれるが、販売に関する情報発信の不足ではないのか。ほっき貝の販売について、今後も今の場所で売っていくのか。これについては売場および販売時期（組合に確認）の検討が必要である。

【報告・検討内容】

　「道の駅オープン後の問題点検証と今後の対策と展開」を3班に分かれて、次の四つの問題点である「駐車場」、「商品の売り方・売場レイアウト」、「魅力ある商品」、「施設・設備」を検討した。

【「道の駅よつくら港　ご意見記入シート」の記入内容】

　肯定的／否定的な意見、両面から報告があった。

2.3.15　第34回実行委員会／第14回ワークショップ（2009年度第11回）

　2010年3月16日に開催され、ワークショップでは「直売所売上ABC分析」に関する報告と議論が行われた。

　以下についての報告・議論がなされた。よかっぺ市開催予定（3月28日）、次年度の道の駅周辺計画：ヤシの木のレイアウト、リフレッシュ遊具の設置計

画。続いてワークショップでは出席者および区長会より、道の駅への意見に関する報告があった。

2.3.16　第35回実行委員会／第15回ワークショップ（2010年度第1回）

2010年4月20日に開催され、ワークショップでは「POSデータのABC分析と売場レイアウト」、「ユーザー調査、施設内動線調査、駐車場調査」に関する報告と議論が行われた。

(1)　実行委員会報告・協議事項
1）道の駅周辺計画、2）ヤシの木、遊具等
(2)　ワークショップ「POSデータのABC分析と売場レイアウト」、「ユーザー調査、施設内動線調査、駐車場調査」

【報告・検討内容】
　2010年3月4日～31日の商品別売上金額／個数ABC分析の結果報告を行った。
1）2010年2月期（週別）：売場別売上、品目別売上、2）3班に分かれての検討結果、3）POSのコード刷新例の提示、4）その他。

【その他】
　調査：2010年5月4日に実施する方向で調整中。駐車場調査：駐車場の利用実態を調べる。車のナンバーで来訪者の地域を調べる。

支所打ち合わせ

2010年4月27日に5月連休時に実施する調査について、市民会議、いわき市、高専の三者で以下に関する打ち合わせをいわき市四倉支所で行った。

1）来場者数、調査方法
　市の問題意識としては、実際の来場者数を確かめたい。算出方法：販売客数 × x = 入場者数（入込客数）。x：大体他では2～3倍くらい。NPOでは3／5としている。小名浜は $x = 3$ としている。
　「交通量に対する立ち寄り率」かつ「乗車人数」→これらを普段の平日／休日でみる予定である。市は2名×2ヶ所=4人を想定しており、10:00～14:00に行う予定。

来場者カウントについて、いわき市の定義は「交流館利用者」（情報館のみの利用者は切り捨て）であり、2010年5月以降、入込客数のカウントを始める。因みに道の駅ひらたは購買者数10万人を達成した。
　2）情報館、3）高専実施の調査等

2.3.17　第36回実行委員会／第16回ワークショップ（2010年度第2回）

2010年5月18日に開催され、ワークショップでは「POS分析等の結果報告」に関する報告と議論が行われた。
　(1)　実行委員会報告・協議事項

いわき市土木部から以下の報告があった。道の駅「よつくら港」交流館の入込客数より購買者数のほうが上回っているので、来訪者は買い物をしているとみてよいのではないかという提案と、駅長から入込客数および購買客数について、観光物産課への報告依頼があった。

道の駅「よつくら港」情報館の情報発信設備概要は以下の通りである。
　　①大型モニター2台（国土交通省、いわき市が設置）②情報端末2台（国土交通省、いわき市が設置）③展示パネル（ピクチャーレール仕様）④コルクボード4ヵ所⑤無線LAN⑤男子トイレ、女子トイレ、多目的トイレ、ベビールーム他

その他協議事項は次の通り。①海水浴場駐車場利用、②ヤシの木、遊具、③グランドオープニングイベント。
　(2)　ワークショップ「POS分析等の結果報告」

POSデータ分析結果について、以下の報告を行った。
　　①2010年4月3日～5月7日　商品別売上金額ABC分析
　　②2010年5月4日　売場別売上金額ABC分析
　　③売場別ABC分析用一覧表

2.3.18　第37回実行委員会／第17回ワークショップ（2010年度第3回）

2010年6月15日に開催され、実質的に最終回となるワークショップでは「オープニングイベント（案）」、「POSデータ分析結果と売場提案」に関する報告・提案と議論が行われた。

(1) 実行委員会報告・協議事項

いわき市土木課から看板の画像が提示され、「たいまつ」がモチーフであるとした。

次にグランドオープニングセレモニー（7月14日）の概要が提示された。
- 10時〜：海開き後に開催
- 式次第　11:30〜12:30、雨天決行、大型テントを設置予定
  ①記念式典：アトラクション開場にて、園児の遊戯Ⅰ、②祝辞、③12時〜：記念植樹（6号線沿い、なるべく地元の人を多く参加させたい）、園児の遊戯Ⅱ、④情報館テープカット、内覧会

最初の週末にグランドオープニングイベント（7月18・19日）を開催することになり、定例役員会案を提示し、今回は予算上、ボランティアでバンド、よさこい、フラダンスを2日間行うとした。

(2) ワークショップ「オープニングイベント（案）」、「POSデータ分析結果と売場提案」

1）オープニングイベント（案）
2）POSデータ分析結果
- 2010年5月8日〜6月5日　商品別売上金額ABC分析
- 2010年5月4日　売場別売上金額ABC分析
- 売場別ABC分析用一覧表

3）売場提案

施設内動線調査結果とPOSデータABC分析結果を重ね合わせ、売場提案を行った。

4）今後の取組について

これまでに行った調査・分析を活かすために、展開コンセプト（情報発信の工夫および売場展開の工夫）と展開方法（売場実験、および体制とスケジュール案）を提示し、各班で検討を行った。

2.4　小括──ワークショップを終えて──

本章ではまず全体の経緯を示し（1節と2節）、その中で高専が関わるという視点で「ワークショップ以前」と「ワークショップ以後」に分け、「以前」で

は提供された議事録をベースに（2節）、「以後」では高専側のスタッフによる資料やメモ（音声や画像を含む）をもとに（3節）、「事実ベース」でこれまでの経緯を追ってきた。

ワークショップ以前についてはあくまでも「議事録」から推察されることだけであり、本来ならばインタビューなどによる捕捉を行わねばならないのを承知で述べるならば、この「以前」と「以後」で意思決定の会議体が変わった印象を受ける。具体的には、「以前」においては運営会社への対処や施設設計等に関する、かなりつっこんだ議論が（議事録上では）なされた形跡がみられるが、「以後」では交流館や情報館の施設コンセプトの立案といった内容に大きく変化しており、運営そのものへの議論と意思決定がなされなくなったのである。

もちろん、高専が「実行委員会」という会議体に参加することにより、（高専を活用するという意味で）会議の趣旨を変える必要も生じたという背景もあろう。しかしながら、道の駅開業後に散見された「役員だけで決めてしまっている」というあるメンバーの言は、ワークショップ前後で「実行委員会」の性質が変化したという違和感のあらわれだったのではないか。これは別に市民会議／NPOやその幹部に責があるというのでは全くなく、いわば「割り込んだ」という形で会議体の性質を変えてしまったことを最後まで把握できなかった高専側にあるのであり、それを敷衍するならば、第三者が関わることという地域連携の課題ともいえるのではないだろうか。

いずれにせよ、（物産館という母体はあったものの）道の駅はスタートした。このように意思決定の分離が、施設展開にどのような結果をもたらしているのだろうか。次節では、利用者やNPOを始めとした運営側の視点からもたらされる開業後の評価と課題を論じていくことにする。

3. 開業前後の動静

前節でふれた経緯を経て、2009年12月に道の駅よつくら港が仮開業、翌2010年7月に本開業した。本節では、仮開業後の経緯をアンケート調査だけではなく、聞き取りを含めていくつかの視点による調査を行い、開業後の評価

と課題を明らかにする。

　先でも論じたが、ワークショップとしての区切りは 2008 年 11 月であった。そこでは仮開業時における「交流館」（物販＋飲食と交流施設）、本開業に向けた「情報館」展開企画案を、それまでのワークショップなどにおける議論をまとめたものである。このワークショップの参加主体は市民会議／NPO と筆者が所属していた福島高専、そして施設設置など国や県との調整役としての市である。

　12 月のワークショップは開業直前ということもあり、開業イベントやその告知方法などの議論がなされた。スケジュールとしては、24 日に従業員の「練習」としての位置づけであるプレ・プレ・オープン、25 日が関係者を招待する内覧会、そして 26・27 日が開業イベントとなっていた。まずはプレ・プレ・オープンである。11 時からのオープンということで昼食がてら赴き、その時の状況が次の写真 1.3.1 である。

　先だって開業する「交流館」のレイアウトは図 1.3.1 の通りである。大きく二つにゾーニングされており、左側は野菜などの物販を中心とした「農産物直売所」（NPO よつくらぶが運営）と、魚関係のテナント「魚処　和」「大川魚店」が 2 店舗（営利組織が運営）入っている。右側が飲食コーナーとなっており、飲食店が 3 店舗「くさの根」「川内高原そば」「しんご SUN」（いずれも営利組織が運営）、地元民と来街者の交流拠点となる「交流体験コーナー」（駅長が常駐、NPO が運営）、そして休憩所で構成されている。

　筆者らはまず「くさの根」で食事をとることにした。因みに「くさの根」や「川内高原そば」はチケットを券売機で購入する「食券」方式である。「海鮮丼」を買った筆者は食券を店員に渡した。その食事後に引率の学生らとソフトクリームも食べたのであるが、いずれもスタッフが慣れておらず、先の海鮮丼も含めて食事はできあがりまでの時間がかかり、ソフトは「巻き方」がバラバラになっていたのである（写真 1.3.2）。プレ・プレ・オープンであるが、開業まで 2 日。一抹の不安を感じたのはいうまでもない。

　そして次の 25 日は内覧会である。休憩コーナーに 100 名近く招き、開業前日のいわば「前夜祭」を行った（写真 1.3.3）。筆者はこうした会合は初めての体験であるが、前職・現職の国会議員を始めとし、国・県の出先機関や市の関

写真 1.3.1　店内準備風景（2009 年 12 月 24 日筆者撮影）

図 1.3.1　施設全体地図（道の駅 HP より転載）と「交流館」施設内レイアウト（筆者作成）

　係者などが集まり、営利組織（民間企業）が運営主体でなく非営利組織であるが故の、人的ネットワークが背後に見え隠れするイベントである印象を受けた。こうした光景をみるにつけ、「営利組織の究極的な目的は（ほぼ）一つである。持続的に増収増益を果たすことであるのだが、この施設（と運営する組織）はどうやっていくのだろうか」が頭をよぎった。

　人びとは日常と非日常を生きており、例えば公−私と集−個といった軸で考えるならば、営利活動に従事している時は少なくともプライベート（私）が入り込む余地はない。何故かというと、営利組織は（建前上であるが）休憩時間以外、プライベートな領域が入り込む余地はないからである（私との相対では公の領域となる）。しかし、非営利組織が（集団で）営利活動を行うということは、その線引きがはっきりしなくなるのであり、しかもその活動が（直売所を閉店しない限り）永続的になされていくのである[31]。つまり、上記の意味では仕事をしていること≒非プライベートという意味での非日常（大きくいえば日

第 1 章 「道の駅」化に向けた地域の役割——道の駅以前と開業後—— 83

写真 1.3.2　ふぞろいのソフトクリームたち（2009 年 12 月 24 日筆者撮影）

写真 1.3.3　内覧会風景（2009 年 12 月 25 日筆者撮影）

常に包摂されていくのだろうが）が日常に入り込んでしまうのである。もっといえば、日頃の人間関係が商売に入り込むことになる（いわゆるパパ・ママ・ストアなどの昔ながらの商店はこのような活動だろうが）。こう考えると、道の駅の直売所→「地産地消」といった地域色を押し出す→ JA などの営利的な組織ではなく地元のネットワークで構成された NPO が運営、という意味では、この道の駅は本来の姿なのかもしれない。しかし、上で論じたように、それであるが故の問題も顕現する懸念も起こり得るのである。

　いよいよ、開業 1 日目である。開店直後を避けて昼過ぎに訪れたのだが、オープンということもあり盛況であった。交流館の前（屋外）ではオープンイベントとして、福島県内各地の物産展を開催していた（写真 1.3.4）。施設内へ眼をやると関係者の予想通り、物販と飲食コーナーの動線が切れており、また、

写真 1.3.4　オープン風景（2009 年 12 月 26 日筆者撮影）

利用者のタイプも前者が主婦、後者は家族連れが多かった。テナントにはいわば「商売のプロ」が入っているものの、交流館という施設全体の店づくりに関するマネジメントは NPO であるために、スーパーやコンビニなどの組織小売業のような売場づくりの「洗練さ」はない。また、利用者にとって一番目立つ入口前のスペースも施設や店の情報提供に使われていないなど、想定されたことだが、課題が多く残されたままの開業であることが、色々とわかった日でもあった。このようにいわゆる素人集団の非営利組織が主となって始めた営利活動であるが、次の日からあるテナント（プロ集団）による売場改変が、彼らの活動意識にも変化を生じさせていくのである。

次の日（12 月 27 日）も昼過ぎに赴き、ある NPO 関係者と話したところ、「ある物販コーナーの品揃えを変更したところ、利用者の立ち寄りが多くなった」というコメントが得られた。このコーナーはある営利組織が担当しているのであるが、こうした（初日の人の入りが悪いからその日のうちに対応するという）迅速な対応は、NPO に属する彼らの販売活動に何らかの影響を与えたようである。例えば、入口にいくつかのチラシを設置するといった変化である。「できるところ／気づいたところからやっていく」ということである。

ところで直売コーナーに出品する生産者の存在も忘れてはならない。物産館から道の駅へ移行する際に、売上管理のシステムとして POS を導入したのであるが、これが生産者たちに不評であった。相対的に高齢者が多い中で、自分たちで商品コードを入力するなどといった PC 操作はわかりづらく、かつ彼らにとってのメリットも感じられないことが要因であるようだ。早速、筆者も POS 端末を操作してみたが、（端末導入コストの要因も多いと思われるが）システムがわかりにくい／使いにくい上に、分類が魚、野菜、肉といった商品カテ

ゴリであり、ほとんどの商品にはアイテム名が入力されていないのである。これでは「売れ筋ベスト3」という情報を正確に利用者に提供しようにも、例えば「さんま、いわし、あじ」と表現するところが「魚、魚、魚」となってしまうため、POSデータでの販売管理やそれを活用することで集客力を高めるという意味では、何の役にも立たないデータになってしまう可能性が高いのである。

さて、年内はほぼ毎日、状況を把握するために道の駅へ通ったが、その中である NPO 関係者によれば、「初日の出客を取り込むために、施設を早朝から開放する」とのことであった。そこで元旦、うっすらと雪が残る早朝に小名浜の自宅を出て、道の駅へ行ったところ、施設は暗く、ちょうど通りかかった関係者に聞いたところ、諸事情により中止したということであった。仮に「商売ベース」で考えるのなら、冬の期間では最も集客力の高いと思われるイベントである初日の出を活かし、開業直後である道の駅を認知してもらうためにも是が非でも開放・営業、としたかったのだが、スタッフたちの生活が優先となったのであろうか。初日の出を拝み、関係者の好意により「朝のコーヒー」をいただくことになり、開店前の施設に入らせてもらった。そこでひと息入れながら、開店後数日の経緯について色々と話を聞くことができた。

販売サイドからは「鮮魚の種類が物産館時代から減って、地元の人にとってはかえって使いにくくなっている。以前は地元の人がキロ単位でまとめ買いすることも多かった」、「魚の種類を増やそうにも、魚コーナーが小さい」、「物産館から道の駅への移行にともない、出品料の値上げや納入・陳列方法などに関する生産者の負担が大きくなったため、彼らが不満を持っているようだ」、「出品料の値上げにより、ある納入者は『これ（直売所に出品する）だけではやっていけない』と話していた」といった意見が聞かれた。これらだけで判断すると、出品する生産者と利用者にとって、現段階では物産館から道の駅への移行にあまりメリットが感じられていない、むしろデメリットが多いという印象を受けた。利用者サイドにおいても、「交流館前の広場横の道路で自動車と子供の軽い接触事故が発生し、自動車流入制限などの安全対策が必要である」、「直売コーナーの品揃えが少ない」、「利用者は立ち寄るだけで、何も買っていないことが多い」などの意見もあったが、これらは来客者数が多くなる移行期にあ

りがちな反応であるために、オペレーションの工夫次第で解決可能である。

　しかしながら、もう一方で大きな問題があらわれた。それは、道の駅を運営するNPO（幹部）とその幹部以外の人と別の（まちづくり関連）組織の両者に温度差が存在することである。営利組織であれば、効率的な業務遂行のために分業体制の構築を求められることは多いが、日常的な組織≒人間関係の中で行われる直売所の運営と活動においては、こうした分業が「疎外感」を生み出す源泉になる可能性は高い。「地産地消」といった「地元色」を生み出すために、そこで住まう人びとたちが織りなす日常と非日常の不分離／ボーダレスな関係が、結果としてボーダーを生み出して、それらの関係を切り離してしまう危険性も否定できないのである。ここに管理・運営主体がJAや自治体ではなく、NPOであるが故の問題が立ちあらわれるといえるのではないだろうか。

　上記のような問題を抱えつつ、開業後のドタバタが終わった頃に定例のワークショップが開催され（2010年1月19日）、それまでの反省などについて議論がなされた[32]。筆者はPOSデータによる売上数量・金額に関するABC分析の結果報告も併せて行った。

　まず、全体的な意見としてあがってきたのは次の通りである。

- ・開業イベントの2日間での売上は思ったほどよくなかった。これは従業員や施設自体のキャパシティ上の限界かもしれない。こうした制約下で、売上を増加させるためにはどうしたらよいのか。
- ・フードコートの売上もあまりよくなかった。座席数の少なさや回転率の問題もあったようである。
- ・ターゲットを地元／県外、どこに定めるのか。地元中心とするのなら、直売所の売場レイアウトを変更すべきである（例：みやげものは訴求力が高いレジ前ではなく、壁の方へ移すなど）。

「思ったほどよくなかった」というのが、ワークショップ参加者のほぼ一致した意見であった。こうした共通認識のもとで、問題解決のために二つの事項について検討を行うことになった。一つは安全確保のための駐車場に関する問題、もう一つは売場（直売所とフードコート）をどうするかである。数名を1グループとして、計3グループ各々で20分程度の議論をしたのち、発表を行った。以下ではその一部について紹介しよう。

第1章 「道の駅」化に向けた地域の役割──道の駅以前と開業後── 87

A班
　①駐車場について
　　・本来の道の駅駐車場を利用する車が少なく、海岸の駐車場利用が多い。そのため、施設入口の逆方向から入場する人が多い。
　　・仮設トイレの評判が悪い。あくまでも「仮設である」という表記が必要である。
　　・「道の駅」看板がわかりにくい。
　②売場について
　　・品揃えが少ない。
　　・売場がきれいすぎる、整然としすぎである。
　　・待ち時間が長い。

B班
　①駐車場について
　　・国道6号側のトイレ脇スペースを活用して、「営業している」雰囲気をつくりだす必要がある。
　　・（駐車場が離れているため）施設脇のスペースは60歳以上利用者が駐車可となる手形を発行するのはどうか。
　　・仮設トイレを広場側に移動したらどうか。
　②売場について
　　・道路側からみると施設内が暗くて認知しにくい。もっと明るくすべきではないか。
　　・みやげものや生鮮品の陳列は再考する余地がある。例えば、生鮮は入口から目につくような置き方をするとか、通路側に商品を並べるとか、とにかく来場者がみやすい置き方をすべきである。
　　・土日は定期的／計画的にイベントを行うのはどうだろうか。「行くといつも何かをやっている」感を出す必要があるのでは。

C班
　①駐車場について
　　・施設と国道の間にあるスペースに身障者用駐車場を設置するのはどうか。
　　・イベント時以外は対象限定でこのスペースを開放すべきではないか。

・駐車手形は来てくれた人が再来訪時に使えるようにするのはどうか。
②売場について
　　・品揃えが少なく、地元の人たちが満足して使えるようになっていない。物産館の時のように魚の品揃えを多くした方がよいのではないか。冬の品揃えについては冬野菜があるはずで、生産者への働きかけをもっと行う必要がある。
　　・レジを真ん中に置くことができないか。例えば、正面入口とかに移動すれば、お声かけや気配りができるようになる。
　　・フードコートについて、混んでいる時にはどこに座ればいいかわからない。相席を促すとか、手が空いているスタッフがお客を誘導すべきである。

　こうした議論が各グループから出てきたところで、ワークショップは時間切れにより終了したが、問題意識を共有したというところでは意義があった。これらをみると、少なくとも駐車場に関しては利害関係が生じないということと、「利用者の安全確保」が共通した目標であることから、各グループの差異はあまりなかったように思われる。売場についてはどうか。「品揃えが少ない」という点では共通しているが、A班「売場がきれいすぎる、整然としすぎである」と、B班「来場者がみやすい置き方をすべき」はほぼ相反する意見である。しかしながら、(産直品購入に際して)利用者は道の駅の売場に「きれいさ」や「整然さ」を(他の産直品購入チャネルと比較して)求めておらず[33]、(その調査結果を知らない)ワークショップの参加者にこうした方向性の違いが生じるのはどんな要因によるものだろうか。
　マーケティングの文脈に引き寄せれば、想定する利用者像の捉え方(もっといえばSTP：Segmentation ― Targeting ― Positioning)の違いにあるのだが、その基底には道の駅にかける人びとのある種の「想い」(さらにいえば「商売ベース」として割り切れない感情)があるといわざるを得ないのではなかろうか。何故かというと、それは相対的に非プライベートにおける非日常である営利活動でありつつも、それを支えるのは日常のネットワークであり、ネットワークを構成する人たちはそこに住んでいるがために、営利活動といった文脈では合理

的に考えることを困難にしているのではなかろうか。こうした「溝」は（筆者の知る限りにおいてだが）のちに開催されるイベントで象徴的に顕現するのである。

　その後、いわゆる閑散期に突入する中で、筆者も学年末の時期ということも相まって、道の駅からやや足が遠のいてしまったが、そうした時でも、訪問の際には次のような話を聞くことができた。「意思決定のプロセスが遅い」、「物産館の頃に比べて、NPOの許可を取らないと何もできないようになった」などである。こうしたいわゆる「風通しの悪さ」はどんな組織にも出現する問題であるといえる。

　一方ではこんな弱気ともいえる声も聞かれた。「買い物をしてもらうよりも、公園として使ってもらう方がよいのではないか」。これが意味するのは、物販・サービス施設であれば駐車場へのアクセスのよさが前提となるが、この施設は情報館が完成したとしても、アクセスの悪さは変わらない。公園だと考えれば、アクセスの悪さも苦にならないのではないか、ということである。これがもし営利組織の民間企業だったらどうなるか、ということである。やはり非営利組織の「甘さ」が弱気となってあらわれているといわざるを得ない。

　上記の二つは運営上の意思決定そのものへの不満との関連もうかがわせる。何故かというと、この施設がある四倉町の規模、そしてNPOやその周辺にある人間関係はある意味で「ネットワーク化」されていて、しかもそれが水平的な関係が主ではなく、垂直的なそれを維持している、パットナムの言を借りれば、「橋渡し型（bridging）」よりは「統合型（bonding）」（Putnam 2000:2006）が前面に出ているように感じられるからである。

　そうした課題を抱えつつも、ふだんの活動の方は試行錯誤を続けながら、集客力アップに向けての取り組みがなされている。この道の駅の「売り」はフードコート（の一部店舗）が22時まで営業しているところにある。地方都市のさらに郊外においては、飲み屋以外の憩いの場はほぼ無きに等しい。ただ、「22時まで営業」じたいが認知不足であり、そのために客の入りが少ないと考えられたことから、認知浸透の拡大をねらうべく夜の時間帯にコンサートを行うことになった。それが2月14日のバレンタイン・イベントである。筆者も（人の入りが悪そうだということで）「前売券」というものを買わされ？　時間ぎり

写真 1.3.5　イベント風景（2010 年 2 月 14 日筆者撮影）

　ぎりで行ったところ、これが大盛況。前売りで約 130 名販売したとのことである。それだけの「動員」が可能なほどに人的なつながりが強いのか、または道の駅への期待が高いのか、そもそもアーティストへの期待なのか、筆者にはわからない。いずれにせよ、日曜の夜にこれだけの人が集められるということは、この施設にはパワーがある証ということなのだろうか（写真 1.3.5）。

　しかしながら、よい点ばかりではなかった。収容人数がせいぜい 80 人程度の施設に 1.5 倍以上の人を「詰め込む」ことになり、それが故のトラブルもあった。筆者らは会場の隅に座っていたが、その近くで座る／座らない／座れないなどといったトラブルが発生していた。筆者が確認した範囲では、スタッフがうまくとりなしているようには見受けられず、「チケット代を払って来てもらっているお客を不快にさせてしまった」という部分にも、やはり甘さが出ているといわざるを得ないだろう。経験則上、期待が高ければ高いほど、その評価が低い（期待 − 評価のギャップがマイナスである）場合、再利用・来訪する可能性が低くなる。収容人数以上に入れてしまった主催者側に非があるのは明らかである。いずれにせよ、こうした出来事の一つとっても、関与者とそれ以外の人たち、さらにいえば関与者間における温度差があらわれ出ているのかもしれない。

　そういった課題も抱えながら、工夫とノウハウは積み重ねているようである。売場の取り組みは、よくスーパーなどである「催事もの」コーナーの設置がそうである。開業当初はみやげものを置いてあっただけの場所（写真 1.3.6 の左

写真 1.3.6　催事コーナーの展開（左から、2010 年 1 月 1 日、2 月 9 日、28 日筆者撮影）

側）が、2 月初旬から「バレンタイン・コーナー」（写真 1.3.6 の中央）、15 日以降は「桃の節句・コーナー」（写真 1.3.6 の右側）という季節のイベントをテーマにした売場を展開している。また、1 月のワークショップで取り上げられた、2 班の「通路側にも売場を」という意見も反映されており、一歩一歩着実に取り組んでいる証ともいえよう。

こうした人為的な取り組みも、自然には勝てないことも明らかになったのが、2 月 27 日、28 日に開催された「よかっぺ市」での出来事である。物産館時代から月一のイベントとして開催され、道の駅へ移行したのちも続けられているのであるが、1 日目は雨風、2 日目はチリ大地震[34]による「津波警報」が発令され、早期閉店を強いられたのである。筆者も様子が気になって昼過ぎに行ったところ、関係者によれば、12 時の段階で漁協から営業継続有無の問い合わせがあり、中止を決定、12 時半には 13 時閉店の旨を来場客に伝えたとのことである。脇にある国道 6 号線も四倉〜久ノ浜間で全面通行止めとなり、地元警察による交通整理が行われていた（写真 1.3.7）。当日は雪交じりの雨だったこともあり、来場客もほどほどの数で、それが故にパニックもなく、上記のようなスムーズな対処ができたともいえよう（当然ながら、関係者の尽力も、ある）。

ある関係者は笑いながら「ちょうど防災訓練ができてよかった」と話す一方で、来場客の中には「今日はイベントじゃないのか。何故、やめてしまうのか」などといってスタッフにくってかかったり、（「本日は営業休止」ということで）進入禁止を意味するコーンを立てたのにもかかわらず、施設近くに乗り入

写真 1.3.7 「津波警報」による対応（2010 年 2 月 28 日筆者撮影）

れる車も多かったりと、そうしたことへの対応も課題に残った。

4. むすび

　よく考えると、2009 年 12 月末の開業から 2010 年の 2 月末まで、わずか 2 ヵ月なのであるが、（うかがい知れる範囲でも）実に色々な出来事があった。筆者は第三者としての立場から関与しているために問題ばかりが見え隠れしたのだが、1 章 2. で確認したように、第 1 回道の駅実行委員会が開催されたのが 2007 年 6 月。つまり、わずか 1 年半で物産館から道の駅への移行がなされたのであり、それだけの地元への想いとパワーがあるということも忘れてはならない。

　今世紀からより推し進められた、いわゆる改革路線なるものがどれだけ地方

の経済に影響を与えたかは深くは立ち入らないが、いずれにせよ地方にあるリソース自体の減少（若年層や流出や減少、高齢者層の増加など）とともに、（労働力供給源としての）グローバルな競争力の低下を招いているのが現状である。このように大域的な動勢（地域「間」競争の激化）が強まるにつれて、そのカウンターとしての局所的な活動（地域「内」での協調志向の高まり）が起きるとすれば、それは「食の安全・安心」に象徴されるような、グローバルな競争に回収されてしまった、自分たちの身近な—ヒト、モノ、カネとの—関係における「手触り感」を取り戻そうとするあらわれではないか。その一つが全国各地で増加または加熱しつつある「直売所」の展開といえるのではないだろうか。

そういったマクロとミクロの関係を見据えつつ、道の駅の今後について、深く立ち入るためには二つの視点からのアプローチが必要であると考える。一つは人と組織の問題、もう一つは（主にマーケティング）活動である。詳細は別の機会で論じるが、前者については、経営学領域で非営利組織論として数多くの議論がなされており、例えば人と人ないしは組織間で形成されるネットワークの視点でその発展プロセスや範囲に関する考察を行っている。後者についてはコトラーらが『非営利組織のマーケティング戦略』において、営利組織のマーケティング活動との差異に注意を払いつつ、非営利組織における顧客志向の重要性を論じている。これらはマネジメントの問題であるが、それらを行う／前提となるもの、そのものへの問いなくしては、組織小売業が近年展開している「直売コーナー」と変わらなくなり、規模の競争の末に立ちゆかなくなる可能性が高いと考える。例えばそうしたところに、非営利組織の営利活動の大きな課題が立ちはだかるのではなかろうか。

注

1) 国土交通省によれば、「休憩機能」、「情報発信機能」、「地域の連携機能」が道の駅の持つ基本的な機能で、かつ、必要条件であるとしている。
2) 2010年8月9日時点の総数である。本節ではこの時点での議論を進める。
http://www.mlit.go.jp/road/station/road-station_hist.html（国土交通省HP『道の駅案内』）
3) 日本経済新聞（2009年9月3日）の記事によれば、直売所の年間総売上高を5〜6千億円と推定している。
4) 事業開始当初の道の駅は103ヵ所である。

5） 福島県の道の駅の分布は、県の北東部、北西部、南東部に集中がみられ、特徴的である。
6） 福島県では南北を縦断する国道4号、国道6号が主要幹線道路である。
7） 「道の駅ならは」は2014年時点で原発事故により休業中である。
8） ここでも時計的時間：クロック・タイムか否かで変わってくる。
9） まちづくり、住民参加といった空間内での動的な活動や、街並みや風景などの観光遺産といった通時的な経緯による動的な蓄積もそこには含まれる。
10） 国際移動にまで拡げると、外国に居住している日本人もある。
11） 日本自動車工業会「2006年度　乗用車市場動向調査――新車需要の変化と要因分析――」、それを受け、若者の車離れを議論の中心に据えた「2008年度調査――クルマ市場におけるエントリー世代のクルマ意識――」がある。
12） アーリ（2005:2010）によれば、「自動車移動は人びとを高度のフレキシビリティへと強制するシステム」（p.45）としている。わが国ではNシステムに関わる議論に通じるが、現在の若者――特に都市部居住者――はこうした強制性の「しかけ」に気づいてしまったようである。
13） いわゆるクルマ雑誌にはそうした議論――スポーツ・カー待望論――が百出している。筆者はそうした車を特に好んで乗っているが、そうした人はもはや日本では珍種であり、市場ベースには乗らない（≒商いにならない）ということは様々な調査により、自動車メーカーの誰もが知るところになっている。
14） 文脈により、空間や場所を混在させて使っているが、ここではほぼ同一なものとして使っている。
15） Urry（2007）における pp.66-67 の議論を参考にしている。
16） 経済の発展による、労働者階級のレジャーとしての旅・観光の普及など。
17） 2009年10月にインターネット上で調査を行い、本調査対象者は1,153名であった。本調査は2009年10月に2つの段階で行った。第一段階は「プレ調査」である。Web調査はJMR生活総合研究所のネットモニターを活用し、「半年以内の対象店舗利用」、「利用・購入頻度」、「利用・購入商品・サービス」、「基本属性」の質問項目によるスクリーニングを行った。総回収数は6,776sであり、スクリーニングによる除外条件を、「マスコミ、マーケティング関係」、「コンビニ＆食品 SM ＆ SC ＆ SA・PA ＆ 道の駅＆直売所で購入していない人」の設定し、その上で「これらのチャネルをほとんど利用しない」、「これらのチャネルにおいて半年に1回利用以下」、「チャネル利用やひとつもない＆三つのチャネル利用無」というように、条件を徐々に厳しくしていった。そして、性別年代ごとに各チャネルの利用率を求め、その出現率に従うように本調査の対象者を抽出した。抽出後のサンプル数は1,153sであり、男性443s（構成比38.4％）、女性710s（同比61.6％）であった。詳細は2章3.1.1、松本（2010a）、同（2010b）を参照。
18） 数値は因子負荷量であり、例えば「旅や観光で新しい自分を発見したい」は 0.771 である。
19） これらの用語をめぐる議論は後日、改めて行いたい。
20） 2章3.「NPOによる道の駅運営に向けて」を参照のこと。
21） 場所性の一つのあらわれであるといえるが、ここでは深く立ち入らず、地域に対

するイメージを地域性として考えることにする。
22) ネット空間での移動による獲得は、ご当地サイトにおけるネット通販とでも考えられよう。
23) 以下で行われる分析は、集計ソフト「Assum for Windows」により差の検定（両側）を行い、その結果を▲▼：1％有意、△▽：5％有意、↑↓：10％有意、∴∵：20％有意で表している。
24) 合計の因子得点がゼロにならないのは、集計ベースが就業者という理由による。
25) 鉄道旅行やドライブといった、移動、それ自身が目的ということもあるが、ここでは深く立ち入らない。
26) マーケティングの文脈で述べれば、「同じ財・サービスに対する評価がセグメントごとに異なる」ことである。
27) もちろん、それと対をなすボーダフル化—空間のアイデンティティへの捉え返しといったこともあらわれる。
28) 都市部の百貨店やスーパーで行われる「○○物産展」がその一例だろうか。
29) 四倉ふれあい市民会議から提供された資料を用い、再構成している。それでも冗長になってしまうことは否定できないが、設立までの議論や意思決定の経緯を詳細に記述する必要があると考え、収録することとした。
30) 単純集計結果は付録資料1.1『道の駅などの施設についてのアンケート調査』を参照のこと。
31) 例えば、「在宅勤務」における自己管理の難しさを考えよ。
32) 併せて1章2.2.14を参照のこと。
33) 2章3.1.2や松本（2010a）を参照のこと。
34) チリ中部沿岸で発生したモーメントマグニチュード8.8の地震であった。

参考文献

松本行真、2010a、「産直品購入におけるチャネルイメージ形成に関する一考察」『日本都市学会年報』43：215-225
———、2010b、『高速道路のSA・PAにおける地産地消をはじめとした物販・サービス受容に関する調査研究（高速道路関連社会貢献協議会2009年度研究助成完了報告書）』
Featherstone, M., Thrift, N. and Urry, J., 2005, *Automobilities*, (＝2010、近森高明訳『自動車と移動の社会学』法政大学出版局)
Putnam, R. D., 2000, *BOWLING ALONE*, Simon & Schuster. (＝2006、柴内康文訳『孤独なボウリング』柏書房)
Urry, J., 1990, *The Tourist Gaze*, Sage. (＝1995、加太宏邦訳『観光のまなざし』法政大学出版局)
———, 1995, *Consuming Places*, Routledge. (＝2003、吉原・大澤監訳『場所を消費する』法政大学出版局)
———, 2007, *mobilities*, polity.

第 2 章

活性化がもたらす運営組織内外の葛藤
——震災前——

1. 運営側と利用側に生起する違和感

　本節では、物産館時代（2009 年 5 月）と道の駅開業後（2010 年 5 月）に 2 回実施した利用者調査の比較を通じて、直売所へのロイヤルティ、換言すれば「つながり」が実際に創出できているのかを考察する。2009 年 12 月に道の駅「よつくら港」の物販・交流施設（直売所を含む）が開業した。開業後は通常運営以外に割くだけの余力がないことを理由として、開業前にワークショップ内で計画されていた交流体験等の企画は運営が一段落するまで見送ることになった。

　開業から半年後の 2010 年 5 月の連休には来場者 10 万人を達成した。（道の駅の）運営メンバー[1]は、「人の入りは順調であり、売上もある程度目標に達している」と所感を述べていた。しかし「売上はある程度確保できているが、活気はないように感じる。今後も使い続けてもらえるのだろうか」という関係者の声もあり、地域へのロイヤルティが地元利用者および来街利用者に対して醸成するに至っていないことが、あくまで印象としてではあるものの感じられていたようである。

　開業後から、ワークショップで様々な不安や不満の声が聞かれるようになった。出品者の中には「道の駅になってから、商売がやりにくくなった。出品料上昇や規制強化について納得できる説明がされなかったため、出荷をとりやめることを考えている」という者も出ているということだった。

　出品者の減少は品不足を招き、顧客の今後の利用意向に大きな影響を及ぼす。実際に、利用者は「物産館時代は生鮮海産物の取り扱いが多かった。今回も生

表 2.1.1　施設利用回数

		BASE	はじめて	2回利用している	3回以上利用している
2010年	合　計	299	70.6	11.7	17.1
	いわき市内	132	▼54.5	12.1	▲32.6
	いわき市外	167	▲83.2	11.4	▼4.8
	差（市内－市外）		-28.7	0.7	27.8
2009年	合　計	233	34.3	8.6	57.1
	いわき市内	160	▽26.9	8.1	△65.0
	いわき市外	73	▲50.7	9.6	▼39.7
	差（市内－市外）		-23.8	-1.5	25.3
差(10年-09年)	合　計		36.3	3.1	-40.0
	いわき市内		27.6	4.0	-32.4
	いわき市外		32.5	1.8	-34.9

表 2.1.2　施設利用理由

		BASE	新鮮な農産物や海産物が売られているから	休憩やトイレに行くため	海岸へ遊びに来たついでに来た	直売コーナーがあるから	祭やイベントなどの催事があるから	ここでしか手に入らないものがあるから	海鮮丼などの料理がおいしいから	以前、来たことがあるから	人との待合せや休憩で来た	いつも買い物に来ているから	販売員や地元住民とのやりとり・ふれあいがあるから	スーパーよりも安いから	スーパーよりも品揃えや品質がよいから
2010年	合　計	299	19.7	18.4	18.1	18.1	13.0	9.7	8.0	6.4	5.0	4.0	3.0	1.0	0.7
	いわき市内	132	15.9	▼7.6	16.7	22.0	△19.7	12.9	∴4.5	∴9.1	3.8	↑6.8	∴5.3	∴2.3	0.8
	いわき市外	167	22.8	▲26.9	19.2	15.0	▽7.8	7.2	∴10.8	4.2	6.0	↓1.8	∴1.2	0.0	0.6
	差（市内－市外）		-6.9	-19.3	-2.5	7.0	11.9	5.7	-6.3	4.9	-2.2	5.0	4.1	2.3	0.2
2009年	合　計	233	28.8	4.7	21.9	30.0	28.8	13.3	11.2	14.2	3.0	12.4	11.2	9.4	1.3
	いわき市内	160	33.1	5.0	19.4	34.4	30.0	16.3	10.6	16.3	4.4	15.6	∴14.4	11.9	1.9
	いわき市外	73	↓19.2	4.1	27.4	↓20.5	26.0	∴6.8	12.3	9.6	0.0	↓5.5	↓4.1	∴4.1	0.0
	差（市内－市外）		13.9	0.9	-8.0	13.9	4.0	9.5	-1.7	6.7	4.4	10.1	10.3	7.8	1.9
差(10年-09年)	合　計		-9.1	13.7	-3.8	-11.9	-15.8	-3.6	-3.2	-7.8	2.0	-8.4	-8.2	-8.4	-0.6
	いわき市内		-17.2	2.6	-2.7	-12.4	-10.3	-3.4	-6.1	-7.2	-0.6	-8.8	-9.1	-9.6	-1.1
	いわき市外		3.6	22.8	-8.2	-5.5	-18.2	0.4	-1.5	-5.4	6.0	-3.7	-2.9	-4.1	0.6

鮮海産物を買う目的で訪れたのに、取り扱いが少ないのでもう利用するつもりはない」と話しており、物産館時代から利用していた既存顧客（主に地元住民）、道の駅の開業を聞きつけて初めて四倉を訪れた新規顧客（主に来街者）ともに、今後は利用しない意向の声があがっていた。（NPOの）理事メンバーや運営メンバーも客離れの兆しを肌で感じ取っているようであり、「以前より使いにくくなっているのを感じる。お客さんが離れていくのではないか」と不安の声を漏らした。

さらに、理事メンバーは「現状維持で手一杯であり、交流体験等の新しいことをやる余裕がない」と話しており、物販のみならず地元住民と直接交流する場を作ることによって「つながり」を創出するというシナリオも実現するには至っていないことがわかる。

また、現場レベルでは、道の駅への移行に伴う職場環境の変化に戸惑う声も上がっていた。現場スタッフは「開業にあたり、POS システムを新たに導入したが、スタッフが不慣れなために混乱を招いている。操作が面倒であり、POS など使わずに今まで通り手計算をしたほうが早いし混乱がない」と話す[2]。

これらの聞き取り結果から、道の駅への移行に伴って生じた様々な変化が生じ、メンバーの間に温度差や対立構造が生まれていることをうかがい知ることができた。

2010年5月に開業後調査（以下、「2010年調査」）を行い、物産館時代である2009年5月に行った開業前調査（以下、「2009年調査」）と結果を比較したところ[3]、地元住民のふだん使い利用客の減少、再来訪意向の低下など、直売所の継続的な利用に結びついていない現状が明らかになった。これは前述した開業直後の関係者らの不安が数値として顕現したものであるといえよう。施設利用回数（表2.1.1）をみると、2010年で「はじめて」が70.6%であり、09年の物産館時代に比べて大幅に増加している。一方で、「3回以上」は10年では17.1%であり、09年に比べると40.0ptも減少しており、リピーターが減少していることがわかる。

施設利用理由（表2.1.2）について確認すると、「新鮮な農産物や海産物が売られている」や「直売コーナーがある」が09年と比べて減少し、特に市内居住者が大幅に減っていることがわかる。また、「いつも買いに来ている」や「やりとり・ふれあい」での市内外での差が小さくなっていることは、地元住民によるふだん使いの減少をうかがわせ、本施設の直売所における現状の展開が、市内居住者に支持されていないと考えられる。

次に購入・利用した物販・サービス（表2.1.3）をみると、09年に比べて増えているのが「菓子類」であり、減っているのは「海産物（生鮮品）」と「野菜・果物（生鮮品）」である。ここでも地元住民のふだん使いの場所でなくなりつつあることをうかがわせる結果となっている。

表 2.1.3　利用・購入した物販・サービス

		BASE	トイレ	フードコート	駐車場	海産物（生鮮品）	海産物（加工品）	野菜・果物（生鮮品）	菓子類	弁当	飲料	そば・めん類	野菜・果物（加工品）	花木	施設前の芝生の広場
2010年	合計	299	26.1	22.1	21.7	21.4	20.4	16.4	15.4	12.0	10.4	9.4	7.7	4.0	3.0
	いわき市内	132	↓19.7	∴16.7	▽13.6	22.0	18.9	△22.7	18.9	9.1	9.8	9.8	9.1	△8.3	∴0.8
	いわき市外	167	∴31.1	∴26.3	△28.1	21.0	21.6	△11.4	12.6	14.4	10.8	9.0	6.6	▽0.6	∴4.8
	差（市内−市外）		-11.4	-9.6	-14.5	1.0	-2.7	11.3	6.3	-5.3	-1.0	0.8	2.5	7.7	-4.0
2009年	合計	233	12.4	14.2		40.8	22.3	31.8	4.3		6.0	12.4	15.0	9.9	
	いわき市内	160	6.0	13.1		41.3	25.6	∴36.9	4.4		5.0	15.6	↑14.4	0.0	
	いわき市外	73	∴17.8	16.4		39.7	∴15.1	▽20.5	4.1		8.2	↓5.5	∴9.6	0.0	
	差（市内−市外）		-7.8	-3.3		1.6	10.5	16.4	0.3		-3.2	10.1	7.9	14.4	
差（10年−09年）	合計		13.7	7.9		-19.4	-1.9	-15.4	11.1		4.4	-3.0	-7.3	-5.9	
	いわき市内		9.7	3.6		-19.3	-6.7	-14.2	14.5		4.8	-5.8	-8.4	-6.1	
	いわき市外		13.3	9.9		-18.7	6.5	-9.1	8.5		2.6	3.5	-3.0	0.6	

表 2.1.4　再来訪意向

		BASE	訪れたいと思う	まあ訪れたいと思う	どちらともいえない	あまり訪れたいと思わない	まったく訪れたいと思わない	不明
2010年	合計	299	44.8	24.4	20.4	3.0	1.3	6.0
	いわき市内	132	42.4	23.5	23.5	2.3	1.5	6.8
	いわき市外	167	46.7	25.1	18.0	3.6	1.2	5.4
	差（市内−市外）		-4.3	-1.6	5.5	-1.3	0.3	1.4
2009年	合計	233	51.9	24.9	14.6	4.7	2.1	1.7
	いわき市内	160	∴57.5	∴19.4	13.8	5.0	3.1	1.3
	いわき市外	73	▽39.7	△37.0	16.4	4.1	0.0	2.7
	差（市内−市外）		17.8	-17.6	-2.6	0.9	3.1	-1.4
差（10年−09年）	合計		-7.1	-0.5	5.8	-1.7	-0.8	4.3
	いわき市内		-15.1	4.1	9.7	-2.7	-1.6	5.5
	いわき市外		7.0	-11.9	1.6	-0.5	1.2	2.7

　最後に再来訪意向（表 2.1.4）をみると、地元住民の再来訪意向がやや減少していることがわかる。

　以上のように、地元住民による「ふだん使い」での施設離れをうかがわせる結果であり、現状では地元／来街利用者いずれにおいてもリピーターを生み出しにくいということがうかがえる。

　上述した「2010 年調査」の分析結果をワークショップで報告するとともに売場提案を行ったところ、一部の運営メンバーからは否定的な意見が上がった。具体的には、一部の運営メンバーが「これまでの自分たちのやり方である程度

の集客ができており、それなりに売上もある。だから変える必要はない」と主張し、調査結果を深刻に受け止め売場を改善する意向の他メンバーとの温度差を生むこととなった。また、現場スタッフが積極的に売場を改善していきたいと考えている一方で、理事メンバーや運営メンバーが調査結果や提案内容を現場スタッフに伝える場が設けられていないために、それらが売場に反映されない、すなわち理事と現場の間にギャップが生じているという組織内のネットワーク面の実態が露見した[4]。

また、商品管理を通じて消費者ニーズに対応した売場づくりに役立てることを目的として、筆者らが開業後のPOSデータの分析を試みたところ、インストアコード（店独自のJANコード）の振り方が適切でなく、POSデータが活用できない現状にあることが判明した。そのため、売場の改廃や各種メディアを用いた情報発信に反映させることができず、利用者のニーズに応えられない売場になってしまっている実情が明らかになった[5]。

導入したマーケティングツールを活用しきれず、売上が思うように向上しないことに伴い、「商売のプロではないのだから仕方ない」といって、現状を是とし、改善に向けた対応を行わない姿勢が一部にみられるようになった。また、道の駅の施設全体が公共施設であることを理由として、「直売所などの物販部門をメインとするのではなく、公園として使ってもらえばよいのではないか」という意見が出た。これは「公園だと思えば、利用者も不便さにそれほど不満を持つこともないだろう」という意図によるものである。利用者が直売所に高い期待を寄せているからこそ不満が生じているのだが、それを解消するための対応をしない様子がうかがえた。

このように、運営組織内において各主体の意識にギャップがある等の問題が生じており、マーケティングのために蓄積されたデータの利活用が十分にできていないばかりか、利用者の期待に応えることを避ける姿勢が組織内部でみられた。また、「地域性」への期待が大きいことは開業後調査からも明らかであったが、運営組織内の摩擦が人手不足や品不足を生じさせ、利用者の期待に応えることができておらず、地域住民・来街者の交流の場としても未だ機能することができていないという実態がみえてきた。

2. NPOによる商業施設運営の課題

　道の駅「よつくら港」内直売所の事例では、関係者インタビューや利用者へのアンケート調査結果から、当直売所の現状の展開が地元住民に支持されにくい状況であることが明らかになった。ここから、地域内（地元住民−地元住民）の「つながり」の創出ができていないということがうかがえる。先で述べた知見とは対照的に、現実には産直品販売の担い手が地元住民だからといって地元住民−地元住民の「つながり」が創出できるとは限らないようだが、それはなぜだろうか。

　ここで、道の駅「よつくら港」の成り立ちの経緯に立ち戻って考えると、「つながり」の創出ができていない背景に、組織的な問題が横たわっていることがみえてくる。道の駅「よつくら港」の原型は、四倉町の地域振興策として1998年に開設された既存の物産販売施設「四倉ふれあい物産館」であり、以降、地元住民による草の根の取組として直売活動が行われてきた。しかし2009年12月に道の駅「よつくら港」としてリニューアルオープンしたことに伴い、さまざまな変化が生じ、関係者の間の意識にもギャップが生じているのである。

　物産館時代から運営に携わってきたあるメンバーは、「物産館から道の駅に移行したことに伴い、理事メンバーと運営メンバーの間に溝ができた。理事メンバーの見方が官僚的になってしまったように感じる」と話す[6]。その実感を決定づけた一件として、道の駅が開業する際に、理事メンバーが運営メンバーの前で「道の駅として生まれ変わったのだから、物産館の頃とは違うものとして考えてほしい。直売所の運営等についてはNPO理事の指示に従ってもらう」と言明したことがあるという。そういった変化に疑問や戸惑いを感じた関係者は組織を離れる意向をみせ、物産館時代から手伝いにきていたボランティアの意欲が低下して来てもらえなくなったり、出荷を控える人が出るなどして、人手不足や品不足というかたちで売場に顕現することになった。これは、組織内の意識のギャップの存在およびそれが売場にもたらす影響を象徴する出来事であったのではないか。

第2章 活性化がもたらす運営組織内外の葛藤――震災前―― 103

表 2.2.1 運営組織内での意識のギャップ

	ベンチャービジネス	市民 NPO	コミュニティ・ビジネス
営利性	営利＞非営利	非営利＞営利	営利と非営利
目的	経済的価値	社会的使命達成	社会的使命と経済的基盤
事業原理	事業の成功と成長（上場志向）	草の根	草の根と適正継続利潤
利益配分	分配可	分配不可	事業形態等により判断
形態	株式会社、有限会社	任意団体、特定非営利活動法人	株式会社や有限会社等、協同組合や市民事業等、任意団体や NPO 法人等
本事例 物産館時代		☺	
本事例 道の駅時代		☹ ⇔✕⇔ ☹ ≪両者が混在≫関係者の意識にギャップ	

　直売所において創出しようとする「つながり」には、地域内（地元住民－地元住民）、地域内外（地元住民－来街者）の2種類があるとモデル化した上で考察を進めてきた（飯島・松本（2010））。しかし、本事例の追跡調査を行うにつれて、地域内（地元住民－地元住民）の「つながり」はさらに二分されるということが推察された。そこでこのモデルを修正し、「つながり」には、地元住民（運営）－地元住民（運営）、地元住民（運営）－地元住民（客）、地元住民－来街者の3種類があるものとして議論を進めていくことにする。
　物産館から道の駅に移行するに伴い、とりわけ地域内の二つの「つながり」が弱まっていることがうかがい知れた。まず運営組織内に目を向けると、関係者間に摩擦が生じていることから、地元住民（運営）－地元住民（運営）の「つながり」が創出できていないことが推察できる。また、利用者側に目を向けると、売場の品薄等を理由として地元住民の支持が弱くなっていることから、地元住民（運営）－地元住民（客）の「つながり」が創出できていないことがうかがえる。このように、「つながり」を創出できない根本的な原因の一つは、組織内部の意識のギャップにあると考えられる。
　多様な関係者がいるという NPO の組織的特徴に加え、草の根の取組をコ

ミュニティ・ビジネス化することにより直売活動を捉える視点が組織内に混在していることが、前述した意識のギャップを生み出しているものだと考えることができる。藤江（2002）によるコミュニティ・ビジネスの区分けを用いて本事例の問題構造を整理すると、表2.2.1のようになる[7]。

今回の取組においては、物産館から道の駅に移行したという経緯もあり、運営組織内の関係者が、直売所の取組を「草の根の取組」と捉える――地域住民によるNPOの視点に立脚する――人と、「ビジネス」と捉える――コミュニティ・ビジネスの視点に立脚する――人が混在しており、両者の間にギャップが生じている可能性が示唆された。このような関係者間の意識のギャップの問題は、道の駅「よつくら港」に限ったことでなく、直売所という草の根の取組をコミュニティ・ビジネス化していく場合に共通して生じうる問題なのではなかろうか。

3. NPOによる道の駅運営に向けて

ここまで道の駅開設とその後の経緯について議論してきた。本節では今後の道の駅「よつくら港」の展開についての方向性を指し示していく。その準備的な議論として、まずは産直品購入チャネルとしての道の駅が他の販売チャネルに対して、どのようなポジショニングになっているのかを確認する。続いて、「よつくら港」周辺にあるいくつかの道の駅との関係を確認し、差別的なポジションを模索する。そして、これらの分析結果をふまえて、売場の展開方法、情報館の展開方法の案を提示し、それらの展開における前提条件としての「つながり」創出の方向性を指し示すことにする。

3.1 「道の駅」の位置づけはどうなっているのか――直売所の視点から――

本節では販売側と利用者側という二つの視点のうち、まずは直売所の利用者がどのように直売所を使い評価しているのか、さらに直売所にどのような期待を抱いているのかについて、2009年10月に実施した「直売所ユーザー調査」から確認する。その際に、①の視点として直売所で販売される産直品の地域性といったものを利用者が求めているのか、換言すると、満足する商品が提供さ

れれば販売主体が大手資本であってもよいのか、さらには②の視点として産直品の購入の仕方に地域差があるかどうか、といった問いにも接近する[8]。具体的には、ここでは1次的な分析として、産直品を販売するチャネルの使い方（や買い方）の実態と評価、チャネル同士の関係性（ポジショニング）を確認する。さらにチャネルへの評価・期待において地域性の差異があることを明らかにする。構成は次の通りである。最初に調査設計と直売所等各チャネルの使い方と評価を把握し、直売所等各チャネルへの今後の期待を確認する。そして、直売所等各チャネルのポジショニングをふまえた上で、最後に利用者の直売所と地域との関係性について論じる。因みに「直売所等各チャネル」は、物販（食品・飲料）が中心の直売所（道の駅を除く）、道の駅、高速道路のサービスエリア・パーキングエリア（SA・PA）、食品スーパー（食品SM）や総合スーパー（GMS）等を指す。次に議論の中心となる「直売所ユーザー調査」の調査概要を示す。

3.1.1　直売所等各チャネルの使い方と評価

　この調査のねらいは大きく二つある。直売所等の各チャネルユーザーに対して、(1)各チャネルの物販（食品・飲料）のサービス展開に関する利用実態・評価・期待を確認するとともに、(2)各チャネルの差別化のポイントを見出すことにある。このねらいに従った調査課題は、それぞれ次の通りである。

(1)　①現在の各チャネルの使い方はどうなっているのか、②各チャネルの物販サービスの選択基準は何か、③ユーザーの評価はどうなっているのか、④ユーザーが今後期待する物販・サービスは何か、⑤魅力的なユーザーのセグメントはどこか。

(2)　①各チャネルに特徴のある物販サービスは何か、②ユーザーが各チャネルに求めている物販サービスは何か、③各チャネルの物販サービスに地産地消的な要素はどの程度必要なのか。

　これらの課題を直売所等の各チャネル全体の利用・評価・期待だけでなく、各チャネルで扱う物販・サービスのカテゴリ[9]についても確認することで、例えば「子育て主婦」ならば安心・安全を重要視する[10]ため、どちらかといえば地場志向のマーケティング的なアプローチの必要性を浮き彫りにする等、

表 2.3.1　回収結果

項目		プレ調査		本調査	
		回収数	構成比	回収数	構成比
合計		6,712	100.0	1,153	100.0
男性	計	2,589	38.6	443	38.4
	学生	225	3.4	18	1.6
	独身社会人	770	11.5	119	10.3
	既婚子なし	282	4.2	46	4.0
	子育て	474	7.1	103	8.9
	子手離れ	331	4.9	63	5.5
	子独立	507	7.6	94	8.2
女性	計	4,123	61.4	710	61.6
	学生	379	5.6	43	3.7
	独身社会人	907	13.5	131	11.4
	既婚子なし	575	8.6	122	10.6
	子育て	1,119	16.7	210	18.2
	子手離れ	553	8.2	105	9.1
	子独立	590	8.8	99	8.6

表 2.3.2　ライフステージ別のチャネル利用率

		全体	食品SM	GMS・SC	SA・PA	道の駅	有人直売店	ひとつもない
合計		6,712	92.9	82.3	50.4	37.6	19.3	0.8
男性	計	2,589	▼88.9	▼77.0	▽48.4	∵36.2	▼17.2	1.0
	学生	225	▼86.7	▼67.6	▼40.9	▼23.1	▼8.0	∵1.8
	独身社会人	770	▼87.7	▼70.8	▼38.1	▼27.4	▼14.3	▲1.9
	既婚子なし	282	∵90.8	↓78.0	53.2	40.4	20.6	0.4
	子育て	474	93.0	△86.3	▲66.2	▲46.4	21.5	0.8
	子手離れ	331	▼87.3	82.8	53.2	40.5	17.2	0.6
	子独立	507	▼87.8	▼77.5	▽44.8	∵40.4	19.9	∵0.2
女性	計	4,123	▲95.4	▲85.7	↑51.7	38.6	△20.7	0.7
	学生	379	93.1	81.0	48.5	▼26.1	▼12.1	1.1
	独身社会人	907	∵91.6	▼76.0	▼40.0	▼30.9	18.1	△1.4
	既婚子なし	575	▲97.4	∵84.7	▲57.2	▲43.1	▲25.2	0.5
	子育て	1,119	▲97.1	▲92.9	▲60.1	▲42.4	19.2	0.5
	子手離れ	553	▲95.8	▲92.2	51.2	↑41.4	△23.3	↓0.2
	子独立	590	▲96.9	∵84.9	50.7	▲44.2	▲25.9	↓0.2

第2章　活性化がもたらす運営組織内外の葛藤――震災前――　　107

商品・サービスのカテゴリと場所との関わりの違い、つまり消費者と生産者との関係をマーケティングの視点から照射することによって、地域の経済行動、社会行動のレベルまで問いこんでいくことが最終的な目標となるが、先述した通り、ここでは主にチャネルの使い方やチャネル間の関係等、1次的な分析にとどめることにする。また、回収結果については表2.3.1の通りである。この調査はプレ調査を行い、対象者を出現率に従い抽出した後に、該当者に調査を実施した。両調査ともに全国のJMR生活総合研究所のインターネットモニター男女20代～60代を対象に、プレ調査を2009年10月2日～8日に、本調査を同年10月9日～13日に、インターネットによる質問紙調査で行った。

(1) 利用・購入実態とチャネル

プレ調査でチャネルの利用状況を確認すると（表2.3.2）、食品スーパー（SM）（92.9％）であり、高速道路のSA・PA（50.4％）、道の駅（37.6％）、有人直売所（19.3％）であった。男女のライフステージ別でみると、いずれのチャネルも女性の利用率が高いことが確認できた。また、SA・PAや道の駅は子育て以上、有人直売所は上記チャネルよりもやや年代が高い。

以下では、プレ調査から各チャネルを利用した人を抽出し、本調査を行った対象者1,153人ベースで検討を進める。次に産地直送商品・サービス（産地から直送された食品、食材などの商品・サービス：以下「産直品」）の購入率について確認すると（表2.3.3）、半年以内に約4割が購入していることがわかる。ライフステージ別でみると、女性の子手離れ層以上が多いことがわかる。

産直品のチャネル別購入率をみると（表2.3.4）、道の駅（70.6％）、有人直売所（52.9％）が半数以上で、SA・PA、食品SM、GMS・SCは3割強であることがわかる。ライフステージ別では、独身社会人が道の駅、男性独身社会人はSA・PA、女性の既婚子なしは有人直売所、女性子手離れは食品SM、GMS・SCと、各チャネルの購入状況がライフステージにより異なることが確認できた。

(2) 利用・購入頻度と購入商品

チャネル別の産直品購入頻度について確認する（図2.3.1）。旅などで立ち寄る道の駅やSA・PAでは購入頻度は低いが、有人直売所は左記のチャネルに比べて頻度が高く、ふだん使いの人がいるものと考えられる。当然の結果とも

表 2.3.3 LS 別でみた産直品購入率（購入者ベース）

		全体	利用・購入した	利用・購入しなかった	不明
合計		1,153	37.7	58.5	3.7
男性	計	443	▼31.4	▲65.2	3.4
	学生	18	38.9	50.0	↑11.1
	独身社会人	119	▼21.0	▲74.8	4.2
	既婚子なし	46	34.8	65.2	-
	子育て	103	39.8	58.3	1.9
	子手離れ	63	30.2	65.1	4.8
	子独立	94	33.0	63.8	3.2
女性	計	710	△41.7	▽54.4	3.9
	学生	43	▼18.6	▲81.4	-
	独身社会人	131	35.1	56.5	▲8.4
	既婚子なし	122	42.6	∴51.6	5.7
	子育て	210	36.7	59.5	3.8
	子手離れ	105	▲52.4	▽46.7	∴1.0
	子独立	99	▲58.6	▼40.4	∴1.0

表 2.3.4 LS 別チャネル別産直品購入率

		全体	道の駅	有人直売店	SA・PA	食品SM	GMS・SC
全体		435	70.6	52.9	35.4	35.2	35.2
男性	計	139	73.4	49.6	∴41.7	30.2	30.9
	学生	7	57.1	71.4	42.9	42.9	28.6
	独身社会人	25	80.0	∴40.0	∴48.0	▽16.0	▽12.0
	既婚子なし	16	62.5	37.5	37.5	50.0	37.5
	子育て	41	73.2	51.2	43.9	29.3	43.9
	子手離れ	19	73.7	52.6	47.4	36.8	26.3
	子独立	31	77.4	54.8	32.3	25.8	29.0
女性	計	296	69.3	54.4	32.4	37.5	37.2
	学生	8	87.5	50.0	△75.0	50.0	∴12.5
	独身社会人	46	73.9	52.2	∴23.9	41.3	37.0
	既婚子なし	52	71.2	∴63.5	38.5	30.8	40.4
	子育て	77	66.2	53.2	29.9	32.5	31.2
	子手離れ	55	67.3	60.0	∴25.5	∴43.6	↑47.3
	子独立	58	67.2	44.8	37.9	39.7	36.2

第2章　活性化がもたらす運営組織内外の葛藤──震災前──　　109

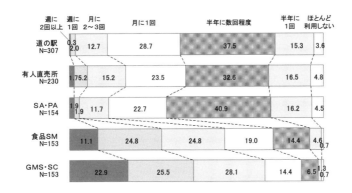

図 2.3.1　チャネル別産直品利用・購入頻度

	道の駅 N=307	有人直売 N=230	SA・PA N=154	食品SM N=153	GMS・SC N=153
野菜・果物（生鮮品）	78.2	72.2	33.1	76.5	73.9
野菜・果物（加工品）	40.4	32.2	20.1	33.3	32.0
アイスなどのスイーツ	27.4	14.8	41.6	22.9	31.4
飲食コーナーやレストラン	25.1	12.2	42.2	7.2	19.6
菓子類	23.8	19.1	45.5	35.9	38.6
海産物（加工品）	23.5	22.2	31.2	34.6	41.8
海産物（生鮮品）	21.8	21.7	18.8	49.0	49.0
調味料	19.9	15.7	10.4	21.6	24.2
飲料	19.5	16.5	29.9	24.8	27.5
そば・めん類	15.6	13.9	20.1	24.2	24.8
花木	14.7	13.0	4.5	7.2	7.8
肉（加工品）	12.4	11.7	8.4	28.8	32.0
米や麦などの穀類	11.7	11.7	1.9	19.0	25.5
工芸品（小物など）	8.8	7.0	7.1	3.3	3.9
酒類	7.2	8.3	4.5	18.3	24.2
肉（生鮮品）	4.9	6.5	2.6	30.1	31.4

図 2.3.2　チャネル別でみた利用・購入した産直品[11]

いえるが、食品 SM、GMS・SC は上記 3 チャネルに比べ、購入頻度が高い。

　チャネル別の購入商品について確認すると（図2.3.2）、SA・PA を除いたどのチャネルにおいても野菜・果物（生鮮品）の購入率が高い。チャネル別の比較の視点では、道の駅は野菜（生鮮・加工）、SA・PA は菓子・飲料やレストラン、食品 SM は海産物（生鮮）や肉（生鮮・加工）などが、GMS・SC も食品

110　第Ⅰ部　地域のネットワーク組織と商業活性化

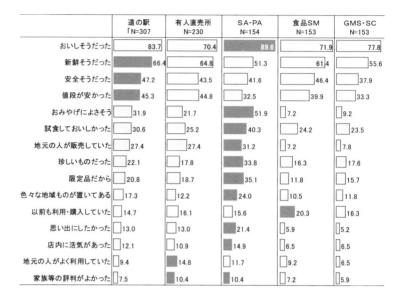

図 2.3.3　チャネル別でみた産直品を利用・購入した理由（上位15項目）

SMとほぼ同様な傾向にあることがわかる。

(3) チャネル別の購入理由

　チャネル別の購入理由をみると、「おいしそう」はどのチャネルでも多いことが確認できる（図2.3.3）。道の駅や有人直売所では「新鮮そう」や「安全そう」が他のチャネルよりも相対的に高く、SA・PAではみやげ需要が、食品SMではリピート需要が傾向としてあらわれていることがわかる。割合は低いものの、「地元の人がよく利用していた」、「家族等の評判がよかった」といったリアルな口コミレベルでの理由が相対的に多いのは有人直売所である。

(4) チャネル別の評価

　チャネル別の評価をみると（図2.3.4）、道の駅は利用・購入者の9割が、有人直売所やSA・PAでは8割が、食品SMやGMS・SCでは7割程度の利用・購入者が満足していることがわかる。チャネル間の比較における評価理由をみると[12]、有人直売所は「新鮮そう」「値段が安い」、SA・PAは「おいしそう」「おみやげによい」「試食」があげられ、有人直売所はスーパーの代替、SA・PAは試食からの誘因といった要素が評価されていると考えられる。

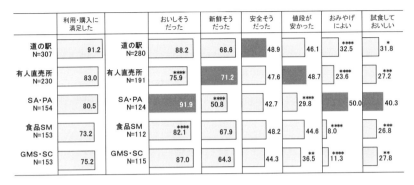

図 2.3.4　満足した人の各チャネルの利用・購入理由[13]

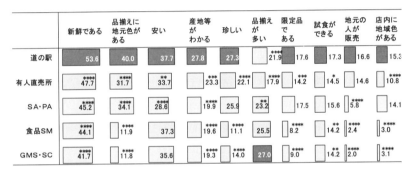

図 2.3.5　チャネル別の産直品に関する商品・サービス期待

3.1.2　直売所等各チャネルの今後の期待

ここでは産直品を販売するチャネルの今後への期待について確認する。チャネル別の産直に関する期待をみると（図 2.3.5）、どのチャネルにも共通しているのは「新鮮」である。道の駅、有人直売所、SA・PA は「品揃えに地元色」「珍しい」「限定品」であり、これらのチャネルには地元を含めた地域の色が明確であることを求めていることがわかる。一方の食品 SM や GMS・SC は「品揃え」や「安さ」が期待として高く、上記 3 チャネルに比べると地域色を除いた多様性を求めていることがわかる。さらに図 2.3.4 とあわせてみると、産直品への期待は道の駅に多く出現しており、他のチャネルは GMS・SC の「品揃え」のみであり、人びとは道の駅に対して様々な期待を持っているのだが、逆にいえば品揃えには期待していないことがわかる。

表 2.3.5　実態イメージ

軸	項目	値
Ⅰ軸 地域性	店内やコーナーの地域色が強い	0.645
	地域の人たちと交流ができる	0.570
	店員と交流ができる	0.556
	地元の人が販売している	0.521
	思い出になる	0.512
	懐かしさが感じられる	0.487
	飲食コーナーやレストランのメニューに地域色がある	0.482
	地元の資本が入っている	0.470
	珍しいものがある	0.466
	限定品（数量限定、地域限定、店限定）である	0.412
	耳寄りな情報がある	0.400
	地元の人がよく利用・購入している	0.360
Ⅱ軸 洗練された 売場	商品がきれいに並んでいる	0.577
	店員の接客がよい	0.525
	商品がどこにあるのかがすぐわかる	0.522
	飲食コーナーやレストランのメニューが豊富である	0.505
	店内に活気がある	0.489
	休憩施設、物販等以外の多様な施設が設置されている	0.467
	大手企業・メーカーが生産・製造や販売している	0.450
	デザインやパッケージがよい商品が置いてある	0.416
	飲食コーナーやレストランのメニューが安い	0.410
	商品に関する説明書きがある	0.353
Ⅲ軸 顔がわかる 安心	新鮮である	0.559
	産地、生産者がわかる	0.428
	値段が安い	0.399

3.1.3　直売所等各チャネルのポジショニング

次に産直品販売における各チャネルの関係をみていくことにする（コンビニは参考値）。

（1）チャネル別の実態イメージ

各チャネルにおける産直品販売の実態イメージに関する 32 項目から因子分析を行い、Ⅰ軸:「地域性」、Ⅱ軸:「洗練された売場」、Ⅲ軸:「顔がわかる安心」の 3 軸が抽出された[14]（表 2.3.5）。各チャネルの実態イメージは、道の駅

第2章　活性化がもたらす運営組織内外の葛藤――震災前――　　113

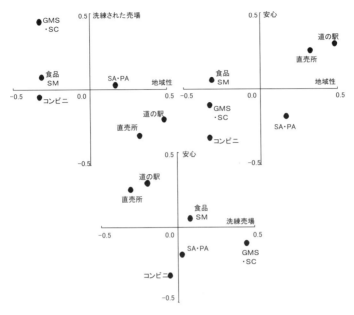

図 2.3.6　実態イメージのポジショニング

や直売所は「地域＋安心」、SA・PA は「地域＋洗練」、GMS・SC は「洗練」であることが確認できた（図 2.3.6）。

(2) チャネル別の期待

各チャネルにおける産直品販売の期待に関する 32 項目から因子分析により、Ⅰ軸：「地域性」、Ⅱ軸：「洗練された売場」、Ⅲ軸「顔がわかる安心」の 3 軸が抽出された（表 2.3.6）[15]。各チャネルの実態イメージと期待のギャップ（各図における矢印部分）をみると、SA・PA は「地域＋洗練」が、食品 SM や GMS・SC は「安心」であることが確認できた（図 2.3.7）。因みに図 2.3.7 における矢印表記は評価とニーズのギャップを示す。

3.1.4　利用者にとって直売所とは何か

ここでは居住地域の人口規模別に産直品購入チャネルの使い方や期待などへの考え方を捉えることを通じて、産直品を購入する利用者にとって直売所とはどのような存在なのかを考察する。

表 2.3.6 期待イメージ

Ⅰ軸 地域性	店内やコーナーの地域色が強いこと	0.538
	地元の人が販売していること	0.514
	地域の人たちと交流ができること	0.482
	店員と交流が出来ること	0.442
	品揃えに地元色が強いこと	0.438
	珍しいものがあること	0.424
	思い出になること	0.400
	限定品(数量限定、地域限定、店限定)であること	0.372
	地元の資本が入っていること	0.366
Ⅱ軸 洗練された 売場	飲食コーナーやレストランのメニューが豊富であること	0.549
	飲食コーナーやレストランのメニューが安いこと	0.504
	商品がどこにあるのかがすぐわかること	0.502
	商品がきれいに並んでいること	0.494
	店員の接客がよいこと	0.482
	休憩施設、物販等以外の多様な施設が設置されている	0.422
	店内に活気があること	0.398
	大手企業・メーカーが生産・製造や販売していること	0.324
Ⅲ軸 顔がわかる 安心	新鮮であること	0.559
	産地、生産者がわかること	0.434
	値段が安いこと	0.402

(1) 都市規模別の各チャネルイメージ

　まず、Ⅰ軸で抽出された「地域性」が、居住する都市規模でどう異なっているかを確認する (図2.3.8)。

　全体でみると、道の駅と直売所はどの都市規模でも「地域性」イメージが形成されている。逆にCVSやSCでは形成されていない。都市規模別でのイメージ形成の違いを確認すると、道の駅や直売所については、都市規模別でのイメージの差はほとんどない。SA・PAをみると、「地域性」イメージを持つのは10万～30万未満の住民であり、それ以外の規模では相対的に低い。食品SMでは、10万未満と100万～200万未満では他に比べて「地域性」イメージが相対的に強い。CVSやSCでは都市規模にかかわらず、「地域性」イメージは形成されていない。以上から推察するに、「地域性」イメージについて、SA・PA以外では地域差はあまりないことがわかる。次に各チャネルにおい

第2章 活性化がもたらす運営組織内外の葛藤——震災前—— 115

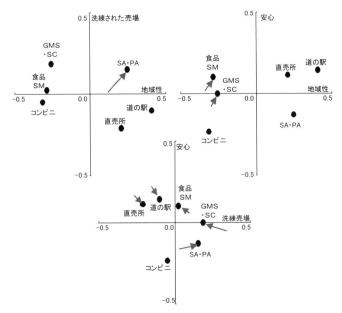

図2.3.7 期待のポジショニング

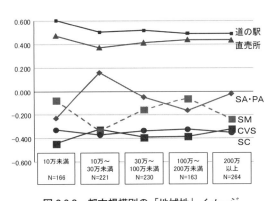

図2.3.8 都市規模別の「地域性」イメージ

て、品揃え、配置等において洗練された売場のイメージが形成されているかを確認する（図2.3.9）。

全体についてみると、10万未満を除き、SC、次いでSMのチャネルにおいて洗練イメージが形成されていることがわかる。直売所は他のチャネルに比べ

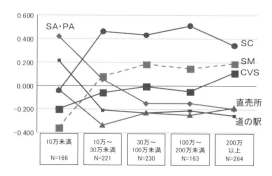

図 2.3.9　都市規模別の「洗練された売場」イメージ

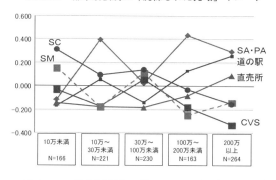

図 2.3.10　都市規模別の「顔がわかる安心」イメージ

て、洗練イメージが弱い。都市規模別でみると、10万未満都市の居住者にとって、洗練イメージはSA・PA、道の駅の順で強く形成されている。つまり、小規模地域居住者は産直品購入において、SCやSMよりもSA・PA、道の駅の方が洗練された売場であると感じていることを意味する。また、10万以上の都市については、規模別でのイメージの差はあまりみられない。地域の産品に対する「顔がわかる安心」のイメージは、都市規模別にどのように形成されているのかを確認する。図2.3.10をみてもわかるように、規模別にイメージ形成は異なっていることがわかる。

　SCからみると、都市規模が大きくなるにつれて、安心などのイメージが低下していることがわかる。SCに近い傾向を示しているのがSMである。SMのイメージ増減の逆パターンを示すのがSA・PAである。SCやSMでいえば、

これは都市規模が大きくなるにつれ、産直品の輸送コストや商品自体の付加価値が高まり、その分価格が高くなっていることが推察できる。もう少しいえば、「都市規模：大」に居住する人たちは「顔が見える安心」を、旅や観光という移動コストまたはSCやSMといったチャネルで付加価値分のコストを支払っているといえ、大都市の産直品が旅先で購入するよりも割高であることを示しているのではないか。SA・PAについては、10万未満や10万〜30万未満で低いのは、SCやSM等の他チャネルで購入した方が相対的にリーズナブルであり、その他規模については逆に「出先の」SA・PAの方が価格も含めて安心・安全なものを購入できるということだろうか。逆に都市規模が大きくなるにつれて、安心などのイメージが高くなっているのは道の駅や直売所である。しかし、直売所における安心などのイメージは全般的に低いことがわかる。同様に、安心などのイメージが低いチャネルはCVSである。

(2) 都市規模別の各チャネル期待

次に産直品を販売するチャネルへの期待を都市規模別に確認する（図2.3.11）。道の駅をみると、都市規模別で期待の落差が大きい。地域性に対する期待が高いのは10万未満、30万〜200万未満であり、相対的に低いのは10万〜30万未満と200万以上である。これは10万〜30万未満と200万以上規模の居住者が、産直品購入チャネルを道の駅ではなく、より利便性が高いSCやSMに代替していることがわかる。直売所も道の駅よりはスコアがやや低いものの、同じような傾向が見うけられる。SA・PAにおいて、「地域性」への期待が高いのは30万〜100万未満であり、その他の規模では低い。SCやSMは道の駅や直売所とほぼ逆の傾向であり、10万〜30万未満と200万以上では「地域性」への期待が高いが、その他の規模では期待が低い。この結果だけをみると、SCと道の駅・直売所それぞれにおける産直品購入時の「地域性」への期待は、都市規模に応じたトレード・オフの関係にあることが推察できる。

次に「洗練された売場」への期待について確認する（図2.3.12）と、「地域性」と同様に、都市規模による期待の格差が大きい。道の駅と直売所はほぼ同じような傾向を示しているが、30万未満の規模では、道の駅の方が洗練さへの期待が高い。10万から200万未満の規模にかけて、洗練への期待が減少しているが、200万以上では逆に高くなっていることがわかる。一方、SCと

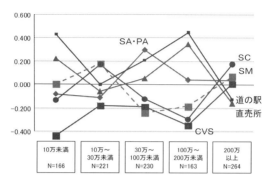

図 2.3.11　都市規模別の「地域性」期待

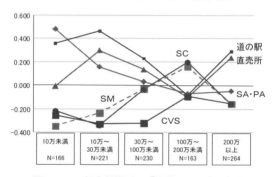

図 2.3.12　都市規模別の「洗練された売場」期待

SM は先の「地域性」と同様に、道の駅と直売所の傾向とは逆の傾向である。ここでも両タイプのチャネルにトレード・オフの関係をみて取ることができる。また、SA・PA では、都市規模が大きくなるにつれて、洗練に対する期待が低くなっていることがわかる。

　最後に「顔がわかる安心」の期待について確認する（図 2.3.13）。道の駅をみると、100 万以上の規模では安心などへの期待が高い。逆に、10 万未満と 30 万～100 万未満では期待が低い。直売所もほぼ同様の傾向がみられるが、期待は全体的に低い。SC はここでも道の駅と逆の傾向になっており、10 万未満の規模での期待は高いが、それ以上の規模になると減少基調にある。SA・PA は 10 万～30 万未満と 100 万以上の規模において、他のチャネルよりも安心などへの期待が高い。また、SM と逆の傾向になっており、トレード・オフの関

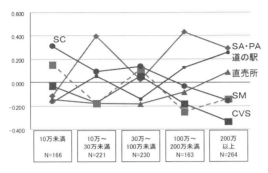

図 2.3.13　都市規模別の「顔がわかる安心」期待

係になっていることが推察できる。

3.1.5　直売所をどう位置づけるか

　以上のように産直品の購入チャネルに対する利用者のイメージと期待を確認したが、主な帰結は次の二つである。一つは産直品の購入チャネルにはそれぞれのイメージが形成されていることであり、もう一つは各々のチャネルへの利用などから形成されるイメージと今後の期待には（調査対象者の居住都市規模という尺度で）地域差が存在することである。

　特に後者について象徴的であるのが、図 2.3.11 の結果ではなかろうか。すなわち、10万以上から200万未満まで、居住都市の規模が大きくなるにつれて、「地域性」期待が SC や SM → SA・PA →道の駅や直売所と変化していくことである。これは大都市居住者ほど「ご当地」での購入を求めていることを意味しており、交通手段の発達によるモビリティの向上、もっといえば「高速道路土日千円[16]」といった施策も要因の中の一つだといえる。しかしながら、200万以上でふたたび SC や SM の期待が高まっていることをどう説明すればよいのだろうか。これは、「産直品は遠くに行くよりも、近場の SC や SM で同等品を購入すれば事足りる」ことを意味しており、確かにこうした大都市居住者は労働の長時間化による余暇時間の減少等、他の生活要因による可能性も否定できないが、いずれにせよ確かなのは、200万前後の都市規模が産直品の「地域性」期待における境界になっていることである。

そこで、この境界の出現をどの視座で捉え、解釈するかが、産直品のマーケティング戦略構築において今後の課題となるのではないか。冒頭でも論じたが、一つの方向としては、産直品購入とふだんの生活との関わり等も含めたマーケティングの論理に関する地域差を考察することである。これまでエリアマーケティングの文脈で論じられてきたことであるが、それはあくまでア・プリオリに設定されたエリアについてのことであり、人びとの諸活動によって形成されるネットワークの総体として立ちあらわれた領域のことではない。従って、基底にある（マーケティングの）論理は同一であり、この部分をどう組み替えるかが必要となろう。具体的な次元に立ち返るのであれば、道の駅等の産直品購入チャネルにおける属性別の購買行動を詳細に問い込んでいくことがさしあたりの（2次的な分析という意味で）手がかりとなるのではないか。もう一つは、「移動」の問題が考えられる。経済学的な文脈でいえば、立地、移動や輸送費用、さらには弾力性などで上記の説明ができるかもしれないが、さらに深く立ち入るためには、移動そのものへの問いが必要であると考える。何故というと、自工会（2007）によれば、若者の自動車離れが顕著であり、それは移動自体への価値の変化にあるとしている。そうした問いには、アーリ（1990：2006）等によるツーリズムの議論、吉原（2008）のグローバル／ローカルの両義性におけるモビリティ、空間や場所との関係へのまなざしも必要であるといえ、産直品をめぐる直売所のマーケティング戦略一つをとっても、実に多面的、多層的な問題が潜んでいるのである。

3.2 「道の駅よつくら港」の方向性をどうしていくか

本項では個々の道の駅における具体的な施策についてではなく、その施策によって利用者に形成されるイメージを論じる。イメージの形成は同時に今後の利用意向や期待を形成し、他の道の駅との差別化のためには確立されたイメージが利用者によって形成されなければならないと考える[17]。調査の対象をふるどのを中心とした周辺の道の駅に拡大し、個々の道の駅または分類したタイプ別にイメージをみた場合、どのような特徴があらわれるだろうか。

その考察のため、「ふるどの」調査と並行して、1年以内に利用したことのある周辺の道の駅[18]に対し、利用者が抱いたイメージについての調査[19]を

表 2.3.7 因子分析による3つの軸

Ⅰ軸 買い物重視	農産物がおいしい	0.398
	地元の特産物がある	0.364
	商品の品揃えがよい	0.316
	立ち寄りやすい場所にある	0.315
	地元の人たちとの交流がある	0.300
Ⅱ軸 観光重視	周辺の観光地など、欲しい情報が手に入る	0.394
	風景を楽しめる	0.382
	周辺の施設・観光地が充実している	0.361
Ⅲ軸 休憩重視	子供を遊ばせるスペースがある	0.415
	休憩スペースがある	0.327

行った。

　以下は、調査で得られたデータから因子分析を行い、得られた三つの軸から、各駅の位置（ポジショニング）をみた図である。分析の結果、イメージは「Ⅰ軸：買い物重視（寄与率：46.0％、固有値1.22）」、「Ⅱ軸：観光重視（20.0％、0.53）」、「Ⅲ軸：休憩重視（12.2％、0.32）」の3軸をとり、累積寄与率は78.2％となった（表2.3.7）。Ⅰ軸×Ⅱ軸をみると（図2.3.14）、買い物重視でははなわとふるどが比較的高い値を示し、観光重視ではよつくらとはなわが比較的高い値をとっている。買い物重視では、各駅の差が大きいが、観光重視では、差はそれほど大きくないことが確認できた。さらにⅡ軸×Ⅲ軸をみると（図2.3.15）、休憩重視としてよつくら港とならはが比較的高い値をとっていることが確認できる。その他四つの道の駅が原点周辺にポジショニングしていることと比較しても、よつくら港、ならはの休憩重視のイメージは強いと考えられる。Ⅰ軸×Ⅲ軸からも（図2.3.16）、よつくら港とならはが買い物ではなく休憩重視のイメージが強いことが重ねて確認できる。

　立地による分類から主要幹線道路付近としたよつくら港とならはがともに休憩重視で高い値をとり、買い物では低い値であったことから、2駅は休憩する場としてのイメージが強いと考えられる。

　一方で、差がそれほどみられなかった県境付近のはなわ、中山間地域のふるど、ひらた、たまかわは、確立されたイメージを持っていないのではないかと考えられる。

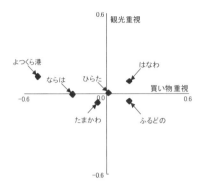

図 2.3.14　Ⅰ軸（買い物重視）×Ⅱ軸（観光重視）

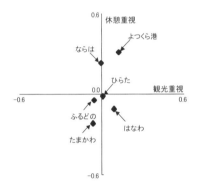

図 2.3.15　Ⅱ軸（観光重視）×Ⅲ軸（休憩重視）

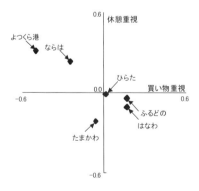

図 2.3.16　Ⅰ軸（買い物重視）×Ⅲ軸（休憩重視）

第2章　活性化がもたらす運営組織内外の葛藤——震災前——　　123

　これまで利用実態の把握や比較、イメージの調査などから、道の駅の差別化戦略についての検討を行ってきた。主要幹線道路付近の道の駅は休憩施設としてのイメージを確立していた点で、差別化の必要性は相対的に低いことが確認できた。一方で、県境付近、中山間地域の道の駅では、イメージの確立がほとんどなされておらず、差別化の必要性が高いという結果となった。主要幹線道路付近の道の駅における差別化の方向性として、よつくら港の特徴である「施設全体の雰囲気」や「交流の場」を主とした施設展開を行うことで差別化を図ることが可能であるといえる。一方、中山間地域の道の駅の方向性としては、物販における差別化が有効であると考える。ふるどのでは消費者を意識した価格設定などが行われている点を考慮すると、そうした意図が利用者に伝わっていることになり、一種の差別化になっている[20]。ただし、これは利用者のニーズと経営者の意図が合致した結果であるため、同様の地域に属しているひらたやたまかわでも、両側面での調査を経た上で差別化の方向性を検討していく必要性があり、今後残された課題でもある。

4.　むすび——NPOによる道の駅は可能か——

　本節ではこれまでに得た知見を総括し、直売所において「つながり」の創出を通じて地域づくりを実現するまでのフローを仮説的に提示すると同時に、運営組織内の意識のギャップがフローに与える影響を考察する。前述した直売所の特性ともいえる「地域性」を醸成するためには、その前提として、直売所の担い手である地域NPOの組織内部（地元住民−地元住民）の意識が統一されている—意識にギャップがない状態にある—必要がある。しかし、本事例でみられたように、組織内に意識のギャップが存在すると、それが売場に影響して地元住民が使わない直売所になりかねない。地元住民が利用しなければ、「地元住民との交流」等が実現できず、「地域性」が醸成されない。「地域性」ニーズを満たせないと、「非日常性」を期待して直売所を訪れる来街者もいずれは利用しなくなり、地元住民・来街者の双方ともが利用しない直売所になってしまう。このように、運営組織内の意識ギャップを端緒として、前述した三つの「つながり」のいずれもが創出を阻害されることになり、地元住民・来街者の

地域へのロイヤルティ醸成―直売所の目的の一つである「地域づくり」―につながらないのではないだろうか（図2.4.1）。

飯島・松本（2010）では、直売所という草の根の活動を持続的な取組とするための一手段にマーケティングがあるとして、直売所におけるマーケティングに関する考察を行った。これまで大枠ではあるものの、そのマーケティングを可能にする組織のあり方にまで視野を広げて考察してきた。先に述べたように、大手資本による直売ビジネスへの参入では「つながり」の創出は難しく、地元資本による直売所の展開であれば「つながり」が創出されるという仮説に基づき、分析と考察を行ってきた。しかし、道の駅「よつくら港」の取組を追跡するにつれて、地元住民が担い手だからといって、地元での「つながり」が創出できるとは限らないという現状が浮き彫りになった。地元住民の取組によっても「つながり」の創出がうまくいかない原因をコミュニティ・ビジネスのフレームを使って明らかにした（表2.2.1）。

本事例から、コミュニティ・ビジネス、すなわちここでいう地元住民が展開する直売所の取組によって「つながり」の創出がうまくいかない原因の一つとして、運営組織内の意識ギャップの問題があるという示唆を得た（図2.4.2）。直売所の運営主体であるNPOの組織内部の関係者の多様さおよび同質さが―人材やノウハウといった既存の地域資源を活用できるという強みもあるにせよ―弱みとして立ちあらわれてしまっているのである。NPOの組織内部の人間関係は、一般的な企業とは異なり、日頃の人間関係の延長線上にあるという特徴がある。それがマイナスに働き、例えば、新しい取組を始めようとしても「今まで通りの活動で問題はない、別にやらなくてもいいのではないか」といった声が上がることで、現状の問題点を改善していく動きが阻害されるという状況が起こっていると推察される。それにより、本来期待される草の根活動のダイナミズムの創出が抑えられているのではないだろうか。

直売所のような草の根の取組をコミュニティ・ビジネスに転換することは現在盛んに行われている。転換を図ることにより発生する組織内部の意識ギャップの問題は、本事例に限らず、全国各地のコミュニティ・ビジネスの現場でも起こりうる問題であるといえよう。地方の自立・再生が叫ばれる地域主権の時代において、コミュニティ・ビジネスの今後の方向性・可能性を考えるにあ

第2章 活性化がもたらす運営組織内外の葛藤——震災前—— 125

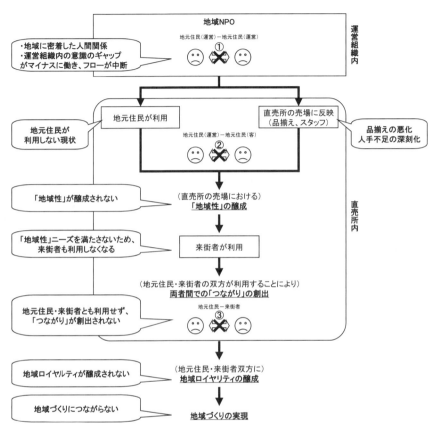

図 2.4.1 直売所の展開を通じて地域づくりを実現するまでのフロー

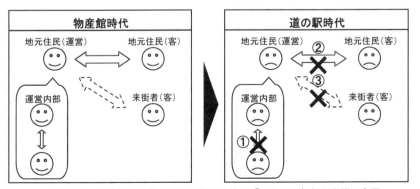

図 2.4.2 物産館から道の駅への移行に伴う「つながり」創出実態の変遷

たっては、本論が示唆する意識ギャップの視点を始めとするコミュニティ・ビジネスの「負の側面」に目を向け、問題の所在を明らかにしていくことが必要となろう。

　そのためにはもう少し「現場」レベルから引いた、いわば「マクロ」の視点で問題を再定義することが求められるのではないだろうか。そこで以下で社会経済体制の背景から議論することにより、本章の締めくくりとしたい。

　小泉改革以降、公共事業の削減等があった中で、さらに追い討ちをかけるように、急速に進む経済体制のグローバル化とそれに巻き込まれる国内企業と工場の海外移転、それに伴う国内における雇用減少等、特に地方に住む人たちにとって将来への疑問を抱かせるのには十分すぎるほどの不安要素がますます多くなっている現状である。

　経済成長を求めるには、企業においてはグローバル競争に戦い、それに勝つことが必要条件の一つである。それはいうまでもなく、中国を始めとした、これまで「発展途上国」とされてきた国々との、「境界を越え」ボーダレス化された経済体制下における戦いである。我が国でも経験してきたように、一国の経済成長にはある程度の段階―軽工業から重工業、現在では知識産業的なものへのシフト―があり、その戦略の基底には低価格化と差別化という二つの要素が横たわり、今では主要産業ではなくなってしまった「繊維」も、かつては低価格・高品質で世界の市場を席巻してきたのである。この産業がどのような経緯で現在に至っているかをあえて述べる必要もないだろう。現在は家電産業―白物だけではなく、デジタル家電にまで及んでいる―、さらには自動車にまでその影響は及ぼうとしている。

　このように高度にグローバル化された経済体制で戦っていくというのは、先にも述べたように低価格化と差別化、特に成長→成熟化された社会となっている我が国にとっては、低賃金を前提とする低価格化戦略という武器で臨むのは―デフレ状態が脱却しきれずにいることをふれるまでもなく―「老体に鞭を打つ」ようなことになるかもしれず、筆者としてはあまり現実的ではないと考える。

　問題なのは、こうしたことは対岸の火事ではなく、地球の裏側の影響がこうした地方にまで及んでいるということであり、それがグローバル化の本質（の

第2章 活性化がもたらす運営組織内外の葛藤——震災前—— 127

中の一つ）なのである。従って、そうした文脈の中での「成長」や「活性化」を唱えたとしても、それは最終的には巨大なプレイヤーか低価格を武器にする国々にその果実を収奪されていき、（日本という国単位だけではなく）人や金といった資源が乏しい地方都市にとっては、ある意味で「負け」が運命づけられているのではなかろうか（品質等の「差別化」も同様である）。

　それでは、ただ衰退を待っているだけでよいのだろうか。何か他の方法は考えられないだろうか。筆者は「成長」や「活性化」の定義を考え直す必要に、今、来ていると考えている。このあたりの議論はラトゥーシュ（2004：2010）に詳細はあるが、そこには「産直提携」（同 p.18）が取り上げられ、「経済アクター間の相互扶助的な取り組みに基づく果物と野菜のこのような共愉にあふれる交換は、まさしく＜脱成長＞の精神の一部をなす」（同）とされ、生産者と消費者の関係—付言すれば、生産と消費、そして交換という行為そのもの—を（グローバルマネーという名の投機を目的とした金融資本が）暴走し（実体経済から）乖離しているグローバルな経済体制からわれわれの手にそれらを取り戻すのが、上記の競争環境から逃れる鍵になるのではないだろうか。

　そうした文脈で「道の駅」という、ある意味で（当時の建設省が思いもよらずに）自然発生的に盛り上がっていった施設を捉え返すと、地域の住民ネットワークによって形成されたNPOが施設の運営等に皆で携わっていくというのは、ただ単にJA等の企業体というプロではなく、アマチュアが多いNPOが進めていくといった表面的・偶然的なことではなく、反・グローバルという意味で非常に象徴的な取組であったのではないかと筆者は考えている。

　地域づくりにおけるこうした「下から」というプロセスの必要性は、ガヴァナンスの議論（もっといえばネグリ＝ハートによる「マルチチュード」）を引き合いに出すまでもなく、「上から」の計画が行き詰まり感を呈し、さらにはその権威も低下している中で、何度も繰り返し、議論されてきたことである。しかしながら、良くも悪くも計画策定にパブリック・セクターが関与し続けている現状を考えるに、（予算獲得やその制約等といった問題も含めて）やはり「プロ」の存在は必要であり、「上と下の関係」も意思決定には不可欠な要素であるということもいえるのである。

　今回の道の駅の取組にあたり、筆者たちが改めて痛感したのは「共に住ま

うもの同士で、共に活動する／していく」ことの難しさであった。さらに問題を複雑にさせたのが、―鍵語的に表現するならば―上記の「反・グローバル」、「アマチュアリズム」や「ガヴァナンス」への葛藤といった要素なのであり、それが組織運営から売場展開に至るまでのあらゆる部分で表出していったのだろう。そして、その一つが「ふだんの人間関係でビジネスをする」難しさとなって、われわれの前に立ちはだかったといえるのではなかろうか。

　上記のことを考慮すると、いわゆる企業の論理で今後の活動を遂行するのは難しいといわざるを得ない。しかしながら、大事なことを忘れてはならない。利用者は運営主体が何であろうと関係がなく、お金を払う顧客なのである。この一点だけは忘れてはならないものであるし、それを疎かにするようであれば、最終的には「大手資本」にこれまでの果実を回収される…といったことが繰り返されることになろう。

　注
　1）　本節ではNPOの「理事メンバー」、道の駅の「運営メンバー」、道の駅の直売所やテナントなどの「現場スタッフ」といった呼称を用いる。
　2）　1章3.でもふれたことだが、筆者らが2010年2月のバレンタインイベントの様子を観察した際にも、様々な面で改善の機会が残されていることを感じている。具体的には、料理を受け取るための長い待ち行列ができており、調理や誘導にあたるスタッフのマネジメント体制の強化が必要であると思われた。また、前売りチケットを購入したが席がないという、民間企業であれば考えにくい事態が発生していた。その後のクレーム対応にも不慣れな感があり、今後に不安を残すものであったといえよう。
　3）　道の駅において、直売所開業前の2009年と直売所開業後の2010年にそれぞれユーザー調査（「2009年調査」、「2010年調査」）を行った。
　4）　ここには、従業員満足度（出荷者や現場スタッフ）が低いために顧客満足度も低い、という構図が背後にあるとも考えられる。
　5）　POSデータを活用した情報発信の例としては、「売れ筋商品ランキング」を出すといったことが考えられる。しかし、本事例において筆者らがPOSデータを集計したところ、「加工品」が売上1位という結果であった。そこにはインストアコードの登録段階で具体的な商品名を付していないため、後から活用することのできない情報を蓄積しているという実態があった。これでは仮に「売れ筋商品ランキング」を出そうとしても、1位「加工品」、2位「魚」、3位「魚」といった結果になり、具体的な商品名をあげることができない。したがって、ちらしやPOP、口コミ等のメディアを用いてそれらの情報を伝えることも不可能になる。
　6）　「非営利組織には、官僚制の組織形態は適合的でない」（桑田・田尾（1998））、「効率性を追求する官僚制のしくみは、積極的かつ主体的な意欲を持つ「メンバーあり

き」で構成される共同組合等の組織には馴染まない」（堀越（2002））といった非営利組織論の見地に照らしても、地域NPOにはそぐわない組織形態になりつつあったといえよう。
7) 前述した通り、本研究がフィールドとする道の駅「よつくら港」は、既存の「物産館」を改修して「道の駅」に整備したという経緯がある。それに伴い、草の根としての取組ばかりでなく、「道の駅」という公共施設として、中長期的な地域づくりをも視野にいれた持続的な経済活動を行っていく必要が生じた。それによって関係者の一部がコミュニティ・ビジネスの視点を持つようになったことを勘案し、両者を比較して考察しているこのフレームを採用した。
8) 直売所や道の駅を調査対象にする時、三つの視点―施設、運営・管理、利用者―があり、ここでは利用者に焦点を定めるが、これまでの利用者調査は例えば、駄田井（2004）、山本・山根・小八重（2007）、三木・宮原（2009）等がある。これらの調査は利用者の購買行動を分析しており、その点については本調査と同じである。しかしながら、他のチャネルとの関連では論じられていない。大手の組織小売業による「直売所ビジネス」の展開を考えると、従来の直売所や道の駅は、組織小売との差別化を図らねばならない。そのためには現状と今後のポジショニングを把握する必要があり、後述するように調査を設計した。
9) 例えば、大項目レベルでは食品、飲料、工芸品等であり、中項目では食品は肉・魚・野菜や菓子の次元になるが、本調査では中項目レベルでの使い分けまでに立ち入ることを目標としている。
10) むろん、価格「だけに」敏感な層も否定はしない。
11) ハッチングしてあるのは5つのチャネルでトップになっていることを示す。以下同様。
12) ここでは各項目で1位となっているチャネルを基準として、他チャネルとの有意差検定を行っている。
13) 上位6項目：各利用・購入＆満足者ベース、****：1％、***：3％、**：5％、*：10％有意な差があることを示す。以下同。
14) 因子分析結果は次の通りである。固有値と寄与率であるが、Ⅰ軸が5.55、49.6％、Ⅱ軸が2.02、18.0％、Ⅲ軸が1.08、9.7％であり、これら3軸による累積寄与率は77.2％であった。
15) 因子分析結果は次の通りである。同様に固有値と寄与率であるが、Ⅰ軸が5.30、52.5％、Ⅱ軸が1.14、11.3％、Ⅲ軸が1.03、10.2％であり、これら3軸による累積寄与率は73.9％であった。
16) 主に景気回復を目的として2009年3月にスタートし、本節執筆当時も続いていた。のちに東日本大震災の復興財源確保のために、2011年6月19日に終了した。
17) 利用者のイメージ形成に関する考え方の詳細は松本（2009）を参照されたい。
18) ここでの「周辺の道の駅」は、道の駅「たまかわ」、道の駅「ひらた」、道の駅「はなわ」、道の駅「よつくら港」、道の駅「ならは」の計5箇所の道の駅を指している。なお、本文ではよつくら港も含め、全て道の駅名のみの表記としている。
19) 調査項目は紙面の関係上16項目だが、本来ならば30項目以上が妥当であり、今後積み残された課題の一つである。

20) 関・松永（2010）は、中山間地域に属する直売所の取組の事例を紹介している。その中に福島県西会津町、道の駅「にしあいづ」の報告がある。ふるどの同様物販での差別化に成功していると考えられる。なお、にしあいづの場合は行政主導による町ぐるみの取組である。

参考文献

安島博幸、2007、「持続的発展が可能な観光地づくりについて―観光地発展理論から―」『新都市』61(11)：7-13

飯島美奈帆・松本行真、2010、「産地直売所に対する地元住民と来街者のニーズ・ギャップからみる直売所マーケティングへの示唆―道の駅「よつくら港」開業に向けた NPO の取組を通じて」『日本都市学会年報』43：226-235

宇野史郎・吉村純一・大野哲明編著、2008、『地域再生の流通研究―商業集積間競争とまちづくりの視点―』中央経済社

加藤司・石原武政編著、2009、『シリーズ流通体系4　地域商業の競争構造』中央経済社

関東経済産業局、2007、『コミュニティビジネス経営マニュアル』

関東経済産業局：『施策のご案内　コミュニティビジネス』
<http://www.kanto.meti.go.jp/seisaku/community/index.html>、2010/11/10 参照

桑田耕太郎・田尾雅夫、1998、『組織論』有斐閣

小林千夏、2008、「地域ブランドのイメージ分析」『フードシステム研究』第15巻1号：15-25

櫻井清一、2001、「都市・農村連携の視点からみた農産物直売活動」『農村計画学会誌』20(3)：203-208

櫻井清一、2008、「産地マーケティング論の展開と関係性マーケティング論」『農産物産地をめぐる関係性マーケティング分析』農林統計協会

駄田井久、2004、「農産物直売所における消費者行動の実証的分析」『岡山大学農学部学術報告』Vol.93：77-81

駄田井久・佐藤豊信・石井盟人、2007、「農産物直売所におけるマーケティング戦略の構築―安心・安全の視点から」『農林業問題研究』Vol.43、No.1：141-145

千葉県商工労働部、2006、『千産千消推進型』商業活性化実験事業報告書

永木正和、2007、「地産地消の意義と展開」『消費行動とフードシステムの新展開』農林統計協会

日本自動車工業会、2007、『2006年度乗用車市場動向調査』

萩原愛一、2009、「観光立国と地域活性化をめぐって」『レファレンス』704：7-23

橋本理、2007、「コミュニティビジネス論の展開とその問題」『関西大学社会学部紀要』38(2)：5-42

藤江俊彦、2002、『コミュニティ・ビジネス戦略―地域市民のベンチャー事業』第一法規出版

堀越芳昭、2002、「協同組合の基礎概念―その哲学・定義・特質」『経済集志』72(1)：151-171

松本行真、2010、「産直品購入におけるチャネルイメージ形成に関する一考察―直売所

ユーザー調査から「産直品」購入の実態・評価・期待をみる」『日本都市学会年報』43：215-225
───、2015（近刊）、「都市と相互作用の世界」、吉原直樹・堀田泉・大澤善信編『開かれた／創られた都市空間』法政大学出版局
三木佳光・宮原辰夫、2009、「道の駅「大和（そよかぜ館）の利用者に関する実態調査」『文教大学国際学部紀要』第19巻2号：111-132
山崎丈夫、2001、「NPO型コミュニティ・ビジネスの可能性」『コミュニティ政策研究』3：41-52
山本直之・山根芳樹・小八重祥一郎、2007、「農産物直売所に対する消費者ニーズと設立のための課題」『宮崎大学農学部研究報告』53(1/2)：77-83
吉原直樹、2008、『モビリティと場所』東京大学出版会
Urry, J., 1990, *The Tourist Gaze*, Sage.（＝1995、加太宏邦訳『観光のまなざし』法政大学出版局）

第 3 章

「道の駅」が果たす復旧・復興への役割
——震災後——

1. 大震災後の道の駅

　2011年3月11日、この日は学校（福島高専）での会議ののち、夕方から道の駅調査に関する年度末の事業報告を行う予定であった。原稿はあらかたできていたものの、冊子化は間に合わず、前年7月に本開業した後の経緯にふれつつ、NPO内外で発生しつつあった問題を提起するつもりであった[1]。しかし、14時46分頃に発生した大地震により、それどころではなくなった。会議は中止、構内の建物は特に目立った損壊はなかったため、「強い地震だったなぁ」という第一印象であったが、立て続けに起こる強い余震により、当時登校していた学生ら全てを安全な場所に集めたことと、携帯のワンセグでみた「大津波警報」、そして遠くに聞こえた爆発音などから、「どうもただの地震ではない」と考えるようになった[2]。

　また、NPOの窓口となる担当者とも連絡が取れなかった（携帯が通じなかった）こともあり、この日の会議を「飛ばす」ことにし、ライフラインの途絶と原発事故への懸念から次の日に筆者は東京の実家へ「避難」した。その後、テレビ、ラジオ、新聞・雑誌、ネットなどで様々な情報を収集したものの、みる限り「道の駅」に関するものは皆無であった。数日後に件の担当者と連絡が取れ、氏によれば当該地域は大津波により道の駅が壊れたことも含めて「別世界だ…」とのこと。東京でもガソリン不足であり、確認のために行きたくても行けない、もどかしい状況が続いた。ようやく施設の全容がわかったのが、われわれが「海岸側駐車場」と呼んでいたところに、ハイパーレスキュー隊の待機場所[3]となったテレビ映像が目に飛び込んだ時である。正確にいえば、施設

写真 3.1.1　道の駅「交流館」被害状況　2011 年 4 月 4 日（筆者撮影）

写真 3.1.2　道の駅「情報館」被害状況　2011 年 4 月 4 日（同）

は写っておらず、もっと「引いた」画像により施設が壊滅的になっていたのを確認したのは海外新聞社のサイトであった。

　それをみると、骨組みは残っていたものの壁はことごとく破壊され、特にフードコート側は漁船が衝突したために柱もなく、「悲惨」とでしか形容できない状況であった。その後、学校再開に向けた全体会議参加のために 4 月 4 日にいわきへ戻るとともに、道の駅の状況をこの目で確認しに行った（写真 3.1.1、3.1.2）。現地に到着したのが夕方であったが、流入したがれきや砂の撤去などが始められていたのには驚いた。後で関係者から聞いた話であるが、この数日後に交流のある三島町から重機が提供され、その 2 日間であらかたの整理が終わったとのことである。3.11 の地震と津波から 1 ヵ月経っていなかった。いわき市内でも復興に向けた濃淡がみられたが、この四倉地区、少なくとも道の駅

周辺に関しては他の地区よりも早かったといえる。この差は何なのだろうか。

こうした問題意識も含めて、われわれは道の駅・NPO関係者を中心に、また市内被災者や自治会長などにものべ50人以上への聞き取りを行った[4]。道の駅に関しては本章2.と3.を、自治会については5章、6章、または松本(2012)を参照にされたいが、ここでは2011年を象徴する漢字にもなり、マスメディアを含め喧伝された「絆」とは何なのか、実際にそれがあったのか、そしてそれがどう作用していたのかを、調査の途中段階ではあるが、道の駅をめぐる活動を垣間見ながら、考えていきたい。

先に論じたことでもあるが[5]、震災前の道の駅に関する第三者としてのわれわれの評価は、売上が好調であったのに反して、販売戦略などを含む運営面でやや迷走気味であると捉えていた。要因として考えていたのが、NPO内における管理・運営への温度差が生じていたこと、さらに地元顧客の道の駅離れの兆しがみられることにある[6]。復興への立ち上げの早さをみるに、そうした道の駅をめぐる様々なものをも含めて、今回の大津波が流していったのだろうか。

地震と大津波、次の日以降に発生した原発事故により、道の駅のスタッフやNPO関係者もいわきを離れていたようだが、「このままでは（この地区が）ダメになる」と感じた人たちが戻り始め、震災発生の数日後から、壊れた道の駅の片付けに着手したのである。いわき市の一部が30km圏内に入ることから物資調達も困難を極めていたものの、道の駅などを起点とした地区間の交流（三島町など）、さらにはNPOを起点とした個人的なネットワーク（NPO関係者の仕事仲間やその顧客など）により、関係者の避難先や取引先からの物資調達を実現させ、それらを道の駅で配布するようになった。ちなみに、この段階で自治会はあまり機能していなかったというのがNPO関係者の弁である[7]。だからといって、自治会・町内会といった旧来の住民組織が役に立たないと結論づけるのは早計である。

というのも、筆者らが行っている別の聞き取り調査によれば、津波による大きな被害を受けた沿岸地区のある自治会は、被災直後から十数名の役員が一致団結して、区内住民の安否確認、生活空間の確保や物資調達、そして高齢者の散住とそれによる孤立を避けるために、区内にある空きアパートの確認・確保を通じて、コミュニティの崩壊を防ぐことに成功しつつあったからである。そ

写真 3.1.3 「仮営業」中の道の駅　2011 年 5 月 28 日、9 月 23 日（同）

の一方で、やはり壊滅的な被害を受けた別の地区では自治会が復旧段階においてはさほど機能しないことから、住民の不満が高まる…と明暗を分けているのも事実である。では、これらを分かつ要因は何なのだろうか。新しい関係のかたちといえる NPO と旧来の代表格である自治会・町内会と、組織形成に（相対的に）自発的／非自発的といった違いはあるが、現時点では、震災前からのふだんの関係が構築されているか否かにかかっているといえるのではなかろうか[8]。

　話がそれてしまったが、いずれにせよ、半壊状態の道の駅「交流館」の修繕・整備を市内外からの支援によって推し進められ、早くも 4 月 16 日から直売コーナーを週末限定で再開し、7 月からは営業を毎日するようになったのである（写真 3.1.3）。

　4 ヵ月足らずで通常に近いかたちでの営業にこぎ着けた原動力は NPO[9] にあるのだが、留意すべきは、聞き取りした道の駅／NPO 関係者のほぼ全てが口をそろえて「できる人が／から（復旧・復興に向けた活動を）やる」という姿勢だったことである[10]。駅長を始めとした道の駅や NPO 関係者の中で自宅が全壊〜半壊されている人もあり、これは当然の方針であるといえる。原発に関する問題は地場産品の直売所の役割も持つ「道の駅」に大きな打撃を与えていたのはいうまでもなく、いわゆる「低線量被曝」に対する受け止めかたも関係者の間でも三者三様だった。そうした中でも道の駅再開が早かった要因の一つとして、生産者が野菜を出荷したいという要望もあったという。また、3 月と

いう混乱が続く中で、あるNPO関係者が独自に野菜販売を始めると、それ自体の安全性[11]への懸念からNPOがストップをかけるなど、地域再興へ「無理強いをしない」という方向は同じでも、個人と組織というそれぞれのレベルにおける復旧・復興へのスピード差、温度差が存在していたのかもしれないし、強制力のなさが個人と組織の（立ち上げとその継続というプロセスの）ダイナミズムを生み出したともいえるのではないか。それは例えば、本開業が遅くなるのをみて2011年10月に道の駅近所に食堂・直売所をコンビニ跡に開設させ、NPOや道の駅とは別な方向を目指そうとする動きにもあらわれている。

　ところで、これまでみてきたことは生産者や運営者の視点によるものであったが、利用者はどう感じていただろうか。「みえない」という原発事故の特殊性だろうが、福島県内では浜通り／中通り／会津地方といった区分で、東北や東日本といったエリアでは福島とそれ以外、西日本では東日本が、そして海外では日本…といった具合に、人びとが感じる「汚染されて危険／安全」の範域が大きく異なっている。こうしたことは売られている野菜[12]への利用者の反応にも同様なことがいえる。震災以前の購入者／来場者比率は大体3割（多くても5割）程度と見積もっていた[13]のだが、震災後に数ヵ所の道の駅（よつくら港、ふるどの、ひらたなど）で実施したわれわれの調査では8割にも達していることがわかっている[14]。どの道の駅も売上自体は大幅減になっているのは原発事故からの回避行動の結果であるのだが、この状況になってもきてくれる、ある意味でファン層が一定数存在しており、こうした人たちが半ば積極的に地元等の野菜を購入してくれていることをデータは示している。とはいうものの、ある道の駅関係者によれば、そうした中でも来場者の中に、「福島県産」と知った途端、危ないものかのように商品を手放す…ことも少なからず見受けられたという。

　このように道の駅の「現場」で感じたことを、運営者たるNPOはどのように道の駅の復興に向けた活動をバックアップしていったのだろうか。利用者誘因の一つである「イベント」について、よつくら港独自で企画・実施したものは8月の花火大会（『鎮魂の花火』）だけで、ほとんどのイベント企画が他の道の駅からの持ち込みであった[15]。これは震災前の他地区との交流事業が功を奏したともいえるとともに、原発事故による風評被害を受けた福島県内に立地

する道の駅の復旧・復興への強い意志のあらわれともいえよう。そして忘れてはならないのが、NPO代表の存在である。建設関係の仕事に従事していることもあるのだろうが、資金調達や地域復興に向けた強いリーダーシップを発揮していた。ただ、「強い」ことによる弊害もややあったようで、代表や一部の役員たちだけで決定するやり方への反発や（われわれからみると）それによる離反が全くなかったわけではない。しかしながら一方で、地区復興計画を検討するにあたって、年長者である（四倉地区の）区長会会長に対する配慮も忘れていないところに、「血縁」や「地縁」といった影響力がこの地区に存在している証左といえ、この点が水平的な関係による新たなネットワークとされる、いわばステレオタイプのNPOと大きく異なる点ではなかろうか[16]。この地区では上述した何らかのバランスが存在するものと考えられるが、それが逆の方向に作用することもある。象徴的な例としては、震災前から道の駅の活動から距離を置きつつあった、とあるNPO関係者のことだろう。この場合、年齢が比較的若かったことや、代表による「どんどんやってもよい」という権限委譲に関する発言はあったものの、多くの関係者の聞き取りによれば、ふだんの人間関係の周辺／延長においてはリーダーシップの発揮が難しかったようで、運営その他の面で行き詰まってしまったと推察される。いずれにせよ、ここのNPOが「古い」かたちの地縁や血縁に根拠を持つものといえ、それが結束力につながり、復興へのスピードにつながるといった「強み」に作用する時もあれば、それまでのしがらみから自由に行動するのが難しいという「弱み」に働くこともあることも、これらの事例が示している。

　こうした状況を抱えつつも活動は継続され、12月中旬の一時休業に至った。これはNPO代表がある公益法人の復興助成事業の資金を獲得し、施設再建の目処が立ったことも示している。具体的には交流館を全面的に建て直し、情報館は修繕で対応することになった。新交流館は2階建て＋3階部分にテラスという構成で、当初、津波対策も含め、2階とその上部分に直売所とフードコートを設ける予定だったが、現場側（駅長）の強い要望により1階に直売コーナー、2階がフードコートになり、このことだけでもNPOに対する駅長（現場）側の意見が反映されるとともに、役割分担が生まれつつあるといえるのではないか。2012年5月の連休に本格開業する予定だったのが、その後7月に

写真 3.1.4 「仮営業」中の道の駅　2012 年 1 月 27 日（同）

ずれこみ、これも厳しい状況であるようだ[17]）。

　休業期間中にそれまで営業を続けていた交流館の解体・撤去を行うとともに、道の駅駐車場側に大型のテントを設置し、予定よりやや遅れて 2012 年 1 月 27 日午前 10 時から「よかっぺ市」として金曜から日曜まで開催されるに至った。初日は平日にもかかわらず多くの来場者があり、地域における復興のシンボルとしての道の駅への期待もうかがえた（写真 3.1.4）。

　筆者が金曜と土曜に訪れた際に関係者に聞き回ったところ、駅長もこの盛況にひとまず安堵しているようで、これからは震災直後のことなどを振り返るのではなく、前向きに取り組んでいきたいと話していた。さらに、ある NPO 関係者は、震災後の再興から今の仮設テントで営業してきた過程で地元の人が多く使うようになったこと、またそこでの人づきあい的なものも出てきたことから、道の駅になる以前の「ふれあい物産館」時代の雰囲気に戻ったような気がするとし、大災害が諸々の主体を一つの大きな方向へ束ねつつあるようにみえた。

　以上のように、2011 年の 3 月 11 日の大震災から 2012 年 1 月末までの道の駅をめぐる経緯を、これまでに公表した論文では示し／まとめきれなかった視点も含めつつ、かけ足で述べてきた。そこで、以下では冒頭で提起した「絆」について検討していこう。

　そもそも、「絆」という単語の意味じたいは、動物などをつないでおく綱であり、また断ち切ることのできぬ愛情とされている。それをふだんの人間関係

のレベルでは、夫婦、家族や友人の関係といったものになろうか。これらを念頭に置きつつ、被災直後〜現在に至るまでの「絆」とはどのようなものであり、また果たした役割についてみると、まず、ここでの絆とは地域のコミュニティにおける何らかの紐帯と考えられよう。問題なのはどういうきっかけで結ばれたのかである。これは以前であれば、「すでにある≒所与」ものとして、受け入れる／受け入れざるを得なかった状況にあったといえる[18]。というのも、人びとはつながらないと生活ができないという必要性に迫られたものといえ（浅羽通明）、こうした領域で形成される規範のようなものが「世間」（阿部謹也）であり、各主体の利害を調整し、それを担保し／担保されるものとしての中間集団──隣組や自治会、町内会があったといえよう。しかしながら、社会・経済環境が（色々な側面で）変化するにつれて、「つながる」への必要性が低下したことから、人びとはつながりからの離脱／距離を置くようになり、「世間」からの逃避、それが中間集団の弱体化へとつながっていったともいえる[19]。社会・経済が発展することで「つながり」への必要性が低下したということは、逆の側面からいえば、人びとが個人化や都市的な生活を望んだがゆえに得られた帰結でもある。こうした状況は人びとが望んだ結果であり、「無縁社会で何が悪い」として、もっといえば「絆」を持ち出すことじたいがナンセンスだと、その必要性について逆説的に提起する論者もいる（佐伯 2011）。

　さて、この「絆」に動学的な視点を取り込むと、諸個人同士による利己的／利他的という関係において形成される「規範・ルール」といった次元での検討が必要になるだろう。これはいうまでもなく範域性を持つものであり[20]、諸個人間の規範・ルールをめぐる差配のダイナミクスの源泉であり結果ともいえる「ローカル・ノレッジ」（ギアーツ）ともいえよう。ただ、これらの議論を敷衍するさいに留意しなければならないのは、規範・ルールと諸個人との関係は相互依存的な（ないしは創発的な）いわば相対的なものでありながらも、どこか（無限のかなた）に絶対的なものが存在するのであり、それはローカルな何か（伝統、慣習さらには宗教など）に依拠するところに、ローカルという「つっかえ棒」、ハイデガー流にいえば「蝶番」という制約があるのではなかろうか。ただ問題なのは、何故そうした絆が改めて東北というエリアにおいても、メディアによる復興への意識喚起という戦略もあっただろうが、叫ばれ続

けたのかということである。農村イメージが（他エリアとの比較において）強い東北で改めて絆を取り上げる別な理由があったのではなかろうか。

　東京などの大都市は多数の流入者による多様性が（ネットワーク形成上の）前提であるとともにその範域は大きいために、ニッチが生存していくための「必要性から一定程度の距離を置いた関係（ネットでの知り合い、広く浅くつきあうなど）」が形成されていく一方、東北などを始めとした地方の中小都市は同質性という過去の幻想を抱き／引きずりつつも、メディアなどの情報通信や移動手段が大都市部とほぼ同様な発展により（彼ら／彼女らも「ニーズ」として求めていた）進行した個人化や都市化がもたらした「つながり」への必要性を低下させたこと、また逆に同質性といういわば共同幻想を担保にしてしまったが故に、これらをむしろ「ギミック」として投げ捨ててしまう性向が大都市居住者よりも強かったのではなかろうか。こうした矛盾が露呈したのが今回の大震災であり、故に絆にすがりつくといった事態に陥ったのではないだろうか。これについてはさらなる調査と分析による考察が必要であるが、現時点でのいわき市内被災地の各自治会・町内会への聞き取りから、こうした状況を垣間見ることができる。

　ひるがえって、これまでみてきた道の駅をめぐる諸関係はどうだろうか。具体的な次元で展開した議論を一元化するのは困難だが、あえていえば「絆」は存在すると考えてよく、それを担保しているのは「地縁（や血縁）」ということになろうか。ただ、いわゆる共同幻想的なものには頼りきってはない中でも、それを完全には捨てておらず、言い換えれば外へ「開きつつ」も「閉じている」という絶妙のバランスの上で活動しているということだろうか。

　このように「絆」を（関係者に対して）接近しつつも離れてながめてみる（≒絶対化／相対化へのまなざし）と、絆とはNPOなどといった新しい形「だけ」では形成されないだろう。それを担保する基盤が地縁や血縁であり、それらが必要条件であると現段階では結論づけたい[21]。この部分を見逃すと、今後の防災を始めとした各種の（テーマ型／それらを包摂する統合型の）コミュニティ構築を語る際に、ミスリードする可能性が大いにあることを注意しなければならないだろう[22]。

2. 震災復興に向けた現状と課題

2.1 背景と目的

2011年3月11日に起こった東北地方太平洋沖地震と、それにより発生した津波襲来に伴う原子力災害によって、福島県を取り巻く状況は大きく変化した。物理的な被害も大きなものであったが、東京電力福島第一原子力発電所で起こった一連の事故は風評被害を含め、それらの収束はいまだ不透明であるのが現状である。

様々な事業体が震災の影響を受けているが、地場産品を主に扱う道の駅も例外ではない。福島県いわき市の海岸沿いに立地している道の駅よつくら港と、同市の西隣である石川郡に立地する道の駅ひらた、道の駅ふるどの、道の駅たまかわ[23]において、震災による影響と活動を時系列にまとめたのが次の表である（表3.2.1）[24]。

物理的被害は道の駅によって様々だが、今後の整備や改修によって、ある程度までの復旧を見込むことができる[25]。しかし、風評被害に関してはその原因となる事故の収束時期が不確定であり、かつわれわれの生活にまで影響を及ぼしていることから、物理的被害と同様のステップによる復旧や復興を見込むことが困難である。施設や交通網が震災以前の状態でない以上、正確な被害の規模を把握することは難しいが、物理的被害の少なかったひらたやふるどのにおいても、2011年時点の売上が前年比を大きく下回る状況が依然として続いていることから、風評被害の影響は少なからず存在していると認められる。道の駅は地域の農産物を扱う形態が多く、風評被害がこうした産品販売に厳しい状況をもたらすことはまず避けられないのではないかと考えられる。

では、風評被害とはどのように定義されるのだろうか。関谷（2003）は、「風評被害とは、ある事件・事故・環境汚染・災害が大々的に報道されることによって、本来『安全』とされる食品・商品・土地を人びとが危険視し、消費や観光をやめることによって引き起こされる経済的被害である」と定義している[26]。関谷によって風評被害の発生メカニズムの特徴は図3.2.1のようにまと

第3章 「道の駅」が果たす復旧・復興への役割——震災後—— 143

表 3.2.1 4つの道の駅における震災以降の歩み (2011年)

道の駅	項目	3月	4月	5月	6月	7月	8月	9月	10月
よつくら港 (国道6号)	主な 出来事	津波で施設被害営業停止状態に	土日のみ直売所営業開始		直売所、平日も営業開始			よつくら港の改修決定	新よつくら港のコンセプト決定
	売上 (前年比)	—	↓	↓	↓	↓	↓	↓	↓
ひらた (国道49号)	主な 出来事	震災後1週間は変則的に営業 避難所として炊出し	道の駅よつくら港での連携イベント開始(現在も進行中)		高速道路無料化 国道49号の利用減 顧客減少				
	売上 (前年比)	↑	↓	↓	↓	↓	↓	↓	↓
ふるどの (県道14号)	主な出来事	いわき市の物資不足で売上増加	隣接する県道14号で土砂崩れ発生 顧客減少					県道14号開通イベントの開催	
	売上 (前年比)	↑	↓	↓	↓	↓	↓	↑	↑
たまかわ (県道42号)	主な 出来事	空港への避難民への食料提供	震災以前のつながりで外販イベント多数参加(現在も進行中)		東京都築地にアンテナショップ新設				11月上旬にNHKの取材決定
	売上 (前年比)	↑	↓	↓	↑	↑	↑	↑	↑

められる。

　本震災における事例をみると、福島県商工会連合会会津広域指導センターから、「福島県の商品は販売を見込めない」と納入先から一方的に返品された例が報告されている。これは発生プロセスの①、②にあたる。また、福島県耕作組合は発生しうる風評被害を懸念し、葉タバコの生産を県内全域で見合わせた。これも①の段階であると考えられる。また、会津若松市の芦ノ牧温泉では2011年4月～6月の3ヵ月にわたる予約のうち、95％にあたる5万7000人近くが予約をキャンセルした。これらは④の段階であり、原発事故による風評被害に対する忌避行動にあたる[27]。このように県内の各地で風評被害が発生しており、道の駅においてもその影響は少なからず存在するのではないかと考えられる。

　こうした背景・事例から、風評被害は財やサービスの提供者と利用者の二つの立場が存在することが考えられる。前者は被害補償(住田 2003)や、風評被害の抑制の方法(長尾ら 2007)などに焦点があてられている[28]。一方で、道の

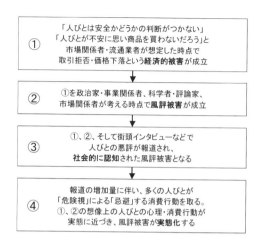

図 3.2.1　風評被害の発生プロセス

駅がこれから取り組まなければならない売上の回復に不可欠である利用者、とりわけ購入動向に関する視点は相対的に少ない。提供者が風評被害に対する利用者の意識を把握せずに、販売促進を図ることは—顧客のニーズを捉え、かつ満たすマーケティングの観点からも—問題である[29]。ここでは、初めに道の駅という事業体（提供者）にもたらされた風評被害の実態を明らかにした上で、提供者と利用者の風評被害に対する意識の差を埋め、今後の販売戦略の考察のために、利用者の実態が風評被害下でどのように変化したかを明らかにする[30]。

2.2　インタビュー調査にみる風評被害の実態

本項では、道の駅駅長を中心とする事業関係者へのインタビュー調査から、道の駅の現状や、利用者の実態を把握する上でのキーワードを確認する[31]。

（1）震災前後で何が変化し、何が変わらないと思うか

震災前から変わったものとして、よつくら港、ひらたでは「売上の減少」があげられ、風評被害の影響を示唆する悲観的な回答がみられた（表 3.2.2）。一方、ひらたが「道の駅間の協力気運の高まり」を感じており、たまかわでは「顧客への対応の見直しが必要」であると考えている。特にたまかわにおいて、

表 3.2.2　震災前後で何が変化し、何が変わらないと思うか

回答者	コメント
よつくら港駅長	・建設等のハード面と、「県外・市外から訪れる方の癒し空間、休憩スペース」というコンセプトが維持できなくなった ・品不足になったことに加え、売上も落ちた ・地場の生産者とのネットワーク「新鮮でおいしいものを届ける」という想いに変化はない
ひらた駅長	・やはり震災後の売上の減少が一番大きい 　私たち経営者は結果を求められている ・このような状況下でもまず農家・生産者のためにイベントなどを通じて販売を促進していかなければならない ・また、この震災を機に道の駅間での協力の気運が高まっている 　水面下で準備をした後「道の駅協力会」を新設した
たまかわ駅長	・全てが変わってしまったと思う 　今まで良かったものが悪くなり、悪いものが良くなったという意味 　もともとたまかわは立地が悪かったので取り組んでいた外販が震災後につながりをくれたことが顕著な例 ・今までとは全て違うのだから、顧客への販売意識も「今まで」を捨てて一度クリーンにし、模索しなおす必要がある

震災以前から取り組んできた外販メインの販売戦略が、震災以降の売上増への効果としてあらわれていることから、よつくら港やひらたでの「売上の減少」に比べて前向きな回答となっている。また、よつくら港では生産者との意思の確認、ひらたでは生産者のためにイベント等を通じて販売を促進させなければならないという想いがうかがえ、震災後も「生産者とのネットワーク」は変わらずに存在していることが確認できる。

(2) 風評被害だと感じることはあるか

四つの駅とも「安全性を問う利用者の声」に対して、風評による被害を受けていると感じている（表3.2.3）。ひらたの回答からは、風評被害が原発事故とは関連のない部分にまで影響を及ぼしていることが確認できる。また、ふるどのでは客数減少を、ひらたでは福島県への観光客減少を風評被害によるものと感じている。利用者による商品の売買や安全性の確認ではなく、その前提となる道の駅の利用自体の減少を風評被害によるものと感じている。その一方で、「目的をもって利用する顧客が多い」と回答したたまかわでは、他の道の駅に比べて風評被害を感じることが少ない点も特徴的である。

(3) 風評被害に対する取り組みはあるか

対策として各道の駅で取り組まれているのは、その道の駅が中心となって企

表3.2.3　風評被害だと感じること

回答者	コメント
よつくら港駅長	・産地を問う声が後を絶たない ・愛知県の顧客に安全宣言をしてくれと言われた
ひらた駅長	・観光客が全く来なくなり、同時に観光バスが来なくなった ・しいたけに規制がかかった時に、原木が安全かどうか問われた ・「公園等よりも山林が危ない」という報道の直後、震災前に買った「ひのきチップ」という商品をを返却に来るお客さんがいた
ふるどの駅長	・野菜について安全かどうかを漠然と聞かれる ・客足自体が遠のいてしまって、購買機会さえ得られない
たまかわ駅長	・目的買いの人が多く、そこまで感じない ・「私は気にしないんだけど、家族が…この野菜は基準値は大丈夫なんですか？」と言う人もいる

表3.2.4　風評被害に対する各駅の取り組み評価

回答者	イベント	被イベント	道の駅間の連携	外販
よつくら港駅長	○	◎	◎	
ひらた駅長	◎	○		○
ふるどの駅長	○			△
たまかわ駅長		○		◎

◎…非常に注力している　○…注力している　△…どちらともいえない

画・開催している「イベント」や、他の道の駅や組織から持ち込まれる形で参加する「被イベント」、道の駅間で商品提供などのやりとりや、複数の道の駅による継続的なイベントの開催を行う「道の駅間の連携」がある。また、道の駅外で、イベントなどの特異日などに限らず定期的に商品の提供・販売を行う「外販」もみられた。表3.2.4ではこうした対策への取り組みの度合いをインタビューに対する回答ベースで評価しており、各駅で対策の方法は異なっていることが確認できる。

　ひらたの「マスコミへこれほど情報を投げて（＝提供：筆者注）いるのはうちぐらいで、イベントの開催が無ければ売上はもっと落ち込んでいた」という回答や、たまかわの「震災以前から続けてきた外販が今は良い方向に働いており、東京の築地にもアンテナショップを新設した」という回答のように、対策

表 3.2.5　風評被害に対する取り組みはあるか

回答者	コメント
よつくら港駅長	・花火大会や大きなカボチャの展示をハロウィンに合わせて行った ・持ち込み企画が多い ・他地域との連携も視野に入れていかないといけない 　現在、北海道の道の駅などから海産物出品の打診が来ている
ひらた駅長	・震災後、道の駅間の連携の気運は高まってきているように感じる ・イベントを持ち込むことが多く、いろいろなイベントに参加している ・イベントの際はマスコミに情報を投げることも積極的に行っている ・イベントを積極的に行わなければ売上はさらに落ちた
ふるどの駅長	・月に1回程度のペースで独自でイベント開催 ・九州の道の駅からの協力があり、2回ほど外販を行った 　買い上げも不定期で、これから続くかは不明 ・つまるところ人が来ない以上どうしようもない、行政の対応次第
たまかわ駅長	・立地が悪い以上、外販による拡販は震災以前から行ってきた 　今はそれがいい方向に働いている ・外販の状況としては東京築地にアンテナショップ新設、外販先の 　打診を受けてイベントに参加するなどして売上を伸ばしている

によって一定の効果を得られたと評価する道の駅もあれば、ふるどのの「行政の対応次第」という消極的な回答もみられた（表3.2.5）。各駅とも何らかの形で風評被害の対策がとられているが、そうした取組みへの姿勢は道の駅によって様々である。

(4) 外販・イベント参加・開催時に感じること

よつくら港関係者は東京でのイベント参加時には「福島県にゆかりのある人がほとんどだったので風評被害を感じなかった」と回答しており、たまかわの販売スタッフも「外販時は、外販によって生まれたつながりや地域、県と関わりのある人の利用が多い」と感じていて、「地域や道の駅にゆかりのある人が多い」という点で共通している。こうした利用者が多い場合には、提供者が風評被害を実感することも少ないようである（表3.2.6）。

一方で、ひらた駅長やたまかわ駅長、たまかわ販売スタッフの回答によれば、「他県産の商品などと並立して販売される場合には風評被害を実感することが多い」という傾向にあるようだ。

インタビュー調査から、提供者側が少なからず風評被害を感じているという実態が明らかとなった。また、調査対象とした道の駅では、外販やイベントの開催などを通じて農産物の拡販や復興のアピールを図り、風評被害への対策を

表 3.2.6 外販・イベント参加・開催時に感じること

回答者	コメント
よつくら港関係者	・いわき市のくくりで参加したことがある ・福島に何かしらの縁がある人の利用がほとんどだったため風評被害というものを感じることは無かった
ひらた駅長	・ある大型チェーンで外販を行っているが、同じ商品が並べば値段が安くても福島県産は後回しにされる傾向がある ・牛肉報道の後は、利用者も安全性に過敏になり、東京で開催したイベントも利用者との間に距離を感じた
たまかわスタッフ	・「たまかわ」という名前であれば、外販でできたつながりや地域や県と関わりのある人の利用が多いように思う ・百貨店などに外販をかけると、県外よりも県内の百貨店の利用が少ないように感じている
たまかわ駅長	・県内の人は、与えられる、または飛び交う情報量が多く住んでいる以上関心も持っているため、敏感になっている部分は少なからずあると思う ・県内の百貨店などに外販をかけるとそうしたことが顕著

取っているという現状も確認できた。

しかし、「福島県産の牛肉から放射性物質が検出」という報道後に、福島県産品市に出品したひらた駅長は「興味本位で立ち寄る人がほとんどで、そういった人へ『安全ですよ』といえばいうほど、かえって不信感を与えてしまっているような感覚だった」と述べている。また、ふるどの駅長は「こういった状況でも利用する人はいる」と述べている。この回答に共通しているのは、「どのような利用者が道の駅や関連するイベントに訪れ、利用しているか」という事柄に対する意識が販売側に低いことである。これは風評被害下での道の駅が抱える問題と考えられる。利用者の属性や考え方といった実態を把握しないままに安全性を訴えることが逆効果になってしまう可能性は、ひらた駅長から得られた事例からも考えられる[32]。こうした事態を未然に防ぐためにも、どのような人びとによって道の駅が利用されているか、評価はどうなっているかを把握することが必要となる。

2.3 アンケートによる利用者実態の調査[33]

外販やイベント開催時には、開催主体の地域や福島県にゆかりのある人の利用が多いために、提供者がそうした人から風評被害を感じることは少ないという傾向がみられた。そこで、今回の調査では、「その道の駅の直売所の利用経

表 3.2.7　アンケート回収結果

項目		回答数	構成比
合計		202	100.0%
道の駅よつくら港	計	100	49.5%
	男性	49	24.3%
	女性	45	22.3%
	性不明	6	3.0%
道の駅ふるどの	計	102	50.5%
	男性	55	27.2%
	女性	46	22.8%
	性不明	1	0.5%

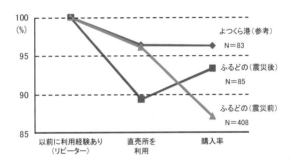

図 3.2.2　歩留りからみたリピーターの購入率

験がある、またはその地域にゆかりのある人による利用が多く、そうした利用者の風評被害に対する意識は低い」という仮説のもと、ふるどのとよつくら港でアンケート調査を実施した[34]。回収結果は表 3.2.7 の通りである。

2.3.1　歩留りからみた購入動向

初めに、以前に道の駅の直売所を利用したことのある人（リピーター）をベースに、今回の直売所利用の有無と、利用者で商品を購入している人の割合を、震災前に実施したアンケート調査と比較した（図 3.2.2）[35]。直売所を利用したリピーターが購入をする割合が震災前より高まっていることが確認できる。よつくら港も参考値ではあるものの、購入率が高い。全体に占めるリピーターの割合が両駅とも高い点をふまえると、直売所を利用するという明確な目的を

項目	評価 N=80	期待 N=100	差（評価－期待）
気軽に立ち寄れる	42.5	23.0	19.5
店員・スタッフとのやりとりがある	25.0	13.0	12.0
農産物が新鮮である	47.5	46.0	1.5
地元住民とのやりとり等がある	17.5	17.0	0.5
買い物がしやすい売場である	12.5	13.0	▲0.5
営業中が外からわかりやすい	2.5	5.0	▲2.5
商品に関する説明書きが多い	0.0	3.0	▲3.0
定番の土産物などがある	15.0	19.0	▲4.0
生産者からのコメントがある	5.0	9.0	▲4.0
ここでしか手に入らない商品	25.0	38.0	▲13.0
地域の個性や魅力が感じられる	11.3	30.0	▲18.7
海産物が新鮮である	15.0	38.0	▲23.0

図 3.2.3　よつくら港の評価要因 [36]

持ったリピーターが多いという実態を確認することができた。

2.3.2　リピーターに風評被害に関連する意識はあるか

　リピーターによる利用がほとんどの両駅であるが、風評被害をどう感じているのだろうか。現状の評価と今後の期待にかんするギャップをみるために両駅の評価と期待の差を確認する。「気軽に立ち寄れる」（よつくら：19.5pt、ふるどの：16.3pt）や「店員・スタッフとのやりとりがある」（よつくら：12.0pt、ふるどの：5.9pt）というような一般的な利用目的が増加傾向であるなかで、風評被害の影響があると考えられる「商品の説明書き」（よつくら：▲3.0pt、ふるどの：▲2.3pt）や「生産者のコメント」（よつくら：▲4.0pt、ふるどの：▲9.5pt）の項目に大きな差はみられない、または減少傾向にある（図3.2.3及び図3.2.4）。これらから、リピーターにおける風評被害の意識は低いことが確認できる。

2.3.3　リピーターの利用者実態

　では、震災以前と震災以降ではリピーターの利用実態に変化はあるだろうか。ふるどの、よつくら港両駅とも、震災前に実施したアンケート調査から比較可能な項目を抽出し、利用実態の変化を確認する。

第3章 「道の駅」が果たす復旧・復興への役割──震災後── 151

項目	評価 N=75	期待 N=102	差(評価-期待)
気軽に立ち寄れる	44.7	28.4	16.3
農産物が新鮮である	63.2	52.0	11.2
店員・スタッフとのやりとりがある	11.8	5.9	5.9
営業中が外からわかりやすい	7.9	7.8	0.1
買い物がしやすい売場である	18.4	19.6	▲1.2
商品に関する説明書きが多い	2.6	4.9	▲2.3
地元住民とのやりとり等がある	7.9	10.8	▲2.9
地域の個性や魅力が感じられる	18.4	24.5	▲6.1
海産物が新鮮である	1.3	7.8	▲6.5
定番の土産物などがある	7.9	15.7	▲7.8
ここでしか手に入らない商品	26.3	34.3	▲8.0
生産者からのコメントがある	1.3	10.8	▲9.5

図3.2.4　ふるどのの評価要因[37]

項目	今回 N=100	前回 N=299	差(今回-前回)
いつも買い物に来ている	19.0	4.0	15.0
休憩をとるために	24.0	18.4	5.6
ここでしか手に入らないものがある	7.0	9.7	▲2.7
人との待ち合わせ	0.0	5.0	▲5.0
イベントや催し物に参加する	6.0	13.0	▲7.0
新鮮な農産物・海産物がある	7.0	19.7	▲12.7

図3.2.5　よつくら港の利用目的

項目	今回 N=102	前回 N=453	差(今回-前回)
イベントや催し物に参加する	21.6	6.8	14.8
周辺の観光のついで	15.7	4.2	11.5
休憩をとるために	41.2	47.7	▲6.5
いつも買い物に来ている	17.6	25.2	▲7.6
ここでしか手に入らないものがある	4.9	17.7	▲12.8
新鮮な農産物・海産物がある	14.7	54.7	▲40.0

図3.2.6　ふるどのの利用目的[38]

項目	今回 N=80	前回 N=299	差（今回−前回）
野菜・果物（生鮮品）	58.8	16.4	42.4
弁当	47.5	12.0	35.5
野菜・果物（加工品）	18.8	7.7	11.1
菓子類	22.5	15.4	7.1
飲料	16.3	10.4	5.9
そば・めん類	15.0	9.4	5.6
米	2.5	0.3	2.2
海産物（加工品）	22.5	20.4	2.1
花木	5.0	4.0	1.0
工芸品（小物・アクセサリーなど）	1.3	1.0	0.3
海産物（生鮮品）	15.0	21.4	▲6.4

図 3.2.7　よつくら港での購入商品

項目	今回 N=76	前回 N=453	差（今回−前回）
飲料	21.1	6.6	14.5
そば・めん類	11.8	5.3	6.5
工芸品（小物・アクセサリーなど）	3.9	0.9	3.0
菓子類	17.1	16.8	0.3
野菜・果物（加工品）	25.0	26.0	▲1.0
野菜・果物（生鮮品）	56.6	59.8	▲3.2
花木	5.3	9.1	▲3.8

図 3.2.8　ふるどのでの購入商品

（1）利用目的

よつくら港では「いつも買いに来ているから」が増加している（15.0pt）ことから、日常的に利用する人の比率が増えている一方で、「新鮮な農産物・海産物がある」が減少しており（▲12.7pt）、来訪の目的が変わっていることが考えられる（図 3.2.5）。

一方で、ふるどのでは「イベントや催し物に参加する」（14.8pt）、「周辺の観光のついで」（11.5pt）における変化が大きいことから、震災前と比べて来街者中心の利用傾向が強くなっていることが確認できた（図 3.2.6）。

項目	今回 N=80	前回 N=299	差(今回−前回)
気軽に立ち寄れる／親しみやすい	42.5	14.4	28.1
店員とのやりとり／対応が良い	25.0	10.0	15.0
地元住民とのふれあいがある	17.5	5.7	11.8
買い物がしやすい売場である	12.5	5.4	7.1
地域の個性や魅力が感じられる	11.3	14.0	▲2.7

図 3.2.9　よつくら港の評価

項目	今回 N=76	前回 N=453	差(今回−前回)
気軽に立ち寄れる／親しみやすい	44.7	17.2	27.5
店員とのやりとり／対応が良い	11.8	14.8	▲3.0
地域の個性や魅力が感じられる	18.4	34.2	▲15.8
買い物がしやすい売場である	18.4	36.4	▲18.0

図 3.2.10　ふるどのの評価

(2) 購入商品

よつくら港では「海産物（生鮮品）」以外の項目がプラスの値であることから、日常的な利用をする人たちについては積極的に購入していると考えられる（図 3.2.7）。ふるどのでは「飲料」（14.5pt）の増加がみられるものの、その他の項目にさほど大きな差はみられないことから、利用している人の購入傾向に大きな変化はないと考えられる（図 3.2.8）。

(3) 評価

よつくら港では「気軽に立ち寄れる」（28.1pt）、「店員とのやりとり」（15.0pt）、「地元住民とのふれあい」（11.8pt）など、日常的に利用することによって生まれる利用者とスタッフ間のやりとりや、直売所の雰囲気が以前よりも評価されている（図 3.2.9）。ふるどのでは、「買い物がしやすい売場」（▲18.0pt）や「地域の個性や魅力」（▲15.8pt）という品揃えや売場の点で減少しているものの、「気軽に立ち寄れる」（27.5pt）が大きく増加していることから、気軽に買い物ができるかどうかで評価のポイントが変化していると考えられる（図 3.2.10）。

項目	今回 N=100	前回 N=299	差（今回－前回）
定番の土産物などがある	19.0	5.7	13.3
地域の個性や魅力が感じられる	30.0	17.7	12.3
地元住民とのやりとりがある	17.0	4.7	12.3
農産物が新鮮である	46.0	37.5	8.5
ここでしか手に入らない商品がある	38.0	30.1	7.9
店員とのやりとり／対応が良い	13.0	8.0	5.0
生産者からのコメントがある	9.0	13.7	▲4.7
海産物が新鮮である	38.0	43.5	▲5.5
気軽に立ち寄れる／親しみやすい	23.0	28.8	▲5.8
商品に関する説明書きが多い	3.0	12.0	▲9.0
営業中が外からわかりやすい	5.0	15.7	▲10.7

図 3.2.11　よつくら港に対する期待

項目	今回 N=102	前回 N=568	差（今回－前回）
気軽に立ち寄れる／親しみやすい	28.4	14.6	13.8
店員とのやりとり／対応が良い	5.9	13.7	▲7.8
買い物がしやすい売場である	19.6	28.7	▲9.1
地域の個性や魅力が感じられる	24.5	34.9	▲10.4

図 3.2.12　ふるどのに対する期待

(4) 期待

よつくら港では「定番の土産物などがある」（13.3pt）が震災前から最も増加、続いて「地域の個性や魅力が感じられる」や「地元住民とのやりとり」（12.3pt）となっており、生鮮品購入を除いて地域に根づいたふだん使いの場としての期待が高い（図 3.2.11）。ふるどのでは、物販自体の項目よりも気軽に買い物ができる場としての期待が大きいといえる（図 3.2.12）。

(5) 比較にみる利用者実態の変化

今回は「利用目的」、「購入商品」、「評価」、「期待」の四つの項目を比較した。その結果、震災前に比べて大きく高い値、または低い値を示した項目は表 3.2.8 になる。

まずよつくら港では、利用者層が以前の来街者から、日常的に使う層へと変

第3章 「道の駅」が果たす復旧・復興への役割——震災後——　155

表 3.2.8　利用者実態の変化

項目	よつくら港	ふるどの	参考データ
利用目的	「いつも買いに来ている」がもっとも増加	「新鮮な農産物」が大幅に減少 「周辺の観光のついで」や「イベントや催しもの」が増加	図 3.2.5 図 3.2.6
購入商品	ほとんどの品目で増加 「海産物」は微減	「飲料」が増加 その他に大きな変化はなし	図 3.2.7 図 3.2.8
評価	「気軽に立ち寄れる」、「店員・スタッフとのやりとり」が増加	「気軽に立ち寄れる」は増加 物販における項目が減少	図 3.2.9 図 3.2.10
期待	「農産物が新鮮」や「定番の土産物」が増加	「気軽に立ち寄れる」は増加	図 3.2.11 図 3.2.12
利用者層	ふだん使いへ変化	来街者による利用者増加	図 3.2.5 図 3.2.6

化していることが考えられる。こうした層は積極的な購入を行い、その中で生まれる地元民とのふれあいがあることを評価しており、今後は農産物が新鮮であることなどを期待する利用者であることを推察できる。

　一方のふるどのでは、利用目的の「新鮮な農産物・海産物があるから」が大幅に減少している。ただし、購入商品の構成には大きな変化がみられず、農産物は以前の比率をほとんど維持している。評価、期待ともに「気軽に立ち寄れる」が高い値を示したことを考慮すると、「周辺の観光のついで」に立ち寄って、買い物をする来街者による利用へと変化していることが考えられる。

　よつくら港では利用者層の変化（来街者→日常利用者）が確認された一方で、ふるどのでは利用者層の大きな変化はない（来街者→来街者）ものの、評価や期待のポイントは大きく変化していることが確認できた。

2.4　道の駅再生にとっての積み残された課題

　今回の調査で、現在の道の駅利用はリピーターによる利用がほとんどで、そのリピーターの購入意向が強いという実態を確認することができた。

　この結果をふまえて、「その道の駅の利用経験があるかどうか（利用経験）」と「風評にかかわらず、直売所の利用・購入の意向があるかどうか（購入意向）」の二つの軸で利用者を分けたのが以下の図である（図 3.2.13）。

　今後の販売戦略の大きな方向性は、①現在の利用者と②利用経験がある層、または③購入意向のある層へ、直売所の利用喚起を行う必要があると考えられ

		利用経験の有無	
		あり(リピーター)	なし(非リピーター)
購入意向の有無	あり	① ◎	③ ○
	なし	② ○	④ △

図 3.2.13　セグメント別にみた道の駅の利用者層

る[39]。本章では、この3つの視点から今後の販売戦略を考察する上での積み残された課題について述べる。

2.4.1　現在の利用者の利用維持に向けて

　風評被害下にある 2011 年時点の状況では、震災以前と同様の規模の利用者を早期に獲得することは難しい。しかし、震災後継続的に直売所を利用している人は、その直売所に何らかの価値を見出していると考えられる。その価値によって、リピーターは他の道の駅へ行くようになったり、他県産などの商品にスイッチすることをせずに、これらの道の駅の利用を継続させているのではないだろうか。見出された価値をブランドとして仮定すると、道の駅には今後、現在の利用者によるリピートを促進し、客数の減少を補うためのブランド戦略が求められているのではないかと考えられる。

　なぜブランド戦略なのか。D.A. アーカーによれば、ブランドとは「ある売り手あるいは売り手のグループからの財またはサービスを識別し、競争業者のそれから差別化しようという特有の名前かつまたはシンボルである」(アーカー 1994, p.9) とされている。また、ブランドを構成する要素の一つにブランド・ロイヤルティに着目すると、それは「顧客がブランドに対して持つ執着心の測度である。そのブランドが価格や製品の特徴に変化があった時には特にそうである。顧客が別のブランドにどの程度スイッチするかをあらわしている」(同, p.53) である。

　今回の調査によって明らかになった現在の利用者は風評被害の特徴である忌

避難行動をとらずに、各道の駅の商品を購入していることから、高い水準のブランド・ロイヤルティが形成されていると考えられる。こうした利用者の利用を維持することは、各道の駅のブランド・ロイヤルティを維持することと同義であり、将来の販売に大きな影響を及ぼす点で、ロイヤルティ維持は達成されなければならないといえる。しかし、ここではこうしたブランド・ロイヤルティが形成されているか、形成されているとすればその要因は何かを明らかにするまでに至っていない。今回の調査で得られた利用者実態の変化を参考にしながら、今後各道の駅の直売所の利用者を詳細に調査する必要がある。

2.4.2 利用者の増加、拡販に向けて

　道の駅の直売所利用者に限定された販売戦略の検討をする上での課題を論じたが、ここでは、現在いくつかの道の駅で取り組まれている外販、道の駅間の連携やイベント開催における課題を検討する。

（1）道の駅間の連携やイベントの開催について

　イベントの開催は、利用から遠ざかってしまった図 3.2.13 の②にあたる層への対策として有効ではないだろうか。何故というと、以前利用したことがある人にとって、利用を再開するための契機になると考えられるからである。

　そこで、先と同様のアンケートで、イベントの開催や道の駅間の連携に対して利用者がどう感じているのかという調査項目を確認する。「にぎわいが生まれる」(56.9%) や「復興に向けて良い雰囲気になる」(47.0%) が大きな値を示し、「次も来たくなるような内容がよい」(22.3%) などと、震災復興という意味あいで肯定的に捉えられている。しかし一方で、「他地域の商品が買える」(13.4%) の評価は相対的に低く、開催内容よりも開催すること自体に評価が集まってしまっているとも考えることができる。インタビュー調査において、提供者側は生産者との兼ね合いや、震災の被害による商品や品揃えの不足を埋めるなどの動機からイベントを開催している傾向がみられる。提供者側は、風評被害によって遠のいてしまった客足を再び道の駅に呼び戻すためのきっかけとしてイベント等を運営していく必要がある。そうした意識の喚起も今後並行して行わなければならない課題である。

(2) 道の駅協力会の設置と今後の方針

　最後に購入意向はあるが、その道の駅での利用経験のない③にあたる層へのアプローチ方法として外販がある。間接的にその道の駅の商品を購入することによって、以降の利用を喚起できると考えるためである。たまかわではすでに外販のノウハウが確立されている。表3.2.1でも確認できるように、2011年6月には売上を前年よりも増加させており、現在も継続中であることからも、外販の効果は期待できる。たまかわではどのような外販がなされていたのかについては、今後インタビュー調査を重ねる必要がある。

　また、福島県が外販に取り組む中でキーワードとなるのが、震災以降に発足した「道の駅協力会」の運営である。道の駅協力会は、ひらた駅長らが中心となって発足した組織である。それまでの県内の道の駅の組織としては道の駅連絡会があげられるが、これは行政主導の会であり、道の駅経営者による独自の会の設立はこの道の駅協力会が初となる。当初、この協力会の設立目的は原発問題に対する補償の一元化であった。一元化によって道の駅ごとの負担を軽減し、効率的に補償請求を進めようとしたものである。しかし、「震災や原発による被害は各駅によって様々であり、温度差があった（ひらた駅長）」。また、「補償（請求の）完了後の協力会の活動目的が曖昧であり、今後もその影響が懸念される風評被害に関する対策は、会の目的に盛り込まれていなかった（たまかわ駅長）」ことも問題点であった。そこで、協力会は当初の目的を変更し、風評被害の軽減のための外販先の顧客や外販ノウハウに関する情報交換のための組織となった。ところが、目的が変更されて以降、協力会の動きはみられない。たまかわ駅長による「すでに外販を行っている道の駅が主導となって情報交換を行えば、顧客の獲得に繋がる」という回答から推察するに、協力会にそうした動きがないことに対する不満があるといえる。

　道の駅間の協力気運が高まりをみせる中、道の駅協力会ではなぜ情報交換や協力会を起点とした連携イベントが起こらないのか。そうした問題点に留意した上で、今後の協力会や道の駅間の連携を模索していく必要性があろう。

2.5　むすびにかえて

　本節では、風評被害下の道の駅関係者への聞き取りによる道の駅の現状の把

握、そして道の駅利用者の実態の変化を調査することで、今後の展開に向けた道の駅の課題を検討した。今回の風評被害は国内では前例がない規模での原発事故を契機としており、どのような対策を採るべきなのか、また、そのためには何が必要かという部分において、各道の駅で手探りの状況が続いている現状である。

今回、こうした状況の中で、調査対象とした道の駅の中で唯一、前年同月比増の売上となったたまかわの取組みは外販であった。市場を道の駅周辺に限定せず、遠方でも関心のある人へ拡販していくことは今後、福島県内に立地する道の駅には必要となってくることだろう。たまかわのようにアンテナショップの開設や、外販イベントの開催まで行う必要はない。Webを用いて販路を拡大することも方法の一つだろう。市場を広い視野で捉えれば、道の駅は福島県の農産物等を全国に送り出すための、一つのチャネルとして考えることができる。生産者との関係を維持・向上させながら、販売機会を自らつくり出していく姿勢が必要である。また、そうした取組みを個々の道の駅によるものではなく、道の駅間による連携で推し進めていくようになると、より効果的に様々な商品を提供することができるのではないか。道の駅協力会にこうした役割を担わせることも視野に入れた活動が考えられる。

風評被害の収束時期が不確定である現状について、たまかわ駅長が「復興支援はいつまでも続かない。最終的には自分たちの力だけで経営していかなければならない」と回答しているように、風評被害は長期的な問題となることが予想される。本研究は、今後も利用者の実態とその変化や、各道の駅、そして道の駅協力会の歩みを追い続ける必要がある。

3. 地域住民と震災復興

3.1 はじめに——問題の所在——

1章と2章において、福島県いわき市に位置する道の駅「よつくら港」の開業前から震災前までの運営プロセスを追ってきた[40]。四倉ふれあい物産館[41]から道の駅に移行したという経緯[42]により、運営組織において関係者の間で

（運営管理等についての）意識差が生じている可能性が示唆された。具体的には、直売所の特性ともいえる「地域性」を醸成するために、直売所の担い手である地域NPO[43]と、道の駅関係者（道の駅駅長および直売所スタッフ）またはテナントに入る販売者側との間に何らかの意識の共有が必要であるという課題を導き出した。

しかし、2011年3月11日に発生した東北地方太平洋沖地震、またそれによってもたらされた大津波によって、道の駅「よつくら港」は壊滅的な被害を受けた。さらに付随して発生した原発事故の影響も被り、前節で論じたように風評被害というかたちで物理的な被害以外でも苦しんでいる。そのような厳しい状況下で、復旧・復興に向け様々な取組みがされている。

しかしながら、道の駅「よつくら港」は震災からわずか1ヵ月で「仮」ではあるが、営業を再開した。上記のような組織内部における意識のギャップが存在するという問題が背景にある中で、すばやい復旧・復興の鍵は何だったのか。また、来場者にはどのような変化がみられるのだろうか。

そこで以下ではNPO組織と道の駅関係者およびテナントの販売者側、さらには来場者との関係に着目し、これらを「地域内のつながり」という視点で捉えて復興プロセスを追っていく。その際、組織的な動きや変化を深掘りしていくため、インタビューやアンケート調査を実施する。本論文の構成について説明する。3.2では先行研究および調査設計を、3.3ではインタビュー調査の概要、3.4では調査から得られた知見、そして今後の課題を論じる。

3.2　震災復興に向けた取組み——三つの視点から——

物産館から道の駅に移行し、運営主体が民間企業からNPO団体へと変わった後に、NPOが主体となる道の駅実行委員会が生産者とのやり取りや意思決定の大半を担うようになり、NPO主導による活動の組織化が進められていった。そのために、物産館時代にあった「仲間同士で楽しく商売をしていきたい」という販売者側が共有していた"芯"が、道の駅に移行した際に弱く／（強くいえば）なくなるという側面もみられた。

2章4.では、直売所において創出しようとする「つながり」を、地域内（地元住民―地元住民）、地域内外（地元住民―来街者）に類型化して考察を行った。

第3章 「道の駅」が果たす復旧・復興への役割——震災後——　161

道の駅「よつくら港」の事例では、地域内の「つながり」はさらに地元住民（運営）—地元住民（運営）、地元住民（運営）—地元住民（客）と二分されると論じている。そこで前段で述べたような、物産館時代にあった"芯"が弱まって／（強くいえば）なくなってしまったという各主体における意識のずれによって、地域内の二つの「つながり」が弱まっている／（強くいえば）なくなっていることを明らかにした。

「大震災」における先行研究は、1995年に発生した阪神・淡路大震災を対象としたものが多い。例えば立木ら（2001）は大震災後の復興プロセスを論じている。具体的には、震災から4年後の1999年の神戸市復興草の根総括検証で、被災者が震災からの生活復興を成し遂げるには、①住まい、②つながり、③まち、④こころとからだ、⑤そなえ、⑥くらしむき、⑦行政とのかかわり、といった七つの要素が必要であるとした。

いわき市の復興プロセスの一部を概観すると、同市内の小名浜地区では、世界的に注目されているシーラカンス研究で話題になった大型水族館「アクアマリンふくしま」を震災からわずか4ヵ月で再開させ、市外、県外からたくさんの観光客を呼び寄せている。また、常磐地区では全国的ヒットを収めた映画「フラガール」で一躍有名になった「スパリゾートハワイアンズ」を2011年10月に一部オープンさせ、観光客を呼び戻そうと尽力している。さらに、フラガールのつながりで親交の深いハワイから慰問団が訪れ、市民とのふれあいやイベントを積極的に行おうとしている[44]。これだけをみても、豊富な観光資源を軸として復興に取り組んでいるだけでなく、他地域との連携が積極的になされていることから、「つながり」を基盤として復興を推し進めていることが示唆される。飯島・松本（2011）では、まちづくりには地域内の「つながり」が必要であり、組織内の意識にギャップが生じてしまうと、その「つながり」が弱まってしまい、地域性が醸成されないと論じている。

こうした復興支援を推進する組織体として、NPOやまちづくり協議会の有用性が論じられている（田中ら　2009）。これらの組織体は、当事者間では利害が対立し調整困難な事項を公平なスタンスで対応することが可能であるとしている。たとえNPO等の参画がなくても、外部支援者として参画する全ての者がこうした公平性への意識が求められるといえよう。

原田 (2010) では、NPOのようなボランタリー・アソシエーション[45]が持つ組織特性とその必要性について整理をしている。そこではボランティアを「自発性と無償性」という鍵語で論じ、それらの関係から親密圏が生まれる可能性があるとしている[46]。そして、親密圏は当事者間による対話を通じて潜在的な社会問題等を明らかにし、新たな公共性を形成するきっかけになる（斎藤 2003）ことから、ボランティアは不可欠な要素と結論づけている。

こうした前提条件が満たされて NPO が事業を展開したとしても、それが継続的に行われるかは別問題である。原田（同）は引き続き、NPO における事業の継続可能性についての検討を行っているが、その要件は効率的な組織運営であるとするが、それは大抵において「公式組織化」（同 p.13）へと進む。また、これらの活動は受益者のニーズを満たさねばならないことから、そうした活動に関するある一定以上の専門性、さらには（他の組織体との同質化／差別化へのまなざしも含めた）戦略性も求められるとしている。

このようないわば、「増収・増益」といった明確な目的を持つ企業経営的な方法に近接することは、ボランティアを基底にしたその成り立ちからして、自家撞着に陥る可能性が高い。つまり、ボランティアを中心とした NPO がその事業を発展させ、継続させようとすればするほど、「公式組織化」が進行するのである[47]。

こうした問題に対処するため、原田は以下の三つをあげている（同 pp.14-15）。
　①NPO の組織目標である社会的使命の共有、ならびにそれを可能とするリーダーシップ
　②ボランティアと有給スタッフ間の適切なチームワークを促進するボランティア・マネジメント
　③官僚制化が過度に進行しないように組織の規模を一定の範囲に抑制すること

これまでの原田の議論から問題意識を整理すると、道の駅よつくら港では、物産館時代にあったボランタリーな活動→施設の「道の駅化」による事業継続・発展への要請→そのための（NPO の高度な）組織化→公式組織化による「つながり」という"芯"が弱まった／（強くいえば）なくなった、というプロセスをたどったといえるのではなかろうか。

第3章 「道の駅」が果たす復旧・復興への役割——震災後—— 163

　東日本大震災から約1ヵ月後の4月1週目から、道の駅「よつくら港」は週末限定ではあるが仮営業を、さらに7月には平日も通常通りの営業を再開した。前節までに述べたような組織的な問題が存在しているにもかかわらず、なぜ迅速な対応ができたのだろうか。こうした問題意識を背景に、今後の復興に向けた課題も明らかにするためにインタビュー調査を実施することにした。そこで道の駅「よつくら港」にどのような組織的な問題が存在しているのかを正確に捉えるために、現場・運営組織・来客者の三つの側面から検討する。現場については道の駅関係者（駅長および直売所スタッフ）、運営組織ではNPO関係者（幹部および他メンバー）を対象にした聞き取り調査を実施し、来客者視点では質問紙によるアンケート調査[48]を行って利用実態の把握を試みた。聞き取り調査の調査課題であるが、大きく三つに分けており、具体的には、
　①「よつくら港」の震災直後から今までの歩み
　②現在の「よつくら港」を取り巻く状況
　③「よつくら港」の復興に向けた今後の課題
である。以下、それぞれのインタビューを2011年3月から同年9月まで時系列で示し、そこから得られた知見を述べる（代表的なコメントは本論末の表3.1、3.2を参照）。

3.3　聞き取りから得られた各関係者の行動

3.3.1　地震発生時〜仮営業までの取り組み

　地震発生時において、各関係者はどのような状況に置かれていたのだろうか。道の駅のスタッフは営業時間中であるために施設内におり、「震災時は道の駅予算会議」（道の駅関係者A）の最中であった。震災後に店内にいた客を近隣の高校へ避難させたが、「土地勘がない客に具体的な場所の説明ができなかった」（同）という課題があったものの、「（2010年冬に発生した）チリ大地震の際の津波対策[49]や、日ごろから防災について市の土木課とやりとりをしていたことがきっかけで迅速に動くことができ、犠牲者が出なかった」（同）という点で、ふだんの危機管理が今回の震災に役立てることができたといえよう。
　そして12日には道の駅から40km以内に立地する福島第一原子力発電所で事故が発生したことにより、道の駅のスタッフやNPO関係者が避難していく

中で、「避難はせずに残ったスタッフや知り合いとともに店内の片付けをしていた」(道の駅関係者B)と、早くも「震災後」をにらんだ活動を始めつつあった。そして、下旬からその動きが加速した。「自分は東京に避難したが、スタッフやNPO関係者と携帯で連絡を取り続け、今後についてその都度、少人数で集まって会議を行った」(道の駅関係者A)、「四倉と親交の深い避難先の三島町に、道の駅施設内のがれき撤去を申し出た」(道の駅関係者B)というように、震災直後における「できる範囲」での個々人の取組みから、それぞれの持つネットワークを活用した取組が重なり合いつつ、深化していったといえよう。

付言すれば、震災直後の3月中旬から道の駅が仮営業を開始する4月中旬の間には二つのレベルでの支援活動があった。一つは他地域の道の駅などによる復興支援、例えば「施設内の片付けには道の駅三島、裏磐梯がかけつけてくれた」(道の駅関係者B)、「三島町の方々が重機を持ち込み、4月9日と10日の2日間でがれきを撤去してくれた」(道の駅関係者A)である。もう一つは個人が持つネットワークによる支援の動きであり、「他県の仕事の仲間が支援物資を集めてきてくれ、道の駅で2回ほど配給した」(NPO関係者A)、「避難先の三島町から1週間に2度四倉へ行き、野菜を軽トラで売り歩いた。野菜の調達を三島町、会津坂下町で行った」(道の駅関係者C)のように、風評被害による物資調達が困難となった時期に、様々なレベルでのネットワークによる支援活動がなされていたことがうかがえる。そして、NPOは「道の駅での支援物資の配給窓口は市民会議であり、そこで物資を受け取り、道の駅イベントで配給した」(NPO関係者A)という動きがあったものの、基本的には各々の生活の復旧や復興が前提であり、「NPOとしての動きではなく、やりたい人がやるといった形で動いていた」(NPO関係者C)であった。このように運営、現場間のつながり以外にも、個々人による外部のネットワークが復興に向けて一定以上の役割を果たした。

その一方で、NPOにより組織化された意思決定の仕組みが個人の活動を制限する場面もあった。被災直後の混乱期で物資不足が深刻だった頃に、「野菜の移動販売を行い、その売り上げを道の駅に渡していたがNPOからストップがかかった」(NPO関係者B)のように、個人レベルにおける善意の活動に対するNPOの反対もあった。ただこれは原発事故による産品の安全性を保証で

きるのかという問題が懸念されたため、NPOが中止要請をせざるを得ない背景もあった。

3.3.2 仮営業＝営業再開[50]以降の取り組み

　個人レベルや組織レベル等、様々なつながりで、震災からわずか1ヵ月で仮営業まで復旧を果たした道の駅「よつくら港」であるが、その後はどのようなプロセスをたどったのか。「その後積極的にイベントを開催したが、ほとんどが他の道の駅の持ち込みであり、自主的に企画した企画は8月の花火大会だけであった」(道の駅関係者A)というように、道の駅同士のつながりや、ボランティアによって様々なイベントが開催された。そのような中で、来客者の反応はそれぞれであり、「商品を(反射的に)戻してしまうお客様もいる。しかしほとんどが励ましの声、暖かい声をかけてくれるお客様ばかりである」(道の駅関係者B)ことから、客層の変化が示唆された。これはアンケートの調査結果でも示されているが、客層が地元住民、リピーターで構成されたこともあり、原発事故による風評被害の影響が少なかったと見受けられる。さらにこの復興への取組みがマスコミにも取り上げられ、「TV取材を受けたこともありその影響で遠方の方や地元の方、本職の方で関わり合っているお客様も買い物に来てくれた」(NPO関係者A)とあるように、客層がリピーターもしくはファン層に特化していることが考えられよう。

　震災前に問題視されていたNPOと現場との関係性であるが、「元従業員宅を間借りし、直売所をオープンさせ、足りない野菜の受け渡しや今までの仲間同士のつながりで道の駅と関与し続けている」(NPO関係者B)ことによってNPOと現場に生じていた販売活動等への意識ギャップがリセットされつつあるのではないかと考えられ、道の駅、NPO双方のつながりが(強くなったという意味も含めて)再形成されたのではないだろうか。その後、平日の営業再開まで復興したのだが、その背景としてまず「生産者とのつながり」(道の駅関係者A)があげられる。そのネットワークは震災以降も変わらず、むしろ震災前より強いものになっているようであり、それは「週1回の仕入れでは野菜の販売量が減少してしまいこのままでは商売にならないという生産者の事情と、仕入れに関して今まで通りのネットワークを確保していきたいという道の駅側

の思惑があった」（同）という、両者の考えが反映されたことが要因の一つであるようだ。

　また、平日 15 時までの営業が定着すると、現場、運営レベルで各々の役割の棲み分けができるようになった。復興という共通の目的意識を持つことにより、「道の駅の現場に関しては駅長にほぼ一任することになった一方で、NPO は大枠の支援（助成金の獲得や四倉周辺における全体の復興事業等）をしている」（NPO 関係者 A）と、震災前に比べ役割分担が明確になってきた。このように復興という共通目的のもとで一つにまとまることができた要因の一つは、NPO 代表による強いリーダーシップである。そのことは「NPO の代表が 1 人で助成金申請書類を作成したほか、県内でいち早く民間企業の助成金申し込みをし、資金面での目処が立った」（道の駅関係者 A）、「助成金の申し込みや復興のために市や行政に働きかけていたのも代表 1 人であった」（NPO 関係者 A）よりうかがえる。先に述べたが、官僚制化が過度に進行しないように組織規模を一定の範囲に抑制することが NPO としての（一般的にいわれる）役割である。しかしこの復興プロセスを通して確認できたのはそれとは異なる組織形態であり、かえってその強いリーダーシップが迅速な復興を実現できたのではないだろうか[51]。

3.4　得られた知見

3.4.1　客層の変化と強いリーダーシップの存在

　まず、震災直後から今までの歩みであるが、道の駅関係者 A によると復興の速さの要因は、犠牲者がいなかったことや、市との防災活動のやりとりや震災前から続けてきた交流事業等が功を奏し、外部的な「つながり」がすでに存在していた（さらには震災を契機に強まった）ためと考えられる。一方、客層の変化であるが、聞き取りとアンケートの両側面から客層が地元中心となっていることが読み取れた。現場のスタッフによる聞き取り調査においても、暖かい声をかけてくれる客が多く、風評被害の影響がさほど見受けられなかった。このことからも客層が地元住民、もしくはリピーターで構成されていることがうかがえる。さらに NPO 関係者 A の発言により、震災前と比べて、仕入れや販売等を行う売り場と、それを支援し道の駅全体の運営を担う NPO 組織、それ

第3章 「道の駅」が果たす復旧・復興への役割――震災後―― 167

それの役割分担が確立しつつあることが確認できた。この震災を機に、復興という明確な目的意識が定まることで、各々が迅速にそして一つの方向をもって行動することができたのではないだろうか。そして、注目すべきは助成金の手続きや道の駅復興に関する行政への働きかけをNPO代表1人で行っていた点である。これだけでは断定できないものの、これは一般的に指摘されている水平的なネットワークによって形成されるNPOではなく、ある人（＝代表）の強いリーダーシップによって復興のプロセスを一般的なNPOにみられるボトムアップではなく、（主に）トップダウンによって推し進めていったのである。

3.4.2 NPOを軸とした新たなつながりの醸成

さて、道の駅を取り巻く状況であるが、道の駅移行前である物産館時代の組織的背景をふまえつつ、現在との比較を行った。NPO関係者B、Cのインタビューによると、物産館時代は民間企業が運営母体として存在しており、「地産地消、仲間が集まれるスペース」というコンセプトで営業していた。しかし、道の駅に移行して運営母体がNPOになった後には、運営と現場で様々な衝突が生じるようになったことが聞き取り調査から浮き彫りとなった。これは物産館時代とは異なり、運営が組織化されたことによって生じた意思決定の不自由さや、仲間同士の関わり合いが弱くなってしまったことに疑問を持った現場とNPOとのギャップが生じたことが原因として考えられる。先に述べたが、このことは震災前の道の駅「よつくら港」を取り巻く組織的問題として取り上げていた。しかし、震災後では「ぼろぼろの建屋からやり直そう」という道の駅関係者Aや、NPO関係者Bが新たに開いたテナントと道の駅の関係、さらには道の駅運営に携わるNPO関係者へのインタビューから、道の駅「よつくら港」が位置する四倉地区のNPOの特異性がみえてきたのである。何故というと、今回の震災を契機に、NPO代表のリーダーシップが契機の一つとして、現場、運営、来客者とのつながりが形成されたこと、特に前二者について「横」よりも「縦」の関係を基盤に強く推し進められたことがインタビュー調査から垣間みることができたからある。換言すれば、復旧や復興という一つの共通目的に向かうプロセスの中で「つながり（≒絆）」が形成される（再び顕在化する）ようになったともいえるが、こうしたリーダーシップ（とトップダウ

表 3.3.1　道の駅および NPO 関係者の 2011 年 3 月～4 月の主な行動

3 月	主な行動
道の駅関係者 A	・震災時は道の駅予算会議であった。チリ大地震の際の津波対策や、日ごろから防災について市の土木課とやり取りをしていたことがきっかけで迅速に動け、犠牲者は出なかった。 ・東京に避難したが、スタッフや NPO 関係者と携帯で連絡を取り続け、今後についてその都度少人数で会議をしていた。 ・土地勘がない客に具体的な場所の説明ができなかったことに反省点がある。
道の駅関係者 B	・避難はせずに残ったスタッフや知り合いと共に店内の片づけをしていた。 ・片づけには道の駅「三島」、道の駅「裏磐梯」が駆けつけてきてくれた。この道の駅とは震災前から交流があり、魚を届けたり、祭やイベントに参加していた。
NPO 関係者 A	・震災時は職場におり、携帯で津波の情報を確認後、内陸の高台に避難した。 ・原発に放水作業をするハイパーレスキューの車両が道の駅駐車場に集まり、そのあとあたりから、道の駅復興に向けた手伝いをした。
NPO 関係者 B	・原発の爆発後は他県の実家に避難していたが、3 月の末には道の駅に積もった海砂の片づけを行った。 ・スーパーが閉まってしまったため、ふだんから交流（魚、野菜の売買やイベント等）があった三島町から野菜を持ってきてもらい、軽トラックで売り出した。
NPO 関係者 C	・2 か月ほど四倉と親交が深い会津三島町へ避難していたが、1 週間に 2 度四倉へ行き、野菜を軽トラで売り歩いた。 ・野菜の調達を三島町、会津坂下間で行っていた。 ・三島町の方が炊き出しに訪れ、9 日 10 日は三島町の災害対策本部にがれきの撤去支援を依頼した。
4 月	主な行動
道の駅関係者 A	・道の駅関係者全員が集まり、雇用関係等具体的な話をした。 ・5 年ほど続けた交流事業の関係で三島町の方々が重機を持ち込み、2 日間でがれきを撤去してくれた。 ・土日だけ直売所の営業を再開した（仮オープン）。
道の駅関係者 B	・炊き出しやイベント等で会津地方の道の駅 9 駅が訪れ、復興の手伝いをしてくれた。
NPO 関係者 A	・4 月の中ごろまではがれき撤去等で道の駅の営業は何もできず、仮営業後も各々の仕事のため、道の駅どころではなかった。 ・がれき撤去等の復興支援は NPO 代表が中心になって行っていた。 ・他県の仕事仲間が支援物資を集めてきてくれ、道の駅で 2 回ほど配給した。
NPO 関係者 B	・野菜の移動販売を行い、売上を道の駅に渡していたが NPO からストップがかかった。
NPO 関係者 C	・三島町の方が炊き出しに訪れ、9 日 10 日は三島町の方ががれき撤去に訪れてきてくれた。 ・その際、自分が対策本部に要請したことがきっかけになり、このようなことができた。 ・NPO としての動きではなく、やりたい人がやるといった形で動いていた。

表 3.3.2 道の駅および NPO 関係者の 2011 年 5 月～9 月までの主な行動[54]

5月	主な行動
道の駅関係者 A	・その後積極的にイベントを開催したが、ほとんどが他の道の駅の持ち込みであり、自主的に企画した企画は 8 月の花火大会だけである。
道の駅関係者 B	・出荷停止していないものを店頭に置いているが、お客様の反応はそれぞれであり、商品を手放してしまうお客様もいる。 ・しかしほとんどが励ましてくれたり、暖かい声をかけてくれるお客様ばかりである。
NPO 関係者 A	・連休前後から学校が再開するなどの理由で人が戻ってくるようになった。 ・また、TV 取材を受けたこともありその影響で遠方の方や地元の方、自身の仕事関係のお客も買い物に来てくれた。
NPO 関係者 B	・直売所をオープンさせ、足りない野菜の受け渡しや今までの仲間同士のつながりで道の駅と関与し続けている。
6月	主な行動
道の駅関係者 B	・夏場は毎週イベントを行い、大半はほかの道の駅から話があり、それに売り場が対応する（品物の仕入れ等）といった形でイベントを行っていた。
NPO 関係者 A	・皆が忙しかったために、助成金の申し込みや復興のために市や行政に働きかけていたのも代表 1 人であった。
7月	主な行動
道の駅関係者 A	・中の売り場は今までの生産者とのネットワークで仕入れを行ったが、生産者が週一回の仕入れでは収穫等の関係で厳しいという理由で平日の営業につながった。
道の駅関係者 B	・電気も復旧し（それまでは発電機で営業していた）、通常営業に戻った。 ・近くのスーパーが建て直しで休業していたことも通常営業に戻した要因の一つである。
NPO 関係者 A	・平日 15 時までの営業が定着し、道の駅の現場に関しては駅長にほぼ一任することになった。 ・その一方で、NPO は大枠の支援（助成金の獲得や四倉周辺における全体の復興事業等）をしている。
NPO 関係者 B	・NPO は「自分たちの施設は自分たちで復興する」という思いが強く、やりたい人たちとそうでない人たちとの温度差が感じられる。
9月	主な行動
道の駅関係者 A	・NPO の代表が 1 人で助成金申請書類を作成したほか、県内でいち早く民間企業の助成金申し込みをし、資金面での目処が立った。
NPO 関係者 B	・空き店舗となったコンビニで 10 月より自身の店を再オープンさせる。

ン）が従来の水平的なネットワークとは異なる NPO 組織の能力を発揮させたのかもしれない[52]。

3.4.3 課題となる長期的な視点からの復興プロセス

これまでの調査結果から現時点において、現場（道の駅）・運営組織（NPO）・来客者という3つの視点からそれぞれの復興プロセスをたどることによって、道の駅「よつくら港」ではいくつかのつながりが存在し、それらが迅速な復旧・復興の鍵になっていることを明らかにした。まず、現場視点について、震災前から取り組んでいた交流事業等による外部とのつながりである。これは震災直後から現在に至るまで、施設の整備・復旧への支援やイベント参加という形にあらわれている。運営組織の視点では、代表の強いリーダーシップにより復旧・復興という一つの目標が（震災前ではゆらぎかけていた）関係者間のつながりを再形成させ、明確な役割分担のもとに迅速な復興活動を実現させたことである。最後の来客者視点であるが、震災後、客数自体は減少したものの購入率が上昇し、客層はファンやリピーターで構成され、道の駅とのつながりをうかがわせるものであった[53]。

ただ留意しなければならないのは、いずれの視点においても、強弱は別として震災前からのつながりが（ほぼなくなったとしても）何らかの形で存在していたのであり、復興を契機に全く新しい（＝新規な）つながりが創出されたわけではない点である。2012年夏頃には新コンセプトによって建設される道の駅の再オープンを予定しているが、この復興プロセスによる各関係主体間のつながりを失わないように、長期的な視点から新たな道の駅の運営が求められていくことが必要であると考える。

4. 道の駅利用者の実相と対応

4.1 はじめに

2011年3月11日に発生した東北地方太平洋沖地震と、それによる東京電力福島第一原子力発電所の事故は県内に様々な影響をもたらした。特に原発事故

は農産物や海産物への風評被害をもたらした。3章2.で論じたように、「産地を問う声が後を絶たない」や「山林が危険であるという報道の後、震災前に買った「ひのきチップ」という商品を返品しに来た」、「客足自体が遠のいて、購買機会さえ得られない」、「自分は気にしないが家族のことを考えて基準値は大丈夫か、と聞かれる」などといったように「風評被害と感じる」ことが実際に起こっている。このように、地場産品の販売が訴求ポイントでもある直売所は、この影響を大きく受けていることから、マーケティング展開の再検討が求められるだろう。

これまでに道の駅よつくら港（開業前は「ふれあい物産館」）で2008年秋から継続的にアンケートによる利用者調査や運営関係者への聞き取りを実施してきたが、3.11以降、この施設は津波被害を受けると同時に福島第一原発からおよそ35kmという条件に立地することに何らかの（販売戦略などの）変化を余儀なくされると考えている。

結論を先取りすると、道の駅に来訪する利用者に対しては「変える必要はない」のだが、詳細は後に論じるとして、3.11以前に実施した2009年の調査は物産館における満足と不満の要因と交流館への期待を明確にすることを目的として実施し、2010年は交流館の評価と主動線の導出および駐車場問題を把握するために行った（金子・松本 2011を参照）。さらに3.11後となる2011年の調査では、風評被害に対する意識調査を実施した（3章2.を参照）。こうしたアンケート調査の一方で、3章3.では運営関係者への聞き取りにより、運営主体であるNPOや道の駅よつくら港関係者もしくは道の駅よつくら港自体が各々ないしは相互に抱える問題を明らかにした。

以下では上記の調査結果や2012年春に新たに実施した調査などをふまえつつ、利用者ニーズの変化を検討する。さらに調査結果から利用者層—性別や年代、居住地域など—がどのような構成になっているかも把握できるため、個々人それぞれの要因から発生するニーズのほかに空間的条件がどのように影響するか考慮していく。その一方で、このような調査結果や聞き取りの結果などから、震災前後における利用者ニーズとマーケティング戦略の共通点／差異点を明らかにするとともに、今後の直売所の展開を模索する。

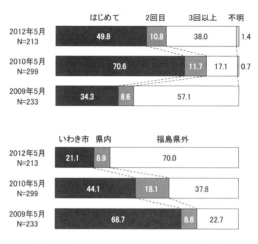

図 3.4.1　利用頻度と利用者居住地域の変化

4.2　調査概要

1章と2章でも論じてきたように、「道の駅以前」の形態であるふれあい物産館から道の駅交流館、3.11後の現在に至るまで計4回の調査を実施している[55]。これらの調査では、来客層や交流館などの問題点などを明らかにし、特に2011年以降では3.11以前と比べて発生している問題に対して、どのように改善すべきか方向性を検討するものである。

4.3　震災前後における利用者評価の変化

4.3.1　利用購入実態

(1) 利用頻度・地域

最初に利用の全体像を確認することにしよう。そこで利用頻度の変化をみると（図3.4.1）、2012年5月現在の調査（以下、「現在」と表記）では道の駅開業後の2010年に比べて「2回以上」のリピーターが増えている。2010年の調査で「はじめて」が7割にも達しているのは、2009年末に交流館が先行開業されたことによるものと考えられる。次に利用者の居住地についても同様に確認すると、「いわき市」在住の利用者が物産館時代の約7割から一貫して減少す

第3章 「道の駅」が果たす復旧・復興への役割——震災後——　173

表 3.4.1　居住地域からみた利用頻度

年	居住地	全体	はじめて	2回利用	3回以上	不明
2012	合計	213	49.8	10.8	38.0	1.4
	いわき市	45	▼28.9	13.3	▲57.8	-
	福島県内	19	57.9	15.8	∵21.1	∴5.3
	その他	149	∴55.0	9.4	34.2	1.3
2010	合計	299	70.6	11.7	17.1	0.7
	いわき市	132	▼54.5	12.1	▲32.6	0.8
	福島県内	54	↑81.5	13.0	▼3.7	1.9
	その他	113	▲84.1	10.6	▼5.3	-
2009	合計	233	34.3	8.6	57.1	-
	いわき市	160	▽26.9	8.1	△65.0	-
	福島県内	20	45.0	5.0	50.0	-
	その他	53	▲52.8	11.3	▼35.8	-

知ったきっかけ	2012.5	2010.5	2009.5	差(2012-2010)
施設近く住んでいる	21.1	9.7	23.2	11.4
通りがかりで	41.3	37.1	31.8	4.2
施設ホームページ	3.8	2.3	7.3	1.5
旅イベント情報サイト	2.3	2.0	1.3	0.3
個人のHPやブログ	0.9	0.7	0.0	0.2
家族や友人から	22.1	23.1	24.9	▲1.0
企業・団体の公式HP	0.0	1.0	3.0	▲1.0
道の看板を見て	11.7	15.1	5.2	▲3.4
ポスター・チラシ	2.3	6.0	11.2	▲3.7
新聞・雑誌の記事	8.0	12.0	17.2	▲4.0
テレビ・ラジオ	3.8	10.0	1.7	▲6.2

図 3.4.2　認知経路の変化

る一方で「福島県外」が大きく増加している。このように震災をはさんだ3年間、リピーターが増加しているものの、市内利用者が減少しているという傾向がある[56]（表3.4.1）。

表 3.4.2 居住地域からみた認知経路

		全体	通りがかり	家族や友人・知人から聞いて	施設の近くに住んでいて知った	道の看板を見て	新聞・雑誌の記事
合計		213	41.3	22.1	21.1	11.7	8.0
利用回数	はじめて	106	▲56.6	23.6	▼5.7	9.4	4.7
	2回利用	23	43.5	21.7	13.0	∴21.7	8.7
	3回以上	81	▼18.5	21.0	▲44.4	12.3	∴12.3
居住地域	いわき市四倉	37	▼8.1	18.9	▲67.6	5.4	13.5
	四倉外いわき市	45	▼22.2	28.9	28.9	13.3	∴13.3
	その他	104	▲56.7	22.1	▼3.8	14.4	5.8

		全体	「道の駅よつくら港」ホームページ	テレビ・ラジオ	旅・イベントの総合情報サイト	ポスター・チラシ	個人のホームページ・ブログ
合計		213	3.8	3.8	2.3	2.3	0.9
利用回数	はじめて	106	4.7	1.9	1.9	-	-
	2回利用	23	-	▲17.4	-	▲13.0	-
	3回以上	81	2.5	2.5	2.5	2.5	1.2
居住地域	いわき市四倉	37	-	-	2.7	5.4	-
	四倉外いわき市	45	4.4	6.7	-	4.4	-
	その他	104	3.8	3.8	1.0	1.0	1.9

(2) 認知経路

道の駅の認知経路の 2010 年から 2012 年への変化について確認すると（図 3.4.2）、「施設近くに住んでいる」が 10pt 以上増加している一方で、「テレビ・ラジオ」や「新聞・雑誌の記事」といったメディア関連による認知は微差ではあるが減少している。2012 年度だけをみると（表 3.4.2）、「通りがかり」(41.3%)[57]、「家族や友人・知人から聞いて」(22.1%) などが多い。そのほかの項目について、利用回数別でみると 2 回利用者が「道の駅の看板」(21.7%)、「テレビ・ラジオ」(17.4%)、「ポスター・チラシ」(13.0%)、3 回以上利用者で「新聞・雑誌記事」(12.3%) が多い。居住地域別では、四倉在住者で「施設の近くに住んで知った」(67.6%)、その他いわき市在住者で「新聞・雑誌の記事」(13.5%) であり、道の駅周辺の住民には認知されている。

利用目的	2012.5	2010.5	2009.5	差(2012-2010)
以前来た	24.9	6.4	14.2	18.5
直売コーナー	24.9	18.1	30.0	6.8
いつも来ている	9.4	4.0	12.4	5.4
スーパーよりも安い	5.2	1.0	9.4	4.2
ふれあい	4.7	3.0	11.2	1.7
ここしかない	11.3	9.7	13.3	1.6
スーパーより品質がよい	1.9	0.7	1.3	1.2
催事がある	13.6	13.0	28.8	0.6
待ち合わせや休憩	1.9	5.0	3.0	▲3.1
新鮮な農産物	16.0	19.7	28.8	▲3.7
休憩やトイレ	12.7	18.4	4.7	▲5.7
海岸に来たついで	11.3	18.1	21.9	▲6.8

図 3.4.3 利用目的の変化

(3) 利用目的

利用目的の変化をみていくと（図 3.4.3）、「以前来た」といったリピーターが 18.5pt 増加している一方で、「海岸に来たついで」が 7pt 近く減少しており、「立ち寄り」的な利用者が減少していることがわかる。利用回数別では（表 3.4.3）、初回利用者は「道の駅が好き」(38.7%) や「休憩やトイレ」(21.7%) が、2 回利用者は「以前来たことがある」(78.3%)、3 回以上利用者で「以前来たことがある」(37.0%)、「直売コーナーがある」(35.8%)、「新鮮な農産物がある」(29.6%)、「催事がある」(27.2%) などと様々な理由により利用していることから、被災にかかわらず、リピーターに対しては売りに関する一定の訴求力があるといえよう。

居住地別ではどうだろうか。四倉在住者をみると「イベントなどの祭事がある」(45.9%)、「新鮮な農産物が売られている」(32.4%)、「いつも買い物にきている」と「スーパーより安い」(16.2%)、「販売員や地元住民とのふれあい」(13.5%) というように、地元住民にとっての「ふだん使い」の場所になっているといえよう。一方でその他四倉外いわき市の住民であるが、「以前来たことがある」(40.0%) と「ここでしか手に入らないものがある」(17.8%) のように、前者についてはあまり積極的な利用理由になっていない。この結果だけでは断

表 3.4.3　居住地域からみた利用目的

		全体	道の駅が好きだから	以前、来たことがある	直売コーナーがある	被災地の力になりたいと思った	新鮮な農産物が売られている	祭やイベントなどの催事がある
合　計		213	31.5	24.9	24.9	21.6	16.0	13.6
利用回数	はじめて	106	∴ 38.7	▼ 4.7	↓ 17.0	25.5	▽ 7.5	▽ 5.7
	2回利用	23	▽ 8.7	▲ 78.3	21.7	13.0	8.7	∵ 4.3
	3回以上	81	28.4	△ 37.0	△ 35.8	19.8	▲ 29.6	▲ 27.2
居住地域	四倉	37	27.0	21.6	32.4	27.0	▲ 32.4	▲ 45.9
	四倉外	45	▽ 17.8	△ 40.0	26.7	▼ 4.4	17.8	17.8
	その他	104	34.6	∵ 19.2	20.2	∴ 26.9	▽ 8.7	▼ 1.9

		全体	休憩やトイレに行くため	ここでしか手に入らないものがある	海岸へ遊びに来たついでに来た	いつも買い物に来ている	スーパーよりも安い	販売員や地元住民とのふれあいがある
合　計		213	12.7	11.3	11.3	9.4	5.2	4.7
利用回数	はじめて	106	▲ 21.7	↓ 5.7	10.4	-	-	↓ 0.9
	2回利用	23	4.3	17.4	4.3	4.3	-	-
	3回以上	81	▽ 3.7	↑ 17.3	14.8	▲ 22.2	▲ 13.6	△ 9.9
居住地域	四倉	37	↓ 2.7	13.5	16.2	∴ 16.2	▲ 16.2	△ 13.5
	四倉外	45	▽ 2.2	∴ 17.8	8.9	13.3	8.9	2.2
	その他	104	▲ 22.1	8.7	11.5	6.7	↓ 1.0	-

定できないが、これらの差は道の駅をめぐるいわき市民の温度差とみることができないだろうか。さらにいわき市外在住者については「被災地の力になりたいと思った」(26.9%) や「休憩やトイレ」(22.1%) とあるが、特に前者については市外からの利用者の約四分の一にとって、自分たちが道の駅を使うことは被災者の支援へとつながるという想いを持っていることをうかがわせる。

(4) 利用購入商品・サービス

それでは利用者はどのような商品・サービスを購入しているのだろうか。まずはその変化をみていくと（図3.4.4)、「野菜・果物（生鮮品)」や「菓子類」が10pt 以上増加している一方で、トイレや休憩スペースがあった情報館が3.11の津波により被害を受けて使えなくなった理由からか、「休憩スペース」や「トイレ」は5pt 以上減少している[58]。利用回数別では（表3.4.4)、初回利用者は「菓子類」(34.0%)、2 回利用者は「海産物（加工品)」(43.5%)、「休憩スペー

第 3 章 「道の駅」が果たす復旧・復興への役割——震災後——　177

利用購入商品・サービス	2012.5	2010.5	2009.5	差(2012-2010)
野菜・果物(生鮮品)	28.2	16.4	31.8	11.8
菓子類	26.3	15.4	9.9	10.9
野菜・果物(加工品)	14.6	7.7	15.0	6.9
弁当	17.8	12.0	14.2	5.8
工芸品	4.7	1.0	*	3.7
海産物(加工品)	23.9	20.4	22.3	3.5
そば・めん類	11.3	9.4	4.3	1.9
花木	5.6	4.0	6.0	1.6
米	0.0	0.3	12.4	▲0.3
飲料・酒	7.5	10.4	6.0	▲2.9
駐車場	16.9	21.7	*	▲4.8
トイレ	20.2	26.1	12.4	▲5.9
休憩スペース	13.6	22.1	*	▲8.5

図 3.4.4　利用購入商品・サービスの変化[59]

表 3.4.4　居住地域からみた利用購入商品・サービス

		全体	野菜・果物(生鮮品)	菓子類	海産物(加工品)	トイレ	弁当	駐車場
合　計		213	28.2	26.3	23.9	20.2	17.8	16.9
利用回数	はじめて	106	▽17.0	↑34.0	∵17.9	17.9	▽10.4	17.9
	2回利用	23	21.7	↓8.7	△43.5	26.1	21.7	26.1
	3回以上	81	▲44.4	22.2	25.9	21.0	△27.2	12.3
居住地域	四倉	37	△43.2	18.9	21.6	18.9	▲40.5	13.5
	四倉外	45	28.9	31.1	24.4	24.4	22.2	17.8
	その他	104	▽19.2	27.9	25.0	24.0	▽8.7	18.3

		全体	野菜・果物(加工品)	休憩スペース	そば・めん類	飲料・酒	花木	工芸品
合　計		213	14.6	13.6	11.3	7.5	5.6	4.7
利用回数	はじめて	106	13.2	11.3	13.2	10.4	▽0.9	∵1.9
	2回利用	23	8.7	▲34.8	13.0	4.3	8.7	↑13.0
	3回以上	81	17.3	11.1	8.6	4.9	△11.1	6.2
居住地域	四倉	37	16.2	16.2	10.8	2.7	△13.5	2.7
	四倉外	45	11.1	8.9	8.9	4.4	4.4	4.4
	その他	104	13.5	17.3	9.6	∵11.5	3.8	6.7

施設の印象	2012.5	2010.5	差(2012-2010)
手づくり感がある	48.4	27.4	21.0
親しみやすい	25.4	14.4	11.0
買い物をしやすい	15.5	5.4	10.1
地元とのふれあい	15.5	5.7	9.8
季節感がある	13.1	5.7	7.4
地元の憩いの場	9.9	5.4	4.5
田舎らしい風情	17.8	15.1	2.7
普段の生活に不可欠	1.9	0.3	1.6
開放感がある	7.0	6.4	0.6
新しい発見がある	0.9	0.7	0.2
地域の個性がある	14.1	14.0	0.1
洗練されている	0.5	0.7	▲0.2
わくわくする	4.7	5.0	▲0.3
BGMのセンスがよい	0.9	1.3	▲0.4
うす暗い	2.3	6.0	▲3.7
スタッフが活き活き	6.1	10.0	▲3.9
レジ待ちが長い	0.9	6.0	▲5.1
パッと目をひかない	5.6	11.7	▲6.1
まとまりがない	1.9	8.4	▲6.5
レジがわかりにくい	1.9	9.7	▲7.8
見通しが悪い	1.9	13.4	▲11.5
活気がある	22.5	38.5	▲16.0

図 3.4.5　施設の印象の変化

ス」(34.8%)、「工芸品」(13.0%)、3回以上利用者で「野菜・果物（生鮮品）」(44.4%)、「弁当」(27.2%)、「花木」(11.1%) が多い。初回利用者では土産物、利用回数が増えるにつれてふだん使いとなる傾向にあることがうかがえる。

　居住地域別でみると、四倉在住者の購入商品は「野菜・果物（生鮮品）」(43.2%)、「弁当」(40.5%)、「花木」(13.5%) と、ここでもふだん使いであることがうかがえる。

4.3.2　利用購入評価

（1）施設の印象

　本節では施設への印象の変化を確認する。道の駅開業後の 2010 年調査に比べると（図 3.4.5）、「手づくり感がある」(21.0pt)、「親しみやすい」(11.0pt)、「買い物をしやすい」(10.1pt) などが増加しており、この道の駅は利用者にとって「より身近な存在」となっていることがうかがえる。

　利用回数別でみると（表 3.4.5）、2回利用者は「震災復興への力強さを感じ

表 3.4.5 居住地域からみた施設の印象

		全体	地元住民たちによる手づくり感がある	震災復興への力強さを感じる	親しみやすい雰囲気である	活気がある	田舎らしい風情がある	買い物をしやすい売場である
合　計		213	48.4	32.4	25.4	22.5	17.8	15.5
利用回数	はじめて	106	53.8	34.9	25.5	18.9	17.9	12.3
	2回利用	23	52.2	∴ 47.8	34.8	13.0	21.7	17.4
	3回以上	81	42.0	25.9	23.5	28.4	17.3	19.8
居住地域	四倉	37	40.5	29.7	↓ 13.5	27.0	∵ 8.1	13.5
	四倉外	45	∵ 37.8	∵ 22.2	↓ 13.3	24.4	↑ 28.9	15.6
	その他	104	∴ 54.8	↑ 41.3	∴ 31.7	19.2	18.3	13.5

		全体	地元住民とのふれあいがある	地域の個性がいかされている	季節感がある	地元住民たちの憩いの場である	開放感がある	スタッフが活き活きとしている
合　計		213	15.5	14.1	13.1	9.9	7.0	6.1
利用回数	はじめて	106	∵ 10.4	14.2	▽ 6.6	9.4	7.5	7.5
	2回利用	23	21.7	↑ 26.1	8.7	13.0	13.0	4.3
	3回以上	81	∴ 21.0	11.1	▲ 23.5	9.9	4.9	4.9
居住地域	四倉	37	21.6	10.8	△ 24.3	10.8	8.1	5.4
	四倉外	45	13.3	15.6	17.8	13.3	4.4	6.7
	その他	104	14.4	14.4	↓ 7.7	8.7	8.7	6.7

る」(47.8%)や「地域の個性がいかされている」(26.1%)が、3回以上利用者で「季節感がある」(23.5%)、「地元住民とのふれあいがある」(21.0%)のように、少なくとも利用3回以上のリピーターに対しては「四倉」の特色が伝わりつつあるといえよう。

居住地域別で四倉在住者が抱く印象は「季節感がある」(24.3%)、その他市内在住者は「田舎らしい風情がある」(28.9%)と一つだけである。一方で市外在住者は「地元住民たちによる手づくり感がある」(54.8%)、「震災復興への力強さを感じる」(41.3%)、「親しみやすい雰囲気である」(31.7%)のように、ここでも市外在住者による被災した道の駅に対する支援への想いがみうけられる。ただし、「震災復興への力強さを感じる」をもう一度みた時に、市外在住が41.3%であるのに対して四倉在住は29.7%と、両者の間に10pt以上もの乖離があるのは復興への温度差が生じているということなのだろうか。

満足した商品・サービス	2012.5	2010.5	差 (2012-2010)
やりとり・ふれあい	13.1	5.4	7.7
農産物の価格	17.8	12.0	5.8
農産物の品揃え	25.8	20.1	5.7
弁当の品揃え	12.2	6.7	5.5
弁当の価格	10.3	5.4	4.9
菓子類の価格	6.1	3.0	3.1
花木の価格	4.2	1.7	2.5
工芸品の価格	2.3	0.0	2.3
菓子類の品揃え	7.5	5.4	2.1
そば・めん類の価格	5.2	3.3	1.9
工芸品の品揃え	2.3	1.7	0.6
花木の品揃え	4.7	4.3	0.4
米の品揃え・価格	1.4	1.0	0.4
飲料・酒の品揃え・価格	2.3	2.0	0.3
そば・めん類の品揃え	4.7	4.7	0.0
駐車場	7.5	10.0	▲2.5
海産物の価格	9.9	13.4	▲3.5
海産物の品揃え	12.2	22.1	▲9.9

図 3.4.6　満足した商品・サービスの変化

(2) 満足した商品・サービス

　満足した商品・サービスの変化をみてみると（図 3.4.6）、10pt 未満の変化であるが「やりとり・ふれあい」、「農産物の品揃え・価格」、「弁当の品揃え・価格」がそれぞれ増加していることがわかる。利用回数別では（表 3.4.6）、初回利用者で「菓子類の価格」（9.4％）、2 回利用者は「販売員や地元住民とのふれあい」（30.4％）が全体平均よりも多く、利用者をリピーターにさせるためにはこうした地元とのふれあいが重要であることを改めて確認できる。

　居住地域別でみると、四倉在住者の「農産物の品揃え」（35.1％）や「海産物の品揃え」（24.3％）が多く、これらの商品については四倉在住者の満足が高い。しかしながら、四倉外の在住者が満足した商品・サービスで特筆できるものはなく、四倉→海→海産物（→または農産物）という訴求をやり切れない苦しさがこの結果にもうかがえる。

　ここまでをみると、その他市内在住者は同じいわき市には住んでいるものの、四倉在住者ほどこの施設に対して積極的な印象はなさそうである。その一方で市外在住者は被災地支援の想いは強いものの、訴求力のある商品・サービスがない／少ないが故に、そうした想いが商品・サービスの利用購入へとさほどつながっていないのが、満足した項目からも推察できる。

表3.4.6 居住地域からみた満足した商品・サービス

		全体	農産物（加工品含む）の品揃え	農産物（加工品含む）の価格	販売員や地元住民とふれあい	海産物（加工品含む）の品揃え	弁当の品揃え	弁当の価格
合計		213	25.8	17.8	13.1	12.2	12.2	10.3
利用回数	はじめて	106	25.5	16.0	14.2	9.4	9.4	8.5
	2回利用	23	30.4	26.1	△ 30.4	13.0	17.4	8.7
	3回以上	81	25.9	18.5	∵ 7.4	16.0	14.8	13.6
居住地域	四倉	37	∵ 35.1	18.9	13.5	△ 24.3	16.2	10.8
	四倉外	45	22.2	11.1	13.3	8.9	11.1	11.1
	その他	104	25.0	22.1	12.5	10.6	10.6	10.6

		全体	海産物（加工品含む）の価格	菓子類の品揃え	駐車場	菓子類の価格	そば・めん類の価格	そば・めん類品揃え
合計		213	9.9	7.5	7.5	6.1	5.2	4.7
利用回数	はじめて	106	10.4	8.5	8.5	∵ 9.4	7.5	5.7
	2回利用	23	4.3	4.3	8.7	-	4.3	8.7
	3回以上	81	11.1	7.4	6.2	3.7	2.5	2.5
居住地域	四倉	37	13.5	2.7	8.1	5.4	5.4	5.4
	四倉外	45	↓ 2.2	11.1	8.9	-	4.4	2.2
	その他	104	12.5	8.7	6.7	7.7	4.8	3.8

4.3.3 利用購入期待

（1）再来訪意向

ここでは再来訪意向の変化について確認する（図3.4.7）。2010年に比べると「訪れたい」が15pt程度増加しており、「まあ」も含めると約10ptの増加で、再来訪意向が高くなっていることがうかがえる。利用者別に視点を移すと（表3.4.7）、2回以上利用者の「訪れたい」が9割以上と多い一方で、初回利用者は少ない。これは「興味本位で来たものの、次には来ない」というのが初回利用者に多いことをうかがわせる。

（2）再来訪意向別の満足度

次に再来訪意向別での施設の印象を確認しよう（図3.4.8）。ここでは「訪れたい」／「訪れたくない」と思う人それぞれについて集計して両者の差の大きさをみることで、利用意向を高めるための必要な要素を探ることにする。この

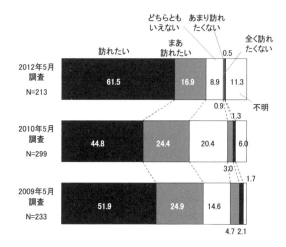

図 3.4.7 再来訪意向の変化

表 3.4.7 居住地域からみた満足した再来訪意向 ※「不明」を除く

		全体	訪れたいと思う	まあ訪れたいと思う	どちらともいえない	あまり訪れたいと思わない	まったく訪れたいと思わない
合　計		213	61.5	16.9	8.9	0.9	0.5
利用回数	はじめて	106	∵ 54.7	∴ 22.6	△ 15.1	0.9	-
	2回利用	23	73.9	21.7	-	-	-
	3回以上	81	67.9	▽ 8.6	↓ 3.7	1.2	1.2
居住地域	いわき市四倉	37	67.6	↓ 5.4	8.1	-	△ 2.7
	四倉外いわき市	45	57.8	20.0	∵ 2.2	△ 4.4	-
	その他	104	58.7	∴ 22.1	∴ 12.5	-	-

視点によれば、再来訪へのポイントとなる印象は「意向有」と「意向無」の差が大きいものから順に、「活気がある」(18.9pt)、「震災復興への力強さ」(17.7pt)、「地元住民とのふれあい」(12.9pt)、「地元住民の手づくり感」(11.2pt)があげられ、地元住民による震災復興への取り組みとそのみえ方が利用意向を高めるポイントであるといえる。

商品・サービスにおける再来訪のポイントについて同様な分析をすると（図3.4.9）、「農産物の品揃え」(13.9pt)、「海産物の価格」(11.4pt)、「農産物の価格」(11.3pt)となり、農産物については品揃えと価格、地元での水揚げが制限され

第 3 章 「道の駅」が果たす復旧・復興への役割——震災後—— 183

施設の印象	意向有	意向無	差(有-無)
活気がある	23.4	4.5	18.9
震災復興への力強さ	35.9	18.2	17.7
地元住民とのふれあい	17.4	4.5	12.9
地元住民の手づくり感	52.1	40.9	11.2
スタッフが活き活き	7.8	0.0	7.8
季節感がある	12.0	4.5	7.5
地元住民たちの憩いの場	11.4	4.5	6.9
買い物をしやすい売場	15.0	9.1	5.9
地域の個性がある	15.0	9.1	5.9
わくわくする	4.8	0.0	4.8
開放感がある	7.8	4.5	3.3
見通しが悪い	2.4	0.0	2.4
放射能対策は十分	1.8	0.0	1.8
レジで待つ時間が長い	1.2	0.0	1.2
いつも新しい発見	1.2	0.0	1.2
津波が不安である	5.4	4.5	0.9
洗練されている	0.6	0.0	0.6
田舎らしい風情がある	18.6	18.2	0.4
うす暗い	1.8	4.5	▲2.7
レジがわかりにくい	1.2	4.5	▲3.3
生活に欠かせない場所	1.2	4.5	▲3.3
まとまりや統一感がない	1.2	4.5	▲3.3
BGMのセンスがよい	0.6	4.5	▲3.9
親しみやすい雰囲気	26.3	31.8	▲5.5
目をひくものがない	3.6	18.2	▲14.6

図 3.4.8　意向別でみた施設の印象

満足した商品・サービス	意向有	意向無	差(有-無)
農産物の品揃え	27.5	13.6	13.9
海産物の価格	11.4	0.0	11.4
農産物の価格	20.4	9.1	11.3
やりとり・ふれあい	14.4	4.5	9.9
海産物の品揃え	13.2	4.5	8.7
弁当の品揃え	13.2	4.5	8.7
駐車場	7.8	0.0	7.8
そば・めん類の価格	6.6	0.0	6.6
弁当の価格	10.8	4.5	6.3
そば・めん類の品揃え	6.0	0.0	6.0
花木の価格	4.2	0.0	4.2
工芸品の品揃え	3.0	0.0	3.0
工芸品の価格	3.0	0.0	3.0
菓子類の価格	6.6	4.5	2.1
米の品揃え・価格	1.8	0.0	1.8
花木の品揃え	5.4	4.5	0.9
菓子類の品揃え	7.8	9.1	▲1.3
飲料・酒の品揃え・価格	2.4	4.5	▲2.1

図 3.4.9　意向別でみた満足した商品・サービス

表 3.4.8　利用者居住地域からみた直売所の期待

		全体	新鮮な農産物を販売している	新鮮な海産物を販売している	ここでしか手に入らない商品を販売	土産物の品揃えが多い	地元ブランドの商品があること	試食できる商品が多いこと
合　計		213	46.0	36.6	36.2	20.2	18.3	15.5
利用回数	はじめて	106	42.5	∵30.2	39.6	21.7	19.8	13.2
	2回利用	23	47.8	∴52.2	∴52.2	17.4	21.7	17.4
	3回以上	81	51.9	40.7	↓27.2	19.8	16.0	18.5
居住地域	四倉	37	45.9	35.1	↓21.6	↓8.1	18.9	18.9
	四倉外	45	∴57.8	∴46.7	35.6	17.8	20.0	20.0
	その他	104	51.0	40.4	▲50.0	△29.8	22.1	14.4

		全体	産地明記がしてある	行くたびに変化がある売場である	食品などの放射線測定結果が表示	販売者コメントがある	生産者からのコメントがある	分かりやすい売場である
合　計		213	10.8	9.4	8.0	8.0	6.6	4.7
利用回数	はじめて	106	9.4	9.4	7.5	9.4	4.7	3.8
	2回利用	23	↑21.7	△21.7	13.0	△21.7	△17.4	-
	3回以上	81	8.6	6.2	7.4	↓2.5	6.2	7.4
居住地域	四倉	37	16.2	5.4	10.8	5.4	5.4	8.1
	四倉外	45	∵4.4	13.3	11.1	↑15.6	8.9	4.4
	その他	104	11.5	9.6	7.7	6.7	6.7	4.8

		全体	店舗レイアウトが掲示されている	商品に関する説明書が多い	配送サービスなどがある	洗練された売場	商品がいつも同じ所にある
合　計		213	3.3	2.8	2.3	1.4	0.9
利用回数	はじめて	106	1.9	3.8	∴4.7	-	-
	2回利用	23	4.3	4.3	-	-	-
	3回以上	81	4.9	1.2	-	↑3.7	∴2.5
居住地域	四倉	37	▲13.5	-	-	△5.4	2.7
	四倉外	45	-	-	4.4	2.2	-
	その他	104	1.9	↑5.8	2.9	-	1.0

る海産物については価格が訴求ポイントとなることがわかる。

　このように復興に向けた地元の活力をみせつつ、農産物（と海産物）の充実がリピーター拡大の鍵といえる。

(3) 直売所への期待

それでは道の駅における直売所への期待は何だろうか（表3.4.8）。全体でみていくと、「新鮮な農産物」（46.0%）、「新鮮な海産物」（36.6%）、「ここでしか手に入らない」（36.2%）がトップ3となり、いわゆる地場産品を求めていることが改めて確認できる。

利用回数別でみると、2回利用者が求めるもので多いのは「新鮮な海産物」や「ここでしか手に入らない」（52.2%）が半数以上であり、「産地明記」・「変化ある売場」・「販売者コメント」（21.7%）や「生産者コメント」（17.4%）が2割程度であるものの、リピーター拡大にはこれらの期待項目を充実させる必要があるといえる。

居住地域別ではその他いわき市が「新鮮な農産物」（57.8%）や「新鮮な海産物」（46.7%）が半数前後であり、市内利用者にとってはふだん使いの直売所としての機能をこの施設に求めていると考えられる。

(4) フードコートへの期待

同様にフードコートへの期待であるが（表3.4.9）、全体でみると「麺類がある」（25.8%）、「直売所で買ったものを飲食できる」（22.5%）、「丼ものがある」（18.8%）が上位3項目である。

初回利用者は「無料ウォーターサーバ」（11.3%）、2回利用者で「麺類」（56.5%）、「丼もの」（34.8%）、「バイキング」（13.0%）、「携帯などの充電」（8.7%）への期待が高い。

居住地域別について、四倉居住者はその規模が小さいものの、「低価格のドリンクバー」（10.8%）や「新聞や雑誌が置いてある」（5.4%）というように、「ちょっと立ち寄れる場所」をフードコートに求めていることがうかがえる。市外在住者は定番の「麺類」（32.7%）への期待が高い。

(5) イベントスペース他への期待

最後にイベントスペースへの期待を確認しよう（表3.4.10）。全体で多いのは「海に関する体験イベント」（21.6%）、「ライブイベントなど」（17.8%）、「子供が遊べるスペース」（14.1%）などである。2回利用者は「海の体験イベント」（39.1%）、「見本市」（21.7%）などである。さらに居住地域でみると、四倉在住者は「ライブイベントなどがある」（32.4%）、「発表会やライブなどに使える」

表 3.4.9 居住地域からみたフードコートの期待

		全体	うどん・そば・ラーメンなど麺類があること	直売所で買ったものを飲食できること	丼ものがあること	とにかく安くてたくさん食べられること	日替わりのランチなどがあること	無料ウォーターサーバがあること
合　計		213	25.8	22.5	18.8	17.8	11.3	6.6
利用回数	はじめて	106	22.6	18.9	15.1	20.8	7.5	△11.3
	2回利用	23	▲56.5	30.4	△34.8	21.7	17.4	8.7
	3回以上	81	22.2	25.9	19.8	13.6	13.6	-
居住地域	四倉	37	18.9	29.7	13.5	13.5	10.8	5.4
	四倉外	45	28.9	24.4	24.4	22.2	11.1	8.9
	その他	104	∴32.7	24.0	22.1	21.2	14.4	6.7

		全体	おしゃれなカフェがあること	アルコール類が飲めること	バイキングがあること	ハンバーガーやフライドチキンなどがある	低価格のドリンクバーがあること	長時間話し込んだりできること
合　計		213	6.1	5.2	4.7	4.2	4.2	4.2
利用回数	はじめて	106	6.6	7.5	2.8	3.8	1.9	3.8
	2回利用	23	4.3	-	↑13.0	-	8.7	4.3
	3回以上	81	6.2	3.7	4.9	3.7	6.2	3.7
居住地域	四倉	37	8.1	5.4	8.1	-	△10.8	8.1
	四倉外	45	2.2	6.7	6.7	6.7	6.7	6.7
	その他	104	8.7	5.8	3.8	3.8	1.9	1.9

		全体	ドリンクバーがあること	インターネットが使えること	携帯電話やパソコンなどの充電ができる	雑誌や新聞がおいてあること	勉強や読書ができること	スポーツ観戦等ができること
合　計		213	3.8	2.8	2.8	1.9	1.4	1.4
利用回数	はじめて	106	3.8	2.8	3.8	0.9	0.9	1.9
	2回利用	23	4.3	-	↑8.7	-	4.3	-
	3回以上	81	3.7	3.7	-	3.7	1.2	1.2
居住地域	四倉	37	2.7	2.7	-	∴5.4	2.7	-
	四倉外	45	6.7	2.2	4.4	4.4	-	2.2
	その他	104	2.9	3.8	3.8	-	1.9	1.9

（16.2%）、その他市内在住者は「海に関する体験イベント」（31.1%）や「お菓子づくりイベント」（15.6%）、市外在住者は「歴史や名所の情報」（21.2%）、「見本市」（14.4%）となり、これも居住地域別に異なっている。

第3章 「道の駅」が果たす復旧・復興への役割——震災後——　187

表3.4.10　居住地域からみたイベントスペース他の期待

		全体	海に関する体験イベントがある	ライブイベントなどがある	子どもが遊ぶスペースがある	展覧会が実施されること	見本市があること
合　計		213	21.6	17.8	14.1	10.8	10.3
利用回数	はじめて	106	18.9	19.8	14.2	8.5	10.4
	2回利用	23	△39.1	17.4	21.7	17.4	↑21.7
	3回以上	81	21.0	14.8	12.3	12.3	7.4
居住地域	四倉	37	13.5	△32.4	16.2	10.8	8.1
	四倉外	45	∴31.1	13.3	15.6	13.3	6.7
	その他	104	25.0	17.3	15.4	11.5	∴14.4

		全体	お菓子作りイベントなどがある	農業体験型イベントがあること	工芸体験などができるイベントがある	発表会やライブなどに使える	サークルなどで○○教室などがあること
合　計		213	9.9	8.5	6.1	5.2	2.3
利用回数	はじめて	106	9.4	6.6	5.7	5.7	2.8
	2回利用	23	13.0	13.0	-	4.3	4.3
	3回以上	81	8.6	9.9	8.6	4.9	-
居住地域	四倉	37	5.4	2.7	5.4	▲16.2	-
	四倉外	45	∴15.6	11.1	8.9	4.4	4.4
	その他	104	10.6	11.5	5.8	2.9	1.9

　以上のように直売所・フードコート・イベントなどへの期待を概観してきたが、居住地域別でみた時の違いがあるといえよう。具体的には四倉在住者にとっては「ふだん使い」の場を求めるのに対して、その他市内在住者では例えば週末などでちょっと立ち寄れる場所[60]としての期待がある一方で、市外在住者は「復興」の過程をみていきたいといえる。

4.4　3.11はマーケティング戦略に影響を与えたのか

　2009年冬にふれあい物産館から道の駅よつくら港への移行[61]に加えて、3.11による被災（津波＋原発事故）を経る中で、いわゆるAIDMA的な文脈において利用者構造の転換があったと推測される。
　その一つに日常的な使い方（ふだん使い）の改善に期待する市内在住者、四倉在住者の利用が相対的に減少する一方で、「復旧・復興」という非日常から

日常に戻る過程を外部から観察していきたい市外在住者の利用が増加していることである。後者は、（利用者の現居住地が相対的に被災度合いは小さいという意味も含めた）日常と（被災地に訪れる）非日常という、利用者たちの生活とのギャップが彼我の差ほど大きいといった現状から、時を経つつギャップが小さくなっていくという変化を求めている。留意すべきは、四倉を含めた市内在住者は変化を求めているわけではなく、日常がそこにある／取り戻しつつあることを期待しており、当然のことではあるが、居住地域が異なる（市内外の）二者は共通しない別次元なものに期待を寄せていることがわかる。

ギャップについては2章4.において、震災前は運営者たるNPOと市内利用者との意識の乖離が表出したことを示してきたが、この問題を解決するには市内／市外利用者それぞれへのマーケティング対応[62]という次元へ変換するといった程度のものであった。ところが、ふれあい物産館から道の駅へと移行した際に運営主体が民間企業から地元住民を中心としたNPOとなったことで、先述の対応を困難にさせたようだ。というのも、筆者らの聞き取りによれば、NPOの方針は地元などとの「つながり」に重点を置こうとするが、これにとらわれることによって利用者構造の変化に対する意識が希薄になりがちになる可能性も否定できないからである[63]。運営側の意図する利用者に来訪してもらうためには、再オープン後の調査でさらなる利用者構造の変化やニーズなどを見極め、仕掛けを考える必要性があろう。

この道の駅が単に津波による被害だけであったらそのギャップは時間が解消してくれるだろう。しかしながら、第一原発から約35kmという距離、そして今後も続くことが予想される産品の風評被害といった状況が問題を複雑にさせている。何故というと、原子力災害については様々な考え方があり、その一つの捉え方として上記の日常／非日常へと転置させられるからである。

こうした問題を取り扱うのは容易ではないし、さしあたっては考える必要はない。何故なら、「来場してくれる」人たちをターゲットにすればよいからである。したがって、来場意向がある人の中で、日常と非日常をどのように捉え返し、利用者との関係を再構築していくのかが今後の課題といえる。この課題を考えるにあたり、理論的な側面と実践的な（マーケティング戦略）側面の両側からのアプローチが必要であろう。何故というと、前者だけでは理念先行と

なってしまい、後者だけでは品揃え・価格といったマーチャンダイジングの面での不利さを解消できない可能性を否定できないからである

このように考えると、3.11後のマーケティング課題において基本的なコンセプトや取組みへの大きな変化はないとするのが筆者らの立場であり、これまでの利用者調査の結果である。その一方で原発事故における日常／非日常のセンシティブな問題をどう扱うかがポスト3.11のマーケティングの焦眉の課題となるだろう。だが注意しなければならないのは、健康に被害はないと考えられても、不安だと思う人には無理に購入をすすめるわけにはいかないという点である。改めて述べると、この部分を除くとさほど「変わらない」というのが現時点での筆者らの見解である[64]。

5. むすび

大型テントによる仮開業までの経緯は3章1.で説明しているため、その後についてここでは論じる。駅長を始めとした道の駅関係者への聞き取りによれば、仮開業後の売上は良好に推移しているとのことだったが、開業効果が弱くなった春頃からは特に平日の落ち込みが大きいとのことだった。

また、震災の関係で2011年度は実施しなかったが、2009年5月から四倉地区の祭開催に合わせて、筆者らはアンケートによる利用者調査を継続的に実施していた。2012年度は仮開業の店舗利用者に対して、今後の道の駅への期待を把握するとともに、産地直売所といういわば風評被害の最前線にさらされることになった利用者の購入上の意識変化をみることにした。これらの詳細については前節で示しているが、簡単に述べると、四倉を含めた市内在住者は変化を求めているのではなく、「日常」を取り戻しつつある実感を獲得することを期待しており、一方の市外からの来街者は「復興」という非日常から日常に戻る過程を外部から観察することを期待している。それらの点を除く、直売所への期待などに関する利用者の意識変化については「変化なし」という帰結であった。

「変化なし」をどう説明すればよいだろうか。ここで第一原発立地県という「福島」への想いなどで人びとを細分化できる二つの軸を考えてみよう。一つは原発事故による被災地福島への、積極的or中立的に関わろう／関わりた

写真 3.5.1　本開業時の道の駅よつくら港（2012 年 8 月 11 日筆者撮影）

ないという「被災地関心軸」、もう一つは原発事故によって放出された放射能被害への感度（高い／低い or あえて気にしない）という、あえて書けば「放射能風評軸」である。「福島への積極的または中立的な関与」かつ「放射能被害への感度が低いまたはあえて気にしない」という組み合わせの人たちが利用者であることが、上記の理由になっているのではないか。

　このような利用者に支えられながら、施設の再建が進んで 2012 年 8 月の交流館本開業を迎えた。当日は地元だけでなく、県内外からの観光客により直売所や津波対策として新たに加えられた 2F に開設したフードコートは大盛況であり、特に直売所は身動きがとれないくらいのにぎわいであった（写真 3.5.1）。8 月 11 日の本開業という、通常ならば準備期間を含めて閑散期にすべきなのだろうが、結果として「スタートダッシュ」をかけることになり、昼のフードコートにおける原発施設の作業員需要の取り込みも含めて、結果として秋口ま

写真 3.5.2　春の四倉イベント（2013 年 5 月 4 日筆者撮影）

ではその「賭」は成功したようである。

　本開業後の 2012 年 9 月には、1 階に直売所、2 階にフードコートという体制下では初めての利用者調査、直売所利用者の動線調査を行い、現体制での道の駅のマーケティング課題の導出を試みた。そこでの課題だが、大きく二つ考えられる。一つは地元客への施設としての対応、もう一つは来外者への情報発信である。前者については特にフードコートにおいて「ふだん使い」がしにくい店舗・メニュー構成であり、後者は（ニーズがあるにもかかわらず）被災地からの情報発信がほぼ皆無ということである。

　これらの問題については道の駅駅長にも提示し、意識としては共有しているのだが、店舗運営側の考えとしては上記の問題に対応してはいるものの、結果としてはかばかしくない[65]。特に後者については、沿岸部にあって注目度が高い道の駅という集客施設であるにもかかわらず、市内他地区の情報発信の場として活用しきれておらず、震災前から課題となっている四倉地区内そして市内各地区間での連携は、震災という大きな出来事があっても実現していない。

　その後の各関与者への聞き取りから判断するに、震災からの復旧・復興が大前提となってしまい、その後の見通しをあまり考えずに邁進してしまったように思われるので、今後については道の駅のありかたといったコンセプトから再定義し、そのもとに各関与者が活動していくという、いわば「意思の再確認」が必要であるといえよう。

注

1) 詳細は報告書『NPOによる道の駅は可能か』(金子・松本2011) または2章を参照のこと。
2) 14時46分の地震直後の道の駅についてふれておく必要があろう。駅長によれば、市の関係者と道の駅予算会議の最中であり、今まで経験したことのない大きな揺れだったという。その後、隣接する情報館のTVから大津波警報の情報を得た。その時には、駅に2組の客と従業員がおり、とりあえず外に出るよう誘導し、駅内の床には一面に棚から落ちた商品や備品が散らばっており、津波第一波の前に従業員が片付けを始めたがやめさせて自宅へ帰す一方、客には避難場所として四倉高校を指示したのだが、土地勘がない客に具体的な場所の説明ができなかったところが反省点であったようだ。他のNPO関係者によれば、ほぼ1年前のチリ地震による津波警報がある種の訓練になったため(1章3.を参照)、ある程度、スムーズに対処できたようだ。
3) 因みにこの施設は福島第一原発から直線距離で約35kmである。
4) この聞き取りには筆者だけでなく、松本研究室に当時所属していた福島工業高等専門学校の学生(遠藤一幸、大勝陽平、木田数美、多久島成美、宮沢徹、菅野瑛大、洲崎翔太、寺木一夏、渡部恵理香、矢内里穂)らが行った。
5) その他では飯島・松本(2011)や道の駅報告書(2011)を参照。
6) これはわれわれが2009年と2010年に実施した聞き取りやアンケート調査でもみられていた。
7) ただし、区会や自治会・町内会を束ねる四倉町区長会はいわき市四倉支所を拠点に、様々な復旧に向けた活動を行っている(区長会提供資料)。これら見解の差は地域づくり・まちづくりをめぐる町内の二つの組織の関係を震災後でも示したものともいえる。両者の関係は1章2.で論じた道の駅ワークショップにおける駐車場問題(無料開放するか否か)にもあらわれていた。
8) 先にも少しふれたが、われわれは2011年4月から市内の自治会・町内会長やその周辺の人たちへの聞き取りを進めており、2012年1月末現在でのべ50人程度と調査途上であるものの、少なくとも「地縁」が防災や減災に向けた必要条件であることが明らかになりつつある。詳細は別の機会で論じたい。
9) 当然ながら、道の駅のスタッフの存在も大きい。だが、施設の被害の大きさに悲観的になり辞めようと考えていたある道の駅スタッフを、NPOの関係者が慰留した経緯もある。
10) 自治会・町内会が主導権を握る活動のような参加への強制力がないという点も、その継続性の観点からも異なる。
11) その時点で保証できない意味である。
12) 因みに魚は海洋汚染により、今に至るまで販売を自粛している。
13) 購入者数はPOSレジ通過者でイベント時にカウントしている。
14) 詳細は遠藤・松本(2012)を参照のこと。
15) 4月中旬～下旬の中通りや会津地方の道の駅による野菜を始めとした産品の出張販売、6月中旬のキャンドルイベント、7月上旬の炊き出し・物資配給・ライブイベント、8月下旬と11月下旬の音楽イベントなど。
16) NPOと区長会の立場の違いは、道の駅開業前の駐車場問題でも明らかになってい

る。具体的には、海水浴シーズンにおける区長会が管理している海岸側有料駐車場と、NPO が管理する道の駅駐車場（無料）である。
17) 別の関係者によると、要因の一つは土盛りなどの津波対策に向けた整備方法で、NPO と自治体との調整があまり進んでいないとのことである。後述するが、2012 年 8 月に開業となった。
18) オークショットの議論に目を向ければ、すでにあるものをよいものとして受け入れる、より強い意味が含まれるが、実情にあわせると精々、「疑問を持たずに」受け入れるということになろうか。
19) 別の側面でいうと、大庭が展開した所有論（ミニ専制）である。これを敷衍すると、個人化の進行と私的所有意識の高まりが「世間」といういわばのりしろ領域を消失させ、それが先の中間集団を機能不全にさせたといえるのではないか。
20) 公共性の範囲、例えばアレントを借りれば公共圏と親密圏との関係から生み出される、換言すれば内部と外部があって初めて存在する「境界」や「のりしろ」のようなものか。
21) その線形的ではない相互依存性の性質から、必ずしも「十分条件」にはなりえないことはいうまでもない。
22) 重ねていえば、血縁や地縁によるこれまでは「しがらみ」といった要素が原動力になっているものの、それは表だった強制力ではなく自発的な結合であるところに、今に至るまでの継続性がみられ、これらの要素は組織とネットワーク形成のダイナミズムを生み出しており、これは例えば「ゆるやかな血縁・地縁」といった一見すると相矛盾するものが両立しているのだろうか。いわゆる「連帯と敵対」が様々な形で繰り返されている観があるものの、地域という制約条件下で「よくしていく」という方向で、局所的には敵対していても大域的には連帯しているようにみえるのかもしれない。このあたりの調査と考察も今後の課題となるのはいうまでもない。
23) 以下、道の駅名のみの表記とする。
24) 2011 年からみた前年同月比の増加または減少の評価はインタビュー調査の結果に依拠している。
25) よつくら港では 2012 年夏頃に交流館と情報館の改修が完了する予定であり、ふるどのも県道 14 号線が 2011 年 9 月末に再開通している。
26) 風評被害認定委員会は「住民等から事業者に被害の補償請求があり、当事者間での解決ができないとき、補償請求者から委員会への処理申立てにより、第三者機関として、被害の有無の認定並びに補償額の決定を行い、公正かつ妥当な解決を図る」という目的で 1991（平成 3）年に設置された委員会である。同組織では風評被害の定義を「事実でないこと、あるいは些細なことがおおげさに取り上げられ、ある地域、ある業界が経済的被害を受けること。多くの場合、事故、事件等を新聞、テレビなどのマスコミが大きくとりあげ、それが人々の間で風評（うわさ、評判）となって発生する」としているが、発生プロセスや定義内の表現の明確さなどを考慮した上で、本研究では関谷（2003）の定義を引用している。
27) 『福島民報』2011 年 4 月 7 日および 4 月 10 日記事より引用。
28) 住田（2003）は東海村 JCO 臨界事故について、「風評被害によって茨城県産の農産物の売上の減少や、ホテルのキャンセルなどが生じ、賠償請求が相次いだが、すべ

て和解という形がとられ、その内容は公表されていない」と論じ、補償の基準が明確でないことを示唆している。また、長尾ら (2008) は「事故の発生から間もない時点で風評被害の抑制が可能である」と述べているが、報道がなされてしまっている現在の状況下での風評被害の抑制は困難であると考えられる。

29) 関谷 (2003) では地域住民に対する意識調査は行われているものの、風評被害そのものに対する研究が主であり、風評被害が購入活動にもたらす影響については議論の対象としていない。

30) 震災直後の福島県は地震と原発事故による二つの被害を受けた。複合災害ともいうべき状態であり、こうしたケースは稀である。道の駅は、施設の基本的機能の一つとして、「地域との連携機能」を持たなければならないとされる。福島県にある道の駅の多くが生産物直売所として地域の農産物を販売しており、その農産物の出品は地域の農業従事者が担っている。風評被害からの復興を図ることで、地域経済の一部を立て直すことにつながるのではないだろうか。こうした問題意識をふまえつつ本論では、風評被害が農産物等の購入活動に与える影響について焦点をあてることにする。なお、本研究では現在の状況における利用者の実態を把握した上で、提供者側がどのような戦略を採るべきかを検討するという議論に限定しており、消費者自身による安全性の確認（例えば店頭に放射線量測定器を設置するなどの施策）に関する議論は本稿では対象としない。

31) インタビューは以下の日程で行った。よつくら港駅長：2011 年 9 月 20 日、よつくら港関係者：同年 10 月 13 日、ふるどの駅長：同年 9 月 15 日、ひらた駅長：同年 10 月 24 日、たまかわ駅長および販売スタッフ：同年 10 月 29 日。

32) ここでは、提供者と利用者の間に情報の非対称性は無いものとする。双方とも県や政府が定めた基準値を下回っている＝安全であるという前提的な尺度を持っているものとし、基準値に関する議論は扱わない。

33) 以下で扱うデータはアンケート調査を「Assum for Windows」で集計したものである。

34) アンケート調査はよつくら港で 2011 年 10 月 29 日、ふるどのでは同年 10 月 30 日に実施した。

35) 本節で比較に用いているデータは以下の通りである。よつくら港での「震災前＝前回」は 2010 年 5 月 4 日の調査（詳細は資料 1.3 と 1.4 を参照)、ふるどの調査における「震災前＝前回」は、2010 年 9 月 20 日と同年 11 月 9 日に道の駅ふるどの来訪者を対象にした有効回収数 568s のものである。

36) これは道の駅よつくら港の各種商品・サービスを利用かつ評価したのが 80 名であることを示し、道の駅の今後の各種商品・サービスに関する期待が 100 名であるのは、利用・購入以外も含めた全体ベースで集計していることを意味する。また、評価と期待の数値は％、差のそれは pt を示す（以下同様）。

37) 同様に道の駅ふるどのの各種商品・サービスを利用かつ評価者＝ 75 名、期待については利用・購入以外も含めた全体ベースが 102 名であることを示す。

38) これらのベースはいずれもふるどのの「直売所利用者」である。

39) 購入意向のあるリピーターによる利用がほとんどであるものの、売り上げが減少している点を考慮すると、図 3.2.13 で分類される四つのセグメントの仮説的な概算が

必要となることが考えられる。売上を第一に考えた場合、①、②、③の層を取り込むだけで売上の回復は見込めるかなどの検討は今後残された課題である。
40) NPOよつくらぶ、いわき市、福島工業高等専門学校の連携による道の駅整備に向けた検討（ワークショップなど）は2008年10月に始まり、道の駅開業に向けた様々な取組みを展開してきた。詳細は松本他（2011）を参照のこと。
41) 四倉まちづくり推進協議会が発端となり、網蔵風の店をつくるというコンセプトで物産館はたてられた。運営組織は地域開発会社となり、人を集めるため仲間たちで直売所として魚や野菜を販売していたが、徐々に売上減少やコンセプトの違いから店が離れていき、6年後には数店舗しか残らず、会社は解散した。
42) 2009年7月31日に国土交通省から正式に県内19番目の道の駅として登録された。
43) 2009年1月に四倉地区の地域住民で構成される特定非営利活動法人よつくらぶが法人登記し、道の駅だけでなく港湾地区の管理も含まれることから道の駅の運営母体となった。
44) 都内にある大学が復興支援事業の一環として、いわき市や市内の大学と提携し、ハワイから訪れた慰問団による市内の中学校でのイベントを開催したほか、市内の中学生を対象に学習支援を行う計画がある。
45) 原田（2010）は佐藤慶幸の議論を用いている。それによれば、ボランタリー・アソシエーションは①自律的、②非権力志向、③非職業的、④非交換的、⑤非日常的、⑥一時的といった性格を持つボランタリー・アクションの集合的企てとして行為論的に把握される（佐藤1994）。以下、本節の議論のかなりの部分を原田に依拠しつつ展開する。
46) こうした「自発性や無償性」は効率性といった基準にとらわれず、ニーズにあわせた柔軟な対応を実現する必要条件としている（原田2010）。
47) 田尾（1999）によれば、「アソシエーションとビュロクラシー（官僚制）の相克」状況として、NPO組織が抱える本質的なジレンマとしている。
48) 来客者視点であるアンケート調査の詳細は、サンプル数が少なかったこともあることと、単純集計のみの結果を用いているために、本論中での議論は割愛する。各調査の詳細は資料1.5を参照されたいが、2011年10月29日に道の駅よつくら港で有効回収数は100サンプルで、その構成は男性が51.4％、女性が48.5％、年代では10～20代が20.9％、30～40代が21.6％、50代以上が21.6％であった。また、来客者視点では2010年5月に本研究室で実施した『道の駅よつくら港についてのアンケート調査』を用い、比較した。以前のアンケート調査結果と比較することで、震災前後で来客者にどのような変化がみられたのか、補足として注で論じることにする。
　まず来場目的を震災前後で比較すると、「いつも買い物に来ているから」や「休憩をとるために」等、ふだん使いとして道の駅を利用しており、客層が地元中心またはリピーターで構成されていることが示唆された。「ここでしか手に入らないものがある」、「周辺の観光のついで」等の項目は震災前に比べると少なくなっている（補図1）。
　さらに何を購入したかみてみると、野菜や弁当を購入する客が多くみられ、ほとんどが地元住民やボランティア層による購入ではないかと考えられる（補図2）。
　道の駅への評価であるが、「気軽に立ち寄れる、親しみやすい雰囲気」、「地元住民

来場目的	震災後 N=100	震災前 N=299	差（震災後－震災前）
いつも買い物に来ているから	19.0	4.0	15.0
休憩をとるために	24.0	18.4	5.6
イベントや催し物に参加するため	6.0	5.0	1.0
ここでしか手に入らない物がある	7.0	9.7	▲2.7
周辺の観光のついで	7.0	13.0	▲6.0
新鮮な農産物・海産物があるから	7.0	19.7	▲12.7

補図1　震災前後のよつくら港への来場目的

購入品目	震災後 N=80	震災前 N=299	差（震災後－震災前）
野菜・果物（生鮮品）	19.0	16.4	58.8
弁当	30.0	12.0	47.5
海産物（加工品）	17.0	20.4	22.5
菓子類	46.0	15.4	22.5
野菜・果物（加工品）	13.0	7.7	18.8
飲料	13.0	10.4	16.3
そば・めん類	38.0	9.4	15.0
海産物（生鮮品）	38.0	21.4	15.0
花木	23.0	4.0	5.0
米	3.0	0.3	2.5
工芸品（小物・アクセサリー）	5.0	1.0	1.3

補図2　よつくら港における購入品目

とのふれあいがある」等の項目が震災前と比べ割合が増えている。このことから地元住民やリピーター、もしくはボランティアによる新たな「つながり」が示唆された。一方で「地域の個性や魅力が感じられる」の割合が下がっており、このことからも来客者が地元住民やリピーターで構成されていることが確認できる（補図3）。

今後の期待であるが、震災前後で比較すると、「商品に関する説明書きが多いこと」や「生産者からのコメントがあること」等の商品に関する情報に寄せられる期待が減っており、原発事故による風評被害に対する意識の低さが読み取れた。これは客層が地元住民やリピーター（ファン層）で構成されていることの裏付けとなっている。一方で増えている項目は今後の課題といえる（補図4）。

49)　1章3.を参照のこと。
50)　当時は土日だけの仮営業であり、7月から通常通りの営業（10時～15時）へとなった。また、2012年4月1日から17時までに営業時間が延長された。

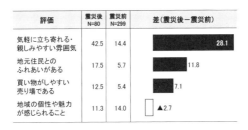

補図3　震災前後のよつくら港への評価

補図4　震災前後のよつくら港への今後の期待

51) 2011年11月末に行った代表への聞き取りから判断すると、少なくとも震災以降、道の駅が（さしあたりの）復興の軌道に乗るまでは、ほぼ代表が一人で判断し、迅速に行動に移していた節がある。そのため逆に、ある関係者の「意思決定が遅い（自分たちの意見が反映されにくい）」という印象につながってしまうといえよう。このあたりは商売を活動のベースとするNPOの新たなかたちを示唆することともいえ、今後の考究すべきポイントである。
52) ここでは道の駅の復旧・復興に関わるNPOとの関係に焦点をあてたためにふれなかったが、この地区の地縁や血縁によって形成されるネットワークがNPO活動の礎になっている点も看過できない。これについての準備的な議論は、松本（2012）を参照されたい。
53) この調査結果については、3章2.3または遠藤・松本（2012）を参照のこと。
54) 8月の行動については、各関係者とも特筆すべき行動がなかったために割愛する。
55) その調査概要などは巻末【調査概要】を参照のこと。
56) ただし、この結果に留保をつけなければならない。というのも、「道の駅」化されることにより、いわき市外からの利用客の規模自体が大きくなり、それに伴って市内利用者の割合が小さくなっていることが考えられるからである。

57）　以下、数値表記は断らない限り％表記とする。
58）　因みに 2012 年調査で「海産物（生鮮品）」は取り扱っていないために調査項目に入っていない。
59）　＊は該当年の調査では項目が設定されていないことを示している。
60）　「子どもの遊べる場所が欲しい」というニーズに応えて、10 月には仮店舗となっていた大型テントを活用し、いくつかの遊具を備えたスペースを開設している。NPO 関係者によれば、「小名浜まで行かずに済む」など、好評のようである。
61）　2009 年冬は物販を中心とする交流館が、2010 年夏には情報館がそれぞれ開業しているが、本開業は後者のタイミングである。
62）　例えば、マーケティングの STP を検討することである。
63）　2012 年 8 月 11 日の本開業前までの状況を論じているため、本開業後はやや様相が変わりつつあるようだ。というのも、NPO は交流事業へと特化しつつあり、直売所やフードコートは駅長のリーダーシップの下で運営されているからである。「本開業後」については別の機会で改めて論じたい。
64）　こうした社会経済の環境が非連続的に変化する時に、設計主義的な立場により（それまでの）自分たちの主張を押し通して実現させる、被災地をいわば実験場のように扱うことも多い（クライン 2011）。
65）　2013 年 5 月の調査によれば、利用回数が増えるにつれて満足度が下がるという傾向は変わっていない。分析については稿を改めて論じたい。

参考文献

浅羽通明、2008、『昭和三十年代主義』幻冬舎

Aaker, D. A., 1991, *Managing Brand Equity*, Free Press.（＝ 1994、陶山計介・尾崎久仁博・中田善啓・小林哲訳『ブランド・エクイティ戦略―競争優位をつくりだす名前、シンボル、スローガン―』ダイヤモンド社）

飯島美奈帆・松本行真、2011、「つながりを創出するための直売所運営の課題―道の駅「よつくら港」の事例を通して―」『日本都市学会年報』Vol.44：172-181

遠藤一幸・松本行真、2012a、「道の駅の差別化の特性と今後の課題―福島県の道の駅・「ふるどの」と「よつくら港」を比較して」『東北都市学会研究年報』Vol.11・12：7-25

―――、2012b、「震災復興に向けた道の駅の現状と課題」『日本都市学会年報』Vol.45：227-236

大庭健、2000、「所有という問い」、大庭・鷲田編『所有のエチカ』ナカニシヤ出版

Oakeshott, M. J., 1962, *Rationalism in Politics and Other Essays*, Methuen.（＝ 1988、嶋津・森村・名和田ら訳『政治における合理主義』勁草書房）

金子研一・松本行真ら、2011、『NPO による道の駅は可能か―道の駅よつくら港の取組から―（道の駅よつくら港「交流館」等利活用実態調査業務　平成 22 年度調査報告書）』

Klein, N., 2011, *The Shock Doctrine: The Rise of Disaster Capitalism*, Metropolitan Books.（＝ 2011、幾島幸子ら訳『ショック・ドクトリン（上・下）―惨事便乗型資本主義の正体を暴く』岩波書店）

斎藤純一、2003、『親密圏と安全性の政治』ナカニシヤ出版
佐伯啓思、2011、『反・幸福論』新潮選書
佐藤慶幸、1994、『アソシエーションの社会学—行為論の展開—』早稲田大学出版部
住田英穂、2003、「東海村臨界事故における風評被害と損害賠償」『茨城大學政経學會雑誌』73：91-115
関谷直也、2003、「「風評被害」の社会心理—「風評被害」の実態とそのメカニズム」『災害情報』(1)：78-89
大勝陽平・松本行真、2012、「震災復興プロセスにおける地域住民の果たす役割に関する研究—福島県いわき市四倉町道の駅「よつくら港」の取り組みを事例に」『日本都市学会年報』Vol.45：219-226
田尾雅夫、1999、『ボランタリー組織の経営管理』有斐閣
立木茂雄・林春男、2001、「TQM 法による市民の生活再建の総括検証—草の根検証と生活再建の鳥瞰図づくり」『都市政策』104 号：123-141
田中貢他、2009、「震災復興共同建替事業関係者の各立場からの事業化意識に関する研究—公団震災復興共同建替事業を対象にして—」『日本建築学会計画系論文集』第 74 巻、第 635 号：217-222
田中淳・サーベイリサーチセンター、2009、『【シリーズ災害と社会 8】社会調査でみる災害復興—帰島後 4 年間の調査が語る三宅島島民の現実—』弘文堂
長尾光悦・須藤一弘・大内東、2008、「メディアの動向を意識した風評被害対策に関する考察（観光と OR (2)）」『日本オペレーションズ・リサーチ学会秋季研究発表会アブストラクト集』：140-141
中村哲、2007、「観光における情報の非対称性の発生要因と解決策：温泉表示問題を事例として」『経済文化研究所紀要』12：125-151
原田晃樹他、2010、『NPO 再構築への道』勁草書房
福島民報社、2011、『福島民報縮刷版 東日本大震災特別編 激動の 50 日を追って』
松本行真、2010、「直売所と NPO —営利活動と非営利組織のはざまに—」『東北都市学会年報』Vol.10：57-66
———、2012、「大震災後の道の駅よつくら港—地域の強固な「絆」と震災復興—」『東北都市学会年報』Vol.11・12：67-74
———、2012、「災害復興に向けた「絆」と自治会・町内会の役割」『平成 23 年度大学等と地域の連携したまちづくり推進事業 成果報告書』
三島町、2011、『広報みしま』No.218、2011.5
渡辺均・中川悦郎、2002、『農産物直売所とマーケティング—新たな農産物流体制の創造に向けて—』ジー・エム・アイ

第Ⅱ部
被災後の地域による温度差
——いわき市自治会調査などを事例に

第 4 章

合併による広域自治体の地域差
――自治会長調査から――

1. いわき市自治会の概況

いわき市は1966年10月1日に平市、磐城市、勿来市、常磐市、内郷市、四倉町、遠野町、小川町、好間村、三和村、田人村、川前村、久之浜町、大久村が合併してできた自治体である。これら市町村がほぼ支所というかたちで存続している（図4.1.1）。

合併後のいわき市は333,705人、78,277世帯であり、1998年の361,934人をピークに減少傾向にある。

図 4.1.1　いわき市各支所の位置関係（数値は人口：2010年10月1日）

表 4.1.1　いわき市支所別の人口推移 [1]

支所別人口	1985 年	1990 年	1995 年	2000 年	2005 年	2010 年	2012 年	2012/1985 比率
全体	350,569	355,812	360,598	360,138	354,492	342,249	330,218	0.94
平	86,852	92,550	97,314	99,256	100,443	98,077	94,290	1.09
小名浜	72,235	73,794	75,715	76,347	77,575	77,600	75,823	1.05
勿来	53,249	53,102	54,606	54,566	52,709	50,549	49,026	0.92
常磐	37,979	38,390	38,054	37,790	36,666	34,886	33,920	0.89
内郷	33,802	32,579	31,077	30,674	28,964	26,813	25,984	0.77
四倉	18,462	18,094	17,671	17,179	16,172	15,137	14,103	0.76
遠野	7,516	7,426	7,307	7,024	6,619	6,065	5,880	0.78
小川	7,817	7,811	8,087	8,083	7,735	7,211	6,894	0.88
好間	14,642	14,676	14,405	14,051	13,781	13,358	12,832	0.88
三和	5,060	4,897	4,589	4,303	3,867	3,424	3,279	0.65
田人	3,381	3,159	2,775	2,466	2,234	1,995	1,843	0.55
川前	2,381	2,235	2,047	1,798	1,577	1,359	1,276	0.54
久之浜・大久	7,193	7,099	6,951	6,601	6,150	5,775	5,068	0.70

　支所別の人口をみると（表 4.1.1）、規模が多い順に平、小名浜、勿来、常磐である。1985 年からの人口比は平（1.09）、小名浜（1.05）と、いわき市全体の 0.94 を上回る一方で、中山間地にある川前（0.54）、田人（0.55）、三和（0.65）と減少幅が大きく、集中と減少の二極化がうかがえる。

　次に自治会・町内会（以下、自治会）についてみてみよう。いわき市は行政嘱託員制度をとっており [2]、行政からの広報や依頼を行政区長（または自治会長・町内会長）が各々の住民に配布・周知する仕組みである。

　2010 年度のいわき市には 481 の行政区がある（表 4.1.2）。支所別の数は、平（110）、小名浜（110）、勿来（68）、常磐（33）、内郷（9）、四倉（44）、遠野（10）、小川（34）、好間（15）、三和（11）、田人（8）、川前（16）、久之浜・大久（13）である [3]。

　こうした様々な背景を持つ各支所にある住民組織の現状と課題を把握するために、いわき市内 13 支所 482 自治会を対象にアンケート調査（『いわき市自治会長調査』）を実施した。2010 年 8 月に郵送により調査票を配布し、同年 10 月まで実施した結果、259 の有効回答が得られた。調査内容は以下の通りである。自治会会長はどのような人か／自治会のプロフィールはどのようなものか／自

第4章　合併による広域自治体の地域差――自治会長調査から―― 205

表 4.1.2　支所別の区会・自治会・町内会[4]

支所	区会・自治会・町内会名
平 (110)	第1区、第2区、第3区（紺屋町内会）、第4区内会、第5区（平壱町目）、第6区（平二町区内会）、第7区（三町目三和会）、第8区、第9区、第10区（新川新和会）、第11区、第12区、第13区、第14区、第15区、第16区区内会、第17区、第18区区内会、第19区、第20区、白銀第廿一区区内会、第22区・大工町区内会、播磨小路区内会、第24区城山会、第25区区内会、第26区区内会、第27区（北目町内会）、第28区々内会、29区上平窪、第30区（中平窪）、平31区（下平窪区）、中塩区、石森、四ツ波区、第34区、第35区、第36区区内会、第37区（北白土）、作町区、愛谷町町内会、平38区（南白土）、八ツ坂団地、第39区（谷川瀬区）、第40区（上荒川区）、第41区（下荒川区）、第42区中山自治会、第43区（平小泉）、第44区、第45区、中神谷西、中神谷北、中神谷南、第47区（塩）、第48区鎌田、第49区上神谷、第50区、第51区（下片寄）、第52区、第53区、第54区幕ノ内、第55区、明治団地自治会、第56区上自治会、郷ヶ丘一丁目自治会、郷ヶ丘二丁目自治会、郷ヶ丘三丁目自治会、郷ヶ丘四丁目自治会、久世原団地自治会、豊間区、薄磯区、沼ノ内区内会、上山口区、下山口区、神谷作区、鶴ヶ井区、下高久区、山崎区、菅波区会、下大越区、大越区、平窪、大字崎田区、下神谷区、赤沼区、六十枚区、原高野、馬目区、絹谷区、水品区、北神谷、赤井1区、赤井2区、赤井3区、赤井4区、赤井5区、赤井6区、赤井7区、赤井8区、中央台第一団地自治会、中央台飯野一区、中央台飯野二区自治会、中央台鹿島一区、中央台鹿島二区、中央台鹿島3区、中央台鹿島4区自治会、中央台高久1区、中央台高久2区、中央台高久三区町内会、平成ニュータウン自治会
小名浜 (110)	栄町、東町、港ヶ丘、古湊、諏訪町、東諏訪町、住ケ合、後宿、中島、中通、浜町、花畑町、横町、本町、竹町、汐留、湘南台、岡小名第1東、岡小名第1南、岡小名第1西、岡小名第2、岡小名第3、大原第1、大原第2、大原第3、相子島区、住吉、住吉東、金山、林城、林城住宅、岩出、東田、島、南富岡、玉川町東1、玉川町東2、玉川町西、玉川町南1、玉川町南2、玉川町北、泉第1、泉第2、泉第3、黒須野、早稲田、本谷、泉ケ丘第1、泉ケ丘第2、泉ケ丘第3、玉暖第1、玉暖第2、滝尻町坪第1、滝尻町坪第2、滝尻町坪第3、滝尻村坪第1、滝尻村坪第2、滝尻村坪第3、下川第1、下川第2、下川第3、葉山、下矢田、米田、飯田、御代、御代団地、船戸、久保第1、久保第2、上蔵第1、下蔵持、走麓、鹿島台団地、西町第1、四ツ坂、下神岡、西町第2、新地南、西鹿島、新地第1、新地第2、新芳川、宮下、日立、渚、神成塚、鳥居下1、江名第1、江名第2、江名第3、折戸、中之作、永崎、洋向台、上神白、下神白第1、下神白第2、下神白第3、館ノ腰、泉田、昼野、洞、田部下町、田部上町、松小屋、中釜戸、下釜戸、館山
勿来 (68)	林内町内会、後宿町内会、南上町1町内会、南上町2町内会、南上町3町内会、北上町町内会、上中町町内会、中町町内会、下町町内会、本町三丁町内会、南町一丁町内会、南町二丁町内会、中央二第一町内会、中央二第二町内会、中央二第三町内会、南金畑町内会第一、中岡月山下町内会、横町町内会、根小屋町内会、小名田地区自治会、佐糠地区、金山自治会、東田地区、石塚地区、添野地区、江畑自治会、仁井町行政区、錦町大倉区自治会、中田地区、花ノ井団地町内会、江栗地区、関田自治会、関田須賀障子川自治会、勿来駅前自治会、九面地区、四沢作田自治会、大高地区、窪田一丁自治会、酒井自治協議会、高畔自治会、小山下自治会、白米地区、白米団地自治会、酒井原自治会、川部上地区、川部下地区、沼部地区、三松地区、三沢地区、山玉地区、瀬戸地区、富津地区、大津地区、林崎地区、井ノ上地区、下山田上、下山田下、南台自治会
常磐 (33)	東区、緑ヶ丘団地、傾城長ノ口、八仙、関船町、矢津団地、水野谷町、藤原町、白鳥町、西郷町、長孫町、岩ヶ岡町、馬玉町、下船尾町、下湯長谷町、小野田、梅ヶ平、新鳥館、西団地、北団地、南団地、湯台堂団地、釜ノ前、希望ヶ丘1、希望ヶ丘2、上湯長谷町、桜ヶ丘、松が台、三沢町、松久須根町、上矢田町、若葉台、草木台
内郷 (9)	下綴、御厩、内町、上綴、高坂、高野、御宅境、小島、宮町
四倉 (44)	1区、2区、3区、4区、5区、6区、7区、8区、9区、10区、11区、12区、13区、14区、15区、16区、17区、18区、19区、20区、21区、22区、上仁井田北区、上仁井田南区、上仁井田仲・岸区、下仁井田区、細谷区、大岳区、名木区、長友区、狐塚区、塩木区、セメント区、八茎区、上岡区、駒込区、柳生区、薬王寺区、山田小湊区、玉山区、袖玉山区、中島区、白岩区、戸田区
遠野 (10)	深山田、上遠野、根岸、上滝、下滝、入遠野1、入遠野2、上根本、下根本、大平
小川 (34)	本郷1区、本郷2区、本郷3区、本郷4区、片石田、福岡、高崎、江田、牛小川、根本、二ツ箭前、横川、内倉、戸渡、下小川、関場、上平1区、上平2区、上平3区、柴原、桐ヶ岡、葉ノ木立、舘、相川、上ノ原、洲沢、山ノ入、高萩1、高萩下、下代、駅前、三島、塩田、塩田江田
好間 (15)	榊小屋、大利、北二、北好間岳下、権現堂・仲組、久保・源平野地、菊竹、上組、下組、中好間、下好間、小谷作、愛谷、今新田、川中子
三和 (11)	上三坂、中三坂、下三坂、差塩、上永井、下永井、合戸、渡戸、中寺、下市萱、上市萱
田人 (8)	石住、荷路夫、下黒田、南大平、入旅人、貝泊、上黒田、出旅人
川前 (16)	第1区、第2区、第3区、第4区、第5区、第6区、第7区、第8区、第9区、第10区、第11区、第12区、第13区、第14区、第15区、第16区
久之浜・大久 (13)	田之網、南町、中町、北町、西町1、西町2、東町、金ヶ沢、末続、大久、筒木原、小久、小山田

治会の活動状況・情報発信と共有の実態はどのようなものか／自治会の組織構成と機能はどのようなものか／自治会の防犯・防災活動はどうしているか／自治会の福祉活動はどうしているか／自治会と行政の関わりをどう考えるか。

　支所別の回答構成比であるが、平23.6%、小名浜22.0%、勿来11.2%、常磐7.3%、内郷1.5%、四倉11.6%、遠野1.9%、小川6.9%、好間3.1%、三和2.7%、田人1.5%、川前2.7%、久之浜・大久3.5%、不明0.4%であった。

　本章は『いわき市自治会長調査』を用いて、いわき市自治会の現状をいくつかの視点により明らかにしていく。具体的には他市（特に福島市）との比較を通じ、いわき市自治会の特徴を浮き彫りにする。続いて、自治会とその活動全般を「活動」と「会長（人的）」の二つの資源とみなし、自治会を活性化させるためのインプット→資源の要因を探る。

1.1　いわき市自治会の動向

1.1.1　いわき市自治会の沿革

　いわき市の自治会の発足時期は戦前までに現在の自治会のすでに半数が存在しているのは他の都市に比べて際立って高い（表4.1.3）。

　次に「発足のきっかけ」をみる（表4.1.4）、いわき市で多いのは「住民らの意志」（25.9%）、「実力者の意向」（12.0%）、「行政等のすすめ」（11.6%）となっており、県庁所在地外の八戸市や弘前市との比較から「行政等のすすめ」はやや多いことがわかる。

1.1.2　組織構成

（1）組・世帯加入率・法人格取得状況

　自治会組織は組織内関係と他組織・団体との関係から構成される。下位組織である班・組の布置状況を回収ベースでみると、1自治会あたり22.1班・組であり、支所別では、平24.2、小名浜26.2、勿来19.8、常磐36.9、内郷73.8、四倉15.9、遠野21.0、小川10.0、好間20.7、三和11.0、田人7.8、川前3.1、久之浜・大久9.8となる。

　次に世帯加入率である（表4.1.5）。「全戸加入」＋「90％以上加入」は、いわき市の72.2%は同県内の福島市83.8%に比べると10pt以上低いものの、青森

表 4.1.3　発足時期[5]

	いわき市 N=259	福島市 N=493	青森市 N=231	弘前市 N=214	八戸市 N=283	秋田市 N=576	盛岡市 N=193	仙台市 N=1,170	山形市 N=371
～1940年代	49.1	28.6	22.1	43.4	27.6	28.8	21.3	8.8	38.6
1950年代	6.2	11.4	13.9	11.7	11.7	9.2	15.0	12.7	11.6
1960年代	6.9	11.8	14.3	9.3	16.6	13.4	18.1	20.7	9.7
1970年代	4.2	13.4	16.5	7.5	10.6	19.1	17.6	18.8	14.0
1980年代	5.8	6.1	7.8	5.6	9.9	8.2	9.8	13.6	3.8
1990年代	3.5	2.8	4.8	6.1		4.9	5.7	13.2	3.0
2000年代	2.3	4.3	2.2	2.8	3.2	4.0	2.1	5.7	2.2
わからない	22.0	18.9	12.6	13.6	17.7	10.1	9.3	4.0	8.6
未回答		2.8	6.1			2.4	1.0	2.5	8.6

表 4.1.4　発足のきっかけ

	いわき市 N=259	福島市 N=493	青森市 N=231	弘前市 N=214	八戸市 N=283	秋田市 N=576	盛岡市 N=193	仙台市 N=1,170	山形市 N=371
住民らの意志	25.9			31.3	26.5			*	
実力者の意向	12.0	15.8	12.6	13.6	15.9	15.6	15.5	*	19.1
行政等のすすめ	11.6	13.2	9.5	8.4	5.7	10.4	9.8	5.6	11.6
旧来の自治会	9.3	12.8	22.1	12.1	24.0	13.9	26.4	22.6	17.3
区画整理	8.5	5.1	6.1	12.6	8.8	5.4	8.8	*	15.1
団地等	6.2	14.0	14.3	9.8	7.8	14.1	14.5	21.2	7.3
市町村合併	4.2	12.4	7.8	8.4	3.9	2.6	4.1	1.3	5.1
新来住民	3.1	7.5	14.7	11.7	5.7	23.6	14.0	16.2	10.0
講和条約	2.7	1.6	2.6	3.7		1.0			3.5
地域問題解決	*	*	*	*	*	*	*	20.5	*
連合等のすすめ	*	*	*	*	*	*	*	3.7	*

表 4.1.5　世帯加入率

	いわき市 N=259	福島市 N=493	青森市 N=231	弘前市 N=214	八戸市 N=283	秋田市 N=576	盛岡市 N=193	仙台市 N=1,170	山形市 N=371
全戸加入	32.8	50.5	38.1	34.1	11.0	59.5	38.9	34.8	54.2
90％以上	39.4	33.3	38.1	37.4	26.1	28.1	37.3	37.1	28.8
70％～90％	18.1	12.6	19.9	18.2	26.9	8.7	21.2	21.0	12.9
50％～70％	3.9	2.0	3.0	6.5	22.3	1.0	1.6	4.6	1.6
30％～50％	0.4	0.4	0.4	1.4	8.1	0.5	0.0	0.6	0.5
30％未満	0.4	0.0	0.0	0.5	0.7	0.2	0.0	0.5	0.3
わからない	2.7	0.4	0.0	1.9	4.9	0.7	1.0	0.8	1.1
無回答	2.3	0.8		0.4		1.2		0.6	0.5

市や弘前市などとほぼ同じくらいである。

　法人格の取得状況について（表4.1.6）は、調査年（仙台市の2005年から八戸市の2013年まで）による誤差があるために単純な比較はできないものの、法人格の「取得済」（18.5％）は山形市22.4％や弘前市20.6％に次ぐ多さであり、福島市12.0％よりも高い。そのために自治会全体で「取得予定なし」も57.9％と、

表 4.1.6　法人格の取得状況

	いわき市 N=259	福島市 N=493	青森市 N=231	弘前市 N=214	八戸市 N=283	秋田市 N=576	盛岡市 N=193	仙台市 N=1,170	山形市 N=371
取得済	18.5	12.0	7.8	20.6	9.5	13.2	6.2	4.4	22.4
取得予定	4.6	3.0	2.2	2.8	1.1	1.6	1.0	1.5	3.5
取得予定なし	57.9	72.2	76.2	64.5	79.9	73.8	81.9	80.0	63.9
検討中	10.0	4.9	6.5	2.3	3.5	4.5	4.1	5.8	4.0
無回答	8.9	7.9	7.4	9.8	6.0	6.9	6.7	8.4	6.2

表 4.1.7　集会施設の有無

	いわき市 N=259	福島市 N=493	青森市 N=231	弘前市 N=214	八戸市 N=283	秋田市 N=576	盛岡市 N=193	仙台市 N=1,170	山形市 N=371
自治会独自	65.3	40.4	39.0	54.2	36.7	44.8	51.3	38.9	48.0
他の自治会と共有	6.9	21.9	15.2	13.1	13.1	11.8	9.3	13.9	16.7
他の団体と共有	7.7	6.1	7.4	4.7	3.9	4.3	6.7	5.0	7.3
公民館等	11.2	19.1	38.1	15.0	36.4	26.0	23.3	20.9	26.7
その他	4.6	9.3	10.0	9.8	10.2	10.2	9.8	9.0	12.1
利用なし	6.2	5.7	4.3	6.5	7.1	5.4	4.7	19.7	5.4
無回答	3.1	1.6	0.9	1.4	0.4	1.6	1.0	5.6	0.3

他の都市に比べて低い。

(2) 集会施設・地域の状況・居住世帯の特性

　自治会活動の要件であり、基盤となる資源（施設、人・世帯等）の状況を確認する。集会施設の有無をみると（表4.1.7）、何らかの形で利用施設（「その他」を除く）がある自治会は86.1%、福島市83.4%とほぼ同程度で仙台市を除く全ての都市で8割台であった。「自治会独自」ではいわき市65.3%と、福島市40.4%を始めとした他都市よりも高い。このように、他都市と比べていわき市自治会は独自の集会施設を所有する割合が高いことがわかる。

　集会施設の建物および土地の所有状況を確認する（表4.1.8）。建物が「自治会所有」であるのはいわき市74.6%であり、福島市84.4%より10pt近く低い。土地については「自治会所有」がいわき市では32.5%であり、弘前市55.2%、山形市55.6%、秋田市42.6%と比べて低いものの、福島市36.7%とは同程度である。このようにいわき市は自治会独自の集会所が他都市よりも多いものの、建物や土地を所有する自治会が多いわけではないことを示している。

　建物・土地の特色をみると（表4.1.9）、「一戸建て」はいわき市81.9%、福島市80.5%と差はなく、盛岡市82.9%や山形市81.1%などと同じくらいである。田畑や単身（単身または家族）等の他の項目についても、いわき市と福島市は

第 4 章　合併による広域自治体の地域差——自治会長調査から——

表 4.1.8　集会施設の所有状況（建物および土地）

建物	いわき市 N=169	福島市 N=199	青森市 N=90	弘前市 N=116	八戸市 N=104	秋田市 N=258	盛岡市 N=99	仙台市 N=660	山形市 N=178
自治会所有	74.6	84.4	66.7	73.3	67.3	86.0	70.7	48.3	82.0
市所有	20.7	9.0	23.3	19.0	15.4	5.4	18.2	30.3	8.4
個人所有	0.0	4.0	2.2	3.4	11.5	1.6	5.1	6.1	2.2
その他	4.1	2.5	5.6	3.4	5.8	5.8	4.0	12.4	5.6
無回答	0.6		2.2	0.9		1.2	2.0	2.9	1.7
土地	いわき市 N=169	福島市 N=199	青森市 N=90	弘前市 N=116	八戸市 N=104	秋田市 N=258	盛岡市 N=99	仙台市 N=660	山形市 N=178
自治会所有	32.5	36.7	27.8	55.2	24.0	42.6	14.1	9.2	55.6
市所有	28.4	16.1	44.4	30.2	20.2	31.4	58.6	59.2	17.4
県所有	0.0	1.5	7.8	2.6	2.9	1.9	1.0	2.9	0.6
国所有	1.2	0.5	0.0	0.9	1.0	0.8	1.0	1.2	0.6
民有地	25.4	28.6	7.8	6.9	44.2	12.4	20.2	12.0	10.1
法人	5.3	8.0	3.3	2.6	5.8	4.7	2.0	*	5.1
その他	4.1	7.5	3.3	0.0		5.4	1.0	12.0	8.4
無回答	3.0	1.0	5.6	1.7	1.9	0.8	2.0	3.5	2.2

※それぞれ「自治会に独自の集会施設がある」ベースで集計

表 4.1.9　建物・土地の特色と過去 10 年の人口変化

建物・土地の特色	いわき市 N=259	福島市 N=493	青森市 N=231	弘前市 N=214	八戸市 N=283	秋田市 N=576	盛岡市 N=193	仙台市 N=1,170	山形市 N=371
一戸建て	81.9	80.5	78.8	77.1	84.8	87.8	82.9	73.8	81.1
田畑	31.3	29.8	7.4	19.6	15.9	13.5	10.4	5.3	13.7
集合（家族）	20.8	23.3	33.3	20.6	27.9	25.3	47.2	44.2	24.8
商店	8.5	5.7	6.9	9.3	6.4	5.7	4.1	6.3	5.7
事業所	7.7	3.0	6.1	6.5	7.8	3.5	3.1	4.1	7.5
集合（単身）	5.4	7.9	10.8	7.0	10.2	12.3	10.9	26.2	11.6
工場	3.1	0.4	0.0	0.9	0.7	0.5	0.0	0.7	0.8
その他	5.4	3.9	3.9	4.7	3.5	4.0	2.6	2.9	1.1
無回答	8.9	6.1	12.1	10.3	7.1	4.9	7.8	3.4	10.8
人口の変化	いわき市 N=259	福島市 N=493	青森市 N=231	弘前市 N=214	八戸市 N=283	秋田市 N=576	盛岡市 N=193	仙台市 N=1,170	山形市 N=371
大いに増加	4.2	5.1	3.9	0.9	3.2	3.8	8.8	5.6	5.7
やや増加	12.0	17.8	14.3	11.2	14.5	10.4	17.1	18.8	17.0
あまり変化なし	29.3	32.9	31.6	28.0	24.7	31.8	30.1	49.3	28.3
やや減少	37.5	34.1	39.4	47.7	41.0	38.7	37.3	21.8	37.2
大いに減少	13.5	7.9	8.2	9.8	13.1	13.7	3.6	2.6	9.7
その他	0.0	0.2	0.0	0.0	1.1	0.2	1.6	0.5	1.1
無回答	3.5	2.0	2.6	2.3	2.5	1.4	1.6	1.4	1.1

同じ傾向といえる。

　人口変化について差があるものを確認する（表 4.1.9）。「やや減少」と「減少」の計でみると、いわき市 51.0% と福島市 42.0% に比べて多い。いわき市は八戸市や秋田市と同程度であるといえる。いわき市の自治会長は人口減少をよ

表 4.1.10　居住世帯の特色

居住世帯の特色	いわき市 N=259	福島市 N=493	青森市 N=231	弘前市 N=214	八戸市 N=283	秋田市 N=576	盛岡市 N=193	仙台市 N=1,170	山形市 N=371
非高齢・核家族	21.6	27.8	26.0	16.8	23.0	23.6	23.8	*	22.4
高齢者・核家族	30.5	37.7	32.9	29.0	37.1	43.2	30.1	*	37.7
非高齢＋高齢	50.2	56.4	48.1	47.2	47.3	54.5	46.6	*	61.7
非高齢者・単身	11.2	7.3	13.0	7.0	18.0	7.8	19.7	*	10.8
高齢者・単身	16.2	13.6	15.2	21.0	21.9	16.3	9.8	*	10.8
その他	9.7	11.2	13.4	8.9	9.2	6.9	12.4	*	8.9
無回答	12.0	10.3	14.3	12.1	6.4	11.3	15.0	*	12.1
新旧住民の割合	いわき市 N=259	福島市 N=493	青森市 N=231	弘前市 N=214	八戸市 N=283	秋田市 N=576	盛岡市 N=193	仙台市 N=1,170	山形市 N=371
地付きが殆ど	34.4	29.8	31.2	35.0	29.7	30.9	8.8	13.3	32.9
地付きが多い	28.6	26.8	27.3	34.6	32.9	28.1	27.5	23.2	28.8
同じくらい	12.0	9.1	6.5	4.7	10.6	6.8	14.5	14.9	8.4
外来が多い	13.5	17.6	12.6	11.7	14.8	11.6	30.1	24.3	14.6
外来が殆ど	8.1	13.4	19.0	12.1	11.0	18.6	17.1	21.6	13.7
無回答	3.5	3.2	3.5	1.9	1.1	4.0	2.1	2.7	1.6

り強く認識しているといえる。

新旧住民の割合はどうだろうか（表4.1.10）。同県内の福島市と比較すると、いわき市は地付きが多く、弘前市、八戸市や山形市と同じような傾向にある。

(3) 他組織・集団との関係

自治会の人的／活動資源を検討するためには自治会のほかに、他組織や集団との連携状況を確認する必要がある（表4.1.11）。これはヒト（役員）、コト（活動や情報）、カネ（補助金等）の関係を示している。

活動の視点については例えば、人材育成（「子供会育成会」、「少年補導委員会」、「青年団」、「体育協会」、「民生・児童委員会」）、高齢者福祉（「社会福祉協議会」、「老人クラブ」）、防災・防犯（「防犯協会」、「消防団」（分団））、産業（「商工会・商店会」、「農協・漁協」）として、同県内の福島市との比較を行う[6]。

人材育成について、いわき市自治会は福島市と比べてさほど活動に協力的ではないものの、「青年団」に関しては補助金等を出している割合が高い。高齢者福祉は先とやや異なる様相をみせ、「老人クラブ」では福島市に比べて補助金等を出したり、自治会が活動に協力している割合が高い傾向にある。防災・防犯でも人材育成と同様にあまり協力的ではないことがうかがえる。最後に産業であるが、商工会・商店会や農協・漁協ともに自治会は活動に協力的であるようだ。

このようにいわき市自治会の他組織との連携状況（福島市との比較で）は高齢者福祉や産業ではそれなりに協力体制があるものの、人材育成や防災・防犯はそうでないといえる。さらに情報のやりとりにおいて、「（他組織が）自治会に情報を提供」が青年団を除くすべての項目で福島市よりも低く、いわき市自治会の情報収集に課題があるといえる。

表4.1.11　自治会とその他組織との関係（人材育成）[7]

		N=	自治会が活動に協力	自治会から役員が出されている	自治会に役員が出されている	自治会が情報を提供	自治会に情報を提供	自治会内に部会を設置	補助金等を出している			N=	自治会が活動に協力	自治会から役員が出されている	自治会に役員が出されている	自治会が情報を提供	自治会に情報を提供	自治会内に部会を設置	補助金等を出している
子供会育成会	い	164	57.3	8.5	6.1	6.1	6.7	7.3	59.1	少年補導委員会	い	64	40.6	21.9	4.7	7.8	9.4	1.6	6.3
	福	406	65.3	28.8	9.1	10.1	21.7	13.8	56.7		福	284	45.4	29.2	4.9	10.6	23.2	5.6	15.1
	青	105	88.5	23.8	7.6	11.4	11.4	26.6	59.0		青	28	49.7	35.5	0.0	17.7	21.3	7.1	7.1
	弘	158	67.1	38.0	38.0	20.3		29.1	57.0		弘	64	35.9	23.4	23.4	32.8		7.8	21.9
	八	205	35.6	29.8	29.8	32.2		52.0	25.4		八	189	39.2	35.4	35.4		7.9	37.6	6.3
	秋	405	66.2	19.0	8.6	10.1	22.0	20.0	51.4		秋	169	37.9	21.3	2.4	9.5	25.4	4.7	4.7
	盛	155	74.8	15.5	20.6	20.0	27.1	21.3	70.3		盛	67	38.8	25.4	7.5	9.0	17.9	3.0	10.4
	仙	985	*	12.9	12.3	19.7	29.5	19.3	83.8		仙	178	*	26.4	2.2	12.4	20.8	4.5	17.4
	山	323	72.1	22.6	5.6	8.0	9.9	11.5	53.6		山	163	30.1	27.0	3.1	6.1	12.3	3.1	12.3
青年団	い	69	44.9	8.7	5.8	7.2	10.1	4.3	33.3	体育協会	い	102	48.0	41.2	3.9	5.9	4.9	6.9	38.2
	福	119	43.7	9.2	3.4	5.0	10.9	5.9	15.1		福	424	53.5	54.5	6.8	9.0	21.5	16.0	53.1
	青	15	79.9	13.3	13.3	0.0	13.3	6.7	26.6		青	26	65.7	27.1	0.0	11.6	3.9	19.3	19.3
	弘	28	50.0	21.4	21.4	28.6		25.0	28.6		弘	141	57.4	33.3	33.3	17.7		13.5	60.3
	八	25	20.0	24.0	24.0	16.0		24.0	16.0		八	236	39.4	27.1	27.1	20.8		60.2	8.1
	秋	68	55.9	4.4	2.9	8.8	14.7	16.2	26.5		秋	470	52.3	5.1	5.5	8.3	29.8	13.2	52.8
	盛	37	48.6	13.5	8.1	13.5	24.3	21.6	32.4		盛	52	51.9	44.2	5.8	5.8	26.9	15.4	25.0
	仙	107	*	16.8	7.5	15.0	13.1	15.9	40.2		仙	872	*	54.0	3.1	15.4	29.0	5.8	65.6
	山	39	46.2	7.7	5.1	2.6	10.3	10.3	25.6		山	294	44.6	53.4	5.1	8.2	10.9	9.9	39.5
民生・児童委員会	い	124	43.5	27.4	0.8	8.1	9.7	4.0	4.0										
	福	360	46.9	30.3	4.7	11.9	24.2	3.3	8.9										
	青	143	53.2	55.3	7.7	16.1	20.3		15.4										
	弘	160	57.5	34.4	34.4	31.9		10.0	27.5										
	八	228	44.3	39.0	39.0		9.2	21.1	11.0										
	秋	425	43.8	31.8	5.9	18.4	38.8	2.6	5.2										
	盛	149	52.3	49.7	16.1	17.4	33.6	8.1	9.4										
	仙	706	*	27.8	5.5	19.5	27.1	4.4	7.2										
	山	307	45.6	46.9	5.2	12.7	15.0	4.6	9.1										

表 4.1.11 自治会とその他組織との関係（高齢者福祉、防災・防犯、産業）（つづき）

		N=	協力を自治会が活動に	自治会が役員を出している	出されている自治会から役員が	出している自治会に情報を	提供している自治会に情報を	設置自治会内に部会	出している補助金等を			N=	協力を自治会が活動に	自治会が役員を出している	出されている自治会から役員が	出している自治会に情報を	提供している自治会に情報を	設置自治会内に部会	出している補助金等を
社会福祉協議会	い	88	38.6	23.9	3.4	3.4	3.4	0.0	35.2	老人クラブ	い	134	48.5	12.7	3.0	6.0	6.7	4.5	48.5
	福	364	49.7	27.7	3.3	10.2	21.7	4.4	48.4		福	352	43.2	17.6	6.8	8.2	17.0	8.0	29.3
	青	147	59.9	64.7	4.1	16.3	27.2	6.1	48.3		青	137	71.5	19.7	12.4	10.2	18.3	16.1	59.1
	弘	148	54.7		39.9		27.0	7.4	59.5		弘	141	59.6		21.3		18.4	18.4	54.6
	八	232	39.7		35.8		4.7	57.3	6.5		八	205	22.4		28.3		17.6	33.7	17.1
	秋	477	52.6	42.8	4.0	15.3	37.7	3.8	53.5		秋	325	53.8	18.2	4.0	16.3	22.8	9.2	41.2
	盛	110	47.3	42.7	4.5	12.7	33.6	4.5	57.3		盛	145	62.8	21.4	14.5	20.0	25.5	11.7	56.6
	仙	895	*	54.9	3.4	20.7	33.0	3.9	56.8		仙	693	*	13.7	5.8	21.1	25.7	11.3	71.1
	山	317	48.6	50.5	5.0	9.8	13.9	6.9	36.0		山	246	51.6	16.7	3.3	5.7	8.5	8.5	39.4
防犯協会	い	137	45.3	32.8	5.1	6.6	10.2	5.1	33.6	消防団（分団）	い	150	46.7	7.3	4.0	6.7	8.7	1.3	48.7
	福	360	46.9	36.9	4.4	11.1	24.4	7.5	34.2		福	380	44.7	19.2	3.7	9.2	22.4	3.7	44.7
	青	117	52.8	47.7	4.3	11.9	19.6	11.1	40.9		青	80	68.6	20.0	6.2	8.7	20.0	7.5	34.9
	弘	140	52.1		34.8		22.0	11.4	56.1		弘	140	52.1		11.4		22.1	6.4	64.3
	八	240	38.8		30.4		15.8	57.5	7.5		八	170	11.2		32.4		4.1	48.8	7.6
	秋	370	45.7	36.5	2.4	9.5	33.2	6.5	30.3		秋	287	35.9	20.6	2.8	7.3	26.8	3.5	32.4
	盛	127	53.5	42.5	7.9	14.2	33.1	11.0	44.9		盛	138	53.6	41.3	5.8	10.9	25.4	5.1	62.3
	仙	881	*	61.1	2.6	19.6	34.6	6.2	56.6		仙	657	*	22.1	1.6	10.8	24.4	4.6	59.8
	山	289	52.7	30.4	3.8	4.2	9.7	3.8	19.7		山	258	47.7	19.3	4.5	4.7	11.2	3.1	53.5
商工会・商店会	い	42	28.6	9.5	2.4	0.0	2.4	2.4	2.4	農協・漁協	い	49	36.7	14.3	2.0	2.0	6.1	2.0	0.0
	福	148	23.6	8.1	0.7	4.1	9.5	2.7	3.4		福	173	23.1	10.4	1.2	4.6	12.7	5.2	2.9
	青	15	53.3	33.3	6.7	6.7	20.0	6.7	20.0		青	13	54.1	23.2	15.5	0.0	15.5	7.7	7.7
	弘	18	27.8		11.1		22.2	0.0	0.0		弘	34	20.6		11.8		29.4	8.8	5.9
	八	38	13.2		23.7		2.6	5.3	5.3		八	38	7.9		21.1		5.3	2.6	15.8
	秋	108	27.8	4.6	2.8	7.4	20.4	1.9	2.8		秋	86	29.1	12.8	7.0	7.0	15.1	1.2	2.3
	盛	37	40.5	5.4	2.7	2.7	32.4	0.0	0.0		盛	35	34.3	8.6	5.7	5.7	22.9	2.9	2.9
	仙	110	*	10.9	4.5	13.6	20.9	0.9	7.3		仙	66	*	7.6	0.0	4.5	13.6	1.5	0.0
	山	64	18.8	9.4	1.6	7.8	10.9	3.1	3.1		山	74	13.5	10.8	0.0	1.4	6.8	1.4	1.4

1.1.3 活動状況

(1) 日常活動状況

ここではいわき市自治会で実施する各種の日常活動状況をみることにする。ここでも福島市との比較を中心に論じる（表4.1.12）。

福島市調査報告書（吉原（2010））で行った分析をいわき市との結果を重ね合わせると、そこでは福島市町内会の活動を三つのグループに分けている。以下ではいわき市での結果を記してみよう。【第1グループ】「街灯等の設備管理」（いわき：80.7％、福島：56.0％）、「清掃美化」（いわき：78.4％、福島：80.5％）、「ゴミ処理」（いわき：73.0％、福島：81.9％）、【第2グループ】「集会所等の施設管理」（いわき：64.5％、福島：44.6％）、「資源回収」（いわき：56.4％、福島：43.0％）、「公園管理」（いわき：49.8％、福島：40.0％）、【第3グループ】「私道管理」（いわ

表 4.1.12 各種日常活動の組織主体

		N=	自治会	自治会連合会・地区自治会連合会	区長会・地区長会単位の別組織	区長会等単位の別組織	その他の地域組織	実施していない	わからない		N=	自治会	自治会連合会・地区自治会連合会	区長会・地区長会単位の別組織	区長会等単位の別組織	その他の地域組織	実施していない	わからない
街灯等の設備管理	い	259	80.7	5.4	1.5	1.2	3.1	0.4	1.5	地域の清掃美化	259	78.4	5.8	4.6	3.1	5.4	0.4	1.2
	福	493	56.0	3.0	6.7	2.4	8.7	8.1	2.8		493	80.5	6.5	8.5	2.4	4.5	1.0	1.0
	青	231	61.9	1.7	5.6	1.3	8.7	6.9	0.4		231	76.6	10.8	4.3	1.3	5.2	2.2	0.0
	弘	214	88.8	4.7	3.3	1.9	0.9	1.4	0.0		214	73.4	9.8	11.7	2.3	3.7	2.3	0.0
	八	283	91.5	3.9	2.5	0.4	-	1.4	0.7		283	82.0	5.3	6.0	3.2	2.8	4.6	0.4
	秋	576	93.2	0.5	0.7	0.2	1.0	1.0	0.3		576	79.7	4.3	8.7	4.0	3.0	3.3	0.3
	盛	193	89.6	2.1	2.1	1.6	2.1	1.6	0.0		193	92.2	4.7	2.6	1.0	5.2	1.6	0.0
	仙	*	*	*	*	*	*	*	*		*	*	*	*	*	*	*	*
	山	371	88.9	4.3	4.6	1.3	1.1	1.3	0.0		371	77.6	9.2	12.4	6.7	4.0	2.2	0.0
ごみ処理収集協力	い	259	73.0	6.6	0.8	3.1	5.0	2.7	1.5	集会所等の施設管理	259	64.5	5.8	2.3	1.2	5.4	5.4	1.5
	福	493	81.9	4.7	4.5	2.2	2.6	2.4	0.8		493	44.6	5.5	7.1	3.2	5.5	15.6	1.8
	青	231	84.8	6.1	5.6	2.2	2.2	2.2	0.0		231	41.1	6.1	2.6	3.0	4.3	14.3	0.0
	弘	214	78.0	13.6	7.0	3.3	2.8	2.8	0.0		214	51.9	6.1	6.5	0.9	3.7	15.0	1.4
	八	283	86.6	6.4	1.4	-	1.4	3.9	-		283	39.6	3.5	4.2	3.9	8.1	20.5	3.2
	秋	576	85.8	3.5	1.9	0.5	2.3	3.3	0.7		576	49.1	1.9	4.5	3.6	4.5	21.2	2.6
	盛	193	87.0	3.1	0.5	1.0	3.6	3.1	0.0		193	54.9	4.1	2.1	2.1	7.3	16.1	0.5
	仙	*	*	*	*	*	*	*	*		*	*	*	*	*	*	*	*
	山	371	87.3	5.4	7.0	3.0	2.2	1.6	0.3		371	51.5	7.8	5.4	3.0	3.0	15.1	1.1
資源・廃品回収	い	259	56.4	10.4	3.5	2.3	11.6	5.8	1.5	公園・広場の管理	259	49.8	7.3	1.2	0.8	5.0	12.0	3.1
	福	493	43.0	13.2	3.2	1.8	22.7	10.5	1.2		493	40.0	4.3	3.4	1.8	7.5	17.0	6.5
	青	231	48.1	14.3	3.5	1.3	13.0	11.3	0.0		231	36.8	7.8	3.5	0.9	5.6	18.6	1.7
	弘	214	40.2	11.7	6.5	5.1	25.7	7.5	0.0		214	50.0	6.1	2.8	2.8	2.8	18.7	1.9
	八	283	37.5	7.1	1.4	2.5	9.9	32.9	-		283	44.9	4.6	8.5	3.5	5.7	20.5	3.5
	秋	576	59.0	7.9	1.2	0.7	9.2	12.8	0.5		576	46.2	2.3	2.8	1.7	6.3	21.0	2.3
	盛	193	63.7	20.2	2.6	1.6	17.1	5.2	0.0		193	62.2	5.7	1.6	1.0	4.1	15.5	1.6
	仙	*	*	*	*	*	*	*	*		*	*	*	*	*	*	*	*
	山	371	54.7	18.3	6.5	4.3	23.5	2.7	0.3		371	57.1	11.1	4.6	5.7	5.7	10.0	0.8

き：27.4％、福島：17.8％)、「防犯」（いわき：26.6％、福島：22.1％)、「高齢者福祉」（いわき：23.6％、福島：21.7％)、「交通安全」（いわき：19.7％、福島：20.5％)、となっている。第1グループではいわき市は「街灯等の設備管理」で福島市よりも活発であるが、それ以外は同程度かあまり活発ではないことがうかがえる。第2グループはいずれの活動も福島市よりも活発であることがわかる。第3グループは「私道管理」以外は福島市とほぼ同じような活動状況であるといえる。

上記以外の項目で自治会関係の他組織も含めて「実施しない活動」としてあげられるのは、「バザー」（いわき：42.5％、福島：38.5％)、「乳幼児保育支援」（いわき：37.1％、福島：44.0％)、「学童保育の支援」（いわき：24.7％、福島：29.0％)、「青少年教育」（いわき：20.5％、福島：13.6％）などである。バザー以外は人材育成・教育の領域であり、いわき市や福島市の自治会・町内会では美観

214　第Ⅱ部　被災後の地域による温度差

表 4.1.12　各種日常活動の組織主体（つづき）

		N=	自治会	自治会連合会	区長会・地区自治会単位の別	区長会等単位の別組織	その他の地域組織	実施していない	わからない			N=	自治会	自治会連合会	区長会・地区自治会単位の別	区長会等単位の別組織	その他の地域組織	実施していない	わからない
私道の管理	い	259	27.4	2.3	1.2	0.0	3.5	24.3	9.7	防犯パトロール	い	259	26.6	11.6	6.9	6.6	15.8	16.2	1.5
	福	493	17.8	2.2	1.8	0.6	3.7	34.9	13.0		福	493	22.1	9.1	12.2	16.2	17.8	15.0	2.0
	青	231	18.6	0.9	0.0	0.4	3.0	29.0	3.5		青	231	29.4	8.2	6.5	9.1	11.3	13.4	0.9
	弘	214	27.6	2.3	2.3	0.5	3.7	34.6	6.1		弘	214	18.7	13.6	21.0	22.9	11.7	15.4	0.9
	八	283	24.0	2.1	2.5	-	2.8	44.5	8.8		八	283	19.4	11.3	16.6	25.4	15.5	13.4	0.4
	秋	576	22.2	1.6	0.3	0.2	2.6	35.9	13.9		秋	576	19.6	5.9	12.7	12.0	13.7	28.6	0.9
	盛	193	14.0	1.0	0.0	0.5	4.7	42.0	8.8		盛	193	43.5	13.0	7.8	8.3	10.4	16.1	0.5
	仙	*	*	*	*	*	*	*	*		仙	*	*	*	*	*	*	*	*
	山	371	22.1	3.0	1.1	1.3	5.1	27.5	9.2		山	371	31.5	14.3	18.9	14.6	10.5	12.4	0.5
高齢者福祉	い	259	23.6	12.0	4.2	5.8	9.3	17.0	3.9	交通安全対策	い	259	19.7	13.1	3.5	5.8	20.1	12.0	2.3
	福	493	21.7	10.1	9.5	16.4	18.9	11.0	4.5		福	493	20.5	8.5	13.6	18.1	23.1	8.7	1.2
	青	231	35.1	7.4	9.1	12.6	4.3	4.8	1.3		青	231	35.1	8.7	12.6	10.0	13.0	6.1	0.4
	弘	214	30.4	17.3	21.5	24.8	11.7	5.1	0.0		弘	214	20.1	15.0	30.8	25.2	8.4	7.9	0.5
	八	283	25.4	11.3	14.1	27.2	12.7	12.4	0.7		八	283	20.5	8.5	17.0	27.6	18.4	9.2	0.7
	秋	576	35.9	7.1	17.4	21.2	12.2	9.7	2.6		秋	576	33.7	7.5	14.9	16.8	14.4	12.5	1.0
	盛	193	49.7	15.0	14.0	9.3	8.3	5.7	1.6		盛	193	40.4	14.0	7.8	6.7	19.2	9.3	0.0
	仙	*	*	*	*	*	*	*	*		仙	*	*	*	*	*	*	*	*
	山	371	61.2	13.5	20.5	19.9	8.4	2.2	0.3		山	371	29.1	13.7	19.9	20.2	18.6	5.9	0.8
バザー	い	259	5.8	3.5	0.8	1.2	6.2	42.5	5.8	乳幼児保育の支援	い	259	3.9	3.5	0.4	1.9	4.2	37.1	9.7
	福	493	2.4	4.3	2.6	5.3	18.7	38.5	3.2		福	493	3.2	1.8	1.8	2.6	7.9	44.0	11.6
	青	231	4.3	5.6	0.4	0.4	2.6	39.4	1.7		青	231	5.6	2.2	1.7	2.2	7.4	32.5	1.7
	弘	214	3.7	3.3	5.6	4.7	5.1	40.2	2.8		弘	214	9.8	2.8	6.1	8.9	13.6	31.3	6.5
	八	283	2.8	2.5	3.5	3.2	9.2	59.4	2.1		八	283	4.2	2.5	6.7	6.4	10.6	47.3	6.0
	秋	576	4.2	1.9	4.9	2.8	5.4	53.6	3.8		秋	576	4.5	1.9	2.1	4.0	8.7	44.3	10.4
	盛	193	7.3	2.6	1.0	1.0	4.7	54.4	2.2		盛	193	4.1	2.6	2.6	3.1	7.8	47.7	4.7
	仙	*	*	*	*	*	*	*	*		仙	*	*	*	*	*	*	*	*
	山	371	4.0	1.9	9.4	6.2	5.9	38.3	3.5		山	371	7.5	3.8	4.6	10.8	8.4	30.5	5.1
学童保育の支援	い	259	14.3	5.4	2.7	3.1	12.7	24.7	6.6	青少年教育・育成	い	259	15.4	7.3	6.6	5.4	12.7	20.5	4.2
	福	493	14.0	5.7	4.9	4.9	15.2	29.0	7.1		福	493	15.4	10.5	7.1	11.8	21.5	13.6	5.9
	青	231	13.4	5.6	3.5	3.0	9.1	23.4	1.7		青	231	22.9	7.8	5.2	4.8	9.1	14.7	2.6
	弘	214	20.1	9.8	13.6	13.1	17.8	18.2	4.2		弘	214	32.2	17.3	28.0	21.5	11.7	5.6	0.0
	八	283	11.7	2.5	8.8	7.1	18.0	32.2	6.4		八	283	12.0	4.9	15.2	18.0	14.5	19.4	4.6
	秋	576	18.6	4.7	8.0	8.0	12.5	28.6	6.3		秋	576	19.8	4.2	11.8	9.9	13.5	22.9	4.7
	盛	193	17.1	4.1	7.3	6.7	13.5	29.5	2.6		盛	193	30.1	8.3	10.4	6.7	17.6	16.1	2.1
	仙	*	*	*	*	*	*	*	*		仙	*	*	*	*	*	*	*	*
	山	371	22.6	7.5	12.1	14.0	15.9	15.4	2.2		山	371	22.1	10.2	13.2	17.3	14.0	13.5	3.8

を含めたハード面の維持・整備に関する活動が多いものの、次世代育成を含めたソフト面での活動に課題があるといえる。

　次に自治会における防犯・防災活動を概観する（表4.1.13）。

　いわき市自治会では福島市と同様に「防犯灯の設置」（いわき：80.3％、福島：71.8％）、「回覧板等で情報共有」（いわき：63.7％、福島：41.6％）、「防犯パトロール実施」（いわき：43.2％、福島：42.6％）、「小・中学校との情報交換」（いわ

第4章　合併による広域自治体の地域差——自治会長調査から——

表4.1.13　自治会の防犯対策

	いわき市 N=259	福島市 N=493	青森市 N=231	弘前市 N=214	八戸市 N=283	秋田市 N=576	盛岡市 N=193	仙台市 N=1,170	山形市 N=371
防犯灯・街路灯設置	80.3	71.8	60.2	70.6	92.2	75.0	78.2	25.1	78.7
監視カメラの設置	3.5	0.4	0.9	0.9	6.7	0.2	0.5	*	1.9
回覧板等で情報共有	63.7	41.6	52.8	75.7	45.9	42.9	46.1	*	51.2
防犯パトロール実施	43.2	42.6	*	39.3	34.3	21.7	50.8	47.2	*
小・中学校との情報交換	39.4	43.8	*	59.3	63.3	59.2	69.9	*	*
声かけの実施	30.9	33.7	35.1	29.0	32.5	47.0	42.5	*	38.3
見晴らしの改善	18.9	11.8	6.9	10.3	25.4	9.4	18.7	*	17.5
セミナー・講習会等参加	14.7	21.7	*	18.7	27.9	17.4	23.3	35.5	*
不審者遭遇時の連絡先	14.3	25.4	27.7	22.9	24.0	26.6	34.7	*	37.7
防犯マップ作成	3.9	10.1	3.9	4.7	19.4	5.9	15.5	*	25.9
携帯電話等で情報共有	2.7	*	*	1.9	*	*	*	*	*
その他	0.4	3.7	6.1	1.4	*	3.0	2.6	2.6	4.3
ひとつもない	3.1	*	*	4.7	*	*	*	*	*
無回答	6.2	8.5	12.1	2.8	4.9	7.6	9.8	19.4	7.0

表4.1.14　大地震への対策

	いわき市 N=259	福島市 N=493	青森市 N=231	弘前市 N=214	八戸市 N=283	秋田市 N=576	盛岡市 N=193	仙台市 N=1,170	山形市 N=371
避難場所の決定	40.2	49.5	50.6	29.9	54.8	52.6	63.2	65.3	53.4
防災訓練や講演の参加	39.4	34.3	26.4	16.8	42.4	22.2	34.2	49.0	35.8
消火器等準備の呼びかけ	24.3	38.3	28.1	22.0	42.4	28.6	38.3	48.1	39.1
高齢者世帯等の把握	17.8	31.2	46.8	25.2	44.5	62.8	53.9	53.4	54.7
住民間連絡方法の決定	16.6	22.9	12.1	12.1	26.1	27.4	43.5	28.2	18.9
啓蒙活動	15.8	16.2	12.6	11.2	24.4	14.2	31.1	32.1	26.1
食料等備蓄のすすめ	12.0	13.8	14.3	10.7	29.3	12.8	21.8	35.3	20.5
倒壊防止の呼びかけ	5.8	11.2	7.8	9.3	21.6	9.4	12.4	34.6	8.9
地震保険加入の働きかけ	1.9	3.0	3.5	5.1	6.4	1.2	3.1	3.1	1.6
短期居住者等の把握	0.0	0.6	*	3.7	3.2	*	0.5	*	*
高齢者等の安全	*	*	*	16.8	31.8	*	*	*	*
その他	3.1	3.0	2.2	1.4	3.2	5.9	4.7	5.3	7.5
とくに何もしていない	26.6	23.9	27.7	48.6	23.7	18.4	15.0	10.0	18.1
無回答	10.0	7.3	6.1	5.1	4.6	3.0	2.1	7.9	7.3

き：39.4％、福島：43.8％）、「声かけの実施」（いわき：30.9％、福島：33.7％）が多く、これらが防犯活動の中心となっている。

次に大地震発生に向けた自治会の対策であるが（表4.1.14）、いわき市も他の市と同様に「避難場所の決定」（いわき：40.2％、福島：49.5％）、「防災訓練や講演への参加」（いわき：39.4％、福島：34.3％）、「消火器等準備の呼びかけ」（いわき：24.3％、福島：38.3％）、「高齢者世帯の把握」（いわき：17.8％、福島：31.2％）、

といった項目が上位である。これらの調査はいずれも東日本大震災前に実施していることもあり、震災を経験した両市の現状と異なる可能性は高い。

(2) 行事の動向

〈平時〉と〈有事〉の活動実態からいわき市自治会の姿を確認したが、次に自治会レベルにおける行事の実施状況をみる（表 4.1.15）。いわき市では「総会」（84.6%）を始めとして「神社祭礼」（47.1%）、「新年会・忘年会」（27.4%）、「夏祭り」（19.3%）を自治会単位で実施しているが、それ以外の組織での実施率は低い。いわき市では区長会などの単位自治会の連合組織はあるが、行事に関しては単位自治会がその中心を担うといえる。

一方で自治会の他組織も含めて「実施していない」行事を福島市と比較すると、「映画上映」（いわき：53.3%、福島：61.7%）、「成人式」（いわき：46.7%、福島：59.0%）、「ラジオ体操」（いわき：41.7%、福島：42.8%）、「宿泊旅行」（いわき：39.4%、福島：46.2%）、「運動会」（いわき：37.1%、福島：13.8%）、「研修会・講習会」（いわき：32.4%、福島：28.4%）などである。

表 4.1.15　各種行事の組織主体

		N=	自治会	自治会単位の別組織	区長会・自治会連合会	区長会等単位の別組織	その他の地域組織	実施していない	わからない			N=	自治会	自治会単位の別組織	区長会・自治会連合会	区長会等単位の別組織	その他の地域組織	実施していない	わからない
自治会の総会	い	259	84.6	1.9	3.5	1.5	1.9	2.3	1.2	神社祭礼	い	259	47.1	17.0	3.5	3.1	13.5	7.7	1.5
	福	493	89.7	1.0	4.3	0.4	0.6	3.0	0.4		福	493	26.6	20.5	5.1	4.7	28.2	12.6	0.6
	青	231	92.6	0.0	2.2	0.0	0.0	0.0	0.0		青	231	19.0	12.6	2.2	2.2	14.7	23.4	0.0
	弘	214	96.7	1.4	2.3	0.5	0.0	0.5	2.3		弘	214	24.3	23.4	1.9	7.0	13.1	18.2	16.4
	八	283	94.3	1.8	7.1	2.1	0.4	0.7	2.5		八	283	13.8	7.8	7.8	1.8	12.7	35.7	23.0
	秋	576	93.4	0.9	3.0	0.3	0.0	1.6	0.3		秋	576	23.3	11.6	6.6	3.3	10.2	30.7	1.7
	盛	193	96.9	2.1	3.6	1.0	0.5	0.0	0.0		盛	193	15.0	9.8	3.6	6.2	18.1	29.5	2.1
	仙	*	*	*	*	*	*	*	*		仙	*	*	*	*	*	*	*	*
	山	371	95.1	2.2	4.3	1.3	0.5	0.3	0.3		山	371	37.5	18.1	4.6	4.0	15.6	13.7	0.5
新年会・忘年会	い	259	27.4	8.5	3.9	1.5	5.0	27.4	1.2	夏祭り	い	259	19.3	10.8	4.2	2.7	9.3	27.4	1.2
	福	493	49.1	5.9	10.3	2.4	3.7	20.9	1.4		福	493	14.8	12.4	11.6	7.1	19.7	24.5	0.4
	青	231	39.0	5.2	3.0	0.0	1.7	26.0	0.4		青	231	28.6	6.1	6.9	1.7	7.4	26.0	0.4
	弘	214	33.6	5.1	9.8	2.8	1.4	29.4	23.4		弘	214	22.9	9.3	2.3	2.3	4.7	34.6	26.2
	八	283	37.8	4.2	30.7	4.6	3.2	14.5	12.7		八	283	23.0	4.9	26.1	4.6	6.0	21.9	17.0
	秋	576	22.9	5.7	8.2	2.8	3.0	43.6	1.6		秋	576	22.6	6.3	12.2	5.9	4.5	37.0	0.9
	盛	193	62.2	7.3	6.2	4.1	1.6	17.1	0.5		盛	193	46.6	7.3	7.8	3.6	10.4	19.7	1.6
	仙	*	*	*	*	*	*	*	*		仙	*	*	*	*	*	*	*	*
	山	371	20.8	8.4	12.4	3.2	3.8	29.9	1.6		山	371	30.2	13.7	7.8	7.5	9.2	20.8	0.3

第 4 章　合併による広域自治体の地域差──自治会長調査から── 217

表 4.1.15　各種行事の組織主体（つづき）

		N=	自治会	自治会単位の別組織	連合会・自治会	区長会等単位の別組織	その他の地域組織	実施していない	わからない			N=	自治会	自治会単位の別組織	連合会・自治会	区長会等単位の別組織	その他の地域組織	実施していない	わからない
運動会	い	259	15.4	6.6	8.9	6.9	4.6	37.1	1.2	運動会以外の体育活動	い	259	15.1	8.9	5.8	4.2	7.7	30.5	3.1
	福	493	12.4	10.1	18.7	24.1	14.4	13.8	0.6		福	493	12.6	9.5	10.8	19.5	16.0	16.0	1.2
	青	231	10.8	1.7	3.5	0.9	3.0	43.3	0.4		青	231	10.4	4.8	3.0	3.9	4.8	32.0	0.9
	弘	214	10.7	3.3	16.8	24.8	5.6	23.8	18.7		弘	214	5.6	7.5	11.2	22.9	6.5	22.4	28.0
	八	283	13.4	2.8	39.9	24.0	6.4	7.8	11.7		八	283	9.5	4.2	17.3	21.9	7.4	21.6	20.8
	秋	576	10.1	6.3	22.6	17.2	9.2	25.7	0.5		秋	576	10.8	6.9	16.0	21.0	9.5	24.0	0.9
	盛	193	25.4	6.2	16.6	7.8	2.6	29.5	1.0		盛	193	28.0	14.5	10.4	10.9	8.8	19.7	2.1
	仙	*	*	*	*	*	*	*	*		仙	*	*	*	*	*	*	*	*
	山	371	10.2	5.4	36.9	20.2	5.4	12.1	1.3		山	371	11.1	9.7	22.9	19.4	7.8	14.3	0.8
ラジオ体操	い	259	1.9	6.9	0.4	1.9	12.0	41.7	1.5	宿泊旅行	い	259	6.9	7.7	2.3	2.3	6.9	39.4	2.3
	福	493	7.5	11.0	0.6	1.8	12.4	42.8	2.8		福	493	5.7	8.9	4.5	1.8	7.9	46.2	3.4
	青	231	42.9	11.3	0.0	0.9	7.8	16.0	0.4		青	231	8.7	4.3	0.4	0.4	2.6	44.2	1.3
	弘	214	30.8	19.6	5.1	3.7	8.4	16.4	19.6		弘	214	9.3	2.3	3.3	2.8	1.4	47.2	35.0
	八	283	26.1	11.3	4.6	4.6	12.7	23.7	20.5		八	283	8.8	4.9	2.5	1.4	2.5	51.2	30.4
	秋	576	16.1	15.8	5.2	11.1	16.8	22.7	1.4		秋	576	4.0	2.8	1.7	1.6	1.9	64.2	2.6
	盛	193	9.3	11.9	0.0	0.5	14.5	40.4	2.1		盛	193	6.7	8.3	1.0	0.0	4.7	49.2	2.1
	仙	*	*	*	*	*	*	*	*		仙	*	*	*	*	*	*	*	*
	山	371	17.0	19.1	1.9	1.9	14.3	26.1	1.3		山	371	3.8	8.6	4.3	3.5	5.1	42.9	1.3
研修会・講習会	い	259	19.7	4.6	3.5	1.9	7.3	32.4	1.5	映画上映演劇鑑賞	い	259	3.1	1.2	0.8	0.8	2.3	53.3	2.7
	福	493	16.8	5.3	16.8	7.9	8.7	28.4	2.2		福	493	1.4	1.6	0.8	1.2	2.6	61.7	4.7
	青	231	26.8	5.6	11.3	3.5	4.8	19.5	0.0		青	231	1.7	0.0	0.4	1.3	1.3	51.1	0.4
	弘	214	18.7	10.3	22.0	11.2	6.5	13.4	24.3		弘	214	0.9	0.0	1.4	1.9	1.9	55.6	39.3
	八	283	17.0	7.4	11.7	9.2	5.3	31.8	23.7		八	283	2.1	1.1	2.8	1.1	2.5	58.0	33.9
	秋	576	14.1	7.8	13.7	10.8	8.2	31.3	1.7		秋	576	2.3	0.7	1.7	1.7	2.3	64.9	2.8
	盛	193	47.7	14.0	11.4	6.2	4.1	15.0	0.5		盛	193	4.1	3.1	2.6	1.0	3.6	57.0	3.1
	仙	*	*	*	*	*	*	*	*		仙	*	*	*	*	*	*	*	*
	山	371	21.3	7.8	15.1	9.2	5.7	22.1	0.8		山	371	1.1	1.6	2.7	1.6	2.4	53.4	1.6
成人式	い	259	0.8	1.9	2.3	3.1	5.4	46.7	2.7	花見	い	259	3.5	5.8	0.8	1.9	4.6	46.7	3.5
	福	493	0.2	1.2	0.8	1.6	9.5	59.0	3.0		福	493	28.2	7.3	1.2	1.0	6.3	39.8	1.4
	青	231	0.0	1.3	0.4	0.4	3.0	47.2	0.4		青	231	6.5	2.6	0.9	0.4	2.6	47.6	0.9
	弘	214	0.9	0.0	1.4	2.8	3.7	55.6	35.5		弘	214	3.7	3.3	0.9	0.5	3.3	53.7	34.6
	八	283	–	–	1.1	0.7	2.5	61.8	33.9		八	283	20.1	3.5	2.5	1.4	1.8	46.3	25.4
	秋	576	0.3	0.3	0.5	1.0	5.7	67.9	2.1		秋	576	8.2	4.9	1.4	0.5	2.8	60.9	1.9
	盛	193	14.5	2.1	1.0	1.6	5.7	51.8	2.1		盛	193	14.0	6.7	0.0	0.0	4.7	48.2	2.1
	仙	*	*	*	*	*	*	*	*		仙	*	*	*	*	*	*	*	*
	山	371	0.8	0.3	0.5	0.3	4.3	54.4	2.4		山	371	12.7	8.4	1.1	1.6	4.0	43.9	1.1
冠婚葬祭	い	259	8.9	2.7	0.4	0.4	3.9	43.2	4.2										
	福	493	37.3	4.5	0.4	1.0	5.3	30.2	2.8										
	青	231	7.4	0.9	0.4	0.0	2.2	45.0	1.3										
	弘	214	10.7	0.9	0.9	0.0	2.3	49.5	35.5										
	八	283	19.1	–	1.4	0.7	–	49.5	30.0										
	秋	576	5.9	0.7	0.7	0.2	0.9	66.3	2.6										
	盛	193	15.0	0.0	0.0	0.0	1.0	50.8	4.7										
	仙	*	*	*	*	*	*	*	*										
	山	371	17.0	10.5	0.3	0.0	4.3	37.7	1.9										

表 4.1.16　運営上の問題点

	いわき市 N=259	福島市 N=493	青森市 N=231	弘前市 N=214	八戸市 N=283	秋田市 N=576	盛岡市 N=193	仙台市 N=1,170	山形市 N=371
役員のなり手不足	59.8	59.8	68.8	73.4	81.3	64.4	74.1	70.3	65.0
会員の高齢化	49.0	58.6	60.6	56.1	72.4	60.8	63.7	*	60.4
行事への参加の少なさ	38.6	48.7	58.9	63.6	67.1	52.4	66.3	63.4	53.4
日中、留守の世帯が多い	24.7	22.5	31.2	17.3	13.8	7.3	18.1	35.5	22.4
予算の不足	22.8	16.2	16.5	19.6	19.4	12.5	9.8	14.2	16.7
未加入世帯の増加	20.8	9.3	23.8	16.8	35.7	3.0	8.3	*	9.7
ルールを守らない	16.6	19.5	35.5	21.0	20.5	9.0	26.9	*	30.5
加入世帯の家族構成が把握できず	16.2	12.4	22.1	20.6	20.1	7.3	20.2	*	16.4
集会施設がない／狭い／不便	15.1	20.3	26.4	21.5	18.0	9.4	20.2	17.7	22.4
行政との関係	14.7	14.4	17.3	13.1	19.1	7.1	34.7	41.0	12.4
他の自治会との交流が少ない	13.5	*	*	11.2	13.4	*	*	*	*
行政以外の団体との関係	10.4	14.6	19.0	10.7	25.4	11.1	19.7	6.3	14.6
世代間のズレ	10.4	10.3	12.1	8.9	8.5	4.3	12.4	14.8	6.7
運営の経験や智恵が足りない	9.3	9.9	10.0	6.1	7.4	3.5	6.7	5.3	7.3
まとめ役がいない、力不足	7.7	*	*	7.9	10.2	*	*	*	*
構成世帯数の少なさによる障害	6.2	4.5	7.8	5.6	5.3	3.1	5.7	*	9.4
伝えるべき情報が伝わらない	4.2	*	*	3.3	2.1	*	*	*	*
単身世帯数の多さによる障害	2.7	3.7	7.8	3.3	3.9	2.8	9.8	*	12.4
住民間の摩擦	2.7	3.0	11.3	3.7	4.2	1.7	1.0	3.5	4.0
どんな情報を伝えればよいか不明	1.5	*	*	0.5	1.4	*	*	*	*
役員内のあつれき	0.8	1.4	3.5	1.4	0.4	0.3	2.6	2.3	2.2
政治や選挙の相談・依頼事	0.8	1.8	1.7	0.5	0.4	0.0	1.6	2.0	4.6
自治会の財産をめぐるトラブル	0.8	0.4	0.4	0.0	0.7	0.2	0.0	*	1.6
家族世帯数の多さによる障害	0.0	1.0	1.3	0.0	1.1	0.9	0.5	4.9	1.9
その他	6.9	3.9	4.8	5.6	9.2	4.5	11.4	6.0	5.7
困っていることはない	3.9	8.3	3.0	3.3	1.8	4.5	2.1	5.6	3.2

(3) 運営上の問題点

　ここまでいわき市自治会の日常活動および行事の実施状況を確認した。わかることは、諸環境の変化にもかかわらず、他都市の自治会・町内会で一部の機能を単位自治会から自治会連合会や区長会に移しつつある中で、単位自治会が地域の活動の担い手として中心的な存在であることである。ただ、過去の報告

でも示したように[8]、これまでの自治会で抱える問題とは「予算の不足」や「集会施設の未整備／不足」が大勢であったが、調査時点では「役員のなり手不足」（59.8％）、「会員の高齢化」（49.0％）、「行事への参加の少なさ」（38.6％）、などである（表4.1.16）。このようにいわき市自治会においても運営上の問題を起点とした活動組織としての変容が生じているといえる。

1.1.4 自治会長の属性

最後に自治会運営の中心となる会長の属性を確認する。

まず性別であるが（表4.1.17）、9割以上が男性であり、これは他の都市でも同様である。年齢について、60歳代以上によって占められているのはどの市でも共通の現象である（全体の9割）ものの、他都市の比較では、いわき市は「60歳代」（52.1％）が半数以上であり、いわき市の自治会長はやや若い人が多い。家族構成をみると、いわき市は核家族の比率が他都市と比べて高いといえる。居住形態は「一戸建て持家」層が9割強であるのは100万都市である仙台市を除いた共通の傾向である。会長の居住開始時期で「戦前から」が半数に近いのは山形市と同じである。会長在任年数について、どの市でもボリューム層は「2〜5年」（いわき：37.8％、福島：35.7％）であるが、いわき市で次に多いのは「0〜1年」（いわき：32.4％、福島：33.1％）であり、これは調査時の2010年前後において会長の世代交代があったのではなかろうか。自治会長の選出方法は「前会長からの指名」（32.0％）は弘前市を除いた他都市と比べても高い割合といえる（表4.1.18）。任期が「2年」（66.0％）に多いのは他都市と同様である。最後に町内会長の兼職状況をみると（表4.1.19）、現在については「区長会・自治会連合会役員」（31.3％）、「防犯協会役員」（29.3％）、「社会福祉協議会役員」（17.4％）、「交通安全協会役員」（14.3％）が多いのは他都市と同様である。

以上、福島市調査を始めとした東北6県で実施した自治会・町内会等調査の結果を比較させながらいわき市の自治会の動向を概観した。仙台市、盛岡市を始め、近年に連合組織を立ち上げた八戸市と異なり、単位自治会が（これらの都市と比べて相対的に）活動の中心となるいわき市でも問題解決の場としての機能を自治会に定位させたいという想いは同じ方向にあるものと考えられる。

表 4.1.17 会長の社会的性格

性別	いわき市 N=259	福島市 N=493	青森市 N=231	弘前市 N=214	八戸市 N=283	秋田市 N=576	盛岡市 N=193	仙台市 N=1,170	山形市 N=371
男性	95.4	94.9	97.8	96.7	96.5	97.7	95.9	92.1	98.4
女性	1.5	2.4	1.7	1.9	3.2	2.1	3.6	6.2	0.8
無回答	3.1	2.6	0.4	1.4	0.4	0.2	0.5	1.6	0.8
年齢	いわき市	福島市	青森市	弘前市	八戸市	秋田市	盛岡市	仙台市	山形市
20歳代	0.0	0.2	0.0	0.0	0.0	0.0	0.0	0.3	0.3
30歳代	0.0	0.4	0.0	0.5	0.4	0.9	1.6	1.5	0.3
40歳代	1.2	1.8	1.3	1.9	0.7	2.6	2.6	3.1	0.5
50歳代	4.6	9.1	8.7	8.4	6.4	9.4	7.8	9.1	4.6
60歳代	52.1	41.0	29.0	35.0	46.6	47.4	37.3	28.8	43.7
70歳代	34.4	39.4	53.2	44.9	39.9	35.4	41.5	45.2	45.3
80歳代以上	4.6	5.7	7.4	7.5	5.7	4.2	8.3	10.2	4.3
無回答	3.1	2.4	0.4	1.9	0.4	0.2	1.0	1.8	1.1
家族	いわき市	福島市	青森市	弘前市	八戸市	秋田市	盛岡市	仙台市	山形市
非高齢者のみ核家族	10.8	14.0	17.3	14.5	18.4	18.1	17.1	*	11.6
高齢者のみの核家族	27.0	30.0	32.9	25.7	30.7	33.5	39.9	*	36.4
非高齢+高齢者親族	39.0	34.1	30.3	36.0	34.6	31.4	23.3	*	28.8
非高齢者単身	0.8	1.8	1.3	0.0	0.7	1.6	2.1	*	0.3
高齢者単身	3.1	3.2	2.2	2.8	3.9	3.1	2.1	*	1.6
二世帯以上	12.0	11.4	12.6	16.4	9.2	10.4	11.4	*	16.7
その他	1.2	1.2	1.3	0.5	1.4	0.9	2.6	*	2.2
無回答	6.2	4.3	2.2	4.2	1.1	1.0	1.0	*	2.4
居住形態	いわき市	福島市	青森市	弘前市	八戸市	秋田市	盛岡市	仙台市	山形市
持家（一戸建て）	92.3	91.1	93.5	92.5	95.8	94.8	91.7	79.3	93.8
持家（集合住宅）	1.2	1.4	1.7	1.4	1.1	1.2	3.1	10.0	1.3
公営の借家・住宅	1.9	4.1	3.9	2.8	2.1	2.3	3.6	5.7	3.2
民間の借家・住宅	0.4	0.2	0.4	0.5	0.7	0.7	0.5	1.4	0.5
その他	1.2	0.8	0.0	0.9	-	0.9	0.5	1.5	0.3
無回答	3.1	2.4	0.4	1.9	0.4	0.2	0.5	2.1	0.8
居住開始時期	いわき市	福島市	青森市	弘前市	八戸市	秋田市	盛岡市	仙台市	山形市
戦前から	48.2	31.2	32.4	32.3	30.0	31.2	27.5	18.1	45.8
昭和20年代から	6.2	7.9	7.8	13.1	9.2	8.2	8.3	9.3	9.2
昭和30年代から	8.5	8.5	10.8	6.1	11.0	8.2	9.3	12.6	6.5
昭和40年代から	10.4	19.9	18.6	14.0	14.5	17.7	17.1	18.5	14.8
昭和50年代から	9.3	14.4	13.0	14.0	12.4	13.9	16.6	15.9	12.7
昭和60年代から	6.2	6.1	10.0	8.9	13.4	9.4	9.3	11.1	3.8
平成7年以降から	6.9	8.7	5.6	9.8	8.8	10.4	10.4	12.1	5.1
わからない	0.8	0.2	0.4	0.0	-	0.9	0.0	2.4	0.0
無回答	3.5	3.0	1.3	0.9	0.4	0.2	1.6	0.2	
在任年数	いわき市	福島市	青森市	弘前市	八戸市	秋田市	盛岡市	仙台市	山形市
0〜1年	32.4	33.1	11.3	11.2	12.0	25.2	11.4	19.3	15.9
2〜5年	37.8	35.7	40.3	40.2	34.3	38.7	42.5	32.7	50.1
6〜10年	13.1	14.8	25.1	25.7	27.9	21.0	28.5	21.3	19.9
11〜15年	4.6	7.7	9.5	7.5	11.7	7.8	6.2	9.1	5.1
16〜20年	0.8	1.6	4.8	5.6	7.4	2.8	3.1	5.8	1.9
21年以上	4.2	1.4	4.8	1.4	4.9	3.5	3.1	4.8	1.1
無回答	6.9	5.7	4.3	8.4	1.8	1.0	5.2	7.0	5.9

表 4.1.18 会長の選出方法と任期

選出方法	いわき市 N=259	福島市 N=493	青森市 N=231	弘前市 N=214	八戸市 N=283	秋田市 N=576	盛岡市 N=193	仙台市 N=1,170	山形市 N=371
総会で立候補	5.0	0.6	4.3	6.5	0.7	1.7	1.0	19.7	0.5
総会の話し合いで推された	21.2	20.3	28.1	42.1	50.5	30.0	17.1	*	13.5
役員会での互選	22.8	13.0	29.0	31.8	48.8	13.7	31.1	23.7	25.1
選考委員会等による推薦	28.2	22.5	10.4	14.5	17.7	18.9	24.9	37.0	25.9
前会長からの指名	32.0	16.6	20.8	33.6	16.3	16.3	16.6	6.1	17.3
持ち回り（当番制）	13.5	20.3	1.3	4.2	9.9	9.0	6.7	*	7.0
抽選（くじ引き）	0.8	1.6	0.4	0.0	0.7	1.6	0.0		0.0
その他	2.3	2.8	2.6	1.9	4.9	6.4	2.1	8.1	7.8
無回答	5.0	2.2	3.0	1.4	1.4	2.3	0.5	4.4	3.0
任期	いわき市	福島市	青森市	弘前市	八戸市	秋田市	盛岡市	仙台市	山形市
半年	0.0	0.8	0.0	0.9		0.0	0.0	*	0.3
一年	20.8	27.4	9.5	8.9	15.2	21.4	17.6		14.3
二年	66.0	65.1	81.0	82.7	73.1	66.7	74.6		77.6
三年	1.9	1.0	3.9	1.4	2.5	4.3	3.1		3.0
三年より長い	1.2			0.5	1.1	6.4	1.0		
決まっていない	5.0	4.3	5.6	5.6	7.8	0.0	3.1		4.3
わからない	0.0	0.4	0.0	0.0	0.4	1.2	0.0		0.0
無回答	5.0	1.0	*	*		*	0.5	*	0.5

1.2 自治会の活動資源

本節では、自治会とその活動全般を活動と会長（人的）という二つの資源の総体と捉え、自治会を活性化させるためのインプット→資源の要因を探ることにする。具体的には、自治会の資源を2軸と四つのセグメントで示した松本・吉原（2009）、松本（2010）、松本（2011）と同様な操作をいわき市の結果にも適用し、考察を行う。

以下で論じる自治会を資源でみる考え方と、その変数の操作方法について、松本・吉原（2009）を用いて説明する（これらの記述は松本（2011）と同じである）。

まず、自治会の「活動個数」と「組織・団体個数」を「多」「中」「少」の3つに分けて、図4.1.2の左側にある九つのセグメントをつくる。それを「活動個数×組織・団体個数」の合成変数とみなし、「多」「中」「少」をそれぞれ「1 or 2 or 3」「4 or 5 or 6」「7 or 8 or 9」として、この変数と「加入世帯数」によるマトリックスを作成する（図4.1.2の右側）。この「活動個数×組織・団体

表 4.1.19　兼職状況（現在）

現在	いわき市 N=259	福島市 N=493	青森市 N=231	弘前市 N=214	八戸市 N=283	秋田市 N=576	盛岡市 N=193	仙台市 N=1,170	山形市 N=371
区長会・自治会連合会役員	31.3	39.1	38.1	48.1	66.8	42.7	44.0	*	50.4
防犯協会役員	29.3	21.9	34.2	19.6	25.1	20.7	24.4	*	17.8
社会福祉協議会役員	17.4	26.8	60.2	46.3	32.9	30.6	27.5	38.9	36.9
交通安全協会役員	14.3	22.7	28.1	20.6	26.5	17.9	20.2	*	10.8
体育協会役員	10.4	25.2	3.0	17.3	19.1	19.4	6.7	16.7	13.7
共同募金会役員	8.5	3.2	23.8	4.7	2.8	8.5	4.7	*	4.9
議員後援会役員	8.1	7.5	8.7	4.7	7.1	9.2	8.8	*	7.5
民生・児童委員	6.9	4.3	9.1	6.5	14.5	5.0	6.2	7.0	4.6
町内の趣味余暇集団の世話人	6.6	9.1	7.4	7.0	5.7	5.9	7.8	20.9	8.9
老人クラブ役員	5.4	7.3	17.3	12.1	11.3	4.5	13.0	*	5.1
宗教団体役員	5.4	9.7	6.5	3.7	4.9	5.6	5.2	6.6	6.7
PTA役員	5.0	1.6	6.1	3.3	6.0	3.3	3.6	17.6	3.5
商工会・商店会役員	5.0	3.0	3.5	1.9	4.2	1.9	3.1	*	3.2
青年団役員	3.9	0.2	0.4	0.0	0.4	0.2	0.5	*	1.1
消防団役員	3.5	1.4	1.3	1.4	3.5	2.1	5.2	*	2.4
消防後援会役員	3.1	11.0	5.6	5.6	2.1	4.7	46.1	*	12.1
公園愛護会役員	3.1	1.8	6.5	0.9	1.8	5.6	9.3	*	12.4
NPO・ボランティア組織役員	1.9	4.3	4.3	2.3	2.8	3.1	9.3	2.7	3.2
政治団体役員	1.2	2.6	3.5	0.5	1.4	1.9	4.7	2.8	0.8
婦人会役員	0.0	0.2	0.4	0.9	0.4	0.0	1.0	*	0.0
日赤奉仕団団長	0.0	0.2	5.2	0.9	0.7	0.7	1.6	*	1.9
青少年生活指導協議会役員	*	*	8.7	6.5	17.3	*	*	*	*
その他	8.1	7.7	6.5	13.6	11.0	6.4	11.9	15.7	*
無回答		1.0				0.5		21.8	0.5

個数」×「加入世帯数」における「多」「中」「少」をそれぞれ「1 or 2 or 3」「4 or 5 or 6」「7 or 8 or 9」にして、以下の三つの活動資源・セグメントとする。

　まずは活動資源の分布を確認する。いわき市の活動資源は、多：18.5%、中：26.3%、少：53.3%、不明：1.9% である。

　次に資源別でみた自治会発足時期であるが（表 4.1.20）、全体では 1940 年代以前に発足した自治会が多い。資源別でみると、「多」であるのは「60 年代」（12.5%）の高度経済成長期に発足した自治会や新興住宅地が形成された「80 年代」（16.7%）である[9]。

　それでは現在、自治会はどのような目的があるのだろうか（表 4.1.21）。「住

第4章 合併による広域自治体の地域差――自治会長調査から―― 223

表 4.1.19 兼職状況（過去）

過去	いわき市 N=259	福島市 N=493	青森市 N=231	弘前市 N=214	八戸市 N=283	秋田市 N=576	盛岡市 N=193	仙台市 N=1,170	山形市 N=371
自治会役員	46.7	31.6	31.6	68.7	67.1	26.9	40.9	＊	25.3
区長会・自治会連合会役員	7.7	5.9	5.6	10.3	14.5	7.3	13.5	＊	11.3
PTA役員	26.6	23.1	21.6	23.4	30.7	19.8	22.3	＊	34.2
消防団役員	15.8	8.5	5.2	6.5	8.5	4.3	3.6	＊	12.1
青年団役員	12.4	7.3	6.9	6.5	2.8	5.7	9.8	＊	11.9
交通安全協会役員	10.8	12.6	8.7	12.6	16.6	13.0	8.8	＊	12.1
体育協会役員	9.7	19.3	3.9	14.0	16.3	13.5	4.7	＊	15.4
防犯協会役員	9.3	7.3	9.5	7.5	11.3	6.6	6.2	＊	6.7
議員後援会役員	8.9	8.9	9.1	6.5	6.4	6.9	9.3	＊	6.7
社会福祉協議会役員	6.9	6.1	15.2	17.3	8.1	6.8	8.8	＊	10.8
町内の趣味余暇集団の世話人	6.6	7.5	3.9	5.6	5.7	6.4	8.3	＊	4.9
宗教団体役員	5.0	5.7	3.5	3.3	2.8	2.8	1.0	＊	3.2
民生・児童委員	4.6	4.5	10.0	10.7	11.3	4.7	8.8	＊	5.9
老人クラブ役員	3.9	4.3	5.2	8.4	3.9	2.4	9.3	＊	3.0
商工会・商店会役員	3.9	4.1	5.6	1.9	4.6	2.3	5.7	＊	4.0
共同募金会役員	3.1	1.8	5.2	2.3	1.1	3.5	1.0	＊	1.6
NPO・ボランティア組織役員	2.3	3.7	2.6	2.8	2.8	1.6	3.6	＊	1.9
公園愛護協会役員	1.5	0.4	1.7	0.5	-	1.6	1.6	＊	1.1
政治団体役員	1.5	2.8	3.0	2.8	2.8	2.6	4.1	＊	0.5
消防後援会役員	0.8	4.1	1.7	2.3	1.4	2.3	9.8	＊	3.5
婦人会役員	0.0	1.0	1.3	0.5	0.4	0.7	1.6	＊	0.5
日赤奉仕団団長	0.0	0.6	1.7	1.4	-	0.9	0.5	＊	0.8
青少年生活指導協議会役員	＊	＊	6.1	9.3	10.6	＊	＊	＊	＊
その他	3.1	4.7	4.8	9.8	5.7	3.6	5.2	＊	＊
無回答		39.6		15.0	8.5	45.3		＊	33.2

図 4.1.2 セグメントの考え方

表 4.1.20　自治会の発足した時期

	全体	1940年代以前	1950年代	1960年代	1970年代	1980年代	1990年代	2000年代	わからない
合計	259	49.0	6.2	6.9	4.2	5.8	3.5	2.3	19.7
多	48	45.8	6.3	∴ 12.5	2.1	▲ 16.7	▲ 10.4	4.2	▼ 2.1
中	68	48.5	∵ 1.5	10.3	7.4	5.9	2.9	-	22.1
少	138	50.7	8.0	↓ 2.9	3.6	↓ 2.2	∵ 1.4	2.9	∴ 24.6

表 4.1.21　自治会の主な目的

	全体	住民同士の親睦をはかる	町内の生活上の問題を共同解決する	行政等への働きかけ・陳情	行政等との連絡・調整	共有地、共有施設の管理	マンションや団地の管理組合として	その他
合計	259	79.2	77.6	78.0	83.0	33.6	2.3	2.3
多	48	△ 91.7	↑ 87.5	85.4	77.1	41.7	↑ 6.3	4.2
中	68	82.4	80.9	83.8	86.8	33.8	-	1.5
少	138	∵ 74.6	∵ 72.5	∵ 73.2	84.1	30.4	2.2	1.4

民同士の親睦」(79.2%)が一番多く、次いで「生活上の問題を共同解決」(77.6%)であり、いわき市における自治会の位置づけは、他の市と同様に住民同士の交流を通じて問題解決を図る場と捉えられていることがわかる。資源別でみると、「多」の自治会で特徴的なのは「住民同士の親睦」(91.7%)、「生活上の問題を共同解決」(87.5%)や「マンション・団地の管理組合」(6.3%)であり、活動資源が高い自治会ほど、親睦のほかに問題解決という高度の機能を求めているといえる。

いわき市の自治会への世帯加入率について確認する(表4.1.22)。「全戸加入」は32.8%であり、3割程度と低い。加入率の全体平均(注:回答者ベースで集計)は91.9%である。

資源別にみると、「多」で特に多いのは「90%以上」(52.1%)であり、むしろ「全戸加入」(16.7%)は全体平均よりも小さいことがわかる。一方で「少」は「全戸加入」(40.6%)が一番多く、全戸加入自治会で活動資源が少ないという傾向は他市と同様である。「中」のボリュームゾーンが「90%以上」(33.8%)であることを考慮すると、加入への強制力が大きくなるにつれて、自治会活動への意欲が低下することを示している。

自治会を構成している住居形態をみると(表4.1.23)、全体で一番多いのは「一戸建て」(81.9%)、次いで「集合住宅(家族向け)」(20.8%)である。資源別の特徴は、「多」で「集合住宅(家族向け)」(41.7%)や「集合住宅(単身向け)」

第4章　合併による広域自治体の地域差——自治会長調査から——

表 4.1.22　自治会の世帯加入率

| | 全体 | 全戸加入 | 自治会への世帯加入率 | | | | | 世帯加入率 | |
			90％以上加入	70〜90％加入	50〜70％加入	30〜50％加入	30％未満	わからない	全体	平均
合計	259	32.8	39.4	18.1	3.9	0.4	0.4	2.7	246	91.91
多	48	▽16.7	↑52.1	20.8	4.2	-	-	2.1	45	91.00
中	68	30.9	33.8	22.1	5.9	∴1.5	-	∴5.9	64	∵90.08
少	138	↑40.6	38.4	15.9	2.9	-	0.7	1.4	136	93.05

表 4.1.23　自治会における建物・土地の特色

	全体	一戸建て	田畑	集合住宅（家族）	商店	事業所	集合住宅（単身）	工場	その他
合計	259	81.9	31.3	20.8	8.5	7.7	5.4	3.1	5.4
多	48	87.5	↓18.8	▲41.7	12.5	6.3	△12.5	6.3	4.2
中	68	86.8	35.3	23.5	5.9	↑13.2	7.4	4.4	4.4
少	138	79.7	34.8	▽13.0	8.7	5.8	▽1.4	1.4	6.5

表 4.1.24　自治会における人口変化

	全体	大いに増加	やや増加	あまり変化はない	やや減少	大いに減少	その他
合計	259	4.2	12.0	29.3	37.5	13.5	-
多	48	▲14.6	△22.9	25.0	31.3	↓4.2	-
中	68	4.4	11.8	↑39.7	33.8	10.3	-
少	138	▽0.7	8.7	26.1	∴42.8	↑18.8	-

（12.5％）、「中」で「事業所」（13.2％）、「少」についてはほぼ平均的な分布であった。

　自治会内の人口変化をみると（表4.1.24）、「大いに＋やや増加」は16.2％である。資源別では、「多」の自治会で増加傾向（「大いに＋やや増加」37.5％）である一方で、「少」では減少傾向（「大いに減少」18.8％）にあり、これも他の市と同様に新たな構成員の流入が自治会活動の活性化につながっている傾向が見受けられる。

　新旧住民の割合については（表4.1.25）、いわき市全体では「古くからの地付き世帯がほとんど＋古くからの地付きの世帯のほうが多い」（63.0％）であるなかで、活動資源が「多」の自治会では「古くからの地付き世帯がほとんど（25.0％）」が全体よりも少ないが、「少」では44.2％と多い。このことからいわき市も「古くからの地付き世帯」が多い自治会ほど、活動資源が「少」となる傾向にある。「多」の「外からの新しい世帯がほとんど」（16.7％）をみても、

表 4.1.25　自治会における新旧住民の割合

	全体	古くからの地付きの世帯がほとんど	古くからの地付きの世帯のほうが多い	同じくらい	外からの新しい世帯のほうが多い	外からの新しい世帯がほとんど
合計	259	34.4	28.6	12.0	13.5	8.1
多	48	∴ 25.0	22.9	↑ 20.8	14.6	△ 16.7
中	68	↓ 23.5	↓ 19.1	∴ 17.6	▲ 29.4	8.8
少	138	△ 44.2	↑ 35.5	▽ 6.5	▼ 5.8	∵ 4.3

表 4.1.26　自治会における運営上の困りごと

	全体	自治会の役員のなり手不足	会員の高齢化	自治会行事への住民の参加の少なさ	日中、留守の世帯が多い	予算の不足	未加入世帯の増加	自治会のルールを守らない住民の存在
合計	259	59.8	49.0	38.6	24.7	22.8	20.8	16.6
多	48	62.5	∴ 60.4	∴ 47.9	27.1	▽ 8.3	∴ 29.2	△ 29.2
中	68	64.7	∴ 41.2	41.2	∴ 32.4	23.5	△ 32.4	∴ 23.5
少	138	57.2	50.0	34.8	20.3	∴ 28.3	▽ 13.0	∵ 9.4

	全体	加入世帯の家族構成が把握できない	集会施設がない／狭い／不便	行政との関係（依頼の多さ等）	他の自治会との交流が少ない	行政以外の団体との関係（負担金等）	世代間のズレ	運営のための経験や智恵が足りない
合計	259	16.2	15.1	14.7	13.5	10.4	10.4	9.3
多	48	20.8	∴ 22.9	20.8	12.5	12.5	△ 20.8	4.2
中	68	20.6	11.8	13.2	16.2	▽ 2.9	10.3	13.2
少	138	13.0	14.5	13.8	13.0	▽ 13.8	7.2	9.4

	全体	まとめ役がいない、力不足	構成世帯数の少なさによる障害	伝えるべき情報が伝わっていない	単身世帯数の多さによる障害	住民間の摩擦	どんな情報を伝えればよいかわからない	困っていることはない
合計	259	7.7	6.2	4.2	2.7	2.7	1.5	3.9
多	48	4.2	4.2	6.3	∴ 6.3	△ 8.3	-	-
中	68	10.3	∵ 1.5	7.4	2.9	-	↑ 4.4	2.9
少	138	8.0	∴ 9.4	2.2	1.4	2.2	0.7	5.8

構成員にある程度の流動性はあった方が、自治会の活動が活発になることを意味している。

　自治会運営上の困りごとをみると（表 4.1.26）、他の市とほぼ同様に「役員のなり手不足」(59.8%)、「会員の高齢化」(49.0%)、「行事への住民の参加が少ない」(38.6%)、の三項目が高い結果となっている。資源別での特徴をあげると、「多」では「会員の高齢化」(60.4%)、「住民の参加の少なさ」(47.9%)、「未加入世帯の増加」「ルールを守らない住民の存在」(29.2%) 等、多数ある。「中」については、「留守の世帯が多い」「未加入世帯の増加」(32.4%) 等がある中で、「どんな情報を伝えればよいかわからない」(4.4%) といった情報共有と発信に関する項目が多い。「少」は「予算の不足」(28.3%)、「行政以外の団体との関

第4章　合併による広域自治体の地域差——自治会長調査から——　227

表 4.1.27　自治会活動内容

	全体	街灯等の設備管理	地域の清掃美化	ごみ処理収集協力	集会所等の施設管理	資源・廃品回収	公園・広場の管理	私道の管理	防犯パトロール
合計	259	80.7	78.4	73.0	64.5	56.4	49.8	27.4	26.6
多	48	▲97.9	▲97.9	∴83.3	↑77.1	▲75.0	▲75.0	▲50.0	▲54.2
中	68	79.4	79.4	67.6	70.6	50.0	∴58.8	32.4	▲44.1
少	138	∴75.4	▽71.0	71.0	↓56.5	52.2	▼37.0	▽18.1	▼8.0
差（多-少）		22.5	26.9	12.3	20.6	22.8	38.0	31.9	46.2

	全体	高齢者福祉	交通安全対策	防火パトロール	青少年教育・育成	学童保育の支援	バザー	乳幼児保育の支援
合計	259	23.6	19.7	18.1	15.4	14.3	5.8	3.9
多	48	▲52.1	▲50.0	▲43.8	▲35.4	▲31.3	△12.5	△10.4
中	68	27.9	22.1	22.1	↑23.5	17.6	7.4	5.9
少	138	▼10.9	▼7.2	▼7.2	▼5.1	▽7.2	↓2.2	↓0.7
差（多-少）		41.2	42.8	36.6	30.3	24.1	10.3	9.7

表 4.1.28　自治会の実施行事

	全体	自治会の総会	神社祭礼	新年会・忘年会	研修会・講習会	盆踊り・夏祭り	運動会	運動会以外の体育活動
合計	259	84.6	47.1	27.4	19.7	19.3	15.4	15.1
多	48	△97.9	52.1	△41.7	▲35.4	▲37.5	△27.1	↑25.0
中	68	85.3	44.1	25.0	↑27.9	22.1	16.2	20.6
少	138	↓79.0	47.1	∴21.7	▼9.4	▼10.1	∴10.9	▽7.2
差（多-少）		18.9	5.0	20.0	26.0	27.4	16.2	17.8

	全体	食事会・飲み会	冠婚葬祭	宿泊旅行	花見	映画上映・演劇鑑賞	ラジオ体操	成人式
合計	259	12.4	8.9	6.9	3.5	3.1	1.9	0.8
多	48	16.7	↑16.7	∴12.5	2.1	4.2	2.1	2.1
中	68	10.3	8.8	△13.2	2.9	△7.4	1.5	-
少	138	12.3	6.5	▽1.4	4.3	0.0	1.4	0.7
差（多-少）		4.4	10.2	11.1	-2.2	4.2	0.7	1.4

係」(13.8%)、「構成世帯数の少なさによる障害」(9.4%) となっており、資源別に共通の問題がある中で、こうした差異も存在する。

次に自治会の活動内容について確認する（表 4.1.27）。この変数は活動資源に組み込まれているため、視点を少し変えて資源の多寡による差をみることにする。

いわき市の自治会で実施している活動に多いのは、「街灯等の設備管理」(80.7%)、「地域の清掃美化」(78.4%)、「ごみ処理収集協力」(73.0%) といずれも7割以上であり、これらの項目が上位なのは、福島市や盛岡市等の他市の調査結果と同様な傾向である。

活動資源による差が大きいものをみると、「防犯パトロール」(36.6pt)、「交

表 4.1.29 自治会予算

	収入（総額）		支出（総額）	
	全体	千円	全体	千円
合計	189	2264.37	181	1938.40
多	38	▲4243.82	37	▲3661.81
中	52	2453.54	51	2166.02
少	96	▼1384.73	91	▼1111.16

表 4.1.30 自治会構成組織

	全体	子供会育成会	氏子会・檀家組織	防犯協会	老人クラブ	民生・児童委員会	消防団（分団）	婦人会	青年団
合計	259	14.3	12.0	10.4	10.0	8.9	8.5	7.3	6.2
多	48	▲41.7	△22.9	▲29.2	▲25.0	▲29.2	△18.8	▲27.1	▲18.8
中	68	13.2	14.7	14.7	13.2	8.8	10.3	5.9	8.8
少	138	▼4.3	▽6.5	▼2.2	▼2.9	▼2.2	▽3.6	▼0.7	0.0
差（多−少）		37.4	16.4	27.0	22.1	27.0	15.2	26.4	18.8

	全体	体育協会	社会福祉協議会	少年補導委員会	農協・漁業	講	商工会・商店会	生協	その他
合計	259	5.0	4.6	2.7	1.5	1.5	1.2	0.4	0.8
多	48	↑10.4	8.3	▲10.4	2.1	2.1	↑4.2	↑2.1	2.1
中	68	∴8.8	↑8.8	2.9	2.9	-	-	-	1.5
少	138	↓1.4	▽0.7	0.0	0.7	2.2	0.0	0.0	0.0
少	138	9.0	7.6	10.4	1.4	-0.1	4.2	2.1	2.1

通安全対策」(42.8pt)、「高齢者福祉」(41.2pt)であり、いずれもふだんの生活のリスクまわりに関わることである。

　自治会で実施している行事をみると（表4.1.28）、「自治会の総会」が84.6%と一番多く、ついで「神社祭礼」は47.1%であり、他は3割にも満たない数値である。資源別では「多」と「少」の落差が顕著であるが、特に大きいのは「盆踊り・夏祭り」(27.4pt) や「研修会・講習会」(26.0pt) 等のイベントである。

　自治会の予算をみていくと（表4.1.29）、回答者ベースでは年間収入は226万円、支出は194万円である。他市の調査において活動資源の多寡と予算規模に相関があるように、いわき市でも同様の傾向（収入では多：424万円、中：245万円、少：138万円、支出では多：366万円、中：217万円、少：111万円）が確認できる。

　自治会でどんな組織が構成されているのだろうか。表4.1.30によれば、一番多いのは「子供会育成会」(14.3%) であり、次いで「氏子会・檀家組織」(12.0%)、「防犯協会」(10.4%) である。他に「老人クラブ」、「民生・児童委員

第4章　合併による広域自治体の地域差──自治会長調査から──　　229

表 4.1.31　自治会情報発信状況

	全体	国や自治体が発行する広報誌の内容	役員会、例会、総会に関する情報	防犯に関する情報	防災に関する情報	まちづくり全般に関する情報	婦人会、老人会などに関する情報	冠婚葬祭に関する情報	セールなどの近隣の買い物情報
合計	259	79.9	76.8	61.0	59.5	44.4	25.5	20.1	4.6
多	48	↑89.6	△89.6	▲81.3	▲81.3	∴54.2	△39.6	∴29.2	6.3
中	68	82.4	80.9	∴69.1	∴67.6	38.2	25.0	14.7	2.9
少	138	76.1	↓70.3	▼50.0	▼47.8	44.2	21.0	18.8	5.1

表 4.1.32　市からの広報配布・依頼業務

	全体	当然のこととして積極的に協力している	果たすべき義務として協力している	最低限のことのみ協力している	原則として協力していない
合計	259	49.3	33.3	1.9	1.9
多	48	46.5	27.9	2.3	2.3
中	68	55.4	28.6	1.8	1.8
少	138	46.7	39.0	1.9	1.0

会」、「婦人会」、「消防団（分団）」等についても、資源が多いところほど構成されており、組織構成率が資源の多寡に依存するのは他の市も同様である。

次に自治会独自の情報発信についてみると（表4.1.31）、「国や自治体が発行する広報誌の内容」（79.9%）、「役員会等に関する情報」（76.8%）、「防犯に関する情報」（61.0%）、「防災に関する情報」（59.5%）が約6割以上となっている。資源が多いところほど様々な情報を発信しており、「中」において「防犯・防災」に関しては積極的に行っており、こうした情報発信は資源形成に関係があるといえる。

市からの広報に関する連携への考え方をみると（表4.1.32）、「当然のこととして積極的に協力している」が約5割となっているが、資源別では差がなく、市との情報発信の連携に関しては温度差がみられないことがわかる。

こうした情報伝達や共有に関する自治会長の評価はどうなっているだろうか（表4.1.33）。全体でみると、「十分に伝達・共有されている」が26.6%、「伝達や共有されている」が51.0%と8割近くが現状の伝達・共有を評価していることがうかがえる。また、資源別では差がない。

これまで自治会における基礎的な活動やそれを裏付ける組織形成、予算規模などを概観してきたが、次は「防犯」、「安全・安心まちづくり」、「防災」、「高齢者福祉」等といった視点による地域づくりへの取組状況について確認する。

表 4.1.33 情報伝達や共有の評価

	全体	十分に伝達・共有されている	伝達が共有されている	あまり伝達・共有されてない	まったく伝達・共有されてない
合計	259	26.6	51.0	13.5	0.4
多	48	31.3	47.9	16.7	-
中	68	27.9	51.5	14.7	-
少	138	23.9	52.2	12.3	0.7

表 4.1.34 防犯に向けた組織的取組

	全体	防犯灯・街路灯の設置	回覧板やチラシによる防犯情報の共有	防犯パトロールの実施	小・中学校との情報交換	声かけの実施	公園等の見通し、見晴らしの改善
合計	259	80.3	63.7	43.2	39.4	30.9	18.9
多	48	△91.7	70.8	▲68.8	▲64.6	▲50.0	△31.3
中	68	83.8	69.1	▲58.8	45.6	35.3	△29.4
少	138	↓74.6	∵58.0	▼25.4	▼26.8	▽21.7	▼9.4

	全体	防犯セミナー・講習会等への参加	不審者に遭遇したときの連絡先・駆け込み先	防犯マップの作成	監視カメラの設置	携帯電話やネットによる防犯情報の共有	ひとつもない
合計	259	14.7	14.3	3.9	3.5	2.7	3.1
多	48	▲35.4	∵20.8	6.3	4.2	-	-
中	68	11.8	19.1	4.4	△8.8	4.4	-
少	138	▽8.0	↓8.7	2.9	↓0.7	2.9	↑5.8

防犯の組織的な取組として多いのは（表 4.1.34）、「防犯灯・街路灯の設置」(80.3%)、「防犯の情報の共有」(63.7%)、「防犯パトロールの実施」(43.2%)、「小中学校との情報交換」(39.4%) 等が約 4 割以上の項目である。因みに「声かけの実施」については、秋田市や仙台市の結果でみられたように資源の多寡による実施率の差が大きい（多：50.0%、中：35.3%、少：21.7%）。「中」においても全体と比べて多い取組は「防犯パトロール」(58.8%)、「見通し、見晴らしの改善」(29.4%)、「監視カメラの設置」(8.8%) であり、防犯に対する取組についても資源の形成に大きく関わっていることがわかる。

一部防犯の項目と重なるが、安全・安心なまちづくりへの取組状況をみると（表 4.1.35）、「防犯灯・街路灯の整備」(86.1%) が圧倒的に多く、「防犯パトロールの強化・連携」(46.7%) や「防犯活動に関する情報提供」(39.4%) 等についてはいずれも 5 割未満である。これも先と同様に、資源の多寡と取組に正の相関があるのだが、「中」について多いのは「防犯パトロールの強化・連携」(58.8%) であり、自治会員の動員が鍵になるといえる。

続いて大震災に向けた取組であるが（表 4.1.36）、多いのは「避難する場所を

第4章　合併による広域自治体の地域差——自治会長調査から——　　231

表4.1.35　まちづくりに向けた組織的取組

	全体	防犯灯・街路灯の整備	防犯パトロールの強化・連携	防犯活動に関する情報提供	犯罪発生状況の情報提供	防犯キャンペーンの実施	防犯のための講習会の開催
合計	259	86.1	46.7	39.4	35.5	29.3	26.6
多	48	△97.9	▲68.8	△54.2	△50.0	▲47.9	▲45.8
中	68	91.2	△58.8	39.7	33.8	25.0	26.5
少	138	▽79.7	▼31.9	∴34.1	31.2	24.6	↓20.3

	全体	防犯活動の組織化の支援	防犯活動のリーダー育成	護身の知識・技術の提供	自治体の安全・安心条例制定	監視カメラの設置・整備
合計	259	22.8	19.7	9.7	8.1	7.7
多	48	↑33.3	∴27.1	↑16.7	8.3	4.2
中	68	22.1	22.1	11.8	8.8	11.8
少	138	18.8	∴15.2	∴5.8	5.8	7.2

表4.1.36　大震災に向けた組織的取組

	全体	近くの学校や公園等避難する場所を決めている	市や消防署が主催している防災訓練や講演に積極的に参加している	消火器、懐中電灯、医薬品等の準備を住民に呼びかけている	高齢者世帯・子どもの状況把握につとめている	住民間の連絡方法等を決めている
合計	259	40.2	39.4	24.3	17.8	16.6
多	48	△56.3	45.8	△37.5	△29.2	↑27.1
中	68	∴48.5	↑50.0	∴32.4	∴25.0	20.6
少	138	▽30.4	▽31.2	▼14.5	▼8.7	▽10.1

	全体	防災に関するセミナーや講演を開く等して啓蒙活動を行なっている	食料品や飲料水の備蓄を住民にすすめている	倒壊を防止するよう住民に呼びかけている	地震保険に加入するよう住民に働きかけている	とくに何もしていない
合計	259	15.8	12.0	5.8	1.9	26.6
多	48	△29.2	▲25.0	▲16.7	△6.3	▼8.3
中	68	13.2	8.8	7.4	1.5	↓17.6
少	138	∴11.6	∴8.0	▽0.7	0.7	▲37.7

決める」（40.2%）、ついで「防災訓練や講演に積極的に参加している」（39.4%）の2項目が4割程度であり、それ以外は2割前後の実施となっている。ここでも資源の多寡が対策の多様さに関係しているといえるが、他と大きく異なるのは、「中」においても「多」と同じような対策を講じている。それでも、「住民間の連絡方法」、「啓蒙活動」、「食料品等の備蓄をすすめる」、「倒壊防止を呼びかけ」、「地震保険加入」等、よりレベルの高い対策については行っておらず、この部分が差異としてあらわれているともいえる。

最後に福祉まちづくりについての取組状況について確認する（表4.1.37）。全体では「高齢者との交流イベントなどの実施」（35.1%）、「高齢者の生活支援」（22.4%）、「福祉まちづくりに関する情報発信」（18.5%）が上位3項目であり、

表 4.1.37　福祉のまちづくりに向けた組織的取組

	全体	高齢者との交流イベントなどの実施	高齢者の生活支援	福祉まちづくりに関する情報発信	福祉まちづくりに関する勉強会実施	子育て家庭への支援	障害者の生活支援	障害者との交流イベントなどの実施	バリアフリー化への働きかけ
合計	259	35.1	22.4	18.5	12.7	12.0	8.5	8.1	5.8
多	48	▲62.5	△37.5	△31.3	△22.9	↑20.8	12.5	△16.7	△12.5
中	68	41.2	20.6	19.1	∵7.4	10.3	11.8	7.4	4.4
少	138	▼22.5	18.1	↓13.0	11.6	8.7	5.8	5.8	4.3

これについては活動資源「多」とそれ以外のセグメントとの差が大きく、「防犯」や「防災」に比べると、より高い資源が要求されることがうかがえる。

1.3　自治会の会長（人的）資源

会長資源の作成方法は1.2と同様であり、図4.1.3にそれを示す。

ここでの操作は活動資源のように三つの変数ではなく、「会長の在任年数」と「会長家族の地付きの程度」という二つであるために、1回のステップだけである。因みに「地付きの程度」であるが、松本・吉原（2009）と同様に、「古」「中」「新」をそれぞれ「戦前」「昭和20年代～40年代」「昭和50年代以降」としている。

こうした操作にて変数を作成して、その資源分布をみると、多：35.1%、中：34.0%、少：23.2%、不明：7.7% となった。

次に会長への手当てなどの支給状況について、まず役員定額手当てについてみると（表4.1.38）、いわき市は「手当て有り」が79.2% であり、会長資源別では「中」が大きいことがわかる（多：76.8%、中：87.1%、少：75.9%）。活動ごとの手当てについては「無し」が76.3% であり、これについては多：79.3%、

		会長在任年数		
		多	中	少
世帯の地付き	古	1	3	6
	中	2	5	8
	新	4	7	9

図 4.1.3　会長セグメントの考え方

第4章　合併による広域自治体の地域差——自治会長調査から——　233

表 4.1.38　会長手当て支給実績

	全体	役員定額手当て（会長）		活動ごとの手当て（会長）	
		無し	有り	無し	有り
合計	240	17.1	79.2	76.3	14.6
多	82	20.7	76.8	79.3	12.2
中	85	∵ 10.6	↑ 87.1	75.3	14.1
少	58	20.7	75.9	74.1	19.0

表 4.1.39　会長手当て／持ち出し割合

	全体	手当ての方が多い	同じぐらい	持出しの方が多い	わからない
合計	240	15.0	20.4	31.7	12.9
多	82	∵ 9.8	25.6	37.8	12.2
中	85	∴ 20.0	20.0	31.8	10.6
少	58	17.2	15.5	24.1	↑ 20.7

表 4.1.40　会長選出方法

	全体	前会長からの指名	選考委員会等による推薦	役員会での互選	総会の話し合いで推された	持ち回り（当番制）	総会で立候補	抽選（くじ引き）	その他
合計	259	32.0	28.2	22.8	21.2	13.5	5.0	0.8	2.3
多	91	34.1	24.2	19.8	↑ 28.6	↓ 6.6	5.5	-	1.1
中	88	∵ 25.0	31.8	26.1	23.9	∴ 18.2	5.7	1.1	2.3
少	60	∴ 41.7	35.0	23.3	▽ 10.0	15.0	1.7	1.7	∴ 5.0

中：75.3％、少：74.1％というように、資源別での差はみられない。

　会長の手当てと持ち出しの割合についてみると（表 4.1.39）、「持ち出しの方が多い」は 31.7％ であり、いわき市の会長の持ち出しは手当てよりも多いことがわかる。資源別でみると、資源が多いほど持ち出しの方が多く（多：37.8％、中：31.8％、少：24.1％）、例えば盛岡市とは逆の結果であることがわかる。

　会長の選出方法について確認すると（表 4.1.40）、「前会長からの指名」(32.0％)、「選考委員会等による推薦」(28.2％)、「役員会での互選」(22.8％)、「総会の話し合いで推された」(21.2％) である。資源別で特徴があるのは、「多」では「総会の話し合いで推された」(28.6％)、「中」は「持ち回り」(18.2％)、「少」は「前会長からの指名」(41.7％) であり、いわき市の自治会では多数の会員から選出された会長がリーダーシップを持つ傾向にあるといえる。

　自治会会長の 1 任期（表 4.1.41）は「2 年以上」の 66.0％ が一番多いものの、これは青森市や山形市が 8 割前後と比較すると、盛岡市と同様にやや少ないこ

表 4.1.41　会長任期

	全体	半年	一年	二年	三年	三年より長い	決まっていない	わからない
合計	259	-	20.8	66.0	1.9	1.2	5.0	-
多	91	-	▽ 9.9	△ 75.8	1.1	2.2	4.4	-
中	88	-	▲ 35.2	∵ 58.0	2.3	-	4.5	-
少	60	-	21.7	65.0	3.3	1.7	6.7	-

表 4.1.42　予算案作成方法

	全体	担当役員が素案を示し役員会で審議し、作成	会長が素案を示し役員会で協議の上、作成	役員会で協議して一から作成	会長がすべて作成	担当役員がすべて作成	作成していない
合計	259	38.6	27.8	19.7	9.7	8.9	8.5
多	91	41.8	23.1	22.0	6.6	∵ 13.2	5.5
中	88	37.5	33.0	15.9	13.6	↓ 3.4	6.8
少	60	45.0	31.7	18.3	11.7	11.7	10.0

表 4.1.43　会長が抱く自治会の未来イメージ

	全体	地域社会の役割が高まり、自治会の仕事が増える	地域社会の役割が高まるが、自治会の仕事は変わらない	地域社会の役割は変わらず、自治会の仕事も変わらない	地域社会の役割は変わらないが、自治会の仕事は増える	その他	わからない
合計	259	44.4	18.1	9.3	11.2	-	10.0
多	91	42.9	↑ 25.3	8.8	9.9	-	8.8
中	88	50.0	13.6	9.1	12.5	-	9.1
少	60	43.3	15.0	11.7	13.3	-	13.3

とがわかる。また、「1年」は20.8%である。会長資源が多い会長の任期は「2年」が一番多く（多：75.8%、中：58.0%、少：65.0%）、逆に少ないのは「1年」であり（多：9.9%、中：35.2%、少：21.7%）であり、他の市と同様、ある程度の任期が会長のリーダーシップ形成に必要であることがうかがえる。

予算案作成方法について確認すると（表4.1.42）、一番多いのは「担当役員が素案を示し、役員会で審議、作成」の38.6%であり、他の市と同様の傾向である。資源別でみると、資源が多い会長は「担当役員がすべて作成」（13.2%）以外、リソースの多寡による差異はさほどみられなかった。

会長が抱く自治会の未来イメージをみていくと（表4.1.43）、会長全体の約4割が「地域社会の役割が高まり、自治会の仕事が増える」と回答しており、青森市、秋田市や盛岡市と同様に、自治会の重要性が高まると考えている会長が多いことがわかる。また、会長資源「多」では「地域社会の役割が高まるが、

第4章　合併による広域自治体の地域差——自治会長調査から——　　235

表 4.1.44　行政との今後の関係

	全体	これまでも関係は強く、これからも強い	これまで関係が深かったが、これからは弱くなる	これまでも、これからも関係は弱い	これまで関係が弱かったが、これからは強くなる	わからない
合計	259	58.7	8.1	5.4	8.5	12.7
多	91	61.5	8.8	5.5	6.6	13.2
中	88	60.2	9.1	4.5	9.1	12.5
少	60	65.0	↓ 1.7	6.7	11.7	11.7

表 4.1.45　会長が考える自治会組織の未来像

	全体	これまで通り、地縁的組織の代表的組織で続く	これまで関係が深かったが、これからは弱くなる	その他の組織	わからない
合計	259	70.3	16.6	0.8	8.5
多	91	71.4	18.7	1.1	7.7
中	88	75.0	14.8	-	8.0
少	60	68.3	18.3	1.7	10.0

表 4.1.46　会長の性別・年齢

	全体	会長の性別		会長の年齢						
		男性	女性	20歳代	30歳代	40歳代	50歳代	60歳代	70歳代	80歳代以上
合計	259	95.4	1.5	-	-	1.2	4.6	52.1	34.4	4.6
多	91	∴98.9	1.1	-	-	-	∴1.1	49.5	∴41.8	∴7.7
中	88	∴98.9	1.1	-	-	-	3.4	↑61.4	30.7	4.5
少	60	96.7	3.3	-	-	∴3.3	▲11.7	50.0	33.3	1.7

自治会の仕事は変わらない」(25.3%) という特徴もみられた。

　会長は自治会と行政との関係をどう考えているのだろうか（表4.1.44）。行政との関係は「これまでも関係は強く、これからも強い」と回答する人は58.7%であり、半数以上の会長は行政との関係強化を想定している。

　最後に会長が考える自治会組織の未来像について確認する（表4.1.45）。一番多かったのは、「これまで通り、地縁的組織の代表的組織として続く」(70.3%)であり、他の市と同様に約7割の回答率になっている。また、資源別には差がないことも確認できた。

　次に会長の基本属性について確認する（表4.1.46）。性別について、他の市と同様に会長の9割以上が男性であり、年代も60代以上が9割と、他の市よりも高齢化が進んでいる。また、会長資源が多いほど会長の年齢が高いのは他の市と同様な傾向である。

　会長宅の家族構成についてみると（表4.1.47）、「非高齢者と高齢者からなる

表 4.1.47　会長宅の家族構成

	全体	非高齢者のみの核家族世帯	高齢者のみの核家族世帯	非高齢者と高齢者からなる親族世帯	非高齢者の単身世帯	高齢者の単身世帯	二世帯以上がともに居住	その他
合計	259	10.8	27.0	39.0	0.8	3.1	12.0	1.2
多	91	▽4.4	31.9	38.5	-	4.4	↑17.6	-
中	88	10.2	22.7	△51.1	-	2.3	10.2	2.3
少	60	▲23.3	31.7	↓26.7	△3.3	3.3	6.7	1.7

表 4.1.48　会長が兼務する役職数

	全体	現在の役職個数	過去の役職個数
合計	259	2.69	1.91
多	91	▲3.27	▲2.62
中	88	2.76	1.77
少	60	▽2.12	▽1.32

親族世帯」が39.0％とボリュームゾーンとなっており、他の市とは異なる傾向を示している。資源の多寡と関係がみうけられるのは、「多」は「二世帯以上がともに居住」（多：17.6％、中：10.2％、少：6.7％）、「中」は「非高齢者と高齢者からなる親族世帯」（多：38.5％、中：51.1％、少：26.7％）、「少」は「非高齢者のみの核家族世帯」（多：4.4％、中：10.2％、少：23.3％）であり、資源ごとに特徴があることがわかる。他の市と比べると、「高齢者のみの核家族世帯」に住まう会長資源が（相対的に）高いものの、世帯において年代を超えた関係の有無がリソースにある程度の影響を与えているといえるのではないか。

　会長が兼務する役職数を確認することにする（表4.1.48）。いわき市は全体平均で兼職は約三つであり、青森市や盛岡市の四つと比べると一つ少ない。資源別でみると、多：3.27、中：2.76、少：2.12と、資源の多い会長ほど兼務数が多く、他の市でもみられる会長への「トップ・ヘヴィ」が資源の多寡においてもあらわれている。

　最後に会長が個人的に関わっている地域活動を確認する（表4.1.49）。一番多いのは「何もしていない」（40.2％）であり、ついで「地域の任意団体の活動に積極的に顔を出している」（23.9％）である。資源別について、どの市でも共通しているのは資源が少ない会長は「何もしていない」のが多く（多：23.1％、中：45.5％、少：61.7％）、資源が多い会長ほど、「地域の任意団体の活動に積極的に顔を出す」（多：50.5％、中：28.4％、少：20.0％）、「調整や働きかけをしてい

第4章　合併による広域自治体の地域差——自治会長調査から——　　237

表4.1.49　会長が個人的に関わっている地域活動

	全体	地域の任意団体の活動に積極的に顔を出す	地域の任意団体が活動しやすいように調整をしている	ポケット・マネーで地域の団体や活動を支援している	自らが発起人となって地域イベントを開催している	自らが発起人となり地域組織・NPO等を立ち上げている	その他	とくに何もしていない
合計	259	33.2	23.9	8.5	8.1	1.2	4.6	40.2
多	91	▲50.5	↑31.9	△15.4	9.9	1.1	3.3	▼23.1
中	88	28.4	26.1	6.8	10.2	1.1	5.7	45.5
少	60	▽20.0	▽10.0	↓1.7	↓1.7	1.7	6.7	▲61.7

る」(多：31.9%、中：26.1%、少：10.0%)「ポケット・マネーでの支援」(多：15.4%、中：6.8%、少：1.7%)であり、他の市と比べても地域活動に積極的に関与していることがわかる。

2. 地域別でみた実態と課題

2.1　いわき市自治会の資源分布

　ここでは前節で確認した自治会に関する「活動資源」と「会長(人的)資源」をかけあわせた「自治会資源」を作成し、その分布をみていくことにする。ここで、前節で議論した活動資源と会長資源の「多」、「中」、「少」のそれぞれに「3」、「2」、「1」と得点化した上で、各地区別に両資源を集計して偏差値化したものが表4.2.1になる。そして、この偏差値50.0を境界にして「多」「少」として、その組み合わせをセグメント1〜4としている。そうした操作によって得られた各資源の構成比をみると、(活動資源、会長資源)が(多、多)は15.4%、(少、多)は22.4%、(少、少)は29.0%、(多、少)は32.8%、不明は0.4%である。

　各セグメントが抱える課題をみる前に、それらの基本属性を確認する(表4.2.2)。加入世帯数をみると、(多、多)は266戸、(少、多)は135戸、(少、少)は246戸、(多、少)は311戸であり、活動資源が多い自治会ほど加入世帯数は多い。世帯加入率について、は(少、多)が94.8%と最も多く、逆に(少、少)が89.8%と一番小さい。全体との有意な差が存在するものの、セグメントの差は5pt程度である。

表 4.2.1 支所別でみた各資源の偏差値

	活動	会長	セグメント
平	59.8	44.2	4
小名浜	51.8	38.8	4
勿来	54.1	53.2	1
常磐	60.6	34.1	4
内郷	62.1	70.3	1
四倉	42.6	55.1	2
遠野	56.3	41.1	4
小川	36.6	43.4	3
好間	45.8	50.8	2
三和	62.1	47.7	4
田人	33.5	54.0	2
川前	41.8	63.3	2
久之浜・大久	42.9	54.0	2

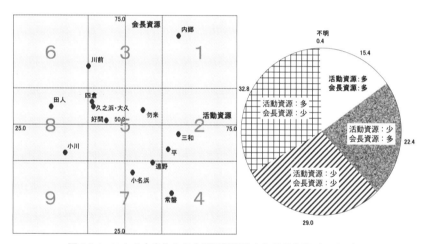

図 4.2.1　いわき市自治会の支所別資源分布とその比率（N=259）

　自治会の発足時期であるが（表4.2.3）、セグメントで特徴があるのは、（少、多）で「40年代以前」（計60.3％）、（少、少）は「50年代」（12.0％）、（多、少）は「70年代」（9.4％）、「90年代」（7.1％）、「00年代」（4.7％）である。これらから、会長資源が多い自治会ほど発足がある程度古い傾向にあるといえる。

　自治会の予算規模をみると（表4.2.4）、収入では（少、少）自治会の予算規模が一番大きいことがわかる（多×多：216万円、少×多：120万円、少×少：279万円、多×少：257万円）。支出も同様に（少、少）が大きく、（多×多：194万円、

第4章 合併による広域自治体の地域差——自治会長調査から—— 239

表4.2.2 セグメント別の加入世帯数・加入率

		加入世帯数		世帯加入率	
		全体	戸	全体	加入率
合計		254	246.06	246	91.91
活動:多 会長:多		40	265.88	40	90.63
活動:少 会長:多		55	▼135.40	53	↑94.81
活動:少 会長:少		74	246.23	72	∴89.79
活動:多 会長:少		84	△310.65	80	92.50

	全体	自治会への世帯加入率						
		全戸加入	90%以上加入	70〜90%加入	50〜70%加入	30〜50%加入	30%未満	わからない
合計	259	32.8	39.4	18.1	3.9	0.4	0.4	2.7
活動:多 会長:多	40	△47.5	∴27.5	12.5	△10.0	△2.5	-	-
活動:少 会長:多	58	37.9	39.7	13.8	-	-	-	1.7
活動:少 会長:少	75	▼17.3	∴46.7	↑26.7	5.3	-	-	2.7
活動:多 会長:少	85	36.5	37.6	16.5	2.4	-	1.2	4.7

表4.2.3 セグメント別の自治会発足時期

	全体	1940年代以前	1950年代	1960年代	1970年代	1980年代	1990年代	2000年代	わからない
合計	259	49.0	6.2	6.9	4.2	5.8	3.5	2.3	19.7
活動:多 会長:多	40	47.5	5.0	7.5	2.5	10.0	5.0	-	17.5
活動:少 会長:多	58	↑60.3	3.4	5.2	1.7	-	-	3.4	24.1
活動:少 会長:少	75	42.7	△12.0	9.3	1.3	6.7	1.3	-	25.3
活動:多 会長:少	85	48.2	3.5	5.9	△9.4	7.1	↑7.1	∴4.7	∴12.9

表4.2.4 自治会予算規模

	収入（総額）		支出（総額）	
	全体	千円	全体	千円
合計	189	2264.37	181	1938.40
活動:多 会長:多	31	2163.16	30	1943.07
活動:少 会長:多	42	▼1196.76	39	▼1040.10
活動:少 会長:少	55	↑2793.27	54	↑2425.80
活動:多 会長:少	61	2573.98	58	2086.24

少×多：104万円、少×少：243万円、多×少：209万円）であった。

2.2 セグメントでみたいわき市自治会の課題

次にいわき市自治会運営上の課題について、四つのセグメントによる分析で確認する。セグメントに特徴的な項目をみると（表4.2.5）、（多、多）では「会員の高齢化」（60.0%）、（少、少）は「予算の不足」（30.7%）、「未加入世帯の増加」（29.3%）、「加入世帯の家族構成が把握できない」（22.7%）、（多、少）は「自治会

表 4.2.5　セグメント別でみた自治会運営上の困りごと

	全体	自治会の役員のなり手不足	会員の高齢化	自治会行事への住民の参加の少なさ	日中、留守の世帯が多い	予算の不足	未加入世帯の増加	自治会のルールを守らない住民の存在
合計	259	59.8	49.0	38.6	24.7	22.8	20.8	16.6
活動：多　会長：多	40	▽42.5	∴60.0	35.0	20.0	20.0	22.5	15.0
活動：少　会長：多	58	55.2	51.7	34.5	29.3	∵15.5	∵13.8	∵10.3
活動：少　会長：少	75	62.7	50.7	38.7	28.0	∴30.7	↑29.3	20.0
活動：多　会長：少	85	∴68.2	↓40.0	43.5	21.2	21.2	17.6	18.8

	全体	加入世帯の家族構成が把握できない	集会施設がない／狭い／不便	行政との関係（依頼の多さ等）	他の自治会との交流が少ない	行政以外の団体との関係（負担金等）	世代間のズレ	運営のための経験や智恵が足りない
合計	259	16.2	15.1	14.7	13.5	10.4	10.4	9.3
活動：多　会長：多	40	17.5	10.0	12.5	12.5	12.5	12.5	7.5
活動：少　会長：多	58	10.3	12.1	↓6.9	15.5	12.1	8.6	8.6
活動：少　会長：少	75	∴22.7	16.0	13.3	10.7	9.3	12.0	6.7
活動：多　会長：少	85	14.1	18.8	△22.4	15.3	9.4	9.4	12.9

	全体	まとめ役がいない、力不足	構成世帯数の少なさによる障害	伝えるべき情報が伝わっていない	単身世帯数の多さによる障害	住民間の摩擦	どんな情報を伝えればよいかわからない	困っていることはない
合計	259	7.7	6.2	4.2	2.7	2.7	1.5	3.9
活動：多　会長：多	40	5.0	-	5.0	2.5	2.5	-	2.5
活動：少　会長：多	58	5.2	3.4	3.4	3.4	3.4	3.4	↑8.6
活動：少　会長：少	75	8.0	9.3	5.3	1.3	2.7	-	2.7
活動：多　会長：少	85	10.6	7.1	3.5	3.5	2.4	2.4	2.4

役員のなり手不足」（68.2%）、「行政との関係」（22.4%）である。このようにみると、活動・会長の両資源が多い自治会でも「高齢化」という問題が顕現しており、資源が少ないところでは最低限の活動を行う際の困りごとといえる。

次に自治会における生活上の困りごとについて確認する（表4.2.6）と、他の市と同様に「開発による住環境や自然環境の悪化」といった項目以外、セグメントごとの違いはあまりないことがわかった。

最後にセグメントごとの会長が負担に感じるものについて確認すると（表4.2.7）、（多，多）で「自治会単位の仕事・つきあい」（40.0%）が多く、これは先の「トップ・ヘヴィ」にあるように、活動量の多さが資源の多い自治会会長に負担を感じさせていることがここでもわかる。

第4章　合併による広域自治体の地域差——自治会長調査から——　　241

表 4.2.6　セグメント別でみた自治会における生活上の困りごと

		全体	ゴミ処理の問題	移動や交通の問題	ひとり暮らしの高齢者へ対応	治安・少年非行・風紀の悪化	集会所等文化交流施設の不足・老朽化	商売・スーパー等の買い物施設の不足	住民間のトラブル
合計		259	60.6	42.5	42.1	29.7	28.6	27.8	27.8
活動：多　会長：多		40	67.5	45.0	37.5	35.0	30.0	27.5	30.0
活動：少　会長：多		58	↓50.0	50.0	43.1	24.1	32.8	32.8	32.8
活動：少　会長：少		75	66.7	41.3	37.3	30.7	32.0	25.3	25.3
活動：多　会長：少		85	60.0	37.6	48.2	30.6	22.4	27.1	25.9

		全体	土地問題（土地利用規制や共有地）	開発による住環境や自然環境の悪化	都市型災害に対する基盤整備の不足	病院等医療・福祉施設の不足	公園・運動場・体育施設等の不足	住宅の建て込み等の住宅問題	行政とのトラブル
合計		259	25.5	23.9	23.9	22.4	21.6	21.2	20.1
活動：多　会長：多		40	30.0	25.0	25.0	25.0	25.0	27.5	25.0
活動：少　会長：多		58	25.9	22.4	24.1	24.1	20.7	20.7	24.1
活動：少　会長：少		75	26.7	∴30.7	24.0	24.0	24.0	26.7	20.0
活動：多　会長：少		85	22.4	18.8	23.5	18.8	18.8	∴14.1	15.3

		全体	幼児虐待などの子育て上の問題	民間企業とのトラブル	保育園・学校等保育・教育施設の不足	商店や工場を経営していく上での障害	その他	困っていることはない
合計		259	19.7	19.3	18.9	17.0	5.0	4.6
活動：多　会長：多		40	20.0	22.5	20.0	20.0	2.5	∴10.0
活動：少　会長：多		58	24.1	19.0	22.4	19.0	5.2	6.9
活動：少　会長：少		75	18.7	21.3	20.0	17.3	6.7	∴1.3
活動：多　会長：少		85	17.6	16.5	15.3	14.1	4.7	3.5

表 4.2.7　セグメント別でみた負担に感じるもの

		全体	自治会単位の仕事・つきあい	自治会連合会単位の仕事・つきあい	行政からの依頼仕事	その他
合計		259	29.3	27.8	27.4	5.0
活動：多　会長：多		40	∴40.0	32.5	35.0	5.0
活動：少　会長：多		58	22.4	22.4	20.7	3.4
活動：少　会長：少		75	30.7	28.0	26.7	4.0
活動：多　会長：少		85	28.2	29.4	29.4	7.1

2.3　支所別にみた諸問題の解決に向けた自治会の役割

　本項では、いわき市自治会が抱える諸問題を「支所別」という地理的特性の次元で捉え、問題解決の方途を探る。
　(1) 資源の地理的特性
　図 4.2.1 と図 4.2.2 とあわせてみていくと、まずは両極の第1象限（多、多）と第3象限（少、少）について、（多、多）に分類される支所は内郷、勿来であ

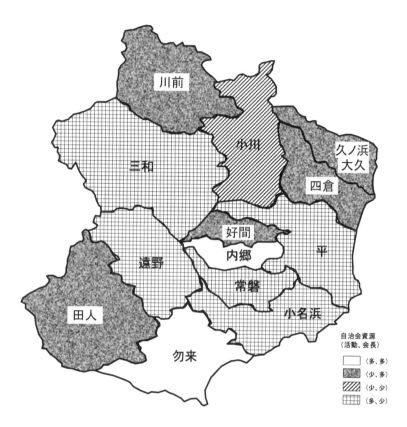

図 4.2.2　4 セグメントの布置状況

る。一方で（少、少）は小川と、いわば中山間地にあたるところである。その他に（少、多）は川前、四倉、田人、久之浜・大久、好間であり、（多、少）は三和、平、遠野、常磐、小名浜である。

　こうした視点によれば、旧市部から構成されている平、内郷、小名浜、常磐、勿来支所は活動資源が多く、会長のリーダーシップというよりは（もとから住んでいる人たちによって得られている）規模の大きさによるものと考えられる。一方、会長資源が多いのは旧町部であることが多く、この場合は古くからの地付きの会長がリーダーシップを発揮している／発揮せざるを得ない状況になっており、これらから推察するに合併前の資源がそのまま反映しているといえる

第4章 合併による広域自治体の地域差——自治会長調査から—— 243

表4.2.8 4セグメントの基本属性

		人口（人）	世帯数（世帯）	1世帯当（人／世帯）
資源	多、多	76,965	29,210	2.6
	少、多	37,350	13,592	2.7
	少、少	7,148	2,392	3.0
	多、少	219,939	83,560	2.6
いわき市計		341,402	128,754	2.7

のではないか。

　以上のように、現在の資源は合併以前からある資源の偏在によるものと推察されるが、ここで四つのセグメント別で人口と増減をみると、表4.2.8のようになる。この表からはセグメントによる違いは、(少、少)のセグメントの世帯当たりの人数がやや多いことを除けば、差はあまりないことがわかる。

　自治会の活動資源が少ない地区がいわき市中心からやや離れた／離れたところに位置しているという（三和、遠野を除いた）傾向は福島市や盛岡市の分析とほぼ同じ結果であり、活動と地理的特性に何らかの関係を持つことがうかがえる。しかしながら、他の市と若干、背景が異なる可能性として、昭和に行われた合併時の資源があり、それについては今後、さらなる考察を進めるべき点でもある。

(2) 支所別の問題の解決に向けて

　これまで自治会を活動と会長の資源で、また二つの軸でつくられるセグメントにより、自治会自身の活動や問題点などを類型化した。本項では問題解決の方向性を見出すにあたって、セグメントごとの課題と解決の方向性をまとめる。

　いわき市自治会の課題と問題解決の方向性を調査結果からまとめると、図4.2.3になる。自治会全体の困りごとは「役員のなり手がいない」、「会員の高齢化」、「行事に対する住民参加が少ない」であり、生活上の問題点は「ゴミ処理」、「移動や交通」、「ひとり暮らしの高齢者への対応」である。これらがいわき市にある自治会が抱える共通の課題ということになる。これら課題に対しては、いわゆる「トップ・ヘヴィ」となって集中する会長や役員への負担軽減を行うことや、様々な世代が参加可能な行事・イベント等の活動を増やし、若い世代の認知と関心を高めることが必要だろう。また、市や自治会の予算上の問題があるため、「声かけ」等を手がかりにした、費用のかからない高齢者への

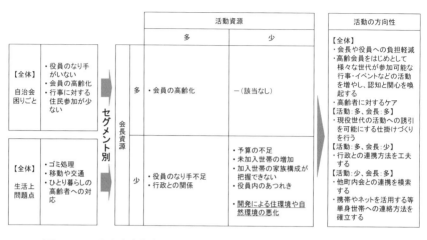

図 4.2.3　いわき市自治会の課題と問題解決の方向性（下線は生活上の問題）

ケア対策を講じる必要があろう。

さて、活動資源×会長資源による4セグメントからみるとどうなるだろうか。

（多、多）の自治会で（共通の課題にもあるが）特に強く現れているのが「会員の高齢化」といった問題である。このセグメントは活動の数が多いという意味で活発な自治会であり、かつリーダーたる会長も町内にはそれなりの力を発揮していると考えられる中で、会員の高齢化が立ちあらわれる要因の一つともいえるのは、現役世代にとって自治会活動は魅力のあるものではなく、むしろ避けたいものの一つといえる。こうした世代を活動に引き込むためには何らかの「仕掛け」が必要であろう。忙しい現役世代とのコミュニケーション手段として、携帯電話やインターネットの活用が考えられる。一例をあげれば、理事会や総会に遠隔から参加できる等の工夫である。

どちらかの資源が平均以上である（多、少）と（少、多）のセグメントをみてみよう。（多、少）で特徴的な課題は「役員のなり手不足」や「行政との関係」である。特に後者については行政との連携方法の工夫を模索する必要がある。

最後に（少、少）については、「予算の不足」、「未加入世帯の増加」、「加入世帯の家族構成が把握できない」、「役員内のあつれき」、生活上の問題では

「開発による住環境や自然環境の悪化」等、特徴的な課題が数多く存在する。二つの方向をあげるならば、このセグメントの自治会は最低限の活動がなされていない可能性は強く、まずは連絡・伝達方法の工夫が必要と考えられる。それは従来のような回覧板のような手段ではなく、例えば、携帯電話へのメール配信といったインターネットを活用するのも一つであろう。また、自治会の古さや加入世帯数による規模の小ささについては、単独ではなく他の自治会との連携も視野に入れる必要があるかもしれない。

 以上のように、いわき市自治会が抱える課題を四つのセグメントの視点から捉え、その問題解決の方向性について検討した。

 最後に課題をいくつかあげることにする。第一に、今回提示した資源とそれによるセグメントは概念上のものであることと、（既存調査からの引き継ぎ上の問題で）それらの変数を規定するためのものとして設定されていないことである。第二はこれらの変数とその結果の「リアリティ」に関する問題である。これについては、自治会や市の関係者への聞き取りを行った上で、変数に関する議論を補強する必要があろう。

 最後に、「災害」の問題である。2011年3月11日に発生した東北地方太平洋沖地震はいわき市にも甚大な被害を与えたが、広域合併市としてのいわき市は自治体として、その後の対応が適切であったかはやや疑問である。これはやはり平成に入ってから広域合併を行った宮城県石巻市等にも同様な問題が生じているようである。自治体のスタッフ不足をどう補うのか。その一つが自治体と住民をつなぐ「中間集団」としての自治会ではなかろうか。

 このことは単に、防災マップをつくるだけで済ませるのではなく、「どこの自治会が」「どんな状態で」「何ができるか」というアビリティ＝能力の視点を組み込み、それを自治体や各自治会が緊急時に活用する必要があることを示しているのではなかろうか。

3. 安心・安全まちづくりと自治会

3.1 はじめに

ここまで情報発信と共有、活動資源と会長（人的）資源の観点からそれぞれ、自治会の現状と今後の課題について論じてきた。本節では逆に「まちづくり」を防犯、防災、福祉といった切り口から自治会の今後を探ることにする。

具体的に今後の自治会が果たすべき活動をみていこう（表4.3.1）。各活動項目について「促進すべき」と「継続すべき」を合算したもので全体に多いのは「行政等への陳情・依頼」や「日赤・共同募金への協力」（81.9%）、「警察・交番との連携・調整」（81.1%）、「学校との連携・調整」（80.7%）であり、いずれも8割以上である。

表4.3.1 今後の自治会が果たすべき活動

	全体	行政等への陳情・依頼	日赤・共同募金への協力	警察・交番との連携・調整	学校との連携・調整	日常的な防犯対策	行政からの依頼仕事	日常的な防火対策
合計	259	81.9	81.9	81.1	80.7	76.1	76.1	74.5
活動：多　会長：多	40	∵ 72.5	82.5	▽ 67.5	75.0	75.0	75.0	77.5
活動：少　会長：多	58	86.2	82.8	79.3	81.0	77.6	79.3	74.1
活動：少　会長：少	75	81.3	77.3	78.7	76.0	∵ 68.0	∵ 68.0	∵ 68.0
活動：多　会長：少	85	83.5	84.7	△ 90.6	∴ 87.1	∴ 82.4	81.2	78.8

	全体	民生委員との連携	青少年の健全育成	公民館運営への協力	自然災害等緊急時の備え	会員間での交流促進	自治会内外への情報発信・共有	高齢者の福祉
合計	259	71.4	69.5	68.7	65.6	65.6	61.4	61.0
活動：多　会長：多	40	↓ 57.5	↓ 57.5	70.0	60.0	67.5	60.0	60.0
活動：少　会長：多	58	77.6	75.9	67.2	70.7	65.5	63.8	67.2
活動：少　会長：少	75	↓ 62.7	∵ 62.7	72.0	58.7	↓ 56.0	↓ 50.7	56.0
活動：多　会長：少	85	△ 81.2	∴ 76.5	65.9	70.6	∴ 72.9	∴ 69.4	61.2

	全体	障害者の福祉	冠婚葬祭	運動会やスポーツ大会開催	開発計画・事業への参加・関与	企業との連携・調整	NPO等組織との連携の推進	市議会へ代表者を送ること
合計	259	56.8	47.5	46.3	38.2	37.5	35.5	21.6
活動：多　会長：多	40	57.5	50.0	42.5	42.5	∴ 47.5	35.0	25.0
活動：少　会長：多	58	58.6	48.3	46.6	32.8	39.7	37.9	∴ 29.3
活動：少　会長：少	75	50.7	▽ 34.7	49.3	41.3	34.7	∵ 28.0	∵ 14.7
活動：多　会長：少	85	60.0	↑ 56.5	44.7	36.5	32.9	40.0	20.0

セグメント別の特徴をみると、(多、多)では「企業との連携・調整」(47.5%)、(少、多)は「市議会へ代表者を送ること」(29.3%)、(多、少)は全体の上位4項目以外に「日常的な防犯対策」(82.4%)、「民生委員との連携」(81.2%)、「会員間での交流促進」(72.9%)、「自治会内外への情報発信・共有」(69.4%)、「冠婚葬祭」(56.5%)と、それぞれに差異があることがわかる。ここで(多、多)が全体よりも低い項目が多い。ある程度以上の活動がなされていることが背景にあると考えられ、今後のさらなる発展に向けた活動(ここでは「企業との連携・調整」)への模索がみられ、同様に低くなっている(少、少)とは質的に異なるといえるだろう。

以下では防犯(3.2)、防災(3.3)、福祉(3.4)、さらには行政との関係(3.5)から今後の自治会のあり方を模索する。

3.2 防犯活動の現状と今後

「安心・安全」を語る上で(相対的に)日常的な関心事は「防犯」である。確率的なリスクで捉えにくい(≒クライシス)「防災」に比べ、ふだんの活動により犯罪に対するリスクを低減することができるという意味で、防災と防犯とリソースとの関係は異なる可能性がある。

そうした問題意識で以下展開していくことになるが、最初にこれまでの犯罪状況をみると(表4.3.2)、発生が多いのは「不法なゴミ捨て」(43.2%)、「自転車

表4.3.2 これまでの犯罪発生状況

		全体	不法なゴミ捨て	自転車バイクの盗難・破損	空き巣狙い	車上荒らし・自動車破損	落書きや器物の損壊	不審者の侵入	悪徳商法	放火・不審火
合計		259	43.2	11.6	8.9	8.5	6.2	4.6	2.7	1.5
活動:多	会長:多	40	45.0	12.5	7.5	10.0	10.0	2.5	5.0	2.5
活動:少	会長:多	58	46.6	10.3	5.2	↓1.7	3.4	3.4	5.2	-
活動:少	会長:少	75	△54.7	14.7	10.7	△16.0	6.7	6.7	2.7	1.3
活動:多	会長:少	85	▽30.6	9.4	10.6	5.9	5.9	4.7	-	2.4

		全体	下着等洗濯物の盗難	痴漢・変質者	ストーカー	暴行・傷害・強盗	詐欺(サギ)	すり・ひったくり	恐喝・脅迫
合計		259	0.8	0.8	0.8	0.8	0.4	0.4	0.4
活動:多	会長:多	40	-	-	-	-	-	-	-
活動:少	会長:多	58	-	-	-	-	-	-	-
活動:少	会長:少	75	↑2.7	↑2.7	↑2.7	↑2.7	∴1.3	∴1.3	∴1.3
活動:多	会長:少	85	-	-	-	-	-	-	-

表 4.3.3　現在の犯罪発生状況

	全体	不法なゴミ捨て	自転車バイクの盗難・破損	落書きや器物の損壊	痴漢・変質者	車上荒らし・自動車破損
合計	259	18.1	1.5	1.2	1.2	0.8
活動：多　会長：多	40	∵ 10.0	2.5	-	-	-
活動：少　会長：多	58	12.1	-	1.7	-	-
活動：少　会長：少	75	△ 28.0	2.7	-	2.7	1.3
活動：多　会長：少	85	17.6	1.2	2.4	1.2	1.2

	全体	空き巣狙い	悪徳商法	下着等洗濯物の盗難	詐欺（サギ）	ストーカー
合計	259	0.8	0.8	0.8	0.4	0.4
活動：多　会長：多	40	-	-	-	-	-
活動：少　会長：多	58	-	△ 3.4	-	↑ 1.7	-
活動：少　会長：少	75	1.3	-	1.3	-	∵ 1.3
活動：多　会長：少	85	1.2	-	1.2	-	-

バイクの盗難・破損」（11.6%）等であり、他はいずれも1割未満となっている。セグメント別でみると、（少、少）が「不法なゴミ捨て」（54.7%）、「車上荒らし・自動車破損」（16.0%）、「洗濯物の盗難」「痴漢・変質者」「ストーカー」（2.7%）、「詐欺」「すり・ひったくり」「恐喝・脅迫」（1.3%）と他に比べ際だって高く、これは活動・会長の両資源が少ない自治会において治安が悪いことを示している。

次に現在の発生状況について確認する（表4.3.3）。ここでも多いのが「不法なゴミ捨て」（18.1%）であり、セグメント別では（少、多）が「悪徳商法」（3.4%）や「詐欺」（1.7%）といった知能犯的な犯罪が、（少、少）は「不法なゴミ捨て」（28.0%）、「ストーカー」（1.3%）であり、活動リソースが少ない自治会では「目につかない」または「他者への無関心さ」から出来する犯罪が発生しやすいということがいえよう。

そして今後の犯罪発生の見込みについてであるが（表4.3.4）、過去－現在－未来においても「不法なゴミ捨て」（22.8%）であり、この対策が自治会の中心的な課題であることがわかる。セグメント別では（少、多）で「悪徳商法」（10.3%）や「詐欺」（8.6%）、（少、少）は「不法なゴミ捨て」（29.3%）、「放火・不審火」「恐喝・脅迫」（4.0%）であり、将来も現状と同様な問題を抱えていくとみている。そして（多、少）において、「自転車バイクの盗難・破損」（11.8%）、「不審者の侵入」（9.4%）、「落書きや器物の損壊」（8.2%）、「暴行・傷害・強盗」（5.9%）が多く、活動リソースが多いにもかかわらずこのような問

第4章　合併による広域自治体の地域差——自治会長調査から——　249

表 4.3.4　今後の犯罪発生見込み

			全体	不法なゴミ捨て	空き巣狙い	自転車バイクの盗難・破損	車上荒らし・自動車破損	悪徳商法	不審者の侵入	落書きや器物の損壊	詐欺（サギ）
合計			259	22.8	8.5	7.7	6.9	6.2	5.8	5.0	4.2
活動：多	会長：多		40	↓10.0	-	-	2.5	5.0	-	-	2.5
活動：少	会長：多		58	20.7	12.1	5.2	5.2	∴10.3	5.2	3.4	↑8.6
活動：少	会長：少		75	∴29.3	9.3	9.3	8.0	6.7	5.3	5.3	4.0
活動：多	会長：少		85	24.7	9.4	∴11.8	9.4	3.5	∴9.4	∴8.2	2.4

			全体	痴漢・変質者	下着等洗濯物の盗難	ストーカー	暴行・傷害・強盗	放火・不審火	すり・ひったくり	恐喝・脅迫
合計			259	3.5	2.7	2.7	2.7	1.9	1.9	1.9
活動：多	会長：多		40	-	-	-	-	-	-	-
活動：少	会長：多		58	-	-	-	-	-	1.7	-
活動：少	会長：少		75	5.3	4.0	4.0	2.7	∴4.0	2.7	∴4.0
活動：多	会長：少		85	5.9	4.7	4.7	↑5.9	2.4	2.4	2.4

表 4.3.5　自治会で現在行っている防犯の取組

			全体	防犯灯・街路灯の設置	回覧板やチラシによる防犯情報の共有	防犯パトロールの実施	小・中学校との情報交換	声かけの実施	公園等の見通し、見晴らしの改善
合計			259	80.3	63.7	43.2	39.4	30.9	18.9
活動：多	会長：多		40	82.5	60.0	50.0	42.5	32.5	22.5
活動：少	会長：多		58	75.9	67.2	▼20.7	∴29.3	∴39.7	▽6.9
活動：少	会長：少		75	84.0	64.0	△54.7	34.7	↓21.3	22.7
活動：多	会長：少		85	78.8	62.4	45.9	∴48.2	31.8	22.4

			全体	防犯セミナー・講習会等への参加	不審者に遭遇したときの連絡先・駆け込み先	防犯マップの作成	監視カメラの設置	携帯電話・ネットによる防犯情報の共有	ひとつもない
合計			259	14.7	14.3	3.9	3.5	2.7	3.1
活動：多	会長：多		40	15.0	15.0	▲12.5	-	2.5	∴7.5
活動：少	会長：多		58	13.8	15.5	-	-	3.4	5.2
活動：少	会長：少		75	12.0	↓6.7	1.3	∴6.7	1.3	-
活動：多	会長：少		85	17.6	∴20.0	4.7	4.7	3.5	2.4

題が発生すると予測しているのは、逆にこれらの犯罪対策が会長のリーダーシップにかかっていることを示しているのかもしれない。

　こうした問題を解決するための取組はどうなっているだろうか（表4.3.5）。防犯の取組で多いのは「防犯灯・街路灯の設置」（80.3％）、「回覧板やチラシによる防犯情報の共有」（63.7％）、「防犯パトロールの実施」（43.2％）、「小中学校との情報交換」（39.4％）等であり、ハード面の整備に加えて、情報共有や人的ネットワークによる見回りといったソフト面の活動が現在行われているとされる。セグメント別では、（多、多）が「防犯マップの作成」（12.5％）、（少、多）

表 4.3.6　過去数年における治安への不安

	全体	路上や空き地のゴミの散乱	自動車、バイク、自転車の不法放置	深夜の暴走族	新聞・テレビ・ラジオの犯罪報道	不審者の出没
合計	259	53.3	40.9	27.0	15.1	13.9
活動：多　会長：多	40	∵42.5	47.5	30.0	12.5	15.0
活動：少　会長：多	58	55.2	32.8	25.9	13.8	∵6.9
活動：少　会長：少	75	∴62.7	44.0	30.7	14.7	14.7
活動：多　会長：少	85	49.4	40.0	23.5	17.6	17.6

	全体	町内のよくわからない住民	不良のたまり場	深夜営業の店舗	害悪のあるチラシやビラ	わいせつなビデオ・雑誌の自販機
合計	259	12.4	11.6	7.7	4.6	4.2
活動：多　会長：多	40	17.5	10.0	10.0	2.5	5.0
活動：少　会長：多	58	6.9	∵5.2	↓1.7	5.2	5.2
活動：少　会長：少	75	10.7	13.3	10.7	5.3	4.0
活動：多　会長：少	85	15.3	14.1	8.2	4.7	3.5

は「声かけの実施」（39.7％）、（少、少）は「防犯パトロールの実施」（54.7％）、「監視カメラの設置」（6.7％）、（多、少）では「小中学校との情報交換」（48.2％）や「不審者に遭遇したときの連絡先・駆け込み先」（20.0％）となっている。両リソースが多い自治会ではいわゆる人びとの五感による「開いて守る」（吉原）がふだんからなされているのか、防犯マップ作成といった取組にとどまるのに対して、両方とも少ない自治会は「監視カメラ」に象徴されるように、強権的ないしは制度的な視点による取組であるといえるのではないだろうか。いずれかが多いところでは、会長のリーダーシップにより「声かけ」が実施されたり、それが弱い時には情報交換といったボトム・アップ型の取組がなされると考えられる。

　次に治安への不安についてみていくことにする。過去数年については（表4.3.6）、「路上や空き地のゴミの散乱」（53.3％）、「自動車、バイク、自転車の不法放置」（40.9％）等であり、ここでも（少、少）のセグメントで「路上や空き地のゴミの散乱」（62.7％）が多い。

　現在の不安についてみると（表4.3.7）、過去のものと同様に路上や空き地のゴミの散乱」（50.6％）、「自動車、バイク、自転車の不法放置」（36.3％）が多い。セグメント別では（多、多）で「自動車、バイク、自転車の不法放置」（47.5％）、「町内のよくわからない住民」（22.5％）、（少、少）は「路上や空き地のゴミの散乱」（60.0％）、「自動車、バイク、自転車の不法放置」（44.0％）となっている。

第 4 章　合併による広域自治体の地域差——自治会長調査から——　251

表 4.3.7　現在の治安への不安

		全体	路上や空き地のゴミの散乱	自動車、バイク、自転車の不法放置	深夜の暴走族	不審者の出没	新聞・テレビ・ラジオの犯罪報道
合計		259	50.6	36.3	23.6	18.1	17.4
活動：多	会長：多	40	42.5	∴ 47.5	22.5	17.5	17.5
活動：少	会長：多	58	44.8	↓ 25.9	20.7	∵ 10.3	15.5
活動：少	会長：少	75	∴ 60.0	∴ 44.0	28.0	20.0	17.3
活動：多	会長：少	85	50.6	30.6	22.4	22.4	18.8

		全体	町内のよくわからない住民	不良のたまり場	深夜営業の店舗	害悪のあるチラシやビラ	わいせつなビデオ・雑誌の自販機
合計		259	13.1	11.6	9.7	7.3	5.4
活動：多	会長：多	40	↑ 22.5	17.5	10.0	7.5	7.5
活動：少	会長：多	58	↓ 5.2	↓ 3.4	▽ 1.7	3.4	1.7
活動：少	会長：少	75	13.3	13.3	13.3	8.0	6.7
活動：多	会長：少	85	14.1	11.8	11.8	9.4	5.9

表 4.3.8　自治会で対応や対策を行っているもの

		全体	路上や空き地のゴミの散乱	自動車、バイク、自転車の不法放置	不審者の出没	不良のたまり場	町内のよくわからない住民
合計		259	52.1	30.5	16.6	13.9	7.3
活動：多	会長：多	40	50.0	35.0	∴ 25.0	△ 25.0	△ 17.5
活動：少	会長：多	58	51.7	24.1	12.1	↓ 5.2	8.6
活動：少	会長：少	75	56.0	32.0	12.0	∵ 8.0	∵ 2.7
活動：多	会長：少	85	49.4	31.8	20.0	∴ 18.8	5.9

		全体	深夜の暴走族	害悪のあるチラシやビラ	新聞・テレビ・ラジオの犯罪報道	わいせつなビデオ・雑誌の自販機	深夜営業の店舗
合計		259	6.6	6.2	4.6	3.5	3.5
活動：多	会長：多	40	10.0	7.5	7.5	∴ 7.5	∴ 7.5
活動：少	会長：多	58	5.2	5.2	3.4	1.7	1.7
活動：少	会長：少	75	5.3	5.3	2.7	2.7	2.7
活動：多	会長：少	85	7.1	7.1	5.9	3.5	3.5

リソース面では対照的であるともいえるが、「ゴミの散乱」については共通の問題である一方で、資源が多い自治会は新規の流入住民そのものへ、少ないところはモラルの問題がそれぞれ存在していることがわかる。

　こうした過去－現在にわたる治安の不安について、自治会としてどのような対応や対策を行っているのだろうか（表 4.3.8）。多いものからあげていくと、「路上や空き地のゴミの散乱」（52.1％）、「自動車、バイク、自転車の不法放置」（30.5％）等への取組である。セグメント別では、（多、多）は「不審者の出没」や「不良のたまり場」（25.0％）、「町内のよくわからない住民」（17.5％）、「わい

表 4.3.9　安全・安心まちづくりに向けた取組

		全体	防犯灯・街路灯の整備	防犯パトロールの強化・連携	防犯活動に関する情報提供	犯罪発生状況の情報提供	防犯キャンペーンの実施	防犯のための講習会の開催
合計		259	86.1	46.7	39.4	35.5	29.3	26.6
活動：多　会長：多		40	82.5	47.5	42.5	32.5	35.0	32.5
活動：少　会長：多		58	87.9	▼29.3	37.9	36.2	∴37.9	25.9
活動：少　会長：少		75	86.7	∴54.7	36.0	37.3	25.3	25.3
活動：多　会長：少		85	85.9	51.8	42.4	35.3	24.7	25.9

		全体	防犯活動の組織化の支援	防犯活動のリーダー育成	護身の知識・技術の提供	自治体の安全・安心条例制定	監視カメラの設置・整備
合計		259	22.8	19.7	9.7	8.1	7.7
活動：多　会長：多		40	27.5	17.5	12.5	7.5	10.0
活動：少　会長：多		58	∵15.5	∵12.1	8.6	10.3	3.4
活動：少　会長：少		75	24.0	21.3	10.7	∵4.0	∴12.0
活動：多　会長：少		85	24.7	24.7	8.2	10.6	5.9

せつなビデオ・雑誌の自販機」や「深夜営業の店舗」（7.5%）といった取組が多い。セグメント別で見ると、（多、少）は「不良のたまり場」（18.8%）であり、活動資源が多い自治会が積極的に対応していることがわかり、その上で会長資源が多いところでは「声かけ」のような住民によるゆるやかな監視がなされているといえよう。

　さて、所属する自治会周辺で行っている「安全・安心まちづくり」といったレベルの取組について確認する（表4.3.9）。「防犯灯・街路灯の整備」（86.1%）、「防犯パトロールの強化・連携」（46.7%）、「防犯活動に関する情報提供」（39.4%）、「犯罪発生状況の情報提供」（35.5%）等が多い。セグメント別でみると、（少、多）では「防犯キャンペーンの実施」（37.9%）、（少、少）は「防犯パトロールの強化・連携」（54.7%）、「監視カメラの設置・整備」（12.0%）となっている。

　こうした取組を所属する自治会で行っているのを示したのが表4.3.10である。「防犯道・街路灯の整備」（77.6%）が8割近くの自治会が実施しており、それ以下は「防犯パトロールの強化・連携」（17.8%）や「防犯活動に関する情報提供」（13.1%）等は2割以下である。セグメント別では（多、多）は「防犯活動の組織化の支援」（15.0%）、（少、少）は「防犯パトロールの強化・連携」（25.3%）であり、資源が多い自治会では組織体制の充実を、少ないところでは「まずは実施」といった、ある意味で個人レベルでの取組から始めている可能

表 4.3.10 所属する自治会で行っている取組

	全体	防犯灯・街路灯の整備	防犯パトロールの強化・連携	防犯活動に関する情報提供	防犯のための講習会の開催	防犯活動の組織化の支援	犯罪発生状況の情報提供
合計	259	77.6	17.8	13.1	9.7	8.9	8.5
活動:多　会長:多	40	72.5	20.0	15.0	10.0	∴15.0	7.5
活動:少　会長:多	58	79.3	▽6.9	∵6.9	5.2	∵3.4	5.2
活動:少　会長:少	75	80.0	↑25.3	12.0	9.3	9.3	9.3
活動:多　会長:少	85	76.5	17.6	17.6	12.9	9.4	10.6

	全体	防犯キャンペーンの実施	防犯活動のリーダー育成	監視カメラの設置・整備	自治体の安全・安心条例制定	護身の知識・技術の提供
合計	259	7.7	5.4	1.2	0.4	-
活動:多　会長:多	40	10.0	5.0	-	-	-
活動:少　会長:多	58	5.2	3.4	-	-	-
活動:少　会長:少	75	9.3	6.7	2.7	-	-
活動:多　会長:少	85	7.1	5.9	1.2	1.2	-

表 4.3.11 行政や警察が行うべき取組

	全体	防犯パトロールの強化・連携	防犯灯・街路灯の整備	犯罪発生状況の情報提供	防犯活動に関する情報提供	監視カメラの設置・整備	防犯のための講習会の開催
合計	259	56.0	45.6	40.5	30.5	26.3	26.3
活動:多　会長:多	40	∵45.0	47.5	45.0	32.5	30.0	27.5
活動:少　会長:多	58	55.2	39.7	32.8	34.5	20.7	25.9
活動:少　会長:少	75	61.3	45.3	42.7	32.0	∴33.3	29.3
活動:多　会長:少	85	56.5	49.4	41.2	25.9	21.2	22.4

	全体	防犯キャンペーンの実施	防犯活動の組織化の支援	防犯活動のリーダー育成	自治体の安全・安心条例制定	護身の知識・技術の提供	ひとつもない
合計	259	21.6	20.8	13.5	9.3	8.1	3.9
活動:多　会長:多	40	17.5	15.0	15.0	7.5	12.5	7.5
活動:少　会長:多	58	25.9	20.7	12.1	13.8	5.2	6.9
活動:少　会長:少	75	24.0	∵14.7	9.3	5.3	9.3	2.7
活動:多　会長:少	85	18.8	↑28.2	17.6	10.6	5.9	∵1.2

性が高い。

　行政や警察といった自治会以外の主体はどんな取組を行うべきと考えているだろうか（表4.3.11）。一番多いのは「防犯パトロールの強化・連携」（56.0%）であり、次いで「防犯灯・街路灯の整備」（45.6%）、「犯罪発生状況の情報提供」（40.5%）、「防犯活動に関する情報提供」（30.5%）等であり、ハード面の充実以外にも情報提供が望まれていることがわかる。セグメント別では、（少、少）で「監視カメラの設置・整備」（33.3%）、（多、少）は「防犯活動の組織化の支援」（28.2%）となっており、資源が少ない自治会ではいわば公権力による

防犯を、活動資源が多いものの会長資源の少ない自治会では活動を束ねる機能を行政や警察に求めているといえる。

3.3 防災活動の現状と今後

本項では 3.11 前の防災活動について、前項と同様な分析を進めることにする。

まず、大地震等の発生時の対応について、ふだんから話し合ってきたか否かを確認すると（表 4.3.12）、「話し合っていない」(51.0%) と「話し合ってきた」(42.1%) が 10pt に近い差ではあるが、ほぼ半々という結果になっている。ちなみにセグメントの違いによる話し合いの差異はみられない。

「話し合ってきた」の回答者ベースでその具体的内容をみたのが表 4.3.13 である。一番多いのが「避難の方法、時期、場所について」(73.4%) であり、次いで「住民間の連絡について」(51.4%)、「地域の災害危険箇所について」(49.5%)、「心がまえについて」(46.8%) となっている。セグメント別では、(多、多) が「地域の災害危険箇所について」(81.3%)、「非常持ち出し品について」(37.5%) となっている。日常的な「防犯」に比べると、非日常の「防災」は両方の資源が多くなければ事前の対応が手薄になることが、この結果だけをみる

表 4.3.12 大地震等発生時の対応

	全体	話し合ってきた	話し合っていない	わからない	不明
合計	259	42.1	51.0	3.5	3.5
活動：多　会長：多	40	40.0	57.5	2.5	-
活動：少　会長：多	58	46.6	48.3	3.4	1.7
活動：少　会長：少	75	38.7	53.3	4.0	4.0
活動：多　会長：少	85	43.5	48.2	3.5	4.7

表 4.3.13 具体的に話し合った内容

	全体	避難の方法、時期、場所	住民間の連絡	地域の災害危険箇所	心がまえ	食料・飲料水	非常持ち出し品	家屋の安全度	外国人等の短期居住者・一時滞在者の安全
合計	109	73.4	51.4	49.5	46.8	33.0	23.9	11.9	0.9
活動：多　会長：多	16	81.3	62.5	△81.3	50.0	37.5	∴37.5	18.8	-
活動：少　会長：多	27	70.4	44.4	48.1	51.9	22.2	18.5	11.1	-
活動：少　会長：少	29	72.4	62.1	44.8	51.7	37.9	27.6	13.8	-
活動：多　会長：少	37	73.0	43.2	40.5	37.8	35.1	18.9	8.1	2.7

第 4 章　合併による広域自治体の地域差——自治会長調査から——　　255

表 4.3.14　大地震等に備えた対策

	全体	近くの学校や公園等避難する場所を決めている	市や消防署が主催している防災訓練や講演に積極的に参加している	消火器、懐中電灯、医薬品等の準備を住民に呼びかけている	高齢者世帯・子どもの状況把握につとめている	住民間の連絡方法等を決めている	防災に関するセミナーや講演を開く等して啓蒙活動を行なっている
合計	259	40.2	39.4	24.3	17.8	16.6	15.8
活動：多　会長：多	40	50.0	40.0	27.5	25.0	22.5	15.0
活動：少　会長：多	58	∴50.0	41.4	29.3	24.1	17.2	17.2
活動：少　会長：少	75	∵32.0	41.3	20.0	∵12.0	16.0	13.3
活動：多　会長：少	85	36.5	36.5	23.5	15.3	14.1	17.6

	全体	食料品や飲料水の備蓄を住民にすすめている	倒壊を防止するよう住民に呼びかけている	地震保険に加入するよう住民に働きかけている	外国人等の短期居住者・一時滞在者の状況把握につとめている	とくに何もしていない
合計	259	12.0	5.8	1.9	-	26.6
活動：多　会長：多	40	12.5	↑12.5	△7.5	-	22.5
活動：少　会長：多	58	15.5	3.4	-	-	27.6
活動：少　会長：少	75	10.7	2.7	-	-	26.7
活動：多　会長：少	85	10.6	7.1	2.4	-	28.2

とうかがえる。

　それでは大地震等に備えた対策はどうしているだろうか（表4.3.14）。全体でみると、「近くの学校や公園等、避難する場所を決めている」（40.2％）、「市や消防署が主催している防災訓練や講演に積極的に参加」（39.4％）が4割程度であり、他はいずれも3割に満たない。セグメント別に視点を移すと、（多、多）で「倒壊を防止するように住民に呼びかけている」（12.5％）、「地震保険に加入するように住民に働きかけている」（7.5％）、（少、多）は「近くの学校や公園等、避難する場所を決めている」（50.0％）となっており、ここでは（トップダウン型かボトム・アップ型かは別として）会長のリーダーシップが防災への鍵となるのかもしれない。

　次に防災対策資料の作成状況について確認する（表4.3.15）。一番多いのは「持っていない」（49.8％）の半数近くであり、「持っている」（32.8％）から10pt以上多く、独自資料の作成は進んでいないことがわかる。セグメント別では、（多、多）が「持っている」（50.0％）、（少、多）は「持っている」（43.1％）である一方で、（多、少）で「持っていない」（57.6％）というように、ここでも会長資源が多い自治会ほど独自資料の作成が進んでいることがわかる。

　自治会で独自の資料を作成している場合、その作成主体はどこにあるのだろ

表 4.3.15　独自の防災対策資料の作成有無

		全体	持っている	作成中である	持っていない	作成予定である	わからない	不明
合計		259	32.8	1.9	49.8	3.5	5.8	6.2
活動：多	会長：多	40	△50.0	-	40.0	-	7.5	2.5
活動：少	会長：多	58	↑43.1	-	∵39.7	1.7	∴10.3	5.2
活動：少	会長：少	75	32.0	2.7	53.3	4.0	↓1.3	6.7
活動：多	会長：少	85	▼18.8	3.5	∴57.6	5.9	5.9	8.2

表 4.3.16　作成時における取組主体

		全体	行政	あなたの自治会	地域防災組織	自治会連合会	警察	地域防災組織以外の地域住民組織	他の自治会	NPO・ボランティア団体
合計		90	70.0	28.9	26.7	5.6	5.6	4.4	1.1	-
活動：多	会長：多	20	∴85.0	20.0	25.0	↑15.0	10.0	5.0	-	-
活動：少	会長：多	25	64.0	20.0	16.0	8.0	-	4.0	-	-
活動：少	会長：少	26	76.9	34.6	30.8	-	3.8	3.8	∴3.8	-
活動：多	会長：少	19	↓52.6	42.1	36.8	-	10.5	5.3	-	-

表 4.3.17　作成時において特に留意した主体

		全体	高齢者	子ども	女性	外国人等の短期居住者・一時滞在者	その他
合計		90	78.9	46.7	24.4	-	13.3
活動：多	会長：多	20	75.0	45.0	35.0	-	10.0
活動：少	会長：多	25	∴92.0	56.0	28.0	-	8.0
活動：少	会長：少	26	↓65.4	50.0	19.2	-	△26.9
活動：多	会長：少	19	84.2	∵31.6	15.8	-	5.3

うか（表 4.3.16）。一番多いのはやはり「行政」（70.0％）であり、「あなたの自治会」（28.9％）や「地域防災組織」（26.7％）を大きく上回っており、行政への依存の高さがうかがえる。

セグメント別にみると、（多、多）は「行政」（85.0％）、「自治会連合会」（15.0％）が多く、（少、少）では「他の自治会」（3.8％）となっており、これらの結果は両方の資源が多い自治会においても、単独での独自資料作成が難しい状況を示しているといえよう。

続いて作成時において特に留意した主体について確認すると（表 4.3.17）、「高齢者」（78.9％）が一番多く、次いで「子ども」（46.7％）や「女性」（24.4％）である。また、セグメント別では、（少、多）が「高齢者」（92.0％）と高かった。

次に防災訓練の実施状況を自治会単位でみると（表 4.3.18）、全体で一番多いのが「行っていないが、いずれ行いたいと考えている」（27.0％）であり、次い

第4章 合併による広域自治体の地域差——自治会長調査から—— 257

表4.3.18 自治会単位での防災訓練実施状況

	全体	行なっており、数多くの会員が参加・見学している	行なっており、一定数の熱心な会員が参加・見学している	行なっているものの、参加・見学する会員は非常に限られる	行なっていないが、いずれ行ないたいと考えている	行なっていないし、今後も行なう予定はない	その他	不明
合計	259	3.9	8.9	17.0	27.0	11.6	0.4	31.3
活動:多 会長:多	40	7.5	12.5	10.0	25.0	12.5	-	32.5
活動:少 会長:多	58	1.7	10.3	12.1	31.0	8.6	-	36.2
活動:少 会長:少	75	2.7	5.3	△26.7	∴20.0	↑18.7	-	26.7
活動:多 会長:少	85	4.7	9.4	15.3	31.8	∴7.1	1.2	30.6

表4.3.19 自治会連合会単位での防災訓練実施状況

	全体	行なっており、数多くの会員が参加・見学している	行なっており、一定数の熱心な会員が参加・見学している	行なっているものの、参加・見学する会員は非常に限られる	行なっていないが、いずれ行ないたいと考えている	行なっていないし、今後も行なう予定はない	その他	不明
合計	259	2.3	6.6	12.7	7.7	5.0	0.4	65.3
活動:多 会長:多	40	△7.5	7.5	17.5	5.0	-	△2.5	60.0
活動:少 会長:多	58	3.4	6.9	10.3	12.1	6.9	-	60.3
活動:少 会長:少	75	-	8.0	9.3	8.0	↑9.3	-	65.3
活動:多 会長:少	85	1.2	4.7	15.3	5.9	2.4	-	70.6

で「行っているものの、参加・見学する会員は非常に限られている」(17.0%)となっており、防災訓練はたとえ行われていたとしても、その参加者は非常に限定的であることがわかる。セグメント別では、(少、少)が「行っているものの、参加・見学する会員は非常に限られている」(26.7%)、「行っていないし、今後も行う予定はない」(18.7%)という結果であり、両資源が少ない自治会で防災訓練の単独実施は消極的であるといえる。

続いて連合会単位についてみていくと(表4.3.19)、ここでも多いのが「行っているものの、参加・見学する会員は非常に限られている」(12.7%)となっており、全体ベースでみる限り、単独実施よりもその割合の低さが確認できる。セグメント別では、両方の資源が多い(多、多)において「行っており、数多くの会員が参加・見学している」(7.5%)と少ないながらも活発に行う一方で、(少、少)は「行っていないし、今後も行う予定はない」(9.3%)と、(3.11以前という意味での)現状では他自治会との連携レベルでも防災訓練の実施は難しい。

本震災でいわき市内だけでなく、東北各地でも問題になったのは震災や津波

表 4.3.20 発生時の救援活動で重要な主体

	全体	隣近所・隣組	消防団	自治会	消防署	警察	個人（個人的な人間関係）	地方自治体
合計	259	79.2	70.7	68.7	61.4	51.4	45.6	36.3
活動：多　会長：多	40	72.5	72.5	70.0	65.0	55.0	50.0	30.0
活動：少　会長：多	58	82.8	72.4	65.5	65.5	55.2	43.1	39.7
活動：少　会長：少	75	∴85.3	74.7	69.3	56.0	48.0	45.3	32.0
活動：多　会長：少	85	75.3	65.9	70.6	62.4	50.6	45.9	41.2

	全体	自衛隊	新聞・テレビ・ラジオ等	国家	町内会連合会	NPO等のネットワーク組織	民間企業
合計	259	32.0	27.0	21.2	18.5	14.7	9.3
活動：多　会長：多	40	32.5	22.5	22.5	20.0	15.0	12.5
活動：少　会長：多	58	32.8	29.3	20.7	17.2	∴8.6	5.2
活動：少　会長：少	75	26.7	33.3	∴14.7	16.0	14.7	6.7
活動：多　会長：少	85	36.5	22.4	∴27.1	21.2	18.8	12.9

表 4.3.21 発生後の救援活動で重要な主体

	全体	隣近所・隣組	自治会	消防団	消防署	警察	地方自治体	個人（個人的な人間関係）
合計	259	69.5	62.9	62.9	60.6	54.1	42.9	40.9
活動：多　会長：多	40	77.5	57.5	70.0	60.0	57.5	↓30.0	40.0
活動：少　会長：多	58	∴77.6	67.2	69.0	60.3	53.4	50.0	44.8
活動：少　会長：少	75	66.7	60.0	65.3	60.0	49.3	42.7	37.3
活動：多　会長：少	85	63.5	65.9	↓54.1	62.4	57.6	44.7	42.4

	全体	自衛隊	国家	新聞・テレビ・ラジオ等	町内会連合会	NPO等のネットワーク組織	民間企業
合計	259	40.5	27.8	23.6	18.5	18.5	10.4
活動：多　会長：多	40	↓27.5	20.0	20.0	17.5	12.5	10.0
活動：少　会長：多	58	41.4	27.6	25.9	20.7	19.0	10.3
活動：少　会長：少	75	46.7	29.3	25.3	16.0	20.0	12.0
活動：多　会長：少	85	41.2	30.6	22.4	20.0	20.0	9.4

の発生時・発生後における地域コミュニティ機能の不全でもあるが、3.11 以前では救援活動等をどのように捉えていたのだろうか。

「発生時」についてみていくと（表 4.3.20）、重要な主体として一番多いのは「隣近所・隣組」（79.2％）であり、続いて「消防団」（70.7％）、「自治会」（68.7％）、「消防署」（61.4％）という順になっており、地域コミュニティの重要性については認識していることがわかる。セグメント別では、（少、少）で「隣近所・隣組」（85.3％）、（多、少）は「国家」（27.1％）となっている。「自治会」については資源による差異がみられず、発生時の対応は自治会のリソースにあまり関連がないものといえるのだろうか。

続いて「発生後」について確認すると（表 4.3.21）、全体で多いのは「隣近

所・隣組」(69.5%)、「自治会」や「消防団」(62.9%)、「消防署」(60.6%) であり、ここでも地域コミュニティの重要性はあると考えているようだ。セグメント別では、(少,多) が「隣近所・隣組」(77.6%) となっており、先の結果と併せてみると、活動資源が少ない自治会ほど、自治会という単位ではなく、より近隣の人たちに依存することを示しているのだろうか。

3.4 福祉活動の現状と今後

　ここでは高齢者を対象にした福祉のまちづくり活動について検討を行う。『平成17年国勢調査』によると、全国の年齢別人口構成比は15歳未満：13.8%、15歳～64歳：66.1%、65歳～74歳：11.1%、75歳以上：9.1% であるのに対して、いわき市は15歳未満：14.7%、15歳～64歳：62.9%、65歳～74歳：11.8%、75歳以上：10.6% となっており、65歳以上の比率が全国に比べてやや高いことから「地方都市における高齢化」という図式が（一方で15歳未満の比率もやや高いのであるが）いわき市でもあてはまるといえよう。

　そうした中、自治会周辺で行われている福祉のまちづくり活動の現状をみると（表4.3.22）、全体では「高齢者との交流イベントなどの実施」(35.1%) だけが3割以上であり、その他の「高齢者の生活支援」(22.4%)、「福祉まちづくりに関する情報発信」(18.5%) 等については2割前後であり、先にみた防犯や防災活動に比べると低いことがわかる。

　セグメント別では、(少,多) が「福祉まちづくりに関する情報発信」(29.3%)、「福祉まちづくりに関する勉強会実施」(27.6%) であり、活動資源は少なくとも、会長のリーダーシップにより実施している現状がうかがえる。

表4.3.22　自治会周辺で行う福祉のまちづくり活動

	全体	高齢者との交流イベントなどの実施	高齢者の生活支援	福祉まちづくりに関する情報発信	福祉まちづくりに関する勉強会実施	子育て家庭への支援	障害者の生活支援	障害者との交流イベントなどの実施	バリアフリー化への働きかけ
合計	259	35.1	22.4	18.5	12.7	12.0	8.5	8.1	5.8
活動:多　会長:多	40	37.5	30.0	25.0	15.0	7.5	12.5	12.5	10.0
活動:少　会長:多	58	37.9	24.1	△29.3	▲27.6	15.5	6.9	6.9	5.2
活動:少　会長:少	75	32.0	18.7	▼5.3	▽4.0	12.0	5.3	∵4.0	2.7
活動:多　会長:少	85	35.3	21.2	20.0	9.4	11.8	10.6	10.6	7.1

表 4.3.23　所属する自治会が行う取組

	全体	高齢者との交流イベントなどの実施	高齢者の生活支援	福祉まちづくりに関する情報発信	子育て家庭への支援	福祉まちづくりに関する勉強会実施	障害者との交流イベントなどの実施	バリアフリー化への働きかけ	障害者の生活支援
合計	259	23.2	14.3	7.3	4.6	4.2	2.3	2.3	1.2
活動：多　会長：多	40	27.5	↑25.0	7.5	2.5	5.0	5.0	5.0	△5.0
活動：少　会長：多	58	22.4	13.8	∴12.1	5.2	△10.3	-	-	-
活動：少　会長：少	75	24.0	12.0	▽1.3	5.3	1.3	1.3	1.3	-
活動：多　会長：少	85	21.2	11.8	9.4	4.7	2.4	3.5	3.5	1.2

表 4.3.24　自治会が特に行う必要がある取組

	全体	高齢者の生活支援	高齢者との交流イベントなどの実施	福祉まちづくりに関する情報発信	子育て家庭への支援	福祉まちづくりに関する勉強会実施	障害者の生活支援	障害者との交流イベントなどの実施	バリアフリー化への働きかけ	ひとつもない
合計	259	43.6	41.3	19.7	17.8	14.7	13.9	8.5	7.3	5.0
活動：多　会長：多	40	47.5	∴52.5	15.0	15.0	12.5	▲30.0	10.0	5.0	7.5
活動：少　会長：多	58	44.8	44.8	22.4	17.2	17.2	8.6	10.3	3.4	3.4
活動：少　会長：少	75	42.7	↓30.7	20.0	20.0	10.7	12.0	▽1.3	5.3	8.0
活動：多　会長：少	85	41.2	42.4	20.0	17.6	10.6	11.8		△12.9	2.4

　所属する自治会での実施をみると（表4.3.23）、全体では「高齢者との交流イベントなどの実施」(23.2%)、「高齢者の生活支援」(14.3%)等である。

　セグメント別において、（多、多）では「高齢者の生活支援」(25.0%)、「障害者の生活支援」(5.0%)であり、（少、多）は「福祉まちづくりに関する情報発信」(12.1%)、「福祉まちづくりに関する勉強会実施」(10.3%)であり、ここでも福祉まちづくりの活動には会長のリーダーシップが必要であるという結果が得られる。

　最後に自治会が今後特に行う必要がある取組をみてみよう（表4.3.24）。「高齢者の生活支援」(43.6%)や「高齢者との交流イベントなどの実施」(41.3%)が4割以上と多く、地域コミュニティにおける「支援と交流」が活動の鍵となると考えられる。

　セグメント別では、（多、多）で「高齢者との交流イベントなどの実施」(52.5%)や「障害者の生活支援」(30.0%)、（多、少）は「バリアフリー化への働きかけ」(12.9%)が多く、両資源が多い自治会では活動の深化を、活動資源だけが多い自治会はハード面での充実をそれぞれ求めていることがうかがえる。

3.5 安全・安心まちづくりにおける自治会と行政の役割

3.4まで、防犯、防災、福祉まちづくりと自治会との関わりをそれぞれみてきたわけであるが、調査対象者である自治会長たちは今後の自治会と行政との関係をどのように考えているのだろうか。

まず、自治会の未来イメージを確認する（表4.3.25）。一番多いのは「地域社会の役割が高まり、自治会の仕事が増える」（44.4％）といった積極的な将来像であり、セグメント別では（少、少）が「地域社会の役割は変わらないが、自治会の仕事は増える」（18.7％）というように、資源が少ない自治会にとっては負担増だけが目立ってしまうといえる。

これからの行政との関わりをどう考えているだろうか（表4.3.26）。「これまでも関係は強く、これからも強い」（58.7％）と6割近くの自治会長が関係の強化というイメージを抱いているようである。セグメント別では、（多、多）は「わからない」（22.5％）、（多、少）では「これまでは関係が弱かったが、これからは強くなる」（12.9％）という結果が得られた。

自治会に対して行政からの支援について確認すると（表4.3.27）、「災害予

表4.3.25　自治会の未来イメージ

	全体	地域社会の役割が高まり、自治会の仕事が増える	地域社会の役割が高まるが、自治会の仕事は変わらない	地域社会の役割は変わらず、自治会の仕事も変わらない	地域社会の役割は変わらないが、自治会の仕事は増える	わからない	不明
合計	259	44.4	18.1	9.3	11.2	10.0	6.9
活動：多　会長：多	40	50.0	12.5	10.0	7.5	15.0	5.0
活動：少　会長：多	58	39.7	22.4	12.1	10.3	8.6	6.9
活動：少　会長：少	75	41.3	14.7	5.3	△18.7	12.0	8.0
活動：多　会長：少	85	48.2	21.2	9.4	7.1	7.1	7.1

表4.3.26　これからの行政との関連

	全体	これまでも関係は強く、これからも強い	これまで関係が深かったが、これからは弱くなる	これまでも、これからも関係は弱い	これまで関係が弱かったが、これからは強くなる	わからない	不明
合計	259	58.7	8.1	5.4	8.5	12.7	6.6
活動：多　会長：多	40	55.0	10.0	7.5	∵2.5	↑22.5	2.5
活動：少　会長：多	58	58.6	10.3	6.9	∵3.4	17.2	3.4
活動：少　会長：少	75	58.7	8.0	6.7	9.3	10.7	6.7
活動：多　会長：少	85	61.2	5.9	2.4	∴12.9	∵7.1	∴10.6

表 4.3.27　行政からの支援があったもの

	全体	災害予防・対策などの防災活動	情報発信・提供のしくみづくり	他の自治会との情報交換の場の設置	防犯灯電気料の助成	自治会活動全般にかかる費用の助成	防犯灯具交換修費の助成	自治会活動への指導、介入	次世代のリーダーづくり
合計	259	42.1	21.6	17.4	13.5	12.7	12.0	4.6	1.2
活動：多　会長：多	40	47.5	△35.0	17.5	17.5	10.0	10.0	5.0	-
活動：少　会長：多	58	△56.9	△32.8	13.8	17.2	10.3	15.5	6.9	1.7
活動：少　会長：少	75	36.0	16.0	21.3	13.3	12.0	9.3	4.0	1.3
活動：多　会長：少	85	35.3	↓12.9	16.5	9.4	16.5	12.9	3.5	1.2

表 4.3.28　行政への支援充実を望むもの

	全体	防犯灯灯具交換補修費の助成	防犯灯電気料の助成	自治会活動全般にかかる費用の助成	災害予防・対策などの防災活動	情報発信・提供のしくみづくり	他の自治会との情報交換の場の設置	次世代のリーダーづくり	自治会活動への指導、介入
合計	259	39.0	37.5	34.4	30.9	21.6	20.8	20.5	14.3
活動：多　会長：多	40	42.5	37.5	37.5	25.0	22.5	25.0	25.0	20.0
活動：少　会長：多	58	37.9	32.8	34.5	37.9	24.1	19.0	20.7	15.5
活動：少　会長：少	75	34.7	34.7	29.3	25.3	∴14.7	18.7	14.7	9.3
活動：多　会長：少	85	42.4	43.5	37.6	34.1	25.9	22.4	23.5	15.3

防・対策などの防災活動」(42.1%) が最も多く、「情報発信・提供のしくみづくり」(21.6%) や「他の自治会との情報交換の場の設置」(17.4%) 等はいずれも2割程度やそれ未満であった。

セグメント別でみると、(多、多) で「情報発信・提供のしくみづくり」(35.0%)、(少、多) は「災害予防・対策などの防災活動」(56.9%)、「情報発信・提供のしくみづくり」(32.8%) であり、会長資源が多い自治会でこうした支援が他のセグメントと比べて多くなされたことがわかる。

今後の支援については (表4.3.28)、「防犯灯などの交換補修費の助成」(39.0%)、「防犯灯電気料の助成」(37.5%) 等、防犯や防災、活動全般に関する費用的な支援を求めている。

自治会組織の将来像については (表4.3.29)、「これまで通り、地縁的組織の代表の組織として続く」(70.3%) といった肯定的なイメージが7割に達し、それは両資源が (多、多) の自治会に顕著 (80.0%) である。

市との連携状況について (表4.3.30)、現状では「(連携が十分になされていると) 思う」(57.1%) となっている中で、今後については (表4.3.31)、「必要である」(72.2%) とこれまで以上に連携を求めていると捉えることができる。

第4章 合併による広域自治体の地域差——自治会長調査から—— 263

表4.3.29 自治会組織の将来像

	全体	これまで通り、地縁的組織の代表的組織で続く	これまで関係が深かったが、これからは弱くなる	その他の組織	わからない	不明
合計	259	70.3	16.6	0.8	8.5	3.9
活動：多　会長：多	40	∴80.0	15.0	-	5.0	-
活動：少　会長：多	58	69.0	17.2	-	10.3	3.4
活動：少　会長：少	75	66.7	17.3	1.3	9.3	5.3
活動：多　会長：少	85	69.4	16.5	1.2	8.2	4.7

表4.3.30 現状の市との連携状況

	全体	そう思う	そう思わない	わからない	不明
合計	259	57.1	32.4	7.3	3.1
活動：多　会長：多	40	62.5	32.5	5.0	-
活動：少　会長：多	58	58.6	29.3	8.6	3.4
活動：少　会長：少	75	56.0	33.3	5.3	5.3
活動：多　会長：少	85	54.1	34.1	9.4	2.4

表4.3.31 今後における市との連携の必要性

	全体	必要である	どちらともいえない	必要でない	不明
合計	259	72.2	23.6	1.2	3.1
活動：多　会長：多	40	75.0	25.0	-	-
活動：少　会長：多	58	74.1	20.7	1.7	3.4
活動：少　会長：少	75	66.7	25.3	2.7	5.3
活動：多　会長：少	85	74.1	23.5	-	2.4

表4.3.32 地域住民同士の連携の将来像

	全体	強くなる	弱くなる	変わらない	わからない	不明
合計	259	23.2	15.1	40.2	17.0	4.6
活動：多　会長：多	40	27.5	12.5	37.5	22.5	-
活動：少　会長：多	58	20.7	12.1	△53.4	∴10.3	3.4
活動：少　会長：少	75	25.3	10.7	37.3	20.0	6.7
活動：多　会長：少	85	21.2	↑22.4	34.1	16.5	5.9

　自治会長は地域住民同士の連携をどうみているだろうか（表4.3.32）。一番多いのは「変わらない」(40.2%)、次いで「強くなる」(23.2%)、セグメント別では（少、多）は「変わらない」(53.4%)、（多、少）は「弱くなる」(22.4%)となっており、住民同士の連携は会長のリーダーシップに関わってくるのかもしれない。

　最後に地域内の問題解決力の変化を確認すると（表4.3.33）、最も多いのは

表 4.3.33　地域内の問題解決力の変化

	全体	強まる	弱まる	変わらない	わからない	不明
合計	259	22.0	17.8	39.8	15.8	4.6
活動：多　会長：多	40	22.5	22.5	32.5	22.5	―
活動：少　会長：多	58	24.1	13.8	∴48.3	10.3	3.4
活動：少　会長：少	75	22.7	∵12.0	44.0	14.7	6.7
活動：多　会長：少	85	20.0	∴23.5	∵32.9	17.6	5.9

「変わらない」(39.8％)であり、「強まる」(22.0％)は2番目に多い。セグメント別では(少、多)で「変わらない」(48.3％)、(多、少)は「弱まる」(23.5％)となっており、ここでも会長のリーダーシップが問題解決力の強化に関わっていることがわかる。

以上、安全・安心まちづくりと自治会との関わりを一瞥してきたが、防犯、防災、福祉それぞれの活動において、自治会が持つ活動資源、会長（人的）資源の各活動への関係に差異があるように考えられる。詳細については別の機会で論じるが、いずれにせよ、こうした資源の把握を通じて自治会活動の今後をみていく必要はあるといえる。

4.　むすび

本章ではいわき市の自治会長を対象とした質問紙調査分析の検討を行った。分析の視点は三つであり、自治会をその活動数をセグメントした活動資源、会長の属性に依拠した会長（人的）資源、それらをかけあわせた自治会資源である。これら資源によるセグメントにより自治会の問題などの状況が異なることは松本・吉原（2009）などでも明らかにしているが、いわき市内の13支所での布置状況も同様な結果になることを示した（図4.2.1）。具体的には活動、会長資源が市内平均よりも大きいところが内郷、勿来であり、会長資源は大きいものの活動資源が小さい川前、四倉などの地域は高齢化が進んでいる。

このような結果を受けて活動資源×会長資源による4セグメントによる課題と問題解決の方向を検討したが、そこでは各セグメントにより問題のレベル・段階と解決の方向性が異なり、一様な施策の有効性への疑問が提示されている（図4.2.3）。続いてこれらセグメントを分析軸にして、防災、防犯、福祉そして

第 4 章　合併による広域自治体の地域差——自治会長調査から——　　265

行政との連携についての検討も行った。

　これまで個別具体的または一括して論じられる傾向にあった自治会を、客観的な指標によりセグメントして、それに従った分析により自治会の抱える諸問題を明らかにしてきたが、当然ながら課題も存在する。一つは分析上のものであり、それはこれらセグメントが「平均値」となっていることである。例えば、平支所はいわき駅前という「まちなか」から、後に詳細に検討することになる薄磯や豊間といった「沿岸部」、中央台といった「（比較的という意味で）新興住宅地」など、様々な地域により構成されているため、分散も大きいものと考えられる。統計的な処理のために、ある程度大きなセグメントにならざるを得ず、そのあたりの検討も今後の課題となろう。

注

1）『いわき市内地域別データファイル 2013』を参照。
2）いわき市は広域合併の自治体であるため、自治会・町内会などの歴史的経緯は旧市町村によりやや異なる。ちなみに旧平市では、1940 年 12 月に「平市常会規定・区内会設置規定」を定め、そこでは 34（のちに 36）の区内会、それらの下部組織に隣組（525）が設置されていた（いわき未来づくりセンター2006、p.101）。
3）内郷の数が人口に比べて少ないのは次の理由による。九つの「区」は市町村合併前の村であり、小字単位では 56 の「行政区」となっている。9 名の区長により構成される区長会は各地の財産管理（集会所といった施設等）が主な活動である。この区長がいわば町内会長に相当するものといえる。一方の行政区長は市が依頼した行政嘱託員である。これは旧内郷市に由来するものである。このように「区長」と「行政区長」は各支所により状況が異なる。例えば四倉支所では区長＝行政区長であり、三和支所も同様に一体化している。好間支所では区長の下に行政区長（行政嘱託員）が存在している（2012 年 3 月 22 日の内郷支所職員による聞き取り調査）。
4）いわき市提供資料（2010 年度）であり、計 481。後述する調査対象の 482 は行政嘱託員ベース（名称のない区会・自治会・町内会が存在する）であるために一致しない。
5）以下の表では回答者なしの場合は「空白」または「－」、選択肢がない場合は「＊」とする。
6）過去の報告書と同様に、いわき市調査では一部項目を（整合性は考慮しているものの）統合しているため、単純に比較するのは難しいことをあらかじめお断りしたい。
7）表中のい：いわき市、福：福島市、八：八戸市、弘：弘前市、青：青森市、秋：秋田市、盛：盛岡市、仙：仙台市、山：山形市（以下の表におけるこれらの標記は全て同じ）。また、各調査数は構成されている自治会、町内会の集計ベースである。
8）吉原（2006、2008）や松本（2012、2013）の報告書を参照のこと。
9）因みに以下では▲▼：1% 有意、△▽：5% 有意、↑↓：10% 有意、∴∵：20% 有意としてファインディングを行う。

参考文献

いわき市、2014、『いわき市内地域別データファイル 2013』
──、『市の統計』http://www.city.iwaki.fukushima.jp/tokei/004869.html
いわき未来づくりセンター、2006、『いわきの輝く人・暮らし・まち』
総務省統計局、『平成17年国勢調査』http://www.stat.go.jp/data/kokusei/2005/access.htm
松本行真・吉原直樹、2009、「自治会における諸問題の解決法に関する一考察」『ヘスティアとクリオ』No.8：19-51
松本行真、2010、「福島市自治会における問題の所在」、東北都市社会学研究会編『地方都市における自治会の変容とその諸相──2009年福島市自治会・自治会調査結果報告書──』：21-48
──、2011a、「盛岡市町内会における問題の所在」、東北都市社会学研究会編『地方都市における町内会の現状とゆくえ──2010年度盛岡市町内会・自治会調査結果報告書──』：27-46
──、2011b、「地域リーダーの防災観」、吉原直樹編著『防災コミュニティの基層』御茶の水書房
──、2011c、「防災コミュニティの人的資源と活動資源」、吉原直樹編著『防災コミュニティの基層』御茶の水書房
──、2012、「調査の概要と弘前市町内会の動向」、東北都市社会学研究会編『地方都市における問われる町会の存在意義──2011年度弘前市町内会・自治会調査結果報告書』：1-18
──、2014、「調査の概要と八戸市町内会の動向」、東北都市社会学研究会編『地方都市における変遷する町内会のあり方──2013年度八戸市町内会・自治会調査結果報告書』：1-20
吉原直樹、2007、『開いて守る──安全・安心のコミュニティづくりのために』岩波書店
──、2008、「調査の概要と青森市町内会の動向」、東北都市社会学研究会編『地方都市におけるゆらぐ町内会とその動態──2008年度青森市町内会・自治会調査結果報告書』：1-16
──、2010、「調査の概要と福島市町内会の動向」、東北都市社会学研究会編『地方都市における町内会の変容とその諸相──2009年度福島市町内会・自治会調査結果報告書』：1-20

第5章

復旧・復興に向けた地域住民組織の果たす役割

1. 被災と避難の実態

1.1 はじめに

　2011年3月11日14時46分、宮城県沖の海底を震源とするマグニチュード9.0の大地震が発生した。またそれに伴い日本全国の広範囲にわたり津波が沿岸部を襲った。さらには東京電力福島第一原子力発電所での事故が発生した。この一連の複合災害が東日本大震災である。この震災での東日本の太平洋沿岸地域、特に福島県、宮城県、岩手県の東北の三つの県での津波被害は甚大なものであった。消防庁災害対策本部の発表（2013年3月11日現在）によれば、この震災による死者行方不明者は21,176名が報告されている。福島県では3,148名、宮城県では11,729名、岩手県での死者は6,185名となっており、三つの県を合わせた死者数は全体の9割以上を占める。

　本節で焦点をあてる福島県浜通り地方はこの震災により大きな津波被害を受けた地域である。浜通り南部に位置するいわき市小名浜では6.8m、同市平薄磯8.5m、同市平豊間8.6mの津波浸水高となっている[1]。さらに楢葉町では推定10.5m、富岡町では21m（東大と福島県調査）が観測されている。先の消防庁による死者行方不明者は、いわき市448名、楢葉町87名、富岡町170名がそれぞれ確認されている。

　このような被害状況の中で、特に大きな津波に襲われた岩手県釜石市の避難の動きとして「防災の教え、命救った　釜石「津波てんでんこ」生かす　小中学生、高台へ一目散」（2011年3月27日『北海道新聞』）が取り上げられ、津波

からの迅速な避難には津波に対する認識が地域で共有されていることが重要であるといえる。古くから津波被害を受けていた三陸地方の海岸ではこのような津波に対する住民共通の認識があったと考えられる。

一方で福島県いわき市では「証言3・11　東日本大震災　福島県いわき市・薄磯地区　津波…無防備だった」（2011 年 4 月 27 日『毎日新聞』）の記事にあるように、津波による被害は想定していなかったことがうかがえる。そこで筆者らは 2011 年 4 月から、この薄磯地区を含むいわき市、楢葉町や富岡町に対して（原発事故による避難だけでなく津波被災者を含めた）アンケート／インタビュー調査を実施した。そこでは「チリ地震の際も津波の危険があったため、消防がまわって避難を呼びかけたが、誰も避難する者はいなかった」、「津波なんか来るはずがないと思っていた」、「チリ津波の時や台風が来たときも津波が来たがなんともなかったからみんな甘くみていた」などの声が聞かれた。

これらから確認できるのは、地域によって住民の災害に対する認識が異なっていることである。災害へ対する認識、特に「津波は危険である」という認識が─上記の例では─岩手県釜石市の住民たちには形成されており、反対に福島県いわき市などの住民の間には「津波は危険ではない」という認識が共有されていたと考えられる。両地域で津波に対する防災教育や避難訓練が同じように行われていたとしても、「津波は危険である」という認識が形成されているか否かで、地震後に襲来が予想される津波への避難意識の定着に差がみられることがわかる。

認識の違いが上記の報道などが示すような避難行動につながったと考えられ、その基底には地域住民の認識があるといえる。

こうした地域住民の認識をストックの視点で抽出すれば、それは地域固有の知識（local knowledge（ギアーツ 1992））であり、人びとによって形成された「民衆知」ということになろう。語義の詳細な定義はさておき、その必要性については『まちづくりの百科事典』（似田貝ら編 2008）の「災害危険」の項目で、「経験的知識（ローカルナレッジ）と科学的災害危険予測の両方とが有機的に活用されることで、より実践的な防災対策や担い手の育成につながっていくことが期待される」（p.476）でも指摘されている[2]。

津波避難は沿岸部などの一部の地域のみにおいて求められる行動であり、そ

れには迅速さが求められる。限定された地域での迅速な意思決定の内容は、「地域固有のルール」という民衆知によって大きく左右されることが考えられ、民衆の形成や共有の状況を調査する必要性があるといえよう。

これはいわば地域のコミュニティにおける活動と人びとの意識との関係を平面に捉え返される問題ともいえる。例えば、河田ら（1994）によれば、被災経験のない新住民の割合が増えるにつれて、防災の知恵や伝承が空洞化し、防災施設の充実が知恵や伝承に代わり依存の対象となっていることを受けつつ、高知と三陸でのアンケート調査比較を通じて、津波常襲地帯では、過去の歴史津波に関する情報が住民に広く知れ渡っていないことが明らかになっており、これを改善すれば、避難訓練や水防訓練の形骸化を防止するのに役立つと考えられるとしている[3]。

実際の津波避難に関して、片田ら（2005）は気仙沼市の住民調査を行い、避難の意思決定を避難情報や津波警報に過度に依存する姿勢や、正常化の偏見による危険性の楽観視、過去の津波経験による津波イメージの固定化といった住民意識の問題点を明らかにし、固定化された津波に対するイメージを打破することが重要であるという提言を行っている[4]。

これらの研究に共通しているのは、避難時に何らかのプロセスにより地域で形成された民衆知の重要性を論じているところであるが、民衆知がどのように形成されてきたのかについては陽表的に言及していないと考えられる。ギアーツの議論をふたたび持ち出せば、民衆知は単に「地域の知識や認識」だけではなく、それらを形成するための地域の仕組み、その基底にある住民同士の活動や交流に出来するものである[5]。

そこで本章は、アンケート／インタビュー調査の両方を通じて、震災前の人づきあいなどのコミュニティへの関与やその活発さ、そこで交わされた過去の災害などの伝承を確認するとともに、これらが避難行動とどのような関係があるのかをみいだすことを目的とする[6]。調査フィールドは福島県浜通り地方（いわき市平薄磯区・同豊間区、双葉郡楢葉町・富岡町）に定める。

1.2 調査対象地の概要

調査対象地の概要について説明する。いわき市[7]、楢葉町、富岡町は福島県

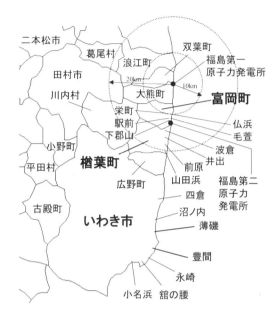

図 5.1.1　福島県浜通り地方

の浜通り地方は東京から約 200km 前後、北東に離れたところ位置する。

(1) いわき市平薄磯区・豊間区

　薄磯、豊間は沼ノ内とあわせて豊間地区と称される。これらは明治の大合併 (1889 年 4 月 1 日) 以前にはそれぞれ豊間村、薄磯村、沼之内村として存在し、農業が主で漁業が従の海付農村であった[8]。この合併で豊間村のちに豊間町 (1940 年 5 月 1 日) となった。それが昭和の大合併の流れを受けて、1954 年 10 月 1 日に平市に組み込まれ、いわき市 (1966 年 10 月 1 日) になり現在に至っている。

　薄磯区は、いわき市平の海沿いに位置する地区で (図 5.1.2)、区内人口は 654 名 247 世帯 (震災前 761 名 266 世帯) である[9]。震災による被害の犠牲者は 116 名で、津波により壊滅的な被害を受け、ほとんどの住民が薄磯区以外の地域での生活を余儀なくされている現状である。

　豊間区は、薄磯区の南側に隣接する地区で (図 5.1.3)、区内人口は 2,022 名 621 世帯 (震災前 2,212 名 663 世帯) である[10]。震災による被害は、犠牲者が 85

第 5 章　復旧・復興に向けた地域住民組織の果たす役割　271

図 5.1.2　いわき市平薄磯区

図 5.1.3　いわき市平豊間区

名で、420 世帯の住宅のほか、中学校・保育所・郵便局・漁港・水産加工所・商店・民宿等が全壊流失し、名所であった鳴き砂も地盤沈下で潮に隠れてしまった[11]。いわき市などの史料によると、1677 年の大津波を始め、5 度ほど

図 5.1.4　双葉郡楢葉町

の津波の被害を受けた事実を確認できた。また石碑や慰霊碑なども各地域に残されている[12]。

(2) 双葉郡楢葉町・富岡町

　楢葉町は人口 7,284 名の町であり、いわき市、広野町、富岡町、川内村と隣接している。また、町内には JR 常磐線が通っており、木戸駅と竜田駅の二つの駅がある（図 5.1.4）。今回の震災では地震、津波、原発事故の三つのいわば複合災害を被った。楢葉町によれば、町民の災害による犠牲者は 2012 年 12 月時点で、津波による死者は 13 名である[13]。津波被害にあったのは、沿岸部の波倉、下井出、北田、前原、山田浜の各行政区であった。被災当日に大熊町の福島第一原子力発電所で発生した事故の影響で、現在では警戒区域は解除されているものの、全町民のうち 5 千人ほどがいわき市内に、その他は県内さらには全国各地で避難生活を送っている。『楢葉町史』では洪水や台風による被害に関する記述が多かった。

　富岡町は福島県浜通り地方の中央に位置し、北は大熊町、西は川内村、南は楢葉町とそれぞれ境を接し、人口約 16,000 名の町である。JR 常磐線の富岡駅と夜の森駅があり、震災前の町内には 27 の行政区が存在していた（図 5.1.5）。そのうちで津波被害にあったのは、沿岸部にある毛萱、仏浜、駅前地区などであった。この町も区域再編により一部の地域で立ち入りが可能になったが、現

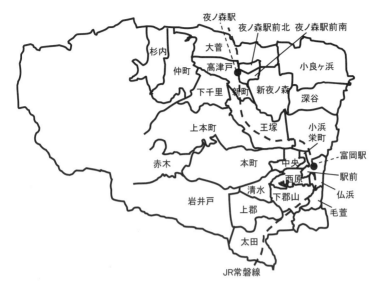

図 5.1.5 双葉郡富岡町

在も全町民が全国各地で避難生活を送っている。『富岡町史』には災害に関する記述が少なく、被害詳細に関してはほとんどない。1611 年に津波の記述があるものの詳細は不明である。

1.3 民衆知が避難に結びつくには何が必要か

(1) 民衆知は共有されていたか

ここでは民衆知が地域の人びとにおいて共有されていたのかについて確認する。民衆知とは災害（特に津波や地震）に関するものとする。薄磯・豊間区がある福島県いわき市は 1960 年（昭和 35 年）にチリ地震による津波襲来があり、『日本被害津波総覧』によれば同市内の小名浜は 2.4m（TP：東京湾平均海面）であったが、両地区では被害は確認されていない。そうしたことを念頭に置きつつ、薄磯・豊間区のアンケート調査結果を概観する[14]。「チリ地震による津波を薄磯・豊間で経験したか」の質問に、全対象者 180 名のうち「経験した」(47.2%)、「経験していない」(50.6%)、「不明」(2.2%) であった。（調査対象者の偏りを考慮すると）問題なのは経験した人たちの避難の実態である。「津波を警

戒して避難した」(14.1%)、「津波は警戒していなかったが避難をした」(5.9%)、「津波は警戒していたが避難をしなかった」(35.3%)、「津波は警戒していなかったので避難しなかった」(28.2%)と、避難をした人は(20.0%)と5分の1であった。

次にこれらの地区での言い伝えの有無について質問したところ、「昔からの行事や祭事の由来」(44.4%)、「災害に関する言い伝え」(36.7%)と4割近い。この人たち(66名)がどんな災害について聞いたことがあるのかは、「津波」(74.2%)、「地震」(40.9%)、「高潮」(24.2%)などとなっており、180名の全体ベースでも「津波」(27.3%)と四分の一を超えている。このように地域内で「津波があった」という知識や認識がこれらの地区では形成されたものと考えられる。問題なのはこれらの知識が避難などの仕組みや住民の活動に「民衆知」として共有されているかどうかである[15]。

表5.1.1は地域に関する言い伝えと避難タイミング、表5.1.2は災害に関する言い伝えの内容と避難タイミングの関係[16]を表したものである。薄磯・豊間両区での津波避難は「津波が来る前」(57.8%)、「津波が来た後」(22.8%)、「避難しなかった」(12.2%)であった。

そこで表5.1.1をみると、「災害に関する言い伝え」がある人では「来る前」(56.1%)、「来た後」(21.2%)、「避難なし」(13.6%)と全体との差はなかった。

さらに表5.1.2をみていくと、災害に関する伝承に「津波」と答えた人でも、避難タイミングが「来る前」(61.2%)、「来た後」(16.3%)、「避難なし」(14.3%)のように全体との差は統計的にはほとんどなく、この結果が意味するところは、これらの知識や認識があったとしてもそれは「津波があったら避難」という「民衆知」に転化していなかったのである。

ところで避難のタイミングと避難のきっかけはどのような関係があるのだろうか。避難のきっかけを全体でみると、「近所の住民や隣組からの呼びかけ」(31.7%)、「自分の家族・親戚」(25.5%)、「消防団」(19.3%)、「自治会」(10.3%)のように、基本的には「身内＋近隣」という(相対的に)個人的で近い関係により避難を決意したものとうかがえる結果である。

避難のタイミング別で確認すると(表5.1.3)、「津波が来る前」については「近所の住民や隣組」(35.6%)が多く、区全体といった大がかりな(避難に関す

表 5.1.1　言い伝えの有無と避難タイミングの関係[20]

	全体（人）	津波が来る前（%）	Z値	p値
全体	180	57.8		
災害に関する言い伝え	66	56.1	−0.351	p > 0.10
昔からの行事や祭事の由来	80	55.0	−0.680	p > 0.10
	全体（人）	津波が来た後（%）	Z値	p値
全体	180	22.8		
災害に関する言い伝え	66	21.2	−0.389	p > 0.10
昔からの行事や祭事の由来	80	30.0	2.059	p < 0.05
	全体（人）	避難せず（%）	Z値	p値
全体	180	12.2		
災害に関する言い伝え	66	13.6	0.437	p > 0.10
昔からの行事や祭事の由来	80	8.8	−1.247	p > 0.10

る）情報ネットワークよりは、身内＋近隣関係のそれが迅速な避難に寄与したものと考えられる。「津波が来た後」について、「消防団」（24.4%）、「警察や消防署」（9.8%）のように、消防や警察組織により避難を促されており、（有意差はあまりみられなかったが）津波が来る前／来た後のタイムラグがこれらの組織が情報伝達をするに至る時間と相同する結果といえるだろう。

これらの結果を併せると、過去の災害に関する知識や認識は避難にさほど活かされず、津波襲来直前の近隣からの呼びかけの有無が避難に大きく関与することがうかがえる[17]。これは迅速な津波避難には人づきあいなどのコミュニティが重要であることを示しているのだろうか。

これまで確認したように、本震災で津波により甚大な被害を受けた薄磯・豊間区においては災害、特に津波に関する知識や認識はあるものの、それが「津波→避難」という意味での民衆知には至っていないことがうかがえる。それをある意味で補完するかたちで、近隣などのコミュニティの呼びかけにより避難を果たしていたと推察される。恐らく、「津波→危険ではない→避難する必要がない」という、誤った「民衆知」が形成されていたと考えられるが、アンケート調査ではこれ以上立ち入ることができなかったため、先の問題意識も含めたインタビュー調査を実施することにした。これは薄磯・豊間両区を対象にしたアンケート調査、そして 2011 年 4〜5 月に実施したいわき市内の避難所で

表 5.1.2 言い伝えの内容と避難タイミングの関係

	全体（人）	津波が来る前（%）	Z値	p値
全体	180	57.8		
津波	49	61.2	0.565	p＞0.10
地震	27	55.6	-0.251	p＞0.10
	全体（人）	津波が来た後（%）	Z値	p値
全体	180	22.8		
津波	49	16.3	-1.271	p＞0.10
地震	27	22.2	-0.081	p＞0.10
	全体（人）	避難せず（%）	Z値	p値
全体	180	12.2		
津波	49	14.3	0.526	p＞0.10
地震	27	11.1	-0.189	p＞0.10

表 5.1.3 避難タイミングと避難のきっかけ

	津波が来る前（%）	津波が来た後（%）	差（前－後）pt.	Z値	p値
全体	104人	41人			
近所の住民や隣組	35.6	22.0	13.6	1.584	p＞0.10
国、県、自治体	8.7	2.4	6.3	1.346	p＞0.10
自治会・町内会	10.6	9.8	0.8	0.142	p＞0.10
自分の家族・親戚	24.0	29.3	▲5.3	-0.659	p＞0.10
警察や消防署	2.9	9.8	▲6.9	-1.742	p＜0.10
消防団	17.3	24.4	▲7.1	-0.975	p＞0.10

実施したアンケート調査（有効回収数171名）[18]、それぞれの回答者で「個別訪問調査は可能」を対象にしたものである。また、同様に津波被害を受けた双葉郡楢葉町や富岡町でアンケート調査回答者のうちで「個別訪問可」の人にもインタビュー調査を行っており、詳細については次で明記する[19]。

(2) どのような民衆知があったのか

ここでは津波被害を受けた地区に居住していた人へのインタビュー結果について説明する。2011年4月末から2013年3月末の段階で聞き取りを行った数は35名（いわき市21名、楢葉町9名、富岡町5名）であり、プロフィールは次の通りである（表5.1.4）。

第 5 章　復旧・復興に向けた地域住民組織の果たす役割　277

　災害の伝承・経験についてみてみると、年配の対象者が多いことからチリ津波に関する何らかの知見はあったようだ。ただ、津波の被害についてはN5氏、「海沿いに家は建てない」といった民衆知が確認できたのは現時点ではI10氏のみであった。
　震災前の自治会等のコミュニティへの関与であるが、隣組長や役員、区長経験者が多いというサンプルの偏りを考慮する必要はあるが、いわき市の場合では豊間、舘の腰、小名浜、四倉においてこれらの人の多く（または妻）が近所の人たちに避難の呼びかけをしていることがわかる。一方の楢葉町や富岡町については対象者が少ないために現時点では断定できないが、地区の鍵となる人が近隣住民に対して避難を促した例は少ない。
　それでは対象者本人でなく、震災前に属していたコミュニティの状況を考慮するとどうなるだろうか。以下では薄磯・豊間区、楢葉・富岡町の対象者7名についてより詳細に立ち入ることにする[21]。

a）いわき市薄磯区I5氏
　地震発生時、自分は家の中にいたため机の下に潜って身の安全を確保した。危険だと判断し、家中の電化製品のコンセントを抜いてしまったので、テレビで情報を入手できなかった上、防災無線も鳴らなかったため、避難しようとせず、家の中の片づけを始めた。夫が庭に出て行くと隣の奥さんが何やらあわてているので「どうしたのか？」と聞くと、「津波がくるというので避難する」といった。「どうせたいしたことはないだろう」と思い、また家の中に入ったのだが何となく「一応逃げておくか」と思い、避難することを決めた。すぐに戻るつもりであったので、二人とも何も持たずに自家用車で高台に避難した。その5分後に津波が到達したのを目撃した。こちらに向かって歩いてくる人がいたので車に乗せ、塩屋崎カントリーに避難した。
　隣組では防災活動は何もしていなかった。避難訓練は今までしたことがなく、避難場所でさえも決まっていなかったため、家族ではある程度話し合っていた。ハザードマップのようなものはあった。毎月1日の朝と夕に防災無線のサイレンが鳴っていたが、何のためなのかは把握していなかった。組長は持ち回りの交代で行っていた。ここでは年に1回、5月に祭をやり、

年1回の寺周辺の草むしり程度で、あとは回覧板で集金告知がまわってくる程度であった。消防団も組織されてはいたのだが、働きに出ている人が多く、地震発生直後には機能しなかった。豊間の消防団は避難の呼びかけなどをしていたようである。

これから判断するに、津波に関する危険認識は弱いものであった。その一方、隣人は速やかに避難を実行しており、隣人との認識の差もみられる。次にコミュニティをみると、活動も活発とはいえず、それ故に互いに知識や認識の共有も果たされなかったことが考えられる。

b）いわき市豊間区I9氏

　小名浜に向かっている途中で地震が発生し、揺れが収まってから豊間の自宅に帰宅した。海沿いの道が最短経路であるためそこを通って帰宅したが、判断が遅れていたら危なかった。帰宅したのは午後3時半ごろであり、近所の人たちとカーラジオから7mの津波が来ることを聞き、急いで荷物を準備し、近所の人たちと一緒に避難場所である高台にある老人ホームへと避難した。行政職員などの避難の呼びかけは全くなく、（呼びかけは）ご近所同士のつながりでしかなかった。

　ここは清掃活動などにはほぼ全世帯が参加するなど、区長が町内に住んでいるせいか、とても住民同士のコミュニケーションが密で活動に積極的だった。津波や地震に対する避難訓練などは一切聞いたことがなかったが、ハザードマップや避難場所は決められており、回覧板を通してまわってきた。

　津波に関する伝承は全く聞いていない。むしろ、この地区には災害は少ないと聞いていた。唯一経験したのはチリ地震の時の津波である。その時は津波ということを聞いて自転車で海の様子をみに行き、引き潮で築港の水が全て引き、磯が丸出しになったのでそこで貝などを取っている人もいた。その後、沖の方から徐々に高い波が押し寄せた。今回の災害ほどではなく、このような高い波は想像もしていなかった。

まずいえるのは、この地区は災害に強く安全であるという認識が共有されて

いたことである。それが大きな被害に結びつかなかったのは、震災前からコミュニティが機能していたことから、避難にそれが役に立ったことがうかがえる。

c）楢葉町山田浜区 N9 氏

　自宅で地震が起きてただ事ではない揺れだと感じた。自分が避難場所である集会所の鍵を持っていたので集会所を開けなくてはならないと思い、集会所に向かい、ついでに高齢の母を集会所に置いてきた。そのあとは集落を回って避難を呼びかけていた。この際にも周りの住民は自主的に避難場所である集会所や親戚の家などに避難していた。その動きもあって、この行政区の犠牲者は体の不自由だった男性1名のみである。一応防災無線でも高さ3mの津波が来るという警報も流れていた。集会所に集まった住民と一緒にJヴィレッジの体育館に移動しそこで一夜を過ごした。

　震災前の隣近所のつきあいも顔を合わせれば話しこんでしまうぐらいに綿密で良好なつきあいであった。防災活動は町全体の一斉避難訓練への参加のほかにも定期的な避難訓練が区内で行われており、内容は原発事故の想定、津波災害の想定などであった。災害の際に高台の集会所に避難することを区内で取り決めていて、津波を想定した避難経路まであった。住民に周知するために看板などを設置していた。

　災害に関する伝承などは私のおじいさんやひいおじいさんからこのあたりは水害を受けやすい地域であることを聞いており、過去に津波ではないが台風による高潮や木戸川の氾濫などの水害で家が流された経験があることを知っていた。地域的にも伝える人がいる家庭ならばみんな知っていることである。

ここでわかるのは、水害を受けやすい地域であることを皆で共有していて、その知識や認識を伝承するコミュニティが震災前にはあったことである。それが津波避難にも活かされていたと推察される。

d）楢葉町前原区 N5 氏、波倉地区 N3 氏

　N5 氏：地震が起きて、防災無線を聞き津波が来るとのことで海プラス川沿いでまずいと思い高台の南小学校へと避難した。夜に第二波で 10m の津波が来るといわれ、避難している南小学校も危なく「もっと高いところへ避難」という役場の指導があったが、その場所に行くには木戸川を渡って行く必要があり、住民の反対があったことから、そこに留まった。

　隣近所のつきあいはお茶のみだったり、仕事関係の相談であったり、それなりのものが形成されていた。防災活動は消防団のほかに婦人消防団が結成されていた。しかし地区だけでこれといった取り決めをするわけではなく、楢葉町の消防団の一部としていわれたことをやっていただけで、まわりもみんなやらされている感があった。町からハザードマップをつくれといわれていたのでハザードマップは作成していた。

　ここは災害が少ない地域であると聞かされていた。だから原発ができたとも思っていた。しかし、祖父からは過去に津波災害があったみたいな話はちらほら聞いていた。また大雨による影響で木戸川が氾濫し山が土砂崩れを起こし川沿いの家が流されたということを聞いている。このような災害が 50 年に一度くらいは起きるのではないかと聞いていた。

　N3 氏：発災時は富岡にいた。地震があり高齢の母も自宅に居たので心配して戻り、近所の人と話をしていた。消防団と行政の人が消防車で津波避難を呼びかけていたが、自分の家は海抜 7m もあるから来ないだろうと思っていたので避難が遅れた。近所の家の庭から津波をみてこれはまずいと感じたので山を駆け上りなんとか逃れたが、家に置いてきてしまった母が亡くなってしまった。

　区では草刈り、年に 1 回の運動会、バーベキュー、神社のお祭り、お盆や正月の行事などを行っていた。特に年に 1 回の運動会は東電のサポートもあって参加率も高かった。住民同士のコミュニケーションも活発で、隣近所は深いつきあいだった。防災活動について、区独自で津波を想定した避難訓練を実施していた。区内の高い場所などを避難場所に設定し、避難経路の確認もしていた。町や消防の避難訓練もあり、こちらでも津波を想定した訓

第5章　復旧・復興に向けた地域住民組織の果たす役割

表5.1.4　調査対象者プロフィール

		性別年代	過去居住地	災害の伝承・経験	震災前自治会等の関与	津波避難きっかけ	他者への呼びかけ	現在（調査時点）居住地
いわき市	I1	60代女性	平薄磯	チリ地震20cm程度	組長経験有	消防の呼びかけ	あり	舘の腰雇用促進住宅
	I2	60代男性	平薄磯	-	役員経験有	-	-	いわき市内借り上げ
	I3	70代男性	平薄磯	チリ津波見た記憶有	区長経験有	現地不在	-	いわき市内借り上げ
	I4	60代男性	平薄磯	-	役員経験有	現地不在	-	内郷雇用促進住宅
	I5	80代男性	平薄磯	なし	-	近所の人	-	高久第一応急仮設住宅
	I6	60代以上女性	平豊間	-	-	津波が来た	-	舘の腰雇用促進住宅
	I7	70代男性	平豊間	-	区長経験有	ラジオが情報源	消防隊員と消防車で高台避難を呼びかけ	いわき市内借り上げ
	I8	50代男性	平豊間	チリ津波で避難経験有	役員経験有	会長に呼びかけ依頼	住民に呼びかけ	いわき市内借り上げ
	I9	70代男性	平豊間	チリ津波の様子を見に行った	-	ラジオが情報源	近所の人たち	自宅
	I10	60代以上男性	平沼の内	海沿いに家は建てない	区長経験有	-	-	自宅
	I11	60代男性	舘の腰	-	自治会長経験有	現地不在	妻が呼びかけ	自宅
	I12	60代女性	舘の腰	祖父から津波を聞いた	-	地震発生を受けて	近所の人たち	舘の腰雇用促進住宅
	I13	50代男性	永崎	宮城県沖数十cm程度	消防団	現地不在	-	いわき市内借り上げ
	I14	50代以上男性	永崎	-	消防団	家族と事前に決めた	消防団として活動	いわき市内借り上げ
	I15	60代女性	小名浜	-	なし	携帯・テレビの情報	-	自宅
	I16	60代男性	小名浜	-	組長経験有	-	近所の人たち	いわき市内借り上げ
	I17	60代女性	小名浜	近所のおばさんからの話あり	-	-	-	自宅
	I18	70代男性	小名浜	江戸時代に津波あり	区長経験有	現地不在	妻が呼びかけ	自宅
	I19	70代男性	小名浜	江戸時代に津波あり	役員経験有	津波が来た	-	自宅
	I20	70代男性	四倉	-	区長経験有	地震発生を受けて	住民に呼びかけ	いわき市内借り上げ
	I21	70代男性	四倉	-	区長経験有	地震発生を受けて	消防隊員と消防車で高台避難を呼びかけ	自宅
楢葉町	N1	40代男性	上井出区	川の氾濫	なし	現地不在	-	いわき市平借り上げ
	N2	70代男性	下井出区	なし	区長経験有	町職員の呼びかけ	-	いわき市平借り上げ
	N3	60代男性	波倉区	高潮被害、チリ津波被害なし	役員経験有	津波を見て	なし	高久第十応急仮設住宅
	N4	50代男性	前原区	なし	役員経験有	-	-	四倉細谷応急仮設住宅
	N5	50代女性	前原区	祖父から津波災害を聞いた	なし	防災無線を聞いて	-	平作町応急仮設住宅
	N6	50代女性	前原区	高潮被害	民生委員経験有	防災無線を聞いて	近所の人たちと一緒	いわき市平借り上げ
	N7	50代女性	前原区	-	婦人消防役員経験有	現地不在	消防団が呼びかけいた	中ノ湯
	N8	50代女性	山田浜区	なし	なし	なし：自宅が高台	なし：何かあったら集会所	高久第八応急仮設住宅
	N9	60代男性	山田浜区	高潮、川の氾濫	役員経験有	地震発生を受けて	近所の人たち	いわき市平借り上げ
富岡町	T1	70代男性	駅前区	チリ津波100m程度潮が引いた	役員経験有	地震発生を受けて	あり	三春町沢石応急仮設住宅
	T2	70代男性	毛萱区	チリ津波の様子を見に行った	なし	現地不在	消防団による呼びかけあり	いわき市四倉社宅
	T3	70代男性	栄町区	なし	区長経験有	海鳴りがすごかった	警戒して避難を呼びかけた	泉玉露応急仮設住宅
	T4	60代男性	下郡山区	なし	なし	なし：自宅が高台	なし	南一丁目応急仮設住宅
	T5	70代男性	仏浜区	なし	役員経験有	自治体の呼びかけ	なし	いわき市平借り上げ

練や原発事故想定の避難訓練と、訓練は多かったが、本当の震災の際には役に立たなかった。

　災害に関する伝承はなかった。高潮ではときどき被害があったが津波に関する話は全く聞いたことがなかった。高潮や津波などの水害には警戒して防災活動を行ってはいたが形骸化していて、実際は仕組みの中でやっているだけであった。反対にチリ津波の経験や震災前にあった津波警報などの経験が逆に「津波なんかこない大丈夫だ」という認識を生んでしまっていた。実際には津波警報などは話半分にしか聞いていなかった。訓練が役に立たなかったのは本当に津波が来ることを信じていなかったためである。

これらからいえるのは「災害は少ない／ない」という認識が共有されていたが、それなりにコミュニティの活動があったために役場からの指示でハザードマップを作成したり、避難訓練などを実施していたものの、それはあくまでも自分たちの必要性により行ったわけではないとの、N3氏のコメントに象徴的である。行政の指導が自主的避難をより遅いものにさせた一例ともいえないか[22]。

e）富岡町仏浜区 T5氏

　当日は自宅にいた。妻は母の介護中で私はテレビをみていた。地震により家の中がめちゃくちゃになってしまい片づけをしていたところ、役場の宣伝カーか消防団の車なのかは定かではないが津波の避難を呼びかけていた。津波を警戒し車で富岡町総合体育館へ避難した。

　区では祭や芋煮会を始めとする年間行事が行われ、地区内の住民同士のつながりは普通程度には形成されていた。

　ここは海沿いであるが今まで津波被害があったという記憶はなく、避難訓練はしていなかった。しかし、原発が近くにあったため、原発に関する避難訓練は東京電力の協力のもとで行われていた。津波が来たらという想定で町からのすすめで津波ハザードマップは作成していた。これは危険区域や避難場所を決めるだけではなく、独居老人などを調べ、その老人を連れて避難する人物まで決めていた。月1回、区役員が集会を開き、約1年の時間をかけて綿密につくられたものであった。仏浜区は津波により全ての家屋が流さ

れた。3名ほどの犠牲者がでたが、このハザードマップ通りに動いて助かった独居老人も多かった。

ここでは過去の津波に関する知識や経験は共有されていなかったものの、綿密なハザードマップを時間をかけて作成しており、それが避難につながっていたようだ。

f）富岡町毛萱区 T2氏

　当日は青森県に出張していた。ちょうど帰るために自家用車で高速道路に乗りかけた時に地震が発生した。毛萱地区では消防団がいち早く避難を呼びかけていたようで、団員を非常時に常に地域にいる人に任せていたため、津波避難を早めに呼びかけることができたようだ。

　区では清掃活動が定期的に行われていたり、飲み会などが行われていたり活発に活動していた。組織としても富岡町の行政区の中で二番目に早く防災組織が結成され、団結力の高い地区であった。消防団や老人クラブを中心として年に2回程度行政区で津波、地震、原発事故を想定した避難訓練が行われていた。災害時の話し合いも各家庭でなされ、避難場所なども地域で中学校の体育館に定めていた。

　過去の災害の経験はチリ津波がある。中学2年の時にチリ津波を経験した。その際には津波が来るということで避難をするわけではなく、みんなで海を見に行き、潮が引いた際に貝などが砂浜に現れるためそれを拾っていた。波が引くと次は波が押し寄せるためその様子をみたら走って逃げて、引くとまた海の方へ向かうということをしていた。津波は砂の防波堤を少し超えるぐらいで、民家に大きな被害があったことも人的被害があったということではなかった。こうした経験があったために訓練をしても、津波警報と聞いても大げさにいっているのではないかという認識が全員にあった。ここでは4名が亡くなったが、いずれも避難に応じずに逃げ遅れた住民であった。

　行政区で津波避難の研修で岩手県などの津波被害が大きい地域にも研修に行ったが、やはり自分の地域では（起き）ないだろうという意識が抜けなかった。

ここでは過去の津波に関する知識や経験は共有されているものの、それは「危険ではない」であった。ただし、町内で二番目にできた防災組織や各種訓練の実施などの活動があったことで、消防団による津波避難の呼びかけもある程度効果があったようにうかがえる。

(3) 民衆知、コミュニティ、避難の関係

本節ではアンケート調査とインタビュー調査の結果から、コミュニティと民衆知、そして避難との関係を考察する。まずは(1)の表5.1.3から次のことがわかる。

避難呼びかけ	避難タイミング
近所の住民や隣組	津波が来る前＞来た後
自分の家族・親戚	津波が来る前＜来た後
消防団	津波が来る前＜来た後

次に(2)の結果をまとめたのが表5.1.5である。

これらの結果は生存者かつ協力者ベースであることから、(1)の結果である「避難呼びかけ」と「避難タイミング」のうちで後者については「津波が来る前」が対象者のほとんどであったために、(2)との関連をみていくためには「来た後」の人への調査が必要であり、今後のより広範かつ詳細な調査を待たねばならない。そして、表5.1.5における「災害に関して形成された民衆知」に関しても、各調査対象者による「周囲も（津波について）そう思っている（だろう）」という回答を用いているため、同一地区の複数の聞き取りが必要で今後の課題である。そうした留保をつけつつ、現段階での二つの調査でわかるのは、迅速な避難を促す要素で有効なのは大がかりな組織よりは「身内＋近隣」である。しかしながら、今後の減災への施策を「身内＋近隣」だけの関係を重視するのではない。むしろ、これらの関係をベースとした消防団や町内会・自治会といった、地域住民組織の充実や実質化が重要といえるのであり、それについては次で展開することとする。

表 5.1.5 民衆知、地域活動、避難

対象者	災害に関して形成された民衆知	地域活動	避難実態（呼びかけ、一緒に避難した人）
I5	災害への危機意識弱い	防災活動は皆無	呼びかけなし家族で避難
I9	災害は少ない地域	清掃活動はほぼ全世帯が参加するなど活発	声のかけ合いにより住民同士で避難
N9	水害を受けやすい地域	活動あり（避難訓練、看板設置）	自分が呼びかけ住民は自主的に避難
N5、N3	津波は来ないだろう	防災活動の形骸化	行政の呼びかけ／津波を見るまで避難せず
T5	津波災害の記憶なし	綿密なハザードマップ作成と避難意識の定着	呼びかけはあり津波を警戒して自主的に避難
T2	津波災害は起きないのではないか	活発な清掃活動や、町内二番目に防災組織を結成	消防団の呼びかけあり

1.4 「減災」コミュニティ構築に向けて

(1) 住民意識の範域性

　各町内会・自治会単位、各組・班単位、各家族・個人単位ごとに津波における認識の範囲を各インタビュー調査の状況をあてはめ図表化したのが表5.1.6である。

　町内会・自治体単位では主に避難訓練などの防災対策がなされていた場合には○とした。組・班単位では、避難が町内会や行政の呼びかけによってではなく、近所の住民同士または一個人が津波襲来を想起し、避難を呼びかけたことにより開始された場合には○とした。個人単位ではインタビュー調査の際に、一個人が津波を想起して避難に対して消極的でなければ○とした。

　いわき市薄磯区I5氏では全ての項目に×をつけた。この地区でも豊間区I9氏と同様に避難訓練などが行われていなかった。また、隣近所でも避難をする人としない人がバラバラに行動しており、ともに避難している様子はなかった。個人単位でも津波警報を聞いてもどうせ津波など来ないだろうと、家にいる様子などもあった。このため、ここにあげた全てのパターンの中で最も人的被害が出てしまうパターンであると考えられる。

　いわき市豊間区I9氏は町内会・自治会単位で×をつけた。この地区では自治会単位での避難訓練は行われていなかった。また、個人単位でも、この地区

表 5.1.6 危機意識を共有する範囲

対象者	町内会・自治会単位	隣組・班単位	家族・個人単位
いわき市薄磯 I5氏	×	×	×
いわき市豊間 I9氏	×	○	×
楢葉町山田浜 N9氏	○	○	○
楢葉町前原 N5氏	○	×	×
楢葉町波倉 N3氏	○	×	×
富岡町仏浜 T5氏	○	○	○
富岡町毛萱 T2氏	○	○	×

は災害の少ない地域であるということが共通の認識であった。避難の際には近所の住民同士がテレビやラジオの情報から津波襲来を想起し、呼びかけあって近所の人たちとまとまって避難した。この地区はふだんから近所の住民同士は密なコミュニケーションを取っていたため、避難もまとまって実行することができた。

　楢葉町山田浜区 N9氏は町内会・自治会単位で水害の多い地域であることから危機感を持ち、避難経路を示す看板を設置するなどの活動を行っている。個人単位ではそれらの看板による効果であると思われるが、自主的避難が多くみられた。

　楢葉町前原区 N5氏では、自治会活動は地域の祭や防災訓練など、一通り行われていた。自治会単位での活動は形式的には行われていたものの、津波に関する伝承は個人間ではしっかりとなされてはいなかった。周囲の住民たちからは「この地域は災害が少ない」という話を聞いていたとのことである。さらに町による形式的な活動により津波等からの避難意識を高める本来の意義が薄まってしまい、震災時には行政の避難指示が自主的避難よりも強いものとなってしまったようだ。これによって自主的避難が多かった N9氏の場合よりも避難が遅れてしまったと考えられる。

　楢葉町波倉区の N3氏には、前述した前原地区と同じように個人単位での認

識を×としている。この地区では津波に対する避難訓練が3〜4年に1度、行政区単位の自主的な活動として行われていたが、住民意識がチリ津波の経験をもとに「津波など来るはずがない」となってしまっていて、活動は行われていたにもかかわらず形骸化していたことがうかがえる。結果的にこの地域では前原区と同様に、自主的避難よりも行政や消防の指導による避難者が多いと推察される。

　富岡町仏浜区T5氏について、楢葉町山田浜区と同様に町内会・自治会単位、家族・個人単位全てに○をつけた。この地区では個人の意識として津波があったという記憶はないものの、自治会による独自のハザードマップ作成が効果的であったといえる。このハザードマップは行政から指示されて簡単につくったものではなく、津波の浸水予想はもちろん、独居高齢者なども調べ、その高齢者を一緒に避難させる近隣住民まで決めるという非常に綿密なものであった。このハザードマップ作製にはおよそ1年もの時間を費やした。マップ作製プロセスにより住民意識が高まり、避難の際にはハザードマップの通りに行動して迅速に避難した住民もいた。

　富岡町毛萱区T2氏では、個人単位での住民意識に×をつけたものの、自治会単位での津波に関する避難意識は高いものがあった。この地区では役員が津波の研修に三陸地方まで足を運ぶなどの活動があった。また、消防団を任せる人間も非常時にも地域にいられる人を選出しており、避難の際には迅速な消防団の活動があったようだ。しかし他地区と同様に、この地区でも個人単位の住民意識はチリ津波の経験から「津波で避難訓練は大げさ」という認識が震災前には存在していた。

　次の図は避難呼びかけの迅速さに関するものである（図5.1.6）。インタビュー調査の結果を全般的にみると、近隣住民同士による呼びかけが避難を迅速に行わせている様子がうかがえた。また、それに次ぐものとしては町内会・自治会、区会関係者などによる呼びかけである。反対に避難呼びかけが遅れがちなものとしては、広い範囲に呼びかけをしなくてはならない行政関係者や消防、警察などがあげられる。

　また、個人的な避難に関しては危険認識を持っている家族・個人は難を逃れることが可能であるが、それ以外の家族・個人は避難が遅れてしまう。した

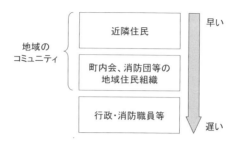

図 5.1.6　呼びかけと避難の迅速さ

がって、地域として避難に向けた理想のかたちは近隣同士の声かけによるものであると考えられる。このような避難の形態をふまえ、認識のタイプごとに考察する。

家族・個人単位では○の場合はよいが、他の×の個人・家族は犠牲になる可能性が高い。隣組・班単位で○の場合は上図のように最も迅速に集団での避難をなしうるだろう。さらに認識が×である個人・家族を救うことができる可能性もある。これが×の場合は、○の家族・個人のみが避難をするかたちになる。町内会・自治会単位で○の場合は組・班単位、または家族・個人単位での避難への認識形成を助けるものと考えられる。また、認識が形成されていない組・班、家族・個人の避難を遅くしてしまうものの、避難自体は行われる可能性はある。しかし、×となっている場合には○がついた組・班、家族・個人だけでの避難が考えられる、最悪の場合は行政や消防署などの自治体（とその職員）に頼りきりで、津波を確認するまで避難できないか、避難すらできない結果になってしまう可能性が考えられる。

(2) 民衆知を避難につなげるために

これまでの結果をまとめたのが表 5.1.7 である。N９氏は「津波は危険である」という民衆知が形成されていたと考えられる地域。N５氏〜I９氏までが「津波は危険ではない」という民衆知が形成されていた地域の対象者である[23]。I５氏は津波に関する民衆知自体が形成されていなかった地域の調査対象者である。

個人の危険認識の有無については先ほどの表と同様にインタビュー調査中の発言から解釈し、危険認識がある場合には○とした。防災活動に関しては対象

第5章 復旧・復興に向けた地域住民組織の果たす役割   289

表5.1.7 民衆知と避難呼びかけの関係

対象者	個人の危険認識の有無	防災活動の有無	住民同士の活動	避難のきっかけ
楢葉町山田浜 N9氏	○	○	活発	自主的避難
楢葉町前原 N5氏	×	○	活発	行政の呼びかけ
楢葉町波倉 N3氏	×	○	活発	消防団の呼びかけ
富岡町仏浜 T5氏	×	○	活発	行政の呼びかけ
富岡町毛萱 T2氏	×	○	活発	消防団の呼びかけ
いわき市豊間 I9氏	×	×	活発	近所の呼びかけ
いわき市薄磯 I5氏	×	×	消極的	呼びかけなし

者の所属していた自治会などで防災活動が行われており、対象者自身がそれを認知していた場合は○とした。住民同士の活動もインタビュー調査中の発言から読み取り、大きく「活発」「消極的」の二つに分けた。避難のきっかけについては、避難状況に関しての発言もふまえている。

　災害に関する民衆知が形成されていなかった地域では、行政等の呼びかけまで気づかずに避難が遅くなってしまっていることが考えられる。しかし、I9氏では近所の呼びかけにより迅速な避難を果たしていることから、民衆知によってのみで避難の迅速さが決まるわけではないことが考えられる。この結果は、活動の活発／不活発などの今回の視点のみであらわすことができない、住民同士のより深い関係が迅速な避難を可能にする要素があることを示唆している。

　防災活動の有無に関して、実施していた地域のほとんどが遅い避難となっているため、まさにここから防災活動の形骸化の様子をうかがいしることができる。防災活動を意義あるものにするためには、楢葉町山田浜N9氏の例から明らかなように、そうした活動の基盤となる「正しい」民衆知（の形成）が必要である。

(3) 今後の課題

本研究では津波避難の迅速さは住民の認識の違いによるものと考え、住民の認識とその形成のための仕組みを民衆知（ローカルナレッジ）として定義し、浜通り地方における民衆知形成の現状と形成された民衆知が津波避難とどのような関係であるかについて明らかにしてきた。そこでインタビュー調査、アンケート調査を通じて、(現段階において) 次の結果が得られた。

民衆知の形成と蓄積の現状は、調査した楢葉町・富岡町・いわき市ではほとんどの自治会や隣組、または個人において「津波は危険ではない」とする「誤った」民衆知が形成されている実態が明らかになった。また、その原因としてはチリ地震津波など、過去の被害の少ない災害による記憶であるか、または認識を共有するための仕組みがないことである。自治会や町内会などの地域住民組織を通じた住民同士のコミュニケーションが希薄になっていた、または、そういったコミュニティ自体が機能していなかった、形成されていなかったなどの要因により認識が共有されなかったのである。この二つが「危険ではない」という民衆知、もしくは民衆知そのものが未形成となった原因と考えられる。

民衆知と避難の関係についてであるが、隣組単位による近隣住民同士での避難が最も迅速になされる傾向にあることが（限定的であるものの）これまでの調査で明らかになった。そして、民衆知のみでは避難の迅速さが決まるものではないこともわかっている。テレビやラジオの情報をもとに近隣同士で話し合い、避難を決めて迅速な避難が行われていたという様子がインタビュー調査の中でもあったことから、避難を迅速にするためには住民同士の良好な関係が不可欠であるといえる。

これらの結果をふまえると、積み残された課題は大きく以下の二つが考えられる。

①民衆知自体を形成させる地域住民同士の活動や交流やそのプロセスについての詳細を明らかにする

②津波避難に必要な地域住民の活動や交流の詳細を明らかにする

民衆知それ自体を形成させ、「正しく」それを定着させるためには、地域住民同士の活動や交流が必要であるというのが現段階での結論であるが、津波避

難の際に必要な住民同士の関係についても、より広い視点からコミュニティを観察する必要があるといえよう。

2. 防災・防犯活動を通じた絆づくり[24]

前節では主に沿岸部における被災前後の対応を確認した。ここでは豊間区や薄磯区といったいわき市の沿岸部以外にある自治会などにも対象を拡げ、被災前後における防災・減災対応の実態を自治会長らへの聞き取り調査を通じて明らかにする。次にふたたび視点を沿岸部豊間区・薄磯区に戻し、一般住民からみた自治会の被災対応の評価を確認する。最後に復旧や復興過程において、住民間の情報共有や発信がいわゆる「絆」の維持や創出を可能にすることを論じ、今後の課題を述べる。

2.1 自治会における防災活動[25]

(1) 自治会と防災活動

各自治会における防災活動の現状をみると、聞き取りを実施した24自治会のうち8割以上の自治会で防災訓練が実施され、ほとんどの自治会で自主防災組織、消防団の分団や班といった防災組織があった。また、震災以前から、災害時に備えてヘルメット、テント、拡声器、懐中電灯といった備品を行政から配布されていた。もしくは自治会独自に購入したところも多数あり、そういった備品は集会所や公民館に設置したり、地区内の防災倉庫に保管している自治会もあった（松が台町内会、金山自治会）。

今回、甚大な被災があった沿岸部の自治会においては、「文書での防災マニュアルを作成し、津波が発生した際の避難場所を指定」（豊間区会）というように津波に関する対策を行っており、薄磯区や沼ノ内区もほぼ同様な取組を行っていたようである。特に沼ノ内区では「市から提供を受けた防災マップを、自治会独自に作成」しており、さらに「一時避難場所はもちろん2次避難場所、食事の都合までも考慮した」マニュアルを作成していた。一方で、薄磯区のように区全体での活動ではなく、30近くある組の単位で実施を任せていたようだ。

防火活動に力を入れている自治会もあった。住宅地であるため、特に火災には細心の注意を払っている常磐釜の前団地自治会では、自治会に加入している全世帯に消火器、火災報知器を配布し、さらに地区内のあらゆる箇所（屋外）に消火器を設置し、「万が一火災が発生した場合の初期消火に役立てられるようにしたい」（自治会長）とのことである。

このように自治会によって活動状況に差はあるものの、聞き取りしたほとんどの自治会で何らかの形で防災活動が行われていた。以下ではまず、防災活動の現状について防災訓練、自治会内における防災組織に焦点をあてることにする。そして、それらをふまえて日常時における自治会活動と災害時における自治会の行動との関係性に視点を置きインタビュー内容をみていくこととする。

(2) 防災訓練

ここでは自治会で行われている防災訓練に焦点を絞って議論する。今回インタビューを行ったほとんどの自治会で震災以前より、年に1回防災訓練が実施されていた。防災訓練の内容をみてみると、消火器の使用訓練、心肺蘇生法の講習、AEDの使用訓練を行っていた自治会が多い。しかし震災による家屋倒壊等を想定した訓練を行っていた自治会は小島町内会、小名浜西芳川区のみであった。また、四倉9区では避難所である四倉高校までの避難経路の確認を防災訓練の一環として行っていたが、他の自治会でそうした訓練を行っているところは見受けられなかった。四倉9区は今回の津波で被害を受けた地区であるが、区長によれば「避難経路を地区の住民が把握していたこともあり避難がスムーズに行われた」ようだ。また、豊間区のように「(作成した) マニュアルに従って避難訓練を行おうと計画はしてあったが、その前にこの震災が来てしまって実行することはできなかった」という例もある。その一方で、市提供のマップではなく独自に作成した沼ノ内区では、被災しなかった公民館を拠点にして「役員が中心となり食料、通信、衛生等の役割分担により活動」し、最小限の混乱に留めたことは特筆すべきである。

全体的にみると各自治会で防災訓練は行われているものの、地震や津波のような実際の災害を意識した、より実践的な防災訓練を行った自治会は、今回のような大震災後においても、内陸部の被害が大規模でなかったことからも、少ないように感じられた。被害が大きかった沿岸部においても、防災対策への温

度差が存在していたこともうかがえる。そしてよくある問題として、自治会によっては防災訓練を行っても参加者が少ない、いつも決まった顔ぶれであるといったこともあり、特に若い世代の住民の参加が少ないという自治会が多い。解決策の一つとして、ニュータウン石森自治会では午前中に近くのフラワーセンターまで歩いて戻ってくるウォーキングイベントを実施し、午後から防災訓練を行う等して、自治会でのイベントと防災訓練を融合させることで参加者を増やす工夫をしている。

　一方で、「今まで行ってきた防災訓練がいかに意味のないものだったかを思い知った」という声もあり、震災を教訓に防災訓練に対する意識が変化してきている自治会が多々見受けられた。例えば中央台高久2区では震災後、各住民の防災意識を高めるために、防災訓練として消防署の方を招き講話をしてもらう、防災をテーマにしたビデオ鑑賞を行うといったことをしている。さらには「来年からは防災訓練の数を増やし、より実践的な訓練を行っていきたい」とのことだ。また、今回の震災では各種ライフラインが寸断され、特に長期にわたった断水は被災者の生活を困難にさせた要因の一つとなったが、これを教訓に平16区では、断水を想定した迅速な給水活動の訓練を計画中である。具体的には、地区内の平2小にある水のタンクに蛇口を設置し、ひねれば水が出る状態にするためにポンプを取り付けたりする作業を行う訓練だという。

　また、大高区では今回の被災を受け、防災訓練の一環としてDIG（Disaster Imagination Game）を行っている（写真5.2.1、写真5.2.2）。災害図上訓練の具体的な手法の一つで地図を用いて行う。地域で大きな災害が発生する事態を想定し、地図と地図の上にかける透明シート、ペンを用いて、危険が予測される地帯をシートの上に書き込んでいく訓練のことであり、リスク・コミュニケーションの手法の一つである。これがハザードマップの役割を果たし、事前に危険を予測できることと同時に、避難経路、避難場所、避難準備の徹底、地域住民や関係機関において如何なる対策や連携が必要かの検討等を参加者の間で共有することが可能となるとされている。今回大高区でDIGを行った理由を「今回のような大災害に対応していくには、まず自分たちの地域をよく知ることから始めなければいけないと思った」としている。また震災以前は防災訓練を行っていなかったと答えた5自治会のうちの希望ヶ丘第一自治会は「今回の震災を受

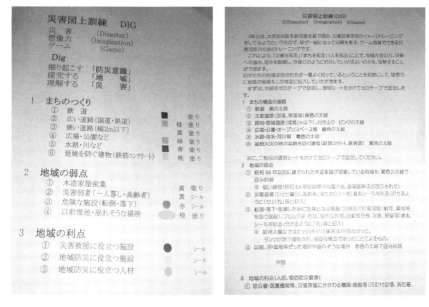

写真5.2.1、写真5.2.2　大高区のDIG資料（木田・多久島撮影）

けて、来年からは防災訓練を行っていこうと考えている」として、クライシス[26]への対応組織としての自治会の役割を改めて見直す動きもあるようだ。

(3) 防災組織

次に、自治会における防災組織をみていこう。調査したほとんどの自治会で自主防災組織、消防団の分団や班といった防災組織が存在するのだが、最初に自主防災組織とはどういった組織であるのかの説明を行う。

『自主防災組織の手引き』（総務省消防庁）によると、自主防災組織は、「自分たちの地域は自分たちで守る」という自覚、連帯感に基づき、自主的に結成する組織であり、災害による被害を予防し、軽減するための活動を行う組織であり、災害対策の最も基本となる法律である災害対策基本法においては、「住民の隣保協同の精神に基づく自発的な防災組織」（第5条第2項）として、市町村がその充実に努めなければならない旨が規定されている。1995年1月に発生した阪神・淡路大震災の被害を教訓に自主防災組織の重要性が見直され、以来各地で自主防災組織の育成に積極的に取り組まれるようになってきている。消

第 5 章　復旧・復興に向けた地域住民組織の果たす役割　295

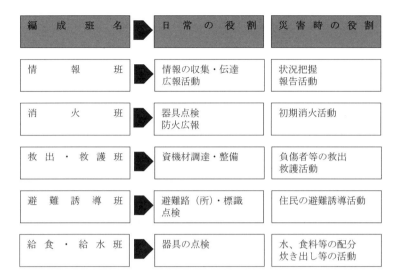

図 5.2.1　自主防災組織における活動班の例（消防庁『自主防災組織の手引き』より転載）

防庁の統計によると 2006 年 4 月 1 日時点で、自主防災組織は、全国 1,843 市区町村のうち 1,619 市区町村で設置され、その数は 12 万 299 組織である。また、全国平均で 1 組織あたりおよそ 284 世帯であり、主に自治会単位を基準とする場合が多くみられているようだ。また、組織編成にあたっては、まず会長を置き、そのもとに副会長や様々な活動班を配置する。図 5.2.1 は組織における活動班の例である。もちろんそれぞれの地域によって、その地域にあった班編成を行っていくことが重要である。しかし、今回インタビューを行った中で自主防災組織があると答えた自治会のほとんどがこの図のような班編成を行っていた。

また、それらの自主防災組織の活動実態であるが、防災訓練の際に指揮をとっているという自治会は多数あったが、「名前だけの組織で特にふだんから何も活動はしていない」「自主防災組織のメンバーがほとんど避難してしまい、何も活動することができなかった」という声が多かった。また、ふだんから何も活動をしていないという小山下自治会では「自主防災組織といっても、メンバーは皆防災については素人である。それぞれのメンバーがある程度防災に関する知識を持つ必要があるのではないか」とのことである。自主防災組織のメ

ンバーについて、自主防災組織の会長はほとんどの自治会で自治会長が兼任しているという状況であり、また、副会長、各活動班班長については自治会の役員が兼務していたり、その地区の住民が務めていたりと地区によって様々だったが、やはり結果として防災に関して素人が集まってしまう傾向にある。さらに「今はサラリーマンが多く、平日に火事になっても年配者しか残っておらず、消防活動ができないのが現状である」（薄磯区）というように、雇用・就労形態の変化も地域社会における防災活動に大きな影を落としていることも留意すべきである[27]。いずれにせよ、こうした状況が自主防災組織の活動を活発化しえない要因と考えられる。

2.2　自治会への評価

　前項では自治会をマネジメントする立場である会長からの視点であったが、その他の人たちはどう感じただろうか。そこで、本節では主に津波による被害を受けた沿岸部にある自治会の構成員への聞き取り調査から、被災前後の自治会における防災活動をみていくことにする。ここでは調査対象地区を豊間区、薄磯区の2地区に限定する。

　被災前の活動をみると、「防災活動のようなものはなく、災害マップがあるくらいだった。ふだんから、住民の津波への警戒はほとんどなかった。チリ地震の際に津波警報が出て、避難を促す放送が流れたが、だれも避難しなかった」（豊間区）、「避難方法を回覧板で回す以外の防災活動はやっていなかった。せいぜい、消防団が強風の時に回ってくるだけだった」（薄磯区）というように、2.1で言及した主体的な防災活動を行っていた沼ノ内区と比べ、どちらかというと（結果として）消極的な活動をしていた両区の区長からのコメントに相同するような結果であった。

　防災に向けた自治会のリソース＝資源という観点で捉えると、沼ノ内区と豊間・薄磯両区では彼我の差があるように思えるが、被災直後はどうだっただろうか。その当時の調査対象者がいた場所にも依存することを留意しながら確認すると[28]、「町内会の副会長をやっていたこともあり、会長から様子をみてくるよう頼まれた。津波が来ることが想定されたので、海辺の住民に避難を呼びかけ、それが終わる頃に2mを超える津波がきた」（豊間区）のように、役員

同士による状況確認と住民への情報伝達が行われたようだ。これは豊間区長の「津波が来るとなったので、近くにいた消防隊員と消防車で高台避難を呼びかけした。…みんなで助け合いながら避難場所へ逃げ、『田舎は人のつながりでできている』ということを改めて感じた」にもあるように、形式的な防災訓練を経ていなくても、日常の人間関係（と区長のリーダーシップ）が避難を可能にしたといえるのではないか。

　一方で「隣組単位で防災や防犯活動をやり、避難場所の指定は区で決めていた」（薄磯区長）のように、組単位での活動に任せていた薄磯では「逃げている最中に裏山のプロパンガスが破裂する音が聞こえ、神社に逃げていたわれわれに対して、山に逃げろという連絡があった。その山はきつい斜面なので、ロープをつたって登っていった」というように、自治会全体としての組織だった動きはなかったようだが、この対象者は隣組単位でまとめて避難し、避難所〜現在の住宅での生活に至るまで、ほぼ離散することなくきているようだ。ただ、この場合は自治会として動いた結果ではなく、いわば「顔の見える」隣組の範囲でなしえたということも考えられる。

　ここでの議論は 2.1 で紹介した区長のコメントを構成員＝住民からの評価に依拠しているため、本来ならば沼ノ内区の住民への聞き取りが必要であり、これは今後の課題ともいえる。次項以降の議論にもつながるのであるが、自治会活動の一つである防災活動をとってみても、その充実如何が被災直後や被災後から現在に至るまでの物資調達・分配、住宅提供等の諸活動に大きな影響を与えていると考えられる。あえて一般化すると、防災や防犯等の日常の活動によって形成・蓄積される地域資源が今回のような大規模な震災への対応を左右するといえよう。

2.3　復興プロセスにおける情報共有・発信と「絆」づくり

　顔見知りの人が周りにいる場合とそうでない場合とでは、不安への感じ方が大きく異なるというのは孤立した避難者の表情をみれば明らかである。従って、ここで焦点をあてる地域は市内の内陸部ではなく散住を余儀なくされている沿岸部である。今回の震災でいわき市における復興へ向け二つの物理的な課題があり、それは「津波災害」と「原発災害」への対応である。前者はまずは行方

不明者・遺体捜索や瓦礫の撤去から始まり、中長期的には高台移転等をふまえた土地利用計画の策定である。「遺体等の捜索や片付けの指揮をした。役員等とは携帯電話で連絡を取り合ったが、電波が入るところが限られていたため、電波の入るところまで、移動しなくてはいけなかった。自衛隊や消防団が道をつくりながらの捜索」、「ほかの区長とも、遺体等が上がるたびに携帯で連絡をこまめに取り合った。互いの区の住民かもしれないためである」（豊間区長）というように、区内／区外ともに情報共有・発信は携帯電話でのやりとりが主だったようである。

後者について、いわき市民は廃炉までに数十年かかるといわれる福島第一原発の存在を気にかけつつ、今後生活をしていくことになる。そこでいくつかの自治会では除染作業を行ったり（「自分たちが率先して動くべきだと考え、泥や、ゴミくず等で汚染された側溝の清掃は区長を始めとした区内の住民自身で行った」（四倉9区長））、線量計を調達して独自の線量マップを作成し、住民に提供している（「原発事故を受けて支所から線量測定器を購入した。回覧板方式でその線量計を各家々に回し、それぞれの家庭で線量を測定・記録するといった作業を独自で行っている」（四倉9区長））、「住民の原発事故による放射線の線量の不安を取り除くために毎年行われる祭の前に線量を測り、結果をコピーし各家庭に配布する等の取り組みもしている（沼ノ内区長）」。

このように沿岸部の自治会は津波からの（散住コミュニティから集住コミュニティへの）回復の他に原発災害への対応という、市内内陸部にある自治会に比べて少なくとも「一つ多い」そして「重い」課題を背負っている。そこで、各々の地域では、それまでのコミュニティを崩壊させないためのコミュニケーション維持への試みを行っている。具体的には集住への試みであり、復興への活動の基盤となる情報伝達と共有への工夫である。前者は「海岸近くの47戸が全壊し、自宅を失った住民は高齢者を中心の60数名であった。高齢者を地域から離れないようにするために新しい住居を地区内のアパートにするように行政に対して要望した」（沼ノ内区長）という取組である。本震災でも避難生活における高齢者の孤立が問題になっていて、バラバラに避難してしまった場合、散住→集住への移行は難しいようだが、先の薄磯区の住民への聞き取りによれば、隣組単位での避難を通じて（雇用促進住宅までの）集住を実現している。

ただ、こうしたことはある意味でレア・ケースなのかもしれない。というのも、中心となる人物のリーダーシップに大きく依存する（属人的となる）可能性を否定できないからである。そうなると、散住した人たちをどう「つなげる」のかが一般的な課題となろう。

薄磯区は市内数ヶ所（中央台や内郷等）に散住しているために、情報伝達と共有には「情報伝達の方法は回覧板と掲示板。前者については、仮設住宅（15〜6人）と残った住宅に回している。後者については北と南の2ヵ所に10月頃から、豊間小学校と薄磯復興本部前に設置している」（薄磯区長）を行っている。そのために「区内の避難者名簿を作成（氏名、元・現住所、電話番号等）した。8月に合同祭で皆が集まった時にチラシをまいて、そこに氏名、住所、電話番号等を記入してもらい、それに従い作成した。さらにこの対策本部に訪れた人に直接聞き出した。各避難所を回って所在確認を行った。主に生き残った役員4名（現区長含む）と新役員5名で行った」（薄磯区長）というように名簿作成を行っている。ただ名簿作成への住民の協力も濃淡があり、（被災前の）市営住宅の居住者は薄磯からの転居が前提で過ごしていることから、個人情報への過度な意識も含めて（作成に関して）非協力であるとのことである。

このようにいくつかの事例から以下のようなネットワーク・タイプを推察することができる（図5.2.2）。タイプAは逆な意味での一般的な自治会といえよう。役員間の役割分担というものもなく、「よろず相談係」としての区長が住民の悩み・相談事を一手に引き受け、負担と混乱だけが増してしまい、自治体との連携も困難な場合である。タイプBは沼ノ内区にあるように、役割分担がなされている自治会である。この区は豊間や薄磯のように壊滅的な被害を受けたエリアが相対的に少ないという地理的要因もあるが、ほぼ区内で諸問題を解決しており、それを実現させているのが区長をトップとした機能分担である。詳細な議論は他の役員へのさらなる聞き取りを待たねばならないが、現段階で推察できることは、区長と役員との情報伝達と共有が確実になされているが故に情報の偏在とそれに関連して生じる負担感の増大ということを回避できている点である。そして最後にタイプCである。これはタイプAとタイプBの組み合わせのようなもので、（本論では）薄磯区のように大規模な散住を余儀なくされている地域にあてはまる。

300　第Ⅱ部　被災後の地域による温度差

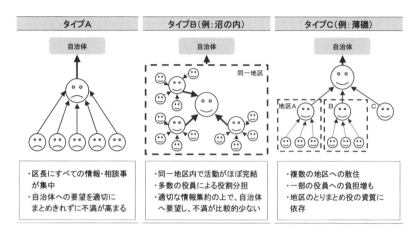

図5.2.2　情報伝達と共有における3つのネットワーク・タイプ

　この場合は各地区にとりまとめ役（区の役員）が存在し、それを統合／束ねるのが区長という、いわば階層構造のネットワークになっている。階層構造であるが故に「閉じている」というわけでもなく、薄磯の場合は参加者の裾野を拡げる方向へ進んでいるようだ。他地区で避難生活を送る人への聞き取りによると、「震災前まで区長とその下の役員だけで活動していた自治会の組織を、復興支援に当たって役員のさらに下に50代以下の比較的若い年齢層の市民からなる「復興支援特別ボランティア」を有志により設置、初めは10人ほどであったが最近では30人ほどにまで輪が広がった」とのことである。これは復興＝地元への帰還という目的と、散住することにより区という単位が必然的に小さくなった／互いの顔がみえるようになった事象がクロスしたことによってもたらされたのかもしれない。

　壊滅的な被害を受けた中でも、中間集団としての自治会が機能していることは心強い点もあるが、それを支えているのが区長・会長（またはその周辺の役員ら）による強力なリーダーシップである。ただ、問題なのは区長・会長の約4割が70代以上であり、今後十年単位における持続的な活動計画に組み込むのは難しい。さらにリーダーシップを発揮している区長・会長への情報の伝達と共有が十分になされているとみられるが、上記のタイプAのように過度な集中があり、活動をパンクさせる懸念もあるのはいうまでもない。そこで一部

の人に仕事が集中し（いわゆる「トップ・ヘヴィ」の問題）パンクさせないための（世代・年代を超えた）共有／マニュアル化への視野も必要であり、こうした世代を超えた地域のマニュアルづくり→ルール形成のプロセスを行うことで、情報共有・発信のみならず、ネットワークが構築されることで「絆」が生み出されていくものといえるのではなかろうか。

3. むすび

　これまでのインタビュー調査結果を振り返ると、①大地震等、実際の災害を想定した防災訓練が行われていない、②自主防災組織の活動が活発化されていない、③日常からの自治会活動、災害対策活動が活発でない自治会では、災害時に的確な対応をとることができない、④個人情報保護の問題等といった問題が浮き出てきた。

　まず、①大地震等、実際の災害を想定した防災訓練が行われていないという問題に対してだが、防災訓練は、災害を想定した場面を経験することによって防災意識を高め、非常時における実践的な対応力を強化していくことに効果があり、さらに防災訓練を行うことにより、災害対策の問題点を発見し改善しておくことも必要になってくる。災害時の状況を想定した訓練には、例えば、家屋倒壊・家具の転倒を想定した救出訓練、担架・毛布による搬送訓練、AEDを用いた救護訓練、地震発生による火災を想定した防火訓練、アマチュア無線等を用いた情報伝達・被害状況伝達訓練、大地震の発生によりライフラインが断絶し、避難所が開設された設定で、泊り込みの訓練が行われる避難所訓練、自主防災会等による炊き出し訓練、津波の影響を受けると思われる沿岸部では津波を想定した高台への避難訓練等があげられる。

　このように、災害発生時刻、震源、被害状況（津波、建物の倒壊、火災、負傷者、ライフラインの断絶）、避難方法といった災害想定を明確に設定した上で防災訓練を行っていくことが重要であり、今後は、東日本大震災時の経験を踏まえ、上記のような防災訓練を取り入れていくべきであると考えられる。

　また、②自主防災組織の活動が活発化されていないという問題に対してだが、防災に関する知識のない人が集まってしまい、「何を行ったらよいかがわから

ない」という状況になってしまっていることが自主防災組織の活動が活発化されない要因の一つではないかと考えられる。自主防災組織は、住民の自主的な組織であり、様々な考え方を持つ人、また様々な世代の人が集まっている。そういった組織をまとめ、活性化していくには、リーダーの資質が大きく関わってくる。つまり、自主防災活動を活発化していくためには、市町村および消防機関等において地域防災の要となるべきリーダーの育成に努める必要があると考えられるのである。また、災害発生時には自主防災組織を指導し、率先して行動することが求められることから、その育成は非常に重要である。

『自主防災組織の手引き』の第4章「よりよい防災活動に向けた事例集」より、防災リーダーの育成についての事例をみてみると、埼玉県三郷市の三郷市自主防災組織連絡協議会では、指導者養成講座を2004年から1年に3回実施している。講座の内容は、応急手当、炊き出し訓練、救出訓練、初期消火等から構成されており、この講座を計3回受講すると「修了」となり、「訓練指導者証」が与えられる。3回受講するねらいは、1回目は「体験」し、2回目に「理解」し、3回目で「教える技法を習得」するという考えに基づくものであり、修了者の多くは「指導者ネットワーク」の会員となり、この養成講座の指導者として活動しているほか、自分たちの自主防災組織のメンバーに技術を伝えているといったケースもあるようだ。このように、まずリーダーを育成していくことで結果的にそれがそれぞれの自主防災組織の育成にもつながっていくといった見方もある。

いわき市でも自主防災組織に対して救出救助用資機材整備の支援、消防署員による消火訓練、応急手当講習会、資機材の使用方法の講習会、災害図上訓練（いわゆるDIG）等を実施し、組織の育成に努めているようであるが、今後こういった取組みを活発化させていき、市町村・消防機関等が一体となって自主防災組織の活動を支援していく体制をとる必要があるだろう。

次に、③日常からの自治会活動、災害対策活動が活発でない自治会では、災害時に的確な対応をとることができないという問題に対してだが、日常からの自治会活動、災害対策活動が活発でない自治会は、行事等を通して住民同士でコミュニケーションをとる機会がないことから、災害時の協力体制がとれない、また、防災訓練等の防災活動も行っていないので災害時どのように行動したら

よいかわからないといったような傾向がある。そのような自治会では、費用の問題、人手不足といった様々な問題から行事等の活動を行えていないケースが多い。しかし、インタビュー調査を進めていく中で、今までは防災訓練を行っていなかった自治会において、震災の教訓を活かして、今後は防災訓練を行っていこうという動きがみられるようになってきた。そういった自治会の動向をふまえると、住民同士の交流の場として防災訓練を活用していくという方法もあるのではないだろうか。例えば担架での搬送訓練や炊き出し訓練といった共助訓練を防災訓練に取り入れる方法がある。共助訓練とは、住民と協力しながら行う防災訓練なので、自然と住民同士コミュニケーションを取ることができる。こういった共助訓練を防災訓練の中に取り入れるだけで、防災訓練という場が地区住民とのコミュニケーションの場となっていき、防災に関するスキルや知識を学びながら、住民同士の交流も図ることができる、いわば一石二鳥の活動となるのである。

　地区住民の中で、共助意識が育っていること、あるいは協力体制が整っていることが、いざという時に助け合って自分たちで地域を守ろうとする行動につながっていく。また、そういった「いざという時」に備えて、共助意識を育てる、あるいは協力体制を整えておくためには、日頃からの住民同士の交流が不可欠になってくる。このような状況において、防災訓練という場が住民の交流を図る場へ、ひいては、住民同士の共助意識―その一表象としての「絆」―を育てる場へとなるのではないだろうか。

　最後にあげるのが④個人情報保護の問題である。最近では個人情報を理由に自治会に加入しないケースも増加しており、「行き過ぎた個人情報保護」が自治会をとりまく大きな問題の一つになっている。インタビュー調査の中でも、「個人情報保護の問題から、世帯名簿を作成することができない」、「個人情報を理由に世帯調査に協力してくれない住民がいる」といった声が多くの会長から聞こえてきた。特に、世帯名簿の作成を実施する際に、個人情報保護の問題が壁となり作成を困難にしているようである。今回インタビュー調査を実施した自治会の中で世帯名簿を作成していた自治会の会長は「世帯名簿を持っていたおかげで、被災後の住民の安否確認が容易に行えた」「震災時に、地区内にいる高齢者に水や食料等の支援物資を配布していく際に、世帯名簿が役に立っ

写真 5.2.3　金山自治会作成の世帯地図（木田・多久島撮影）

た」と話していたが、世帯名簿を作成することは、特に緊急時における自治会のスムーズな対応につながっていくのである。写真 5.2.3 は、今回インタビュー調査を実施した金山自治会で作成されていた世帯地図である。一人暮らしの高齢者世帯は青色のシールを、高齢者のみの世帯には緑色のシールを貼り、一目で高齢者世帯がわかる工夫をしている。

　個人情報の管理を徹底し、漏らさないことが個人情報保護の趣旨であることから、個人情報保護を理由に自治会加入を拒否したり、世帯名簿の作成に協力しないのは本来の個人情報保護の目的から少しかけ離れているように思える。自治会側も個人情報の利用目的・管理方法を明確に示していくことで、住民との間に信頼関係を築き、協力を仰いでいく必要がある。同時に、国や自治体が一般市民向けに個人情報保護についての正しい運用マニュアル等を作成すれば、市民が個人情報保護制度に理解を深めることができるのではないだろうか。

　本章は東日本大震災直後から生活がある程度落ち着くまでの状況に関する調査研究をとりまとめたものである。具体的にはいわき市沿岸部を中心とした津

波避難の実態を始め、沿岸部だけでなく内陸部の本震災への避難者対応や訓練といった今後への取組みなどの発災から避難〜避難生活に至るまで、コミュニティ、特に自治会・町内会といった地域住民組織の果たす役割が大きかったことが調査結果から改めて明らかになった。

一方でいくつかの課題として、「防災訓練未実施」、「自主防災組織が未活発」、「日常の自治会活動の停滞」、「個人情報保護の問題」などがあげられた。今回の震災を受けて、「コミュニティや絆が大切だ」という言説が巷間をめぐっているが、こうした諸問題が解決しない限り、被災対応を地域住民組織に担わせることは困難である。しかしながら、少ないながらも対応に成功した自治会・町内会も存在することは事実であり、そうした自治会等の調査研究を深めて、それら事例の水平展開を試みることが解決の一つの方向となるだろう。

◈注
1) 土木学会「東北地方太平洋沖地震津波合同調査グループ」(http://www.coastal.jp/ttjt/) による速報値。
2) 国交省による『中長期的な展望に立った海岸保全検討会』(2008) においても「海岸における防護・環境・利用の機能を全体として高めるために、地域に継承される知恵が、きわめて重要な役割を果たしている」(p.17) としている。
3) 同様に河田ら (1999) では、被災経験の伝承は過去の災害による被害規模や被害経験者の有無に依存し、それが風化した地域ほど潜在的な津波危険度は高くなることを明らかにしている。
4) その他にも北海道南西沖地震によるものとして、雁澤ら (1995) や高橋ら (1996) などがある。
5) 震災と (それに伴う避難と) コミュニティを対象にした論文は多い。また避難を実現する「震災前後」のコミュニティにおける関係と変化にまで立ち入る論考は、雲仙普賢岳噴火を扱った速水 (1998)、阪神・淡路大震災では辻 (2001)、中越沖地震で小林ら (2010) などで議論されているものの、町内会・自治会といった地域住民組織に焦点をあてた論考は少ない。
6) インタビュー調査は途上のものであり、現在も調査は続けている。
7) いわき市の人口推移などは4章1.を参照されたい。
8) いわき未来づくりセンター (2006) p.50。明治や昭和の合併などをめぐる三区の関係については同書pp.58-60を参照されたい。
9) ちなみに1995年:959名245世帯、2000年:894名250世帯、2005年:810名250世帯、2010年:766名259世帯、2012年:385名142世帯である (いわき市2014)。
10) 同様に1995年:2,566名665世帯、2000年:2,457名659世帯、2005年:2,378名651世帯、2010年:2,147名644世帯、2012年:1,355名416世帯である (いわき市2014)。

11) 両区の浸水地域はいわき市『津波ハザードマップ（暫定版）』を参照のこと。
http://www.city.iwaki.fukushima.jp/bosai/5094/014716.html
12) 以下、楢葉町・富岡町についても、2012年における史料収集の結果であることをお断りしたい。
13) 楢葉町HPに掲載された報告書を参照のこと。
http://www.naraha.net/wp-content/uploads/2012/02/22.pdf
14) 調査のねらいはコミュニティ活動の震災前、避難生活時、現在、地域の伝承、帰還意向を把握することにあり、薄磯区247世帯、豊間区621世帯を対象に2012年12月〜1月に実施し、回収数（率）は薄磯区48s（19.4%）、豊間区132s（21.3%）であった。
15) 詳細は後述するが、注意すべきは津波→避難だけが民衆知ではなく、津波→避難する必要ない、というのも民衆知である。
16) 本来ならば集計ベースを災害に関する言い伝えがあると回答した人にすべきであるが、避難タイミングの分布が若干であるが異なるために、混乱を避けるために全体ベースでの集計を行った。
17) 表5.1.1や表5.1.2の結果からは、過去の災害に関する知識や認識が避難のタイミングにさほど（プラスにもマイナスにも）影響を与えないことを示している。そこで

補表1　言い伝えの有無と津波襲来予想の関係

	全体（人）	予想していた（%）	Z値	p値
全体	180	71.1		
災害に関する言い伝え	66	63.6	-1.689	p < 0.10
昔からの行事や祭事の由来	80	72.5	0.371	p > 0.10
	全体（人）	予想してなかった（%）	Z値	p値
全体	180	23.9		
災害に関する言い伝え	66	31.8	1.891	p < 0.10
昔からの行事や祭事の由来	80	23.8	-0.028	p > 0.10

補表2　言い伝えの内容と津波襲来予想の関係

	全体（人）	予想していた（%）	Z値	p値
全体	180	71.1		
津波	49	55.1	-2.896	p < 0.01
地震	27	63.0	-1.007	p > 0.10
	全体（人）	予想してなかった（%）	Z値	p値
全体	180	23.9		
津波	49	40.8	3.252	p < 0.01
地震	27	33.3	1.242	p > 0.10

「津波被害を予想していたか」という質問と災害の伝承などとの関係を確認してみよう。補表1は災害に関する言い伝え有無と津波襲来を「予想していた／していなかった」の関係をみたものである。有意差が10%であることを留意しつつも、災害全般についての言い伝えがある人は「津波襲来を予想していなかった」の割合が全体よりも高い。

　補表2については、「津波」に関する伝承がかえって「予想しなかった」人を全体よりも多くしていることがうかがえる。避難のタイミングでは明確にはその差は出なかったが、「襲来予想」との関わりから判断するに、津波に関する伝承が襲来予想に関してはマイナスに働いていることがわかる。なお、検定方法については下記、注20を参照されたい。

18) 巻末資料2.3を参照のこと。
19) 厳密に比較対照を行うのなら、楢葉・富岡町でも実施したアンケート調査にも言及する必要はあるのだが、そこでは災害に関する知識や経験についての項目を設けなかったことにより比較ができないことを予めお断りしたい。但し、これまでの聞き取りから振り返るに、薄磯や豊間とさほど変わらないことがわかりつつある。アンケート調査実施も含めて、今後の課題としたい。
20) 表5.1.1と表5.1.2については一部従属のある母集団比率の差の検定を、表5.1.3では対応のない母集団比率の差の検定をそれぞれ行った。
21) こうした対象者を増やすことが課題であることはいうまでもない。また、これらの7名を取り上げたのは、論考を進める上で参考になる人たちであり、逆にそれ以外は時間的なものを含めた聞き取り調査上の制約で分析の対象にできなかった人たちであり、これらについても改めてインタビューを行うことも検討している。
22) いわゆる「上から」の動員型の防災訓練などの備えがコミュニティにおける活動の自律性を低下させることについての議論は吉原（2012）を参照のこと。
23) 繰り返しになるが、本考察ではあくまでも個人ベースの経験から周囲の状況を推察しているために厳密な民衆知とはなり得ておらず、定量的に捉えるならば行政区や自治会等（特に被災した沿岸部）単位での調査・分析が必要であり、これについても今後の課題としたい。
24) 本節は木田敦美「東日本大震災からみる地域の防災コミュニティにおける一考察」『2011年度コミュニケーション情報学科卒業研究報告』（2012）を、松本が加筆・修正したものである。
25) 以下、断りがない限り、区長のコメントとする。
26) リスクとクライシスについては、松本（2014）を参照されたい。
27) 「消防団員のサラリーマン化」とその課題については、例えば後藤（2011）を参照。
28) 6章2.で詳述する。

参考文献

いわき市、2014、『いわき市内地域別データファイル2013』
いわき地域学会出版部編集委員会、1991、『新しいいわきの歴史』
いわき未来づくりセンター、2006、『いわきの輝く人・暮らし・まち』
大矢根淳・浦野正樹・田中淳・吉井博明、2007、『災害社会学入門』弘文堂

河田恵昭・玉井佐一・松田誠祐・西村正夫・橋本和久、1994、「海岸災害について─高知におけるアンケート調査から」『「くろしお」高知大学黒潮圏研究所所報』：44-52.

河田恵昭・柄谷友香・酒井浩一・矢代晴実・松本逸子、1999、「津波常襲地域における住民の防災意識に関するアンケート調査」『海岸工学論文集』第46巻：1291-1295

片田敏考・児玉真・桑沢敬行・越村俊一、2005、「住民の避難行動にみる津波防災の現状と課題─2003年宮城県沖の地震・気仙沼市民意識調査から」『土木学会論文集』789：93-104

雁澤好博・紀藤典夫・貞方昇、1995、「1993年北海道南西沖地震による渡島半島西岸の津波被害状況と住民の避難行動─大成町を例として」『地球科学』49(6)：379-390

Geertz, C., 1985, *Local Knowledge: Further Essays In Interpretive Anthropology*, Basic Books.（＝1999、梶原景昭訳『ローカルノレッジ　解釈人類学論集』岩波書店）

後藤一蔵、2011、「町内会と消防団」、吉原直樹編『防災コミュニティの基層』御茶の水書房

小林英史・市古太郎・中林一樹、2010、「地域コミュニティを主体とした避難所運営の可能性に関する考察─2007年新潟県中越沖地震時の柏崎市比角地区を事例として─」『地域安全学会論文集』13：255-263

小林真理子・平田京子、2010、「防災に強いコミュニティを形成するための地域社会の人的交流のあり方と課題」『日本建築学会学術講演梗概集』：975-976

高橋章弘・南慎一、1996、「奥尻町住民の防災意識について─青苗地区住民に対するアンケート調査から」『地域安全学会論文報告集』6：115-120

辻勝次、2001、『災害過程と再生過程─阪神・淡路大震災の小叙事詩─』晃洋書房.

土木学会、東北地方太平洋沖地震津波合同調査グループ（http://www.coastal.jp/ttjt/）による速報値

富岡町、1986、『富岡町史　第二巻』

楢葉町、1991、『楢葉町史　第一巻　上』

似田貝香門・大野秀敏・小泉秀樹編、2008、『まちづくりの百科事典』丸善出版

速水聖子、1998、「災害と町内会」、鈴木広編『災害都市の研究』九州大学出版会：179-192

広井良典、2009、『コミュニティを問いなおす─つながり・都市・日本社会の未来』筑摩書房

松本行真、2015（近刊）、「都市と相互作用の世界」、吉原直樹・堀田泉・大澤善信編『開かれた／創られた都市空間』法政大学出版局

吉原直樹、2012、「防災ガバナンスの可能性と課題」、吉原直樹編『防災の社会学［第二版］』東信堂：229-253

渡辺偉夫、1998、『日本被害津波総覧』東京大学出版会

第6章

住まい、安全・安心、利便性の葛藤
——沿岸部の事例から——

　第4章ではいわき市内の自治会の（震災前の）現状と課題をアンケート調査の分析から抽出し、その上で解決方向について考察した。第5章では発災直後のいわき市内沿岸部における避難行動について、その地域に形成されていた民衆知と避難を促す住民組織などとの関係から検討した。また、沿岸部以外にある自治会が本震災でどのような役割を果たしたのか、それが今後の防災活動にどうつながっていくのかを聞き取り調査をふまえつつ論じた。

　以上のように前の二つの章では地域の住民組織に焦点をあてた検討を行ってきたが、本章においては個人を起点にした議論を展開する。具体的には沿岸部（いわき市平豊間区と薄磯区）住民に対するアンケート調査により、震災前と後において地域内外のネットワークがどう形成されていたのか、そのネットワークでどのような情報がやりとりされていたのかなどを確認にするとともに、これらのネットワークや情報交換が被災した沿岸部への帰還意思やその地区へのイメージに何らかの影響をもたらしていることを明らかにする。そこでは避難先の利便性を乗り越えて（相対的に不便な場所への）帰還するにはどんな要素が必要なのかが検討される。続いて、これら震災前後において沿岸部にある地域住民組織（豊間区、薄磯区、沼ノ内区）が防災・減災にどのような役割を果たしたのか。そして、甚大な被害を受けたこれらの地区が今後の防災・減災をどのように考えているのか、2013年夏に実施されたいわき市防災訓練の取組みなどから、これらの問いを検討する。

1. 情報伝達・共有と帰還意思

　本節では2012年冬に実施した『薄磯・豊間コミュニティ調査』[1)]の結果を

310　第Ⅱ部　被災後の地域による温度差

表 6.1.1　震災前につきあいがあった／特につきあいのあった人 (単位：%)

つきあいのあった人			特につきあいのあった人		
	薄磯	豊間		薄磯	豊間
合計（人）	48	132	合計（人）	48	132
家族・親戚	89.6	96.2	家族・親戚	64.6	80.3
友人・知人	89.6	89.4	友人・知人	62.5	62.1
隣近所	81.3	89.4	隣近所	43.8	48.5
自区の人	83.3	81.1	仕事関係	27.1	26.5
仕事関係	60.4	65.9	自区の人	20.8	22.7
隣の区	56.3	40.9	習い事	10.4	8.3
習い事	20.8	25.8	隣の区	4.2	1.5
NPO	4.2	4.5	NPO	2.1	1.5
インターネット	0.0	2.3	インターネット	0.0	0.8

中心に論じる。具体的には、震災前／後のコミュニティ活動や元居住地への復帰意向が、ふだんの情報伝達・共有に大きく関わることを示す。また、震災前は薄磯区、豊間区のそれぞれを全体の単位で、震災後は薄磯区＋豊間区、各地区、震災前から住む自宅／震災後に住み始めた住宅で分析を進めていく。

　その理由であるが、薄磯区で震災前 266 世帯のうちの大多数が被災したことで他地区居住を余儀なくされており、設問によっては地区別の集計より元／現居住のセグメントの方がより実態を明らかにできるからである。

1.1　震災前のコミュニティ活動

（1）人的ネットワーク

【薄磯区】

　初めに震災前の人づきあいをみていこう（表 6.1.1）。薄磯区全体では「家族・親戚」や「友人・知人」(89.6%)、「薄磯区の人」(83.3%)、「隣近所」(81.3%) が多く、地域内のつながりは確保されていたことがうかがえる。そこで特につきあいのある人についてみると、先と同様に「家族・親戚」(64.6%)、「友人・知人」(62.5%) であることは変わりないが、「隣近所」(43.8%) や「薄磯区の人」(20.8%) となっており、つきあいはあるもののそれは密な関係ではないようである。

表 6.1.2　震災前の活動・行事・組織への参加（単位：％）

活動	薄磯	豊間	行事	薄磯	豊間	組織	薄磯	豊間
合計（人）	48	132	合計（人）	48	132	合計（人）	48	132
地域の清掃美化等	81.3	80.3	神社祭礼	62.5	59.1	氏子会・檀家組織	10.4	22.0
資源・廃品回収	18.8	15.2	冠婚葬祭	52.1	54.5	体育協会	12.5	14.4
交通安全対策等	14.6	14.4	自治会の総会	31.3	26.5	子供会育成会	8.3	13.6
公園・広場の管理等	2.1	9.1	運動会等体育活動	25.0	25.0	防犯協会	10.4	6.8
集会所等の施設管理	6.3	9.1	新年会・忘年会	12.5	19.7	老人クラブ	2.1	6.1
青少年教育・育成	10.4	4.5	食事会・飲み会	12.5	16.7	婦人会	6.3	4.5
高齢者・障がい者福祉	6.3	3.8	盆踊り・夏祭り	6.3	12.1	消防団（分団）	8.3	3.8
学童等保育の支援	4.2	1.5	研修会・講習会	6.3	7.6	少年補導委員会	4.2	3.0
参加なし	10.4	11.4	ラジオ体操	0.0	6.8	社会福祉協議会	2.1	2.3
			防災訓練	2.1	3.0	青年団	6.3	0.8
			参加なし	16.7	15.2	参加なし	52.1	43.9

【豊間区】

　次に豊間区での震災前の人づきあいを確認する。「家族・親戚」（96.2％）、「友人・知人」や「隣近所」（89.4％）、「豊間区の人」（81.1％）が多く、薄磯区と同様に地域内のつながりはあるようである。続いて、特につきあいのある人は、「家族・親戚」（80.3％）、「友人・知人」（62.1％）であることは変わりないが、「隣近所」（48.5％）や「豊間区の人」（22.7％）であり、薄磯区と同様に地域内のつながりはさほど密ではないといえる。

(2) コミュニティ活動

【薄磯区】

　薄磯区内における震災前1年間での自治会への諸活動・組織への参加状況について確認する（表6.1.2）。活動で多いのは「地域の清掃美化」（81.3％）と約8割であるものの、その他の活動はいずれも2割未満であった。行事は「神社祭礼」（62.5％）や「冠婚葬祭」（52.1％）が5割を超え、「自治会の総会」は3割であった。組織への参加は、「体育協会」（12.5％）、「防犯協会」や「氏子会・檀家組織」（10.4％）と、多いものでも1割程度であり、「参加なし」は5割を超えていた。

表 6.1.3 自治会評価 （単位：％）

	薄磯	豊間		薄磯	豊間
合計（人）	48	132	合計（人）	48	132
非常に満足していた	8.3	3.0	あまり満足していなかった	35.4	15.2
まあ満足していた	10.4	31.8	まったく満足していなかった	4.2	5.3
どちらともいえない	33.3	37.9	不明	8.3	6.8

【豊間区】

　次に豊間区内について確認する。活動で多いのは「地域の清掃美化」（80.3％）と約 8 割であり、その他の活動はいずれも 2 割未満と薄磯区と同様な結果である。行事をみると、「神社祭礼」（59.1％）や「冠婚葬祭」（54.5％）が 5 割を超えているのは薄磯区と同傾向であるが、相違があるのは「自治会の総会」は 3 割に満たない点である。組織への参加は、「氏子会・檀家組織」（22.0％）だけが 2 割を超えているだけで、「体育協会」（14.4％）や「子供会育成会」（13.6％）以外はいずれも 1 割に満たない中で、「参加なし」は 4 割を超えていた。

(3) 自治会評価と情報伝達・共有評価の関係

　薄磯区の震災前の自治会評価について確認しよう（表6.1.3）。「非常に満足」（8.3％）、「まあ満足」（10.4％）と肯定的な評価をしている人は 2 割に満たなかった。豊間区については、「非常に満足」（3.0％）、「まあ満足」（31.8％）と肯定的な評価をしている人は 3 割程度に留まったものの、薄磯区に比べると満足度が 15pt 以上高い。

　薄磯・豊間両区をあわせて震災前での情報伝達・共有の評価との関わりをみていくと（表6.1.4）、ふだんの情報伝達・共有に満足している人が自治会への評価が高く、一般住民にとっての自治会に関する情報伝達・共有が重要であることがわかる[2]。

(4) 情報伝達・共有の内容

　前項では情報満足度と自治会満足度に正の相関があることを確認したが、実際にどんな方法でまたどんな情報が伝達・共有されていたのかを明らかにする。

【薄磯区】

　区全体での情報伝達・共有の方法は「回覧板」（79.2％）が約 8 割と最も

表6.1.4 　自治会評価と情報評価の関係（薄磯区＋豊間区）（単位：％）

		震災前の自治会評価						
		合計	非常に満足していた	まあ満足していた	どちらともいえない	あまり満足していなかった	まったく満足していなかった	不明
	合計	180	3.3	27.2	38.3	19.4	7.2	4.4
震災前情報満足度	非常に満足していた	8	▲ 25.0	37.5	∵ 12.5	-	-	▲ 25.0
	まあ満足していた	47	6.4	▲ 63.8	▽ 21.3	▼ 4.3	∵ 2.1	2.1
	どちらともいえない	66	-	▽ 15.2	▲ 65.2	16.7	∵ 3.0	-
	あまり満足していなかった	37	2.7	▽ 10.8	29.7	▲ 43.2	∵ 13.5	-
	まったく満足していなかった	9	-	-	22.2	↑ 44.4	▲ 33.3	-

高い。他は「直接会って」（33.3％）や「国・自治体発行の広報誌」（22.9％）であるものの、それ以外はいずれも2割未満であり、「回覧板」がほぼ唯一の手段となっていることがうかがえる。続いて情報の内容であるが（表6.1.5）、「国・自治体発行の広報誌の内容」（52.1％）や「役員会等に関する情報」（45.8％）が約5割であるのに対して、「防災・防犯に関する情報」（29.2％）などはいずれも3割未満であった。

【豊間区】

豊間区での方法は「回覧板」（91.7％）が9割に達しており、それ以外は「国・自治体発行の広報誌」（40.2％）、「直接会って」（37.9％）、「自治会発行の広報誌」（31.1％）と、比較的多様な方法で伝達・共有していることがうかがえる。内容であるが、「国・自治体発行の広報誌の内容」（59.8％）が約6割であるのに対して、「防災・防犯に関する情報」（46.2％）や「役員会等に関する情報」（43.2％）などは4〜5割であった。

(5) 大地震等への事前対応

【薄磯区】

震災への地域の事前対応を確認すると、薄磯区では大地震などへの対応について「話し合った」（25.0％）のは全体の四分の一、その他は「話し合わなかった」（58.3％）、「わからない」（8.3％）、「不明」（8.3％）であった。

表 6.1.5　情報伝達・共有の方法と内容 (単位：%)

情報伝達・共有の方法	薄磯	豊間	情報伝達・共有の内容	薄磯	豊間
合計（人）	48	132	合計（人）	48	132
回覧板	79.2	91.7	国や自治体発行の広報誌の内容	52.1	59.8
直接会って	33.3	37.9	役員会、例会、総会に関する情報	45.8	43.2
国・自治体発行の広報誌	22.9	40.2	防災・防犯に関する情報	29.2	46.2
区内に設置してある掲示板	18.8	11.4	まちづくり全般に関する情報	27.1	36.4
自治会発行の広報誌	16.7	31.1	婦人会、老人会などに関する情報	20.8	23.5
ホームページで掲載	0.0	0.8	冠婚葬祭に関する情報	8.3	11.4
メーリングリストで配信	0.0	0.0	セールなどの近隣の買い物情報	0.0	4.5
その他	0.0	1.5	その他	0.0	1.5
ひとつもない	2.1	0.8			

　話し合った人のなかでその相手をみると「自分の家族・親戚」(83.3%)が8割以上であり、「近所」(50.0%)が半数に達しているが、「区の人」(16.7%)は2割にも達せず、地域での対応というよりは身内で話す程度にとどまっていたようだ（表6.1.6）。内容であるが、「避難の方法・時期」(83.3%)が8割を超えただけで、あくまでも個人・家族単位での対応といえよう。

【豊間区】

　同様に豊間区について確認してみよう。「話し合った」(44.7%)のは全体の4割強であり、薄磯区に比べると20pt近く大きく、事前対応については豊間区の方が（相対的に）なされていたことがうかがえる。また「話し合わなかった」(45.5%)、「わからない」(5.3%)、「不明」(4.5%)であった。話し合った相手をみると「自分の家族・親戚」(86.4%)が8割以上、「近所」(49.2%)は半数に達しているが、「区の人」(20.3%)は2割程度であり、地域での対応というよりは身内で話す程度にとどまっていたのは薄磯区と同様である。最後に内容については「避難の方法・時期」(76.3%)が約8割に達しているだけで、あくまでも個人・家族単位での対応といえ、これも薄磯区と同じ結果である。

表 6.1.6　大地震等への事前対応

話した相手	薄磯	豊間	話し合った内容	薄磯	豊間
話し合った人（人）	12	59	話し合った人（人）	12	59
自分の家族・親戚	83.3	86.4	避難の方法、時期、場所	83.3	76.3
近所に住んでいる人	50.0	49.2	心構え	33.3	45.8
区の人	16.7	20.3	高齢者・子供・障がい者の安全	16.7	18.6
役場の人	0.0	10.2	食料・飲料水	8.3	45.8
警察や消防関係の人	0.0	1.7	住民間の安否確認等の連絡	8.3	18.6
学校や職場関係の人	0.0	8.5	家屋の安全度	8.3	27.1
NPO等の団体の人	0.0	0.0	地域の災害危険箇所	8.3	22.0
			非常持ち出し品	0.0	42.4
			外国人等の短期居住者の安全	0.0	0.0

表 6.1.7　現在の居住形態

現在の居住形態	薄磯	豊間
合計（人）	48	132
国や自治体の借り上げ住宅	45.8	34.8
震災後購入した自宅	12.5	12.9
仮設住宅	12.5	3.0
自分で借りた住宅	8.3	4.5
震災前から住んでいた自宅	0.0	37.9
その他	18.8	5.3
不明	2.1	1.5

1.2　震災後のコミュニティ活動

（1）現在の住まい・暮らし

　現在に至るまでの生活状況について確認する。調査協力者ベースであるが、現在の居住地をみると「薄磯・豊間区」(26.1%)、「その他いわき市」(62.8%)であり、「福島県外」(7.2%)、「その他福島県内」(1.1%)、「不明」(2.8%) という結果であった。居住形態であるが（表6.1.7）、薄磯区は「国・自治体による借り上げ」(45.8%) と「仮設住宅」(12.5%) で約6割であり、豊間区では「震災前から居住」(37.9%) と同区の国・自治体借り上げと仮設住宅の和とほぼ同

表 6.1.8　現在の人づきあい（薄磯区＋豊間区）

		全体	家族・親戚	友人・知人	隣近所の人たち	仕事関係での付き合い	その他自区の人たち
合計		180	89.4	82.2	51.7	49.4	46.1
地区	薄磯	48	▽79.2	79.2	▽37.5	45.8	↑58.3
	豊間	132	∴93.2	83.3	56.8	50.8	41.7
居住	震災前から住んでいた自宅	50	∴96.0	88.0	▲80.0	54.0	40.0
	震災後に住み始めた住宅	127	88.2	81.9	▽41.7	48.8	49.6

		全体	自分の住んでいた区自治会役員	沼ノ内区等の隣の区	NPO等の団体の人たち	インターネット	ひとつもない
合計		180	26.7	23.9	12.2	0.6	1.1
地区	薄磯	48	∴35.4	△37.5	∴18.8	-	△4.2
	豊間	132	23.5	∵18.9	9.8	0.8	-
居住	震災前から住んでいた自宅	50	24.0	22.0	10.0	-	-
	震災後に住み始めた住宅	127	28.3	25.2	13.4	0.8	1.6

数である。

(2) 人的ネットワーク

次に震災後の人づきあいをみてみよう（表 6.1.8）。薄磯区＋豊間区の全体では「家族・親戚」（89.4％）や「友人・知人」（82.2％）が多く、「隣近所の人たち」（51.7％）は約半数であり、「自分の住んでいた区の人たち」（46.1％）や「自分の住んでいた区役員」（26.7％）は半数に達しなかった。地区別でみると、薄磯区では隣近所というよりは自治会関係者との交流が多く、その一方で豊間区は家族・親戚や友人・知人が相対的に多く、両区でつきあいの範囲が異なっていることがうかがえる。居住形態別では震災前から住んでいた自宅生活者は「家族・親戚」（96.0％）や「隣近所の人たち」（80.0％）である一方で、震災後に住み始めた住宅の人たちは「隣近所の人たち」（41.7％）と 40pt 近く少なくなっており、地域のネットワークから疎遠になりつつあるといえる。

(3) 話題の内容

話す内容について確認する（表 6.1.9）。「自分や家族の健康」（69.4％）や「自分や家族の人間関係」（53.9％）が半数以上を占め、「区内の被害状況」（40.6％）や「区内に住む他の人の安否」（39.4％）などはいずれも 4 割程度である。居住地区別でみると、薄磯区／豊間区において差があるのは「移動手段・交通機関」（9.5pt の差）や「介護・福祉」（12.7pt の差）であり、これは調査対象者の

第6章　住まい、安全・安心、利便性の葛藤——沿岸部の事例から——　317

表 6.1.9　話題の内容 (薄磯区＋豊間区)

		全体	自分や家族の健康について	自分や家族の人間関係について	区内の被害状況について	区内に住む他の人の安否について	自分や家族の仕事について
合計		180	69.4	53.9	40.6	39.4	39.4
地区	薄磯	48	66.7	54.2	43.8	35.4	43.8
	豊間	132	70.5	53.8	39.4	40.9	37.9
居住	震災前から住んでいた自宅	50	∴78.0	62.0	↑52.0	46.0	42.0
	震災後に住み始めた住宅	127	66.9	51.2	36.2	37.0	38.6

		全体	自治会等の地域運営・活動について	子どもの教育について	移動手段・交通機関について	地域の防災・防犯について	高齢者・障がい者の介護・福祉について
合計		180	36.7	29.4	27.8	26.1	23.9
地区	薄磯	48	37.5	29.2	20.8	29.2	∴14.6
	豊間	132	36.4	29.5	30.3	25.0	27.3
居住	震災前から住んでいた自宅	50	↑48.0	30.0	△42.0	34.0	26.0
	震災後に住み始めた住宅	127	33.1	29.9	22.8	23.6	23.6

60代以上比率が薄磯区よりも高いことが要因の一つと考えられる。居住形態別については、震災前から住んでいた自宅生活者が「自分や家族の健康」(78.0%)、「区内の被害状況」(52.0%)、「自治会等の地域運営・活動」(48.0%)、「移動手段・交通機関」(42.0%) と、震災後に住み始めた住宅の人たちに比べても話題は多様であり、かつ自分たちの住んでいる区についての関心もあるようである。

(4) 情報伝達・共有の方法

情報伝達・共有の方法を確認すると (表6.1.10)、「自治会発行の広報誌」(56.1%)、「回覧板」、「国・自治体発行の広報誌」(50.6%) である。居住地区別でみると、薄磯区は「直接会って」(54.2%) や「区内設置の掲示板」(50.0%) であるのに対して、豊間区では「自治会発行の広報誌」(62.9%) となっており、情報伝達・共有の方法についてはやや違いがみられる。また、震災前から住んでいた自宅生活者が多くの情報伝達・共有の手段を持っていることがうかがえることから、地理的・距離的な障壁を克服する仕掛けが必要だといえる。

(5) 情報伝達・共有の内容

情報伝達・共有の内容については「震災復興等の情報」(68.9%) が7割近いものの、「国や自治体発行の広報誌」(47.2%) や「まちづくり全般に関する情

表 6.1.10　情報伝達・共有の方法 （薄磯区＋豊間区）

		全体	自治会発行の広報誌	回覧板	国・自治体発行の広報誌	直接会って	区内に設置してある掲示板
合計		180	56.1	50.6	50.6	40.6	31.1
地区	薄磯	48	▼ 37.5	43.8	47.9	↑ 54.2	▲ 50.0
地区	豊間	132	∴ 62.9	53.0	51.5	35.6	↓ 24.2
居住	震災前から住んでいた自宅	50	∴ 66.0	▲ 90.0	↑ 64.0	46.0	36.0
居住	震災後に住み始めた住宅	127	52.8	▼ 36.2	46.5	39.4	29.9

		全体	ホームページに掲載	メーリングリストで加入者へ配信	その他	ひとつもない
合計		180	1.7	1.1	3.9	4.4
地区	薄磯	48	∴ 4.2	-	4.2	2.1
地区	豊間	132	0.8	1.5	3.8	5.3
居住	震災前から住んでいた自宅	50	2.0	-	-	-
居住	震災後に住み始めた住宅	127	1.6	1.6	5.5	6.3

表 6.1.11　情報伝達・共有の内容 （薄磯区＋豊間区）

		全体	震災復興等の情報	国や自治体発の広報誌の内容	まちづくり全般に関する情報	補償に関する情報	会合に関する情報
合計		180	68.9	47.2	36.7	23.9	18.3
地区	薄磯	48	70.8	47.9	39.6	31.3	∴ 27.1
地区	豊間	132	68.2	47.0	35.6	21.2	15.2
居住	震災前から住んでいた自宅	50	∴ 78.0	↑ 60.0	38.0	22.0	∴ 26.0
居住	震災後に住み始めた住宅	127	66.9	43.3	36.2	25.2	15.0

		全体	区内の被害状況について	区内に住む他の人の安否について	婦人会・老人会に関する情報	冠婚葬祭に関する情報	その他
合計		180	17.2	13.3	7.8	5.6	3.9
地区	薄磯	48	10.4	14.6	10.4	8.3	6.3
地区	豊間	132	19.7	12.9	6.8	4.5	3.0
居住	震災前から住んでいた自宅	50	↑ 26.0	10.0	6.0	4.0	-
居住	震災後に住み始めた住宅	127	14.2	15.0	8.7	6.3	5.5

報」（36.7）などはいずれも半数に達していない（表6.1.11）。居住地区別では、薄磯区と豊間区で差があるのは「補償に関する情報」（薄31.3％、豊21.2％）、「会合に関する情報」（薄27.1％、豊15.2％）、「区内被害状況」（薄10.4％、豊19.7％）であり、これだけでは断定できないが豊間区の人の方が区への関心がやや高そうである。また、震災前からある自宅に住んでいる人が「震災復興等の情報」（78.0％）、「国や自治体が発行する広報誌」（60.0％）、「会合に関する情

第6章　住まい、安全・安心、利便性の葛藤——沿岸部の事例から——　319

表 6.1.12　情報伝達・共有の評価（薄磯区＋豊間区）

		全体	非常に満足している	まあ満足している	どちらともいえない	あまり満足していない	まったく満足していない	不明
合計		180	3.3	23.9	32.2	24.4	10.0	6.1
地区	薄磯	48	6.3	16.7	31.3	31.3	6.3	8.3
	豊間	132	2.3	26.5	32.6	22.0	11.4	5.3
居住	震災前から住んでいた自宅	50	-	24.0	△48.0	∵16.0	10.0	2.0
	震災後に住み始めた住宅	127	4.7	24.4	∵26.8	27.6	10.2	6.3

報」「区内の被害状況」（26.0％）等と、多様な情報伝達・共有がなされており、ここでも情報に関する格差（ディバイド）を―現在の居住形態において―確認することができる。

(6) 情報伝達・共有の評価

現在の情報伝達・共有への評価はどうだろうか（表 6.1.12）。薄磯区＋豊間区の全体でみると「非常に満足」（3.3％）、「まあ満足」（23.9％）、「どちらともいえない」（32.2％）、「あまり満足していない」（24.4％）、「まったく満足していない」（10.0％）、「不明」（6.1％）などと、情報伝達・共有に満足している人は全体の約四分の一程度に留まる。居住地域別で薄磯区に多いのは「あまり満足していない」（31.3％）、豊間区では「まあ満足している」（26.5％）であり、相対的に豊間区においては情報伝達・共有への評価が高いようだ。居住形態別については、震災前から住んでいた自宅生活者で「どちらともいえない」（48.0％）、震災後に住み始めた住宅の人たちは「あまり満足していない」（27.6％）であり、(5)と同様に居住形態や元居住地からの距離が要因となる情報格差が存在している可能性が高い。

(7) 住民のコミュニティ意識

地域や自治会の活動に関する 17 の意識項目を因子分析したところ、「地域をよくするのに役立ちたい」や「地域の必要な情報が得られる」等の『共生志向』、「活動・行事・組織に必要性を感じない」や「活動時間が確保できないため参加できない」等の『個人主義』、「隣近所とのつきあいがあるため参加している」や「親の代から住んでいるので参加している」等の『消極的参加』の 3 軸が抽出された（表 6.1.13）。

これらの因子と情報伝達・共有への評価との関係をみると、情報伝達・共有

表 6.1.13　コミュニティ関与・活動の因子分析結果（薄磯区＋豊間区）

共生志向 53.1% 4.08	地域をよくするのに役立ちたい	0.726
	地域の必要な情報が得られる	0.667
	自治会の活動・行事・組織に参加したい	0.594
	近所の人々と親しくなれる	0.544
	いざという時、周囲の人に助けてもらえる	0.489
	自治会の役員や会員と親しくなりたい	0.460
個人主義 18.7% 1.44	活動・行事・組織に必要性を感じない	0.651
	活動時間が確保できないために参加できない	0.605
	参加するのには敷居が高い	0.593
	活動や運営の状況がよくわからない	0.558
	参加するメリットがない	0.543
消極的 参加 10.8% 0.83	隣近所とのつきあいがあるため、参加している	0.576
	親の代から住んでいるので、参加している	0.550
	活動・行事・組織に勧誘されたから参加している	0.469
	今、住んでいる区に長く住みたい	0.394

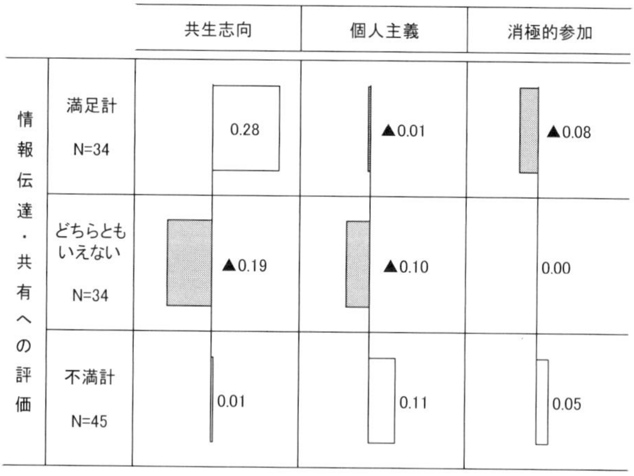

		共生志向	個人主義	消極的参加
情報伝達・共有への評価	満足計 N=34	0.28	▲0.01	▲0.08
	どちらともいえない N=34	▲0.19	▲0.10	0.00
	不満計 N=45	0.01	0.11	0.05

図 6.1.1　コミュニティ関与・活動に関する意識（薄磯区＋豊間区）

に満足している人は共生志向が強いが、不満である人は個人主義や消極的参加への傾向がある。この解釈もあくまでも「相関」であるのだが、いずれにせよ情報伝達・共有が住民のコミュニティ意識の積極性／消極性をわける変数であることには留意すべきである。

表 6.1.14 希望する居住先（薄磯区＋豊間区）

		全体	自分の住んでいた区	その他行政区以外のいわき市内	福島県外	沼ノ内区などの隣の区	それ以外の福島県内	まだ決めていない	不明
合計		180	59.4	22.2	1.7	1.1	-	7.2	8.3
地区	薄磯	48	56.3	22.9	2.1	-	-	△14.6	4.2
	豊間	132	60.6	22.0	1.5	1.5	-	4.5	9.8
居住	震災前から住んでいた自宅	50	∴70.0	▽8.0	-	-	-	8.0	∴14.0
	震災後に住み始めた住宅	127	56.7	∴27.6	2.4	1.6	-	7.1	∵4.7

1.3 情報、コミュニティ、復帰意向の関係

(1) 今後希望する居住先

今後希望する居住先について確認すると（表6.1.14）、薄磯区＋豊間区の全体では「自分の住んでいた／いる区」(59.4%)と約6割であり、続いて「隣の区以外のいわき市内」(22.2%)という結果であった。居住地区別では、薄磯、豊間両区で「自分の住んでいた／いる区」が約6割とほぼ変わらないが、薄磯区の「まだ決めていない」(14.6%)が豊間区に比べて多く、また「震災後に住み始めた住宅」の人は「隣の区以外のいわき市内」(27.6%)への希望が多い。居住形態別でみると、震災前から住んでいた自宅生活者が「自分が住んでいた区」(70.0%)であるのは自明であるとしても、震災後に住み始めた住宅の人たちに「近隣行政区以外のいわき市内」(27.6%)が四分の一以上になっているのは、避難のための移住先が日常生活の場になりつつあることを意味しているといえる。

(2) 情報伝達・共有の重要性

ここでは分析してきた自治会活動、人づきあい、情報伝達・共有や自分たちが住んでいた／住んでいる地区へのイメージと復帰意向と関係を、相関と因果の両方の説明を可能とする共分散構造分析で明らかにする[3]。

簡単にモデルの説明を行おう（図6.1.2）。四角の箱は本調査により直接（または変数の加工により）得られた「観測変数」と呼ばれ、楕円形のものは観測変数により構成される『潜在変数』[4]である。具体的には『震災前活動資源』

は「自治会活動数」・「自治会行事数」・「自治会組織数」で説明されるものと考える。同様に『ネットワーク資源』は「震災前人づきあい数」・「避難時人づきあい数」・「現在の人づきあい数」、『情報伝達・共有』は「震災前伝達・共有方法」・「避難時安否確認時期」・「避難時伝達・共有方法」・「現在の伝達・共有方法」、『薄磯 or 豊間イメージ』は「震災前自治会評価」・「避難時の情報伝達・共有評価」・「現在の情報伝達・共有評価」と設定する[5]。

【薄磯区】

　結論から先に述べると、薄磯区への復帰意向は情報伝達・共有に関わるのであり、それも「現在の伝達・共有手段」の整備如何に大きく左右される（図6.1.2）。これらの情報伝達・共有を支えるのが区内で形成される各個人のネットワーク（人づきあい）であり、それは震災前からの自治会活動に担保されている。

　詳細に説明しよう。このモデルによれば、「活動数」や「行事数」で主に説明できる『震災前活動資源』によって、「現在の人づきあい数」と「避難時の人づきあい数」による『ネットワーク資源』が形成されることを意味している。この『ネットワーク資源』が「現在の情報伝達・共有方法」や「震災前の情報伝達・共有方法」といった『情報伝達・共有』を可能にさせており、ひいては「薄磯復帰意向」につながっていると解釈できるのである。

【豊間区】

　豊間区についてであるが（図6.1.3）、大半が地区外で居住する薄磯区とは状況が異なる。具体的にいえば、各人の自区の印象を説明する『豊間イメージ』は『情報伝達・共有』に規定され、この潜在変数が「震災前の伝達・共有方法」に大きく左右される点である。つまり、これらの情報伝達・共有を支えるのが区内で形成される各個人のネットワーク（人づきあい）であり、それは震災前からの自治会活動に担保されているといえよう。

　どちらの区に共通することは、情報伝達・共有が自区への愛着のようなものを生み出す鍵であり、それは各人が持つネットワークや自治会活動への参加が要因になる点である。

第6章　住まい、安全・安心、利便性の葛藤——沿岸部の事例から——

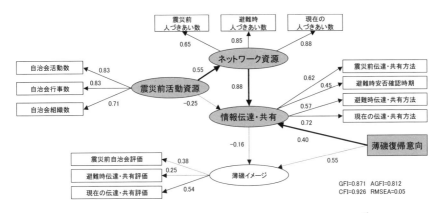

図 6.1.2　地域資源、イメージと復帰意向の関係（薄磯区：N=48）[6]

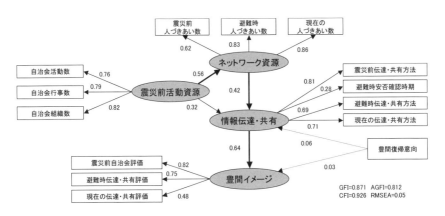

図 6.1.3　地域資源、イメージと復帰意向の関係（豊間区：N=132）

(3) 期待する情報伝達・共有の内容と方法

(2)では情報伝達・共有の重要性を示したが、情報伝達・共有評価と期待する情報内容・方法との関わりを確認する（図6.1.4）。「内容」については、現状の伝達に不満である人ほど「補償の情報」（▲8.2pt）への期待が高い。今までにこうした情報が十分に伝わっていないことを意味している。同様に「方法」については微差ではあるものの、現状の評価が低い人ほど「メーリングリストで加入者へ配信」（▲2.8pt）や「タブレット端末」（▲2.4pt）といった情報通信機器による伝達・共有を期待していることがわかる。

期待する情報伝達・共有内容 N=49:満足ベース N=62:不満ベース				
情報伝達内容	現在の情報伝達 満足	不満	差(pt) 満足−不満	
国や自治体発行の広報誌	49.0	25.8	23.2	
会合に関する情報	18.4	6.5	11.9	
区内の被害状況	20.4	9.7	10.7	
婦人会・老人会の情報	10.2	0.0	10.2	
冠婚葬祭に関する情報	30.6	21.0	9.6	
区内に住む他の人の安否	20.4	14.5	5.9	
近隣の買い物情報	6.1	3.2	2.9	
補償に関する情報	10.2	8.1	2.1	
まちづくり全般情報	91.8	90.3	1.5	
補償に関する情報	53.1	61.3	▲8.2	

期待する情報伝達・共有方法 N=49:満足ベース N=62:不満ベース				
情報伝達方法	現在の情報伝達 満足	不満	差(pt) 満足−不満	
回覧板	46.9	30.6	16.3	
自治会以外発行チラシ配布	46.9	32.3	14.6	
ホームページで掲載	14.3	8.1	6.2	
自治会独自の会報	67.3	67.7	▲0.4	
タブレット端末配布	4.1	6.5	▲2.4	
MLで加入者へ配信	2.0	4.8	▲2.8	

図 6.1.4　期待する情報伝達・共有の内容と方法（薄磯区＋豊間区）単位：％

　これまで『薄磯区・豊間区コミュニティ調査』のデータを用いて、震災前／後の両区における生活の実態・評価・課題を確認した。さらに共分散構造分析を用いることで、自地区への愛着（≒ロイヤルティ）はふだんの情報伝達・共有により規定され、それはふだんの人づきあいの数や自治会活動への参加状況により依存するものであることを明らかにした。逆にいえば、自治会を始めとした地域住民組織によるコミュニティの活動が情報伝達・共有を可能にし、自地区への関心や愛着を創出する。それらを実現する鍵となるのが「情報伝達・共有」の充実であるといえる。

　分析による結果は以上であるが、もう少しふみこんだ解釈を進めていこう。津波により甚大な被害を受けた豊間地区（特に豊間区、薄磯区）の住民たちは、いわき市内に設置された仮設住宅（中央台など）や既存の雇用促進住宅（内郷や舘ノ腰など）での生活を余儀なくされたのであるが、いずれも震災前の居住地よりも買い物などの移動には便利な地区である。買い物、病院、学校や職場などへのアクセスが容易であるという「利便性」を図らずも得ることになった避難住民は同じ市内であり、双葉郡のような住民票の移動といった葛藤もないのか、帰還意向者の割合は低調である。震災後、絆やコミュニティが喧伝される中で、被災地で生活する人たちにとって重要なのは生活を取り戻すことであり、それを達成してから初めて絆やコミュニティを振り返ることを意味し、そ

の段階で利便性と元の土地への愛着との葛藤が生じるのではないか。ただ、生活を取り戻すためには何らかの情報やそれを得るためのネットワークが必要であり、それらのやり取りを通じて地区への愛着や帰還意向が高まることは先の分析で示した通りである。現在の利便性をあえて捨ててまで帰還する人たちは、震災前にほとんど決まっていたかもしれないが、利便性と愛着の間に生じる葛藤を解消した人たちを「上乗せ」するためには情報伝達や共有が重要な要素になるといえよう。

2. 復興組織と防災・減災活動

「来ないと思っていた」津波が地区を襲い、多くの犠牲者を出したいわき市沿岸部であるが、今後の復興まちづくりに向けて多くの住民に帰還してもらうためには、その地区が「安全・安心である」ことを示す必要がある。その一つの方向はハードを中心とした防災緑地などの整備であるが、減災という視点ではやはりソフトの面での取組みが人びとを安心させる要素ともいえよう。本節では豊間地区（豊間、薄磯、沼ノ内）において、それぞれの地域住民組織（ここでは主に区会）が発災直後にどのように対応していたのか、そして今後の防災・減災活動に対してどのような取組みを行っているのか、区会関係者などへの聞き取りを通じて、震災後の住まいに安全や安心を定位させるための課題を検討する。

2.1 震災前について

（1）各地区における震災以前の諸活動（祭などの行事）
豊　間：区―町内会―隣組でそれぞれのレベルで活動。
　　　　区の行事である祭はいろいろある。春の祭は鎮守の森で5月4〜5日、夏は獅子舞を8月の諏訪神社と9月の八幡神社で、また同9月に八坂神社で五穀豊穣を祈願したものがある。清掃活動で春秋の彼岸に向けて町内の清掃として、河川などの草刈りを行っている。これは河川愛護会なる組織を区の中でつくり、農家・一般住民・青年会・消防団・役員の中から選抜している。

薄　磯：区─隣組で後者での活動が中心。
　　　　　区の活動だが26の隣組単位で活動をしていて、春秋の掃除や避難訓練をしていた。この掃除については26隣組に回覧を回せばほとんどすべてが集まって来た。行事については年1回開催される5月の子供祭だけだった。この時は隣組が集まって公民館の掃除等をいろいろと相談しながらやっていた。
沼ノ内：区─部落─隣組の構成。流入する若い住民も多い地区。
　　　　　ここは祭が多いので役員は忙しい。区内で3部落に分かれており、それぞれで集会が行われ、要望書が作成された後に月1回の役員会、その後月1回の5役会が開かれる。

(2) 各地区における大災害時の備え（話し合いとその内容）

いわき市：震災前に「いわき市地域防災計画」（いわき市防災会議、2010年改定）これはあくまでも「指針」であり、実効性のあるものにするのは区にゆだねられていた。例えば、豊間区の
　　　　　行政による防災マップが作成され、各戸に配布されていた。しかし、町内の総会時には絵に描いた餅だろうという話になった。なぜなら訓練ではサイレンを鳴らす、消防車の手配、訓練時に使う機材調達などの調整事項が多かったから
　　　　　にもあらわれている。
豊　　間：町内会単位で対応しきれないことから「区」で計画立案をしていた。
　　　　　区長になった後に3～4万円をかけて区のマニュアルを作成し、茶の間に貼ってもらうようにした。避難場所を役員間にて月1～2回の定例会（区だけでなく、町内会でも同じ頻度で）で議論していた。そこで問題になったのは動員や消防本部・救急隊の指導であり、各町内が足並みをそろえる必要があった点であり、体制づくりに時間がかかった。
薄　　磯：「区」として避難場所の認知につとめた。
　　　　　忠霊公園、豊間小学校、古峰神社、権現山、薄井神社を避難場所に指定していた。訓練をするというよりは、上記の場所を指定し

て、口頭で津波が来たら逃げろ！というだけであった。何故なら、津波は一度も来たことがないからである。1960年のチリ地震による津波では水が500mほど引いたのを眺めていたくらいで、津波に関する恐怖心は年配の人ほどなく、何かあったら「（先の）避難場所に逃げろ」という意識だった。

沼ノ内：「区」役員を中心として独自のハザードマップを作成し、区民に周知していた。

市から防災マップを配布されていたが作成側が地区のことをよく把握しておらずに曖昧なものになっていたため、独自で地区の危険マップを作成していた。作成者は役員16名である。1時避難場所はもちろん2次避難場所、食事の都合までも考慮したものであった。

2.2 震災後について

(1) 発災直後の各地区の対応：津波避難への呼びかけ

豊　間：区長自らが避難の呼びかけを実施した。

地震後、すぐに停電になった。そのため、ラジオが唯一の情報源になった。そして、津波が来るとなったので、自分（区長）は近くにいた消防隊員と消防車で高台避難を呼びかけした。南から北へと呼びかけていった。そして、最後学校へ行くときに波が上がってきた。実際に津波はみていないが、戻ってきたら道はなかった。みんなで助け合いながら避難場所へ逃げ、「田舎は人のつながりでできている」ということを改めて感じた。

薄　磯：隣組単位での避難のみ。区としての対応は特になし。

津波の第一波が来たが、それをみて、おかしな潮しぶきで異変を感じた人は助かったようだ。消防の人も「これだけ大きい地震が来たから津波が来る」と走って回っていた。第一の避難場所として決めていた薄井神社に行き、次に権現山へ避難することにした。その山はきつい斜面なので、ロープをつたって登っていった。こうした避難方法は隣組内での回覧板で周知していた（自分は震災前年に隣組

長だった)。

沼ノ内：区長自らが避難の呼びかけを実施し、避難所も開放した。

地震を受けて会議は中断となり、沼ノ内に戻り一望できるところへ行った。そして、消防団に避難指示を命じたが、自分（区長）もポンプ車に乗って一緒に回ることにした。そのうちに津波が来たが、みんなは弁天様に避難していた。そこで公民館に戻ってそこを開放して、声をかけなかったが役員も集まって来た（何かあったら公民館、という暗黙の了解があったため）。そのうち津波避難者もやって来た。

(2) 発災後の各地区の対応：行方不明者捜索や避難所運営等

豊　間：区長の指示のもとで、役員や他区との連携で対応した。

孫七屋で遺体などの捜索や片付けの指揮をした。役員などとは（電波の入るところで）携帯電話で連絡を取り合い、また自衛隊や消防団が道をつくりながらの捜索を行った。ほかの区長とも、遺体などが上がるたびに携帯で連絡をこまめに取り合った。何故なら（発見される遺体が）互いの区の住民かもしれないからである。また、名簿を作成するのに SE がボランティアとして来てくれた。

薄　磯：区としての直後の対応が困難であった。

避難所だった豊間小学校は支援物資が少なかったこともあり、15日頃に市から中央台公民館への避難を要請され、各自連絡を取り合いながら移っていった。この間、安否確認を試みたが、携帯電話がつながりにくかったため、なかなか進まなかった。避難要請も混乱があったらしく、11日に市から避難所として希望者のみ中央台北小学校を指定したのだが、避難者が北小へ移動した直後に強制的に中央台東小を指定され、移動することになった。

沼ノ内：区役員の役割分担を行い、組織的に対応した。

区の役員が中心となって対応するために、食料、通信、衛生などの役割分担をしっかり行った。平からガソリン、食料などを確保、発電は自家発電機で避難所となった公民館の電力を確保した。公民館は高齢者を中心とした 70 人程度が避難し、水道は平浄水場まで汲みにいった。そのほか、住民名簿をつくるなどの情報収集などを

(3) 今後の対応：防災・減災に向けた諸活動—8月31日防災訓練の取組から—

いわき市：「2013年度いわき市総合防災訓練について」を各区に提示した。具体的には訓練の概要、タイムスケジュール、各地区本部の訓練、広報資料であり、あくまでもアウトラインを示すものであった。避難場所は区と市担当部署とのやりとりにより変更する場合もあり、避難方法についても区が実情にあわせて策定した。

豊　　間：区―町内会において町内会レベルで対応。総統制（区長）をヘッドに、3地区の各指揮者のもとに避難呼びかけや誘導などにあたる隣組長を置いた。1次避難場所では隣組長が避難人数を確認し、各指揮者へ報告して区本部へ伝達した。

薄　　磯：（ほとんどが流出していたために実施困難）区から隣組（2地区）へ回覧して協力を依頼した。

沼 ノ 内：隣組レベルで対応した。30ある隣組の組長のもとで1次避難場所に避難し、避難人数を区役員へ報告。役員の指示により2次避難所へ移動、その結果を役員が区長へ報告した。この区での特徴は参加者を隣組長が事前に把握していたことである（実際にはそれよりも多くの参加者があったが）。

2.3　防災・減災コミュニティ構築に向けて

これまでの聞き取りをまとめると次のようになる。

日常の地域活動の充実が防災意識を高め、独自のハザードマップ作成につながり、被災後も組織による対応を可能にした。また、地域住民で構成される自治組織が持つ様々な機能を防災訓練などの対策へと活かすことができる（豊間、沼ノ内）。

一方で血縁・地縁といった部分での結束力があっても、地域での活動が活発ではなかったり、自治組織の機能が弱い場合、震災前後における地域の災害対応力が弱い（薄磯）。

今後についてであるが、自治体（県や市）レベルの対策はあくまでもアウトラインを提示するのみであるために、実効的な対策には地域（コミュニティ）

レベルでの自主的・自律的対応（ハザードマップ作成など）が重要となる。

　具体的には、各地区の歴史的な経路依存性に応じた防災・減災システムが必要であり、例えば、豊間：区―町内会―隣組、薄磯・沼ノ内：区―隣組といった空間的なヒエラルキーであり、また豊間：トップダウン、沼ノ内：役員による役割分担とボトムアップの組み合わせといったガヴァニングの諸形態への配慮が必要といえ、これらを実現するためには地域住民組織による活動の充実と組織づくりが鍵となり、こうした活動が住民に認知されるに従って、その地区への安全や安心感が震災後に「あらためて」形成されていくのではなかろうか。

3. むすび

　本章ではいわき市沿岸部―豊間地区―に焦点をあて、そこでのコミュニティ、避難、今後の対応に向けた防災訓練といった視点で議論してきた。

　1節ではいわき市内でも甚大な被害を受けた薄磯区・豊間区を対象にした『薄磯・豊間コミュニティ調査』の分析・解釈を行い、同じ学校区（豊間小学校・豊間中学校）で隣接している区同士でありながら、震災前後のコミュニティ活動や自治会評価、避難実態や1960年に発生したチリ地震による津波へ対応、さらには帰還への意思や自区イメージのあらわれ方が異なることを示した。

　続いて2節では2013年8月31日に実施されたいわき市防災訓練への対応を中心にした豊間地区（豊間区・薄磯区・沼ノ内区）の取組みを概観し、いずれも被災後や今後の訓練も含めた活動も震災前の各々のコミュニティ活動やガヴァニングのありように依存していることが明らかになった。

　これらの議論から、今後起こりうる大災害発生に対応するための諸訓練・取組みに対していくつかの含意が導かれよう。一つは防災・減災への処方箋が画一的なものではなく、地域におけるコミュニティ活動や統治／共治方法の解明にまで立ち入らねば、これらの取組みが有効なものになり得ないといえることである。もう一つは5章でもふれたことであるが、災害も含めた民衆知（ローカルナレッジ）をどう定位させるか、そしてそれをどのように防災・減災教育へとつなげていくか、そしてこれらをどう非常時に有効に活かされるのかを考えた時に、自治会・町内会を始めとした地域住民組織に意思決定の次元を下げ

ることが求められることになり、それらの活動から安全や安心を住民が「形式的」にではなく、「実質的」に感じるようになっていくのではないだろうか。

注

1) 調査の概要については資料 2.2 を参照のこと。
2) ただ、あくまでもこれら 2 変数間の相関に過ぎない。逆の視点では諸々の地域活動に参加→自治会などの地域コミュニティへの満足度が高まる→活動を通じて情報が多く入手できる→情報への満足度が高まるということも考えられる。
3) 共分散構造分析によるコミュニティの構造を考察する論文として、例えば松川・立木（2011a、2011b）ではソーシャルキャピタルと地域の特性や安全・安心との関連を、長野（2009）ではガヴァナンスの形成要件、松本・矢田部（2008）では防災活動とその継続意思などをモデルに組み込んで分析している。
4) 以下では観測変数を「○○」で、潜在変数を『○○』で表記することにする。また、紙面の都合上、誤差変数は略する。
5) 観測変数の加工方法について説明する必要があろう。『震災前活動資源』の「活動数」・「行事数」・「組織数」は回答者が参加した数のそれぞれの和としている。同様に『ネットワーク資源』の「震災前人づきあい数」・「避難時人づきあい数」・「現在の人づきあい数」も各々の時点の人づきあい数の和である。『情報伝達・共有』も「震災前の情報伝達・共有方法」・「避難時の情報伝達・共有方法」・「現在の情報伝達・共有方法」は方法の数の和にしているが、「避難時安否確認時期」は次の方法で得点化している。すなわち、選択肢の「地震が起きてから津波が来る前まで（15 時前後）」を 7 点、「その日（3 月 11 日）」：6 点、「1 週間以内」：5 点、「1 ヵ月以内」：4 点、（1 ヵ月後となる）「4 月 12 日以降」：3 点、「その他」：2 点、「ひとつもない（安否確認は行われなかった）」：1 点、「無回答」：0 点として、被災直後の安否確認を最も高い得点に設定した。

さらに「薄磯 or 豊間復帰意向」であるが、先と同様に「自分の住んでいる／住んでいた区」を 5 点、「隣の区」：4 点、「近隣行政区以外のいわき市内」：3 点、「いわき市以外の福島県内」：2 点、「福島県外」：1 点、「まだ決めていない」：0 点と設定している。
6) 点線は 5% 有意で棄却されるパスである。

参考文献

長野基、2009、「地域ガバナンスにおける多主体間連携形成の基礎的条件―新宿区『社会貢献的活動団体』に関するアンケート調査からの考察―」『跡見学園女子大学マネジメント学部紀要』第 8 号：101-128

松川杏寧・立木茂雄、2011a、「ソーシャルキャピタルの視点から見た地域の安全・安心に関する実証的研究」『地域安全学会論文集』No.14：27-36

───、2011b、「地域特性がソーシャルキャピタルに与える影響に関する研究―多母集団同時分析を用いた神戸市事例研究―」『地域安全学会論文集』No.15：385-394

松本美紀・矢田部龍一、2008、「実被災者地域住民における地域防災活動継続意図の規定因」『自然災害科学』27-3：319-330

第Ⅲ部
コミュニティの構築／再構築のはざまに
―― 楢葉町・富岡町を事例に

第7章

大震災がもたらすコミュニティの変容
——コミュニティ調査から——

1. 楢葉町・富岡町の概要

　福島県双葉郡楢葉町は日本の中心の東京から約200km北東に位置し、人口約7,000名の町である。震災前は103.45km^{2}の面積に、山田岡や上井出などといった行政地区が18存在していた（図7.1.1）。震災前の行政区別世帯数・人口を表7.1.1に示す[1]。

　ところが、2011年3月11日に発生したM9.0の東北地方太平洋沖地震により発生した津波は楢葉町にも最大12mもの高さ[2]で沿岸部の波倉、下井出、北田などを襲った。さらに福島第一原発の事故により、楢葉町の住民は国の指示により12日には町のほぼ全域が避難指示を受け、4月21日には20km圏内、

図7.1.1　楢葉町　※図5.1.4再掲

表7.1.1　楢葉町の行政区別の班数・世帯数・人口（2010年4月1日現在）

行政区名	班数	世帯数	人口	行政区名	班数	世帯数	人口
上井出	29	471	1,291	営団	6	179	485
下井出	12	258	642	乙次郎	1	10	14
北田	10	196	571	上小塙	10	141	434
大谷	12	135	420	下小塙	19	311	859
松館	9	81	249	山田岡	15	417	1,082
上繁岡	8	87	301	前原	4	86	289
旭ヶ丘	2	23	30	山田浜	8	80	270
繁岡	7	181	449	椴木下	1	6	15
下繁岡	6	111	356	女平	1	21	66
波倉	6	67	227	大坂	1	14	37
				合計	167	2,875	8,087

表7.1.2　楢葉町の避難状況（単位：名）[4]

	合計	県外計	北海道	青森・岩手・秋田・山形	宮城	東京・神奈川・千葉・埼玉	茨城・栃木・群馬	新潟
2012年3月31日現在	7,674	1,366	16	31	44	650	361	96
2013年3月27日現在	7,614	1,106	16	33	31	503	326	76
2014年3月31日現在	7,523	1,055	15	20	29	519	310	63

		福島					
	小計	福島	二本松	郡山	会津若松	会津美里	いわき
2012年3月31日現在	6,308	59	34	113	162	453	5,263
2013年3月27日現在	6,508	53	18	126	118	310	5,722
2014年3月31日現在	6,468	59	17	129	99	258	5,748

町の総面積の約8割が警戒区域として退去命令・立入禁止の措置がとられた[3]。その後2012年8月に警戒区域が解除されたが、全町民は現在に至るまで県内を始め首都圏など全国各地で避難生活を続けている（表7.1.2）。

　楢葉町の住民は富岡町民と同様に、近隣のいわき市、同県内の会津地方（会津美里町など）を始め、日本全国へ避難していった。こうした混乱にある中で、安否確認や被災地の状況を把握するのは困難であったが、いわき市立中央台南小学校内に仮役場を設置した町は公式HP（災害版）を立ち上げるとともに、同町の避難者が多かった会津美里町に災害対策本部を設けた。そして、震災から3ヵ月後の6月に『広報　ならは号外』を発行し、町内や避難者の動向をHPとの連携にて全国各地の避難者へ発信していった。因みに楢葉町の提供資料によれば、2013年3月27日時点での避難者は町民7,614名のうちでいわき市5,722名、会津美里町310名、会津若松市118名、郡山市126名、福島市53名などであり、人口全体の8割近くがいわき市へ避難している。こうした避難

第 7 章　大震災がもたらすコミュニティの変容——コミュニティ調査から——　　337

図 7.1.2　富岡町　※図 5.1.5 再掲

者への応急仮設住宅や自治体などによる借り上げ住宅[5]の提供は一時帰宅が開始された 2011 年 6 月から始まっている。また 2012 年末時点で、いわき市にある応急仮設住宅の「上荒川」には 239 戸 558 名、同じく「高久第十」では200 戸 506 名などが生活し、それ以外は借り上げ住宅や震災後に新たに購入するなどして、今に至るまで町民が散住しているのは富岡町と同じ状況である。

　一方の福島県双葉郡富岡町は日本の中心の東京から約 220～230km 北東に位置し、人口約 15,000 名の町である。震災前は 68.47km^2 に、杉内、仲町などといった行政区が 27 存在していた（図 7.1.2、表 7.1.3）。

　この富岡町にも最大 21m もの高さの津波が襲来した[6]。原発事故を受けて富岡町の住民は国の指示により 11 日は福島第一原発の半径 10km 圏内に屋内退避指示、翌 12 日には町全域が避難指示を受け、4 月 21 日には 20km 圏内が警戒区域として退去命令・立入禁止の措置がとられ、現在に至っている[7]（表7.1.4）。

　富岡町の住民は郡山市のビックパレットふくしま、近隣のいわき市、同県内の会津地方、新潟県を始め、日本全国へ避難していった。こうした混乱にある

表 7.1.3　富岡町の行政区別の班数・世帯数・人口 (2011年2月28日現在)

行政区名	班数	世帯数	人口	行政区名	班数	世帯数	人口
杉内	5	83	287	上郡	2	38	137
仲町	10	130	428	太田	4	51	147
高津戸	11	268	568	下郡山	5	118	353
下千里	9	130	449	毛萱	4	32	103
大菅	7	360	642	仏浜	5	42	101
夜ノ森駅前北	12	267	619	駅前	8	100	271
夜ノ森駅前南	17	472	1,122	西原	20	511	1,125
新町	10	339	841	中央	25	476	1,011
赤木	6	37	124	小浜	11	361	964
上本町	6	50	149	深谷	6	116	316
王塚	24	587	1,603	小良ヶ浜	8	133	357
本町	12	377	854	栄町	2	42	112
岩井戸	6	75	251	新夜ノ森	18	725	1,925
清水	15	373	974	合計	268	6,293	15,833

表 7.1.4　富岡町の避難状況 (単位：名)

	合計	県外計	北海道	青森・岩手・秋田・山形	宮城	東京・神奈川・千葉・埼玉	茨城・栃木・群馬	新潟
2012年3月21日現在	15,683	5,032	69	159	194	2,555	1,042	435
2013年3月1日現在	15,537	4,509	66	128	213	2,244	968	356
2014年3月1日現在	15,387	4,403	70	108	232	2,194	981	314

	福島					
	小計	福島	郡山	大玉	三春	会津若松	いわき
2012年3月21日現在	10,651	489	3,200	325	499	208	4,863
2013年3月1日現在	11,028	432	3,150	307	450	185	5,512
2014年3月1日現在	10,984	414	3,052	286	397	177	5,671

中で、安否確認や被災地の状況を把握するのは困難であったが、富岡町は緊急版HPを立ち上げ、震災から2ヵ月後の5月11日に『とみおか町災害情報』を発行し、町内や避難者の動向をHPとの連携にて全国各地の避難者へ発信していった。

　上記の情報発信とともに、避難者への（応急仮設や自治体などによる借り上げ）住宅の提供も進めていった。富岡町提供の資料によると2013年3月末時点では、郡山市にある「南一丁目」や「緑が丘東七丁目」など、いわき市の「好間」や「泉玉露」などに1,526戸2,639名が応急仮設住宅に[8]、それ以外は借り上げ住宅や震災後に新たに購入するなどしており、郡山市に885戸2,014名、いわき市に1,922戸4,578名などとなっている[9]。

　以上のような避難所からの移動は仮設住宅では2011年の夏から始まり、仮

設住宅や借上住宅などでの生活が長くなるほど様々な対応が必要になり、富岡町もタブレットPCによる（双方向のやりとりを視野に入れた）情報発信、仮設住宅内や借上住宅生活者による自治会設立などの支援や、高齢者の孤立を防ぐために町の社会福祉協議会による個別訪問などを行っている。

このように富岡町からの避難者も様々なタイプに分化しつつあるといえ、そのタイプごとの特徴を把握する必要が—今後の生活や帰町・集団移転に向けて—あると考える。

本章の目的は、楢葉町・富岡町民のコミュニティ活動の現状と課題、情報発信・共有実態を明らかにすることであり、具体的には以下の通りである。①被災前の人づきあい、情報発信・共有、自治会活動はどうだったか、②どのような経緯で避難したのか。避難時の人づきあいはどうだったか、③現在の人づきあい、情報発信・共有、自治会活動はどうであるか、④今後の情報発信・共有に何を望んでいるか、⑤帰町・集団移転への意向はどうなっているか、である。

2. 楢葉町のコミュニティ

2.1 コミュニティの実態

調査対象は楢葉町民全3,700世帯の世帯主または準ずる者で、調査期間が2012年6月〜8月、郵送による質問紙調査法で実施し、有効回収数（回収率）は477s（12.9%）。内訳については、「仮設住宅・雇用促進住宅」に入居（30.2%）、「いわき市借上住宅等」に入居（37.1%）、「福島県内その他借上住宅等」に入居（13.0%）、「県外借上住宅等」に入居（19.3%）、「不明」（0.4%）。性別では「男性」（64.6%）、「女性」（33.8%）、「不明」（1.7%）（表7.2.1）。年代別で「20代」（1.9%）、「30代」（8.0%）、「40代」（10.7%）、「50代」（25.6%）、「60代」

表7.2.1　調査対象者の性別

	全体	男性	女性	不明
合計	477	64.6	33.8	1.7
仮設住宅・雇用促進住宅	144	68.1	30.6	1.4
県内いわき市	177	63.3	35.0	1.7
県内その他	62	∴72.6	27.4	-
県外	92	∴56.5	∴40.2	3.3

表7.2.2　調査対象者の年代

	全体	20代	30代	40代	50代
合計	477	1.9	8.0	10.7	25.6
仮設住宅・雇用促進住宅	144	2.1	▽ 3.5	8.3	23.6
県内いわき市	177	2.8	↑ 11.9	11.9	26.6
県内その他	62	-	6.5	8.1	∴ 33.9
県外	92	1.1	8.7	14.1	21.7

	全体	60代	70代以上	不明
合計	477	24.5	26.2	3.1
仮設住宅・雇用促進住宅	144	↑ 30.6	28.5	3.5
県内いわき市	177	22.6	∵ 21.5	2.8
県内その他	62	27.4	24.2	-
県外	92	∵ 17.4	31.5	5.4

(24.5%)、「70代以上」(26.2%)、「不明」(3.1%)（表7.2.2）であった。

また現在の居住地をみると、「宮里仮設」(4.0%)、「高久第5仮設」(0.6%)、「高久第6仮設」(0.2%)、「高久第8仮設」(4.0%)、「高久第9仮設」(5.0%)、「高久第10仮設」(5.5%)、「飯野仮設」(0.6%)、「上荒川仮設」(5.2%)、「四倉細谷仮設」(1.0%)、「内郷白水仮設」(0.6%)、「作町1丁目仮設」(2.1%)、「常磐銭田仮設」(0.6%)、「下船尾宿舎」(-%)、「常磐宿舎」(0.6%)、「いわき市内借上等」(37.1%)、「福島県内借上等」(13.0%)、「福島県外借上等」(18.9%)、「その他」(0.4%)、「不明」(0.4%)。因みに各仮設住宅の詳細については8章を参照されたい。また、賃借形態は「国・自治体による借上」(64.9%)、「個人の借上」(5.8%)、「親族関係の住宅」(10.4%)、「企業による借上」(7.1%)、「その他」(8.4%)、「不明」(3.2%)であり、住居形態は「集合住宅」(70.8%)、「一戸建て」(22.7%)、「その他」(1.9%)、「不明」(4.5%)となっている。

(1) 震災前

①人づきあい

　震災前の人づきあいをみてみよう（表7.2.3）。「親兄弟等の親戚」(91.8%)や

表7.2.3　震災前の人づきあい

人づきあい　N=477　単位%

親兄弟、従兄弟などの親戚	91.8	町内会・自治会の人たち	45.1
友人・知人	91.2	クラブ・サークルや習い事の仲間	23.1
隣近所の人たち	83.0	ネットを通じた知り合い	3.4
仕事関係での付き合い	59.5	NPO等の団体の人たち	2.9

表 7.2.4　震災前の情報源

情報源　N=477　単位%			
テレビ・ラジオ	93.9	ネット上のニュースサイト	23.3
新聞・雑誌	89.3	企業のホームページ	8.0
友人・知人の話	78.6	ネット上の掲示板	5.7
家族の話	64.4	SNS	1.7

表 7.2.5　震災前居住地区における生活上の問題点

生活上の問題点（26項目上位10項目）　N=477　単位%			
住民の高齢化	39.4	独居高齢者への対応	14.5
医療・福祉施設の不足	37.1	移動や交通の問題	12.8
買い物施設の不足	20.8	名前を知らない人の増加	12.8
住民の参加の少なさ	18.4	他地区との交流が少ない	12.4
ゴミ処理の問題	15.1	世代間のズレ	11.9

「友人・知人」（91.2%）が9割を超え、「隣近所の人たち」（83.0%）も8割を超えており、富岡町に比べると、やや近所づきあいが多い。

②情報源

　震災前に使っていた情報媒体であるが（表7.2.4）、「テレビ・ラジオ」（93.9%）や「新聞・雑誌」（89.3%）というマスメディアの他に、「友人・知人」（78.6%）といった口コミが約8割と高いのは富岡町と同傾向にある。

③自治会加入率と生活上の問題点

　初めに震災前のコミュニティ活動について概観する。震災前の自治会への加入をみると、加入（91.0%）、未加入（8.6%）、不明（0.4%）と富岡町に比べると加入率はやや高い。地域での生活上の問題点でみると（表7.2.5）、3割を超える項目が「住民の高齢化」（39.4%）、「医療・福祉施設の不足」（37.1%）であり、これら二つの問題は富岡よりも強く認識されている。一方で、「買い物施設の不足」（20.8%）、「住民の参加の少なさ」（18.4%）、「ゴミ処理の問題」（15.1%）などはいずれも2割程度～以下であった。

④コミュニティ活動

　次に行政区内における諸活動・組織形成状況について確認する（表7.2.6）。活動で多いのは「地域の清掃美化」（82.8%）が8割を超えるだけで、「防火・

表7.2.6 震災前居住地区におけるコミュニティ活動

地域が実施する活動　N=477　単位%			
地域の清掃美化	82.8	公園・広場等の管理	21.8
防犯・防火パトロール等	42.6	高齢者・障がい者福祉	19.9
集会所等の施設管理	40.3	青少年教育・育成	18.2
資源・廃品回収	26.0	学童保育等の支援	15.9
地域が実施する行事　N=477　単位%			
神社祭礼	70.2	新年会・忘年会	38.6
町内会・自治会の総会	70.2	食事会・飲み会	37.1
盆踊り・夏祭り	63.7	防災訓練	30.0
冠婚葬祭	43.2	研修会・講習会	12.2
運動会等の体育活動	38.6	ラジオ体操	8.0
地域が形成する組織　N=477　単位%			
消防団（分団）	67.3	婦人会	42.8
老人クラブ	63.3	民生・児童委員会	35.4
子供会育成会	51.4	社会福祉協議会	31.4
防犯協会	49.9	体育協会	31.2
氏子会・檀家組織	44.4	青年団	22.0

防犯パトロール」(42.6%)や「集会所等の施設管理」(40.3%)は4割程度であり、それ以外は3割にも達していなかった。行事は「神社・祭礼」や「自治会の総会」(70.2%)、次いで「盆踊り・夏祭り」(63.7%)が多く実施された。組織化されているものをみると、「消防団」(67.3%)、「老人クラブ」(63.3%)、「子供会育成会」(51.4%)が5割以上であるのは富岡町と同じであった。

⑤災害への備え

災害への地域の事前対応を確認すると、「話し合った」(29.8%)、「話し合っていない」(58.7%)、「わからない」(7.3%)、「不明」(4.2%)と、話し合った人は全体の3割である。

話し合った人の相手をみると「自分の家族・親戚」(83.8%)が8割以上であり、「近所」(45.1%)や「自治会」(33.8%)は富岡町よりもやや多いものの半数には達せず、地域での対応というよりは身内で話す程度にとどまっていたよう

表7.2.7 話をした相手

話をした相手　N=142　単位%			
自分の家族・親戚	83.8	警察や消防関係の人	11.3
近所に住んでいる人	45.1	学校や職場関係の人	10.6
町内会・自治会の人	33.8	NPO等の団体との人	2.1
役場の人	26.8	その他	2.8

表 7.2.8 話の内容

話をした内容	N=142	単位%		
避難の方法、場所	59.9	災害危険箇所	30.3
非常持ち出し品	56.3	安否確認等の連絡	22.5
心がまえ	43.0	高齢者等の安全	22.5
食料・飲料水	42.3	その他	2.1
家屋の安全度	40.8		

表 7.2.9 避難生活時の人づきあい

避難時の人づきあい	N=477	単位%		
親兄弟、従兄弟などの親戚	71.9	町内会・自治会の人たち	15.1
友人・知人	54.5	NPO等の団体の人たち	8.0
震災後に知り合った人たち	46.8	サークルや習い事の仲間	3.8
隣近所の人たち	37.5	インターネット	1.9
職場関係	20.8	ひとつもない	0.8

だ（表7.2.7）。

　話の内容であるが、「避難の方法・場所」（59.9%）や「非常持ち出し品」（56.3%）が5割を超えただけで、あくまでも個人・家族単位での対応といえよう（表7.2.8）。

（2）避難時の人づきあい

　避難時生活時の人づきあいであるが（表7.2.9）、最も多いのが「親兄弟等の親戚」（71.9%）、続いて「友人・知人」（54.5%）、「震災後に知り合った人たち」（46.8%）であり、富岡町と同様に避難時は新たな関係が形成されるというよりは、それまでの関係を保ちつつしのいでいたといえよう。

（3）現在
①人づきあい

　震災後の人づきあいであるが（表7.2.10）、「親兄弟等の親戚」（78.0%）や「友人・知人」（75.5%）が多く、「震災前の隣近所」（34.8%）は富岡町よりも約10pt高く、楢葉町は相対的にやや広い範囲での交際があることがわかる。居住地域別でみると、「仮設・雇用」で「転居後に知り合った人」（72.2%）、「震災前の隣近所の人」（48.6%）、「避難所で知り合った人」（37.5%）と、富岡町に比べると震災前の関係が相対的に保たれている中、「県内いわき市」では「親

表7.2.10 現在の人づきあい

	全体	親兄弟、従兄弟などの親戚	友人・知人	震災前に住んでいた隣近所の人たち	職場や取引先など仕事関係での付き合い	仮設住宅等へ転居後に知り合った人たち	避難所で知り合った人たち
合計	477	78.0	75.5	34.8	34.2	33.3	19.5
仮設住宅・雇用促進住宅	144	74.3	77.8	▲48.6	▽25.0	▲72.2	▲37.5
県内いわき市	177	△84.2	∴79.7	37.3	▲45.2	▼15.3	▼10.7
県内その他	62	79.0	72.6	24.2	38.7	▼11.3	↓9.7
県外	92	72.8	↓67.4	▼14.1	↓25.0	▽22.8	15.2

	全体	震災前に加入していた町内会の人たち	仮設住宅等への転居後に加入した町内会の人達	クラブ・サークル等の趣味や習い事の仲間	NPO等の団体の人たち	電子メールや掲示板等、インターネット	ひとつもない
合計	477	10.5	9.0	7.1	3.1	1.9	3.1
仮設住宅・雇用促進住宅	144	11.8	▲17.4	6.3	4.2	1.4	1.4
県内いわき市	177	12.4	▼2.8	6.5	1.7	1.7	2.8
県内その他	62	11.3	6.5	6.5	-	1.6	∴6.5
県外	92	↓4.3	9.8	∴10.9	↑6.5	3.3	4.3

表7.2.11 話す内容

	全体	一時帰宅	町内・家周辺の震災状況	自分や家族の健康	政府や都道府県等による補償問題	自分や家族の人間関係	帰町・集団移転先	自分や家族の仕事
合計	477	69.2	65.0	58.1	55.1	45.5	40.9	37.3
仮設住宅・雇用促進住宅	144	72.2	66.7	54.2	54.9	∴39.6	44.4	36.8
県内いわき市	177	68.9	65.5	59.3	56.5	▲58.2	44.1	↑44.1
県内その他	62	67.7	61.3	61.3	50.0	▽30.6	33.9	33.9
県外	92	67.4	58.7	60.9	57.6	41.3	34.8	↓28.3

	全体	今後の住宅制度	買い物	高齢者・障がい者の介護・福祉	子どもの教育	趣味等のサークル活動	移動手段・交通機関	自治会・町内会等の地域運営・活動
合計	477	33.5	32.9	21.0	20.3	18.4	15.5	13.4
仮設住宅・雇用促進住宅	144	∴27.8	∴38.9	23.6	17.4	16.0	13.2	13.9
県内いわき市	177	↓40.1	34.5	20.3	↑26.0	19.2	16.4	13.6
県内その他	62	↓22.6	29.0	19.4	∴12.9	∴11.3	14.5	11.3
県外	92	38.0	↓23.9	19.6	19.6	↑26.1	18.5	14.1

兄弟等の親戚」（84.2％）や「友人・知人」（79.7％）等と、富岡町と同様にその幅が狭いことがわかる。

②話す内容

　話す内容について確認すると（表7.2.11）、全体では「一時帰宅」（69.2％）、「町内等の震災状況」（65.0％）、「自分や家族の健康」（58.1％）、「補償問題」（55.1％）がいずれも５割以上と富岡町と同傾向にある。居住地域別において、

第7章　大震災がもたらすコミュニティの変容——コミュニティ調査から——　　345

表 7.2.12　現在の情報源

	全体	テレビ・ラジオ	新聞・雑誌	友人・知人の話	家族の話	ネット上のニュース	ネット上の掲示板	企業HP	SNS
合計	477	93.3	85.1	60.0	45.5	30.2	8.4	7.3	2.5
仮設住宅・雇用促進住宅	144	93.8	86.8	59.7	▽35.4	▼19.4	5.6	∵4.2	2.8
県内いわき市	177	92.7	84.2	63.8	▲55.9	∴35.0	7.9	9.0	1.7
県内その他	62	△100.0	88.7	59.7	50.0	30.6	∴12.9	11.3	1.6
県外	92	90.2	82.6	∵53.3	∵38.0	↑38.0	10.9	6.5	4.3

表 7.2.13　現在住んでいる地域の自治会有無

	全体	ある	ない	知らない	不明
合計	477	46.8	21.0	26.0	6.3
仮設住宅・雇用促進住宅	144	∴53.5	▲31.3	▼13.2	▽2.1
県内いわき市	177	▽38.4	22.0	∴31.1	8.5
県内その他	62	41.9	14.5	△38.7	4.8
県外	92	↑56.5	▼6.5	28.3	8.7

「仮設・雇用」は「買い物」(38.9%)、「県内いわき市」で「自分や家族の人間関係」(58.2%) や「自分や家族の仕事」(44.1%) 等と自分たちの身の回りに関する話題が多い。一方で「県外」で特徴的なのは「サークル活動」(26.1%) であり、つながりを維持させるために何らかのテーマ型・コミュニティに属していることがうかがえる。

③情報源

　震災後に使う情報媒体（メディア）をみていくと（表7.2.12）、「テレビ・ラジオ」(93.3%) や「新聞・雑誌」(85.1%) というマスメディアの他に、「友人・知人」(60.0%) といった口コミが多いのは富岡町と同じである。居住地域別は、「県内いわき市」で「家族の話」(55.9%) や「ネット上のニュース」(35.0%)、「県内その他」で「テレビ・ラジオ」(100.0%) や「ネット上の掲示板」(12.9%)、「県外」は「ネット上のニュース」(38.0%) である。

④自治会加入率と生活上の問題点

　コミュニティ活動について確認する。現在住んでいる地区に自治会が「ある」(46.8%)、「ない」(21.0%)、「わからない」(26.0%)、「不明」(6.3%) と、富岡町に比べると自治会の設置率はやや低い（表7.2.13）。居住地域別でみると、「仮設・雇用」における設置率は5割と、富岡町と比べて明らかに低い。一方

表 7.2.14　現在住んでいる地域の自治会加入の有無

	全体	加入	未加入	不明
合計	233	64.6	31.8	3.6
仮設住宅・雇用促進住宅	77	▲88.3	▼6.5	5.2
県内いわき市	68	▼42.6	▲54.4	2.9
県内その他	26	▽46.2	∴46.2	7.7
県外	52	67.3	32.7	-

で、「県内いわき市」や「県内その他」では「ない・知らない」の割合が高いのは富岡町と同じ傾向であった。

　そして、「ある」人のうちで「加入している」(64.6%)、「加入していない」(31.8%)、「不明」(3.6%) と、自治会設置地区に居住している人については楢葉町の方が加入率は高い（表7.2.14）。居住地域別では「仮設・雇用」は9割近くになっている一方、「いわき市」、「その他」や「県外」は未加入が5割前後と、全体平均に比べても明らかに高いのは富岡町と同じ傾向である。

　震災後に住む地域での生活上の問題について確認すると（表7.2.15）、「家族や親戚が離れて居住」(18.9%)、「友人・知人が離れて居住」(17.4%) といった「散住」項目が上位にあるものの、それぞれ富岡町に比べて約20pt低く、他の項目も「名前を知らない人の増加」(12.8%) 以外は全て1割未満であるため、さほど問題としては認識されていないようだ。居住地域別では、「仮設・雇用」で様々な問題が（全体の平均より）多くあらわれている。一方で「いわき市」、「その他」、「県外」のいずれも問題として特徴的に高い項目がほぼないところをみると、「仮設・雇用」に特有な現象が生じていることがうかがえる。

⑤コミュニティ活動

　地域で実施している活動（認知ベース：行事、組織も同様）について確認すると（表7.2.16）、全体では「地域の清掃美化」(56.0%) が5割を超えているが、「レクリエーション」(29.7%) や「資源・廃品回収」(28.8%) を始めとして他の項目がいずれも3割に達していない。居住地域別の活動では「仮設・雇用」で「レクリエーション」(38.5%) や「各種説明会・勉強会」(32.0%) のみが平均より多く、「県内その他」に「学童等保育の支援」(17.1%) や「青少年教育・育成」(14.3%) が多いのは子育て世帯比率が高いものと考えられる。そして「県外」では「地域の清掃美化」(67.2%)、「資源・廃品回収」(46.6%)、「レクリ

第 7 章　大震災がもたらすコミュニティの変容——コミュニティ調査から——　　347

表 7.2.15　現在の生活上の問題点

	全体	家族や親戚が離れて居住	友人・知人が離れて居住	名前を知らない人の増加	ゴミ処理の問題	居住地区における放射能への不安	住民の高齢化	他地区との交流が少ない
合計	477	18.9	17.4	12.8	9.6	9.4	8.8	8.4
仮設住宅・雇用促進住宅	144	▲29.2	▲26.4	▲23.6	△16.0	△15.3	▲18.1	△14.6
県内いわき市	177	▽13.0	∵13.0	10.2	8.5	7.9	▽4.5	7.3
県内その他	62	14.5	11.3	∵6.5	9.7	11.3	8.1	4.8
県外	92	16.3	16.3	▽4.3	▽3.3	▽2.2	▽2.2	↓3.3

	全体	買い物施設の不足	移動や交通の問題	ひとり暮らしの高齢者への対応	高齢者や単身者などの孤立化	病院等医療・福祉施設の不足	生活費等の経済的な問題	相談相手の不足・不在
合計	477	8.2	8.2	7.1	6.9	6.3	5.9	5.7
仮設住宅・雇用促進住宅	144	∵11.1	10.4	▲13.2	↑10.4	6.9	6.9	∵8.3
県内いわき市	177	↓4.5	9.0	↓3.4	∵4.0	6.8	5.6	4.0
県内その他	62	△16.1	4.8	9.7	4.8	8.1	8.1	3.2
県外	92	5.4	5.4	∵3.3	8.7	3.3	3.3	6.5

	全体	ルールを守らない住民の存在	一部のものだけが参加	行事への住民の参加の少なさ	住民間のトラブル	世代間のズレ	地域・地区のまとまりのなさ	異なった自然環境への対応
合計	477	5.0	5.0	4.4	4.0	4.0	3.8	3.4
仮設住宅・雇用促進住宅	144	▲10.4	▲13.9	↑7.6	▲8.3	△7.6	▲11.8	2.8
県内いわき市	177	4.5	↓2.3	4.5	2.8	2.8	▽0.6	↓1.1
県内その他	62	-	-	-	1.6	3.2	-	▲9.7
県外	92	↓1.1	-	2.2	∵1.1	∵1.1	-	4.3

	全体	とりまとめ役の不在	治安・少年非行・風紀の悪化	声の大きい人の意見が尊重される	問題解決のためのノウハウ不足	体育施設等の不足	役員のなり手不足	教育施設の不足
合計	477	3.4	2.7	2.7	2.5	2.1	2.1	1.9
仮設住宅・雇用促進住宅	144	▲7.6	2.1	▲6.9	▲6.9	↑4.2	3.5	∵3.5
県内いわき市	177	1.7	3.4	1.7	↓0.6	2.3	1.7	1.1
県内その他	62	3.2	-	-	-	-	1.6	1.6
県外	92	-	4.3	-	-	1.1	1.1	1.1

	全体	以前から居住の住民とのトラブル	文化交流施設の不足・老朽化	行政とのトラブル	活動が多すぎて負担である	周辺住民によるいやがらせ	幼児虐待等の子育て上の問題	困っていることはない
合計	477	1.7	1.0	1.0	0.8	0.6	0.2	12.2
仮設住宅・雇用促進住宅	144	2.8	△2.8	△2.8	∵2.1	△2.1	-	9.0
県内いわき市	177	1.1	0.6	0.6	0.6	-	-	13.6
県内その他	62	-	-	-	-	-	△1.6	11.3
県外	92	2.2	-	-	-	-	-	15.2

エーション」(37.9%)、「交通安全対策」(34.5%) 等、既存の自治会・町内会があるだけに活動が多いようである。

表 7.2.16　現在のコミュニティ活動

	全体	地域の清掃美化	親睦・レクリエーション	資源・廃品回収	各種説明会・勉強会	集会所等施設管理	交通安全対策等
合計	323	56.0	29.7	28.8	21.1	20.4	19.8
仮設住宅・雇用促進住宅	122	58.2	△38.5	26.2	▲32.0	22.1	∵14.8
県内いわき市	107	▽43.9	▼15.9	▽18.7	▼7.5	↓14.0	15.9
県内その他	35	65.7	25.7	37.1	20.0	20.0	25.7
県外	58	↑67.2	∴37.9	▲46.6	22.4	↑29.3	▲34.5

	全体	高齢者・障がい者福祉	街灯等の設備等	行政への陳情	学童等保育の支援	青少年教育・育成	ひとつもない
合計	323	16.7	11.1	10.2	9.0	7.7	7.4
仮設住宅・雇用促進住宅	122	20.5	▽4.9	13.1	6.6	↓3.3	8.2
県内いわき市	107	∵11.2	7.5	↓4.7	7.5	4.7	10.3
県内その他	35	11.4	17.1	8.6	↑17.1	∴14.3	2.9
県外	58	20.7	▲27.6	∴15.5	12.1	▲19.0	3.4

表 7.2.17　現在のコミュニティ行事

	全体	町内会・自治会の総会	盆踊り・夏祭り	神社祭礼	食事会・飲み会	運動会等の体育活動	防災訓練
合計	323	37.8	29.4	24.1	21.1	16.7	12.7
仮設住宅・雇用促進住宅	122	36.9	↓22.1	▽14.8	▲32.0	▽9.8	14.8
県内いわき市	107	▽26.2	25.2	25.2	▼7.5	13.1	▼3.7
県内その他	35	45.7	37.1	▲42.9	14.3	▲37.1	11.4
県外	58	▲56.9	▲48.3	31.0	27.6	↑25.9	▲25.9

	全体	冠婚葬祭	研修会・講習会	新年会・忘年会	ラジオ体操	ひとつもない
合計	323	11.1	10.5	8.0	2.8	13.0
仮設住宅・雇用促進住宅	122	12.3	△17.2	8.2	∵0.8	∴17.2
県内いわき市	107	▽4.7	▽3.7	∵4.7	3.7	15.0
県内その他	35	▲25.7	∴2.9	8.6	2.9	∵5.7
県外	58	12.1	12.1	∴13.8	5.2	↓5.2

　実施している行事についてみると、「自治会等の総会」（37.8％）が4割に近いだけで、他は3割未満である（表7.2.17）。居住地域別では「仮設・雇用」で「食事会・飲み会」（32.0％）、「研修会・講習会」（17.2％）が平均より多いだけで、富岡町に比べると自治会活動があまり活発ではないことがうかがえる。「県内その他」で多いのは「神社祭礼」（42.9％）、「体育活動」（37.1％）、「冠婚葬祭」（25.7％）であり、「県外」では「自治会の総会」（56.9％）、「盆踊り」（48.3％）、「体育活動」「防災訓練」（25.9％）、「新年会・忘年会」（13.8％）と「県外」では行事の種類も多い。同じ避難生活者でコミュニティ活動の「ディバイド」が生じているのは富岡町と同傾向にあるが、楢葉町の場合は逆のパターンになっているといえる。

第7章 大震災がもたらすコミュニティの変容——コミュニティ調査から——　349

表7.2.18　現在のコミュニティ組織

	全体	消防団(分団)	老人クラブ	子供会育成会	防犯協会	社会福祉協議会	民生・児童委員会
合計	323	22.0	20.7	20.4	19.5	19.5	17.6
仮設住宅・雇用促進住宅	122	21.3	21.3	▽12.3	17.2	20.5	18.9
県内いわき市	107	19.6	∴15.0	24.3	16.8	▽11.2	▽9.3
県内その他	35	∴31.4	∴31.4	25.7	22.9	20.0	22.9
県外	58	22.4	24.1	∴27.6	∴27.6	△32.8	△27.6

	全体	婦人会	氏子会・檀家組織	体育協会	青年団	少年補導委員会	ひとつもない
合計	323	13.0	12.1	11.8	7.1	6.2	19.2
仮設住宅・雇用促進住宅	122	10.7	12.3	12.3	4.9	∴3.3	▲28.7
県内いわき市	107	11.2	10.3	▽5.6	6.5	5.6	15.9
県内その他	35	20.0	∴20.0	17.1	5.7	8.6	11.4
県外	58	17.2	10.3	↑19.0	△13.8	↑12.1	↓10.3

表7.2.19　帰町・集団移転希望先

	全体	楢葉町	いわき市	福島県外	楢葉町以外の双葉郡内町村	それ以外の福島県内	いわき市以外の隣接都道府県	まだ決めていない
合計	477	48.2	37.7	6.5	5.2	2.1	1.9	15.5
仮設住宅・雇用促進住宅	144	△58.3	35.4	↓2.8	3.5	2.1	-	13.2
県内いわき市	177	48.6	△45.8	▽2.3	4.5	1.7	1.7	14.1
県内その他	62	43.5	35.5	6.5	∴9.7	3.2	3.2	17.7
県外	92	▽35.9	↓28.3	▲20.7	6.5	2.2	↑4.3	∴20.7

　地区内で組織化されているものをみると、「消防団」(22.0%)、「老人クラブ」(20.7%)、「子供会育成会」(20.4%) が上位3組織であるが、いずれも2割である（表7.2.18）。居住地域別では、「仮設・雇用」で「ひとつもない」(28.7%) があり、活動や行事のための組織が（調査時点の2012年夏の段階には）未整備であったといえる。「県内その他」では「消防団」や「老人クラブ」(31.4%)、「氏子会・檀家組織」(20.0%)、「県外」においては「活動」や「行事」と同様に、組織化されているものが多いのは富岡町と同じである。

(4) 今後の意向
①帰町・集団移転希望先
　楢葉町が数年以内の帰還を前提とした動きになっているのは富岡町のそれとは大きく異なる。そういった状況で、今後の帰町・集団移転を避難生活者はどう考えているのか。全体では「話し合っている」(47.6%) は全体の半数に満たず、富岡町と比べて10pt近く低い。「話し合っていない」(30.2%)、「わからな

表 7.2.20 帰町・集団移転希望単位

	全体	家族単位	震災前の町内会・自治会における班・隣組単位	震災前の町内会・自治会単位	個人単位	家族・親族単位	震災後に結成された町内会における班・隣組単位	震災後に結成された町内会・自治会単位
合計	477	52.2	26.0	20.5	20.1	16.1	2.3	1.7
仮設住宅・雇用促進住宅	144	49.3	27.8	↑26.4	↓14.6	14.6	∴4.2	2.1
県内いわき市	177	55.9	25.4	19.2	20.3	16.9	2.3	1.1
県内その他	62	54.8	24.2	∵12.9	∴27.4	16.1	-	1.6
県外	92	47.8	25.0	18.5	22.8	16.3	-	2.2

い」(13.4%)、「不明」(8.8%) である。

　避難生活者の希望する移転先であるが (表 7.2.19)、一番多いのは「楢葉町」(48.2%)、次いで「いわき市」(37.7%) である。居住地域別の特徴をみると様相が異なり、具体的には「仮設・雇用」が「楢葉町」(58.3%)、「県内いわき市」で「いわき市」(45.8%) であるのに対して、「県内その他」は「楢葉町以外の双葉郡内」(9.7%)、「県外」は「福島県外」「まだ決めていない」(20.7%) という結果であり、一様に全体ベースでの施策を検討するのは難しいことがわかる。

②帰町・集団移転希望単位

　今後の移転する単位についてみていくと (表 7.2.20)、一番多いのは「家族」(52.2%) であり、「震災前の自治会における班・隣組」(26.0%) や「震災前の自治会」(20.5%) といった地域単位は 3 割未満であるのは富岡町と同じ結果である。居住地域別では、「仮設・雇用」が「震災前の自治会」(26.4%) や「震災後の自治会における班・隣組」(4.2%) と、他のセグメントに比べて地域単位での移転を希望している人が相対的に多い。

2.2　地域コミュニティの過去・現在・未来

(1) 共分散構造分析のための設定

　2.1 で概観した調査項目を用いて、震災前〜後において諸個人の人づきあいや情報交換、コミュニティとの関わりが今後の帰町・集団移転にどのように影響を与えているのかを共分散構造分析によりみてみよう[10]。モデル化のためにいくつかの潜在変数を設定する。具体的には『震災前の地域資源』、『人的

第7章　大震災がもたらすコミュニティの変容——コミュニティ調査から——　351

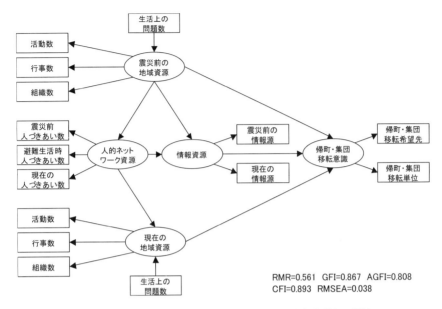

図7.2.1　震災前後のコミュニティと帰町・集団移転意識との関係

ネットワーク資源』、『情報資源』、『現在の地域資源』、『帰町・集団移転意識』の五つである。『震災前の地域資源』は震災前に住んでいた地区における活動の数、行事数、組織数の3変数で構成されるとする。同様に『人的ネットワーク資源』は震災前の人づきあいの数、避難生活時の人づきあいの数、現在の人づきあいの数の三つ。『情報資源』は震災前の情報源の数と現在の情報源の数の二つ。現在の地域資源は避難先で生活している地区における活動の数、行事数、組織数の三つである。最後に『帰町・集団移転』は帰町・集団移転希望先と帰町・集団移転単位の二つとする[11]。その結果、モデルの適合度指標はRMR=0.561、GFI=0.867、AGFI=0.808、CFI=0.893、RMSEA=0.038と、このモデルは富岡町のそれに比べるとやや適合度が低い（図7.2.1）。次にこのモデルの説明を行う。基本構造は富岡町と大きく変わらないが、モデルの適合度を確保するために、『情報資源』→『帰町・集団移転意識』へのパスを付加したことと、『情報資源』→『現在の地域資源』へのパスは削除している。

表 7.2.21 共分散構造分析結果

		仮設住宅			いわき市内借上			その他福島県内借上			福島県外借上		
		推定値	検定統計量	確率	推定値	検定統計量	確率	推定値	検定統計量	確率	推定値	検定統計量	確率
震災前の地域資源	→活動数	0.73			0.73			0.52			0.70		
震災前の地域資源	→行事数	0.82	7.88	***	0.86	10.13	***	0.92	3.92	***	0.90	6.16	***
震災前の地域資源	→組織数	0.71	7.36	***	0.82	9.95	***	0.72	3.79	***	0.61	5.28	***
人的ネットワーク資源	→震災前人づきあい数	0.65			0.65			0.75			0.63		
人的ネットワーク資源	→避難生活時人づきあい数	0.63	5.80	***	0.64	6.55	***	0.79	5.59	***	0.58	4.46	***
人的ネットワーク資源	→現在の人づきあい数	0.73	6.33	***	0.70	6.92	***	0.80	5.66	***	0.70	5.06	***
情報資源	→震災前の情報源	0.64			0.71			0.76			0.70		
情報資源	→現在の情報源	0.61	4.28	***	0.69	6.05	***	0.62	4.01	***	0.75	5.74	***
現在の地域資源	→活動数	0.51			0.76			0.63			0.84		
現在の地域資源	→行事数	0.92	5.03	***	0.89	11.66	***	0.78	4.60	***	0.87	7.76	***
現在の地域資源	→組織数	0.65	5.35	***	0.86	11.47	***	0.85	4.62	***	0.66	6.39	***
生活上の問題数	→震災前の地域資源	0.33	3.58	***	0.36	4.44	***	0.21	1.46	0.15	0.35	3.02	0.00
震災前の地域資源	→情報資源	-0.19	-1.20	0.23	-0.16	-1.32	0.19	0.31	1.87	0.06	-0.03	-0.20	0.84
震災前の地域資源	→人的ネットワーク資源	0.57	4.59	***	0.55	5.08	***	0.45	2.50	0.01	0.52	3.37	***
生活上の問題数	→現在の地域資源	0.28	2.84	0.01	0.40	5.28	***	0.42	2.86	0.00	0.33	2.97	0.00
人的ネットワーク資源	→現在の地域資源	0.31	2.67	0.01	0.39	3.24	0.00	0.15	1.06	0.29	0.13	1.08	0.28
人的ネットワーク資源	→情報資源	0.85	4.01	***	0.86	5.02	***	0.65	3.57	***	0.98	4.07	***
震災前の地域資源	→帰町意識	0.23	1.38	0.17	0.25	1.93	0.05	0.50	1.37	0.17	0.13	0.77	0.44
現在の地域資源	→帰町意識	0.08	0.64	0.52	0.18	1.59	0.11	0.17	1.00	0.32	0.25	1.44	0.15
情報資源	→帰町意識	0.24	1.26	0.21	0.21	1.55	0.12	0.07	0.33	0.75	-0.16	-0.88	0.38
帰町意識	→帰町希望先	0.44			0.53			0.37			0.62		
帰町意識	→帰町単位	0.68	1.90	0.06	0.67	2.90	0.00	0.90	1.64	0.10	0.78	1.64	0.10

(2) モデルの説明

ここでは前項で設定したモデルの説明を行う。富岡町のものと同様に、楢葉町民を4つのタイプ（仮設住宅入居者、いわき市内借上住宅入居者、福島県内（いわき市除く）借上住宅入居者、福島県外借上住宅入居者）で分析した（表7.2.21）。主な理由として、（富岡町と同様に）応急仮設住宅と借上住宅在住者には人づきあいやそれによるネットワークの違いがみられ、コミュニティへの関わり方も異なることが想定されるからである。以下では各々についてみていこう。

①仮設住宅入居者

『震災前の地域資源』の要素をみると、富岡町とはやや異なり

「行事数」＞「活動数」≒「組織数」

となっていて、楢葉町の場合は神社祭礼、総会等といった行事が地域資源を形

第7章　大震災がもたらすコミュニティの変容──コミュニティ調査から──　　353

成する主要な要素であるといえる[12]。『人的ネットワーク資源』は

$$\text{「現在」} > \text{「震災前」} ≒ \text{「避難生活時」}$$

の順であり、現在の人づきあいが諸個人の人的資源に寄与している。
　『情報資源』は

$$\text{「震災前」} ≒ \text{「現在」}$$

であり、『現在の地域資源』では

$$\text{「行事数」} > \text{「組織数」} > \text{「活動数」}$$

となる。これは富岡町と同様に仮設住宅では行事の開催数が地域資源形成に影響を与えていることがわかる。『帰町・集団移転意識』は

$$\text{「移転単位」} > \text{「移転希望先」}$$

であり、移動する場所よりも震災前のまとまった単位での移転を希望しているのは富岡町と同じといえよう。
　潜在変数間の因果関係をみていくと、

$$\text{『震災前の地域資源』} \rightarrow \text{『人的ネットワーク資源』} \rightarrow \text{『現在の地域資源』}$$

となっているが、震災前後の地域資源や情報資源が帰町・集団移転意識につながっておらず、楢葉町民にとっては諸個人同士によるネットワークは形成されつつあるものの、それが帰町・集団移転に結びついていないことをうかがわせる結果である。

②いわき市内借上住宅入居者
　『震災前の地域資源』は

$$\text{「行事数」} > \text{「組織数」} > \text{「活動数」}$$

という関係である。『人的ネットワーク資源』は仮設住宅と同様に

$$\text{「現在」} > \text{「震災前」} ≒ \text{「避難生活時」}$$

となり、『情報資源』は

$$\text{「震災前」} ≒ \text{「現在」}$$

という結果である。『現在の地域資源』は

$$\text{「行事数」} > \text{「組織数」} > \text{「活動数」}$$

であり、ここでもイベントのウェイトが高い。『帰町・集団移転意識』はこれも①と同様に

　　　　　　　　　　「移転単位」＞「移転希望先」

である。潜在変数間の因果関係をみていくと、ここでも①と同様に各々の資源は帰町・集団移転意識にはつながっていない。

③福島県内借上住宅入居者

　『震災前の地域資源』であるが、②と同様に

　　　　　　　　　　「行事数」＞「組織数」＞「活動数」

である。『人的ネットワーク資源』については

　　　　　　　　　　「現在」≒「避難生活時」＞「震災前」

であるが、これらの要素の差は小さい。『情報資源』は

　　　　　　　　　　「震災前」＞「現在」

と、①や②と比べて震災前にウェイトがあるようだ。『現在の地域資源』は

　　　　　　　　　　「組織数」＞「行事数」＞「活動数」

であり、このセグメントでは組織の数が地域資源の形成に大きな影響を与えていることを示唆している。また、『帰町・集団意識』については

　　　　　　　　　　「移転単位」＞「移転希望先」

であり、両者の差も大きい。このように福島県内借上入居者が①や②の結果と異なるのは『震災前の地域資源』が『人的ネットワーク資源』や『情報資源』の形成に（やや弱いながらも）寄与しているものの、『人的ネットワーク資源』が『現在の地域資源』に関係していないことである。

④県外借上住宅入居者

　『震災前の地域資源』は

　　　　　　　　　　「行事数」＞「活動数」＞「組織数」

と、①～③と比較して活動数へのウェイトが相対的に高い。『人的ネットワーク資源』は

　　　　　　　　　　「現在」＞「震災前」＞「避難生活時」

であり、ここでも「いま・ここ」の関係の影響が強いことがうかがえる。『情報資源』は

　　　　　　　　　　「現在」＞「震災前」

第7章　大震災がもたらすコミュニティの変容——コミュニティ調査から——　355

であるが、両者のパス係数の差は小さい。『現在の地域資源』では

「行事数」＞「活動数」＞「組織数」

であり、行事や活動の数が地域資源形成に影響を与えているといえよう。『帰町・集団移転意識』は①～③と同様であり、潜在変数間の因果関係をみると、パス係数が意味を持つのは

『震災前活動資源』→『人的ネットワーク資源』

のみである。

(3) 大震災がもたらす地域コミュニティの変容

　後に論じる富岡町とは大きく異なる点は、楢葉町が2012年8月10日から避難指示解除準備区域に再編されて日中は立ち入ることが可能になり、町としても帰町へ動いているところである。そうした前提の違いをふまえても、富岡町と比べどの資源も帰町意識に結びついていないのはどう説明すればよいのだろうか。

　これは8章に関連することであるが、ある地区の仮設住宅自治会長のコメントが象徴的であろう。すなわち、「(楢葉町は) 町として崩壊してしまった」ことであり、(帰還率が低迷している広野町[13]をひきあいに出すまでもなく) 町民自体も帰町への想いが時間の経過により弱くなっているのかもしれない。というのも、楢葉町の役場機能は中通りの郡山市に設置している富岡町と違って近接するいわき市にあり、そして避難住民のほとんどである5千人以上が同市に居住していることから、利便性などから「できるならばいわきで（過ごしていきたい）」と考えるようになるのも無理はないだろう。

　地域の安全性に関する議論は百出しているが、富岡との比較では「住むことができる」楢葉への帰町意識が地域における諸資源と結びついていないのは、上述した理由なのかもしれない。

　いずれにせよ、富岡町と同様、今後も継続的に動向を特に仮設住宅内で形成されているコミュニティの実態とその変容を調査する必要があるだろう。

3. 富岡町の事例

3.1 コミュニティの実態

　調査対象は富岡町民全 7,200 世帯の世帯主または準ずる者で、調査期間が 2012 年 8 月～9 月、郵送による質問紙調査法で実施し、有効回収数（回収率）は 1,389s（19.3%）となった。その内訳についてであるが、「仮設住宅・雇用促進住宅」（15.0%）、「いわき市内の借上住宅等」（27.2%）、「福島県内その他にある借上住宅等」（27.3%）、「福島県外にある借上住宅等」（30.1%）、「不明」（0.4%）。性別では「男性」（69.0%）、「女性」（28.4%）、「不明」（2.6%）（表 7.3.1）。年代別で「20 代」（3.5%）、「30 代」（9.6%）、「40 代」（13.2%）、「50 代」（19.7%）、「60 代」（26.6%）、「70 代以上」（23.9%）、「不明」（3.5%）（表 7.3.2）であった。

　対象者の現在の居住地をみると、「富田若宮前仮設」（3.4%）、「泉玉露仮設」（3.1%）、「南一丁目仮設」（2.5%）、「安達太良仮設」（2.4%）、「緑ヶ丘東七丁目仮設」（0.9%）、「熊耳仮設」（0.6%）、「沢石仮設」（0.4%）、「平沢仮設」（0.4%）、

表 7.3.1　調査対象者の性別

	全体	男性	女性	不　明
合計	1,389	69.0	28.4	2.6
仮設住宅・雇用促進住宅	209	65.6	30.1	∴ 4.3
県内いわき市	378	▲ 75.7	▼ 22.2	2.1
県内その他	379	71.8	26.1	2.1
県外	418	▼ 62.0	▲ 35.4	2.6

表 7.3.2　調査対象者の年代

	全体	20 代	30 代	40 代	50 代
合計	1,389	3.5	9.6	13.2	19.7
仮設住宅・雇用促進住宅	209	∴ 1.4	▼ 1.4	▽ 7.7	∴ 15.8
県内いわき市	378	4.2	9.5	14.0	↑ 23.3
県内その他	379	∴ 2.1	11.1	14.5	21.4
県外	418	↑ 5.0	↑ 12.2	13.6	∴ 17.0

	全体	60 代	70 代以上	不　明
合計	1,389	26.6	23.9	3.5
仮設住宅・雇用促進住宅	209	▲ 34.9	▲ 32.5	△ 6.2
県内いわき市	378	23.8	22.2	2.9
県内その他	379	25.6	22.2	3.2
県外	418	26.1	23.0	3.1

「もみじ山仮設」(0.4%)、「柴原萩久保仮設」(0.4%)、「上好間仮設」(0.4%)、「三春の里仮設」(0.1%)、「いわき市借上」(27.3%)、「いわき市以外県内借上」(27.2%)、「福島県外」(30.1%) である。賃借形態については、「国・自治体による借上」(71.1%)、「個人の借上」(9.6%)、「親族関係の住宅」(7.0%)、「企業による借上」(4.3%)、「友人知人宅」(0.7%)、「その他」(3.7%)、「不明」(3.6%) であり、住居形態は「集合住宅」(24.2%)、「一戸建て」(71.6%)、「その他」(1.2%)、「不明」(3.1%) となっている。

(1) 震災前
①人づきあい
　震災前の人づきあいをみてみよう（表7.3.3）。「友人・知人」(92.4%)、「親兄弟等の親戚」(91.5%) が9割以上である一方で、「隣近所の人たち」(78.5%) と8割足らずとやや少ない。

②情報源
　震災前に使っていた情報媒体であるが（表7.3.4）、「テレビ・ラジオ」(93.3%) や「新聞・雑誌」(87.7%) というマスメディアの他に、「友人・知人」(79.0%) といった口コミが約8割と高い。

③自治会加入率と生活上の問題点
　初めに震災前のコミュニティ活動について概観すると、震災前の自治会につ

表7.3.3　震災前の人づきあい

人づきあい　N=1,389　単位%			
友人・知人	92.4	町内会・自治会の人たち	46.7
親兄弟、従兄弟などの親戚	91.5	サークルや習い事の仲間	26.1
隣近所の人たち	78.5	インターネットを通じた知り合い	5.5
仕事関係での付き合い	64.4	NPO等の団体の人たち	3.8

表7.3.4　震災前の情報源

情報源　N=1,389　単位%			
テレビ・ラジオ	93.3	ネット上のニュースサイト	28.2
新聞・雑誌	87.7	ネット上の掲示板	8.6
友人・知人の話	79.0	企業のホームページ	8.3
家族の話	63.9	SNS	3.2

表 7.3.5 震災前居住地区における生活上の問題点

生活上の問題点（26項目上位10項目） N=1,389 単位%			
住民の高齢化	27.1	ルールを守らない住民の存在	12.6
ゴミ処理の問題	20.1	医療・福祉施設の不足	12.5
住民の参加の少なさ	19.8	独居高齢者への対応	11.4
名前を知らない人の増加	17.1	他地区との交流が少ない	10.9
自治会役員のなり手不足	12.8	世代間のズレ	8.4

いては「加入」(85.6%)、「未加入」(13.8%)、「不明」(0.6%) であった。次に地域での生活上の問題点をみると、いずれも3割未満であり、「住民の高齢化」(27.1%)、「ゴミ処理の問題」(20.1%)、「住民の参加の少なさ」(19.8%) が上位3項目であった（表7.3.5）。

④コミュニティ活動

　行政区内における諸活動・組織形成状況について確認する（表7.3.6）。活動で多いのは「地域の清掃美化」(79.4%) と約8割であるものの、「交通安全対策等」(46.4%) や「集会所等の施設管理」(45.8%)、「資源・廃品回収」は4割程度、それ以外は3割にも達していなかった。行事は「自治会の総会」(70.7%)、次いで「盆踊り・夏祭り」(57.0%) が多く実施された。組織化されているものをみると、「消防団」(63.5%)、「老人クラブ」(54.1%)、「子供会育成会」(52.5%) のみが5割以上であった。

⑤災害への備え

　災害への地域の事前対応を確認すると、「話し合った」(26.0%)、「話し合っていない」(62.1%)、「わからない」(7.8%)、「不明」(4.0%) のように話し合った人は全体の3割に満たない。

　話し合った人の相手をみると「自分の家族・親戚」(86.1%) が8割以上であり、「近所」(39.9%) や「自治会」(24.7%) は半数にも達せず、地域での対応というよりは身内で話す程度にとどまっていたようだ（表7.3.7）。

　話の内容であるが、「避難の方法・場所」(63.7%) が5割を超えただけで、あくまでも個人・家族単位での対応といえよう（表7.3.8）。

第7章 大震災がもたらすコミュニティの変容――コミュニティ調査から―― 359

表7.3.6 震災前居住地区におけるコミュニティ活動

地域が実施する活動　N=1,389　単位％			
地域の清掃美化	79.4	公園・広場の管理等	26.8
交通安全対策等	46.4	高齢者・障がい者福祉	19.7
集会所等の施設管理	45.8	青少年教育・育成	18.8
資源・廃品回収	42.9	学童保育等の支援	13.3
地域が実施する行事　N=1,389　単位％			
自治会の総会	70.7	冠婚葬祭	32.3
盆踊り・夏祭り	57.0	食事会・飲み会	26.1
神社祭礼	44.8	防災訓練	17.4
運動会等の体育活動	40.7	ラジオ体操	10.7
新年会・忘年会	36.6	研修会・講習会	9.6
地域が形成する組織　N=1,389　単位％			
消防団（分団）	63.5	氏子会・檀家組織	31.5
老人クラブ	54.1	体育協会	26.7
子供育成会	52.5	民生・児童委員会	25.2
婦人会	41.6	社会福祉協議会	24.1
防犯協会	37.6	青年団	24.1

表7.3.7 話をした相手

話をした相手　N=361　単位％			
自分の家族・親戚	86.1	学校や職場関係の人	10.2
近所に住んでいる人	39.9	警察や消防関係の人	8.0
町内会・自治会の人	24.7	NPO等の団体の人	1.1
役場の人	11.1	その他	1.4

表7.3.8 話の内容

話をした内容　N=361　単位％			
避難の方法、時期、場所	63.7	住民間の安否確認等の連絡	21.6
心がまえ	47.4	地域の災害危険箇所	17.7
非常持ち出し品	46.8	高齢者・子ども・障がい者の安全	15.5
家屋の安全度	35.7	外国人等の短期居住者の安全	0.3
食料・飲料水	35.2	その他	1.9

表7.3.9 避難生活時の人づきあい

避難時の人づきあい　N=1,389　単位％			
親兄弟、従兄弟などの親戚	67.1	町内会・自治会の人たち	13.6
友人・知人	52.5	NPO等の団体の人たち	6.4
震災後に知り合った人たち	47.8	サークルや習い事の仲間	4.8
隣近所の人たち	27.2	インターネット	2.4
職場関係	23.0	ひとつもない	3.7

(2) 避難時の人づきあい

避難時生活時の人づきあいであるが（表7.3.9）、最も多いのが「親兄弟等の親戚」（67.1％）、続いて「友人・知人」（52.5％）、「震災後に知り合った人たち」

表 7.3.10　現在の人づきあい

	全体	親兄弟、従兄弟などの親戚	友人・知人	職場や取引先など仕事関係でのつきあい	仮設住宅等への転居後に知り合った人たち	震災前に住んでいた隣近所の人たち	避難所で知り合った人たち
合計	1,389	78.5	72.4	34.1	28.7	25.8	18.4
仮設住宅・雇用促進住宅	209	▼67.9	▽64.6	▼19.6	▲77.0	↑31.6	▲38.8
県内いわき市	378	↑82.5	▲81.0	▲43.7	▼17.5	27.2	▽14.0
県内その他	379	79.9	∴75.7	36.9	▼20.3	▲30.1	18.2
県外	418	79.2	▼65.6	↓29.9	▼22.5	▼17.7	▼12.0

	全体	震災前に加入していた町内会・自治会の人たち	仮設住宅等への転居後に加入した町内会の人たち	クラブ・サークル等の趣味や習い事の仲間	NPO等の団体の人たち	電子メールや掲示板等、インターネット	ひとつもない
合計	1,389	13.7	11.3	10.6	4.7	2.2	3.3
仮設住宅・雇用促進住宅	209	∴16.7	▲41.1	9.6	▲9.1	1.4	-
県内いわき市	378	14.6	▼4.2	10.8	▼1.6	1.6	2.4
県内その他	379	△17.9	▼6.6	11.9	4.5	1.6	3.2
県外	418	▼7.4	▼7.2	9.8	5.5	△3.8	▲6.0

（47.8％）であり、この時は新たな関係が形成されるというよりは、それまでの関係を保ちながら避難生活をしのいでいたことがうかがえる。

(3) 現在

①人づきあい

震災後の人づきあいであるが（表7.3.10）、「親兄弟等の親戚」（78.5％）や「友人・知人」（72.4％）が多く、「震災前の隣近所」（25.8％）は3割にも満たず、狭い範囲での交際に留まっていることがわかる。居住地域別でみると、「仮設・雇用」で「転居後に知り合った人」（77.0％）、「転居後に加入した自治会」（41.1％）、「避難所で知り合った人」（38.8％）と震災後につくられた交際の範囲に拡がりができつつある一方で、「県内いわき市」では「親兄弟等の親戚」（82.5％）や「友人・知人」（81.0％）等と、借上入居者におけるつきあい幅は狭い。

②話す内容

話す内容について確認すると（表7.3.11）、全体では「一時帰宅」（63.7％）、「町内等の震災状況」（62.2％）、「補償問題」（58.2％）、「自分や家族の健康」（56.2％）がいずれも5割以上となっている。居住地域別において、「仮設・雇

第 7 章　大震災がもたらすコミュニティの変容――コミュニティ調査から――　　361

表 7.3.11　話す内容

	全体	一時帰宅	町内・家周辺の震災状況	政府や都道府県等による補償問題	自分や家族の健康	今後の住宅制度	帰町・集団移転	自分や家族の人間関係
合計	1,389	63.7	62.2	58.2	56.2	44.5	43.5	39.8
仮設住宅・雇用促進住宅	209	60.8	60.3	55.0	▼47.4	∴49.3	▲52.6	▽33.0
県内いわき市	378	64.6	∴65.6	60.1	57.7	47.4	∴46.8	40.5
県内その他	379	△68.6	∴66.0	60.2	58.3	45.9	42.2	43.0
県外	418	∵60.3	▽57.2	56.7	57.4	▽38.3	▽37.3	40.0

	全体	自分や家族の仕事	買い物	趣味等のサークル活動	子どもの教育	高齢者・障がい者の介護・福祉	移動手段・交通機関	自治会・町内会等の地域運営・活動
合計	1,389	37.6	28.3	20.2	19.5	18.6	18.1	12.1
仮設住宅・雇用促進住宅	209	▼26.8	∵32.5	21.1	▼12.0	19.1	19.1	▲24.4
県内いわき市	378	40.2	26.5	∵17.5	∴22.5	17.7	17.5	∵9.8
県内その他	379	39.8	27.4	21.6	18.7	20.3	16.9	11.6
県外	418	38.3	28.5	21.1	21.3	17.5	19.1	▽8.4

表 7.3.12　現在の情報源

	全体	テレビ・ラジオ	新聞・雑誌	友人・知人の話	家族の話	ネット上のニュース	ネット上の掲示板	企業HP	SNS
合計	1,389	93.4	85.5	57.2	40.8	32.6	9.6	6.4	4.0
仮設住宅・雇用促進住宅	209	91.9	83.7	∴61.7	↓34.4	▼14.8	▼4.3	∵3.8	2.4
県内いわき市	378	94.4	△89.9	57.4	41.5	35.2	10.1	6.3	3.4
県内その他	379	94.7	86.8	57.3	38.5	∵29.3	9.0	6.3	2.9
県外	418	92.6	▽81.3	55.0	△45.7	▲42.1	△12.4	7.9	△6.5

用」は「帰町・集団移転先」（52.6％）や「今後の住宅制度」（49.3％）、「県内いわき市」で「町内の震災状況」（65.6％）や「帰町・集団移転先」（46.8％）等と現在・今後の富岡町に関する話題が多い。また、「県内その他」で特徴的なのは「一時帰宅」（68.6％）や「町内の震災状況」（66.0％）となり、借上の人ほど町の現状に関する情報交換が多いといえる。

③情報源

　震災後に使う情報媒体（メディア）をみていくと（表 7.3.12）、「テレビ・ラジオ」（93.4％）や「新聞・雑誌」（85.5％）というマスメディアの他に、「友人・知人」（57.2％）といった口コミが多い。居住地域別について全般的なものは、「仮設・雇用」で「友人・知人」（61.7％）であるのに対して、「県外」は「家族」（45.7％）、「ネット上のニュース」（42.1％）、「掲示板」（12.4％）、「SNS」（6.5％）と多様である。

表 7.3.13 現在住んでいる地域の自治会有無

	全体	ある	ない	知らない	不明
合計	1,389	53.9	16.2	28.8	1.1
仮設住宅・雇用促進住宅	209	▲94.7	▼1.0	▼1.9	↑2.4
県内いわき市	378	▼40.2	▲21.2	▲38.4	∵0.3
県内その他	379	▼45.1	▲22.2	∴32.2	0.5
県外	418	54.1	∵13.9	30.9	1.2

表 7.3.14 現在住んでいる地域の自治会加入の有無

	全体	加入	未加入	不明
合計	749	59.9	36.7	3.3
仮設住宅・雇用促進住宅	198	▲86.9	▼6.1	▲7.1
県内いわき市	152	▼48.0	▲48.0	3.9
県内その他	171	▽50.9	▲48.5	▽0.6
県外	226	▼51.3	▲46.9	∵1.8

④自治会加入率と生活上の問題点

　自治会設置有無などについて確認する。現在住んでいる地区に自治会が「ある」と答えた人は全体で53.9％、「ない」（16.2％）、「わからない」（28.8％）、「不明」（1.1％）と、約半数が自治会の認知がある（表7.3.13）。居住地域別では、「仮設・雇用」は9割以上と高い設置率である。一方、「県内いわき市」や「県内その他」では「ない・知らない」の割合が高い。そして、「ある」人のうちで「加入している」（59.9％）、「加入していない」（36.7％）、「不明」（3.3％）である（表7.3.14）。居住地域別で「仮設・雇用」は9割近くになっている一方、「いわき市」、「その他」や「県外」は未加入が5割前後と、全体平均に比べても明らかに高い。

　震災後に住む地域での生活上の問題について確認すると（表7.3.15）、「家族や親戚が離れて居住」（38.9％）、「友人・知人が離れて居住」（37.7％）という「散住」が上位にある。また異なった環境に住んでいることから「地区のことがわからない」（31.1％）や「地区の人との交流がない」（26.1％）といった項目も高く、家族や友人・知人だけでなく、地域とのネットワークからも孤立している様相がうかがえる。居住地域別では「仮設・雇用」で様々な問題が（全体の平均より）多くあらわれている。一方で「いわき市」では「地区のことがわからない」（38.6％）や「地区の人との交流がない」（31.5％）というように、避難者は居住地域とのネットワークが形成されていないことを示している。

第7章 大震災がもたらすコミュニティの変容——コミュニティ調査から——

表7.3.15 現在の生活上の問題点

	全体	家族や親戚が離れて居住	友人・知人が離れて居住	地区のことがわからない	地区の人との交流がない	名前を知らない人の増加	移動や交通の問題	相談相手の不足・不在
合計	1,389	38.9	37.7	31.1	26.1	17.3	14.0	13.2
仮設住宅・雇用促進住宅	209	△47.4	37.3	▼18.2	▼17.2	▲29.2	12.9	10.5
県内いわき市	378	36.5	37.3	▲38.6	△31.5	17.2	12.2	11.1
県内その他	379	∵35.6	34.6	31.4	27.2	▽12.9	14.0	14.5
県外	418	39.7	∴41.1	30.6	24.9	15.3	∴16.5	15.1

	全体	住宅ローン等の経済的な問題	異なった自然環境への対応	買い物施設の不足	居住地区における放射能への不安	他地区との交流が少ない	住民の高齢化	高齢者や単身者などの孤立化
合計	1,389	11.6	9.7	7.3	7.2	7.0	6.8	6.7
仮設住宅・雇用促進住宅	209	12.0	∴12.4	▲12.9	▲12.0	▲14.8	▲26.3	▲18.7
県内いわき市	378	11.4	▼0.8	6.3	7.1	∵5.3	▼2.6	5.3
県内その他	379	∵9.0	▲18.5	7.1	△10.6	8.2	▽4.0	5.3
県外	418	13.6	8.4	5.5	▼1.9	3.3	▼3.5	3.1

	全体	ゴミ処理の問題	独居高齢者への対応	ルールを守らない住民の存在	病院等医療・福祉施設の不足	世代間のズレ	一部のものだけが参加	住民間のトラブル
合計	1,389	6.2	5.5	5.5	4.8	4.8	4.6	4.2
仮設住宅・雇用促進住宅	209	△10.0	▲15.8	▲19.1	6.7	▲9.1	▲13.9	▲8.1
県内いわき市	378	5.3	∵4.0	▽2.6	4.2	4.2	↓2.6	2.9
県内その他	379	7.1	4.2	▽3.2	5.0	3.7	4.5	4.0
県外	418	▽4.3	▲2.9	↓3.6	4.1	4.1	▼1.9	3.6

	全体	行事への住民の参加の少なさ	治安・少年非行・風紀の悪化	公園・運動場・体育施設等の不足	声の大きいものだけの意見が尊重される	地域・地区のまとまりのなさ	周辺住民によるいやがらせ	問題解決のためのノウハウの不足
合計	1,389	3.9	3.7	3.5	2.5	2.4	2.4	2.2
仮設住宅・雇用促進住宅	209	▲13.9	∵1.9	△6.2	△5.3	△4.8	▲5.7	▲6.7
県内いわき市	378	▽1.9	4.2	2.6	2.1	3.2	2.6	1.6
県内その他	379	2.9	▽2.1	4.0	3.2	2.6	1.8	1.6
県外	418	▽1.7	△5.5	2.4	▽1.0	▼0.5	↓1.0	∵1.2

	全体	自治会・町内会役員のなり手不足	とりまとめ役の不在	保育園・学校等育児・教育施設の不足	以前から居住している周辺住民とのトラブル	集会所等文化交流施設の不足・老朽化	活動が多すぎて負担である	困っていることはない
合計	1,389	2.1	2.1	1.9	1.9	1.6	0.9	13.7
仮設住宅・雇用促進住宅	209	▲8.1	↑3.8	∴3.3	2.9	▲4.8	△2.4	▼7.2
県内いわき市	378	▽0.3	2.9	2.1	2.6	2.1	0.5	15.3
県内その他	379	1.1	2.1	1.6	1.1	1.1	0.8	12.7
県外	418	1.7	▽0.5	1.4	1.4	-	0.5	↑16.5

⑤コミュニティ活動

地域で実施している活動（認知ベース：行事、組織も同様）について確認すると（表7.3.16）、全体では「地域の清掃美化」（53.7％）が5割に達しているが、

表 7.3.16 現在のコミュニティ活動

	全体	地域の清掃美化	資源・廃品回収	親睦・レクリエーション	交通安全対策等	集会所等の施設管理	各種説明会・勉強会
合計	974	53.7	39.8	30.3	26.1	20.2	14.9
仮設住宅・雇用促進住宅	200	▲75.5	▲54.5	▲55.0	▲42.5	▲40.5	▲33.0
県内いわき市	232	50.0	▼27.2	▼12.5	▼16.8	▼6.9	▼6.0
県内その他	255	▼35.7	▼29.8	▼20.4	▼17.6	▼12.2	↓10.6
県外	284	57.0	▲48.6	△36.3	29.2	↑24.3	13.4

	全体	公園・広場等の管理	高齢者・障がい者福祉	行政への陳情	青少年教育育成	学童保育等の支援	ひとつもない
合計	974	12.9	12.3	11.3	7.8	7.0	2.0
仮設住宅・雇用促進住宅	200	11.0	▲24.0	▲27.5	6.5	7.0	1.0
県内いわき市	232	▽8.2	▼5.6	▼2.2	∵5.2	∵4.7	1.3
県内その他	255	10.6	▽7.1	▽6.7	7.5	5.1	2.7
県外	284	▲20.4	14.4	11.6	△11.3	△10.6	2.5

「資源・廃品回収」(39.8%)、「レクリエーション」(30.3%)が3割を超えているものの、その他については2割以下である。居住地域別の活動では「仮設・雇用」で「清掃美化」(75.5%)、「レクリエーション」(54.5%)を始めとした多様な活動がなされている一方で、「県外」では「資源・廃品回収」(48.6%)、「レクリエーション」(36.3%)等、基盤となる既存の自治会・町内会があるだけ、活動が多いといえる。

実施している行事についてみると、「盆踊り」(41.4%)、「自治会等の総会」(36.8%)が4割に近いだけで、他は2割以下である(表7.3.17)。居住地域別では「仮設・雇用」で「総会」(67.0%)、「食事会・飲み会」(39.5%)、「ラジオ体操」(30.0%)等、「県外」では「盆踊り」(53.5%)、「神社祭礼」(28.2%)、「体育活動」(20.8%)等と、「仮設」と「県外」では行事の種類も多い。その一方で、「いわき市」や「その他」の借り上げ生活者が住まう地域において、上記のような行事が(知らされていないことも含めて)少なく、同じ避難生活者においてもコミュニティ活動における「ディバイド」が生じていることをうかがわせる。

地区内で組織化されているものをみると、「子供会育成会」(17.1%)、「老人クラブ」(15.6%)、「社会福祉協議会」(14.3%)が上位3組織であるが、いずれも2割未満と低い(表7.3.18)。居住地域別では「仮設・雇用」で「社会福祉協議会」(20.5%)がある一方で、「ひとつもない」(11.5%)と若干の二極化傾向がみうけられる。そして、「県外」においては「活動」や「行事」と同様に、組織化されているものが多い。

第7章　大震災がもたらすコミュニティの変容——コミュニティ調査から——　　365

表7.3.17　現在のコミュニティ行事

	全体	盆踊り・夏祭り	町内会・自治会の総会	神社祭礼	食事会・飲み会	ラジオ体操	運動会等の体育活動
合計	974	41.4	36.8	20.3	15.1	13.3	13.1
仮設住宅・雇用促進住宅	200	43.5	▲67.0	▼7.5	▲39.5	▲30.0	▽8.0
県内いわき市	232	▽33.2	▼21.1	19.4	▼6.0	▼6.5	▼6.9
県内その他	255	▽33.7	▼24.3	22.7	▼9.0	▼6.3	14.5
県外	284	▲53.5	39.4	▲28.2	▽10.9	13.4	▲20.8

	全体	防災訓練	新年会・忘年会	研修会・講習会	冠婚葬祭	ひとつもない
合計	974	10.8	9.8	8.8	5.4	2.8
仮設住宅・雇用促進住宅	200	12.5	▲17.0	▲19.0	∴3.0	-
県内いわき市	232	▼5.2	▽5.2	▼1.3	5.2	3.0
県内その他	255	↓7.5	9.8	9.0	5.5	3.1
県外	284	▲17.3	8.5	7.7	∴7.4	∴4.2

表7.3.18　現在のコミュニティ組織

	全体	子供会育成会	老人クラブ	社会福祉協議会	消防団（分団）	防犯協会	民生・児童委員会
合計	974	17.1	15.6	14.3	13.9	13.0	11.0
仮設住宅・雇用促進住宅	200	▼7.5	17.0	△20.5	11.5	13.5	▽6.0
県内いわき市	232	16.4	▼8.6	▼6.9	11.2	▽8.6	↓7.3
県内その他	255	18.0	16.1	12.9	15.7	11.0	9.8
県外	284	▲23.9	△20.1	∴17.3	16.2	▲18.3	▲18.7

	全体	婦人会	体育協会	青年団	少年補導委員会	氏子会・檀家組織	ひとつもない
合計	974	10.0	9.0	5.4	5.0	4.8	5.2
仮設住宅・雇用促進住宅	200	∴6.5	8.5	∴3.0	▽2.0	3.0	▲11.5
県内いわき市	232	∴6.9	▽4.3	5.6	5.2	5.2	∴3.0
県内その他	255	11.8	10.6	4.3	6.3	3.9	3.9
県外	284	△14.1	↑12.0	△8.5	△7.7	∴6.7	∴3.5

(4) 今後の意向

①帰町・集団移転希望先

　今後の帰町・集団移転について、避難生活者はどう考えているのだろうか（表7.3.19）。全体ベースでみると、「話し合っている」は（56.6%）と全体の6割近くに達している一方で、「話し合っていない」（29.2%）、「わからない」（10.3%）、「不明」（4.0%）である。

　避難生活者の希望する移転先であるが、一番多いのは「いわき市」（45.5%）、次いで「富岡町」（33.9%）である（表7.3.19）。居住地域別の特徴をみると、「仮設・雇用」が「いわき市」（51.2%）や「富岡町」（39.7%）の他に「県内」や「双葉郡内」等と多様であり、「県内いわき市」は「いわき市」（70.6%）、「県内

表 7.3.19 帰町・集団移転希望先

	全体	いわき市	富岡町	それ以外の双葉郡内	福島県外の福島県内	富岡町以外の双葉郡内町村	いわき市以外の隣接の市町村	まだ決めていない
合計	1,389	45.5	33.9	11.2	10.0	6.6	4.8	20.4
仮設住宅・雇用促進住宅	209	↑51.2	↑39.7	△15.8	▽4.8	△10.5	↑7.7	▼12.4
県内いわき市	378	▲70.6	34.9	▼2.6	▼2.6	6.3	▼1.9	▼12.7
県内その他	379	▼37.5	36.4	▲21.6	▼4.0	7.9	↑6.9	21.1
県外	418	▼27.8	▼27.8	▼7.2	▲24.6	▼3.3	3.8	▲30.9

表 7.3.20 帰町・集団移転希望単位

	全体	家族単位	震災前の町内会・自治会における班・隣組単位	個人単位	家族・親族単位	震災前の町内会・自治会単位	震災後に結成された町内会・自治会における班・隣組単位	震災後に結成された町内会・自治会単位
合計	1,389	55.7	25.4	20.2	19.7	18.9	3.1	2.4
仮設住宅・雇用促進住宅	209	55.5	↑30.6	19.1	△25.4	20.6	▲7.7	▲5.7
県内いわき市	378	△61.1	∴28.3	20.4	19.6	20.1	▽1.3	▽0.5
県内その他	379	54.6	26.1	21.1	17.2	19.0	2.4	3.2
県外	418	∴52.2	▼19.1	19.9	19.4	16.5	3.1	1.9

その他」で「いわき・富岡以外の県内」(21.6%)、「県外」は「福島県外」(24.6%)以外にも「まだ決めていない」(30.9%)というように、居住地域ごとに状況が異なる。

②帰町・集団移転希望単位

今後の移転する単位についてみていくと（表7.3.20）、一番多いのは「家族」(55.7%)であり、「震災前の自治会における班・隣組」(25.4%)や「震災前の自治会」(18.9%)といった地域単位は3割未満である。居住地域別では「仮設・雇用」が「震災前の自治会」(30.6%)や「震災後の自治会における班・隣組」(7.7%)、「震災後の自治会」(5.7%)と、他のセグメントに比べて地域単位での移転を希望している人が相対的に多いようだ。

3.2 地域コミュニティの過去・現在・未来

(1) 共分散構造分析のための設定

本項では3.1で概観した調査項目を用いて、楢葉町と同様の分析を行うと、適合度指標はRMR=0.417、GFI=0.930、AGFI=0.899、CFI=0.928、RMSEA=0.032と、このモデルも一定の説明力を持つと考えられる。

第7章 大震災がもたらすコミュニティの変容——コミュニティ調査から—— 367

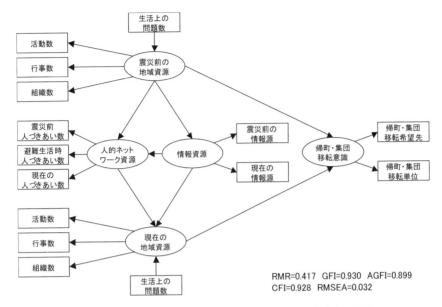

図7.3.1 震災前後のコミュニティと帰町・集団移転意識との関係

　モデルは次の通りである（図7.3.1）。震災前の地域活動による地域資源が人的ネットワーク資源や情報資源を生み出し、また情報資源は人的ネットワーク資源の形成を補完する役割を果たす。そして、これら二つの資源が現在の（避難生活における）地域資源形成につながっており、そして震災前後の地域資源が帰町・集団移転への意識にそれぞれ影響を与えることをこのモデルは示している。

(2) モデルの説明

　ここでは前項で設定したモデルの説明を行う。その際、富岡町民を四つのタイプ（仮設住宅入居者、いわき市内借り上げ住宅入居者、福島県内（いわき市除く）借り上げ住宅入居者、福島県外借り上げ住宅入居者）で分析した（表7.3.21）。主な理由として、応急仮設住宅と借り上げ住宅入居者には人づきあいやそれによるネットワークの違いがみられ、コミュニティへの関わり方も異なることによる。以下では各々についてみていこう。

表 7.3.21　共分散構造分析結果

	仮設住宅			いわき市内借上			その他福島県内借上			福島県外借上		
	推定値	検定統計量	確率	推定値	検定統計量	確率	推定値	検定統計量	確率	推定値	検定統計量	確率
震災前の地域資源　→活動数	0.81			0.79			0.74			0.77		
震災前の地域資源　→行事数	0.81	12.16	***	0.85	16.27	***	0.88	15.77	***	0.81	15.41	***
震災前の地域資源　→組織数	0.82	12.37	***	0.79	15.41	***	0.81	14.99	***	0.80	15.33	***
人的ネットワーク資源→現在の人づきあい数	0.74	8.91	***	0.63	9.65	***	0.60	9.61	***	0.66	10.74	***
人的ネットワーク資源→震災前人づきあい数	0.69			0.73			0.66			0.68		
人的ネットワーク資源→避難生活時人づきあい数	0.58	7.23	***	0.47	7.65	***	0.56	9.07	***	0.59	9.81	***
情報資源　→震災前の情報源	0.76			0.75			0.72			0.71		
情報資源　→現在の情報源	0.64	6.22	***	0.62	7.46	***	0.65	8.20	***	0.79	10.78	***
現在の地域資源　→活動数	0.62			0.80			0.84			0.77		
現在の地域資源　→行事数	0.77	6.00	***	0.81	16.14	***	0.90	19.25	***	0.91	16.83	***
現在の地域資源　→組織数	0.41	4.62	***	0.86	16.67	***	0.80	17.65	***	0.75	15.52	***
生活上の問題数　→震災前の地域資源	0.33	4.55	***	0.33	6.09	***	0.32	5.94	***	0.35	6.64	***
震災前の地域資源　→情報資源	0.40	4.33	***	0.30	4.33	***	0.34	4.79	***	0.26	4.09	***
震災前の地域資源　→人的ネットワーク資源	0.56	6.26	***	0.44	6.61	***	0.54	7.65	***	0.32	5.51	***
情報資源　→人的ネットワーク資源	0.51	4.71	***	0.57	6.23	***	0.61	6.78	***	0.73	9.01	***
生活上の問題数　→現在の地域資源	0.31	3.74	***	0.03	0.61	0.54	0.18	3.37	***	0.10	1.99	0.05
人的ネットワーク資源→現在の地域資源	0.52	3.11	0.00	0.10	0.95	0.35	0.49	3.97	***	0.63	4.11	***
情報資源　→現在の地域資源	-0.03	-0.20	0.84	0.19	1.64	0.10	-0.26	-2.02	0.04	-0.30	-2.02	0.04
震災前の地域資源　→帰町意識	0.40	2.15	0.03	0.39	3.22	0.00	0.26	2.71	0.01	0.31	3.11	0.00
現在の地域資源　→帰町意識	0.00	0.01	0.99	0.04	0.66	0.51	0.19	2.24	0.03	0.01	0.19	0.85
帰町意識　→帰町希望先	0.41			0.45			0.49			0.54		
帰町意識　→帰町単位	0.85	2.32	0.02	0.79	3.37	***	0.71	3.30	***	0.79	3.36	***

①仮設住宅入居者

『震災前の地域資源』の要素をみると、コミュニティに関するいずれの活動もほぼ同等な関係にある。『人的ネットワーク資源』は

「現在」＞「震災前」＞「避難生活時」

の順であり、現在と震災前の人づきあい、特に仮設住宅入居後につくられた現在の人づきあいが諸個人の人的資源形成に寄与していることがわかる。『情報資源』は

「震災前」＞「現在」

であり、『現在の地域資源』では

「行事数」＞「活動数」＞「組織数」

であり、仮設住宅の入居者にとって行事の開催数が現在の地域資源形成に寄与

第7章　大震災がもたらすコミュニティの変容——コミュニティ調査から——　　369

している。『帰町・集団移転意識』は

「移転単位」＞「移転希望先」

であり、移動する場所よりも震災前のある程度まとまった単位による移転を希望しているといえそうである。潜在変数間の因果関係をみていくと、

『震災前の地域資源』→『帰町・集団移転意識』

であり、仮設住宅住民にとっては震災後に形成された新たなコミュニティよりも、震災前のそれへの想いが帰町意識につながっているといえるのではないか。

②いわき市内借り上げ住宅入居者

『震災前の地域資源』は①と同様な結果である。『人的ネットワーク資源』は大きく異なり、

「震災前」＞「現在」＞「避難生活時」

であった。借り上げの人びとは仮設住宅とは異なり、バラバラに住んでいることと居住地域から孤立している場合が多いために「震災前」が強く出ていると考えられる。『情報資源』は①と同様な結果であった。『現在の地域資源』であるが、これは三つの活動いずれもほぼ同等な関係となった。『帰町・集団移転意識』はこれも①と同様に

「移転単位」＞「移転希望先」

であり、富岡町への帰還の困難さをここでも示しているといえよう。最後に地域資源と帰町意識との関係であるが、ここも①のように

『震災前の地域資源』→『帰町・集団移転意識』

の方が現在の地域資源よりも大きい。ただ、解釈としては①とはやや異なることが想定される。すなわち、今住んでいる地域での孤立感ゆえに震災前の地域との関わりで帰町を考えているのではなかろうか。

③福島県内借り上げ住宅入居者

『震災前の地域資源』であるが、

「行事数」＞「組織数」＞「活動数」

となっている。『人的ネットワーク資源』については

「震災前」＞「現在」＞「避難生活時」

の関係だが①や②と比べて差は小さく、逆に考えると震災前の人づきあいが地域資源形成に与える影響が弱まっていることがうかがえる。『情報資源』は震災前も現在もほとんど変わらない。『現在の地域資源』も活動、行事、組織のいずれもほぼ同等な関係にある。『帰町・集団意識』については、①や②と同様に

「移転単位」＞「移転希望先」

である。福島県内借り上げ住宅入居者が他と異なるのは『震災前の地域資源』、『現在の地域資源』のいずれも『帰町・集団移転意識』へのパスが存在する、つまり過去と現在の地域に対する考え（例えば「愛着」）がニュートラルであることを示す。これは上述の人的ネットワークとの関わりでみていくと、戻ることはあったとしてもそれは「必ずしも以前の富岡町のかたちを求めて戻るわけではない」ことと推察できるのではないか。

④福島県外借り上げ住宅入居者

　『震災前の地域資源』は①、②と同様な結果である。『人的ネットワーク資源』や『情報資源』も各要素におけるパス係数の差が小さい。『現在の地域資源』では

「行事数」＞「活動数」≒「組織数」

であり、ここでも行事の数が地域資源形成に影響を与えていることがわかる。『帰町・集団移転意識』は①〜③と同様であり、潜在変数間の因果関係も①と②とほぼ同じであることが明らかになった。

　(3) 大震災がもたらす地域コミュニティの変容

　最後に今回の原発事故による避難者と過去・現在・未来のコミュニティにどのような関わりがあり、変容しているのか。また、それらには過去の災害とどのような類似性や差異性があるのかを確認するとともに、これまでの議論を振り返りつつ、考察していきたい。

　避難者以外からの視点で富岡町民をみると「全町避難者」とひとくくりになるが、「住まいかた」に着目すると、仮設住宅／借上（みなし仮設）となる。但し、これまでの結果から、借上住宅入居の間でも居住地域（県内借り上げ／市

第 7 章　大震災がもたらすコミュニティの変容——コミュニティ調査から——　　371

内・県外）により一部異なることが明らかになった。

　これらから富岡町のコミュニティの変容をどう捉えればよいのだろうか。上記の分析結果を敷衍すると、新しいコミュニティは仮設住宅を中心に形成されつつあるものの[14]、誰もがそのコミュニティには必ずしも満足しているわけではなく、むしろ震災以前のものを希求している人たちも多いといえる。

　本震災が人びとやコミュニティに与えた影響で大きい要素は、町民全てが富岡町という空間や場所を災害により収奪され、さらに仮設住宅においては結果的に行政区がシャッフルされ「富岡町民」というひとくくりで統合・分割されるなか、借り上げ住宅入居者に至っては全国に分散・孤立した状況が現在まで続いている点にある。こうした避難は大災害では珍しくはないが、数年以上ともなるとやはり少ない。

　類似したものをあげるとすれば、2000 年に発生した三宅島噴火による全島避難であろう。これは 4 年半という期間であったが、杉山（2002）によれば「三宅島島民連絡会」、「各団地島民会」、「三宅島げんき農園」の三つの団体が結成され、特に前二者については被災者コミュニティを構築することで互いの交流を推進し、孤立感を和らげるなどといった成果があったようだ。

　富岡町における被災者への対応は 8 章においてインタビュー調査結果を中心に論じていくが、本震災とりわけ富岡町が属する双葉郡にあるいくつかの町村に特徴的なことは「5 年は帰らない」という帰町スパンの長さと、それに伴う（主に借上住宅入居の）避難者による避難先への定住化である。

　このアンケート調査を実施したのは 2012 年夏であり、現段階では状況は（帰町意向者が変動するという意味で）変わっている可能性もある。ただ、調査時点では帰町・集団移転先が富岡町（全体の 33.9％）またはいわき市（同 45.5％）であろうと、震災前のコミュニティが帰町や（富岡町としての）集団移転への意識をつなぎとめているのであり、外からみた様態は変容しているものの、その実質は変わらない、ある意味で「コミュニティが保存されている／保存したい」という避難者の意向が働いているのかもしれない。

　いずれにせよ、本来の富岡町に戻るまでは短くても 5 年前後はかかるのであり、上記の議論の前提も含めて変化する可能性は否定できないことから、今後も継続的に調査を行うことで、コミュニティの様態と変容をより長いスパンで

明らかにしていく必要があろう。

4. むすび

　本章は全町民の避難を余儀なくされる双葉郡の楢葉町・富岡町の全町民（の世帯主ないしはそれに準ずるもの）を対象にした質問紙によるコミュニティ調査をまとめたものである。

　具体的には震災前と現在の人づきあいやコミュニティ活動と今後の帰町・集団移転の意向について、居住地域・形態別（応急仮設住宅・雇用促進住宅、県内いわき市借り上げ住宅、いわき市を除く県内借り上げ住宅、県外借り上げ住宅）の軸で分析を行った。

　ここで得られた主な結果としては、原発事故による全町民避難という先のみえない状況においても、コミュニティに視点を転ずれば震災前に地域への活動に関わっていた人は、震災後も他の町民との何らかの関わりのなかにあり、断絶しているわけでも孤立しているわけでもないことが明らかになった。逆にいえば、震災でそうしたつながりから断絶された人たちは震災前から同様な状況にほぼあったことが推測される。「原発事故」が悲惨なものであることは確かであるものの、それが強調されすぎて「何もかもが失われた」という論調が多い中で、上記の結果はそれを否定するものである。こうした問題意識を受けた聞き取り調査の考察については以下に続く第8章、第9章で展開され、本章を通底する論理が補強されていくだろう。

　◎注
1）　町役場による提供資料である。住民基本台帳登録者ベースであり、実際の加入数はこれよりも少ない。富岡町も同様。
2）　東京大学大学院・佐藤慎司の研究グループによる調査。
3）　『原子力災害対策特別措置法に基づく避難指示等の経緯』を参照。
4）　本書では2013年夏頃までの状況を論じるが、参考までに2014年3月末まで含めた。富岡町も同様にしている。
5）　本書では厳密な分類ではないものの「借り上げ住宅」居住者を、仮設住宅（または雇用促進住宅などの公営住宅）居住者以外の全てを、「まとまったかたちでの居住以外のもの」として扱うものとする。「厳密な分類ではない」としたのは、例えば住宅を購入した人たちも「仮設住宅」に住んでいないということで、「借り上げ」に分

類しているからである。また、以下表記を「借上」とする。
6）　脚注1と同様。
7）　脚注3と参照。
8）　グループホーム入居者を含む数字である。
9）　公営住宅入居者を除く。
10）　第6章脚注3を参照のこと。
11）　共分散構造分析を行うために変数を加工している。人づきあいの数、情報源の数や活動数等は回答の数へと基数尺度に変換している。具体的には複数回答の質問について、「あてはまる」の回答数を数え上げている。また移転希望先や移転単位であるが、前者については「震災前に住んでいた楢葉町または富岡町」を6点、「震災前に住んでいた以外の双葉郡内の町村」を5点、「いわき市」を4点、「いわき市以外の隣接の都道府県」を3点、「それ以外の福島県内」を2点、「福島県外」を1点、「まだ決めていない」を0点と元の居住地から離れるに従い点数が低くなるといった序数尺度に変換している。尺度の設定方法とその妥当性については今後の課題でもある。
12）　ここではパス係数の差が0.02以下の場合「≒」とみなしている。以下同様である。
13）　毎日新聞　2013年02月28日朝刊『東日本大震災：福島第1原発事故　広野町役場、再開1年　進まぬ帰還、でも待つ　町民憩いの公園作り』。
14）　仮設住宅だけではなく、借り上げ住宅入居者を対象とした自治会も結成されている。この詳細については8章をみられたい。

参考文献

杉山愛・糸長浩司・栗原伸治・藤沢直樹、2002、「避難生活での新コミュニティ形成による被災者の生活再建意識の変化―三宅島げんき農園を中心として―」『日本建築学会関東支部研究報告集Ⅱ』：217-220

東北電力、『原子力災害対策特別措置法に基づく避難指示等の経緯』
　http://www.tohoku-epco.co.jp/ICSFiles/afieldfile/2011/05/17/bb.pdf

長野基、2009、「地域ガバナンスにおける多主体間連携形成の基礎的条件―新宿区『社会貢献的活動団体』に関するアンケート調査からの考察―」『跡見学園女子大学マネジメント学部紀要』第8号：101-128

松川杏寧・立木茂雄、2011a、「ソーシャルキャピタルの視点から見た地域の安全・安心に関する実証的研究」『地域安全学会論文集』No.14：27-36

―――、2011b、「地域特性がソーシャルキャピタルに与える影響に関する研究―多母集団同時分析を用いた神戸市事例研究―」『地域安全学会論文集』No.15：385-394

松本美紀・矢田部龍一、2008、「実被災者地域住民における地域防災活動継続意図の規定因」『自然災害科学』27-3：319-330

第8章

仮設／広域自治会の実態と課題
―― 自治会長・居住者調査から ―― [1]

1. 仮設／広域自治会のこれまで

1.1 問題意識の背景

　M9.0を記録した東北地方太平洋沖地震による津波被害の悲惨さは、日本のみならず世界中のメディアで大きく取り上げられた。それに加え、福島県には双葉郡大熊町に設置された福島第一原子力発電所にて発生した原発事故の影響で、いまだ故郷に帰れずに避難生活を送っている被災者たちが存在する。こういった被災者たちの多くは、県が設置した「応急仮設住宅」や「借り上げ住宅制度」を利用していることが多い。福島県いわき市には応急仮設住宅と借り上げ住宅が数多く存在し、多くの人たちがそこで生活を送っている。住み慣れない土地で、見慣れぬ隣人と過ごす避難生活には様々な問題点が浮かび上がることが懸念された。実際に、1995年に発生した阪神・淡路大震災では孤独死が多発し、兵庫県警の発表[2]によれば230件の孤独死が仮設住宅内で発生したという。そこで、被災者の生活実態把握を目的に「原発事故により避難生活を送っている楢葉町民および富岡町民」を対象にアンケート調査を行った。はじめに楢葉町、富岡町民の避難生活における自治会との関わりや生活上の問題について確認する[3]。

　楢葉町民が現在生活する環境における自治会の有無を確認する（表8.1.1）。全体でみると、「ある」と答えた人と「ない」、「知らない」と答えた人の割合は約半数ずつであった。居住地別に分析すると、「ある」と答えた人は仮設住宅・雇用促進住宅と県外でやや高い数値を示したが、県内いわき市と県内その

表 8.1.1　自治会の有無（楢葉町）※表 7.2.13 再掲

	全体	ある	ない	知らない	不明
合計	477	46.8	21.0	26.0	6.3
仮設住宅・雇用促進住宅	144	∴ 53.5	▲ 31.3	▼ 13.2	▽ 2.1
県内いわき市	177	▽ 38.4	22.0	∴ 31.1	8.5
県内その他	62	41.9	14.5	△ 38.7	4.8
県外	92	↑ 56.5	▼ 6.5	28.3	8.7

表 8.1.2　自治会加入の有無（楢葉町）※表 7.2.14 再掲

	全体	加入	未加入	不明
合計	233	64.6	31.8	3.6
仮設住宅・雇用促進住宅	77	▲ 88.3	▼ 6.5	5.2
県内いわき市	68	▼ 42.6	▲ 54.4	2.9
県内その他	26	▽ 46.2	∴ 46.2	7.7
県外	52	67.3	32.7	-

他では「知らない」と答えた人の割合が高かった。県外では「ある」という人の割合が高かったものの、楢葉町では借上住宅等入居者が自治会に参加は困難である様子が浮かび上がる結果となった。

　次に、自治会加入の現状をみる。「自治会有無」で「ある」と答えた人を対象に行った質問であり、集計ベースは233名である（表8.1.2）。全体でみると約半数以上が「加入している」と回答しており、仮設住宅・雇用促進住宅においては約9割であった。しかし、県内いわき市や県内その他においては「加入していない」と答えた人が約半数であり、全体的にみると低い数値を示し、借上住宅等入居者が相対的に孤立していることをうかがわせる。

　震災後に住んでいる地域での生活上の問題点を検討する（表8.1.3）。数値は上位のものでも2割未満と低い数値を示し、問題があまり顕在化していない様子である。現居住地別に分析すると、仮設住宅・雇用促進住宅では様々な項目が全体の平均よりも高い数値を示しており、生活上の問題が多発しているようである。しかし、その他の地域の居住者においては、目立って高い数値を示した項目はなかったという結果になった。

　次に富岡町である。現在住んでいる地区での自治会の有無について（表8.1.4）、「ある」と答えた人は全体の約半分であったが、「ない」または「わからない」と答えた人を足すとこちらも全体の約半分となっている。同様の質問について、被災者の現居住地別に分析すると、仮設住宅・雇用促進住宅におい

第 8 章　仮設／広域自治会の実態と課題——自治会長・居住者調査から——　377

表 8.1.3　生活上の問題（楢葉町）※表 7.2.15 再掲

	全体	家族や親戚が離れて居住	友人・知人が離れて居住	名前を知らない人の増加	ゴミ処理の問題	居住地区における放射能への不安	住民の高齢化	他地区との交流が少ない
合計	477	18.9	17.4	12.8	9.6	9.4	8.8	8.4
仮設・雇用促進住宅	144	▲29.2	▲26.4	▲23.6	△16.0	△15.3	▲18.1	▲14.6
県内いわき市	177	▽13.0	∴13.0	10.2	8.5	7.9	▽4.5	7.3
県内その他	62	14.5	11.3	∵6.5	6.5	11.3	8.1	4.8
県外	92	16.3	16.3	▽4.3	▽3.3	▽2.2	▽2.2	↓3.3

	全体	買い物施設の不足	移動や交通の問題	ひとり暮らしの高齢者などへの対応	高齢者や単身者などの孤立化	病院等医療・福祉施設の不足	生活費等の経済的な問題	相談相手の不足・不在
合計	477	8.2	8.2	7.1	6.9	6.3	5.9	5.7
仮設・雇用促進住宅	144	∴11.1	10.4	▲13.2	↑10.4	6.9	6.9	∴8.3
県内いわき市	177	↓4.5	9.0	↓3.4	∵4.0	6.8	5.6	4.0
県内その他	62	△16.1	4.8	9.7	4.8	8.1	8.1	3.2
県外	92	5.4	5.4	∵3.3	8.7	3.3	3.3	6.5

	全体	ルールを守らない住民の存在	一部のものだけが参加	行事への住民の参加の少なさ	住民間のトラブル	世代間のズレ	地域・地区のまとまりのなさ	異なった自然環境への対応
合計	477	5.0	5.0	4.4	4.0	4.0	3.8	3.4
仮設・雇用促進住宅	144	▲10.4	▲13.9	↑7.6	▲8.3	△7.6	▲11.8	2.8
県内いわき市	177	4.5	↓2.3	4.5	2.8	2.8	▽0.6	↓1.1
県内その他	62	-	-	-	1.6	3.2	-	▲9.7
県外	92	↓1.1	-	2.2	∵1.1	∵1.1	-	4.3

	全体	とりまとめ役の不在	治安・少年非行・風紀の悪化	声の大きい人の意見が尊重される	問題解決のためのノウハウ不足	体育施設等の不足	役員のなり手不足	教育施設の不足
合計	477	3.4	2.7	2.7	2.5	2.1	2.1	1.9
仮設・雇用促進住宅	144	▲7.6	2.1	▲6.9	▲6.9	↑4.2	3.5	∴3.5
県内いわき市	177	1.7	3.4	1.7	↓0.6	2.3	1.7	1.1
県内その他	62	3.2	-	-	-	-	1.6	1.6
県外	92	-	4.3	-	1.1	-	1.1	1.1

	全体	以前から居住の住民とのトラブル	文化交流施設の不足・老朽化	行政とのトラブル	活動が多すぎて負担である	周辺住民によるいやがらせ	幼児虐待等の子育て上の問題	困っていることはない
合計	477	1.7	1.0	1.0	0.8	0.6	0.2	12.2
仮設・雇用促進住宅	144	2.8	△2.8	△2.8	∴2.1	△2.1	-	9.0
県内いわき市	177	1.1	0.6	0.6	0.6	-	-	13.6
県内その他	62	-	-	-	-	-	△1.6	11.3
県外	92	2.2	-	-	-	-	-	15.2

ては「ある」と答えた人が 9 割以上で、全体的にみても非常に高い数値を示しているが、県内いわき市および県内その他をみると、「ない」、「知らない」と答えた人の割合が他と比べて高かった。また、「ない」と「知らない」の割合を足し合わせると、その割合は半数以上になり、借上住宅入居者が自治会に参

表 8.1.4　自治会の有無（富岡町）※表 7.3.13 再掲

	全体	ある	ない	知らない	不　明
合計	1,389	53.9	16.2	28.8	1.1
仮設住宅・雇用促進住宅	209	▲ 94.7	▼ 1.0	▼ 1.9	↑ 2.4
県内いわき市	378	▼ 40.2	▲ 21.2	▲ 38.4	∵ 0.3
県内その他	379	▼ 45.1	▲ 22.2	∴ 32.2	0.5
県外	418	54.1	∵ 13.9	30.9	1.2

表 8.1.5　自治会加入の有無（富岡町）※表 7.3.14 再掲

	全体	加入	未加入	不　明
合計	749	59.9	36.7	3.3
仮設住宅・雇用促進住宅	198	▲ 86.9	▼ 6.1	▲ 7.1
県内いわき市	152	▼ 48.0	▲ 48.0	3.9
県内その他	171	▽ 50.9	▲ 48.5	▽ 0.6
県外	226	▼ 51.3	▲ 46.9	∵ 1.8

加することが難しいことは楢葉町と同様の結果である。

　自治会への参加の有無を確認しよう（表 8.1.5）。「加入している」と答えた人は全体の半数以上であった。また、こちらも同様に現居住地別にみていくと、仮設住宅・雇用促進住宅では「加入している」と答えた人が約9割で、自治会の有無同様、全体的にみても非常に高い数値を示していた。しかし、その他では「加入していない」と答えた人が約半数にのぼり、全体的にみると高い数値であり、借上住宅入居者は自治会が設立されていても、参加していないという現状がみえる。

　続いて、震災後に住んでいる地域での生活上の問題点を確認する（表 8.1.6）。全体でみると、近くに交流できる人がいない状況にある被災者が多い。居住地別では楢葉町と同様に、仮設住宅・雇用促進住宅において様々な問題が発生している。また、県内いわき市では「地区のことがわからない」や「地区の人との交流がない」といった質問で高い数値を示しており、地域からの孤立が問題として浮上している様子が読み取れた。

　以上の結果から、楢葉町と富岡町に共通する結果として、借上住宅入居者が自治会に参加できない、または参加しないことで地域から孤立してしまっている現状と、仮設住宅・雇用促進住宅では生活上の問題が多発してしまっている現状が明らかになった。借上住宅入居者については「自治会に参加できない」という問題があり、仮設住宅・雇用促進住宅においては「様々な人と関わる」

表 8.1.6 生活上の問題点（富岡町）※表 7.3.15 再掲

	全体	家族や親戚が離れて居住	友人・知人が離れて居住	地区のことがわからない	地区の人との交流がない	名前を知らない人の増加	移動や交通の問題	相談相手の不足・不在
合計	1,389	38.9	37.7	31.1	26.1	17.3	14.0	13.2
仮設住宅・雇用促進住宅	209	△ 47.4	37.3	▼ 18.2	▼ 17.2	▲ 29.2	12.9	10.5
県内いわき市	378	36.5	37.3	▲ 38.6	△ 31.5	17.2	12.2	11.1
県内その他	379	∵ 35.6	34.6	31.4	27.2	▽ 12.9	14.0	14.5
県外	418	39.7	∴ 41.1	30.6	24.9	15.3	∴ 16.5	15.1

	全体	住宅ローン等の経済的な問題	異なった自然環境への対応	買い物施設の不足	居住地区における放射能への不安	他地区との交流が少ない	住民の高齢化	高齢者や単身者などの孤立化
合計	1,389	11.6	9.7	7.3	7.2	7.0	6.8	6.7
仮設住宅・雇用促進住宅	209	12.0	∴ 12.4	▲ 12.9	▲ 12.0	▲ 14.8	▲ 26.3	▲ 18.7
県内いわき市	378	11.4	▼ 0.8	6.3	7.1	∵ 5.3	▼ 2.6	5.3
県内その他	379	∵ 9.0	▲ 18.5	7.1	△ 10.6	8.2	▽ 4.0	5.3
県外	418	△ 13.6	8.4	▼ 5.5	▼ 1.9	▼ 3.3	▼ 3.1	▼ 3.1

	全体	ゴミ処理の問題	独居高齢者への対応	ルールを守らない住民の存在	病院等医療・福祉施設の不足	世代間のズレ	一部のものだけが参加	住民間のトラブル
合計	1,389	6.2	5.5	5.5	4.8	4.8	4.6	4.2
仮設住宅・雇用促進住宅	209	△ 10.0	▲ 15.8	▲ 19.1	6.7	▲ 9.1	▲ 13.9	▲ 8.1
県内いわき市	378	5.3	∵ 4.0	▽ 2.6	4.2	4.2	↓ 2.6	2.9
県内その他	379	7.1	4.2	▽ 3.2	5.0	3.7	4.5	4.0
県外	418	▼ 4.3	▼ 2.9	↓ 3.6	4.1	4.1	▼ 3.1	3.6

	全体	行事への住民の参加の少なさ	治安・少年非行・風紀の悪化	公園・運動場・体育施設等の不足	声の大きいものだけの意見が尊重される	地域・地区のまとまりのなさ	周辺住民によるいやがらせ	問題解決のためのノウハウの不足
合計	1,389	3.9	3.7	3.5	2.5	2.4	2.4	2.2
仮設住宅・雇用促進住宅	209	▲ 13.9	∵ 1.9	△ 6.2	△ 5.3	△ 4.8	▲ 5.7	▲ 6.7
県内いわき市	378	▽ 1.9	4.2	2.6	2.1	3.2	2.6	1.6
県内その他	379	2.9	▽ 2.1	4.0	3.2	2.6	1.8	1.6
県外	418	▼ 1.7	△ 5.5	2.4	▽ 1.0	▼ 0.5	↓ 1.0	∵ 1.2

	全体	自治会・町内会役員のなり手不足	とりまとめ役の不在	保育園・学校等育児・教育施設の不足	以前から居住している周辺住民とのトラブル	集会所等文化交流施設の不足・老朽化	活動が多すぎて負担である	困っていることはない
合計	1,389	2.1	2.1	1.9	1.9	1.6	0.9	13.7
仮設住宅・雇用促進住宅	209	▲ 8.1	↑ 3.8	∴ 3.3	2.9	▲ 4.8	△ 2.4	▼ 7.2
県内いわき市	378	▽ 0.3	2.9	2.1	2.6	2.1	1.0	15.3
県内その他	379	1.1	2.1	1.6	1.1	1.1	0.8	12.7
県外	418	1.7	▽ 0.5	1.4	1.4	－	0.5	↑ 16.5

ことで問題が発生している。これは「被災後のコミュニティ形成が円滑に進んでいない」ことを示すのだろうか。もしそうならば、仮設住宅・雇用促進住宅入居者と借上住宅入居者に発生している問題を、コミュニティを形成すること

で解決に導けるのだろうか。

そこで本章は被災コミュニティの現状を把握することにより問題点を明らかにし、それがどんなコミュニティを形成することで解決できるのかを考察し、避難生活においてのコミュニティ形成の重要性を示すことを目的とする。

原発事故で被災者たちは散住しているため、仮設住宅居住者以外は近くに同じ被災者がいないケースが多いと考えられる点に留意しなければならない。それらをふまえて、ここではコミュニティを「何らかの共通属性を持つ人びとが、共通の問題関心のもとに、共通の問題を共同の力で解決を試みる場」と定義する。アンケート調査から導いた問題点を解決するための方法として「コミュニティの形成を円滑に行うこと」と論じたが、これは今回のコミュニティの定義に則ると「自己に発生した問題を共有し、共に解決してくれる人が周りにいる」と捉えることができる。

1.2 過去の震災と東日本大震災

ここでは、三つの災害に関する先行事例と東日本大震災の比較を行う。本論の対象である、東日本大震災の特徴を考える。これまでに発生した震災と異なるのは、福島県双葉郡にある東京電力福島第一原子力発電所にて発生した事故である。この事故の影響により、現在でも避難生活を送る被災者が数多く存在する。今回調査対象とした楢葉町や富岡町の住民も避難生活を送り続けている。自宅に帰宅できない被災者のために、行政では応急仮設住宅の設置や借り上げ住宅制度などを行っているものの、緊急を要するものであったこともあるのか、少なくとも両町における仮設住宅などへの入居は行政区や班といった既存のコミュニティを考慮しない方法をとらざるを得なかった。

1995年1月17日に発生した阪神・淡路大震災でも、先述したような既存のコミュニティを考慮しない仮設住宅への入居方法がとられており、その結果、高齢者世帯の孤立や「孤独死」が発生する一要因ともなり、これらの現象は阪神・淡路大震災をきっかけに注目され始めた。高橋（2005）では、仮設住宅の居住環境と孤独死を関連づけて考察している。阪神・淡路大震災では100戸以上[4]の大規模な仮設住宅には「ふれあいセンター」という名の集会所が設置された。その有無別に孤独死の発生件数をみると、ふれあいセンターのある仮

第8章　仮設／広域自治会の実態と課題——自治会長・居住者調査から——　　381

設住宅の方が孤独死の発生率が低かったという結果となった。これは「ふれあいセンターでの活動は住宅内に引きこもる人々を減らしコミュニティ形成の拠点となった（同）」ためとしている。さらに「居住環境を改善することによって防ぎえた孤独死もあったものと思われる（同）」と結んでいる。これにより、今回の東日本大震災においても「孤独死」は一つのキーワードとなり得ると考えられる。現段階の調査では、ほとんどの仮設住宅に集会所が設置されていることを確認しているが、果たしてそれらはコミュニティ形成の拠点となり、孤独死の防止につながっているのであろうか。

　逆に、既存の地域コミュニティに配慮した入居方法をとった例もある。2007年に発生した新潟県中越地震では、既存の地域コミュニティごとの避難生活が営まれた。『中越大地震』（新潟県中越大震災記録誌編集委員会2007）によれば、中越地方の被災地では86,182名が470ヵ所の避難所に避難し、比較的小規模な避難所が数多く設置された。これは住民たちの「既存のコミュニティを保持しよう」という想いから生まれたものであるとしている（浦野ら（2007））。集落の自治会長らが、避難所運営に自らあたっていたとする例も報告されている。阪神・淡路大震災の時にも、避難所を運営していたのは行政職員ではなく、避難者の中から自然と生まれたリーダーやボランティアが避難所の運営を試みていた。しかし、『阪神・淡路大震災—神戸市の記録　1995年—』（神戸市災害対策本部1996）によれば、「手探り状態の運営で、救援物資の分配やスペースの確保、ペットの問題などをめぐり、トラブルが多発した避難所」も多かったのは、筆者が知る限りいわき市内での避難所でも同傾向にある。中越の例に戻ると、既存のコミュニティを保持する取組は避難所生活中だけでなく、仮設住宅に入居してからも継続された。多くの応急仮設住宅では集落単位で入居が行われ、できるだけ被災前の生活環境に近づけるような環境整備が行われた。「こうした対応が功を奏したのか、阪神・淡路において大きな問題となった誰にも看取られずに亡くなり、発見が遅れるいわゆる「孤独死」はほとんど発生しなかった（浦野ら前掲書）」とあるように、やはり避難生活においてコミュニティの維持・形成がかなり重要な部分を占めていることがいえよう。

　ただ一方で、あまりにも既存のコミュニティのつながりが強いことで、支援団体や行政との連携が円滑に進まない事例も報告されている。阪神・淡路では、

既存コミュニティは考慮されなかったものの、入居者同士のコミュニティ形成を促す施設を設置することで孤独死が減少した。中越の場合には、既存コミュニティを考慮したことで孤独死を防止したが、そのつながりが強すぎるために支援団体や行政との連携が円滑に進まないといった新たな問題が発生した。このことから、支援団体らへの外部に対して「開いた」コミュニティ形成の必要性がいえそうである。避難生活中にどんなコミュニティを形成すれば、被災者たちの生活上の問題点を解消することができるのか、今回の東日本大震災の例を通して検討していきたい。

東日本大震災では、被災者の避難生活がかなり長期化するという点に着目したい。そこで、次にあげる事例は東日本大震災とも異なる「噴火災害」の事例である。2000年6月に発生した三宅島噴火災害では、噴火に伴い大量の火山灰が島中に降り注ぎ、毒性の強い火山性のガスが島内に充満したことから、同年9月から全島避難を余儀なくされた。避難生活は4年半にも及んだ。諸々の条件が異なることは承知の上で、全住民の避難そして中長期にわたる避難期間といった次元では、本論で取り上げる対象者の立場や状況の類似性はあると考える。そこで三宅島噴火災害に関する既存研究に言及する必要があろう。

杉山 (2002) では、ヒアリング調査を重ねることで、避難生活の中で新たに生まれた三つのコミュニティと生活再建意識の関係を論じている。ここで取り扱う三つのコミュニティとは、以下の通りである。

①三宅島島民連絡会は、島民主導での要望活動のためのコミュニティである。「主に行政機関への意見・要望と分散避難により希薄となってしまった島民同士のつながりを保つこと(同)」を目的として組織された[5]。

②各団地島民会は、避難先の団地ごとに形成されており、団地の住民はもちろんのことその周辺に居住している島民も会に属している。「避難している被災者の生活を支える(同)」こと、「また島民同士のつながりを保つことによって、被災者の孤独を和らげる(同)」ことを目的として組織された[6]。

③三宅島げんき農園は東京都主導でつくられた、島民たちの就労の場である。避難中の雇用機会の確保や島民同士の情報交換・交流の場の提供を目的として組織された[7]。

第8章　仮設／広域自治会の実態と課題――自治会長・居住者調査から――　　383

　この研究では、これらのコミュニティが組織されたことにより、被災者たちの生活の向上がみられたとして、「生活再建・被災復興に際し、コミュニティ形成の場を提供することの重要性が指摘できる（同）」と結んでいる。東日本大震災においても「コミュニティ形成の必要性」はいえそうである。しかし、三宅島噴火災害と東日本大震災には大きく異なる点がある。噴火災害は以前にも発生したことがあり、島民の約30～40％が過去にこの災害を経験したことである。島民は噴火災害を経験することで、様々な教訓や心構えを身につけてきた。一方で今回の原発事故の規模は「想定外」とされる初めて経験するものであった。

　各々の基底にあるのは、「震災発生に伴い、避難生活が始まり、それに付随した生活上の問題点が発生、それを受けコミュニティが形成され、生活上の問題点が解決する」ことはいえそうである。

　次に共通点および差異点を検討しよう。阪神・淡路においては、既存のコミュニティを考慮せずに仮設住宅への入居が行われたという共通点と、避難生活が比較的短期間で終了したという差異点である。中越では、被災前に強固な地域コミュニティが形成されていたという共通点と、既存のコミュニティを考慮した避難生活が可能だったという差異点がある。三宅島では避難生活が長期間にわたったという共通点と、被災者たちが同じ災害を今までにも経験したことがあったという差異点がみいだされた。

　以上の比較より、「東日本大震災は（組み合わせ上では）前例のない災害である」といえる。本章では以上三つの災害での事例を念頭に置きながら、原発事故により長期の避難生活を送る上でのコミュニティ形成の必要性を明らかにするとともに、被災者たちの必要とするコミュニティの形を検討する。東日本大震災で発生した原発事故が、長期避難者を生み出したという意味では日本で初めての原子力災害であり、今後発生するであろう様々な災害によって強いられる被災者の避難生活を考える上で、こうした考究は意義のあるものと考える[8)][9)]。

1.3 調査設計と概要

(1) 調査対象地区の概要[10]

【楢葉町】

今回の震災では、地震、津波、原発事故といった、三つの災害の被害を受けた。楢葉町によれば、町民の災害による犠牲者は2012年12月時点で、直接死と災害関連死を合わせると19名にものぼる。津波被害にあったのは沿岸部の「波倉」、「下井出」、「北田」、「前原」、「山田浜」などであった。震災当日に大熊町の福島第一原子力発電所で発生した事故の影響で、町の総面積の約8割が警戒区域に設定されたが、現在では警戒区域は解除された。ただ今も全町民は全国各地で避難生活を送っている。

続いて、震災発生から2012年度に至るまでの主な経緯をまとめたのが以下の表である（表8.1.7）。

これだけをみると、後述する富岡町と比べて借上住宅で居住する人たち

表8.1.7 楢葉町の経緯[11]

2011年3月	東日本大震災発生
	町内全域に避難指示が出される
	いわき市中央台に仮役場を設置
	楢葉町公式HP（災害版）開始
	会津美里町に災害対策本部を設置
4月	町の総面積の約8割が警戒区域に設定される
6月	一時帰宅開始
	仮設住宅入居開始
	『広報　ならは号外』発行開始
9月	サポートセンターならは（会津）開所
10月	サポートセンターならは（いわき）開所
	楢葉町社会福祉協議会広報誌『はぴねす』発行開始
2012年1月	いわき市に災害対策本部を移転
8月	警戒区域が解除される
9月	情報配信用のタブレット端末配布を告知（広報2月号に同封）
2013年1月	楢葉町公式ブログ開始（復興推進課）
	行政区単位の町政懇談会を実施（〜3月）

への支援が少ないことが読み取れる。「サポートセンターならは」は要介護者のための施設であり、健康な被災者たちへの対応がなされていない様子がわかる。一方、『広報　ならは号外』、『ならはの風』、『はぴねす』など広報誌は充実しているという印象を受ける。また、楢葉町公式ブログも開始され、積極的に情報発信している様子が読み取れた。各仮設住宅の状況等については、2. で詳述する。

【富岡町】
　今回の震災では先に述べた楢葉町と同様に地震、津波、原発事故といった、三つの災害の被害を受けた。復興庁によれば、町民の災害による犠牲者は、2012年11月時点では直接死と災害関連死を合わせると143名にものぼる。津波被害にあったのは、沿岸部の「毛萱」、「仏浜」、「駅前」などであった。震災当日に大熊町の福島第一原子力発電所で発生した事故の影響で、町全域に避難指示が出された。2013年春時点では、町内全域が警戒区域に指定されているため、立ち入りが制限されており、全町民が全国各地で避難生活を送っている。

　楢葉町と同様に2012年度までの主な経緯をまとめると表のようになる（表8.1.8）。

5月に『富岡町災害情報』が発行されるまでは、行政からの情報発信はホームページで行われていた。3月に震災以前から発行している『広報　とみおか』が発行再開になったことから、この時期から行政側もやっと落ち着きを取り戻してきたことが読み取れる。2011年は震災後の対応に追われ、そこまで手が回らなかったようであるが、2012年に入ってからは「おだがいさまセンター」や「交流サロン」の設置が始まったことから町として「コミュニティ形成」に力を入れているということも推察できる。

(2) 調査対象者
　ここでは、今回行った「インタビュー調査」の概要と、調査対象地域を選定した理由を述べる。まず、インタビュー調査の対象となったのは2012年夏に実施したアンケート調査における回答者で「個別調査可」とした「福島県内外にて避難生活を送っている楢葉町および富岡町の一般住民（町役場関係者を含

表 8.1.8 富岡町の経緯[12]

2011年3月	震災発生
	町内全域に避難指示が出される
	仮役場を郡山市ビックパレットに設置
4月	町内全域が警戒区域に設定される
5月	『とみおか町災害情報』発行開始
	一時帰宅開始
6月	災害対策本部いわき連絡所を設置
	仮設住宅入居開始
8月	ビックパレットの避難所が閉所
11月	『広報　とみおか（災害情報）』発行開始
12月	富岡町役場郡山事務所開所（他、いわき、三春、大玉出張所）
2012年2月	ふくしま絆カフェ富岡及び富岡町さくらサロンオープン
	おだがいさまセンター開所
3月	おだがいさま FM 開局
	『広報　とみおか』発行再開
7月	行政区長会開催
8月	行政区長会開催
10月	タブレットシステムの運用開始
	平交流サロンオープン
12月	四倉交流サロンオープン
2013年1月	泉玉露交流サロンオープン
2月	行政区長会開催
3月	避難指示区域見直し

む）」[13]とその紹介者である。コミュニティの必要性を明らかにする上で、現在形成されているないしは震災前のコミュニティが被災者たちの生活にどのような影響を与えているのかを把握する必要があり、特に仮設住宅や借上住宅の自治会長を中心に調査を行った。調査内容は主に「震災直後から現在までの生活について」、「被災後の地域コミュニティの活動について」、「生活上の問題点について」の三点である。その他、必要に応じてさらに質問の範囲を拡げつつ調査を進めた。

　ここでは被災者の現居住地別（仮設住宅／借上住宅等）の特に仮設住宅居住者に焦点をあて、震災後に形成されたコミュニティの現状と課題を把握する。それらをふまえた上で、被災者が抱える生活上の問題点を解決するために必要

表 8.1.9　県内避難者の避難先（名）

	楢葉町[17]	富岡町[18]
いわき市	5,722	5,512
郡山市	126	3,150
福島市	53	432

なコミュニティのあり方を検討する。

　対象者の前居住地を楢葉町と富岡町に設定した理由は主に二つである。第一に、両町とも「帰れるか、帰れないかの境界にある」ことである。双葉郡では、町村によって様々な状況に置かれている。今回事故の起こった福島第一原発が立地している大熊町や双葉町では「帰町は困難」とさえいわれている[14]。同じ双葉郡にある広野町では、町が独自に出した避難指示の解除を行い、町長は「町内の現状で生活が可能な方から戻り、町の復興に力を貸していただきたい」と町民に呼びかけている[15]。楢葉町と富岡町は「帰れるだろうが、いつになるのかわからない」という、広野町に似た状況にある。第二に、両町とも「いわき市に隣接している」ことである。市内には両町合わせて16ヵ所（楢葉：13、富岡：3）[16]の仮設住宅が設置されたこともあり、多くの被災者が避難先にいわき市内を選んでいた。

　両町ともに5,000名を超える町民がいわき市に避難しており、全体でも避難先として一番多いのがいわき市であった（表8.1.9）。楢葉町については、いわき市に多くの町民が避難しており、その割合は全体の8割に近かった。震災直後に大規模仮設が設置されたことや、役場機能が一時置かれていたことで会津美里町（310名）への避難者も相対的に多いが、その他の地域には目立って数値の高いところはない。富岡町では、役場機能があることが理由となるのか、郡山市への避難者が多い。この他には郡山周辺の町村である三春町（450名）や大玉村（307名）への避難も多い。

2. 各自治会の現状と課題

2.1 楢葉町における被災コミュニティの現状

(1) 応急仮設住宅の自治会

楢葉町の役場および仮設住宅の位置関係を確認する。図 8.2.1 は楢葉町役場および出張所、仮設住宅の住所情報をもとに作成したものである。ほぼ全ての仮設住宅が設置されているのがいわき市である。そのため、仮役場もいわき市内に設置されており、借上住宅居住者も多いことを考えると町民にとって暮らしやすい環境であるといえる。また図には示していないが、会津美里町は楢葉町の姉妹都市である関係もあり、一時的に役場機能が置かれ、いわき市外の唯一の仮設住宅が設置されている[19]。

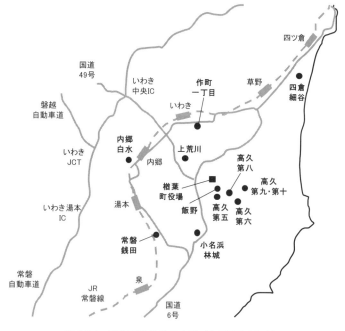

図 8.2.1 楢葉町各施設の立地（宮里仮設は除く）

第 8 章　仮設／広域自治会の実態と課題——自治会長・居住者調査から——　　389

表 8.2.1　いわき市内の楢葉町応急仮設住宅概要[20]

仮設名	入居開始月	自治会設立	全戸数	決定戸数			決定人数		
				11年末	12年末	13年末	11年末	12年末	13年末
飯野	2011年7月3日	2013年7月26日	16	16	16	14	45	45	40
高久第五	2011年7月1日	2011年8月30日	18	18	18	18	43	42	38
高久第六	2011年7月4日	2011年8月30日	17	16	17	16	41	40	35
高久第八	2011年7月10日	2013年6月4日	123	122	123	123	313	297	254
高久第九	2011年8月3日	2013年3月25日	193	191	193	191	471	456	405
高久第十	2011年7月27日	2011年12月18日	200	200	200	200	533	506	463
上荒川	2011年9月5日	2012年7月4日	241	237	239	236	576	558	470
作町一丁目	2011年10月24日	2011年12月22日	57	57	57	57	135	136	126
内郷白水	2011年10月24日	2011年12月22日	61	61	61	60	138	140	125
四倉町細谷	2011年10月24日	2012年1月12日	40	40	40	40	90	89	81
常磐銭田	2012年3月31日	2013年7月11日	50		45	43		152	141
林城八反田	2012年7月13日	2012年12月21日	106		103	103		254	229
小名浜相子島	2013年2月24日	2013年5月24日	40		34	37		66	69
いわき市仮設住宅計			1,162	958	1,146	1,138	2,385	2,781	2,476

　続いて、仮設住宅の基本情報をまとめると以下のようになる（表 8.2.1）。
　楢葉町民を対象とした仮設住宅は宮里を除いた全てがいわき市に設置されている。2012 年に新設された仮設住宅もいわき市に所在していることから、富岡町と同様に、いわき市を避難先に希望する町民が多いものと考えられる。今回は表 8.2.1 にある仮設住宅のうち、「飯野」と「小名浜相子島」以外の計 11 ヵ所の仮設住宅にて調査協力を得ることができた。表 8.2.2 は楢葉町民を対象に行ったインタビュー調査の結果を、各仮設住宅別にまとめたものである。次項ではこの調査結果について詳述する。
　また、仮設住宅居住者について、楢葉町では富岡町のように交流サロンが組織されていたり、広域自治会が設立されていたりすることがない。町が何らかの対策をとっているという話もあまり聞かず、借上住宅居住者の孤立が懸念される。その現状を明らかにするために、10 名の借上居住者を対象に調査を行った。

【高久第五応急仮設住宅】役員 NA1 氏[22]
　この仮設住宅は楢葉町の仮設住宅の中でも最初期に設置されている。入居

表 8.2.2 仮設住宅でのインタビュー調査結果概要[21]

住宅名	組織	経緯・ねらい	活動	行事	問題点その他
飯野	調査時点（2012年度末）で自治会未設					
高久第五	・会長1名、副会長1名	・町から要請されて設立	・基本的な活動はないが、ボランティアによる催し物は受け入れる ・近隣の第九・第十の「空の家」等の呼びかけによる体操に参加 ・入居者交流の場として談話室を開放	・2012年に流しそうめんを開催 ・参加率は低い	・楢葉町の仮設としては最初に出来たところ ・高齢者や障害者を優先的に入居させていた
高久第六	・会長1名、副会長1名、会計1名	・町から要請されて設立	・集会所を使った井戸端会議程度 ・月一回の定例会の参加率はほぼ100% ・高齢者対策に注力	・マンパワー不足で行事実施不可能	・高齢者が多い ・世代の近さと小規模さゆえに密接な交流 ・地域からの声かけはあったが、交流はほとんどなし
高久第八	調査時点（2012年度末）で自治会未設		・談話室で各イベント・活動は盛ん	・連絡員中心に実施	・ペット入居可 ・ペットのフンのトラブル ・「ゴミの分別が最悪の仮設」 ・「長」不在で問題解決が難しい
高久第九	・会長1名、副会長2名、班長7名、会計1名、鍵管理人2名 ・月1回の役員会の他に、「三役会」を開催	・年配者の孤独死を防ぐ	・たこ焼き・焼きそばの無料提供（外部団体による）	・カラオケ大会等を考えている	・住民同士のコミュニケーションが取れていなかったが、自治会設立により、解消に向かいつつある ・イベントなどはNPOや町が行うため自治会は不要という意見も多かった ・まとめられるリーダーもいなかった ・ゴミ問題、活動資金 ・いわきとはお世話になっている意識が強いので、何かの機会をつくっていきたいと考えている
高久第十	・会長含む役員は35名 ・各クラブに部長がおり、会長との連絡を密に取っている	・町から要請されて設立	・月1回「清掃の日」には参加者が200人程度と参加率は高い ・手芸クラブ、舞踊クラブ、があり、カラオケクラブ設立予定とクラブ活動が盛ん	・年中行事中心 ・2012年4月開催の祭に200人程度参加 ・参加率高い	・各個人情報を役場に依頼し提供してもらっている ・相談役を高齢者に任せ、風通しを良くする
上荒川	・会長1名、副会長2名、相談役5名、世話人10名	・入居者間の交流・親睦を図る	・各班ごとに「ゴミの分別の講習会」 ・美化運動 ・週に一度の運動、血圧測定 ・月一度のボランティアによるマッサージ	・年中行事中心 ・参加率高 ・町青年団が中心となり祭を開催 ・食事会準備のために婦人部を設立	・パン屋、スーパー、床屋の仮設店舗あり ・大規模すぎて会長が把握しきれていないこと多々あり ・特に高齢者への対応が課題
作町一丁目	・会長1名、副会長男女1名、班長5名	・入居者同士の話し合いの場が必要のため ・親睦を図る	・草刈り ・ボランティアや社協による元気up教室や介護予防教室 ・毎朝のラジオ体操は20名ほど参加	・昼食会など交流中心 ・作町の老人会による交流会 ・新年会、忘年会	・設置が遅いため、住民同士の雰囲気良好 ・仮設自治長の横のつながりをつくりたい ・連絡員の活動強化を望む
内郷白水	・会長1名、副会長1名、班長2名の計4人 ・班長はいるが班編制はなし	・町から要請されて設立 ・会則、役員任期は特になし	・毎朝9時30分からラジオ体操とその後のお茶飲み	・ボランティア等の支援団体絡みが多い ・2012年冬の鍋パーティは3割ほど（約50名）参加 ・参加率低い	・近隣自治会との交流はあり ・近隣で行われているクリーンアップ作戦には参加したい
四倉町細谷	・会長1名、副会長2名、班長3名	・入居者間の交流・親睦を図る	・酒飲みを集会場で開催。常時15～6名が参加	・参加率は6割程度	・周辺（大浦・四倉）地区との交流はある ・四倉婦人会との交流あり
常磐銭田	調査時点（2012年度末）で自治会未設				・働いている世代が多いことで自治会不成立 ・高齢者は「自治会必要」との声
林城八反田	・9班体制 ・月一回の班長会議を予定	・年配者の孤独死を防ぐ ・集会所を昼間に開放し、年配者の交流を図る	・2012年12月30日に地域ゴミ拾いに30名参加 ・第二日曜に近隣地区ゴミ拾い	・2013年1月13日に近隣の老人ホーム入居者に呼びかけ餅つき大会開催 ・今後は花見、芋煮会、クリスマス会等を開催したい	・近隣住民との交流は必要不可欠

は当初、高齢者が優先されたために高齢者などが多く、若い人が少ない。

　自治会による基本的な活動はあまりないが、ボランティアの催し物は積極的に行っており、そうしたものには入居者は参加してくれる。自治会主催で昨年（2012年）、流しそうめんを行って入居者も参加してくれたので、今年も開催しようかと考えている。年齢的な問題や障害者もいる中でも近隣のコミュニケーションはとれているが、催し物の参加率は低い。入居者の交流の場としては談話室が開放されており、イベントはもちろん、数人集まって一緒にテレビをみたり話したりしているようである。近隣とのつながりについて、高久第九・第十仮設にある「空の家」へは迎えが来てくれるため、たまに出向いて体操などをしている人もいる。

　生活の問題点は特にない。ただ入居当初は玄関もなくて窓も小さかったために、不便だった。後に他の仮設からも要望が出され、入居後に色々直しが入って、今では不便さ等は感じない。むしろ楢葉の家が大きかったこともあり、今のコンパクトな生活もいいものだと感じているようだ。仮設入居のくくりを部落ごとにするなどの工夫をしてほしかった。やはり、仮設の住民よりも震災以前に一緒にいた部落の人たちとの方が安心する。

【高久第六応急仮設住宅】役員 NA2氏[23)]

　この仮設住宅は戸数17という非常に小規模な仮設住宅である。それに加えて、入居者のほとんどが高齢者である。これはもともとこの仮設が高齢者を優先して入居させるためにつくられたからである。そのために「自分くらいしか会長ができる人がいない」と感じて、会長を引き受けた。

　活動は集会所を開けっ放しにして井戸端会議をしてもらうことが主で、他には正月などに飲み食いしたりすることぐらいである。また、月1回の定例会を行っており、これは町への要望や生活の中での困りごとを話し合っている。住民のほとんどが参加している。

　仮設内の住民はバラバラの出身地区であるが、1年以上暮らしているためにそれなりの関わりはある（以前の近所づきあいほどではない）。高齢者のひとり暮らし世帯が6世帯あり、対策としては自治会としては行っていないが[24)]、しっかりと連絡を取ることや、緊急用の青ランプの取り付け、チラ

シなどを配るなどのことはしている。その他にも役場の人間が毎日声かけをしている。

仮設近辺のもともとの住民とのつきあいは全くない。以前、近くの自治会長が来て、防犯等、行事参加の誘いがあった。何かあったら連絡をくださいと来たのは記憶にある。

【高久第八応急仮設住宅】入居者 NA3 氏 [25]

ペットの入居が可能な仮設住宅であり、居住者全員がペットを飼っている。ペットを飼っている人が集められたのだと思う。

自治会を設立しようという話にはなったのだが、まとまりがなく会長が決まらなかったので結局現在（注：調査時点）でも設立に至っていない。問題があっても「そういう人はそういう人」と無視しているのが現状である。ゴミ出しの違反シールを貼られてもおかまいなしに守らない住民がちらほらといる。ゴミの件で役所の人がこの仮設は最悪だといっていたほどである。ほかにもペットのフンの処理など数え出せばきりがないほど問題だらけである。

仮設の談話室などでのイベントは多く催されている。自分は行ったことがないので詳細はわからないが、ダンスだの東電の賠償金関係の弁護士の講演だとか内容は様々である。そういった催し物の中心となっているのは役場からの連絡員である。

【高久第九応急仮設住宅】入居者 NA4 氏、NA5 氏 [26]

比較的大規模な仮設住宅であり、高久第十応急仮設住宅と隣接している。しかし、この仮設住宅では自治会が未設立である（注：調査時点）。第十仮設では自治会が設立され、様々な活動が行われているものの、第九と第十仮設といった仮設住宅同士の交流はない [27]。

自治会が設立されなかったのは仮設住宅に常駐する町役場派遣による連絡員の存在が大きい。楢葉町役場からは「自治会をつくるように」との指示があったが、連絡員が自治会で行うような仕事を全てまかなっていることとまとめられるリーダーがいないために、お互いに役員を押しつけ合ってまで自治会を組織するよりはない方がよいということになった。イベントなどは

NPOや町の職員が来てくれて、誰かがやってくれるので自治会は不要であるという意見も多い。

現在の問題点として、住民同士のコミュニケーションが取れていない、特にお年寄り同士が取れていないとのことがあげられる。部落の違う人同士を集めてもほとんどが他人で積極的にコミュニケーションを取ることは望めない[28]。

【高久第十応急仮設住宅】役員 NA6 氏[29]

大規模な仮設である。自治会設立の経緯であるが、震災前、町役場に勤めていて役場関係者には顔見知りが多かったことから、2011年12月頃から「自治会をつくって会長になってほしい」という申し入れがあった。もともと様々な会の会長を務めていたこともあり、「多忙のため家を留守にすることが多い」旨を伝え、「それでもいいなら」ということで了承し、自治会設立の運びとなった。役員たちの人事は全て自分で行った。現在200戸あるうちで、35名が役員を務めている。多い方がまとめやすいし、活動もしやすいという理由である。

自治会での行事や活動には、毎回半数以上の200名ほどの参加者がある。この中には通常、自治会の行事に参加が難しい体の不自由な住民も多く含まれており、「交流だけでもしに来てください」といった声かけの成果が現れている。

自治会設立当初、ゴミ出しについての問題の報告が多かったが、文書を配布することで大分改善された。さらに、月に1回の「清掃の日」というクリーン活動を行っており、ゴミ出し問題への対策はもちろんのこと、住民同士のコミュニケーションの場としても重要な自治会活動の一つである。また、この仮設住宅ではクラブ活動が行われており、独居高齢者の参加率が非常に高い。クラブ活動によって関係を持ち始め、活動がなくとも交流しているような住民は多く、クラブ活動が独居高齢者の孤立対策に役立っているようだ。

【上荒川応急仮設住宅】役員 NA7 氏、入居者 NA8 氏[30]

この仮設住宅は楢葉町設置の中で規模が大きい。また、入居者に自営業者

が多かったために、仮設住宅内に商工会を組織し仮設店舗を建設するといった動きがあった。自分も当番制で仕事をしており、もともとの常連さんが遠くからわざわざ来てくれることもある。仮設住宅内外からお客さんが訪れ、利用率も高い。

　楢葉町で最も大規模な仮設住宅ゆえに町の行事などが行われることが多い。夏には楢葉町の祭が行われ、県内外に避難している町民たちが集まった。

　自治会の設立は2012年7月と他の仮設住宅と比べてやや遅く、自治会で行う行事への参加率があまり良くないので、連絡員による声かけやチラシの配布を行うことにより対応している。

　大きな問題としては「ゴミの分別」がある。当初は「行政にいってほしい」と対応していたが、あまりにひどすぎるため、班ごとにゴミ分別の講習を始めた。その甲斐あってか、だんだんと改善されており、これからも続けていきたい。

　孤独死への対策は行われておらず、家に表札をつけていない高齢者が多すぎて訪問をすることもできない状況である。また、規模が大きすぎるために自治会長ですら、全体のことを把握できていない。

【作町一丁目応急仮設住宅】役員NA9氏、入居者NA10氏[31]

　内郷白水応急仮設住宅と同時期に設置された仮設住宅である。調査時点の入居は57世帯である。入居者は年齢がわりと高めであるが、健康な人が多いようだ。23歳単身で住む人が一番若く、子育て世帯も5～6世帯ほどある。中学生を含めて7～8名がこの仮設に住み、2～3名ほどが新しい職を探している比較的若い人が多い仮設である。自治会長は大体の世帯のことは把握している。

　入居者の出身地区はバラバラでわからない人が多かった。また、旧木戸村と旧竜田村は昔から交流がなかったにもかかわらず混ざっている（上井出5～6世帯、下井出3世帯、大谷1世帯、上繁岡1世帯、繁岡5～6世帯、山田岡5～6世帯）ため、余計に交流しにくくなっている。こうした理由もあり、仮設入居後間もなく「生活をするためには話し合う場が必要」ということになり、11月末に自治会を発足した。自治会長は仮設入居者で相談した結果

で決まった。任期は1年としていたが、実際は暗黙の形で継続となっている。

　現在までに退去したのは2世帯のみで、借り上げ住宅がみつかって移った世帯と、入居予定だったが住まないで別のところへ入っていった世帯（名義変更）のように、仕事関係の事情も含めて他（四倉など）へ引っ越していった。仮設の立地条件はとてもよく、近くに大型商業施設や病院があるため住み心地はよいようだ。

　役員は平均67〜8歳だが、一番若い人では30代もいる。

　昨年夏に作町の老人会からの誘いにより交流会が開催された。また、部屋にこもることを防ぐため行事への積極的な参加と集会所へ足を運ぶよう、呼びかけはしているが、行事等に参加する人は固定化されてきている。参加しない人の傾向としては元の行政区から1人（1世帯）しか入ってないような人にみられる。

　行事は新年会（会費徴収）や忘年会、仮設のフェンスまわりの草むしりといったものである。さらにボランティアや社教の協力により、定期的に元気up教室や介護予防教室を開催しており、仮設住民のみならず借り上げからの参加者もいる。他の仮設を真似て毎朝9時30分からラジオ体操も行っており、現在では20人近くの人が参加している。町企画の塩原温泉2泊3日の旅行も年配の人を中心に20人近くが参加する予定である。

　集会所に来ない人が心配である。働いている人は時間的なゆとりがないために仕方がないものの、年配者については会長自身が個人的に用事（支援物資を配布することなど）をつくって行って話をすることが多い。

　連絡員制度の是非であるが、チラシ配りと町からの連絡を伝える程度の仕事だけではダメだろう。問題を吸い上げる仕組みをつくってほしい。土日休みなのはどうなのか。できれば1日いてもらい、集会所で入居者と話をして要望を聞いて、町へ報告してほしい[32]。

【内郷白水応急仮設住宅】役員 NA11 氏、入居者 NA12 氏[33]
　いわき市内の基幹病院でもある共立病院の近くに立地しており、通院が必要な被災者にとっては非常に好条件である。調査時の入居世帯数は59世帯、

161名である。割合としては7～8割が高齢者、30代以下の若い世帯は4～5軒程度、一番若い人で20代後半である。因みに津波で家を流された家庭が2軒あった。この仮設は静かな雰囲気である。

　集会所は広く、基本予約制で貸出等行っているが、ほとんど開放している。また、予約をすれば集会所に泊まることもできるようになっている。仮設のつくりは他と比べてもしっかりしていると思う。音によるトラブルはあまり聞かない。部屋は1名だと4畳半、家族だと2部屋へ入居できるようになっている。さらに近くにときわ苑（老人ホーム）があるため、調子が悪くなってそこへ入る人もいるようだ。

　自治会発足の経緯は、仮設への入居後間もなく町から自治会を発足してほしいといわれたからであり、2011年10月の総会で設立・承認された。自治会則等はなく、役員の任期も特に決まっていない。役員の主な仕事は支援物資の各家庭への分配や、ボランティア等によるイベント告知である。会長自身は仕事をしており日中は家にいないため、その奥さんが自治会長の仕事をしている。班長は近所の迷惑にならないよう、ゴミの分別ができていないもの分別をしている。

　活動は毎朝9時30分からラジオ体操を行っている。その後ラジオ体操に参加した方が数名残り、お茶会等を行っている。ボランティアによるイベントが多いため、自治会としてはあまり行わない。ただ、2011年12月中旬頃に行った鍋パーティーには住民の3分の1くらいにあたる約50名の住民が参加した。イベントへの参加者は固定化されてきており、参加しない人の傾向としては仕事している人に多い。年配の方にはなるべくイベントへの参加を促している。イベントは参加しても男性は早々に帰る人が多い。反対に女性は慣れるのが早いためか、様々な話で盛り上がり、遅くまで残っている人が多い[34]。

【四倉細谷応急仮設住宅】役員NA13氏[35]

　この仮設は遅めの入居開始だったこと（2011年11月から入居可）、市街地から少し離れたところにあることから、車を持っている人、自立して生活できる人等で同じくらいの年代の人が入居することになった。40世帯が入

居しているが、これまで2世帯の退去があった。喧嘩とペットが飼いたいというのが理由である。子育て世帯もおり、3〜4歳の子どもがいる世帯が一つ、中学生がいる世帯が二つある。

仮設入居後、次の月には酒飲みの集まりを集会所で開催し、25名ほどが集まった。予想以上に盛り上がったため、その後も、毎月第4土曜日の18時〜22時と決め、毎月行い交流を図り、常時15〜6名が参加している。

自治会設立については楢葉町から要請があった。自治会があると補助金がもらえるとのことで、2012年2月4日に総会を開催して自治会設立に至った。40〜60代で構成される役員の任期は1年、次の2月の総会時に役員の総入れ替えを行う予定である。

集会所で毎週金曜日には「元気 up 教室」の体操を行ったり、ボランティアによるお茶会も催されている。自治会等の行事への参加率は20数名で6割くらいだが、固定化されてきている。参加しない人へも声かけはしているが、参加はしない。ただ、仕事等の都合もあり、引きこもっているような人はいない[36]。

【林城八反田応急仮設住宅】役員 NA14 氏[37]

入居開始は2012年7月17日であり、その後自治会発足について町から要望されたため、同年10月頃に自治会を発足するかについてのアンケートが行われたが、その時は「連絡員がいるからいらない」、「トップになる人がいない」、「元行政区が混成状態で知り合いがいないため、自治会をつくっても意味がない」などの意見もあり、賛否両論で決まらなかった。しかし後に、町の課長から内々に会長を引き受けてほしい旨の話があり、12月にも再びアンケートを実施して、12月16日に行われた会議でやはり賛否両論であったものの、最終的には賛成で一致して自治会発足に至った。これは、1回目のアンケートから2ヵ月の間に高齢者が1人亡くなっていたこと、そして高齢者が8割を占めていることが裏付けになったのが理由である。

入居開始して間もないころから朝のラジオ体操を行っていたが、自治会発足により参加者は増え、高齢者も集会場に来るようにもなり、雰囲気がよくなった。また、発足間もない12月30日に地域ゴミ拾いを行い30名以上

表 8.2.3　借上住宅等居住者への調査結果概要

対象者	居住地域	現在の自治会加入と関わり	震災以前の行政区、自治会との関わり
NA15	いわき市上荒川	無：自治会自体が存在しない	上繁岡：機能しており、個人的にも頻繁に連絡し合っている
NA16	いわき市上荒川	無：自治会自体が存在しない	上井出：全く関わりなし
NA17	いわき市郷ヶ丘	無：居住している建物が自治会から除外	下小塙：一部の近隣住民とのみ連絡し合う
NA18	いわき市平	無：有無を知らない	営団：一部の近隣住民とのみ連絡し合う
NA19	いわき市平	無：有無を知らない	上井出：一部の近隣住民とのみ連絡し合う
NA20	いわき市平	無：案内が無く、参加不可能	前原：全く関わりなし
NA21	いわき市平	無：自治会自体が存在しない	山田浜：関わりあり
NA22	いわき市平	無：有無を知らない	下井出：全く関わりなし
NA23	いわき市四倉	無：自治会自体が存在しない	大谷：全く関わりなし
NA24	川崎市	無	一部の近隣住民とのみ連絡し合う

が参加した。1月13日には近隣の老人ホームの方を招待してもちつき大会も開催した。この仮設の隣にある老人ホーム「ときわ会」にも声をかけて、車いすで参加した人もいた。借り上げ住宅居住者にも声をかけた[38]。

　組織体制であるが、班長会を2013年1月26日に設立し、声かけやゴミ拾い等の仕事をしている。最初、町からは6班体制でといわれていたが、多くの人に役割を与えることで、責任感を持ってくれることを期待して、独断で9班体制にした。班長は若くて30代で、1月26日の設立会には全員が参加した。

　定期的な活動は毎月第2日曜日の8時から9時まで3名一組で近隣のゴミ拾いを行っている。その他は、仕事をしている人や高齢者もいるということで、緩めの活動になっている。月1回集まって話し合いを行う予定である。集会所は昼間開放されており、年配の方が編み物などをやりに来ている。こういった目的や目標を持つことで、仮設内での交流を多く取ってほしいと願っている。

(2) 借上等住宅
借上住宅等居住者を対象に行った調査結果について述べる。今回は借上住宅

等で生活する楢葉町からの避難生活者10名を対象に聞き取りを行った（表8.2.3）。

対象者全員に共通するものとして「現在の居住地の自治会には参加していない」や「自治会があるかどうかもわからない」である。あくまでも10名についてであり、かつ調査時点のことであるために断定はできないが、仮設住宅に比べて借上住宅等居住者の孤立が顕在化していることはいえそうである。

孤立により発生すると考えられる「情報格差」の問題がある。いわき市上荒川在住のNA15氏は「震災前の住民組織のほうが関わりは深い。個人的なつながりでも暇があれば隣人と電話し、時間がある時はご飯を食べに行ったりしている。それにより楢葉町の情報はたくさん入ってくる」という一方で、同じくいわき市上荒川在住のNA16氏は「借り上げ住宅には情報が少ない。町からの情報が電話で時々入ってくるぐらいで部落からの情報は全く入ってこない。楢葉町に帰った時にまわりの家の様子をみると部落の人間は動いている様子がない」と、情報の不足を感じている。このような情報格差の要因を考えると、「震災以前に行政区は機能していたか。また現在も機能しているか」が関係するのではないか[39]。機能している場合でかつその活動に参加することで、情報不足も人とのコミュニケーション不足も解決できているといえる。

2.2 富岡町における被災コミュニティの現状

(1) 応急仮設住宅や借上住宅居住者による自治会

ここでは、富岡町の仮設住宅と借上住宅で生活している人たちにより結成された自治会について述べる。まずは富岡町の役場と出張所、仮設住宅、交流サロンの位置関係は以下の通りである（図8.2.2）。これは富岡町役場および出張所、仮設住宅、交流サロンの住所情報をもとに作成したものである。仮設住宅が集まっているのは郡山市および三春町であり、交流サロンが設置されているのがいわき市である。仮設住宅の数をみると3ヵ所に過ぎないいわき市では出張所が設置されるに留まっているが、仮設住宅の中でも3番目に大規模な泉玉露仮設があることや、借上住宅居住者が多くいる点を考慮すると、支援の不足を訴える被災者が多い印象である。それを受けてなのか、いわき市には交流サロンが3ヵ所設置されている。

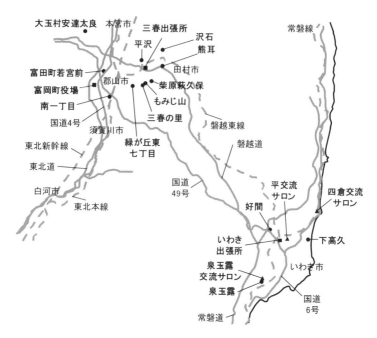

図 8.2.2　富岡町各施設の立地

　続いて、仮設住宅の基本情報については以下の通りである（表 8.2.4）。
　仮設住宅への入居が始まった 2011 年 6 月において、町役場が設置された郡山市および周辺の三春町に仮設住宅は多く、いわき地区には好間応急仮設住宅しか設置されなかった。その後、柴原萩久保応急仮設住宅を除けば、新しく設置された全ての仮設住宅がいわき市にある。本章では表 8.2.4 にある仮設住宅全ての仮設住宅で行ったインタビュー調査を概括する。
　続いて、交流サロンの概要である。いわき市に交流サロンが合計 3 ヵ所（南から泉玉露、平、四倉）も設置されているのは、いわき市は規模が大きいために一つの拠点だけでは不十分だからなのだろうか。
　交流サロンを統括している「おだがいさまセンター」について[41]、これは郡山市にあるビックパレットふくしまが富岡町の避難所であった時から運営されており、職員も多い。郡山市周辺には仮設住宅が多いことと、富田町若宮前仮設住宅の敷地内に設置されていることから、現在は仮設住宅居住者の利用お

表 8.2.4　富岡町応急仮設住宅の概要[40]

地区	仮設名	入居開始月	自治会設立	全戸数	入居戸数 11年度末	入居戸数 12年度末	入居戸数 13年度末	入居人数 11年度末	入居人数 12年度末	入居人数 13年度末
郡山	南一丁目	2011年6月15日	2011年6月	166	165	161	155	316	289	282
	緑ヶ丘東7丁目	2011年6月15日	2011年10月	169	125	121	110	219	206	181
	富田町若宮前	2011年6月15日	2011年8月	287	282	275	269	449	413	421
三春	熊耳	2011年6月18日	2011年8月	86	75	64	55	132	111	94
	平沢	2011年6月18日	2011年8月	84	71	57	53	127	89	82
	三春の里	2011年6月18日	2011年夏	18	17	13	13	37	27	27
	もみじ山	2011年6月18日	2011年9月	34	29	29	26	54	51	46
	沢石	2011年6月18日	2011年9月	38	31	31	26	51	49	41
	柴原萩久保	2011年7月31日	2011年9月	50	39	34	32	86	73	66
大玉	安達太良	2011年6月22日	2011年9月	630	259	253	224	460	422	359
いわき	好間	2011年6月20日	2011年末	62	61	62	57	159	161	137
	泉玉露	2011年9月16日	2011年12月	220	220	219	200	492	453	405
	下高久	2012年10月22日	2013年3月	90		89	90		169	166
仮設住宅計				1,954	1,374	1,408	1,310	2,582	2,513	2,307

表 8.2.5　広域自治会一覧[42]

自治会名	設立	会員数	活動地域
福島市及び県北地区在住富岡町民自治会	2011年11月	61世帯	県北地区
郡山方部借上げ住宅居住者会	2012年5月	167世帯 253名	郡山地区
会津富岡さくら会	2012年1月	会員形態無	会津地区
さくらの会	2011年5月	150名	いわき南地区
すみれ会	2011年9月	140名	いわき北地区
夜の森さくらの会	2012年2月	*	栃木県
さくら会富岡イン柏崎	2012年3月	30名前後	新潟県柏崎市

よび支援が多い。この場所を利用して郡山の広域自治会が新年会を行うなど、少しずつではあるが借上居住者の利用も増えている。本来の目的は「コミュニティを形成しづらい借り上げ住宅居住者の交流の場とすること」であったため、今後は借上居住者の利用率を向上させる予定である。いわき市にある交流サロンとは月に1回打ち合わせを行い、報告を受けたり、今後の方向性について話し合ったりしている。また「おだがいさまFM」といったラジオ番組や『おだがいさま通信』といった広報誌にて情報発信を行っており、全国に分散して避難した富岡町民たちをつなぐ役割も果たしている。実際に、広報誌により知人の安否が確認できたという報告もなされている。ちなみに平交流サロンおよび四倉交流サロンなどは広域自治会の活動拠点としており、これらサロンを集いの場としている。

　富岡町では合計七つの借上住宅居住者で組織された広域自治会がある（表

表 8.2.6　仮設住宅でのインタビュー調査結果概要

自治会名	ねらい	組織	活動	行事	問題点その他
南一丁目	・情報伝達、住民同士の意思疎通、住民支援など	・会長1名、副会長2名、会計1名、班長9名 ・任期は1年	・月・火・土に喫茶店を開店 ・毎朝9時からのラジオ体操には50〜70名が参加 ・リサイクル運動、クリーン運動も実施	・同敷地内にある川内村仮設との合同で開催 ・餅つき大会、花見など ・年1回の盆踊りは緑が丘、富田、借り上げ居住者と合同で富田仮設で開催している	・高齢者割合高 ・他の仮設住宅や借り上げ住宅入居者との交流あり
緑が丘東七丁目	・困っている人を助けたり、見守り・見回り・声かけといった最低限のことを行う	・会長1名、副会長1名（若い人）、会計1名、監査2名、班長9名	・防災訓練 ・週1回の筋肉体操やサロン	・年中行事中心 ・近隣住民及びその他の仮設との交流が多い ・支援団体絡み多	・高齢者割合高 ・住民は自治会長の知人 ・畑を借りている
富田町若宮	・互いのコミュニケーションをとる	・会長、副会長、会計、班長（各班1〜2名）、幹事2名 ・役員60代3名、70代7名、80代1名 ・任期は1年	・家族台帳の整理 ・住民への表札設置の依頼 ・年3回クリーン作戦 ・毎週金曜のゴミ分別収集	・ゴルフ大会 ・夏祭り ・ボーリング大会	・近隣住民との関わりを積極的に拡大を試みている ・借り上げ居住者も頻繁に出入り
熊耳	・互いのコミュニケーションをとる	・会長1名、副会長1名（70歳）、班長4名（60前と70代） ・任期は1年	・お茶会や社会福祉協議会のさくらスポーツ会に参加 ・集会所を17時まで、お茶会や卓球などに使っている	・小中学生への「学習支援」 ・ボランティア団体によるマッサージ ・化粧品メーカーによる「エステ」サービス	・2013年から富田町やおだがいさまセンターの支援をうけずに独自の事業計画で進める予定 ・熊耳行政区長、副区長との面談予定あり
平沢	・苦情をまとめて役場に伝達するため	・会長1名、副会長兼会計1名、役員1名、会計監査1名	・逐次開催の役員会 ・年1回の周囲のクリーン作戦、同じ行政区のクリーン作戦 ・8月に草取り ・支援物資分配	・味の素による料理教室、宗教団体による映画鑑賞会など	・クレーマーが多い ・今春から役員数を減らした。その理由は生活が落ち着いてきたので、自治会が前面に出て行わないほうがよいと考えたため（結果としてはあまりよくない）
三春の里	・仮設住宅内の情報収集を行い、役場に伝達する	・会長1名、副会長1名、会計1名、相談役1名 ・会以外は全て女性	・毎週水曜のお茶会 ・ピンクの旗を掲揚させることによる安否確認	・4月の花見 ・敷地内で春は桜、夏は花火、秋は収穫祭といったイベントがあるので、自分たちでやることは少ない	・三春町内の仮設住宅会長たちと個人的な交流はある
もみじ山	・町から要請されて設立 ・できるだけ人との交流をすることで、目標は元々のご近所さんの関係、それに近付けるのが課題	・会長1名、副会長1名、住民交流促進役3名 ・三役は30代、住民交流促進役は50代、60代、70代	・毎週水曜の10時〜12時に行われるお茶会で各世帯一人以上の参加	・お茶会＋αのイベントで芋煮会、クリスマス会、もちつき会、忘年会、新年会、お花見会	・他の仮設との関わりは殆どない ・自主性が強い仮設
沢石	・ボランティアの人たちの連絡窓口を一本化すること	・会長1名、副会長兼連絡長（班長）2名、会計1名、書記1名、監事2名	・逐次開催の総会 ・散歩時のゴミ拾い	・2012年7月に旅行、夏祭りを開催。それぞれ13名、25名参加 ・三春町のまちづくり協会から盆踊りや運動会に関して誘いあり ・近隣自治会との交流有	・住民同士も初めは全く知らない同士であったが、今では家族のようなつながりがある付き合いをしている
柴原萩久保	・町から要請されて設立	・会長、副会長各1名の計2名体制（当初は7名体制）	・三春町主催のゴミ拾いや行事に参加 ・折紙教室、3B体操、料理教室等	・花見や足湯	・毎月第三土曜の18時から懇親会を開催する予定 ・住民同士のつきあいが多い
安達太良	・要望などを出すときは、個人個人で行うよりもまとまってはうが効率がよいから	・会長、副会長、会計各1名、監査が2名、班長が7名、相談役が3名 ・会長副会長50代、班長は50〜60代で相談役が70代	・独居高齢者対策の「黄色い旗」 ・草刈りや除雪 ・毎週火曜日にサロン、月水にパッチワーク	・田植え、稲刈り、もちつき等 ・クリーン作戦 ・演奏会 ・夏祭り	・公営住宅への移住問題 ・除雪作業などを仮設で請け負うための「さくら建設」を設立 ・80〜90代のひとり暮らしの人たちの対応をどうするか、（問題発生などの）早期発見の体制をどうするのかが課題
好間	・町から要請されて設立	・会長1名、副会長1名、会計1名、理事1名、監査1名、班長2名（2012年度）	・交通安全パトロール「とみおか隊」（不定期で出来るときに行う） ・ゴミ出し管理は役員の仕事	・年中行事中心 ・イベントも交流を中心に実施、毎回50名位が参加。若い人はほとんど来ないため、高齢者中心で行事を運営 ・支援団体絡みは少ない	・若い世帯が多く、独居老人は少 ・イベント時には好間地区との交流はあり
泉玉露	・お互いにコミュニケーションをとる、健康状態を改善していくこと	・会長らの役員で構成	・年1回の総会 ・休日実施の仮設周辺の清掃活動 ・逐次開催の役員会 ・役員による夜警	・年中行事中心 ・正月にもちつき開催。ボランティアや寄付金が集まり、100人ほど参加 ・子どもを対象とした「夏休み教室」 ・ボランティアや社協といった支援団体絡みが多い ・居住者の参加率高	・交流が出来てきたので回覧板が活きた ・総会はあるが役員会でほぼ ・比較的子どもが多い ・畑を借りている ・クラブ活動がある
下高久	・入居者同士を知るため	・会長・副会長・会計各1名、監事が2名、理事が3名、班長が6名AC棟につき2名ずつ	・火災などの防災対策は実施済 ・ラジオ体操は毎朝8時45分からやっている。最大60名ほど参加	・4月12日に歌手によるイベントを開催 ・毎週金曜14時〜16時のカラオケであり、集会所で行っている	・下高久地区とは交流があり

第8章 仮設／広域自治会の実態と課題──自治会長・居住者調査から── 403

表 8.2.7 広域自治会でのインタビュー調査結果概要

自治会名	組織	経緯・ねらい	拠点地域	主な拠点サロン	備考
郡山方部借上げ住宅居住者会	・会長1名、副会長2名、事務局長1名	・借上げ住宅居住者に孤独を感じさせないため	郡山市	なし（近隣の公民館等を活用）	・ほぼ年配者が中心 ・行事は交流中心
福島市及び県北地区在住富岡町民自治会	・会長1名、副会長2名、会計1名、会計監査2名、事務局1名	・孤独死をなくす、元気になってもらうため	福島市	富岡町さくらサロン ・2012年2月18日開所 ・来訪者平均10人/日 ・イベント後は2〜3日来なくなる	・高齢者が多いというわけではない ・行事は交流や賠償関係の説明会が多い
会津富岡さくら会	・代表1名のみ	・みんなで話せる場所を提供する	会津若松、喜多方、猪苗代	会津若松市生涯学習総合センター 會津稽古堂	・月1回食事会での情報交換 ・40代夫婦が一組いるが、他は60代以上 ・いわきへ移る人も多い
さくらの会	・会長1名、副会長1名、監事2名	・借り上げ住宅生活者のネットワークづくり ・孤立する高齢者を救う	いわき市南部	平交流サロン ・2011年10月1日開所 ・来訪者平均11人/日 ・一時帰宅の帰りに寄る人が多い	・50〜70代中心 ・行事は交流中心
いわき市在住富岡町民すみれ会	・会長1名、副会長2名、事務局1名、会計1名、監査2名	・隣近所付き合い、情報、知り合いの不足を補う	いわき市北部	四倉交流サロン ・2011年12月1日開所 ・来訪者平均10人/日 ・利用者はすみれ会員が多い	・40〜80代の会員 ・女性中心に運営 ・行事は交流中心
さくら会・富岡イン柏崎	・会長1名、副会長2名、事務局1名、会計1名、相談役1名	・富岡町民、役場をはじめとしたつながりを広げる	柏崎市	なし（近隣の施設等を活用）	・行事は富岡町民だけでなく、地元住民との交流を図っている ・いわきへ移る人も多い

8.2.5)。いわき市が活動地域となる「さくらの会」や「すみれ会」、中通りにある「郡山方部居住者会」と「福島市及び県北地区自治会」、会津の「会津富岡さくら会」、柏崎の「さくら会富岡 in 柏崎」の役員へ聞き取りを行った。

富岡町民を対象に行ったインタビュー調査の結果を、各仮設住宅別（表8.2.6）および広域自治会別（表8.2.7）にまとめたものである。

①仮設住宅自治会

【南一丁目応急仮設住宅】役員 TO1 氏 [43]

ビックパレットふくしまに隣接するこの仮設住宅の入居世帯数は163世帯。ここは川内村と合同のため川内村85世帯も入居している。入居者の構成は年配の方や障害者が優先だったこともあり、70歳以上の方が85％を占め、比較的落ち着いた仮設である一方で、子育て世代はほとんどいない。

自治会は情報伝達、住民同士の意思疎通、住民支援などを目的に設立された。役員の任期は原則1年である。

12月23日に郡山警察署と合同で「おだがいさま隊」を結成した。また、社協が2名常駐しているほか、連絡員2名、シルバー隊2名、郡山市が委

託した人が2名、警察のパトロールが午前2回＋午後2回の計4回である。

定期的な活動として、月・火・土には喫茶店を開いている。毎朝9時からのラジオ体操には50～70名が参加している。1の付く日にはリサイクル運動を行っており、35名くらいが参加し、毎月一定の収入を得ることができ、これらの収益で自治会運営を行っている。イベントは川内村の仮設が同じ敷地内にあるために合同で開催しており、申し込みをすれば借上住宅の居住者も参加可能である。そのために参加者も多く、昨年12月のもちつき大会には200名、今年1月に青森から三味線奏者が訪問して演奏してくれた時には70名が参加し、旧正月にはおこわを炊いて提供したが、200食が完売した。

現在はNPOやおだがいさまセンターにイベント等は全ておんぶに抱っこ状態なので、今後は少しでも自立できるようある程度自分たちで行い、補佐として少し手伝ってもらうような形でいきたい。

郡山市の自治会とは交流を持ちたいとは考えているが、仮設付近は特に行政が分かれており、交流を一層難しくしている。

【緑ヶ丘東七丁目応急仮設住宅】役員 TO2氏 [44]

入居戸数120、入居者数210名の比較的大規模な仮設住宅である。居住者の85％以上が65歳以上と高齢者の割合が高く、うち40世帯は高齢者のひとり暮らし世帯である。それにもかかわらず、他の仮設住宅と比べても設備が悪いため、町へ「せめて他の仮設住宅と設備は同じにしてほしい」といった要望を出している。

自治会設立は2011年の9月である。それ以前は別の場所で避難生活を送っていたのだが、町から「入居戸数が100戸を超えたため、自治会を設立したい。ついては役員をお願いできないか」との話があったので承諾をした。震災以前、区長を始めとする自治会の役職や、交通安全協会の会員を務めていた経験をかわれて仮設自治会の役員を頼まれたのだろう。また、そういった経歴のために知人が多く、この仮設住宅の居住者はほぼ顔見知りであった。

行事には、仮設住宅居住者の参加率が高いことはもちろん、近隣住民の参

加率も高い。また、自分たちも近隣自治会の行事に参加することも多々ある。郡山市や三春町にある仮設住宅の居住者とも交流がある。支援団体の力を借りて運営する行事も多い。

この仮設では「防災訓練」も実施している。第1回目の防災訓練は火事を想定して行われた。参加率も高く、避難も迅速に行うことができた。この防災訓練を行ったことで、仮設住宅内の防災無線が非常に聞き取りづらいということが判明し、直ぐに改善を要求した。さらに高齢者の多くが「畑仕事がしたい」という要望を持っていたため、仮設住宅の近くに畑を借り、そこで住民たちが農作物を育てている。

【富田町若宮前応急仮設住宅】役員 TO3 氏[45]

「おだがいさまセンター」が敷地内にあるこの仮設の入居開始は2011年6月15日であったが、埋まるには時間がかかり9月末にやっと埋まった。280世帯の入居者のうち子供は3～4名。若い世代は仕事等の都合でいわきに移住する人が多く、祖父母だけ、富田仮設に残るという家族もあるため年配の方がほとんどである。また、若者のいわき志向等もあり、入居者の出入りは激しい。

役員の年齢層は60代3名、70代7名、80代3名と高い。

初めに家族台帳の整理を行った。役場情報では世帯主の名前しかわからなかったが、台帳作成により世帯全員の名前などの把握に努めた。また、誰が住んでいるのかをはっきりさせるため、表札設置のお願いをして、自治会で簡易的なものをつくるとの申し出には70世帯が同意し、作成の依頼をした。

入居者の自主性も備わりつつあるようで、自治会設立して間もない頃はゴミの分別等にまで手が回らなかったが、入居者が個人的に倉庫整理をしているのをみて、これはいけないと思って輪番制にするようにした。そうしたら100名近い居住者から参加の申し出があり、毎週金曜に当番の人が行うようになった。

近隣の自治会との交流は特にないものの、借り上げ居住者との交流もあるのは「おだがいさまセンター」が仮設内にあり、誰が来てもいいような雰囲気になっている。

今後については、住民間の交流を増やす、またはイベント等に参加できない人へのフォローとして、お祭やスポーツ大会の充実を図るとともに、文化事業の一環として DVD 観賞会をおだがいさまセンター内で実施したい。

【熊耳応急仮設住宅】役員 TO4 氏 [46]

　この仮設住宅は 86 戸あり、現在は 70 戸 40 世帯が入居している。年齢構成だが、15 歳までが 14 名で子育て世帯（30〜40 代）は 5 世帯である。50 代は 1〜2 世帯で残りは 60 代以上である。ここでは 60 代の婦人たちがリーダーシップをとっており、特に副会長の奥さんが自治会活動に理解ある人で、ハブ的な存在である。

　入居開始は 2011 年 6 月であり、自治会設立は同年 8 月 20 日である（第 1 回の設立総会は 30 名くらい、集会所が一杯だった）。7 月下旬に主だった人たちで、設立準備を進めていった。

　役員の任期は 1 年。副会長は総会で会長が指名し、班長は持ち回りである。班長の役割は回覧板を回しつつ、安否を確認することである。

　ふだんの活動に自治会はタッチしない立場である。というのも、現在の自治会活動は避難生活を維持するのみであり、コミュニティをつくっているのではないため、あえて活動に引き込まないスタンスだからである。そのために組織もなく、つくっても機能しないと思う。

　自立のためにいわばほっぽり投げている状態である。ただ、ここのお母さんたちでやっているお茶会や社会福祉協議会によるさくらスポーツクラブに参加しているようだ。この集会所を 17 時までの時間いっぱい、このお茶会や卓球などに使っている。

　イベントについて、2011 年 12 月 11 日に行ったイベント以降は富岡町やおだがいさまセンターの支援を受けずに独自の事業計画で進めていく旨を伝えた。12 月 11 日のイルミネーションを使った（3.11 から 9 ヵ月という）追悼式はおだがいさまセンターに協力を求め、開催した。独自に行う理由であるが、ボランティア関係団体が多く来て、センターなどに任せると器に入りきれないほどの数になってしまうからである。それ以前に支援に来ていただいたボランティア団体については仮設独自で打ち合わせを行い、来てもら

うことにした。その一例が「学習支援」である。他にはマッサージのボランティアや化粧品会社によるエステをサポートセンターでやってもらっている。また、宗教団体による炊き出し、サポセンへの慰問、サッカー教室などをやってもらっている。これらのイベントは熊耳仮設だけでなく、借り上げの人にも連絡しており、富岡町民が集えればよいと考えている。

【平沢応急仮設住宅】役員 TO5 氏[47]

　自治会の立ち上げは 2011 年 8 月末である。役場の人が避難所での自分の動きなどをみていて、「連絡員をやらないか？」というふうに声をかけてきた。自分自身お金が欲しいとかというよりも、どうせやることもないし時間を持て余すだけだからということで了承した。連絡員の仕事は 7 月半ばから始まり、初めは自分も入居していた平沢の連絡員として働いた。しばらくすると、「自治会を立ち上げてくれ」といわれて、立ち上げ準備に入った。知人らをピックアップして発起人集めを行った。自治会設立のねらいは親睦を深めたり、環境の整備やゴミ拾いをしたり、町との連絡をとりやすくしたりすることである。しかし中には勘違いをして、「賠償問題に取り組め」といってくる人もいる。あくまでも、賠償説明会などの時に場所を貸し与えているだけであり、自治会がそういったことに取り組むのは違うと思う。

　仮設に関する苦情が大量に来るために、それらをまとめて伝えてほしいという考えが町役場にはあるようだ。三春の仮設では基本的にそれぞれの規模が小さいので、三春内の仮設でまとまってできるように組織化している。また、連絡員が潤滑油となってくれているので、役場は以前よりも楽に問題に取りかかれるようになったかと思う。

　2011 年度の役員は 9 名体制であった。役員会は定期的に行われるものではなく、必要に応じて実施していた。最近は落ち着いてきたこともあり、新年会やクリーン作戦のほかは、あまり自治会がいろいろやる必要性がないという判断で、2012 年の役員体制を 5 名とした。

　仮設内の状況であるが、自然に隣組のようなものができているものの、派閥もできているようだ。だが、その分隣近所をよくみていることもあり、誰かを最近みなければどうであるとか、救急車が来たが誰だとかといったよう

な話がすぐに出てくることから、孤独死は減るのではないかと思う。このくらいの規模だからよいが、あまりにも大きいと大変でモラルもへったくりもないのではないか。

　現在の活動は、ボランティアの受け入れなどもあり映画の上映会をやったりしている。その他に、今日（調査日）は調味料メーカーが主催した料理教室を行った。

【三春の里応急仮設住宅】役員 TO6 氏[48]
　自治会設立について、「自治会をつくってくれ」という問い合わせが役場からあった。というのも、（発災直後の混乱から）町が情報収集をしきれずに、自治会で各々を管理してほしかったようだ。他の三春の仮設とも相談して設立することにした。当初は区長のようなものだった。設立総会で福島県が作成した規約案を示した。この会の議長として自分が招集した。

　小さいが故にまとまりやすいのだが、当初は大変だった。出身行政区が全てバラバラだったからである。自分は会長として役場と住民をつなぐルートの確立が急務だった。住民に顔を覚えてもらうために、朝は草刈り、夕方は夕涼みの時にタバコを吸いに来て声をかけてみんなの話を聞いたり、自分の子どもたちにも挨拶を励行させたり、これを3～4ヵ月くらいするうちに挨拶をしてくれるようになり、色々な関係ができてきた。

　仮設生活も初めてなので、色々な問題があった。蜂の巣やアリとかの消毒、雪かき（オペレーションは自分が行う）、ジェットヒーター設置である。特に三つめのものは自分がメーカーに直接電話して依頼した。今までの仕事上のつながりがあって実現したものであり、役場経由になると時間がかかったと思う。

　ここは人が少ないので花見などでも、その日の朝に決めてしまう。敷地内で春は桜、夏は花火、秋は収穫祭といったイベントがあるので、自分たちでやることは少ない。

【もみじ山応急仮設住宅】役員 TO7 氏[49]
　立地の関係で入居開始当初は半分も埋まっていない状態だった。子供はほ

とんどおらず、70代以上の割合が7割近くである。

　自治会の設立は町からの要請だったようだ。設立間もなくして会長がいわき市の仮設に移っていったため、自分が役員になった。役員は会長1名、副会長1名、会計1名、住民交流促進役3名で運営し、三役は30代と他の仮設に比べると格段に若い一方で、交流促進役はそれぞれ50代、60代、70代とバランスをとっている。自治会の目的はできるだけ人と交流することであり、目標は元からのご近所さんのような関係、それに近付けるのが課題としている。

　活動は毎週水曜の10時～12時に行われるお茶会である。最初はほとんど集まっていなかったようだが、各家庭を訪問しお話を聞きながら、少しずつお茶会に参加できるように促したところ、各世帯1人は参加するようになった。お茶会に料理をつけて、少し発展させた形で季節のイベントを行っている。具体的には芋煮会、クリスマス会、もちつき会、忘年会、新年会、お花見会などであり、最近の参加率は8割を超えており、交流が活発になっている。

　立地上の問題もあるのか、他の仮設自治会との関わりはほとんどない。また、イベントも誰かボランティアが来てというよりは、自分たちで準備して、食べて、片づけしてという感じなので、よその仮設よりは自主性があると思う。

【沢石応急仮設住宅】役員 TO8氏[50)]

　入居者は高齢者から子育て世代まで様々であるが、立地が悪くて車を持っていないまたは乗れない者は週3回やってくる支援バスに頼って生活している。

　自治会は2011年9月設立である。総会で住民たちから頼まれて、役員に就いた。

　行事は多々あり、住民からの提案を取り入れるなどして企画している。近隣自治会から行事に誘われることもあり、入居者の参加も多い。活動は散歩時のゴミ拾いがある。三春町は桜の名所であり、春先は観光客が多い。そのため、道にゴミが落ちていることが増えることから、住民たちが自主的に活

動を行うようになった。設立から約1年間は毎月集会を開いていたが、住民たちが何でも自治会に頼ろうという姿勢になってしまった。そのために、住民たちが自立できるように何か気づいたことがあったら集会を開くというスタイルに変更した。

　この仮設住宅の特徴は、小規模ゆえの住民同士の密な交流である。独居老人をドライブに連れて行くというような交流がみられ、孤立対策に非常に役立っているようだ。

【柴原萩久保応急仮設住宅】役員 TO9氏[51]
　自治会の立ち上げは、仮設開設とほぼ同時に行われた（2011年9月頃）。それまでは町が臨時職員2名（周辺の仮設住宅に入居している）を連絡員として常駐させ、町として仮設住宅内のまとめ役を担ってもらっていた。彼らは土日も常駐し、今に至っている。連絡員から仮設自治会をつくる働きかけがあり、仮設自治会を発足させた。

　仮設住宅内の集会所で開催した設立総会の参加は40世帯と、ほとんどの世帯から集まった。役場の人や町長も出席していた。規約の準備は2名の臨時職員が簡単なものをつくってくれたので、それをもとにしながら作成した。総会の内容としては、活動方針、役員紹介、活動への協力依頼といった簡単なものであった。発足時の役員は会長1名・副会長1名・会計1名・監査2名・連絡員1名×2班の計7名体制であった。

　活動であるが、三春町にお世話になっていて、何かかたちとして返したい想いから、三春町主催のゴミ拾いや行事に参加したりした。特にこの桜の時期も（観光客が多いことから）ゴミ拾いを行っている。そのほかには、富岡幼稚園が近くにあり、そこの要望に沿ってサツマイモの栽培などを行っている。花見時期にはここでも花見を主催している。折り紙教室が毎月実施されたりしている。また自分は出たことはないが3B体操というものをやったり、かごつくりを実施したり、料理教室を開いたりしている。だが、やはり平日はおじいさんやおばあさんの高齢者が参加者の中心で7〜8名となっていて、自分の妻も参加している。

第 8 章　仮設／広域自治会の実態と課題——自治会長・居住者調査から——　411

【安達太良応急仮設住宅】役員 TO10 氏 [52]
　仮設自治会は自分が来る前から立ち上げの動きがあった。体協の B さんが発起人となって動いていた。震災前に区長をやっていた人や、知り合いをおよそ 10 名集めて準備し、9 月 10 日に設立総会を開催して、正式に立ち上げとなった。役員は会長の命で誰がやるかを決めることができるようにした。基本的には設立に携わったメンバーが役に就いている。年齢層は 50〜80 歳である。
　70 代以上の独居高齢者が 25 名いる。こういった人たちをどのようにして見守っていくかが一番の課題である。そこで、「黄色い旗」という試みを実施した。希望者、本人に確認して、黄色い旗を配布し、朝には旗を揚げてもらい、夕方にはおろしてもらう。変化がなければ、何かあったということを知らせるシステムだ。これが機能すれば、毎日全高齢者世帯を見回る必要性がなくなり、本来使わなければならないところに能力を使える。次に出てきた問題が、昼間は黄色い旗でカバーできるが夜はどうするかという問題だ。そこで「パトランプ」を付けることにした。1 軒設置するのに 2.5 万〜3 万くらいかかるものを初めは自費でやった。あとで助成をとるにしても、今やらないとダメだろうということで、スピードを重視した。
　一番苦労したのは人びとをまとめることである。元のようなコミュニティがなかったため、どうしたらよいかわからなかった。何かを分担することも難しかったため、全部自分でやった。時間が経つにつれて「子は親の背中を見て育つ」というものを実感した。苦しい時に「雪が助けてくれた」というように感じた。というのは、これまで、動いていたのをみてかどうかは定かではないが、そういうのもあって、若い人たちが高齢者の部屋の入口の除雪を自らやってくれたのだ。こういった動きは非常にうれしかった。背中をみせていれば、変わってくれるのかなという感じである。

【好間応急仮設住宅】役員 TO11 氏 [53]
　いわき市に設置されたこの仮設は、近くに高速道路のいわき中央 IC や商業施設があり、非常に便利な立地である。そのため、様々な人が立ち寄りやすく、取材などを受けることが多い。入居戸数は 62、入居者数は 162 人で

あり、仕事をしている若い世代の居住者が比較的多い。高齢者も入居しているが、ほぼ全員家族と暮らしていてひとり暮らし高齢者はあまり多くない。

　自治会設立は2011年11月であったが、同年の9月頃から「自治会をつくってほしい」と町からいわれていた。

　自治会の行事は居住者同士の交流が中心であり、昼間家にいる高齢者ばかりが参加している。そのためにごくわずかである独居高齢者も自治会の集まりには積極的に参加し、孤立化の防止につながっている。高齢者が多いことによる人手不足が懸念されるが、特に支援団体の力を借りずとも行事が運営できている。行事に参加するのは毎回50名程度。少人数ゆえにまとまりがあるのだと思う。また、「安全パトロール」を行っており、散歩時にコスチュームを身に着け、何か気づいたことがあれば報告するといった気軽なものであるが、その気軽さゆえに参加者が少なくない。

　近隣自治会とも交流があり、行事などがある時にはお互いに声をかけ合っている。

　入居開始当時にごみ出しについての苦情が多く寄せられてしまったことを受け、役員たちによるごみ捨て場の管理を始めたところ、そのような苦情はほとんど聞かれることがなくなった。

【泉玉露応急仮設住宅】役員TO12氏、入居者TO13氏・TO14氏 [54]

　いわき市の泉駅近隣に設置された大規模な仮設住宅である。入居者の中には子育て世代が多く、ほかの仮設住宅に比べて児童の数が多い。

　この仮設自治会は町からの要請で設立されたものではなく、コミュニケーションをとることと居住者の健康状態を維持することを目的として、住民たちが2011年12月頃、自主的に設立したものであった。

　自治会による行事の多くは支援団体の力を借りながら行っている。子供が多いことから、その友達の借り上げ住宅居住者などの参加も多い。活動は夜警などを行っており、防犯対策にも力を入れている。仮設内の住民とのコミュニケーションを図るために、最近回覧板による連絡を開始した。今までは回覧板を回すことすらできないような関係だったのがやっとできるようになった。近所に畑も借りていて、高齢者などが盛んに利用している。休日に

第8章　仮設／広域自治会の実態と課題——自治会長・居住者調査から——　413

は周辺地域の美化活動を行っており、それには若い世代の人も多く参加している。さらに、この仮設住宅ではクラブ活動が行われており、現在はゴルフ、カラオケ、ゲートボール、グランドゴルフといった四つのクラブが組織されている。そのうち、ゲートボールクラブにおいてはいわきの近隣自治会と合同で活動を行っている。グランドゴルフクラブでは週一回はグランドを借りているが、その他の日は同様に近隣自治会と合同で活動を行っている。

【下高久応急仮設住宅】役員 TO15 氏 [55]

　入居が始まったのは、2012年10月1日であった。そこから12月にかけて6割方の人々の入居が完了した。もともと借り上げ住宅に住んでいる住民もいたが、いつかは借り上げの補助が打ち切られてしまうという懸念のため、仮設住宅に移った人が多い。

　仮設住宅の入居に伴って、主に婦人たちからの自治会発足の要望があがり、年明けから資料集めを始め、1月20日に13名の役員をピックアップして具体的に設立の準備にとりかかった。2月9日には規約を考えるため、13名で会議を行った。構成員は会長が1名、副会長1名、会計が1名、監査が2名、理事が3名である。さらにその他にA棟、B棟、C棟の住居人たちを見守る班長をそれぞれの棟に2人ずつお願いした。ただ、メンバーは互いにほとんど名前も把握していない状況であった。

　イベントでは例えば、4月12日、平田村出身の歌手の方に来ていただきライブを行った。玉露仮設ではよく行っており、そのつてで来てくれた。2時間くらいトークと歌で盛り上げてくれた。下高久仮設の人たちが約50名、富岡町関連の人が約20名、その他の地域から約30名の合計だいたい100名ほどの参加者が集まった。集会所で定期的に行われているものとして、折り紙教室やカラオケ大会がある。折り紙教室は週1回のペースで行われて、5〜6名の70代の住民が参加している。このメンバー内には役員もいる。しかし参加メンバーは固定化してしまっている。千葉県のNPOから借りたカラオケの機材を使用し、週2回定期的にカラオケ大会も行っている。14時〜16時の間の昼時に行っているようだ。こちらはだいたい15〜16名参加していて女性の割合が多い。

下高久の集まりに呼ばれ、あいさつに行った。下高久は広いようで、数えただけでも20名ほどの班長がいた。地域に関していろいろなことを学んだ。地域の方とも一緒にやっていこうとは思っているが、仮設内部がまだまとまっていないため、老人会とか一緒にやろうといわれてもなかなか動けない状態である。

②広域自治会

【福島市及び県北地区在住富岡町民自治会】役員 TO16氏[56)]

設立は2011年10月で、設立総会は11月に実施した。立ち上げは4名ほどが中心となって行った。役員は8名であり、会費を納入する会員は61世帯である。しかし、町から要請を受けているのは90世帯で、そのほかに個人情報保護の関係で把握し切れていない50世帯がこの自治会でカバーする範囲にある。町から頼まれている世帯には自治会の会報などを送付している。このため住所は知っているが、自宅に訪問したりはしないようにといわれている。きっかけは孤独死で亡くなった人がいたことである。同じことが起こってはいけないということで、「やろう」となった。福島にいる人でわかるひとに声をかけた。第1回会議をやることになり、集めたところ25名の参加があった。

活動について、行事のお知らせを毎月送付している。送付は約160世帯に行っている。切手は、役場から80円のものと120円のものは預かっている。端数分は会費から出すようにしている。ほかには、質問などをまとめて東電へ投げかけて、相談員を呼んで説明をしてもらったりする。さらに相談会や勉強会もたくさん実施している。

【郡山方部借上げ住宅居住者会】役員 TO17氏[57)]

設立当時は74世帯の加入だったが、現在では167世帯253名、年配者がほとんどである。

役員の構成は会長1名、副会長2名、事務局長であり、最年少は60歳。役員の大半が以前に区長や婦人会など何かしらの役員を経験している。事務

局長は町会議員経験者であり、報告書や活動記録を作成している。

　第1回の集まりは、神主さんの計らいで開成山大神宮にて行われた。2012年10月1日には現在富岡の学校等がある、三春の元石油工場でグランドゴルフ大会が開催され、80名が参加した。大会終了後にはボランティアによるカレーの炊き出しが行われ、200名近くが参加と盛況だった。今年の1月27日には、猪苗代のレイクサイド磐光で新年会を開催、91名が参加した。近いところということでこの場所に決定した。

　このように活発な会であるが、現状の問題はイベントや活動に参加しない人をどう呼び込むかである。そこで、借り上げ住宅居住者の意見を取り入れるためアンケートを行った。参加しないのは、年配の方が多いためか「足（移動手段）がない」という理由が多かった。

　他地区との関わりでは、いわきにあるさくらの会、すみれ会、福島、新潟の借上自治会とともに連絡協議会の開催や町に助成を要請したりしている。

　今後についてであるが、来年度は地域の自治会長も近くに住んでいることから、話し合いの場などを設けて地域との交流を図っていきたい。

【会津富岡さくら会】役員 TO18氏[58]

　役場の人とコインランドリーで一緒になって話をすると、「妻は最近元気がないので、誰かと話したりする場をつくりたいので協力してほしい」となった。そこで、特別に強制はせずにやろうとなり、この会を立ち上げた。20名くらいで始めて、新聞やテレビにも取り上げられた。規約などはなく、役場にも届出を出していない。町長が以前に来た時に「申請を出してくれれば補助を出せるから申請してほしい」といわれたが、人数もそれほどいないし、縛られるのが嫌だったため町公認の組織にはしていない。

　会長以外の役職はないが、Aさんが基本いろいろやってくれていて、実質的にNo.2になっている。自分自身は、あまりやらないようにしている。というのも、新聞やテレビで取り上げられたことによって、ネットにも自分の名前で検索するとヒットするようになり、身内から怒られたからである。さらに、某新聞のインタビューで発言したことを曲げて記事にされ、非常に腹が立った。

活動について、月に1回情報交換の場所として開いていた。毎回7～8組、12～3名くらい参加していたがもの足りないと感じていて、30人くらいいればなと思うこともある。参加する人は60～70代が中心だが、40代の人は夫婦で参加する人もいる。人もだいぶいわきに移っていったので、今は3～4ヵ月に1回程度である。総会などはなく、集まりたい時に実施する。活動場所は、若松にある生涯学習総合センター「會津稽古堂」の3階である。市に申請すると安く借りることができる。

【さくらの会】役員 TO19氏[59]

いわき市南部の借上居住者を対象にした広域自治会であり、同じいわき市の広域自治会であるすみれ会よりも設立が早い。借上居住者の孤立化を防止することが設立の目的であった。設立当初は40名程だったが、口コミによって徐々に会員が増えていき、現在では約150名もの会員を抱えている。主に活動を行うにあたり、その告知をする連絡員を10名程任命し、情報伝達ができるような工夫をしている。

ふだんは労働福祉会館や文化センター、飲食店などで会費を取って活動しており、主に会員同士のよもやま話などの交流が目的となっている。今年の9月30日、平に交流サロン[60]ができたので、これからはそちらを使って活動していくつもりである。拠点もできたこともあり、会員の募集を開始した。募集案内は広報に掲載される予定である。

この他にも、年4回の定例会や温泉旅行、新年会など活発に活動している。次回は11月2日に定例会があり、弁護士相談会を行う予定である。午前中で勉強会を終了し、食事を取りながら交流する。

今後の方向性として、ひとり暮らしの高齢者を入会させて孤立を防止していきたいと考えている。しかし、車が無いなどの問題があり頭を悩ませている。

【すみれ会／四倉交流サロン】役員 TO20氏[61]

設立の経緯であるが、自分が千葉からいわきに戻ってきて、知り合いなどと話をしているうちに「自治会をつくろう」という話になった。2012年4月末頃から話をしてまとまってきた頃に「さくらの会ができた」と聞いた。

第8章　仮設／広域自治会の実態と課題——自治会長・居住者調査から——　417

「いわき市は広いし、もう一つくらいあってもいいだろう」となり、同年9月に設立総会を行った。当初は女性だけでやってみようと、女性7名と忙しい時や力が足りない時のために手伝ってもらうために、顧問として男性5名を中心に活動を開始した。中心メンバーの女性たちは皆、婦人会長や区長の妻といった女性ながらも地域に顔が利く人であった。

　会員募集などは特に行わず、中心メンバーの友人や元の部落の知人を誘った。設立当初の目標は30世帯であったが50数世帯が加入し、現在では73世帯、150名くらいの会員がいる。拠点となる場所がほしいと思い、町に相談すると「サロンになるような場所をみつければ使ってもよい」といわれた。さくらの会は主にいわきの南の方を拠点に行っていたため、すみれ会は北側を拠点にしようと四倉を候補にした。現在、すみれ会の行事を行う際にはこのサロンを使っている。

　月に1回程度行事（健康体操）があり、その他にサロンの行事などに参加している。行事のある時や、近くに用事がある時はついでにサロンに顔を出すようにしている。月の半分はこのサロンに居るのではないだろうか。サロンの職員たちとも仲がよく、連携関係が築かれている。自治会として何かやる時に心がけていることは「難しいことは考えず、わいわい楽しくやろう」である。ただ、それだけではなく、放射能や賠償についての勉強会も行ってはいるが、他の行事に比べて参加率は下がる。サロンに来て、すみれ会を知り、すみれ会に加入する人も多い。加入しなくても、行事などに参加させてほしいという時は喜んで参加してもらっている。先日は新年会を正月荘で行ったところ、50世帯ほどで約60名が集まった。大所帯になってくると、全員集まるスペースがないのも問題としてあがってきている。

　会員たちはいわきから四倉の間に多く居住しているが、鹿島の人や小名浜の人もいる。世代は40代〜80代くらいまでと幅広い。さくらの会にも入っている人も若干いる。行事など行うのは主に平日のため、参加する人は女性が多い。私たちは、みんなが集まれるような仕組みにしたいと考えており、女性ならではの細かな気配りで差をつけているのではないか。

　今までは行政区がしっかりあったが、このような状況になってしまうと「参加する自治会を自分で選ぶ」という行為も必要になってくるのではない

だろうか。

【さくら会・富岡 in 柏崎】役員 TO21 氏[62]

　避難先である柏崎の自治会活動に参加するなど、色々と満たされてきたので何も感じなかった。しかし、周辺に 70 戸ほどが避難しているがバラバラな状況であることを知ってから、富岡からの避難者だけでなく地元の人も含めた新たな絆を広げるとともに、富岡町役場とのつながりを持つことを目的に、有志 17 名ほどが集まって 2012 年 3 月 29 日に設立。毎月 1 回の定例会を被災者サポートセンター「あまやどり」で開催することにした。最初のうちは（富岡の人に会うという意味で）懐かしさがあったようだ。

　初年度の活動は定例会を月 1 回のペースで 11 回開催したのをはじめに、笹だんごづくり、七夕祭り（地域子供会と連携）、柏もちづくり、食事会などを「無料奉仕」で行った。拠点サロンというものはなく、定例会を「あまやどり」でやる以外は比角コミュニティセンターや市民プラザなどの施設を活用している。

(2) 借上住宅等

　楢葉町の分析と同様に、広域自治会に関わっていない借上住宅等の居住者への聞き取りをまとめたのが表 8.2.8 である[63]。これも聞き取り者ベースであるため、一般的な傾向を論じることはできないものの、TO23 氏や TO27 氏のように震災前も後も自治会等に関わっている人もいれば、TO22 氏、TO24 氏や

表 8.2.8　借上住宅等居住者への調査結果概要

対象者	居住地域	現在の自治会加入と関わり	震災以前の行政区、自治会との関わり
TO22	いわき市平	無	中央：会合などの知らせはある。参加はしていない
TO23	いわき市石森	有：加入。清掃活動には参加	毛萱：相談役的な役割を果たしている
TO24	いわき市川前	無	新町：なし
TO25	いわき市洋向台	有：加入。やりとりはある	新夜ノ森：連絡はこれまでもない
TO26	いわき市平	無：いわきでの自治会加入案内はない	下千里：なし
TO27	いわき市四倉	有：加入。活動に参加	王塚：現在も評議員である
TO28	いわき市平	無：案内もない	本町：町からの広報をもらうだけである

TO26 氏などのように前後を通じて関わりがない人という、ある種のディバイドが確認できる[64]。

3. むすび

3.1 避難生活とコミュニティ

ここでは前節での結果をふまえつつ、考察を行う。まずは避難生活者の「応急仮設住宅」、「借り上げ住宅」といった（調査対象者の）居住地別に調査結果をまとめ、それを「楢葉町」と「富岡町」について比較する（表8.3.1）。

表8.3.1　居住形態別のコミュニティの現状と課題

形態	出身	自治会	活動	結果
応急仮設住宅	楢葉	一部の仮設で設立なし（調査時点）	活動状況に格差あり	活発な自治会では問題解決がなされる一方で、そうでない自治会は未解決のまま
	富岡	全ての仮設で設立		
借上住宅	楢葉	設立なし	なし（個人による）	孤立化が進む
	富岡	有志により設立	交流や情報交換	交流促進による孤立化を抑止

(1) 応急仮設住宅

楢葉町の仮設住宅では、一部の仮設住宅で自治会が設立されていなかった（飯野、高久第八、常磐銭田）。そのような仮設住宅では、住民同士の交流が行われずに生活上の問題点が未解決のままであった。例えばゴミ出しの問題が多発したことを受け、清掃の日を設定し、改善に導いた「高久第十」や、ゴミ分別の講習会などの自主的な活動により対応している「上荒川」などの自治会が設立された仮設住宅では生活上の問題点を解消していた。こうした効果は、自治会設立が2013年3月末の「高久第九」においても、「住民同士のコミュニケーションが取れていなかったが、自治会設立により、解消に向かいつつある」（表8.2.2）にもあらわれている。

一方の富岡町の仮設住宅では、全ての仮設住宅で自治会が入居開始後の比較的早い段階で設立された。活動の内容としては防災訓練やパトロールなどと、自治会長が先導したり、居住者たちが意見を出し合うなどである。行事はどこ

の仮設住宅でも交流を目的の中心としたものであるが、そうした交流を通じて仮設住宅内にとどまらず、近隣の自治会や仮設住宅、借り上げ住宅居住者など、仮設住宅を中心としたコミュニティを形成するところもあった。活動や行事を通じて人びとが知り合い同士になり、入居当初は問題となっていたゴミ出しの問題や独居高齢者の孤独死を防止させる結果につながっていったといえるだろう。

　(2) 借上住宅等

　町民の8割近くがいわき市に在住していることからなのか、楢葉町では広域自治会が設立されていない上に、現居住地にある自治会に参加している人は今回の調査対象者の中には一人もおらず、(統計的には断定できないものの) 借り上げ住宅居住者の孤立化が進行している現状にあるのだろうか。それに伴う情報不足も懸念されたものの、震災以前の行政区が現在も機能していると答えた対象者は、区の活動に関与することによって情報やコミュニケーションの不足を解消していた。一方で、機能していない (楢葉町の) 行政区に属する人は、何の組織にも属せず、情報不足も深刻であるといった状況といえる。

　富岡町では、借上住宅等居住者による自治会が有志で設立されていた。今回調査を行った広域自治会では、交流や情報交換を重要視しながら活動を進めており、問題となっている「借上住宅居住者の孤立」防止に役立っているといえる。各地に設置された交流サロンも、被災者たちのコミュニティ形成の拠点となっているが、そこでの聞き取りによると広域自治会にすら参加しない人たちの孤立化がさらに進行しており、借上自治会や交流サロンではそうした人たちへの対応を思案していることも明らかになった。

　震災以前の行政区のほとんどがほぼ機能していない中で、他者とのつながりをつくる場所としての広域自治会は有効な一つの手段であることがいえよう。しかし、その一方で移動や健康問題などにより「会に参加することが不可能／困難な者」については有効な対策がほとんどなされておらず、さらなる孤立化が進行してしまっているともいえ、そこにより大きな裂け目 (ディバイド) が生じていることも忘れてはならない。

　以上の結果から、「コミュニティを形成し、それに関与する」ことで生活上の問題点を解決できる (一つの手段である) ことが明らかとなった。これらは

被災後のコミュニティ形成の重要性を示している。では、どのようなコミュニティを形成すればよいのだろうか。

「私たちはいつまでも被災者でいるつもりはない。もっと自立のできるような支援がほしいと考えている」(すみれ会・役員 TO20 氏)

震災発生から複数年経過し、被災者たちには生活や気持ちなど様々な面での変化があったものと考えられる。そのような変化に対応できる支援を検討する必要性があることをこのコメントは示している。自立という単語が出ていることから、今後の帰町または集団移転を見越していることが読み取れる。

また、その支援側の立場である行政としての考えは、

「現在行っている支援が帰町・集団移転後も持続できる可能性は非常に低い。その後自分の力で生活ができるように今から自立を図ってほしい」(楢葉町)

「基本的に積極的に動くというよりかは要望が出れば対応するといった姿勢。支援するばかりでなく、自立を図らなければならないと思っての姿勢であるが、仮設住宅の入居者は支援を欲する人たちが多く、そこが難しいところである」(富岡町)

であった。こちらも自立という言葉が強調されている。楢葉町も富岡町も共通しているのは、支援がなくなったあとの生活への懸念である。今のところ震災以前にはなかった支援を数多く実施しているが、それでも町民たちの要望は尽きないという。行政や支援団体の力に頼りきりになってしまい、帰町・集団移転を行ったあとに「自力で」生活を送ることが不可能になってしまうことを懸念していた。また、同じく被災者支援を行う団体は

「自主的に活動を行っている仮設住宅の自治会は、自分たちに頼りきりにならず適度な距離がある」(いわき市の支援団体)

とのことであった。現在の活動のなかでも、今後のことを考える上でもあまり支援に頼りすぎないという姿勢は重要であるといえる。

以上のような被災者／行政／支援者といった視点から、キーワードとなるのは「自立」であろう。支援の力を借りるべき／借りるべきでないという線引きを明確にしている仮設自治会は、今後の自立を念頭に活動しているようにもうかがえる。こうした傾向は現在のような避難生活中にとどまらず、帰町・集団移転後も続くことが望ましい。

東日本大震災において形成されるべきコミュニティの形の一つは「帰町・集団を念頭に置いた、住民たちが自立できるコミュニティ」であり、それを支援する仕組みを構築するのが課題ともいえよう[65]。

行政や支援団体は被災者に求められた場合のみに支援を行い、なおかつその内容は必要最小限にとどめる。また、行政または支援団体にしか把握できないことも想定されるため、双方の連携を進めることでより効果的な支援も可能になると考えられる。そして、被災コミュニティの構成員は可能な限り自分たちの力で運営することで、活動はより自立的なものになる。こうした活動を継続することで、帰町・集団移転後も「自律」したコミュニティが形成または再構築されていくものと考える。

3.2 今後の課題

今回の調査結果について、居住形態別に双葉郡の楢葉町と富岡町を検討することで、ほとんど前例のない規模の東日本大震災においても（当然かもしれないが）被災後においてコミュニティ形成が重要であることが明らかになった。また、住民／行政／支援団体といった三者の意見をふまえ、形成すべきコミュニティの一つの形を考察した。

また、調査結果を整理した過程で明らかとなった、今後の調査上の課題をいくつか提示して本章のむすびとしたい。まず、コミュニティ活動への「若い世代の取り込み」である。本調査でも「マンパワー不足」や「自治会活動に非協力的な若い世代の存在」を多く聞くこととなった[66]。若い世代の取り込みが可能となれば、支援を受ける部分を減らすことができて、結果としてコミュニティの自立性を高めることが期待できる。自治会の中心となっているのは比較

的高齢な人に多かった。現状、自治会活動への参加に積極的ではない若い世代への調査も行い、コミュニティ活動に参加してもらう仕組みを検討する必要があろう。

さらに「帰町・集団移転後のコミュニティ」の検討を進める必要がある。多くの被災者が「震災前のコミュニティに戻りたい」と訴える中[67]、震災後のコミュニティ形成が円滑に進んでいるところでは、「避難生活が終わったあとも現在のコミュニティを維持したい」という声もあった。この先、避難生活がさらに長期にわたると、現居住地のコミュニティを維持したいという声が強くなる可能性がある。帰町・集団移転後に形成するコミュニティのあり方も検討することが必要である。

注

1) 本章は2013年夏までの調査結果に基づいている。但し、その時点で未調査のものについてはその限りではない。また、役場などから提供された各種データは可能な限り2012年度末のものに統一する。
2) 兵庫県警察本部、1999年5月5日。
3) これらの内容は7章2.と3.と一部重複する。詳細はそちらを参照されたい。
4) のちに50戸以上に緩和された。
5) この組織を楢葉町や富岡町にあてはめると、震災前に住んでいた行政区同士により結成された、「楢葉町行政区長会議」や「富岡町行政区長会」といえる。
6) 本震災でも各仮設住宅内に仮設自治会が設置されている。
7) 本震災では仮設自治会で自主的に畑を借りるといったような動きはあったり、郡山市にある富岡町の交流施設「おだがいさまセンター」では、雇用創出まではいかないものの、借りた畑で住民同士による農作業を行い、料理教室を開催するなどの交流推進を図っている。
8) 本章と同様に「東日本大震災」をテーマとして扱っているものをいくつかあげる。柄谷（2012）では、東日本大震災により甚大な被害を受けた陸前高田市の郊外に設置された大規模仮設住宅にて設立された自治会の発足や運営の経緯をもとに、移動に伴うコミュニティ形成の課題について論じている。主な課題は「仮設住宅においてどこまで自治会を充実させるのか」と「既仮設住宅地区と既存地区との温度差」の二つであった。そして、震災前の落ち着きを取り戻しつつある現在は「移動に伴い、形成されるコミュニティの動きも追跡しながら、被災者の生活再建や地域復興に資する持続可能なコミュニティを再考すべき時期に差し掛かっている（同）」と結んでいる。林（2012）は、南三陸町民が居住する仮設住宅を訪問し、仮設住宅での生活がいかに営まれているかを明らかにするために、3人の自治会長にインタビューを行っている。その結果、「仮設住宅の規模」と「震災以前からの社会的関係の強弱」が仮設住宅の住民の自立性に関わっていることが明らかとなったが、「自立性の強弱に関係なくサ

ポートは必要である（同）」とし、「対象の内情を理解し、時間の経過とともに変化していくニーズに応えることが重要である（同）」ことを訴えた。野村（2012）では避難生活における課題について、宮城県名取市の自宅を津波で流失し、海峡を超え、北海道江差町へ避難した夫婦へのインタビューをもとに報告を行っている。「今回の震災では、全国的に地域外避難の受け入れ態勢が整備され、各所で精力的な取り組みが続いている。しかし、被災者各々の被災状況には差があり、特に地域外に避難した被災者は周りとの温度差を強く意識してしまう場合がある（同）」との懸念を示し、これまでは詳細を把握することが困難であった地域外避難の現状を明らかにする必要性を示唆した。佐藤（2012）では、福島大学災害復興研究所が2011年9月1日～30日の期間で実施した『双葉地方の住民を対象にした災害復興実態調査』に基づき、被災者が何を求めているのかを明らかにしている。調査結果からは被災者たちの精神健康状態がよいといえないことが判明し、「行政では仮住まいの提供という「ハード面」での支援を急いできたが、被災者たちが必要としているのはメンタルケアなどの「ソフト面」での支援である（同）」と結ぶとともに、被災者の精神的健康状態に影響を与えるのは避難先の居住種別であることに留意すべきだとした。鈴木（2012）では、宮城県の「復興まちづくり推進員」事業を事例に、被災コミュニティに寄り添うサポート役の必要性を論じている。地域コミュニティと行政の双方ともが日々の生活に追われている現状が明らかとなり、そんな中で「『復興推進員』が双方の橋渡し的役割を担うことを期待されている。（同）」とした。また、行政ニーズに応える専門家は多いが、住民ニーズに応える専門家が少ないという状況を受け、住民と専門家をつなぐ役割を「復興推進員」で担えないかとの考えを示している。富安（2012）では、震災以前より高齢化率が30％を超す地域であった岩手県沿岸部にて企画された「コミュニティケア型仮設住宅」を事例に、それにより被災者にどのような影響があったのかを論じている。この仮設住宅内には「サポートセンター」という生活支援施設が設置され、その職員が被災者に対して支援を行った。その結果、高齢者の非常時に対応できた例や自治会長の負担軽減などの成果をあげた一方で、住民が支援に頼りすぎてしまい、仮設住宅内の自治組織が形骸化するといった事態も引き起こしてしまったようだ。そのことから「復興が進むにつれ、社会的自立度が高い居住者から退去していき仮設団地の自治機能は低下すると考えられる。そのため、サポートセンター支援連絡員らに期待される役割も変化していくであろう。中長期的に復興支援のあり方は見直されていくべきである（同）」との見解を導いた。

9）阪神・淡路大震災についてはまず、越山ら（1995）でアンケート調査を実施するとともに、阪神・淡路大震災の応急仮設住宅の供給方法を過去の事例と比較しながら、今後の震災復旧のあり方を検討している。調査結果からは、住宅性能上の問題点や住宅生活上の問題点が浮かび上がった。また、「住民の今後の生活への不安も大きい（同）」ことも判明したので、その結果から「早急に住宅復興プランの具体案を発表し、住民の先々の不安を取り除くことが都市復興の近道であろう（同）」と結んだ。今井ら（1998）では、阪神・淡路大震災で被災した地域での過酷な生活の状況とその後の住生活の実態や意識の動きを明らかにし、地震防災の視点から住生活上の問題として「住み方」「モノの備え」「人間関係」の諸軸を設定し、今後の日常の住生活への課題を開示している。調査結果からは、震災前に近隣住民と密に交流していた世帯は、支

第8章　仮設／広域自治会の実態と課題――自治会長・居住者調査から――　　425

援を受けた割合が多く、近隣からの被支援の可能性は日常の近隣関係に負うところが大きいということが明らかとなった。しかし、今井らは「日常の近隣関係のいかんによらず、全ての住民が災害時、近隣、地域より支援を受けるような地域のシステム、よりどころとなる組織づくり（同）」が必要なのではないかとの見解を示した。一井ら（2004）では、復興公営住宅を高齢者支援システムを軸に類型化を行っている。調査結果からは高齢者がその他の住民たちに気をつかって生活している現状が明らかとなった。山田ら（2009）では淡路市にある仮屋地区と豊島地区の災害復興の様子を比較し、災害復興とコミュニティを関連づけて考察している。調査結果からは、豊島地区では本人やその近隣集団の移動により従来の近隣関係が崩壊し、隣保関係が義務的な活動のみになり、希薄化した一方で、仮屋地区では、震災復興事業により従来の状況からの変化が少なく、移転も微少であったことから、現在においても近隣関係に変化がなく、震災前の近隣関係を維持できていることを示している。塩崎ら（2007）では、災害復興公営住宅入居者の様々な特性と「孤立化」の関係性を明らかにしている。調査結果からは「早くどこかに落ち着きたいがために復興住宅に入居した被災者の孤立化が顕著である。（同）」ことが判明したとしている。塩崎ら（2006）では、被災者の居住環境と「孤立化」の関係性を明らかにしている。調査結果からは「集会所等で行われる行事は孤立化していない世帯には有効であるが、孤立化してしまっている世帯には影響を及ぼさない。むしろ、孤立化していない世帯との溝が広がるばかりである。（同）」ことを示すとともに、「住棟内の知人の存在それ自体は孤立化の抑制に寄与しない。（同）」という他の研究とは全く異なる結果を示した。越山ら（2000）では災害復興公営住宅のコミュニティの状態と居住者たちの復興感を関連づけて考察している。調査結果からはすでに退去した人が多く、自治会活動参加者が減少し、様々な問題が浮上している現状が明らかとなった。そして、今後「コミュニティの高齢化が進むことを考えると、可能なところには外部からの支援を入れていくことも必要（同）」であると結んでいる。

10)　地図などの詳細は5章1.を参照されたい。
11)　『広報ならは号外第一号』、河北新報「6月6日楢葉町民が一時帰宅：警戒区域の9市町村の最後（2011/6/7）」、楢葉町公式ホームページ（災害版）、楢葉町公式ブログ〔http://ameblo.jp/naraha7700/〕などより作成。
12)　『とみおか町災害情報No.1』、読売新聞「警戒区域の南相馬市と富岡町、一時帰宅始まる（2011/5/25）」、『とみおか町災害情報 No.3』、『とみおか町災害情報 No.7』、『とみおか町災害情報No.9』『とみおか町災害情報 No.12』、『とみおか町災害情報No.15』、『みでやっぺ！5号』、『広報とみおか No.593』、『広報とみおか No.600』、『みでやっぺ！60号』、『富岡町公式ホームページ（災害版）』などから作成。
13)　具体的には楢葉町では調査回答者の49.0％、233名、富岡町は51.2％、711名である。
14)　毎日新聞「大熊町、96％帰還困難区域に（2012/12/10）」より。
15)　福島民報「広野町、独自避難きょう解除（2012/3/31）」より。
16)　いずれも2012年度末の数字である。また、楢葉町は2013年3月完成の小名浜相子島仮設を含めていない。
17)　2013年3月27日現在、楢葉町提供資料より。

18) 2013 年 3 月 1 日現在、富岡町提供資料より。
19) 本論では、会津美里町にある宮里応急仮設住宅については言及しない。別稿で改めて論じたい。
20) 町役場、仮設住宅自治会提供資料、関係者への聞き取りより筆者作成。2013 年末は参考。表中の「決定戸数」は実際に入居可能な戸数、「決定人数」は申請上の人数をそれぞれ指し、いずれも入居実態と異なる場合もある。
21) 後述する富岡町と同様に、2012 年度内に実施した調査結果を反映させているが、調査の都合上、2014 年度実施のものが含まれている（例えば、三春の里）が、可能な限り 2012 年度の状況に揃えるようにした。
22) 調査日は 2013 年 2 月 16 日である。
23) 調査日は 2012 年 10 月 18 日である。
24) このように高齢者や障がい者を優先して入居させることにより、支援する側の人間が少なくなり、コミュニティ形成への動きが弱いものになってしまう。これは阪神・淡路大震災の際にも見受けられた。この高久第六仮設住宅でも同様の現象が生じてしまっているものといえる。一方でほぼ高齢者という構成により、住民同士の交流がなされ、独居高齢者の防止に役立っているというのも事実である。
25) 調査日は 2012 年 10 月 9 日である。
26) 調査日は両者とも 2012 年 10 月 11 日である。
27) 富岡町の仮設住宅では、近隣仮設住宅とは交流がある例が多かったので、これはこの二つの仮設住宅特有の現象なのだろうか。
28) 確かに、必要な時に連絡員の力を借りることも仮設住宅運営の上で重要になるが、その力に頼りきりになってしまっては活動が受動的になり、活発な活動は望めないと考える。実際に町役場が 2013 年 1 月に行った『自治会設立についてのアンケート調査』によれば「自治会がほしい」というような人が過半数であったという状況からもわかるように、連絡員の存在のみではまかなえないような活動があるといえよう。
29) 調査日はそれぞれ 2012 年 11 月 26 日、同年 9 月 13 日である。
30) 調査日はそれぞれ 2012 年 11 月 21 日、同年 10 月 22 日である。
31) 調査日はそれぞれ 2013 年 3 月 4 日、2012 年 9 月 1 日である。
32) ここに町役場に対する仮設住宅入居者そして入居者を束ねる自治会役員との「溝」がみえ隠れする。これには役場の「自立支援」といった考えに対するとまどいともいえるのではないか。
33) 調査日はそれぞれ 2012 年 7 月 5 日、2013 年 3 月 9 日である。
34) この仮設では生活上の問題点に関する対応は自治会で行い、交流するための行事は支援団体に任せるといった分担がなされているとも考えられる。また、仮設の設置が遅い分類に入ることから、居住者たちもある程度生活や気持ちの面での落ち着きを取り戻していたのかもしれない。そういった要因から、生活上の問題点があまり目立たない状況になっている可能性がある。作町一丁目仮設の状況も考慮すると、仮設住宅の設置時期と住民の生活上の問題点が関係しているのだろうか。
35) 調査日は 2013 年 2 月 23 日である。
36) 充実した自治会のようにみえるが、次回の総会時に自治会役員に名乗り出る人がいなかった場合、自治会は解散するつもりであるようだ。その理由として、当初目的

第8章　仮設／広域自治会の実態と課題——自治会長・居住者調査から——　　427

としていた住民同士の親睦を深めることは達成されたからである。なくなったからといって問題が起きることはなく、町からの助成金はもらえなくなるものの、目標達成できたのでもういいのではないかと考えている。確かに自治会を「交流促進・推進」を主機能とすれば、それが果たされて持続する見込みがあれば解散というのも一つのあり方なのかもしれない。

37）調査日は2013年2月20日である。
38）この仮設で特徴的なのは、会長が近隣地域との交流は必要不可欠と考え、積極的に近隣地区長との話し合いを行っていることである。地域ゴミ拾いを通じて住民からお礼をいってくれる人もいて、地域とのつながりが生まれているようだ。
39）いわゆる「コミュニティはあったけど、ない／なかった」（吉原）の議論につながっていく。やや視覚は異なるが、震災前後の比較については9章で論じる。
40）町役場、仮設住宅自治会提供資料、関係者への聞き取りより筆者作成。2013年末は参考。
41）センター勤務者への聞き取りによる。調査日は2013年1月16日である。
42）『広報とみおか　災害情報第9号』、福島民報「冬の会津　募る郷愁　富岡町民の心温めたい（2012/01/08）」、『広報とみおかNo.594』、『広報とみおかNo.596』、各関係者へのインタビュー調査などから筆者作成。＊は未調査により不明とした。
43）調査日は2013年3月17日である。
44）調査日は2012年12月13日である。
45）調査日は2013年3月19日である。
46）調査日は2013年4月20日である。
47）調査日は2013年5月26日である。
48）調査日は2014年6月1日である。
49）調査日は2013年3月19日である。
50）調査日は2013年10月30日である。
51）調査日は2013年4月20日である。
52）調査日は2013年4月27日である。
53）調査日は2012年12月17日である。
54）調査日はそれぞれ2012年12月5日である。
55）調査日は2013年4月13日、同年6月24日である。
56）調査日は2013年5月5日である。
57）調査日は2013年3月16日である。
58）調査日は2013年5月25日である。
59）調査日は2012年10月29日である。
60）「いわき平交流サロン」について、職員への聞き取りをもとに説明しよう。富岡町民の避難先として最も多いのがいわき市であるのにもかかわらず、借り上げ住宅居住者に対する支援が少ないことを受け、設置されたサロンである。借り上げ住宅居住者のコミュニティ形成の拠点となることが目的である。このサロンが他と比べて設置が古いこともあり、だんだんと運営の方向性もみえ始めている。今後は、来訪者たちの意見を取り入れながら行事などを行っていきたい。因みに、最近多い話題が「自分が居住する地区の自治会について」である。「居住している以上、参加したいとは思う

がどうしたらいいかわからない」ことを訴える者がおり、借り上げ住宅居住者が居住地区の自治会に参加できずにいる現状がある。「ここでは心を許して話ができる」という来訪者が多く、来訪者同士が意気投合して仲良くなるというようなケースも多々ある。本来の目的通り、借り上げ居住者のコミュニティ形成の拠点となっている。一方で、サロンに来訪しない／できない人が問題でもある。

61) 調査日は 2013 年 1 月 24 日である。
62) 調査日は 2014 年 8 月 2 日である。
63) 先にふれた広域自治会には関与していない人たちを取り上げている。因みに調査時期を揃えるために 2013 年度夏までに調査を行った人に限っている。
64) 震災前後のコミュニティとの関わりについては 9 章を参照されたい。
65) 自立支援に向けた地域支援の拠点としてサポートセンターに焦点をあて、その現状と課題を論じたものとして、例えば平野ら（2014）がある。
66) 筆者らが進めている東北六県の町内会・自治会調査においても、同じような問題がそれこそ震災前から存在している。
67) これは 2013 年夏頃までのものであり、後述する「むすびにかえて」で示すように、状況は変化しつつある。

参考文献

浅川達人・玉野和志、2010、『現代都市とコミュニティ』日本放送出版協会
今井範子・中村久美、1998、「阪神淡路大震災被災地域の公団住宅における生活上の諸課題　被災当時における生活困難の実態と支援の状況」『日本家政会誌』49(6)：687-698．
浦野正樹・田中淳・吉井博明、2007、『復興コミュニティ論入門』弘文堂
柄谷友香、2012、""移動"に伴うコミュニティ形成の課題—仮設住宅自治会の発足経緯を例として—」『建築雑誌』127(1632)：4-5
越山健治・室崎益輝、1995、「阪神・淡路大震災における応急仮設住宅供給に関する研究—神戸市周辺七市におけるアンケート調査から—」『地域安全学会論文報告集』5：89-96
越山健治・立木茂雄・小林郁雄・室崎益輝・菅磨志保・福留邦洋・柄谷友香、2003、「災害復興公営住宅居住者の復興感分析—2002 年兵庫県災害復興公営住宅団地コミュニティ調査報告—」『地域安全学会論文集』5：237-244
神戸市災害対策本部、1996、『阪神・淡路大震災—神戸市の記録　1995 年—』神戸都市問題研究所
佐藤慶一、2012、「福島第一原発事故による双葉地方住民の仮すまいの姿」『建築雑誌』127(1634)：4-5
塩崎賢明・田中正人・堀田裕三子、2006、「被災市街地における住宅・市街地特性の変化と居住者の「孤立化」に関する研究　尼崎市築地地区の市街地復興事業を通して」『日本建築学会計画系論文集』605：119-126
塩崎賢明・田中正人・目黒悦子・堀田裕三子、2007、「災害復興公営住宅入居世代における居住空間特性の変化と社会的「孤立化」　阪神・淡路大震災の事例を通して」『日本建築学会計画系論文集』611：109-116

新自治用語辞典編纂会、2012、『新自治用語辞典　改訂版』ぎょうせい
杉山愛・糸長浩司・栗原伸治・藤沢直樹、2002、「避難生活での新コミュニティ形成による被災者の生活再建意識の変化―三宅島げんき農園を中心として―」『日本建築学会関東支部研究報告集Ⅱ』：217-220
鈴木孝男、2012、「復興まちづくり推進員を介した地域コミュニティ再生」『建築雑誌』127(1629)：2-3
高橋知香子・塩崎賢明・堀田裕三子、2005、「応急仮設住宅と災害復興公営住宅における孤独死の実態と居住環境に関する研究」『日本建築学会学術講演梗概集』：1513-1514
富安亮輔、2012、「コミュニティケア型仮設住宅―岩手県釜石市と遠野市での試み」『建築雑誌』127(1638)：4-5
新潟県中越大震災記録誌編集委員会、2007、『中越大地震』日本建築学会学術講演梗概集
野村理恵、2012、「海峡を越えた移動と避難生活の現状」『建築雑誌』127(1626)：10-11
林勲男、2012、「仮の住まいとコミュニティ―その連続と断絶―」『建築雑誌』127(1633)：4-5
平野隆之・小木曽早苗・児玉善郎・穂坂光彦・池田昌弘、2014、「東日本大震災における被災者支援の課題と今後の展開―自立支援を目指す地域支援の視点から」『日本福祉大学社会福祉論集』130：67-88
一井里映・平山洋介、2004、「復興公営住宅の類型と高齢者支援システム」『日本建築学会学術講演梗概集』：173-174
山崎丈夫、2006、『地域コミュニティ論　改訂版』自治体研究社
山田啓治・山崎寿一、2009、「淡路農漁村における災害復興とコミュニティの継承・変容に関する研究―淡路市仮屋地区と豊島地区を比較して―」『日本建築学会住宅系研究報告会論文集』

第9章

震災前後におけるコミュニティ・リーダーの出来

1. 個人とコミュニティの関係は変容したのか

1.1 問題意識の背景と目的

　東北地方太平洋沖地震で発生した津波や原発事故により多数の被災者を生み出したが、いまだに多くの人びとが今に至るまで原地（ないしはその周辺）での生活ができずに避難生活（仮設住宅や借上住宅などへの入居）を送っている。

　筆者らが2011年4月からいわき市内の避難所にてアンケートやインタビュー調査を開始したところ、その時はプライバシーや避難所における人間関係、物資の問題などが多く聞かれた。しかしながら、そうした問題がさほど生じなかった避難所があったのも事実である。例えば、物資分配上でもめる／もめない問題について、後者の例ではあるリーダーのもとで数人の担当者を設置して支援物資の配布を行うなどの統率がとれており[1]、避難所生活で厚生[2]上の格差が生じていたようである。

　こうした格差は同年夏から仮設住宅への入居が始まると、人づきあいなどにも拡大したように感じられる。2011年から継続的に実施しているインタビュー調査によれば、たいていの借上住宅等での居住者（ここでは「非」仮設住宅での生活者とする）で共通しているのは「（今住んでいる）地域の動向がわからない／関与できない」である。そして、「住んでいた区（や班など）からのやりとりもない」という人が多い。

　上記のような状況をもたらした兆候の一つは避難時の行動にみられた。例えば、報告者らが実施した各種調査[3]によれば、避難のきっかけとして「町内

会・自治会」をあげた割合は楢葉 20.8%、富岡 11.2%、薄磯 0.0%、豊間 13.6% であり、かつ一緒に逃げた人を「家族・親戚」としたのが楢葉 77.4%、富岡 76.2%、薄磯 71.4%、豊間 79.1% となり[4]、発災後の（津波襲来または原発事故による）避難において、コミュニティは「あるけど、ない／なかった」（吉原 2013a）のである。その後の転々とした避難生活やランダムに入居せざるを得なかった仮設／借上住宅入居以降の生活等における格差の要因の一つはここにあったといえる。

　ところで津波避難について、同様な聞き取り調査を行ったところ[5]、避難のタイミングがその呼びかけの主体で「家族・個人」以外で早かったのは「隣組・近所」であったのだが、問題となるのは「隣組・近所で声をかけた人との震災前からの関係」である。というのも、「あるけど、ない／なかった」というコミュニティでは近所だからといって近しい関係とはいえず、それが津波からの避難への呼びかけに対する「確からしさ」に大きく関係していることが現在進行中の調査で明らかになりつつあるからである[6]。つまるところ、震災前の関係を捉える必要があるといえる。

　そこで「あるけど、ない／なかった」をもう少し時間をさかのぼらせて、震災前と現在におけるそれぞれのコミュニティでの「ある／ない」の類型化と各々の特徴を確認する。それにより上述した格差の要因を求めつつ、震災後の「あった／できた」コミュニティ[7]を成立させる一つの要素としての「コミュニティ・リーダー」がどのようなプロセスで出来ているのかを明らかにする。

　ここで何故に「リーダー」を持ち出したのかを説明する必要があろう。避難所でもみられたことだが、先のもめる／もめない（もっといえば格差）の問題の多くは、とりまとめる人＝リーダーがそこに「いたか／いなかったか」に帰着していることが多い。そうしたリーダーは往々にして震災前でも、今でもそうした立場にいることがよくあるからであり、逆にこうしたリーダーの観察を通じて「あるけど、ない／なかった」コミュニティ（とその形成過程）を捉えることができると考えるからである。因みにここではコミュニティを、ある領域（仮想でもよい）にいる人びとによる活動で形成されたものとする。震災前では行政区など、震災後における避難者コミュニティは主に避難者（避難地域以外の人も含むものとする）によって、具体的には各々の仮設住宅自治会や広域

自治会などを指す[8]。

　詳細は後述するが、類型化の考え方を簡単に示すと、「震災前」でのコミュニティへの関わり、震災後における震災前のコミュニティへの関わり、震災後に住むコミュニティへの関わり、の三つの軸である。これを「ある／ない」の $2^3 = 8$ つの分類になるだろう。

　本報告ではこの類型に従って、各々のタイプの（代表的な）対象者についてインタビュー調査結果から説明する。その上で、コミュニティ・リーダーのいくつかの出現パターンを取り上げ、「あるけど、ない／なかった」コミュニティにおける、今後の「新しい近隣」の可能性を探ることにする。

1.2　調査手法と回収結果

　「楢葉町・富岡町調査」は 2012 年 7 月から 9 月にかけて、両町の全世帯（楢葉町 3,700 世帯、富岡町 7,200 世帯）に配布し、世帯主もしくはそれに準ずる者から楢葉町 477 名、富岡町 1,389 名の回答が得られている。続いて回答者のうち「インタビュー協力可能」者（全体の 4 割程度）への聞き取り調査を同年 8 月から開始、現在も継続している（同一対象者に 2 回行っていることもある）。2013 年 7 月末時点では楢葉町 33 名（内分析対象 23 名＝仮設 12 名＋借上等 11 名）、富岡町 37 名（同 29 名＝仮設 13 名＋借上等 16 名）に行っている。

1.3　調査対象者の概要

　調査対象者ごとにまとめたのが表 9.1.1（楢葉町）、表 9.1.2（富岡町）である。
　表の見方であるが、「行政区」は楢葉町にある 20 区、富岡町の 27 区をそれぞれ記号化したものであり、「震災前の行政区の状況」は先の質問紙調査により、「活動」、「行事」、「組織」が有意に多い／少ないものについてそれぞれ○／×としている。空欄は有意な差がないことを示す。「問題」は地域の生活上の問題に関する数であり、○は全体に比べて問題は有意に少ない、×は問題が多いとしている。
　以下の列であるが、震災前後におけるつきあいの種類（図 9.1.1）について、聞き取り調査の結果から読み取ったものである。「区関与（震災前）」は震災前に住んでいた行政区への震災前における関わりであり、区長は◎、その他役員

表 9.1.1 調査対象者一覧 (楢葉町)

区	氏名 性・年代	活動	行事	組織	問題点	現在居住地	区関与 (震災前)	他関与 (震災前)	避難	元区関与 (現在)	他関与 (現在)	現地域関与	タイプ
X1	N1 男・40		×	×		借上住宅（いわき市内）	×		×	×	○	×	B
X1	N2 男・70		×	×		借上住宅（いわき市内）	○		×	×	○	×	3
X1	N3 男・70		×	×		応急仮設住宅（いわき市内）	×	○	×	×	×	◎	6
X1	N4 男・50		×	×		応急仮設住宅（いわき市内）	×		×	×	×	×	B
X2	N5 男・70	×				借上住宅（いわき市内）	◎	○	×	×	○	×	3
X4	N9 女・20	×				借上住宅（いわき市内）	×		×	×		×	B
X6	N11 男・60	○	○			応急仮設住宅（いわき市内）	×		×	△	×	◎	4
X6	N12 男・60	○	○			借上住宅（いわき市内）	◎		×	○		1
X6	N13 女・50	○				借上住宅（いわき市内）	△	○	○	○	○		1
X9	N16 男・60					応急仮設住宅（いわき市内）	×			×	○	◎	6
X10	N17 男・60		○	○		応急仮設住宅（いわき市内）	○		△	×		○	A
X11	N18 男・60		×	×		応急仮設住宅（いわき市内）							B
X11	N19 男・60		×	×		借上住宅（いわき市内）	×	○	×	○	×		B
X14	N22 男・80					応急仮設住宅（いわき市内）	×		○		×		5
X14	N23 男・70					応急仮設住宅（いわき市内）	◎		△	×		◎	2
X14	N25 女・80					借上住宅（いわき市内）	△	○	△	○			1
X14	N26 男・50					応急仮設住宅（会津美里町内）	△		×	×		○	2
X15	N28 女・70			○		借上住宅（川崎市内）	×	○	×	×	×		B
X16	N29 男・50				○	応急仮設住宅（いわき市内）	○	○	×	×		◎	2
X16	N30 女・50				○	応急仮設住宅（いわき市内）			△	×			B
X16	N31 女・50				○	借上住宅（いわき市内）	×	○	×	×	○	×	B
X17	N32 女・50					応急仮設住宅（いわき市内）	×		○	×		×	B
X17	N33 男・60					借上住宅（いわき市内）	○		○	△		×	1

第 9 章 震災前後におけるコミュニティ・リーダーの出来　435

表 9.1.2　調査対象者一覧（富岡町）

区	氏名 性・年代	活動	行事	組織	問題点	現在居住地	区関与 （震災前）	他関与 （震災前）	避難	元区関与 （現在）	他関与 （現在）	現地域関与	タイプ
Y2	T2 男・60	◯	◯	◯		応急仮設住宅 （いわき市内）	△	◯	×	△		◯	A
Y2	T3 女	◯	◯	◯		借上住宅 （郡山市内）		◯	◯	◯		◯	A
Y2	T4 男・60	◯	◯	◯		借上住宅 （福島市内）	◎					◎	A
Y2	T5 男・60	◯	◯	◯		応急仮設住宅 （いわき市内）	△	◯	×	◯		◎	A
Y4	T7 男・50			◯		応急仮設住宅 （大玉村内）	◎	◯	×		△	◎	A
Y4	T43 女・50					借上住宅 （いわき市内）	△	◯	×	×	×	×	3
Y6	T9 男・60					借上住宅 （いわき市内）	◯	◯	×		◯	◎	2
Y6	T10 女					借上住宅 （いわき市内）	△						A
Y7	T11 女・40		×			応急仮設住宅 （大玉村内）	×	×	×		×	×	B
Y8	T12 男・60	×		×		応急仮設住宅 （三春町内）	△					◎	2
Y8	T13 男・50	×				借上住宅 （いわき市内）	×	×	×		×	×	B
Y9	T14 男・60		◯	×		応急仮設住宅 （郡山市内）	◎			△	△	◎	A
Y11	T16 男・60	×				応急仮設住宅 （いわき市内）	△					◎	2
Y11	T17 男・50	×				応急仮設住宅 （いわき市内）	△						A
Y11	T44 男・70	×				借上住宅 （いわき市内）	◎					◯	A
Y12	T45 女・60		◯			借上住宅 （いわき市内）	×			◯		×	B
Y14	T21 男・70		×			借上住宅 （郡山市内）				×			2
Y17	T25 男・60	◯	◯	◯	◯	応急仮設住宅 （郡山市内）	△			△		◎	A
Y18	T27 男・70	◯	◯	◯	◯	借上住宅 （いわき市内）		△		◎		△	A
Y18	T28 男・60	◯	◯	◯	◯	借上住宅 （西郷村内）				◯		◯	A
Y19	T29 男・70	◯	◯			借上住宅 （いわき市内）			△	△		×	1
Y21	T33 男・60	◯				借上住宅 （会津若松内）	◯		△	◯		◎	A
Y22	T34 男・70		◯	◯		応急仮設住宅 （郡山市内）	◎	◯	×			◎	2
Y22	T35 男・30		◯			借上住宅 （いわき市内）	×	◯		△	×		B
Y23	T36 男・60		◯		◯	応急仮設住宅 （三春町内）	◎	◯		◯		◎	A
Y25	T38 男・70		◯			応急仮設住宅 （大玉村内）	◎	◯	×			◎	A
Y25	T39 男		◯			応急仮設住宅 （大玉村内）	×		×		×	×	B
Y27	T41 女	×	×	×		借上住宅 （いわき市内）	◯		◯	×		◎	6
Y27	T42 男・70	×	×	×		借上住宅 （いわき市内）	△	◯		×	◯	△	2

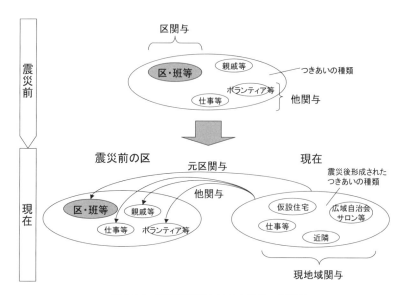

図 9.1.1　震災前後におけるつきあいの種類

を○、持ち回りの班長までの職に就いていた人は△としている。「他関与（震災前）」は消防団、役場職員などの地域に関わる職や役に就いていた人を○としている。「元区関与（現在）」は震災前に住んでいた行政区との現在における関わりであり、元の行政区とのやりとりが定期的にある場合は○、不定期では△としている。「他関与（現在）」では震災前と「他関与」と同じ扱いである。「現地域関与」は仮設住宅については仮設自治会の役に就いているか活動に関与していたり（自治会長は◎）、また借上住宅に入居している人はその地域の活動に何らかの関わりがあるか、特に富岡については広域自治会やサロン事業に関与している人に○をつけ（会長は◎）、また役職に就いてなくても何らかの関わりがあれば○とした。因みに（本分析では用いないが）「避難」について、区や班が避難に関与した場合は○、消防団などは△、全く関与なしを×としている。右端にある「タイプ」は次節で説明する。

2. コミュニティ関与の類型化

2.1 類型化の考え方と分布

1節でも簡単にふれたが、前節の表9.1.1と表9.1.2を以下の図の類型にあてはめ、かつ震災前のコミュニティ（ここでは行政区や町内会・自治会などの組織）への関わりあり／なしでみると、結果は以下のようになる（表9.1.1、表9.1.2における「区関与（震災前）」、「元区関与（現在）」、「現地域関与」の三つを用いる）。

また質問紙調査の結果を再集計することで、（質問項目が異なるために参考程度であるが）図9.2.1で示す各タイプの出現率を確認する（表9.2.1）。

表9.2.1の「震災前役職経験」は行政区などに加入している人の中で役職経験有無であり、「震災後やりとり」は今後の帰還について話し合っている人たちの中で、震災前に住んでいた近所の人または行政区などの人でやりとりの有無をみている。「震災後役職経験」は調査時点の住まいで行政区などに加入している人で役職に就いているか否かで分類している（従って、タテの合計は100%にならない）。

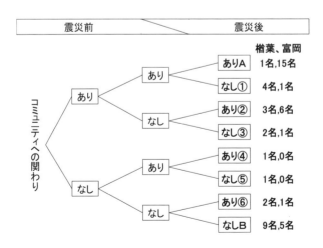

図9.2.1　震災前後におけるコミュニティ関与の類型（右の数字はインタビュー調査対象者数）

表 9.2.1　質問紙調査における各タイプの出現率 (上段：調査数、下段：出現率)

楢葉町				富岡町			
全体	震災前役職経験	震災後やりとり	震災後役職経験	全体	震災前役職経験	震災後やりとり	震災後役職経験
477 100.0	あり 161 33.8	あり 56 11.7	あり 12 2.5	1,389 100.0	あり 403 29.0	あり 107 7.7	あり 17 1.2
			なし 14 2.9				なし 40 2.9
		なし 105 22.0	あり 9 1.9			なし 296 21.3	あり 22 1.6
			なし 31 6.5				なし 113 8.1
	なし 239 50.1	あり 52 10.9	あり 2 0.4		なし 694 50.0	あり 152 10.9	あり 11 0.8
			なし 25 5.2				なし 69 5.0
		なし 187 39.2	あり 8 1.7			なし 532 38.3	あり 21 1.5
			なし 67 14.0				なし 223 16.1

「震災後役職経験」における出現率が高いのはいずれも「なし―なし―なし」で15％前後、次いで高いのは「あり―なし―なし」（約7～8％）、「なし―あり―なし」（約5％）であり、震災前に比べて消極的であることがうかがえる。

両者の結果について調査協力者の偏りなどを考慮しても、第一にいえるのは「震災前に関与しなかった人は震災前居住地と現居住地の両方への関与はない」人の割合が大きい（楢葉14.0％、富岡16.1％）。これは震災前後で一貫して、コミュニティへの関わりの姿勢を変えていないことを意味している。一方、震災前に関与しなかった人でも、現在においては震災前居住地や現居住地への関与がある人も少なからず存在する。

今後、より詳細な聞き取りを進めて確認する必要があるものの、このことは震災を契機に「再編された／新たにつくられた」コミュニティに改めて／新たに関与する人がいることを示す。逆に震災前には関与していたが、震災を契機

に現在だけでなく震災前のコミュニティへの関わりをなくした人もいる。

以下ではそうしたコミュニティへの関わりについて、インタビュー調査の結果をみながら、(全てではないが) 各タイプの詳細に立ち入ることにしよう (タイプBについては省略する)。

2.2 震災前後で変化するコミュニティとの関わり

タイプA【震災前】関与あり→【震災後】元：関与あり、現：関与あり

<u>T4氏（富岡Y2区）</u>

　Y2生まれのY2育ちの60代男性である。公務員として定年まで勤め、発災時には区長を務めていた。ここは95％の人がもとからの土地の人間である。震災の6〜7年前に町内初の防災会を立ち上げた。それぞれ役割を決めて動けるような体制をとっていた。特に区長は、町との連絡員の役割を果たし、区に必要なものを役場と調整するといった仕事をするように取り決めがあった。

　発災後は防災会が動いており、町との連絡を行い、午後11時にはおにぎりの配給を受けることができた。翌日、消防が6時頃やってきて、6時40分から避難が始まった。行政区の9軒あるひとり暮らしの家を回って全員の安否確認をとった。これには民生委員も協力してくれた。現在も部落の一揆会（葬儀組合）や納税組合で集まっている。磐梯熱海へ旅行に行ったり、交流会を実施したりしている。旅行は熱海の時は11人集まった。

　借上住宅等の入居者を中心とした広域自治会を立ち上げて、現在はその役員をやり、毎月行事のお知らせを約160世帯に送付している。

<u>T7氏（富岡Y4区）</u>

　生まれも育ちもY4の50代男性。これまでのほとんどを富岡で過ごしている。40代で区長につき、震災の次の年に改選予定だったがそのままY4区長を務めている。発災後の動きとして、区長としてまず、公民館を開放したが誰も利用しなかった。町の避難所へ行っていたようだ。また高齢者世帯を回って、役場に連れて行ったりした。逃げる前には120戸、放送があっ

てから午前11時くらいまで巡回した。避難生活が落ち着いた頃に区の人とはほとんど電話をした。茨城にいる人や富山にいる人、県内でも喜多方や会津など様々だった。

仮設住宅に入居後、自治会の設立準備を経て総会において会長に選出され、高齢者の安否確認のしくみをつくるなど活動に工夫をしている。

T14氏（富岡Y9区）

60代男性。富岡で生まれ育ち、義父の手伝いにより東京で働いていたこともある。震災前は区長を始めとした様々な役職を経験していた。避難訓練は火災と原発の事故を想定して行っていた。

発災後は関東に避難し、そこで仕事をしていたが、町から「自治会をつくりたい」と声がかかったので、仕事を辞めて仮設住宅に入居し、設立準備を経て自治会長になった。現在のY9区との関わりは「予算があまったから」と先日に会合があって約30名程度が参加したくらいで、他に活動はしていない。

T36氏（富岡Y23区）

Y23で生まれ育った60代男性。地元企業を経て団体職員を定年まで勤めた。定年と同時に区長に就任し、現在に至る。この区は青年会活動などが活発であったが、それは昔から住んでいた住民が中心で半数近くの新来住民は消極的であった。2011年夏に今の仮設住宅に入居し、設立準備を経て自治会を設立し、自分が会長になった。

Y23区とのやりとりについて、役員の改選時期だったために全世帯に総会案内を往復葉書で送付したら、ほぼ全世帯から反応があった。

T38氏（富岡Y25区）

富岡生まれ富岡育ちの70代男性で、Y25区にずっと住んでいた。高校卒業後、団体職員などを経て、電力関係の仕事に従事し、福島、仙台、山形などに単身赴任だったため、父が区長をやっていたりした。区との関わりはいくつかの役職を経て定年後に区長になった。行事は8月の盆踊り、春の花

見や秋の芋煮会などのレクリエーションなどであった。グランドゴルフも盛んだった。発災後は三春などを経て、妻の実家のある秋田県に避難し、夏に現在の仮設住宅に入居した。秋に自治会が設立されたが、自分は顧問として役員らの相談相手になっている。

Y25区については避難者の名簿作成を行ったり、2013年春にはいわき市内で総会を開催した。

このタイプは定義上、震災前も後も一貫して、区や自治会などへの関わりを持っていた人たちである。ただ、元区との関わりについては個人差があるようだ。詳細は後述する。

タイプ①【震災前】関与あり→【震災後】元：関与あり、現：関与なし

N12氏（楢葉X6区）

60代男性、兼業農家であり、東電の下請け会社で定年まで勤めていた。X6区では区長までやり、震災前から現在に至るまで農業委員をやっている。ここは区長を始めとした役員による会議で物事を決めて、それに住民が反応して積極的に活動する地域であった。発災後はいわき→仙台→日立→仙台などと転々として、いわき市内の借上住宅（アパート）に入居して今に至っている。

現在住んでいる地域には自治会などといった住民組織はないようで、隣近所のつきあいもほとんどなく、互いに挨拶をする程度であるが特に困った問題はない。震災後もX6区は総会などを開催し、主に高齢者たちが運動したり話し合ったりする場が1ヵ月に1回ある。

N25氏（楢葉X14区）

楢葉生まれで、15歳の時に学徒動員で横須賀へ行くが、終戦とともに楢葉町に戻ってきた80代女性で、夫と死別後は農協と役場に勤めていた。震災前は政党の婦人部長や、X14区での班長やボランティア会の会長などをやっていたが、70代後半に病気になったのを機に、ボランティア会以外は

ほぼ活動から退いた。発災後はいわきや那須へ避難した後、いわき市内の借上住宅（アパート）に入居した。

X14区とのやりとりは一時帰宅のバスの中で話す程度であるが、震災以前に関わっていたボランティア会は可能な時に参加している。

N33氏（楢葉X17区）

楢葉生まれの楢葉育ちの60代男性で、高校卒業後鉄道関係の仕事に従事していた。海沿いに面したX17区では役員などを務め、清掃を始めとしてお祭りや芋煮会など、役員を中心に活動をしていた。隣近所のつきあいも顔をあわせれば話し込んでしまうくらいであった。発災後はいわき→福島→新潟→会津などを経て、いわき市の借上住宅（アパート）に入居して現在に至る。

今住んでいるところには自治会などもなく、隣人とは挨拶程度の関係である。震災後のX17区の活動は役員が中心となって3回ほど会議があったくらいである。

T29氏（富岡Y19区）

川内村生まれだが、10歳前後に富岡に移ってきた70代男性である。震災前はY19区の役員などを務めてきた。ここではお祭りや芋煮会などの年間行事が行われていた。発災後は津波を警戒して避難所で過ごし、川内や新潟を経ていわき市内の借上住宅（アパート）に引っ越した。

今住んでいるアパートには自治会組織はなく、若い人が多いからか隣近所とのつきあいはおろか、顔を合わせることもほとんどない。Y19区の人たちとは一部の人たちとやりとりをしている程度である。あれをやろう、これをやろうといったことは身近な人としか話題にはならない。

これまでの聞き取りを振り返ると、区長経験者のN12氏やボランティア会の会長を務めていたN25氏は「元」との関係をそれなりに維持しているために、「現」でのやりとりがなくてもさほど困らない人といえる。たいていはN33氏、T29氏のように「元」とは「時間とともに関係が弱まる」ことに半

第 9 章　震災前後におけるコミュニティ・リーダーの出来　443

ばあきらめ感すら抱く人が多いのではなかろうか。

タイプ②【震災前】関与あり→【震災後】元：関与なし、現：関与あり

N23 氏（楢葉 X14 区）

　震災の十数年前に X14 区の区長を経験した 70 代男性。区長を務めた後は農業委員をしていた。震災前の X14 区では運動会、芋煮会や見回りなど活発であり、参加者も多く、また住民同士の仲も大変よく、住みやすかったところである。

　現在はいわき市内の仮設住宅の自治会長を務めている。この仮設住宅では様々なトラブル（ゴミ問題、刃傷沙汰、グループ間の対立など）を抱えながらも、イベントなどを行っている。この仮設住宅の周辺地域との交流や X14 区とのやりとりであるが、今の仮設の運営で手一杯でそこまで手が回らない状況である。

N29 氏（楢葉 X16 区）

　南相馬生まれの 50 代男性。婿入りのために楢葉町に移ってきた。建設会社を経営している。X16 区では区長などの役職をほぼ一通りやってきた。仮設住宅に入居後、町役場から自治会設立の要請があったことなどから、設立することになった。当初は班長をやっていたが、前会長が諸事情で退任することになり、自分が後任に就くことになった。

　X16 区は津波被害があったところである。その後、区での集まりはほとんどなく、役場主催の集まり以外はやり取りがあまりなかった。楢葉はもう崩壊したことを実感しなくてはならないと思っている。

T9 氏（富岡 Y6 区）

　いわきに生まれたが、すぐに富岡の Y6 へ移ってそこで育った 60 代男性である。町役場に定年まで勤め、主に教育・福祉関連に従事していた。定年後、副区長と民生委員をやることになり、現在も続いている。民生委員として発災直後から電話で安否確認を行っていて、今でも月 1 回くらいやりと

りをしている。2011年の5月に借上住宅生活者同士の集まりとして、広域自治会を設立し、その会長になった。

Y6区との関わりであるが、役員会くらいしかやっていない。自分も副区長として活動したかったが、手が回らなかった。

T12氏（富岡Y8区）

富岡育ちの60代男性で震災前は公的企業に勤め、Y8区で班長などを務めていた。避難所生活を経て、三春地区の仮設住宅へ入居して現在に至る。Y8区では区長を選出するのが難しかったため、2班単位での持ち回りになっており、2011年4月から真向かいの家の人が区長になる予定だったが、震災で東京へ避難したきりになってしまったようだ。また、Y8区とのやりとりはない。仮設に入居後は町の連絡員として自治会立ち上げに携わり、役員を務めたあと会長になり今に至る。

T16氏（富岡Y11区）

震災前の富岡ではY11区に住み、班長を務めたこともあった60代男性。その時以外はあまり地域の活動に参加していなかった。1班20戸前後あった隣組の人たちなどとも、現在は連絡をあまり取っておらず、偶然に街で会えば話をする程度の関係である。いわき市内にある仮設住宅に入居後、自治会立ち上げの発起人の一人となり、監査役をしていたが諸事情により会長になることになった。清掃活動やもちつきやクリスマスイベントや見回り、愛好会活動など活発に行っている。そして、仮設を代表して町との懇談会も積極的に行い、仮設の要望を受け入れてもらうように努力をしている。

T34氏（富岡Y22区）

富岡生まれの70代男性。電力関係の仕事を退職後、震災の1年前に区長になった。発災後、自宅に戻って班の住民と声をかけあい、30名規模で体育館へ避難させたりした。川内村を経由してビックパレットへ移動する際に班はバラバラになり、家族単位になった。その後、区民の住所を全て調べて、町の広報誌や居住地一覧などを各家庭に郵送した。その後はほとんど活動し

ていない。

　仮設住宅に入居後、自治会設立準備委員会に携わり、当初は班長だったが、その後住民からの推薦などにより自治会長になった。会長になってから、家族台帳の整理をしたり、ごみ処理や資源回収などの環境整備にも力を入れている。

　班長は持ち回りであることが多いために必ずしも積極的には関与していないという意味ではN23氏と分けるべきなのかもしれない。そのN23氏は「元」では区長まで務めたものの、震災後は仮設住宅の自治会長ということもあり、「元」まで手が回らずに「消極的離脱」の状況といえる（T9氏もほぼ同様である）。T12氏やT16氏は元区では班長経験者であり、「現」ではいずれも仮設自治会長である。「元」との関与がないのは、元区の区長を始めとした役員の動きがないことと、震災前に持ち回りの「班長」を経験しただけという、ある意味で消極的参加だったことが背景の一つにあるかもしれない。

タイプ③【震災前】関与あり→【震災後】元（震災前居住地）：関与なし、現：関与なし

<u>N2氏（楢葉X1区）</u>

　70代男性でずっと楢葉に住み、公務員であった。X1区では役員をやっていて、現在6年（3期）目である。この地区は活動も活発で隣近所などのつきあいも和気あいあいとした雰囲気であった。震災後は原発事故によりいわきへ避難し、避難所を経ていわき市内の借上住宅に入居して現在に至っている。

　今住んでいるところの近所づきあいは富岡から避難してきた一家以外は挨拶をする程度である。楢葉の知り合いとはグランドゴルフなどでやりとりしているが、X1区としては震災後に区長を交代したくらいで、ほとんど会合がない。今のつきあいは本当の友達しかなく、そのほかの人たち（本当に「近しい人」以外という意味）とのやりとりはない。

N5氏（楢葉X2区）

　楢葉生まれの楢葉育ちの70代男性であり、X2区では区長を務めていたことがある。この地区の区長は1年任期の交替制であり、やらされている感があったため、区の仕事よりは町で組織されたボランティア活動に注力していた。ただ、隣近所は兄弟のようなつきあいであった。地震後、津波被害から避けるために町内の老人ホームに避難し、原発事故によりいわき～東京を経て、いわき市内の借上住宅に入居して現在に至っている。

　現在住んでいるところには自治会があるのかはわからない。加入への勧誘もないし、近隣に知り合いもいないため、相談相手もいない。以前に住んでいたX2区では新しい区長が決まったらしいが、総会はあったのかもしれない。近所の人たちもどこにいるかは噂では聞くが、特に連絡を取っているわけでもない。ただ、震災前にやっていたボランティア活動だけはやっている。これが町との唯一のつながりである。

N31氏（楢葉X16区）

　結婚を機に楢葉町に転居した50代女性である。震災前はX16区に住み、民生委員を務め、近所づきあいもしっかりしていた。現在はいわき市内の借上住宅で生活をしているが、地域の自治会への加入案内も一切ないとのことである。ゴミ出しルールもわからなく、別の場所に捨ててしまったら近所の住民に注意されてしまった。以前は家の中にまでまわりの住民が関与する楢葉の環境に息苦しさを感じていたため、このくらいつきあいがない方が逆に過ごしやすい。いわきに知り合いは近くにたくさんいるためにこれでいい。現在も民生委員をやっており、仮設住宅に入居する高齢者世帯を訪問している。

　X16区であるが、震災前は区長を中心として動いていたが、震災時や震災後は特に集団でのまとまった動きや取り組みなどは行われていない。唯一、ゴルフの会だけは震災後すぐに行われて現在でも続いているが、他の組織はほとんど機能していない。

このタイプは震災を機に「町のしがらみから逃れた」感がある人たちである。

背景として恐らくあるのは、区長経験者のN5氏は「やらされている感があった」、楢葉に嫁いできたN31氏のように「楢葉の環境に息苦しさを感じていた」などである。ただ、N5氏は町のボランティア団体、N31氏も民生委員として関わっており、全く関係を切りたいわけではないことがうかがえる。留意すべきは、この人たちはいずれも楢葉町出身であり、いわき市の中には友人・知人が多くいることである。ただし、いずれにせよ「義務感から解放された」タイプといえるのではないか。

タイプ④【震災前】関与なし→【震災後】元：関与あり、現：関与あり

N11氏（楢葉X6区）
　震災前は農業を営んでいた60代男性、X6区に住んでいた。自分の住んでいたところは班長を中心に連絡を密に取り、行事への参加率も高かった。原発事故後はいわき市、会津若松市を経て、いわき市内の仮設住宅に入居している。現在までX6区全体としては総会くらいしかないが、個人的なやりとりはしている。町から要請されて設立した仮設自治会の会長をやっているが、これも総会時に欠席していた自分が指名されたためである。季節の節目にイベント（花見、もちつきなど）を開催するなど、それなりに活動している。

　震災を機に両方に関わることになったN11氏であるが、この場合はどちらも積極的なものとはいえず、「広く浅く」関与しているのではなかろうか。

タイプ⑤【震災前】関与なし→【震災後】元：関与あり、現：関与なし

N22氏（楢葉X14区）
　楢葉生まれの楢葉育ちの80代男性であり、X14区にある7世帯ほどの班で花見や新年会などのイベントを行い、班長を中心とした良好な関係を築いていた。いわき市内の避難所を経て、茨城や千葉などの子どもの家で過ごした後、いわき市内の仮設住宅に入居した。その間も携帯電話により隣組の

人たちとは連絡を取り、現在（調査時点）でもほとんどの人の居住地を把握している。調査時点では仮設自治会は設立されておらず、自身は参加していないために住民がどの程度、参加しているかどうかは不明である。

N22氏は震災前には役には就いていなかったものの、班の中では良好な関係があったようで、震災後も同様な関係を保っている。その一方で「現」には関与しているようにはみえず、「元」との関係は強いままなので、あえて新しい人間関係をつくる必要がないことをこの事例は示すのだろうか。

タイプ⑥【震災前】関与なし→【震災後】元：関与なし、現：関与あり

<u>N3氏（楢葉X1区）</u>

　　楢葉生まれの楢葉育ちで実家は数百年続いている家である。X1には40年近く前に引っ越してきた。公務員であったこともあり、行政区の活動には積極的には関わっていなかった。12日早朝に東電に知り合いが勤めている看護師から「メルトダウンになったから、早めに避難した方がよい」といわれ、いわき市内の体育館に避難した。区の関わりは今もない。情報が入ってこないために誰が役員だかわからない。2011年3月まで務めた前の区長はいろいろとやっていて自分も交流はあったが、新しい区長は何もやっていないようだ。

　　2011年の夏に現在の仮設住宅に入居し、冬に町から「自治会をつくってほしい」といわれたが、外部で色々な役職をやっているので断っていたのだが、町の長老に何度も頼まれたので引き受けることにした。

<u>N16氏（楢葉X9区）</u>

　　青森で生まれ、東京の高校を卒業後は大学職員や電力関係の仕事に就き、十数年前に楢葉町に転居した60代男性である。震災前のX9区では、近所づきあいにできるだけ関わりたくなかったために活動は参加しなかった。今に至るまでやりとりはしていない。

　　発災後はいわきへ避難し、避難所となったホテルで自分が中心となり自治

会「望郷ならは」をつくった。3〜4ヵ月くらいだったが、町会議員との対話、物資調達と配布、カラオケ、寺社仏閣巡り、小旅行（花見）などを行い、参加者も多かった。その後はいわき市内の仮設住宅へ入居したが、同じ仮設内の知り合いが亡くなったことを契機に自治会設立に動き出し、副会長を経て現在は会長である。

T41氏（富岡 Y27区）

十数年前に夫の転勤により富岡町のY27区に転居し、図書館職員であった。この区は新しい住宅が中心であるために近所づきあいはあったものの、区としての活動はあまりなかった。発災後は秋田への避難を経て、いわき市内の借上住宅で生活している。

周りに知り合いがいないことから、十数年かけて積み上げた人間関係や様々なものがなくなってしまったと感じていたところ、町役場から交流サロンの職員としての誘いに応じた。受けた理由としては、Y27区での活動がないためにだんだん富岡町から気持ちが離れてしまっているのを感じ、サロンの仕事をすることで町に自分をつなぎとめておく手段としたためである。

このケースで共通しているのはN16氏、T41氏ともに「よそ者」ということである。N16氏の「近所づきあいはできるだけ関わりたくなかった」にあるように活動からは避けており、T41氏はそこまではいかないものの、「よそ者」という立場からか積極的には関与していなかったようにうかがえる。転機になったのが今回の震災であり、N16氏は避難所や仮設住宅における自治会の立ち上げ、T41氏は町民の交流促進に、それぞれ尽力しており、震災後の再編／シャッフルされたコミュニティでは中心的な存在になったといえるのではないか。

2.3 「あるけど、ない／なかった」はどのタイプか

「あるけど、ない／なかった」はどのようなタイプに多くみられるのだろうか。また、それはどのようなコミュニティだったのだろうか。形態としては「あった」が（対象者本人にとっては）機能していない「ない／なかった」のは

タイプ3やタイプBで、一方で「あるけど、ある／あった」はタイプAといえる。ここで問題となるのは「コミュニティ（での関係や活動）からおりた」人ではないだろうか。

ところで生活上の厚生が高いタイプを、避難者同士の情報交換や悩み相談などといった観点でみれば、タイプAとタイプ4であろう。一方で低いのはタイプ3とタイプBが考えられる。これらを分ける要因としては「コミュニティの中心／その近く」にいるか否かといえる。例えば、震災前の行政区や班といったエリア限定の取組みではない、町全体に関わるボランティア活動、ロータリークラブの人たちは震災後に様々な活動に積極的に関与している。また、（遠い昔でない）区長経験者はその顔の広さから、震災後もいろいろな活動に関わっていることが多い。

もしかすると、地域への消極的（ないしは中途半端）に関与していた人が震災後のコミュニティ活動に関わらない／関わりにくい状況になっているのかもしれない。一方、町全体の活動によってエリア限定でない関係の拡がりを構築した人たちは、震災後の各町のコミュニティ活動を仮設住宅などといった領域が固定されない活動を支えている可能性が高い。

以下では、コミュニティ・リーダーの出来・消失プロセス分類の試みを通じて、「ある／なし」と「古い／新しい近隣」におけるリーダーとの関わりとその変化を検討したい[9]。

3. コミュニティ・リーダーとコミュニティ

3.1 震災前後で変わらずにコミュニティの中心（パターンⅠ）

これは元の行政区において中心的な存在（役員以上の役職）につき、震災後においても元区の活動を保ちつつも、転居先のコミュニティ（仮設住宅や借上住宅で結成された自治会）では積極的に活動に関与している場合である。単純にいえば関わりを持つコミュニティが一つ（以上）増えたのにもかかわらず、各々で精力的に活動するT4、T7、T36、T38各氏の出身区は震災前も（町内で相対的に）活発であり、そうした区を担ってきた人たちともいえ、そして震

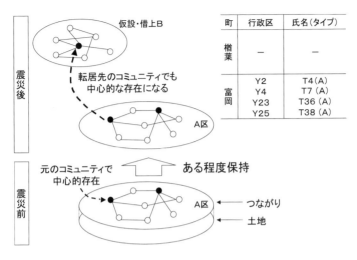

図 9.3.1　震災前後におけるコミュニティへの関わり（パターンⅠ）

災後にもそれなりの活動を続けて「元」区を支えている。

　震災前に形成・蓄積されたいわば資源が震災後の元区でのやりとりの維持を可能にさせているのは、震災前に区長や役員として諸活動を通じて得られたつきあいの幅の広さやマネジメント経験（の一部）が、新しいコミュニティにおけるリーダーシップの発揮を可能にさせているものと考えられ、このパターンにおけるリーダー像は「昔ながらの有力者」のようにみえる。活発なコミュニティをつくってきた人たちが震災後もそのノウハウを用いてコミュニティを構築しているのである。

3.2　震災により元区から離脱し避難先で中心に（パターンⅡ）

　これは震災前には積極的に関わっていた行政区が震災を契機に弱体化してしまっていることもあってか、元区からある意味で「離脱」して、震災後に関わり始めた新しいコミュニティでの活動に積極的になっているパターンである。

　元区への離脱の理由として、「楢葉町のコミュニティは崩壊してしまった」（N29氏）といった悲観的なことから、「今の（コミュニティの）活動だけで精一杯」（T9氏）などがあげられる。この場合も震災前の元区でのマネジメント経

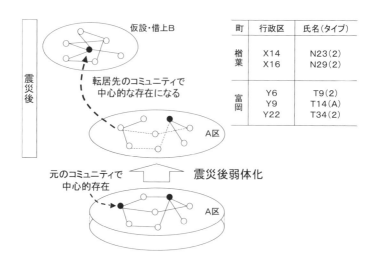

図 9.3.2　震災前後におけるコミュニティへの関わり（パターンⅡ）

験等が、震災後に形成される新たなコミュニティに活かされているといえる。

　このパターンにおけるリーダー像は先のパターンⅠと似ているが、同時に二つのコミュニティをマネジメントするのは難しいという点で異なっている。パターンⅠのリーダーが複数のコミュニティをかけもちしている一方で、このパターンではほぼ一つに専念する「ワン・コミュニティ」型のリーダー[10]がみえてくる。

3.3　震災後コミュニティの中心に（パターンⅢ）

　これは震災前には行政区への関わりは弱かったものの、町役場（N3氏）、鉄道関係（T12氏）、図書館（T41氏）などという公共的な仕事に従事していたことから、町内全域に知り合いの住民がいて、そのつてを活かしつつ転居先での新しいコミュニティの中心となって活動しているパターンである。ただ、留意すべきはN16氏のように震災前にほとんど地域に関わらなかったものの、避難生活を契機に（おそらく持ち前の）マネジメント能力を発揮し、それがそのまま現在の新しいコミュニティでの活動につながっているといえる。

　このパターンに（震災前には依存しない）新たなかたちのコミュニティとそ

第9章　震災前後におけるコミュニティ・リーダーの出来　453

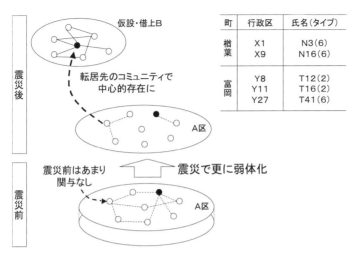

図 9.3.3　震災前後におけるコミュニティへの関わり（パターンⅢ）

のリーダーが生まれることが多いのではないか。しかしながら、こうしたタイプのリーダーはパターンⅠやⅡでのリーダーから異端児扱いされている[11]こと、特に留意すべきは震災前に地域に何らかのかたちで関わっていたために（N3、T12、T41 氏）、震災後にリーダーとしての役割を果たすことが可能になっている点である。

町や区といった地域性を超えるかたちで形成される「新しい近隣」への萌芽は主にここにあるのではなかろうか。

3.4　震災後コミュニティから離脱（パターンⅣ）

震災前の行政区では役員以上の関与をしてそれなりに活動していたのだが、震災を契機に元区や転居先での新たなコミュニティに関わらなくなってしまったパターンである。ただし、N33 氏のように全く孤立してしまった人ばかりではない。「週2回程度、楢葉町が高久の仮設住宅で開いているダンスやカラオケやグランドゴルフに参加することで楢葉町との住民とのつながりはある」（N2 氏）や「震災前でのボランティア活動のうち病院への送迎は行っている。中央台高久第八、九、十仮設の人たちで、事前に社協から連絡が来て、都合の

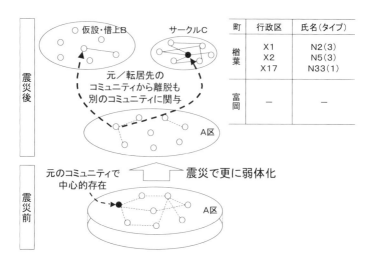

図 9.3.4　震災前後におけるコミュニティへの関わり（パターンⅣ）

よい時に送迎を引き受けている」（N5氏）のように、友人・知人との趣味の活動や町のボランティアへの取組みなど、行政区の領域にあまりとらわれないつきあいがあることに注意すべきである。

このパターンはリーダーから降りた例ともいえるが、それはある固定化された領域でのコミュニティ・リーダーという意味であり、ボランティアや趣味のサークルなどといった、（固定化された）領域にとらわれないネットワークを形成しつつあるという意味で「新しい近隣」に至る別のかたちなのかもしれない。

4. むすび

本章における主な知見は二つである。一つはコミュニティ関与の類型化であり、震災前の行政区（区関与）／震災後の元の行政区（元区関与）／震災後に居住する地域への関与（現地域関与）という三つの軸を設定し、八つのタイプを提示した。続いて聞き取り調査の結果を用いて、各々の（タイプB除く）実態について確認した。そこでは「あったけど、ない／なかった」コミュニティはタイプ3やタイプB、一方で「あるけど、ある／あった」はタイプAであ

り、被災後から現在まで続く生活における厚生はタイプAやタイプ4が、タイプ3やタイプBよりも大きいことがみえてきた。

　もう一つは「新しい近隣」を生み出すコミュニティ・リーダーに関するものであり、現時点では四つ、「昔ながらの有力者」型、「ワン・コミュニティ」型、「新しい近隣」創出型、「より新しい近隣」創出型が考えられるとした。

　これまでの一連の議論はあくまでも「途中経過」で1次的なものであり、対象者の（量的な）拡大と各人へのより詳細な調査（質的な深耕）を行うとともに、今後の帰還（楢葉町）や集団移転（富岡町）におけるコミュニティやそのリーダーの実態（や課題）、変化について追い続ける必要があるのはいうまでもない。また、今回の分析軸は主に行政区との関わりであったため、他のコミュニティとの関係についても検討に入れた考察が必要であろう（表9.1.1と表9.1.2の項目にはある）。

　今後の課題であるが、三つの方向を考えている。一つ目はリーダーが関わりコミュニティの性質についてである。ここでは四つのリーダーを提示したが、リーダーたちがどのようなコミュニティ（属性、目的など）でどのようにリーダーシップを発揮（トップダウン／ボトムアップなど）しているのかを把握する必要がある。

　二つ目は震災前後でコミュニティの資源[12]がどうなったのか、もう少しいえば「コミュニティ資源保存の法則」成立条件についてである。リーダー[13]がコミュニティ形成・発展の「芽」であるとすれば[14]、震災後に形成されたコミュニティにおいて各主体の相互作用で様々な関係が生み出されるプロセス（創発性）とその蓄積（資源）にリーダーがどのように関わっているのかを捉えることで、資源保存の成立条件を探ることである。説明変数としては例えば、内部／外部（他地域、行政、NPOなど）といった相対的な資源や地域性、連帯性／共同性などが考えられよう。

　最後はコミュニティを形成する領域の「ねじれ」についてである。震災によりコミュニティが（ある程度以上に）シャッフルされている現状において、震災前にあったいわゆる「父から子へ」が行われずにその子たちは別のかたちで（町の他の団体で）リーダーになりつつある可能性がある。これについては特定の事例が得られていないので、今後の調査で明らかにしていきたい。

いずれにせよ、「コミュニティ」を特定の立場で論じるのではなく、客観的な事実の積み重ねによって、原子力災害により避難を余儀なくされる避難者たちによるコミュニティの実態（と課題）、その変化を可能な限り「客観的に」追い続けるのが筆者の立場である。

注

1）　例えば、いわき市内沿岸部にある A 中学校体育館。
2）　辞書的には「（人びとの）健康を維持または増進して、生活を豊かにすること」（『広辞苑』）とあるが、さしあたりここでは他の人とのつきあいや情報交換などによる生活評価、満足度程度の意味とする。
3）　『楢葉町・富岡町コミュニティ調査』、『薄磯区・豊間区コミュニティ調査』。
4）　表 9.1.1、9.1.2 の「避難」の項目においてもあらわれている。
5）　沿岸部在住者でいわき 21 名、楢葉 9 名、富岡 5 名。後二者については重複あり。詳細は 5 章 1.3 を参照のこと。
6）　2013 年春からいわき市内の某地区で本格的な聞き取り調査を開始しており、別の機会で報告したい。
7）　特に後者については「新しい近隣」（吉原 2013b）といえよう。
8）　ここでは吉原（2013b）が論じているように、震災後に語られ、期待されている絆やつながりといった特定のコミュニティ観へのバイアスを含めないものとする。
9）　本来ならばリーダー以外の「ふつうの人」もみるべきだが、別の機会で論じたい。
10）　他に民生委員（T9 氏）や「会社経営」をしている（N29 氏）という理由もある。
11）　特に N16 氏についてはそのようなコメントがいくつか得られている。
12）　例えば、区会や町内会レベルでは人的資源（会長の属性）や活動資源（活動、行事、組織）などである（松本 2011）。
13）　震災前にリーダーではなくてもよい。
14）　当然のことながら、コミュニティがリーダーを育成していく方向もある。

参考文献

松本行真、2011、「防災コミュニティの人的資源と活動資源」、吉原直樹編『防災コミュニティの基層』御茶の水書房

松本行真、2013、『被災自治体における防災・防犯コミュニティ構築とローカルナレッジ形成に関する研究（2012 年度科研費成果報告書）』

吉原直樹、2013a、「地域コミュニティの虚と実」、田中・舩橋・正村編著『東日本大震災と社会学』ミネルヴァ書房

―――、2013b、「ポスト 3・11 の地層から」、伊豫谷・齋藤・吉原『コミュニティを再考する』平凡社

終章

むすびにかえて

　2014年の3月11日で3年が経ち、4年目に突入した。筆者が（週のうち半分程度）住んでいる福島県いわき市でも、津波被災者に対する市の災害公営住宅、原発避難者を対象とした県の復興公営住宅の建設や入居が始まっている。また、沿岸部でも防災緑地や高台整備に向けた動きも本格化しつつある。その一方で帰還時期などが未だに定まらない双葉郡からの2万人以上が市内の仮設住宅や借上住宅、さらには購入した住宅での避難生活を変わらずに続けている。また、復旧ではなく復興のフェーズに移ることで、誰もが賛成するまちづくりの「理念」から、利害関係が顕著になる施設などの「計画」をめぐる連帯と敵対が生じつつあり、それが復興のスピードを抑制していたりする。

　こうした状況の変化を受けつつ、9章までに論じたいわき市四倉地区、同市平豊間地区、双葉郡楢葉町・富岡町の「その後」を、コミュニティ再構築などをめぐる住民／行政などとの関係から、各地で実施した調査結果をふまえつつ、その概略を論じる。具体的には1.では道の駅よつくら港（と運営・管理団体のNPOよつくらぶ）の動向を主にマーケティング論的な視点で検討し、それをめぐる地元の住民組織である四倉町区長会との関わりの現状を住民調査などから述べる。2.では豊間地区にある薄磯区と豊間地区で昨夏設立された市民会議を主に「協働」の視点で論じる。3.では楢葉町・富岡町の避難者により形成されたコミュニティ、具体的には仮設住宅自治会などを中心にして、その変容と今後の課題に関する考察を行う。これらはそれぞれ第Ⅰ部、第Ⅱ部、第Ⅲ部に対応する。

1. 四倉地区と道の駅よつくら港[1)]

(1) 曲がり角に来た被災地の直売施設

　震災後、各地で設置された仮設商店街が曲がり角に来ている[2)]。売上が（思ったほど）伸びないまたは低迷しているのだが、その理由は日常的に利用する地元の顧客にも、被災地観光として来訪する顧客のどちらのニーズにも対応しきれない施設だからである。マーケティングの基本として、市場の細分化とターゲットの選定といういわば「選択と集中」の考え方はあり、決してそれ以外を「切り捨て」るわけではないのだが、筆者も震災前の道の駅ワークショップ（2008年秋～2010年夏）で経験したように、その考えを受け入れてもらうのは困難であった。そうした背景もあり、地域の直売施設である道の駅よつくら港も同様な問題を抱えるといえる。津波で被災した交流館を2012年8月11日に再開業させた道の駅は、被災地復興の象徴として様々なイベントを行うなど順調に推移してきた。第3章では2013年5月までを記したが、ここではそれ以降の動向を述べる。

　再開業後の道の駅よつくら港の交流館は1階に直売所、2階にフードコートという構成になっているが、1年が経ってある程度落ち着いてきた頃に道の駅で働く人からいくつかの話が聞かれるようになった。具体的には「1階と2階のスタッフ間の交流がない」、「自分たちの意見が上（運営・管理するNPOよつくらぶ[3)]や駅長）に通らない」などである。一方で、管理・運営する側の認識としては、「自分たちで考えて行動しない、受け身である」、「道の駅の一員として、全体のことを考えて欲しい」などであった。道の駅をよくしていく（例えば、売上の増加や、スタッフの応対向上など）というベクトルはほぼ一致しているのであろうが、震災直後に復旧・復興を目的にまとまった（と思えた）道の駅の中で、2章でも論じたように「想いのギャップ」が生じつつあったようだ。

　「連帯と敵対」を旨にする筆者としては小さないさかい程度なら看過できるのだろうが、そこに組織における構造的なマネジメント上の問題であるのなら、

終章　むすびにかえて　459

それの原因を探り、解決策を提示する必要があると考え、NPOと駅長との協議の上、1階と2階のスタッフへの聞き取り調査を2014年1月に行った。聞き取りの内容として、1）道の駅全体について、2）現状、3）評価、4）運営／テナントとの関係や問題点、5）課題・今後、であった。聞き取りの結果としていくつかみえてきたものの象徴的な一つに「顧客像がみえていない人は問題を自分たち以外の外部（運営側など）に求める」であった。販売活動における最重要事項として「集客をどうするか」があげられるのだが、集客のしかけ（イベントなど）については運営・管理を行うNPOが担当しており、道の駅における販売活動は「顧客に対応するだけの行為」になってしまうのである。これは道の駅が独自に行っているアンケートで接客・サービスや味に関する苦情が少なからず存在することにも関連する。また、2009年5月から継続的に筆者らが実施している「道の駅アンケート」において、初回と3回以上利用者が多いという結果と併せると、初回利用顧客のニーズを満たしていないことによる再来訪（2回目）意向の低下という、震災前からの問題がさほど解決されていないことがうかがえる。

　これらの各店舗の聞き取りをまとめ、2014年2月中旬に駅長を含めた関係者約20名による打ち合わせを行っている。事前課題である道の駅の「強み／弱み」、各店舗の「強み／弱み」を各店舗が話し、それらの上で各店舗の「想定する顧客像をどう描くか」、「顧客対応の方法はどうすればよいのか」、「駅全体の意思決定上の問題をどう解決するか」などの問題を検討した。この会合のフィードバックとして、2回目の各店舗聞き取りを行ったが、顧客像を明確に持ってマーケティング活動をしようとする店舗とそうでない店舗に分かれつつあるようだ。

（2）若い世代の取り込みのために

　ところで震災前にあった「情報館」であるが、これはどうなったのか。予算措置の関係上、（震災前と同様に）交流館と同時とはならず、元の建物をリフォームした上で交流館と同じ高さまでかさ上げし、2014年4月1日に再開業となった。また、いわき市の震災遺児等支援事業補助金事業などを得て、「チャイルドハウスふくまる」が4月26日に開業した。チャイルドハウスは道

の駅仮開業時（2012年1月27日〜7月28日）に用いた大型テントを活用して設置した子供向け屋内遊び場「キッズランド」（2012年10月20日〜2013年12月23日）の発展・常設版である。

　この施設の開業は道の駅よつくら港の集客に大きなインパクトを与えるものと関係者では期待していた。何故というと、他の道の駅でも同様なのだろうが、顧客は高齢者が多く、子育て世代の取り込みが課題になっていたからである。2014年5月4日に筆者らが実施した道の駅アンケートではほぼ期待通りの結果が得られた。具体的には（調査協力者ベースであるが）30代割合が高くなったこと、チャイルドハウス利用者の中心は30代であり、その利用者は道の駅（交流館・情報館）の利用実績と意向も高いことなどであり、この段階では若い世代の集客に大きく寄与していることがわかっている[4]。これらの機会を道の駅、とりわけスタッフがどう捉えるか。これまでの経緯から判断するに、テナント格差がより大きくなる可能性も否定できないものの、今後の動向を見守っていきたい。

(3) 復旧・復興をめぐる新旧住民組織の葛藤

　道の駅よつくら港はNPOよつくらぶにより運営・管理がなされている。この団体は四倉地区の区長会、土地改良組合、企業、個人などにより結成された四倉ふれあい市民会議（2004年11月設立：以下「市民会議」）を母体として、2009年1月に認証された組織である。市民会議が四倉地区のまちづくりを対象にするものに対して、後に設立されたNPOは主に四倉漁港周辺の活性化を目的として道の駅の運営・管理を中心としたものであり、市民会議会長とNPO理事長が同一人物であることで、問題を少し複雑にしてしまったこともあったようだ。地元住民らによく聞くこととして、「四倉全体のことを考えなければならないのに、あの（道の駅）周辺しか潤っていない」、「NPOの人たちは自分たちで好きなことをやっている」、「NPOは何をやっているかわからない」などである。

　区長会が旧大浦村と旧大野村を含む旧四倉町の流れを汲むいわば伝統的な地域住民組織であることからその構成員は70代以上の年配者が多い一方で、市民会議やNPOは50代を中心とした比較的若い人たちで構成され、よくある

「世代間の対立」の一つのあらわれともいえなくもない。これは震災直後の対応にも区長会と市民会議・NPO はそれぞれで復旧活動に従事していたように、顕著に出ていた[5]。先の世代間の対立はどこから生まれるのか、その一つがそれぞれの世代をつなぐネットワークや人の不在、もう少しいえば「情報共有」が弱いことにあると考えられる。こうした問題意識もふまえて、四倉町区長会といわき市四倉支所の協力を得て、筆者らはアンケート調査を 2014 年 2 月に実施した[6]。単純集計ベースであるが、四倉地区にある主だった組織の認知度は、多い順に「いわき市四倉支所」(94.0%)、「消防団」(89.9%)、「商工会」(88.6%) であり、その次に「区長会」(80.5%) となり、「市民会議／NPO」は 49.6% と 5 割に過ぎない結果であった。これは何を示しているだろうか。年代別に集計すると、60 代以上の年配者の「市民会議／NPO」への認知がそれ以下の年代よりも相対的に低く、世代による組織に対する認知の差が活動への誤解、さらには分断を生み出している可能性は否定できない。いかにして組織の認知率を上げるかが、対立や分断を緩和する鍵になるだろうか[7]。

2. 平豊間地区[8]

(1) 官民協働の模索は続く

豊間地区は有名な塩屋埼灯台から南に位置するのが豊間区、その北に薄磯区と沼ノ内区という三区により構成されている。2011 年度から各区長らへの聞き取りを皮切りに、2012 年度は薄磯と豊間区で情報発信・共有の仕組み構築に関する取組みを進めてきた。この 2013 年度から筆者らは本格的に薄磯区の復興まちづくりに関わっている。毎週日曜朝の定例会を薄磯復興協議委員会メンバーと行う中で判明したのは、年配者で構成される薄磯区会と異なって委員会メンバーは区役員を経験していない人が多く、行政とのパイプも（相対的に）細いことから「付き合い方」にやや困難さがみられることである。

つまるところ、協働に必要な信頼関係が他地区に比べてあまり構築されていなかったことがうかがえる。行政と住民（組織）とのそうした関係を醸成するためには何が必要だろうか。それは「実績」であろう。付言すれば、行政側／

住民側がそれぞれでできることを自分たちで分担して行うことであり、それこそ他県でも問題になっている土地区画整理事業における減歩や換地に関わる調整を行政が個別に対応するのか、それとも住民組織（例えば町内会や復興協議会）が行うのか、という次元への問いとなる。例えば沼ノ内区では（被災を免れた）公民館を災対本部として各役員の分担により区民の生活復旧に努め、役所への陳情を区が一本化するなど、行政と住民をつなぐ中間集団としての役割を果たしていた。また、豊間区では外部の支援組織とともに復興まちづくりの提言書を市長に提出するなど、住民が「やれること／やれないこと」を明確にしつつ、後者について行政に依頼するかたちになっているのとは対照的であったといえよう。

震災前の豊間区や沼ノ内区が600世帯以上あるのに対して、薄磯区が300世帯未満でありかつ市内では最大の津波被害を受けたことを考慮したとしても、行政との関係構築に向けて2011年から試行錯誤を繰り返していたのは、次々と計画を立案していく豊間区と比べて復興計画立案の面で遅れていることからも明らかである。とはいえ、彼らに全ての非があったともいい切れない。何故というと、2012年度に行われた様々なワークショップ（防災緑地、高台など）の結果が行政の提示する計画案にほとんど反映されないことに対する「(行政への) 不信」が根強く形成されたからである。この最大の要因として一つあげるならば「行政側が明確な行程表を示さない／示せない」ことにある。「もう時間切れだから、（住民とは色々議論したものの、それらをあまり反映していない）この（行政側が示した）案でいく」ことがあまりにも多いようである。

(2) 三区協議会——市民会議——の設立

四倉でも存在する現象はここ豊間地区、とりわけ薄磯区でも生じている。先のワークショップの結果を受けて一部の住民が中心となり、旧豊間中学校の震災遺構化への試みを進めてきた。2013年夏の段階ではいわき市から明確な「否」という回答を得たものの、その後もホームページで広く意見を募ったりと、保存への取組みは続けていた。そして秋の復興大臣による「一自治体に一つの震災遺構」というコメント[9]から、行政の旧豊間中学校への風向きが大きく変わったといえる。

終章　むすびにかえて　463

　その間に豊間地区で大きな動きがあった。それは三区合同のまちづくり協議会を立ち上げたことである。震災直後にも同様な萌芽があったようだが諸事情により進まずに、2013年の夏に「(仮称)とよま復興まちづくり市民会議」として、月2回のペースで三地区のまちづくりについて検討することになった。後に正式に「海まち・とよま市民会議(以下、「とよま会議」)」となるこの会議体のコアとなるのは、各区の次世代を担うと区会が考えて選出した人たちである。但し、「被害は少なかったから、防災訓練といった問題が解決できればよい」、「具体的なレベルでの検討よりも、グランドデザインを議論するのだろう」、「自区では処理できない問題を三区合同で解決したい」など各区の反応は様々で、結果としてメンバーの中心年代が、4名選出の沼ノ内は30代、4名の薄磯は40代、7名の豊間が50代以上となったことはそれを象徴している。

　市民会議会長と事務局長が薄磯出身者から選出されたことから、おおよそ薄磯の考え方が色濃く反映される、つまり「復興まちづくりに向けて障壁となる具体的な問題に対して解決策を検討する」と筆者は考えていた。当初の「次第」をみると、「震災遺構・メモリアル・慰霊碑」(第1回、2013年10月23日：通算第4回)、「地区のメモリアル、買い物、町の安全・安心」(第2回、同11月14日：同第5回)、「子供の安全・安心、買い物、グランドデザイン策定」(第3回、同11月28日：同第6回)と推移していたのだが、第6回では行政による素案「グランドデザイン」が前面に出る展開となった。以降はその検討が中心に据えられるようになり、この回が会議の性質を大きく変容させた節目であるのではなかろうか。

(3) 新旧住民組織の葛藤と官民協働の難しさ

　とよま会議のメンバーは区から選出されてきたのであるが、会議に関する情報共有は「その都度実施」、「行政から伝達されると思っていた」、「話すタイミングを見計らっていた」のように、三「区」三様であった。これは会議メンバーの年代と区会との距離感にも大きく依存するといえよう。何故というと、豊間ではメンバーの重複が多い区会≒復興協議会における(意思決定という意味での)主要メンバーのほぼ外から、沼ノ内は年代自体が30代と若い一方で、薄磯は2013年度から区会と復興協議委員会の連携を密に取ることになった背

景があるからである。権限の範囲も明確でない会議体が提案するものにどんな効力を持つのか、筆者は甚だ疑問であったが、既存の住民組織（区会）からみると「自分たちの知らないところで何かが話され、決められているのではないか」と思われても不思議ではない。そうしたこともあり、区長（と区役員）に対する定期的な報告の場を設けることになり、「グランドデザイン中間報告会」として 2014 年 1 月 28 日に開催された。実際のところ、それまで（具体的、利害関係の調整が必要であるという視点では）さほど検討されていない中での報告だったため、懸念された区長らからの批判的なコメントは出てこなかった。情報共有の必要性の確認も行われる中で、ある区役員から「事後報告というよりは、区会に事前に議題をあげてほしい」という、市民会議と区会という新旧住民組織の関係への根本的な問題が提示された。

　さらにこの動きと相前後して、行政側は「部会」設置を求めるようになった。関与者が多くなればなるほど、意思決定に迅速さが失われることは出席するメンバー[10]の共通した見解だったのだが、「（形式的な）関与者数の多さ」が官民協働の指標となるのか、毎回のように行政から要請されたのである。結果として、2014 年度に入って「子育てプロジェクト」という部会が設置されたのだが、権限を始めとした部会と市民会議との関係も議論されないまま、現在に至っている。

　さて、「復興に向けた具体的な問題を解決する場」として筆者らが期待していたとよま会議も、結局のところ（理念の共有という問題解決からほど遠い）「グランドデザイン」の検討と作成の場に収束していったのだが、それへの返礼かはわからないが、大きな出来事が待っていた。2013 年度の活動成果を区長らに報告するために 3 月 29 日に開催された「グランドデザイン報告会」において、マスコミ同席の中で福島県が「旧豊間中学校の保存に関する説明」という、筆者のみならず会議メンバーも初見の震災遺構化に向けたかなり詳細な資料を提示したのである。これが後に大きな反響を生み出すことになった。翌 30 日の福島民報『津波被害の豊間中校舎を「震災遺構」に――いわき市が保存検討』[11]が掲載され、区役員も含めた一般住民の多くが「議論を経ないで頭越しに」震災遺構として遺すことがあたかも既定路線になっていることへの違和感を表明したのである[12]。区長らへの「報告会」や会議メンバーらの努力により、

新旧住民組織の関係が構築されつつあった中、（比較的年配者に否定的な立場が多いとされる）震災遺構が世代や地区分断のシンボルになってしまうかどうかは今後の（順番が逆になってしまった感はあるが）合意形成のやり方に依拠するであろう[13]。

筆者は1節で紹介した道の駅よつくら港設立に向け、四倉ふれあい市民会議に1年以上関与した経験から、同会議上で行政はあくまでもオブザーバーであり、求められた時に発表・発言するものだと理解していたのだが、筆者の参加していた限りで、とよま会議は逆の印象を受けた。四倉の市民会議が区長会関係者などで構成されるというように経験者が多いという要因もあるのだろうが、行政の様々な思惑を含めた想いが全面に出て、それにメンバーがつられて承諾するようなことも少なからずあった。行政の考えを住民に伝え、説得して、納得してもらう。それを官民「協働」による合意の成果であり、それが「協働」のあるべき姿なのかどうかの判断は、復興が進んでいない現状、留保せざるを得ない。

3. 双葉郡楢葉町・富岡町[14]

(1) 震災前後におけるコミュニティとの関わりの変容

震災から3年以上経った今でも双葉郡をめぐる環境は厳しい。2012年4月1日に一般住民の帰還が可能になったいわき市北部に隣接する広野町において、そこから2年経った現在でも帰還率は3割程度といわれる[15]。除染が進んで線量も下がった楢葉町では今春、町長による帰還宣言が出るものとされていたが、5月末の声明によれば「帰還判断は来春行う」となった[16]。富岡町でも昨年行われた町長選でも町をほぼ二分する結果となり、特に同町は帰還困難区域／居住制限区域／避難指示解除準備区域の3区域になっており、こうした区分に住民たちも分かれつつあるコミュニティもある[17]。

筆者らは全町民が避難している楢葉町と富岡町を対象にしたアンケート調査を2012年の夏に実施し、回答者の中で戸別訪問が可能な人など[18]への聞き取りを続けており、現在は楢葉町43名、富岡町52名に達している。

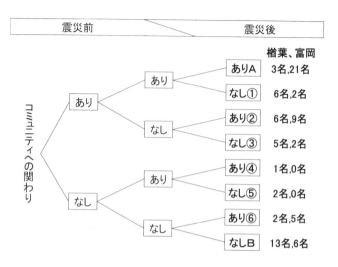

図終.3.1　震災前後におけるコミュニティ関与の類型（右の数字はインタビュー調査対象者数）

　図終.3.1においてタイプAで富岡町が（統計的に意味はないものの）多いのは、調査対象者に仮設住宅自治会・広域自治会の会長も含まれており、多くの富岡町の現会長は震災前の行政区役員経験者であったからである。因みに2013年度までに聞き取りした会長について、楢葉町の仮設住宅自治会長9名のうち震災前の区長経験者が3名であるのに対して、富岡町では仮設住宅または広域自治会長14名で震災前区長経験者は6名であった。聞き取りによると、役場が自治会設立を働きかけたりしたものの、会長は役員同士で決めており、富岡町では「地元の顔役」がそのままスライドする傾向にある一方で、楢葉町はそうでないという結果に分かれている。

(2) 両町で異なるコミュニティ・リーダーの要件

　避難生活も4年目に突入して、仮設住宅も使用延長を重ねて現在に至っている。楢葉町や富岡町の仮設住宅の規模をみると約10～300世帯と大小の差があり、それに伴いコミュニティ・リーダーたる会長の対応や求められる資質も異なるであろう。50世帯前後より小さい規模の仮設住宅は、震災前でいえば隣組・班レベルを少し大きくした規模であり、仮設住宅設立当初から現在まで比

較的まとめやすかったとする会長が多い一方で、200世帯以上の大規模仮設では入居開始当時にはトラブルが多かったようだが、「50台ほどの不法駐車とかが当初はあったが、今は98%位改善されたと思う」、「この頃はコミュニティができる前だったのでみんな自分勝手だった。根気よくやっていけばだんだん、収まってくる」（いずれも富岡町の大規模仮設住宅自治会長）と、会長らの尽力により仮設住宅にも「コミュニティ」が形成されて／されつつあることを示している。

　これは逆にみると、（せっかく慣れたコミュニティを離れて）次に移るというインセンティブが弱まることを意味する。「復興公営住宅になるとまたバラバラになるという懸念がある。福島県の公営住宅だと他町村と一緒にされてしまう。これは仮のまちでも何でもない。仮設住宅と同じである。なので、何のために公営住宅を建てているのかよくわからない。行政に振り回されている」（富岡町の中規模仮設住宅自治会長）のように、建設が進められている災害（復興）公営住宅に入居する時にはシャッフルされる可能性が高く、それへの懸念も含めて仮設に居続ける選択をとる人も少なくないようだ。

　コミュニティの「再」崩壊を未然に防ぐべく動きもあり、いずれも富岡町のものであるが、大玉村にある安達太良仮設住宅や三春町に設置された主に仮設住宅の入居者で復興公営住宅の入居を希望する人は、まとまったかたちである程度移住可能な富岡町専用の公営住宅が用意されることになっている。

　しばらく帰還が先になる富岡町では上記のような動きがみられるものの、避難住民にとって厳しい環境に置かれているのは実は楢葉町民ではなかろうか。例えば、次のコメントにおいて、その困難さが如実にあらわれている。

　「先週の町長コメントについて、友達と話した。戻ったとしても、心配事がある。具体的には水や原発収束の問題、農作業ができない、釣りもできないなど、生活がここよりも大変になるのではないかということ。なので、ここにいられるまで居続けようという人がほとんどだと思う」（楢葉町大規模仮設の自治会長）。

　仮設住宅入居者にとっては「ここでの生活も慣れたので、しばらく様子をみよう」という人が増えており、とりわけ楢葉町民の8割程度がいわき市内に避難していることから知り合いも多く、さらに「買い物も病院もラク」というこ

とになれば、避難当初は高齢者に多かった「帰還希望」も、市内に留まる選択肢を取るようになっている。

仮設自治会の会長たちは住民たちのこうした意向を受けつつ、今後の舵取りを模索していかねばならない。一方、震災前のコミュニティである行政区長はどう考えているのか。

「戻ろうと思っても、40年以上一緒にいた地区の仲間と同時に帰ることはできない。結婚以来ずっとお隣さんだったおばあちゃんに挨拶もできず、別れてしまった。そのおばあちゃんの身体のことを考えると、もう会うことはできないかもしれない。まとまって避難先に住む、という選択肢はなかったのだろうか」（楢葉町の行政区長）。

帰還が前提となっている楢葉町の行政区でも定期的に総会や会合を開いているのは、筆者の知る範囲でもせいぜい五つくらいであり（富岡町も同程度）、「風前の灯火」というのが現状といえるのではないか。一方の富岡町では帰還がしばらく先になることから、震災後のコミュニティ形成・維持に力を入れており、（一部ではあるが先に論じた）仮設住宅退去後の集団移転や「交流サロン」などを拠点とする広域自治会といった既存の行政区にはとらわれない展開がみられる[19]。

「帰還」という（よくも悪くも）制約条件のある楢葉町は、町役場だけでなく住民たちも行政区の維持と震災後のコミュニティ育成の両方に力を入れなければならないところに、富岡町とは異なる難しさがあるのではないか。先にも述べたが、楢葉町には行政区長を経験していた自治会長が少なく、コミュニティ形成・維持のノウハウがあまりないことから、手法を模索していたものとも考えられる。仮設自治会長になった震災後のリーダーたちは、その仕事で忙しいため、例え行政区の役割があったとしてもそれをこなすことはできない。つまり、区としての活動も低下するに至るのである。このように楢葉町においては、震災前にあった既存コミュニティの基盤を揺るがす複数の力が働いているものと考えられ、この町のリーダーたちの方がもしかすると難しい選択を迫られているのかもしれない。

(3)「新しい近隣」は「古い隣近所」にかわるのか

　前項のような論じ方をすれば、「仮設住宅自治会長にそんな権限や責務があるのか」という疑問が生じるだろう。何故というと、（移動できないという意味で固定化された）土地の上に形成されたある程度の時間幅を持つ諸個人間の関係を束ねるための一組織＝行政区であるのに対して、仮設住宅の入居者は同じ町からの避難者であること以外の共通性がほとんどなく、かつ（固定化されない）時限的な住居であることから、そこのコミュニティ・リーダーたる自治会長は（ある意味で地元の顔役となる）行政区長ほどの重みやそれに伴う責任が例え生じたとしても、（仮設には長くいないのだから）それを回避することも可能であろう。「かたちだけの会長」が存在してもおかしくない。しかしながら、役場から打診のあった人たちも含まれることも要因なのかもしれないが、筆者らが聞き回った震災後のコミュニティ・リーダーたちにはそうした態度は皆無であったといえる。

　どうしてこのような人たちが存在するのか。避難生活というある意味で非日常でありかつ中長期に及ぶ先のみえない不安から、刹那的になっても誰も文句がないのではないか。それを解きほぐす一つの鍵としては、震災を契機に出現した「新しい近隣」（吉原2013b）なのかもしれない。外に開かれてかつ水平的な関係を持つ「ネットワーク型コミュニティ」である「新しい近隣」は、（相対的に）閉じて垂直的な関係の象徴ともいえる行政区とは違い、それまでは性質の異なったリーダーの出現と活躍の可能性をもたらすものと考えられる。一例に過ぎないが、震災前には行政区に全く関わらなかったものの、避難所生活の過程でリーダー経験を積んだがゆえに入居した仮設自治会（楢葉町）の会長になった人も存在し、楢葉町の場合はこうしたタイプのリーダーが多いように感じられる。繰り返しになるが、富岡町では仮設または広域自治会長の多くは震災前の区長・役員を経験しており、いわゆる「古い隣近所」の関係を引き継いだかたちでリーダーになっているのである。

　楢葉町は文字通り「新しい」関係性により生まれた近隣であり、富岡町は「古い」をも包摂した「新しい」関係といえる。この違いは「外に開かれた」という意味に「過去―現在―未来」という時間の幅が含まれている点にある。

「新しい近隣」におけるこの時間概念の差異[20]がリーダーの性質の違いを生み出しているのかもしれない。そう考えると、行政区を始めとした「古い隣近所」の向かう先は衰退・消滅ではなく、「新しい近隣」を創出するための資源になるのではないか。つまり、「新しい近隣」は「古い隣近所」の代替ではなく、相互に補完し合う関係にあるといえ、そうした相互作用によりコミュニティにおける「創発性」が生み出されるのではないだろうか。

4. 創発は「叛逆」を生み出すのか

今後の展開について、二つの方向による議論の必要性を論じることで本稿を終えることとしたい。コミュニティを始めとした地域の復旧・復興は、換言すれば「共（コモン）」を回復・創出する取組みともいえよう。ただ、震災前にコミュニティが「あったけど、なかった」といういくつかの実態を考慮すれば、いわゆる私―共―公の領域における「共」という「のりしろ」が失われていた震災前の空間において、何をどうやって回復・創出すればよいのだろうか。ナオミ・クライン（2011）のいう「惨事便乗型資本主義」においては、その規準は「資本主義の論理にそった」ものであり、宮城県沿岸部で議論される復興特区構想[21]といった「（比較として）私的な経済活動空間の創出」その一つであるとも考えられるし、（筆者は必ずしも否定的ではないが）「防潮堤」の問題はその対極にある「公的巨大空間の建設」ともいえる。基底にあるのは「共」へのまなざしが欠如または弱いことから、私または公といった両極にふれてしまうのではなかろうか。

こうした「共」は震災後に新たに生まれた／生まれるのだろうか。発生する要件を考えてみよう。震災後の混乱から、個人情報保護法などの制約により役場から（公的な）協力すら（特に入居世帯を把握する面で）得るのが困難だった仮設自治会長などのリーダーの苦悩を聞くにつけ、例えばその創出の一つとして諸資源へのオープンなアクセスを要件とするネグリ＝ハート（2012：2013）の議論は楽観的に過ぎるかもしれない。しかしながら、震災前の時間にまで視点を拡げれば、少なくとも現リーダーの多くは（震災前にもリーダーであることも含めて）「共」を創出するための萌芽を持っていたものと考えられる。「共

の結びつきについて、「異なる社会集団は、闘争の過程で、おのおのが特異性として互いに作用し合いながら、相互の交換を通じて、啓発され、鼓舞され、変容させられる」（前掲書、p.190）は、ジョン・アーリ（2003：2014）が指摘する「創発性」そのものともいえるのであり、共／創発性の先に「創発するコミュニティ」（吉原）を実現する「叛逆」が待っているのだろうか[22]。それら諸主体により織りなすプロセスが「新しい近隣」を析出していくのだろうか。

　もう一つは震災後に再構築・創出された空間や場所をめぐる議論である。震災前でも後でも、そして今に至るまで、諸個人間の活動によって形成される「空間」は存在する。ただし、それに関与する時間の幅であったり、人びとの抱く愛着や関与度などは、コミュニティごとというよりは個人により差があるものといえる。因みに前者は「移動」の問題であり、後者は「場所」に関わるものである。「仮設住宅」は文字通り、あくまでも仮の住まいであることから、出入りが激しいよりもむしろ期間限定という意味で流動性の高いコミュニティである。こうしたところでも「場所」（とその一表象である「場所性」）が形成されつつあるのは、時が経つにつれてトラブルは減ってきたことからも明らかである。しかし、こうした議論は仮設住宅に住んだり、広域自治会に加入する人たちを対象にしたものであり、各世帯で借り上げたり購入したりする人には（少なくとも震災前からのコミュニティとの関わりは）無縁である。

　「役場職員でさえ、いわきに家を構える人が多い。原発収束の問題があり、『戻ってまた避難』をみんな一番恐れている。賠償とかを受け入れて今の避難生活を終わらせることもできるのではないかと考えたりする」（楢葉町出身のいわき市内購入住宅居住者）。

　これは原発（事故による）避難にだけではないが、つまるところ、借り上げ／購入住宅、仮設住宅での生活という複数パターンから、震災前に住んでいたコミュニティからの離脱／（再びないしは新しく）関与が描き出されるわけだが、「共」への関心・関与がいわゆる「かすがい」になっている。というのも、震災前からの行政区で何らかの活動を行っているのは山林や集会所などの「共有財産」という（前向きで積極的ではないかもしれないが）問題もあるからである。

　「新しい近隣」は原発避難だけでなく、集団移転や区画整理によってある程度関係がシャッフルされる津波被災地でも同様に検討すべき課題である。これ

らは全く新しいものというよりは、「共」をめぐる創発と叛逆といったプロセスによって、震災前の「古い隣近所」を基層に形成され、場所を生み出していくものではなかろうか。

注

1）道の駅よつくら港の調査には筆者以外にも、菅野瑛大（福島工業高等専門学校専攻科ビジネスコミュニケーション学専攻2年）、2014年度から班目佳小里（同校コミュニケーション情報学科4年）などが関わっている。
2）例えば、「仮設商店街　苦境に　立ち退き迫られ　観光客も減」（『東京新聞』2013年8月19日）。
3）NPOよつくらぶ（以下、NPO）については3節で説明する。
4）この調査結果は別稿で報告する予定である。
5）震災前から現在までの四倉地区における地域住民組織間の関係とそれらから顕現したかたちのNPOを論じる必要はあるが、これはいずれまとまったものとして報告したい。
6）本調査は四倉地区住民4,600世帯の世帯主または準ずる者を対象にした質問紙調査であり、四倉支所からの広報に同封して配布した。有効回収数は779名であった。単純集計表は『東北都市社会学研究会HP（http://tohokuurban.web.fc2.com/）』を参照されたい。
7）市民会議／NPOという表記であるが、2014年度から大きく体制が変化した。今まで会長と理事長を兼務してきた人が会長を退き、NPOに専念するとのことである。市民会議の新会長はメンバーの中でも若い40代前半であり、市関係者によればやはり今年度から交替した新しい区長会長との連携もこれからは可能になりそうとのことである。
8）豊間地区の調査には筆者以外にも菅野瑛大、2013年度から磯﨑匡（東北大学大学院文学研究科博士課程1年）、山田修司（同修士課程2年）、昆周作（同理学研究科博士課程1年）、さらに議事録作成などの支援に、福島高専コミュニケーション情報学科3年次学生有志が関わっている。
9）復興庁HP「根本復興大臣の会見［2013年11月15日］」。
http://www.reconstruction.go.jp/topics/13/11/20131115182216.html
10）現役世代も多いこともあるのだが、「グランドデザイン」を検討する会合に変化したことから参加への意欲が低下したことも否定できない。会議メンバーの参加者もほぼ、沼ノ内1〜2名、薄磯4名、豊間2〜3名に収束していった。
11）http://www.minpo.jp/pub/topics/jishin2011/2014/03/post_9711.html
12）これは年度をまたいだ現在でも尾を引いている問題である。区会や復興組織にも問い合わせが多いようである。
13）2014年6月26日に開催した「グランドデザイン報告会」で「旧豊間中学校の保存に関する説明について」がいわき市から行われた。執筆時点では、区会や復興組織から「手が離れた」状態にあるといえる。
14）楢葉・富岡町の調査には筆者以外に菅野瑛大が関わっている。

15) 「「子育て世代」の女性帰還進まず　広野町が実態調査」(『福島民友ニュース』2014年5月20日) http://www.minyu-net.com/news/news/0520/news5.html
16) 『楢葉町HP　町長挨拶』http://www.town.naraha.lg.jp/outline/aisatu.html
17) 2014年6月に実施した広域自治会役員への聞き取り結果による。
18) 「など」としたのは、2011年4～5月にいわき市内で設置された避難所へのアンケート回答者や、調査対象者による友人・知人の紹介も含まれるからである。さらに時系列の変化を追うために、自治会長などを始めとして複数回の聞き取りを進めている。付言すれば、富岡町では全ての仮設自治会長、ほぼ全ての富岡町の広域自治会と楢葉町の仮設自治会長への聞き取りを実施している。
19) 8章でも言及しているが、借り上げ等住宅入居者による広域自治会については稿を改めて詳述したい。
20) 本書全体にも通底しているのだが、筆者はあえて原発やその事故に「だけ」焦点をあてて論じるつもりはない。というのは、災害により中長期的ないしはずっと「住めなくなる」のは、原発事故だけではなく公害による汚染といった技術災害、火山噴火や土砂崩れなどの自然災害にも起こっている／起こりうるからである。むしろ、原発事故だけを近視眼的に捉えすぎて、本質的な部分を見逃す／見ない論調が多いのではないか。いずれにせよ、長期避難を余儀なくされる場合とそうでないものを比較しなければならない点は、人びとが抱く「時間概念」だけなのかもしれない。さらなる考究は別稿で行いたい。
21) 例えば、2013年4月に復興庁が認定した「水産業復興特区」である。これは宮城県石巻市桃浦地区を対象としており、地元漁協に優先的に与えられた漁業権を開放して民間投資を呼び込み、地域復興の推進を目的としたものである(「復興庁、宮城の水産特区初認定　民間企業に漁業権」『日本経済新聞』2013年4月22日。http://www.nikkei.com/article/DGXNASDF2200P_S3A420C1PP8000/)。
22) 少なくとも筆者が関わるフィールドの現状ではあまりにも夢想的であるともいえるが、コミュニティの「創発性」をダイナミックに生み出すにはマルチチュード(ネグリ＝ハート)による「連邦的な参加原理に基づくシステム」(同 p.178)の構築は一つの鍵であり、そうしたシステムの萌芽は世代交代とほぼ同じ表象で形成されつつあるのではないか。ただ、それを持続可能なものにするためには、ヒト・モノ・カネのいずれの面においてもいくつかの壁を乗り越えなければならないだろう。

参考文献

飯島美奈帆・松本行真、2011、「つながりを創出するための直売所運営の課題―道の駅「よつくら港」の事例を通じて―」『日本都市学会年報』Vol.44：172-181

Klein, N., 2011, *The Shock Doctrine: The Rise of Disaster Capitalism*, Metropolitan Books.（= 2011、幾島幸子ら訳『ショック・ドクトリン（上・下）―惨事便乗型資本主義の正体を暴く』岩波書店）

松本行真、2013、「福島県浜通り地方の被災地調査の取り組みと課題」『東北都市学会年報』Vol.13：107-116

吉原直樹、2013a、「ポスト3・11の地層から」、伊豫谷・齋藤・吉原『コミュニティを再考する』　平凡社

―――、2013b、『「原発さまの町」大熊町から考えるコミュニティの未来』岩波書店
Hart, M. and Negri, A., 2012, *Declaration*, Argo-Navis.（＝ 2013、水嶋・清水訳『叛逆――マルチチュードの民主主義宣言』NHK 出版）
Urry, J., 2003, *Global Complexity*, Polity Press Ltd.（＝ 2014、吉原直樹監訳『グローバルな複雑性』法政大学出版局）

あとがき——「福島」の復興に向けて

　本書は 2008 年からいわき市内各地で、福島工業高等専門学校コミュニケーション情報学科の松本研究室に所属する本科 2 年から専攻科 2 年といった様々な年齢の学生たちと積み重ねてきた調査研究において、主に 2013 年夏までの——復旧過程における——成果を筆者の責任により必要に応じて加筆・修正したものである。

　この準備のために改めて読み返してみると、震災後に初めて経験したある感情がよみがえってくる。2011 年 3 月 11 日の夕方から、2008 年度から続けてきた NPO よつくらぶ・いわき市・福島高専の産官学連携事業としての最終報告会がいわき市四倉支所で行われる予定だった。14 時 46 分により発生した地震による津波が四倉地区にも襲うとはその時は全く思っていなかったものの、直後に NPO 担当者に連絡がとれなかったこともあり、その報告会に参加するのを取りやめたという経緯があった。その数日後に電話でかわした担当氏とのやりとりの中であった「（四倉の沿岸部は）別世界です…」という言葉、ハイパーレスキュー隊の待機場としてメディアの記事で四倉海岸駐車場から確認できた道の駅交流館の損壊状況、そして混乱がやや収束の方向に向かいつつある 4 月 4 日に訪れた時の敗北感など、「福島高専」という学校自体が置かれている状況も含めて、少なくとも 2011 年の前半はいろいろな感情がないまぜになっていたと思う。

　そうした中でも、4 月下旬からいわき市や松本研に所属する学生の協力を得て、市内各地に設置された避難所への調査に着手することができ、学校も 5 月の連休明けから新学期が始まった。ただ、「あの四倉の人たちはどうなったのだろう」という意識は常にあった。第 3 章でも経緯はふれているが、それらの基底にあるのは、震災前にやりとりのあった一人ひとりに会うことにより、筆者自身の／も震災前にあった日常を構成していたパズルのピースを取り戻し、

はめ直すことであった。そこにあったのは月並みな表現であるが「安心感」であり、それを担保していたのが人間関係の網の目という意味合いでのネットワーク―「絆」―だったのである。

　本書のいくつかのパートを読んで、タイトルにある実相と変容の「変容」に違和感を抱く人がいたら、本書の試みの一つが成功したともいえる。何故というと、「変容」に筆者が込めた意味は「位相が同じ」ことであり、それはみえかたが異なるだけで実質や本質は変わるものではないことを「変容」とあえて銘打ち、「表層的な変容」と「実質的な非変容」を両方向から同時に論証するために、雑多ともいえるいくつかの視点による調査研究とそれに伴う分析と解釈を展開してきたからである。そうしたねらいを抱きつつ、序章で問題意識を提起するかたちで視点を浮き彫りにして、第Ⅰ部では商業による地域活性化を、第Ⅱ部を避難・帰還・訓練といったいくつかのトピックから安全・安心を担保するコミュニティについて、第Ⅲ部は新たに立ち上がった自治会やそのリーダーを資源と類型化といったそれぞれの視点で、いわば三重奏のかたちによる被災コミュニティの実相と変容を考察してきた。本書がこれらのねらいをどれだけ達成できたかは読者に委ねるしかないのだが、ひとつだけいえば、彼ら／彼女らの生活のリアルが稚拙で迂遠ながらも、いくつかは表現できているのではないかと思う。

　聞き取りに応じてくれた全対象者に伝えていることだが、これは数年で終わる調査研究ではなく「これから」のものである。筆者も復興まちづくりに一部関与しているいわき市沿岸部では、2014年度に入居開始した災害公営住宅を皮切りに高台移転以後のまちづくりをみすえる必要がある。さらに楢葉町や富岡町といった双葉郡については、まちのありかたそのものから問い直すことが求められ、それは1～2年では決着がつきそうにもない困難な問題である。これらについては、現在進めている調査研究の成果により、改めて世に問いたい。

　本書は多くの人による支援により生まれたものである。いわき市、楢葉町、富岡町の関係部署を始め、いわき市四倉町や豊間地区の住民組織、仮設・広域

自治会や避難者たちの協力が得られなければ全く成り立たなかった。特に筆者が所属していた「福島高専」の名を告げると、「親類縁者が通っていた」、「（孫などが）在籍している」などといわれ、そうした親近感によるものなのか、多くの協力を得ることができた。また、飯島美奈帆（2007～2010年度）、菅野瑛大（2011～2012年度）の両君を始めとした、福島高専松本研究室のメンバーによるデータの収集・分析・加工、報告書作成などの補助がなければ、到底なしえなかったといえる。最後に、御茶の水書房の小堺章夫氏には本書の出版に向けて、多大なるご支援をいただいた。こうしたすべての方々に感謝して記す次第である。

　本調査研究は科学研究費・若手（B）『被災自治体における防災・防犯コミュニティ構築とローカルナレッジ形成に関する研究』（課題番号24710176）（2012～2014年度）、いわき市事業経費（『大学等と地域の連携したまちづくり推進事業』2011～2012年度）、福島工業高等専門学校校長戦略経費（2011～2012年度）による成果の一部である。

　最後に、本書は2014年度独立行政法人日本学術振興会科学研究費補助金（研究成果公開促進費・学術図書）によって刊行されるものであることを記す。

　　　2014年9月　　薄磯海岸にて

　　　　　　　　　　　　　　　　　　　　　　　　　　松本　行真

【初出一覧】（論文・報告書）

序章
　「はじめに」（中尾・松本編『大学等と地域の連携したまちづくり推進事業報告書（いわき市）』2011 年、2012 年、2013 年）

第 1 章
　「直売所と NPO ——営利活動と非営利組織のはざまに——」（『東北都市学会年報 10』2010 年）、「道の駅よつくら港の設立経緯——ワークショップを中心に——」（金子・松本編『「NPO による道の駅」は可能か——道の駅よつくら港の取組から——（道の駅よつくら港「交流館」等利活用実態調査業務　2010 年度調査報告書）』2011 年）、「道の駅の差別化の特性と今後の課題——福島県の道の駅・「ふるどの」と「よつくら港」を比較して——」（遠藤一幸、松本行真『東北都市学会年報 11・12』2012 年）

第 2 章
　「産直品購入におけるチャネルイメージ形成に関する一考察——直売所ユーザー調査から「産直品」購入の実態・評価・期待をみる——」（『日本都市学会年報 43』2010 年）、「つながりを創出するための直売所運営の課題——道の駅「よつくら港」の事例を通じて——」（飯島美奈帆、松本行真『日本都市学会年報 44』2011 年）

第 3 章
　「大震災後の道の駅よつくら港——地域の強固な「絆」と震災復興——」（『東北都市学会年報 11・12』2012 年）、「震災復興に向けた道の駅の現状と課題」（遠藤一幸、松本行真『日本都市学会年報 45』2012 年）、「震災復興プロセスにおける地域住民の果たす役割に関する研究——福島県いわき市四倉町道の駅「よつくら港」の取り組みを事例に——」（大勝陽平、松本行真『日本都市学会年報 45』2012 年）、「ポスト 3.11 のマーケティング戦略——道の駅よつくら港の直売所を事例に」（松本行真、菅野瑛大ら『福島高専紀要 53』2012 年）、「福島県浜通り地方の被災地調査の取り組みと課題」（『東北都市学会研究年報 13』、2013 年）

第 4 章
　「いわき市自治会における問題の所在」（中尾・松本編『大学等と地域の連携したまちづくり推進事業報告書（いわき市）』2011 年）

第5章
　「震災復興に向けた「絆」と自治会・町内会の役割」(木田敦美、松本行真『大学等と地域の連携したまちづくり推進事業報告書(いわき市)』2012年)、「ローカルナレッジとコミュニティ——いわき市、楢葉町、富岡町」(洲崎翔太、松本行真『被災自治体における防災・防犯コミュニティ構築とローカルナレッジ形成に関する研究(科研費報告書)』2013年)、「地域で形成される民衆知と津波避難に関する予備的考察——福島県浜通り地方を事例に——」(『地域安全学会論文集21』、2013年)

第6章
　「コミュニティにおける情報伝達・共有の重要性」(『大学等と地域の連携したまちづくり推進事業報告書(いわき市)』2013年)、 Three Coastal Districts in Iwaki City, Fukushima Prefecture: Differences Resulting from the Local Residents Organization Disaster Response Activities (*HFA IRIDeS Review Preliminary Report Focusing on 2011 Great East Japan Earthquake*, 2013)

第7章
　「大震災がもたらす地域コミュニティの変容——楢葉町・富岡町」(『被災自治体における防災・防犯コミュニティ構築とローカルナレッジ形成に関する研究(科研費報告書)』2013年)

第8章
　「被災コミュニティの現状と課題——富岡町と楢葉町」(渡部恵里香、松本行真『被災自治体における防災・防犯コミュニティ構築とローカルナレッジ形成に関する研究(科研費報告書) 2013年』

第9章
　書き下ろし(2013年度東北社会学会大会発表資料を加筆・修正)

終章
　「復旧・復興過程におけるコミュニティの諸相と変容」(『東北都市学会年報14』2014年)

付録資料

道の駅・町内会・自治会等調査集計表

【調査概要】

調査名称	資料1.1 地方の旅と情報についてのアンケート調査	資料1.2 道の駅などの施設についてのアンケート調査
調査日時	2008年10月25日～26日	2009年5月3日～5月5日
調査目的	首都圏在住者における物産館等への期待の把握	物産館における満足と不満の要因と交流館への期待の把握
調査手法	対面による自記式質問紙法	対面による自記式質問紙法
調査対象者	赤坂コミュニティまつり来場者	四倉ふれあい物産館来場者
有効回収結果	100名 男性9.0%、女性91.0% 10代0.0%、20代6.0%、30代15.0%、40代16.0%、50代23.0%、60代以上40.0%	232名 男性48.3%、女性51.7% 10代2.2%、20代3.0%、30代18.6%、40代15.2%、50代22.9%、60代以上38.1%

調査名称	資料1.3 道の駅などの施設についてのアンケート調査	資料1.4 道の駅についてのアンケート調査
調査日時	2010年5月4日	2010年9月20日、2010年11月9日
調査目的	交流館の評価と主動線導出及び駐車場問題の把握	古殿町周辺計6ヵ所の道の駅の利用実態・評価・期待の把握
調査手法	対面による自記式質問紙法、動線調査、駐車場調査	対面による自記式質問紙法
調査対象者	道の駅よつくら港来場者	道の駅ふるどの来場者
有効回収結果	299名 男性45.2%、女性51.5% 10代2.3%、20代11.0%、30代22.4%、40代21.7%、50代17.7%、60代以上21.7%	568名 男性39.4%、女性46.8% 10代1.1%、20代5.1%、30代8.6%、40代14.3%、50代28.2%、60代以上31.3%

調査名称	資料1.5 道の駅の利用に関するアンケート調査	資料1.6 道の駅よつくら港についてのアンケート調査
調査日時	2011年10月29日（よつくら）、2011年10月30日（ふるどの）、2011年11月13日（ひらた）	2012年5月4日
調査目的	風評被害に対する意識調査	直売所の現状評価と交流館リニューアルへの期待の把握
調査手法	対面による自記式質問紙法	対面による自記式質問紙法、動線調査
調査対象者	道の駅よつくら港、ふるどの、ひらた来場者	道の駅よつくら港来場者
有効回収結果	100名（よつくら）、102名（ふるどの）、101名（ひらた） 男性48.5%、女性48.2% 10～20代6.9%、30～40代28.4%、50代以上61.1%	213名 男性41.3%、女性48.8% 10代6.6%、20代8.5%、30代16.4%、40代18.8%、50代18.8%、60代以上20.7%

調査名称	資料2.1 いわき市自治会・町内会等調査	資料2.2 薄磯・豊間区における被災住民の生活とコミュニティに関するアンケート調査
調査日時	2010年8～10月	2012年12月～2013年1月
調査目的	いわき市自治会・町内会の活動・行事と行政との連携状況の把握	薄磯、豊間区住民の震災前後における地域関与状況や帰還意思などの把握
調査手法	郵送による自記式質問紙法	郵送による自記式質問紙法
調査対象者	いわき市内の482自治会・町内会等の会長	薄磯区会、豊間区会の加入世帯主または準ずる者
有効回収結果	259名 男性95.4%、女性1.5% 10代0.0%、20代0.0%、30代1.2%、40代4.6%、50代52.1%、60代以上34.4%	48名（薄磯）、132名（豊間） 男性67.2%、女性30.6% 10代1.1%、20代6.7%、30代11.1%、40代20.6%、50代57.2%、60代以上3.3%

調査名称	資料2.3「本震災の避難と生活」についてのアンケート調査	
調査日時	2011年4月～5月	
調査目的	被災後の動向、避難所生活の評価などの把握	
調査手法	対面による自記式質問紙法	
調査対象者	いわき市内避難所への避難者（古殿町含む）	
有効回収結果	171名 男性50.9%、女性44.4%　10代1.2%、20代4.7%、30代5.8%、40代9.4%、50代29.8%、60代23.4%、70代14.0%、80代以上4.7%	

調査名称	資料3 楢葉町コミュニティ調査	資料4 富岡町コミュニティ調査
調査日時	2012年6月～8月	2012年8月～9月
調査目的	楢葉町民の震災前後における地域関与状況や帰還意思などの把握	富岡町民の震災前後における地域関与状況や帰還意思などの把握
調査手法	郵送による自記式質問紙法	郵送による自記式質問紙法
調査対象者	楢葉町民全3,700世帯の世帯主または準ずる者	富岡町民全7,200世帯の世帯主または準ずる者
有効回収結果	477名 男性64.6%、女性33.8% 10代1.9%、20代8.0%、30代10.7%、40代25.6%、50代24.5%、60代以上26.2%	1,389名 男性69.0%、女性28.4% 10代3.5%、20代9.6%、30代13.2%、40代19.7%、50代26.6%、60代以上23.9%

資料1.1 【地方の旅と情報についてのアンケート調査】

●いわき市と四倉についておうかがいします

問1　あなたは福島県の「いわき市」をご存知ですか。　　　　　　　　　　　全体ベース N=100
1 知っている	85.0	2 知らない	15.0

問2　いわき市内各地で訪れたところはどこですか。（いくつでも）　　　　　認知者ベース N=85
1 平	24.7	6 遠野	16.5
2 湯本	24.7	7 その他	3.5
3 勿来	21.2	8 ひとつもない	25.9
4 小名浜	45.9	9 不明・無回答	0.0
5 四倉	12.9		

●旅情報の活用や入手についておうかがいします

問3　旅先の物産や観光情報をどんな手段で入手していますか。（いくつでも）　全体ベース N=100
1 家族や友人	59.0	9 観光協会の窓口・電話対応	9.0
2 同じ地域の人	4.0	10 新聞・雑誌の記事	47.0
3 参加しているサークル・グループ	18.0	11 ポスター・チラシ	33.0
4 参加しているメーリングリスト	1.0	12 テレビ・ラジオ	28.0
5 個人のホームページ・ブログ	7.0	13 その他	24.0
6 企業・団体の公式サイト	30.0	14 ひとつもない	1.0
7 旅・イベントの総合情報サイト	36.0	15 不明・無回答	2.0
8 観光・レジャー施設の窓口・電話対応	14.0		

問4　では、当イベントはどこで知りましたか。（いくつでも）　　　　　入手経路保持者ベース N=97
1 家族や友人	17.5	8 観光・レジャー施設の窓口・電話対応	5.2
2 同じ地域の人	0.0	9 観光協会の窓口・電話対応	1.0
3 参加しているサークル・グループ	14.4	10 新聞・雑誌の記事	7.2
4 参加しているメーリングリスト	0.0	11 ポスター・チラシ	18.6
5 個人のホームページ・ブログ	0.0	12 テレビ・ラジオ	0.0
6 企業・団体の公式サイト	1.0	13 その他	22.7
7 旅・イベントの総合情報サイト	4.1	14 不明・無回答	23.7

問5　物産や観光に関するどんな情報を入手していますか。（いくつでも）　全体ベース N=100
1 目的地の基本情報	32.0	8 緊急時の備えに関する情報	0.0
2 交通情報	43.0	9 地域の歴史・文化情報	17.0
3 飲食情報	35.0	10 自分たちが住んでいる所との地域間交流情報	1.0
4 施設情報	34.0	11 観光客の体験談	11.0
5 お祭り・イベント情報	45.0	12 専門家の評価	1.0
6 おみやげ情報	27.0	13 その他	3.0
7 宿泊情報	57.0	14 不明・無回答	5.0

問6　では、役立った情報はどれですか。（いくつでも）　　　　　情報入手者ベース N=95
1 目的地の基本情報	12.6	8 緊急時の備えに関する情報	0.0
2 交通情報	24.2	9 地域の歴史・文化情報	5.3
3 飲食情報	11.6	10 自分たちが住んでいる所との地域間交流情報	1.1
4 施設情報	13.7	11 観光客の体験談	6.3
5 お祭り・イベント情報	20.0	12 専門家の評価	0.0
6 おみやげ情報	5.3	13 その他	1.1
7 宿泊情報	17.9	14 不明・無回答	41.1

問7　では、どんな情報が欲しいですか。（いくつでも）　　　　　全体ベース N=100
1 目的地の基本情報	6.0	8 緊急時の備えに関する情報	3.0
2 交通情報	14.0	9 地域の歴史・文化情報	11.0
3 飲食情報	15.0	10 自分たちが住んでいる所との地域間交流情報	1.0
4 施設情報	8.0	11 観光客の体験談	7.0
5 お祭り・イベント情報	15.0	12 専門家の評価	1.0
6 おみやげ情報	13.0	13 その他	3.0
7 宿泊情報	12.0	14 不明・無回答	42.0

●旅先の買い物や体験についておうかがいします

問8　あなたは地方の旅先でどんなものを買いたいと思いますか。（3つまで）　全体ベース N=100
1 海産物（生鮮品）	49.0	8 麺類	6.0
2 海産物（加工品）	47.0	9 菓子類	36.0
3 肉（生鮮品）	2.0	10 花木	0.0
4 肉（加工品）	8.0	11 工芸品	21.0
5 野菜・果物（生鮮品）	35.0	12 その他	0.0
6 野菜・果物（加工品）	34.0	13 ひとつもない	0.0
7 飲料・酒	16.0	14 不明・無回答	0.0

問9　あなたは地方の旅先で買い物をする際に何を優先しますか。（3つまで）　全体ベース N=100
1 鮮度	54.0	8 珍味	8.0
2 生産者・産地	24.0	9 有名ブランド	5.0
3 製造元・販売元	7.0	10 限定品	14.0
4 価格	41.0	11 その他	0.0
5 品質	37.0	12 ひとつもない	0.0
6 試食、飲食した味	38.0	13 不明・無回答	0.0
7 特産度	38.0		

問10　あなたは地方の旅先でどんな体験をしたいですか。（3つまで）　全体ベース N=100
1 農林業体験	26.0	7 文化・歴史体験	47.0
2 食体験	38.0	8 健康癒し体験	46.0
3 観水体験	15.0	9 その他	1.0
4 エコ・自然体験	16.0	10 ひとつもない	4.0
5 工作体験	25.0	11 不明・無回答	0.0
6 スポーツ体験	15.0		

問11　旅について、あなたの考えにあてはまるものはどれですか。（3つまで）　全体ベース N=100
1 旅はみんなで行くものだ	41.0	7 旅先の人たちと交流したい	36.0
2 旅先では贅沢にお金を使う	9.0	8 気に入った場所には繰り返し行く	42.0
3 旅先では心身ともに静養したい	63.0	9 その他	2.0
4 とくに目的のない旅がいい	14.0	10 ひとつもない	0.0
5 一度に複数の土地をめぐりたい	13.0	11 不明・無回答	0.0
6 旅には車で出かけたい	10.0		

問10　あなたは地方の旅先でどんな体験をしたいですか。（3つまで）　全体ベース N=100
1 農林業体験	26.0	7 文化・歴史体験	47.0
2 食体験	38.0	8 健康癒し体験	46.0
3 観水体験	15.0	9 その他	1.0
4 エコ・自然体験	16.0	10 ひとつもない	4.0
5 工作体験	25.0	11 不明・無回答	0.0
6 スポーツ体験	15.0		

問11　旅について、あなたの考えにあてはまるものはどれですか。（3つまで）　全体ベース N=100
1 旅はみんなで行くものだ	41.0	7 旅先の人たちと交流したい	36.0
2 旅先では贅沢にお金を使う	9.0	8 気に入った場所には繰り返し行く	42.0
3 旅先では心身ともに静養したい	63.0	9 その他	2.0
4 とくに目的のない旅がいい	14.0	10 ひとつもない	0.0
5 一度に複数の土地をめぐりたい	13.0	11 不明・無回答	0.0
6 旅には車で出かけたい	10.0		

●統計処理のため以下の質問にお答えください

問12 あなたの性別をお教えください。

全体ベース N= 100

1 男性	9.0	3 不明・無回答	
2 女性	91.0		

問13 あなたの年齢をお教えください。

全体ベース N= 100

1 10代	0.0	5 50代	23.0
2 20代	6.0	6 60代以上	40.0
3 30代	15.0	7 不明・無回答	
4 40代	16.0		

問14 あなたご自身は以下に示されている立場のどれにあてはまりますか。(ひとつだけ)

全体ベース N= 100

1 中学、高校在学中	0.0	6 末っ子が、小学生の親	4.0
2 予備校、専門学校、大学などの学生	0.0	7 末っ子が、中学、高校、大学などの学生の親	10.0
3 独身者	24.0	8 末っ子が卒業して就職、または結婚した子供の親	36.0
4 子供がいない夫婦	15.0	9 不明・無回答	
5 末っ子が、小学校入学前の親	11.0		

問15 あなたのお住まいはどこですか。(市町村まで記入)

【都道府県】

全体ベース N= 100

1 北海道	0.0	17 石川県	0.0	33 岡山県	0.0
2 青森県	0.0	18 福井県	0.0	34 広島県	0.0
3 岩手県	0.0	19 山梨県	0.0	35 山口県	0.0
4 宮城県	0.0	20 長野県	0.0	36 徳島県	0.0
5 秋田県	0.0	21 岐阜県	0.0	37 香川県	0.0
6 山形県	0.0	22 静岡県	0.0	38 愛媛県	0.0
7 福島県	1.0	23 愛知県	0.0	39 高知県	0.0
8 茨城県	0.0	24 三重県	0.0	40 福岡県	0.0
9 栃木県	0.0	25 滋賀県	0.0	41 佐賀県	0.0
10 群馬県	0.0	26 京都府	0.0	42 長崎県	0.0
11 埼玉県	5.0	27 大阪府	0.0	43 熊本県	0.0
12 千葉県	1.0	28 兵庫県	0.0	44 大分県	0.0
13 東京都	90.0	29 奈良県	0.0	45 宮崎県	0.0
14 神奈川県	2.0	30 和歌山県	0.0	46 鹿児島県	0.0
15 新潟県	0.0	31 鳥取県	0.0	47 沖縄県	0.0
16 富山県	0.0	32 島根県	0.0	48 不明・無回答	1.0

【東京都内】

全体ベース N= 100

1 千代田区	0.0	9 品川区	0.0	17 北区	12.2
2 中央区	0.0	10 目黒区	2.2	18 荒川区	0.0
3 港区	52.2	11 大田区	2.2	19 板橋区	1.1
4 新宿区	2.2	12 世田谷区	1.1	20 練馬区	1.1
5 文京区	3.3	13 渋谷区	4.4	21 足立区	0.0
6 台東区	0.0	14 中野区	4.4	22 葛飾区	1.1
7 墨田区	2.2	15 杉並区	2.2	23 江戸川区	1.1
8 江東区	4.4	16 豊島区	1.1	24 その他	1.1

【資料1.2 道の駅などの施設についてのアンケート調査】

●この施設の使い方についておうかがいします

Q1　あなたのこの施設を利用したのは何度目ですか。（ひとつだけ） 全体ベース N＝233

1 はじめて	85.6	3 3回以上利用している	57.1
2 2回利用している	13.8		

Q2　あなたがこの施設を知ったきっかけは何ですか。（いくつでも） 全体ベース N＝233

1 くさの根、大德丸のホームページ	7.3	8 テレビ・ラジオ	1.7
2 家族や友人・知人から聞いて	24.9	9 道の看板を見て	5.2
3 個人のホームページ・ブログ	0.0	10 通りがかりで	31.8
4 企業・団体の公式サイト（自治体・施設によるものを含む）	3.0	11 施設の近くに住んでいて知った	23.2
5 旅・イベントの総合情報サイト（じゃらんnet、るるぶnetなど）	1.3	12 その他	3.0
6 新聞・雑誌の記事	17.2	13 ひとつもない	0.0
7 ポスター・チラシ	11.2	14 不明・無回答	0.9

Q3　この施設を訪れた目的は何ですか。（いくつでも） 全体ベース N＝233

1 いつも買い物に来ているから	12.4	9 販売員や地元住民とのやりとり・ふれあいがあるから	11.2
2 新鮮な農産物や海産物が売られているから	28.8	10 建物やトイレなどの施設を使うため	4.7
3 スーパーよりも安いから	9.4	11 以前、来たことがあるから	14.2
4 スーパーよりも品揃えや品質がよいから	1.3	12 直売コーナーがあるから	30.0
5 ここでしか手に入らないものがあるから	13.3	13 祭やイベントなどの催事があるから	28.8
6 海鮮丼などの料理がおいしいから	11.2	14 その他	3.4
7 海岸へ遊びに来たついでに来たから	21.9	15 ひとつもない	2.6
8 人との待ち合わせや体験で来たから	3.0	16 不明・無回答	-

Q4　今回、あなたがこの施設で利用・購入したものは何ですか。（いくつでも） 全体ベース N＝233

1 海産物（生鮮品）	40.8	8 花木	9.9
2 海産物（加工品：干物、佃煮など）	22.3	9 工芸品（小物、アクセサリーなど）	6.0
3 野菜・果物（生鮮品）	31.8	10 食堂コーナー	14.2
4 野菜・果物（加工品：漬物、ドライフルーツなど）	15.0	11 トイレ	12.4
5 飲料・酒	6.0	12 その他	2.6
6 そば・めん類	12.4	13 ひとつもない	9.0
7 菓子類	4.3	14 不明・無回答	5.2

Q5　あなたはこの施設を利用して、どうお感じですか。（それぞれひとつだけ） 全体ベース N＝233

	非常に満足している	まあ満足している	いどちらでもない	いまあ満足していない	非常に満足していない	利用していない	不明・無回答
1 農産物・海産物などの物販品の品揃えについて	8.6	30.5	29.2	18.0	4.3	5.6	3.9
2 農産物・海産物などの物販品の品質について	13.3	38.2	26.2	6.9	2.6	5.6	7.3
3 農産物・海産物などの物販品の価格について	12.0	36.9	27.0	6.9	3.4	5.6	8.2
4 食堂コーナーのメニューについて	6.0	31.3	25.8	9.0	3.9	15.9	8.2
5 食堂コーナーの味について	8.6	34.8	19.7	2.6	3.4	20.6	10.3
6 直売所のサービスについて	12.0	33.0	27.9	6.4	2.6	9.4	8.2
7 トイレについて	7.7	24.5	21.9	9.9	3.0	22.7	10.3
8 この施設全般について	7.7	32.6	29.2	15.5	5.2		9.9

Q6　あなたはまたこの施設を訪れたいと思いますか。（ひとつだけ） 全体ベース N＝233

1 訪れたいと思う	51.9	4 あまり訪れたいと思わない	4.7
2 まあ訪れたいと思う	24.9	5 まったく訪れたいと思わない	2.1
3 どちらともいえない	14.6	6 不明・無回答	1.7

●道の駅などの施設に対する期待についておうかがいします

Q7　あなたは道の駅などの施設にどのようなことを期待しますか。（いくつでも） 全体ベース N＝233

1 新鮮な農産物や海産物を販売していること	73.8	8 祭やイベントなどの催事が充実していること	35.2
2 その施設でしか手に入らないものを販売していること	43.3	9 販売員やスタッフなどとのやりとり・ふれあいがあること	18.0
3 物販品の価格が安いこと	40.3	10 地元住民たちとのやりとり・ふれあいがあること	23.2
4 その施設でしか経験できないことがあること	15.9	11 耳寄りな情報があること	15.5
5 トイレや休憩施設が清潔であること	47.2	12 その他	1.7
6 その施設でしか食べられない食事メニューがあること	30.9	13 ひとつもない	1.3
7 駐車場が整備されていること	38.6	14 不明・無回答	1.3

Q8　以下にさまざまな物販・サービスをあげています。あなたが今後、購入・利用したいものを選んでください。（いくつでも） 全体ベース N＝233

1 海産物（生鮮品）	79.4	10 菓子類	5.6
2 海産物（加工品：干物、佃煮など）	43.8	11 アイス、ソフトクリーム	23.2
3 肉（生鮮品）	3.9	12 花木	14.2
4 肉（加工品：ソーセージ、くん製など）	7.7	13 工芸品（小物、アクセサリーなど）	12.0
5 野菜・果物（生鮮品）	45.1	14 食堂コーナー	31.8
6 野菜・果物（加工品：漬物、ドライフルーツなど）	27.0	15 トイレ	21.9
7 飲料・酒	8.2	16 その他	1.3
8 米	3.4	17 ひとつもない	0.4
9 そば・めん類	12.4	18 不明・無回答	0.9

Q9　以下にいわき市とその周辺に関連するさまざまな物販・サービスをあげています。あなたがこの施設で今後、購入・利用したいものを選んでください。（いくつでも） 全体ベース N＝233

1 さんま、かれいなどの干物	42.5	11 よもぎ餅	10.3
2 いか、かつおの塩辛	24.9	12 イチジクなどの地元の果物を使ったアイス	14.6
3 かまぼこ	15.9	13 トマトジュース	9.4
4 ほうぼう、なめた、たこなどの地魚	21.0	14 しそ焼酎	7.7
5 さんま、かつお、ひらめなどの鮮魚	33.9	15 イチジク果実酒	6.4
6 べにずわいがに、平かに	41.2	16 ガラスの浮き球などのインテリア雑貨	6.4
7 ホッキ貝	42.1	17 その他	3.0
8 トマト、ねぎなどの野菜	36.1	18 ひとつもない	1.3
9 きゅうり、なすなどの漬物	13.7	19 不明・無回答	2.1
10 イチジク、いちごなどの果物	20.2		

●道の駅などの施設で展開されている体験コーナーについておうかがいします

Q10　これまであなたは道の駅などの施設で以下にあげる体験をしたことがありますか。（いくつでも） 全体ベース N＝233

1 農林業体験（米・野菜づくり、花摘み、酪農など）	13.3	7 文化・歴史体験（史跡めぐり、民話語りなど）	12.9
2 食体験（そば打ち、干物づくり、ジャムづくりなど）	15.5	8 健康癒し体験（温泉、リラクゼーション講座など）	33.0
3 親水体験（地引網、ダイビング、釣りなど）	6.4	9 その他	0.9
4 エコ・自然体験（ホタル観察、キャンプなど）	5.2	10 ひとつもない	36.1
5 工作体験（竹細工、陶芸、ガラス細工など）	7.3	11 不明・無回答	4.7
6 スポーツ体験（ハイキング、サーフィンなど）	9.0		

Q11	以下にあげるどのような体験をしてみたいですか。(いくつでも)			全体ベース N= 233	
	1 ホッキ貝むき	24.9	8 地引網		36.1
	2 魚などのバーベキュー・浜焼き	40.8	9 トマト狩り、ジャガイモ掘り		15.0
	3 みりん干し、干物づくり、ドライフルーツづくり	18.9	10 ピザづくり		12.4
	4 キラー網(カゴ網)体験	9.9	11 その他		0.9
	5 ジャムづくり	19.3	12 ひとつもない		4.3
	6 みそづくり	14.2	13 不明・無回答		4.3
	7 せり見学	11.6			

●統計処理のため以下の質問にお答えください

F1	あなたの性別は(ひとつだけ)			全体ベース N= 233	
	1 男性	48.1	3 不明・無回答		0.4
	2 女性	51.5			

F2	あなたの年齢は(数字を記入)			全体ベース N= 233	
	1 10代	2.1	5 50代		22.7
	2 20代	3.0	6 60代以上		37.8
	3 30代	18.5	7 不明・無回答		0.9
	4 40代	15.0			

F3	あなたご自身は以下に示されている立場のどれにあてはまりますか。(ひとつだけ)			全体ベース N= 233	
	1 中学、高校在学中	0.0	6 末っ子が、小学生の親		9.9
	2 予備校、専門学校、大学などの学生	3.0	7 末っ子が、中学、高校、大学などの学生の親		12.0
	3 独身者	6.9	8 末っ子が卒業して就職、または結婚した子供の親		38.2
	4 子供がいない夫婦	9.0	9 不明・無回答		7.7
	5 末っ子が、小学校入学前の親	13.3			

F4	この施設まで来られた交通手段は何ですか。(ひとつだけ)			全体ベース N= 233	
	1 自家用車	81.1	4 徒歩		12.0
	2 バス・タクシーなどの交通機関	0.4	5 その他		0.0
	3 自転車	6.0	6 不明・無回答		0.4

F5	この施設に来るまでの時間はどれくらいでしたか。(ひとつだけ)			全体ベース N= 233	
	1 10分未満	27.5	4 1時間以上		19.7
	2 10分〜30分未満	35.6	5 不明・無回答		0.9
	3 30分〜1時間未満	16.3			

F6.1	あなたのお住まいはどこですか。(都道府県レベル)				全体ベース N= 233	
	1 北海道	0.0	18 福井県	0.4	35 山口県	0.0
	2 青森県	0.0	19 山梨県	0.0	36 徳島県	0.0
	3 岩手県	0.0	20 長野県	0.4	37 香川県	0.0
	4 宮城県	0.9	21 岐阜県	0.0	38 愛媛県	0.0
	5 秋田県	0.4	22 静岡県	0.9	39 高知県	0.0
	6 山形県	0.4	23 愛知県	0.0	40 福岡県	0.0
	7 福島県	77.3	24 三重県	0.0	41 佐賀県	0.0
	8 茨城県	2.1	25 滋賀県	0.0	42 長崎県	0.0
	9 栃木県	0.4	26 京都府	0.0	43 熊本県	0.0
	10 群馬県	0.4	27 大阪府	0.0	44 大分県	0.0
	11 埼玉県	2.1	28 兵庫県	0.0	45 宮崎県	0.0
	12 千葉県	4.7	29 奈良県	0.0	46 鹿児島県	0.0
	13 東京都	5.2	30 和歌山県	0.0	47 沖縄県	0.0
	14 神奈川県	1.3	31 鳥取県	0.0	48 海外	0.0
	15 新潟県	1.3	32 島根県	0.0	49 不明・無回答	1.3
	16 富山県	0.0	33 岡山県	0.0		
	17 石川県	0.0	34 広島県	0.0		

F6.2	あなたのお住まいはどこですか。(福島県内、市町村レベル)				福島県居住者ベース N= 100	
	1 会津坂下町	0.0	21 桑折町	0.0	41 西郷村	0.0
	2 会津美里町	0.0	22 郡山市	0.6	42 二本松市	0.0
	3 会津若松市	0.6	23 鮫川村	0.0	43 塙町	0.0
	4 浅川町	0.0	24 下郷町	0.0	44 磐梯町	0.0
	5 飯舘村	0.0	25 昭和村	0.0	45 檜枝岐村	0.0
	6 石川町	1.1	26 白河市	0.6	46 平田村	0.0
	7 泉崎村	0.0	27 新地町	0.0	47 広野町	0.6
	8 猪苗代町	0.0	28 須賀川市	0.6	48 福島市	1.7
	9 いわき市	88.9	29 相馬市	0.0	49 双葉町	0.0
	10 大熊町	1.7	30 只見町	0.0	50 古殿町	0.6
	11 大玉村	0.0	31 棚倉町	0.0	51 三島町	0.0
	12 小野町	0.0	32 玉川村	0.0	52 三春町	0.0
	13 鏡石町	0.0	33 田村市	0.0	53 南相馬市	0.6
	14 葛尾村	0.0	34 伊達市	0.0	54 南会津町	0.0
	15 金山町	0.0	35 天栄村	0.0	55 本宮市	0.0
	16 川内村	0.0	36 富岡町	2.8	56 柳津町	0.0
	17 川俣町	0.0	37 中島村	0.0	57 矢吹町	0.0
	18 喜多方市	0.0	38 浪江町	0.0	58 矢祭町	0.0
	19 北塩原村	0.0	39 楢葉町	0.0	59 湯川村	0.0
	20 国見町	0.0	40 西会津町	0.0	60 不明・無回答	-

【資料1.3 道の駅などの施設についてのアンケート調査】

●「道の駅 よつくら港」の使い方についておうかがいします

Q1 あなたのこの施設を利用したのは何度目ですか。(ひとつだけ) 全体ベース N= 299

	%		%
1 はじめて	70.6	3 3回以上利用している	17.1
2 2回利用している	11.7	4 不明・無回答	0.7

Q2 あなたがこの施設を知ったきっかけは何ですか。(いくつでも) 全体ベース N= 299

	%		%
1「道の駅つくら港」ホームページ	2.3	8 テレビ・ラジオ	10.0
2 家族や友人・知人から聞いて	23.1	9 道の看板を見て	15.1
3 個人のホームページ・ブログ	0.7	10 通りがかりで	37.1
4 企業・団体の公式サイト(自治体・施設によるものを含む)	1.0	11 施設の近くに住んでいて知った	9.7
5 旅・イベントの総合情報サイト(じゃらんnet、るるぶnetなど)	2.0	12 その他	6.0
6 新聞・雑誌の記事	12.0	13 ひとつもない	0.0
7 ポスター・チラシ	6.0	14 不明・無回答	1.7

Q3 この施設を訪れた目的は何ですか。(いくつでも) 全体ベース N= 299

	%		%
1 いつも買い物に来ているから	4.0	9 販売員や地元住民とのやりとり・ふれあいがあるから	3.0
2 新鮮な農産物や海産物が売られているから	19.7	10 休憩やトイレに行くため	18.4
3 スーパーよりも安いから	1.0	11 以前、来たことがあるから	6.4
4 スーパーよりも品揃えや品質がよいから	0.7	12 直売コーナーがあるから	18.1
5 ここでしか手に入らないものがあるから	9.7	13 祭やイベントなどの催事があるから	13.0
6 海鮮丼などの料理がおいしいから	8.0	14 その他	12.7
7 海岸へ遊びに来たついでに来たから	18.1	15 ひとつもない	2.3
8 人との待ち合わせや休憩で来たから		16 不明・無回答	3.3

Q4 今回、あなたがこの施設で利用・購入したものは何ですか。(いくつでも) 全体ベース N= 299

	%		%
1 海産物(生鮮品)	21.4	11 弁当	12.0
2 海産物(加工品:干物、佃煮など)	20.4	12 フードコート	22.1
3 野菜・果物(生鮮品)	16.4	13 トイレ	26.1
4 野菜・果物(加工品:漬物、ドライフルーツなど)	7.7	14 駐車場	21.7
5 飲料	10.4	15 ボールなどの貸出遊具	1.0
6 米	0.3	16 施設前の芝生の広場	3.0
7 そば・めん類	9.4	17 その他	1.0
8 菓子類	15.4	18 ひとつもない	7.0
9 花木	4.0	19 不明・無回答	4.0
10 工芸品(小物、アクセサリーなど)	1.0		

Q5 この施設について、あなたがお感じになったものをお選び下さい。(いくつでも) 全体ベース N= 299

	%		%
1 活気がある	38.5	14 いつも新しい発見がある	0.7
2 買い物をしやすい売場である	5.4	15 BGMのセンスがよい	1.3
3 見通しが悪い	13.4	16 スタッフが活き活きとしている	10.0
4 うす暗い	6.0	17 地元住民たちの憩いの場である	5.4
5 レジで待つ時間が長い	6.0	18 レジの場所がわかりにくい	9.7
6 パッと目を惹くものがない	11.7	19 わくわくする、おもしろい	5.4
7 地域の個性がいかされている	14.0	20 田舎らしい風情がある	15.1
8 開放感がある	6.4	21 ふだんの生活に欠かせない場所である	0.3
9 洗練されている	0.7	22 まとまりや統一感がない	8.4
10 季節感がある	5.7	23 その他	10.7
11 地元住民たちによる手づくり感がある	27.4	24 ひとつもない	
12 地元住民とのふれあいがある	5.7	25 不明・無回答	5.4
13 親しみやすい雰囲気である	14.4		

Q6 あなたがこの施設を利用して、満足したものはどれですか。(いくつでも) 全体ベース N= 299

	%		%
1 農産物(加工品含む)の品揃え	20.1	10 菓子類の価格	3.0	19 フードコートのメニューの価格	12.0
2 農産物(加工品含む)の価格	12.0	11 花木の品揃え	4.3	20 販売員や地元住民とのやりとり	5.4
3 海産物(加工品含む)の品揃え	22.1	12 花木の価格	1.7	21 トイレ	5.7
4 海産物(加工品含む)の価格	13.4	13 工芸品(小物、アクセサリーなど)の品揃え	1.7	22 駐車場	10.0
5 飲料の品揃え・価格	2.0	14 工芸品(小物、アクセサリーなど)の価格	0.0	23 ボールなどの貸出遊具	4.0
6 米の品揃え・価格	1.0	15 弁当の品揃え	6.7	24 施設前の芝生の広場	9.7
7 そば・めん類の品揃え	4.7	16 弁当の価格	5.4	25 その他	2.0
8 そば・めん類の価格	3.3	17 フードコートのメニューの種類	11.4	26 ひとつもない	7.7
9 菓子類の品揃え	5.4	18 フードコートのメニューの味	8.4	27 不明・無回答	12.4

Q7 あなたはまたこの施設を訪れたいと思いますか。(ひとつだけ) 全体ベース N= 299

	%		%		%
1 訪れたいと思う	44.8	3 どちらともいえない	20.4	5 まったく訪れたいと思わない	1.3
2 まあ訪れたいと思う	24.4	4 あまり訪れたいと思わない	3.0	6 不明・無回答	6.0

●「道の駅 よつくら港」に対する期待についておうかがいします

Q8 あなたはこの施設にどのようなことを期待しますか。(いくつでも)

A 物販・サービス 全体ベース N= 299

	%		%
1 新鮮な農産物を販売していること	37.5	10 フードコートのメニューが安いこと	13.4
2 新鮮な海産物を販売していること	43.5	11 どこに何が置いてあるか分かりやすい売場であること	5.0
3 土産物の品揃えが多いこと	19.1	12 試食できる商品が多いこと	11.0
4 土産物の価格が安いこと	19.1	13 鮮度を保ったまま持ち帰れること	14.7
5 ここでしか手に入らない商品を販売していること	30.1	14 スーパーのような洗練された売場であること	3.7
6 定番の土産物が置いてあること	5.7	15	
7 フードコートのメニューが多いこと	10.0	16 ひとつもない	5.0
8 フードコートのメニューがおいしいこと	16.7	17 不明・無回答	7.4
9 ここでしか食べられない食事メニューがあること	35.1		

B 情報提供 全体ベース N= 299

	%		%
1 店舗レイアウトが掲示されていること	22.1	8 地域住民の活動がわかる情報があること	7.4
2 商品に関する説明書きが多いこと	12.0	9 お得なクーポン券が置いてあること	13.0
3「おすすめ商品ベスト3」のような販売者コメントがあること	23.4	10 地域のイベントカレンダーが掲示されていること	10.0
4「生産者の一言」のような生産者からのコメントがあること	13.7	11 その他	2.3
5 気象情報や道路情報が充実していること	7.0	12 ひとつもない	5.4
6 地域の歴史や名所の情報があること	13.4	13 不明・無回答	19.7
7 地域のお店や宿泊施設の情報があること	17.1		

C 施設・その他

全体ベース N= 299

1 トイレや休憩施設が清潔であること	49.8	9 地域の魅力や個性が感じられること	17.7
2 駐車場がわかりやすいこと	32.1	10 気軽に立ち寄れること	28.8
3 営業していることが外から見てわかること	15.7	11 市場(いちば)のような雰囲気や臨場感があること	14.0
4 祭やイベントなどの催事が充実していること	12.7	12 「よつくら港」HPの情報が充実していること	3.0
5 販売員やスタッフなどとのやりとり・ふれあいがあること	8.0	13 その他	2.0
6 地元住民たちとのやりとり・ふれあいがあること	4.7	14 ひとつもない	2.3
7 思い出になるようなことができること	6.0	15 不明・無回答	8.4
8 ゆっくり過ごせる雰囲気であること	28.8		

● 「道の駅 よつくら港」で実施予定の交流体験イベントについておうかがいします

Q9 以下にあげるどのような体験をしてみたいですか。(いくつでも)　全体ベース N= 299

1 せり見学体験	17.4	7 ジャガイモ掘り体験	2.7	13 ピザづくり体験	16.7
2 地引き網体験	29.8	8 トマト狩り体験	6.0	14 飴の化石掘り体験	4.3
3 キラー網体験	2.3	9 ジャムづくり体験	7.4	15 工芸細工体験	10.4
4 バーベキュー、浜焼き体験	31.1	10 みそづくり体験	6.0	16 その他	2.0
5 イチゴ狩り体験	13.0	11 ホッキ貝むき体験	12.7	17 ひとつもない	5.7
6 トウモロコシ狩り体験	4.3	12 ひもの・くんせいづくり体験	15.4	18 不明・無回答	14.7

● 統計処理のため以下の質問にお答えください

F1 あなたの性別は(ひとつだけ)　全体ベース N= 299

1 男性	45.2
2 女性	51.5
3 不明・無回答	3.3

F2 あなたの年齢は(数字を記入)　全体ベース N= 299

1 10代	2.3	5 50代	17.7
2 20代	11.0	6 60代以上	21.7
3 30代	22.4	7 不明・無回答	3.0
4 40代	21.7		

F3 あなたご自身は以下に示されている立場のどれにあてはまりますか。(ひとつだけ)　全体ベース N= 299

1 中学、高校在学中	1.7	6 末子が、小学生の親	9.7
2 予備校、専門学校、大学などの学生	1.7	7 末子が、中学、高校、大学などの学生の親	12.7
3 独身者	15.4	8 末子が卒業して就職、または結婚した子供の親	23.7
4 子供がいない夫婦	12.4	9 不明・無回答	12.4
5 末子が、小学校入学前の親	10.4		

F4 この施設まで誰と一緒に来ましたか。(いくつでも)　全体ベース N= 299

1 ひとりで	7.4	5 友人知人	13.7
2 配偶者・恋人	57.2	6 その他	5.4
3 子供	27.4	7 不明・無回答	4.3
4 親兄弟	16.7		

F5 この施設まで来られた交通手段は何ですか。(ひとつだけ)　全体ベース N=

1 自家用車	87.6	4 徒歩	5.4
2 バス・タクシーなどの交通機関	0.7	5 その他	0.7
3 自転車	1.0	6 不明・無回答	4.7

F6 この施設に来るまでの時間はどれくらいでしたか。(ひとつだけ)　全体ベース N= 299

1 10分未満	13.7	4 1時間以上	37.5
2 10分~30分未満	16.7	5 不明・無回答	6.0
3 30分~1時間未満	26.1		

F7.1 あなたのお住まいはどこですか。(都道府県レベル)　全体ベース N= 299

1 北海道	0.3	18 福井県	0.0	35 山口県	0.0
2 青森県	0.0	19 山梨県	0.3	36 徳島県	0.0
3 岩手県	0.0	20 長野県	0.0	37 香川県	0.0
4 宮城県	5.0	21 岐阜県	0.0	38 愛媛県	0.0
5 秋田県	0.7	22 静岡県	0.3	39 高知県	0.0
6 山形県	0.7	23 愛知県	0.0	40 福岡県	0.0
7 福島県	62.2	24 三重県	0.0	41 佐賀県	0.0
8 茨城県	4.3	25 滋賀県	0.0	42 長崎県	0.0
9 栃木県	2.0	26 京都府	0.0	43 熊本県	0.0
10 群馬県	0.7	27 大阪府	0.0	44 大分県	0.0
11 埼玉県	6.0	28 兵庫県	0.0	45 宮崎県	0.0
12 千葉県	3.0	29 奈良県	0.0	46 鹿児島県	0.0
13 東京都	7.7	30 和歌山県	0.0	47 沖縄県	0.0
14 神奈川県	2.3	31 鳥取県	0.0	48 海外	0.0
15 新潟県	0.3	32 島根県	0.0	49 不明・無回答	4.0
16 富山県	0.0	33 岡山県	0.0		
17 石川県	0.0	34 広島県	0.0		

F7.2 あなたのお住まいはどこですか。(福島県内、市町村レベル)　福島県居住者ベース N= 186

1 会津坂下町	0.0	21 桑折町	0.0	41 西郷村	0.5
2 会津美里町	0.0	22 郡山市	4.8	42 二本松市	0.0
3 会津若松市	1.6	23 鮫川村	0.0	43 塙町	0.0
4 浅川町	0.5	24 下郷町	0.0	44 磐梯町	0.0
5 飯舘村	0.0	25 昭和村	0.0	45 檜枝岐村	0.0
6 石川町	0.5	26 白河市	1.1	46 平田村	0.5
7 泉崎村	0.0	27 新地町	0.0	47 広野町	0.5
8 猪苗代町	0.0	28 須賀川市	0.5	48 福島市	2.2
9 いわき市	71.0	29 相馬市	0.0	49 双葉町	0.0
10 大熊町	0.5	30 只見町	0.0	50 古殿町	0.0
11 大玉村	0.0	31 棚倉町	0.0	51 三島町	0.0
12 小野町	0.0	32 玉川村	0.5	52 三春町	1.6
13 鏡石町	0.0	33 田村市	0.0	53 南相馬市	3.2
14 葛尾村	0.0	34 伊達市	1.6	54 南会津町	0.0
15 金山町	0.0	35 天栄村	0.0	55 本宮市	0.0
16 川内村	0.0	36 富岡町	1.6	56 柳津町	0.0
17 川俣町	0.5	37 中島村	0.0	57 矢吹町	0.0
18 喜多方市	2.2	38 浪江町	1.6	58 矢祭町	0.0
19 北塩原村	0.0	39 楢葉町	0.0	59 湯川村	0.0
20 国見町	0.0	40 西会津町	0.0	60 不明・無回答	2.7

【資料1.4 道の駅についてのアンケート調査】

●「道の駅」全般の使い方についておうかがいします

Q1 以下に挙げているのは福島県内で、古殿町周辺の道の駅です。
1年以内に訪れたことのある道の駅はどれですか？　　全体ベース N=568

1 ふるどの（古殿町）	100.0	5 よつくら港（いわき市）		33.5
2 ひらた（平田村）	38.4	6 ならは（楢葉町）		32.6
3 たまかわ（玉川村）	31.3	7 不明・無回答		-
4 はなわ（塙町）	38.6			

＊訪れたことのある道の駅についておうかがいします。

Q1S1 道の駅をどのくらいの頻度で利用されますか。（それぞれひとつだけ）

	ふるどの	ひらた	たまかわ	はなわ	よつくら港	ならは
各利用者ベース N=	568	218	178	219	190	185
1 週に1回以上	9.5	5.0	7.9	6.4	5.8	5.9
2 月に1回以上	21.8	21.6	19.7	19.6	20.5	15.1
3 半年に1回以上	26.8	33.9	23.6	26.9	26.8	28.1
4 1年に1回以上	10.7	14.7	22.5	21.9	19.5	15.1
5 1年に1回未満	15.5	16.5	19.7	19.6	14.7	25.4
6 不明・無回答	15.7	8.3	6.7	5.5	12.6	10.3

Q1S2 訪れた主な目的はなんですか。（それぞれひとつだけ）

	ふるどの	ひらた	たまかわ	はなわ	よつくら港	ならは
各利用者ベース N=	568	218	178	219	190	185
1 周辺の観光情報の収集	10.6	11.0	10.7	15.5	13.2	14.6
2 直売所の利用	63.7	58.3	65.7	60.3	53.2	51.9
3 地元の人達との交流	3.7	1.4	1.7	2.7	4.7	1.6
4 休憩・トイレ	40.8	43.6	24.7	37.9	34.2	39.5
5 娯楽施設の利用	3.9	3.7	1.1	2.7	5.3	11.9
6 その他	4.2	6.0	5.6	5.0	4.2	3.2
7 なんとなく	4.6	5.2	4.5	5.5	6.3	2.7
8 不明・無回答	13.0	10.1	14.0	10.0	13.2	14.1

＊みなさんにおうかがいします。

Q2 以下に道の駅についての具体的なことがらをあげています。あなたの考えに近いものを選んでください。（それぞれいくつでも）

	ふるどの	ひらた	たまかわ	はなわ	よつくら港	ならは
全体ベース N=568						
1 施設全体が清潔である	28.7	40.8	17.4	34.7	27.9	37.3
2 イベントや催しが多い	5.8	6.4	3.4	5.0	6.3	3.8
3 風景を楽しめる	13.2	9.2	7.9	13.7	14.7	8.6
4 周辺の施設・観光地が充実している	4.0	5.0	3.9	7.8	5.3	9.2
5 立ち寄りやすい場所にある	56.5	33.5	21.3	36.5	24.7	33.5
6 情報発信の場である	3.5	2.3	3.9	3.7	3.2	3.8
7 周辺の観光地など、欲しい情報が手に入る	5.5	6.4	5.6	7.8	4.7	7.0
8 商品の品揃えがよい	15.1	19.3	19.1	37.0	8.4	14.1
9 農産物がおいしい	36.3	28.4	37.6	36.5	7.9	11.4
10 海産物がおいしい	2.3	1.8	2.2	0.9	34.2	5.9
11 地元の特産物がある	36.8	24.8	29.8	30.1	19.5	21.6
12 地元の人達との交流がある	5.3	3.2	2.2	3.2	4.2	4.3
13 休憩スペースがある	18.8	20.6	6.7	14.6	12.1	15.1
14 温泉、キャンプ場など娯楽施設がある	0.7	0.0	0.0	2.3	1.6	17.8
15 子供を遊ばせるスペースがある	0.7	2.3	0.0	2.7	3.2	3.8
16 ひとつもない	0.9	2.3	3.9	0.9	5.8	2.2
17 不明・無回答	10.9	14.7	19.1	14.2	14.7	15.7

●道の駅「ふるどの」の使い方についておうかがいします

Q3 あなたがこの施設を知ったきっかけは何ですか。（いくつでも）　全体ベース N=568

1 インターネット	1.6	6 通りがかりで	57.7
2 記事や広告	1.6	7 施設が住居に近いので知っていた	8.6
3 テレビ・ラジオ	1.9	8 その他（　　　）	3.3
4 家族や友人・知人から聞いて	12.5	9 ひとつもない	0.2
5 道中の看板を見て	25.4	10 不明・無回答	9.0

Q4 あなたがこの施設を利用したのは何度目ですか。（ひとつだけ）　全体ベース N=568

1 はじめて	16.7	3 3回以上利用している	65.3
2 2回利用している	6.5	4 不明・無回答	11.4

Q5 この施設まで誰と一緒に来ましたか。（いくつでも）　全体ベース N=568

1 ひとりで	10.7	5 友人知人	19.7
2 配偶者・恋人	49.1	6 その他	2.3
3 子供	16.4	7 不明・無回答	7.9
4 親兄弟	23.2		

Q6 この施設を訪れた目的は何ですか。（いくつでも）　全体ベース N=568

1 以前に来たことがあるから	23.4	7 人との待ち合わせで	1.8
2 「道の駅」なので気になった	18.0	8 休憩・トイレ	45.1
3 直売所を利用するため	51.9	9 祭りやイベントなどの催事があるから	5.8
4 レストランを利用するため	16.9	10 その他	4.2
5 出店が気になったから	5.3	11 ひとつもない	0.4
6 周辺の道路・観光情報を知るため	3.7	12 不明・無回答	7.9

●直売所（おふくろの駅）についておうかがいします

Q7 あなたがこの施設を知ったきっかけは何ですか。（ひとつだけ）　全体ベース N=568

1 はい	79.8	3 不明・無回答	7.9
2 いいえ	12.3		

* Q7で「1.はい」を選択された方にお聞きします。

Q7S1　この施設を訪れた目的は何ですか。（いくつでも）　　直売所に立ち寄ったことがある人ベース N= 453

#	選択肢	%	#	選択肢	%
1	いつもここで買い物をしているから	25.2	6	店員・スタッフとのやりとりがあるから	4.6
2	新鮮な農産物が売られているから	54.7	7	何が売られているか気になったから	21.6
3	品揃えがいいから	9.9	8	その他	3.1
4	ここでしか手に入らないものがあるから	17.7	9	ひとつもない	0.9
5	軽食や飲料を購入するため	16.8	10	不明・無回答	3.8

Q7S2　今回、あなたがこの施設で購入したものは何ですか。（いくつでも）　　直売所に立ち寄ったことがある人ベース N= 453

#	選択肢	%	#	選択肢	%
1	野菜・果物（生鮮品）	59.8	7	花木	9.1
2	野菜・果物（加工品：漬物、味噌など）	26.0	8	工芸品	0.9
3	飲料類	6.6	9	その他	6.0
4	酒類	1.1	10	何も購入しなかった	7.3
5	そば粉、うどん粉	5.3	11	不明・無回答	5.5
6	菓子類	16.8			

Q7S3　この直売所（おふくろの駅）について、あなたがお感じになったものをお選びください。（いくつでも）　　直売所に立ち寄ったことがある人ベース N= 453

#	選択肢	%	#	選択肢	%
1	買い物がしやすい売り場である	36.4	7	掲示物に手作り感が感じられる	6.2
2	地域の個性が感じられる	34.2	8	レジでの待ち時間が長い	3.1
3	品揃えが充実している	11.9	9	その他	2.9
4	値段がリーズナブルである	26.5	10	ひとつもない	2.0
5	店員・スタッフの対応がよい		11	不明・無回答	6.4
6	季節感がある	35.5			

Q7S4　この直売所（おふくろの駅）について、総合的にどうお感じですか。（ひとつだけ）　　直売所に立ち寄ったことがある人ベース N= 453

#	選択肢	%	#	選択肢	%
1	非常に満足	17.9	3	どちらともいえない	17.2
5	非常に不満	0.2			
2	まあ満足	57.4	4	まあ不満	2.9
6	不明・無回答	4.4			

*この直売所（おふくろの駅）についてみなさんにおうかがいします。

Q8　今後どのような点を期待しますか。（いくつでも）　　全体ベース N= 568

#	選択肢	%	#	選択肢	%
1	買い物がしやすい売り場であること	28.7	7	掲示物に手作り感が感じられること	5.1
2	地域の個性が感じられること	34.9	8	レジでの待ち時間が短いこと	5.8
3	品揃えが充実していること	30.6	9	その他	2.8
4	値段がリーズナブルであること	26.1	10	ひとつもない	2.5
5	店員・スタッフの対応がよいこと	13.7	11	不明・無回答	16.2
6	季節感があること	34.2			

●併設されているレストラン（おふくろ食堂）についておうかがいします

Q9　今回、レストラン（食堂）をご利用しましたか。（ひとつだけ）　　全体ベース N= 568

#	選択肢	%
1	はい	30.8
2	いいえ	47.9
3	不明・無回答	21.3

* Q9で「1.はい」を選択された方にお聞きします。

Q9S1　①今回あなたが召し上がったメニューについてお答えください。（いくつでも）　　レストランに立ち寄った人ベース N= 175

#	選択肢	%	#	選択肢	%
1	おふくろそば	44.0	9	かけうどん	1.7
2	おふくろうどん	6.3	10	ポテトフライ	0.0
3	盛そば	10.9	11	手羽ギョーザ	0.0
4	山菜そば	11.4	12	鳥カラアゲ	0.0
5	天ぷらそば	18.3	13	イカ下足南蛮	0.0
6	かけそば	2.3	14	天ぷら盛り合せ	0.6
7	冷うどん	1.7	15	不明・無回答	2.9
8	天ぷらうどん	14.9			

②メニューの評価　　レストランに立ち寄った人ベース N= 175

#	選択肢	%	#	選択肢	%
1	そばがおいしい	68.0	6	地域の特色が出ている	8.0
2	具や野菜がおいしい	30.3	7	気軽に食べることができる	20.6
3	新鮮である	10.3	8	どこで食べても変わらない	1.1
4	価格がちょうどよい	23.4	9	ひとつもない	0.0
5	量がちょうどいい	21.1	10	不明・無回答	11.4

Q9S2　レストラン（食堂）を利用してあなたがお感じになったものをお選びください。（いくつでも）　　レストランに立ち寄った人ベース N= 175

#	選択肢	%	#	選択肢	%
1	料理がおいしい	49.1	8	地域の個性が感じられる	16.0
2	豊富なメニューがある	4.6	9	待ち時間が長い	2.9
3	ボリュームがある	6.3	10	店員・スタッフの対応がよい	20.0
4	メニュー表がわかりやすい	7.4	11	その他	4.0
5	値段がリーズナブルである	15.4	12	ひとつもない	0.6
6	定食がない	7.4	13	不明・無回答	9.1
7	お子様ランチがない	2.3			

Q9S3　レストラン（食堂）について、総合的にどうお感じですか。（ひとつだけ）　　レストランに立ち寄った人ベース N= 175

#	選択肢	%	#	選択肢	%
1	非常に満足	17.1	3	どちらともいえない	14.3
5	非常に不満	0.6			
2	まあ満足	58.3	4	まあ不満	0.6
6	不明・無回答	9.1			

*レストラン（おふくろ食堂）についてみなさんにおうかがいします。

Q10　レストラン（食堂）を利用してあなたがお感じになったものをお選びください。（いくつでも）　　全体ベース N= 568

#	選択肢	%	#	選択肢	%
1	料理がおいしいこと	24.6	8	地域の個性が感じられること	15.3
2	豊富なメニューがあること	7.9	9	待ち時間が短いこと	4.9
3	ボリュームがあること	4.9	10	店員・スタッフの対応がよいこと	4.4
4	メニュー表がわかりやすいこと	2.8	11	その他	1.8
5	値段がリーズナブルであること	14.8	12	ひとつもない	2.3
6	定食があること	4.8	13	不明・無回答	51.8
7	お子様ランチがあること	1.4			

●この施設全体についておうかがいします

Q11　この施設を利用してお感じになったものはどれですか。（いくつでも）　　全体ベース N= 568

#	選択肢	%	#	選択肢	%
1	活気がある	17.3	8	駐車場が広い	20.4
2	地域の特色が感じられる	23.8	9	祭りやイベントが充実している	2.3
3	田舎らしい風景がある	30.1	10	ちょうどいい場所にある	24.3
4	親しみやすい雰囲気がある	16.5	11	その他	0.4
5	周辺観光地の情報が豊富である	1.9	12	ひとつもない	0.4
6	トイレが清潔である	19.7	13	不明・無回答	24.6
7	休憩のためのスペースがある	14.1			

Q12　この施設について、総合的にどうお感じですか。（ひとつだけ）　　全体ベース N= 568

#	選択肢	%	#	選択肢	%
1	非常に満足	12.3	3	どちらともいえない	15.3
5	非常に不満	0.0			
2	まあ満足	57.4	4	まあ不満	1.2
6	不明・無回答	13.7			

Q13	今後この施設にどのような点に期待されますか。(いくつでも)				全体ベース N= 568	
	1 活気があること	28.0		8 駐車場が広いこと		14.1
	2 地域の特色が感じられること	37.5		9 祭りやイベントが充実していること		8.8
	3 田舎らしい風情があること	25.7		10 ちょうどいい場所にあること		6.9
	4 親しみやすい雰囲気があること	14.6		11 その他		2.8
	5 周辺観光地の情報が豊富であること	9.5		12 ひとつもない		1.2
	6 トイレが清潔であること	31.2		13 不明・無回答		15.8
	7 休憩のためのスペースがある	19.2				

Q14	あなたはこの施設をまた訪れたいですか。(ひとつだけ)				全体ベース N= 568	
	1 訪れたいと思う	53.5	3 どちらともいえない	9.7	5 訪れたいと思わない	0.2
	2 まあ訪れたいと思う	19.2	4 あまり訪れたいと思わない	0.4	6 不明・無回答	17.1

●統計処理のため以下の質問にお答えください

F1	現在は、往路(行き)ですか、復路(帰り)ですか。(ひとつだけ)				全体ベース N= 568	
	1 往路(行き)	39.3		3 不明・無回答		15.0
	2 復路(帰り)	45.8				

F2	この施設に来るまでの時間はどれくらいでしたか。(ひとつだけ)				全体ベース N= 568	
	1 10分未満	5.5		4 1時間以上		42.8
	2 10分~30分未満	11.3		5 不明・無回答		14.8
	3 30分~1時間未満	25.7				

F3	この後どちらに向かわれる予定ですか。(いくつでも)				全体ベース N= 568	
	1 福島・郡山方面	13.9	4 白河方面	13.9	7 古殿町内	9.9
	2 田村市方面	1.2	5 会津方面	1.9	8 ひとつもない	4.2
	3 いわき方面	33.5	6 茨城県方面	9.0	9 不明・無回答	12.5

F4	あなたの性別は(ひとつだけ)				全体ベース N= 568	
	1 男性	39.4		3 不明・無回答		13.7
	2 女性	46.8				

F5	あなたの年齢は(数字を記入)				全体ベース N= 568	
	1 10代	1.1		5 50代		28.2
	2 20代	5.1		6 60代以上		31.3
	3 30代	8.6		7 不明・無回答		11.4
	4 40代	14.3				

F6	あなたご自身は以下に示されている立場のどれにあてはまりますか。(ひとつだけ)				全体ベース N= 568	
	1 中学、高校在学中	1.1		6 末子が、小学生の親		5.1
	2 予備校、専門学校、大学などの学生	1.6		7 末子が、中学、高校、大学などの学生の親		9.9
	3 独身者	6.5		8 末子が卒業して就職、または結婚した子供の親		30.6
	4 子供がいない夫婦	8.8		9 不明・無回答		31.0
	5 末子が、小学校入学前の親	5.5				

F7	あなたのお住まいはどこですか。(都道府県レベル)					四倉在住以外ベース N= 176	
	1 北海道	0.2	18 石川	0.0	35 広島		0.0
	2 青森	0.0	19 福井	0.0	36 山口		0.0
	3 岩手	0.2	20 山梨	0.0	37 徳島		0.0
	4 宮城	1.1	21 長野	0.0	38 香川		0.0
	5 秋田	0.0	22 岐阜	0.0	39 愛媛		0.0
	6 山形	0.4	23 静岡	0.0	40 高知		0.0
	7 福島(町内)	9.3	24 愛知	0.0	41 福岡		0.0
	8 福島(町外)	54.9	25 三重	0.0	42 佐賀		0.0
	9 茨城	9.9	26 滋賀	0.0	43 長崎		0.0
	10 栃木	2.1	27 京都	0.0	44 熊本		0.0
	11 群馬	0.0	28 大阪	0.2	45 大分		0.0
	12 埼玉	0.7	29 兵庫	0.0	46 宮崎		0.0
	13 千葉	1.9	30 奈良	0.0	47 鹿児島		0.0
	14 東京	2.1	31 和歌山	0.0	48 沖縄		0.0
	15 神奈川	0.9	32 鳥取	0.0	49 その他		0.0
	16 新潟	0.2	33 島根	0.0	50 不明・無回答		16.0
	17 富山	0.0	34 岡山	0.0			

【資料1.5　道の駅などの施設についてのアンケート調査】

●震災以降での道の駅の利用状況についてお聞きします

Q1　今回この道の駅を訪れた目的はなんですか。（いくつでも）

	全体	よつくら港	ひらた	ふるどの		全体	よつくら港	ひらた	ふるどの
各利用者ベース N=	303	100	101	102	各利用者ベース N=	303	100	101	102
1 いつも買い物に来ているから	20.8	19.0	25.7	17.6	7 周辺の観光のついで	12.5	7.0	14.9	15.7
2 「道の駅」なので気になったから	15.8	8.0	19.8	19.6	8 被災地の力になりたいと思ったから	10.9	18.0	11.9	2.9
3 新鮮な農産物・海産物があるから	12.5	7.0	15.8	14.7	9 人との待ち合わせの場所にするため	1.3	0.0	2.0	2.0
4 ここでしか手に入らないものがあるから	6.3	7.0	6.9	4.9	10 テレビ等報道を通して気になった	2.6	2.0	5.9	0.0
5 休憩をとるために	34.0	24.0	36.6	41.2	11 その他	10.2	9.0	7.9	13.7
6 イベントや催し物に参加するため	19.8	6.0	31.7	21.6	12 ひとつもない	0.3	0.0	0.0	1.0

Q2　震災以降あなたはこの道の駅をどのくらいの頻度で利用していますか。（ひとつだけ）

	全体	よつくら港	ひらた	ふるどの		全体	よつくら港	ひらた	ふるどの
各利用者ベース N=	303	100	101	102	各利用者ベース N=	303	100	101	102
1 週に1回以上	8.3	10.0	7.9	6.9	4 2～3ヶ月に1回	15.2	18.0	9.9	17.6
2 月に2,3回	17.2	21.0	18.8	11.8	5 半年に1回	32.3	19.0	32.7	45.1
3 月に1回	16.5	19.0	23.8	6.9	6 不明・無回答	10.6	13.0	6.9	11.8

Q3　あなたはこの道の駅とどのようなかかわりがありますか。（いくつでも）

	全体	よつくら港	ひらた	ふるどの		全体	よつくら港	ひらた	ふるどの
各利用者ベース N=	303	100	101	102	各利用者ベース N=	303	100	101	102
1 自身が周辺地域に住んでいる	26.1	31.0	23.8	16.7	6 観光目的で訪れたことがある	16.2	9.0	10.9	28.4
2 家族、親戚等が周辺地域に住んでいる	14.2	6.0	23.8	12.7	7 震災中の避難先がこの地域だった	2.6	0.0	4.0	2.0
3 以前道の駅を訪れたことがある	31.0	14.0	43.6	35.3	8 その他	6.6	4.0	6.9	8.8
4 地域の催し物に参加したことがある	5.6	5.0	8.9	2.9	9 ひとつもない	9.9	6.0	7.9	15.7
5 ボランティアで訪れたことがある	1.3	2.0	1.0	1.0	10 不明・無回答	1.7	0.0	1.0	2.9

Q4　震災以降この道の駅の直売所を利用したことがありますか。（ひとつだけ）

	全体	よつくら港	ひらた	ふるどの		全体	よつくら港	ひらた	ふるどの
各利用者ベース N=	303	100	101	102	各利用者ベース N=	303	100	101	102
1 はい	75.9	80.0	73.3	74.5	3 不明・無回答	0.7	2.0	-	-
2 いいえ	23.4	18.0	26.7	25.5					

Q4S1　震災以降直売所では主に何を購入しましたか。（いくつでも）

	全体	よつくら港	ひらた	ふるどの		全体	よつくら港	ひらた	ふるどの
直売所利用者ベース N=	230	80	74	76	直売所利用者ベース N=	230	80	74	76
1 海産物（生鮮品）	7.8	15.0	4.1	3.9	9 花木	8.3	5.0	14.9	5.3
2 海産物（加工品）	10.4	22.5	2.7	5.3	10 工芸品（小物・アクセサリーなど）	4.3	1.3	8.1	3.9
3 野菜・果物（生鮮品）	60.9	58.8	67.6	56.6	11 弁当	23.0	47.5	14.9	5.3
4 野菜・果物（加工品）	25.2	18.8	32.4	25.0	12 インスタント食品	0.9	0.0	1.4	1.3
5 飲料	20.0	16.3	23.0	21.1	13 ひとつもない	7.4	6.3	10.8	5.3
6 米	3.0	2.5	4.1	2.6	14 その他	4.3	3.8	2.7	6.6
7 そば・めん類	16.5	15.0	23.0	11.8	15 不明・無回答	-	-	-	-
8 菓子類	23.0	22.5	29.7	17.1					

Q4S2　あなたがこの直売所を利用した際に感じることはなんですか。（いくつでも）

	全体	よつくら港	ひらた	ふるどの		全体	よつくら港	ひらた	ふるどの
直売所利用者ベース N=	230	80	74	76	直売所利用者ベース N=	230	80	74	76
1 農産物が新鮮である	57.8	47.5	63.5	63.2	9 地元住民とのやりとりがある	13.0	17.5	13.5	7.9
2 海産物が新鮮である	6.5	15.0	2.7	1.3	10 店員等とのやりとり／対応が良い	17.0	25.0	13.5	11.8
3 ここでしか手に入らない商品がある	24.8	25.0	23.0	26.3	11 営業中が外からわかりやすい	6.5	2.5	9.5	7.9
4 定番の土産物などがある	11.3	15.0	10.8	7.9	12 気軽に立ち寄れる／親しみやすい	45.7	42.5	50.0	44.7
5 地域の個性や魅力が感じられること	15.2	11.3	16.2	18.4	13 その他	7.8	3.8	9.5	10.5
6 買い物がしやすい売り場がある	18.7	12.5	25.7	18.4	14 ひとつもない	1.3	-	0.0	3.9
7 商品に関する説明書きが多い	1.7	0.0	2.7	2.6	15 不明・無回答	1.3	-	1.4	2.6
8 生産者からのコメントがある	3.0	5.0	2.7	1.3					

※全員にお聞きします

Q5　あなたが今後この直売所に期待することは何ですか。（いくつでも）

	全体	よつくら港	ひらた	ふるどの		全体	よつくら港	ひらた	ふるどの
各利用者ベース N=	303	100	101	102	各利用者ベース N=	303	100	101	102
1 農産物が新鮮である	48.8	46.0	48.5	52.0	9 地元住民とのやりとりがある	12.5	17.0	9.9	10.8
2 海産物が新鮮である	17.5	38.0	6.9	7.8	10 店員等とのやりとり／対応が良い	9.9	13.0	10.9	5.9
3 ここでしか手に入らない商品がある	33.0	38.0	26.7	34.3	11 営業中が外からわかりやすい	9.2	5.0	14.9	7.8
4 定番の土産物などがある	18.2	19.0	19.8	15.7	12 気軽に立ち寄れる／親しみやすい	29.0	23.0	35.6	28.4
5 地域の個性や魅力が感じられること	26.4	30.0	24.8	24.5	13 その他	6.9	6.0	5.9	8.8
6 買い物がしやすい売り場がある	17.2	13.0	18.8	19.6	14 ひとつもない	5.3	4.0	4.0	7.8
7 商品に関する説明書きが多い	4.6	3.0	5.9	4.9	15 不明・無回答	5.9	8.0	8.9	1.0
8 生産者からのコメントがある	7.9	9.0	4.0	10.8					

● 道の駅同士で行われている連携、復興支援イベントについてお聞きします

Q6 道の駅の連携や復興支援イベントの開催についてあなたの考えに近いものを選んでください。(いくつでも)

	全体	よつくら港	ひらた	ふるどの		全体	よつくら港	ひらた	ふるどの
各利用者ベース N=	303	100	101	102	各利用者ベース N=	303	100	101	102
1 にぎわいが生まれる	59.7	55.0	65.3	58.8	6 次も来たくなるような内容が良い	26.1	22.0	33.7	22.5
2 復興に向けて良い雰囲気になる	41.9	53.0	31.7	41.2	7 イベントに関する情報が少ない	10.6	9.0	6.9	15.7
3 メディアが取上げ、アピールになる	13.9	17.0	13.9	10.8	8 その他	2.6	2.0	3.0	2.9
4 一つの道の駅で他地域の商品を買える	14.2	10.0	15.8	16.7	9 ひとつもない	4.0	4.0	3.0	4.9
5 個々の道の駅の個性が無くなる	1.7	1.0	2.0	2.0	10 不明・無回答	5.3	7.0	5.9	2.9

● 来年5月に道の駅「よつくら港」が新しくなり、再オープン予定です

Q7 新しい道の駅「よつくら港」に期待するものはなんですか。(いくつでも)

	全体	よつくら港	ひらた	ふるどの		全体	よつくら港	ひらた	ふるどの
各利用者ベース N=	303	100	101	102	各利用者ベース N=	303	100	101	102
1 休憩や憩いの場が充実している	36.6	50.0	29.7	30.4	9 地元住民とのやりとりがある	19.1	25.0	16.8	15.7
2 子供を遊ばせるのに良い	13.2	20.0	9.9	9.8	10 店員等とのやりとり/対応が良い	30.4	34.0	31.7	25.5
3 地元の文化にふれあえる	16.8	19.0	17.8	13.7	11 営業中が外からわかりやすい	15.8	18.0	16.8	12.7
4 耐震、津波等、防災機能が備わっている	9.6	13.0	9.9	5.9	12 気軽に立ち寄れる/親しみやすい	35.0	34.0	37.6	33.3
5 地元の人や来街者との交流ができる	16.5	18.0	17.8	13.7	13 その他	8.6	5.0	7.9	12.7
6 近隣の観光地の情報が得られる	15.8	9.0	18.8	19.6	14 ひとつもない	5.3	2.0	4.0	9.8
7 多様な商業施設が入っている	7.3	8.0	7.9	5.9	15 不明・無回答	6.3	6.0	8.9	3.9
8 レストランが充実している	11.2	9.0	8.9	15.7					

● 統計処理のため以下の質問にお答えください

F1 あなたの性別は(ひとつだけ)

	全体	よつくら港	ひらた	ふるどの		全体	よつくら港	ひらた	ふるどの
各利用者ベース N=	303	100	101	102	各利用者ベース N=	303	100	101	102
1 男	48.5	49.0	42.6	53.9	3 不明・無回答	3.3	6.0	3.0	1.0
2 女	48.2	45.0	54.5	45.1					

F2 あなたの年代は(ひとつだけ)

	全体	よつくら港	ひらた	ふるどの		全体	よつくら港	ひらた	ふるどの
各利用者ベース N=	303	100	101	102	各利用者ベース N=	303	100	101	102
1 10〜20代	6.9	6.0	8.9	5.9	3 50代以上	61.1	52.0	62.4	68.6
2 30〜40代	28.4	35.0	25.7	24.5	4 不明・無回答	3.6	7.0	3.0	1.0

F3 あなたご自身は以下に示されている立場のどれにあてはまりますか。(ひとつだけ)

	全体	よつくら港	ひらた	ふるどの		全体	よつくら港	ひらた	ふるどの
各利用者ベース N=	303	100	101	102	各利用者ベース N=	303	100	101	102
1 学生・社会人(独身)	22.8	33.0	19.8	15.7	4 既婚ですべての子供が独立	33.7	23.0	37.6	40.2
2 既婚だが子供はいない	25.4	26.0	22.8	27.5	5 不明・無回答	6.6	6.0	9.9	3.9
3 既婚で、末子が乳幼児から学生	11.6	12.0	9.9	12.7					

F4.1 住まい(都道府県)

	全体	よつくら港	ひらた	ふるどの		全体	よつくら港	ひらた	ふるどの
各利用者ベース N=	303	100	101	102	各利用者ベース N=	303	100	101	102
1 北海道	0.3	1.0	0.0	0.0	26 京都	0.0	0.0	0.0	0.0
2 青森	0.0	0.0	0.0	0.0	27 大阪	0.0	0.0	0.0	0.0
3 岩手	0.0	0.0	0.0	0.0	28 兵庫	0.0	0.0	0.0	0.0
4 宮城	2.3	0.0	5.0	2.0	29 奈良	0.0	0.0	0.0	0.0
5 秋田	0.0	0.0	0.0	0.0	30 和歌山	0.0	0.0	0.0	0.0
6 山形	0.3	0.0	0.0	1.0	31 鳥取	0.0	0.0	0.0	0.0
7 福島	73.3	62.0	77.2	80.4	32 島根	0.0	0.0	0.0	0.0
8 茨城	3.6	4.0	4.0	2.9	33 岡山	0.0	0.0	0.0	0.0
9 栃木	3.6	10.0	0.0	1.0	34 広島	0.0	0.0	0.0	0.0
10 群馬	2.3	1.0	0.0	5.9	35 山口	0.0	0.0	0.0	0.0
11 埼玉	3.6	4.0	5.0	2.0	36 徳島	0.0	0.0	0.0	0.0
12 千葉	1.0	1.0	0.0	2.0	37 香川	0.0	0.0	0.0	0.0
13 東京	2.0	6.0	0.0	0.0	38 愛媛	0.0	0.0	0.0	0.0
14 神奈川	0.7	1.0	0.0	1.0	39 高知	0.0	0.0	0.0	0.0
15 新潟	1.3	0.0	4.0	0.0	40 福岡	0.0	0.0	0.0	0.0
16 富山	0.0	0.0	0.0	0.0	41 佐賀	0.0	0.0	0.0	0.0
17 石川	0.0	0.0	0.0	0.0	42 長崎	0.0	0.0	0.0	0.0
18 福井	0.0	0.0	0.0	0.0	43 熊本	0.0	0.0	0.0	0.0
19 山梨	0.0	0.0	0.0	0.0	44 大分	0.0	0.0	0.0	0.0
20 長野	0.0	0.0	0.0	0.0	45 宮崎	0.0	0.0	0.0	0.0
21 岐阜	0.0	0.0	0.0	0.0	46 鹿児島	0.0	0.0	0.0	0.0
22 静岡	0.3	1.0	0.0	0.0	47 沖縄	0.0	0.0	0.0	0.0
23 愛知	0.0	0.0	0.0	0.0	48 海外	0.0	0.0	0.0	0.0
24 三重	0.0	0.0	0.0	0.0	49 不明・無回答	5.3	8.0	5.0	2.9
25 滋賀									

F4.1　住まい(都道府県)

	全体	よつくら港	ひらた	ふるどの		全体	よつくら港	ひらた	ふるどの
福島県内利用者ベース N=	222	62	78	82	福島県内利用者ベース N=	222	62	78	82
1 会津坂下町	0.0	0.0	0.0	0.0	31 伊達市	0.0	0.0	0.0	0.0
2 会津美里町	0.0	0.0	0.0	0.0	32 棚倉町	0.0	0.0	0.0	0.0
3 会津若松市	0.0	0.0	0.0	0.0	33 玉川村	0.5	0.0	1.3	0.0
4 浅川町	0.9	0.0	0.0	2.4	34 田村市	0.0	0.0	0.0	0.0
5 飯舘村	0.0	0.0	0.0	0.0	35 天栄村	0.5	0.0	1.3	0.0
6 石川町	1.8	0.0	1.3	3.7	36 富岡町	0.5	0.0	0.0	0.0
7 泉崎村	0.0	0.0	0.0	0.0	37 中島村	0.0	0.0	0.0	0.0
8 猪苗代町	0.0	0.0	0.0	0.0	38 浪江町	0.5	0.0	0.0	1.2
9 いわき市	64.9	88.7	47.4	63.4	39 楢葉町	0.9	0.0	2.6	0.0
10 大熊町	0.0	0.0	0.0	0.0	40 西会津町	0.0	0.0	0.0	0.0
11 大玉村	0.0	0.0	0.0	0.0	41 西郷村	0.0	0.0	0.0	0.0
12 小野町	0.0	0.0	0.0	0.0	42 二本松市	0.5	0.0	0.0	1.2
13 鏡石町	1.8	1.6	3.8	0.0	43 塙町	0.0	0.0	0.0	0.0
14 葛尾村	0.0	0.0	0.0	0.0	44 磐梯町	0.0	0.0	0.0	0.0
15 金山町	0.0	0.0	0.0	0.0	45 檜枝岐村	0.0	0.0	0.0	0.0
16 川内村	0.0	0.0	0.0	0.0	46 平田村	7.2	0.0	20.5	0.0
17 川俣町	0.0	0.0	0.0	0.0	47 広野町	0.5	1.6	0.0	0.0
18 喜多方市	0.0	0.0	0.0	0.0	48 福島市	1.4	0.0	3.8	0.0
19 北塩原村	0.0	0.0	0.0	0.0	49 双葉町	0.5	1.6	0.0	0.0
20 国見町	0.0	0.0	0.0	0.0	50 古殿町	6.8	0.0	1.3	17.1
21 桑折町	0.0	0.0	0.0	0.0	51 三島町	0.0	0.0	0.0	0.0
22 郡山市	5.0	1.6	7.7	4.9	52 南会津町	0.0	0.0	0.0	0.0
23 鮫川村	0.9	0.0	2.6	0.0	53 南相馬市	0.5	0.0	1.3	0.0
24 下郷町	0.0	0.0	0.0	0.0	54 三春町	0.0	0.0	0.0	0.0
25 昭和村	0.0	0.0	0.0	0.0	55 本宮市	0.0	0.0	0.0	0.0
26 白河市	0.9	1.6	0.0	1.2	56 柳津町	0.0	0.0	0.0	0.0
27 新地町	0.0	0.0	0.0	0.0	57 矢吹町	0.9	0.0	1.3	1.2
28 須賀川市	2.7	1.6	2.6	3.7	58 矢祭町	0.0	0.0	0.0	0.0
29 相馬市	0.0	0.0	0.0	0.0	59 湯川村	0.0	0.0	0.0	0.0
30 只見町	0.0	0.0	0.0	0.0	60 不明・無回答	0.5		1.3	

【資料1.6　道の駅などの施設についてのアンケート調査】

●「道の駅 よつくら港」の使い方についておうかがいします

Q1 あなたのこの施設を利用したのは何度目ですか。（ひとつだけ）　　全体ベース N=213

1 はじめて	49.8	3 3回以上利用している　38.0
2 2回利用している	10.8	4 不明・無回答　1.4

Q2 あなたがこの施設を知ったきっかけは何ですか。（いくつでも）　　全体ベース N=213

1 「道の駅よつくら港」ホームページ	3.8	8 テレビ・ラジオ　3.8
2 家族や友人・知人から聞いて	22.1	9 道の看板を見て　11.7
3 個人のホームページ・ブログ	0.9	10 通りがかりで　41.3
4 企業・団体の公式サイト（自治体・施設によるものを含む）	−	11 施設の近くに住んでいて知った　21.1
5 旅・イベントの総合情報サイト（じゃらんnet、るるぶnetなど）	2.3	12 その他　4.7
6 新聞・雑誌の記事	8.0	13 ひとつもない　0.5
7 ポスター・チラシ	2.3	14 不明・無回答　0.9

Q3 この施設を訪れた目的は何ですか。（いくつでも）　　全体ベース N=213

1 いつも買い物に来ているから	9.4	10 以前、来たことがあるから　24.9
2 新鮮な農産物が売られているから	16.0	11 直売コーナーがあるから　24.9
3 スーパーよりも安いから	5.2	12 祭りやイベントなどの催事があるから　13.6
4 スーパーよりも品揃えや品質がよいから	1.9	13 被災地の力になりたいと思ったから　21.6
5 ここでしか手に入らないものがあるから	11.3	14 テレビや新聞の報道を通して気になったから　4.7
6 海岸へ遊びに来たついでに来たから	11.3	15 道の駅が好きだから　31.5
7 人との待ち合わせや休憩で来たから	1.9	16 その他　4.2
8 販売員や地元住民とのやりとり・ふれあいがあるから	4.7	17 ひとつもない　0.5
9 休憩やトイレに行くため	12.7	18 不明・無回答　−

Q4 今回、あなたがこの施設で利用・購入したものは何ですか。（いくつでも）　　全体ベース N=213

1 海産物（加工品、干物、佃煮など）	23.9	9 工芸品（小物、アクセサリーなど）　4.7
2 野菜・果物（生鮮品）	28.2	10 弁当　17.8
3 野菜・果物（加工品：漬物、ドライフルーツなど）	14.6	11 休憩スペース　13.6
4 飲料・酒	7.5	12 トイレ　20.2
5 米	−	13 駐車場　16.9
6 そば・めん類	11.3	14 その他　5.2
7 菓子類	26.3	15 ひとつもない　7.0
8 花木	5.6	16 不明・無回答　1.4

Q5 この施設について、あなたがお感じになったものをお選び下さい。（いくつでも）　　全体ベース N=213

1 活気がある	22.5	15 BGMのセンスがよい　0.9
2 買い物をしやすい売場である	15.5	16 スタッフが活き活きとしている　6.1
3 見通しが悪い	1.9	17 地元住民たちの憩いの場である　9.9
4 うす暗い	2.3	18 レジの場所がわかりにくい　−
5 レジで待つ時間が長い	0.9	19 わくわくする、おもしろい　4.7
6 パッと目をひくものがない	5.6	20 田舎らしい風情がある　17.8
7 地域の個性がいかされている	14.1	21 ふだんの生活に欠かせない場所である　1.9
8 開放感がある	7.0	22 まとまりや統一感がない　1.9
9 洗練されている	0.5	23 放射能対策は十分である　1.9
10 季節感がある	13.1	24 海から近いので津波が不安である　4.7
11 地元住民たちによる手づくり感がある	48.4	25 震災復興への力強さを感じる　32.4
12 地元住民とのふれあいがある	15.5	26 その他　1.9
13 親しみやすい雰囲気である	25.4	27 ひとつもない　0.9
14 いつも新しい発見がある	−	28 不明・無回答　−

Q6.1 あなたはこの施設を利用して、満足したものはどれですか。（いくつでも）　　全体ベース N=213

1 農産物（加工品含む）の品揃え	25.8	10 菓子類の価格　5.2	19 フードコートのメニューの価格　12.2
2 農産物（加工品含む）の価格	17.8	11 花木の品揃え　7.5	20 販売員や地元住民とのやりとり　10.3
3 海産物（加工品含む）の品揃え	12.2	12 花木の価格　6.1	21 トイレ　13.1
4 海産物（加工品含む）の価格	9.9	13 工芸品（小物、アクセサリーなど）の品揃え　4.7	22 駐車場　7.5
5 飲料の品揃え・価格	2.3	14 工芸品（小物、アクセサリーなど）の価格　4.2	23 ボールなどの貸出遊具　0.9
6 そば・めん類の価格	1.4	17 フードコートのメニューの種類　2.3	26 ひとつもない　1.9
8 菓子類の品揃え	−		27 不明・無回答　29.1

Q6.2 あなたが利用されたもので、不満だったものをお答えください。　　全体ベース N=213

1 農産物（加工品含む）の品揃え	6.1	10 菓子類の価格　−	19 フードコートのメニューの価格　5.2
2 農産物（加工品含む）の価格	1.9	11 花木の品揃え　3.8	20 販売員や地元住民とのやりとり　0.9
3 海産物（加工品含む）の品揃え	8.9	12 花木の価格　−	21 トイレ　0.9
4 海産物（加工品含む）の価格	2.3	13 工芸品（小物、アクセサリーなど）の品揃え　2.3	22 駐車場　4.7
5 飲料の品揃え・価格	3.3	14 工芸品（小物、アクセサリーなど）の価格　−	23 ボールなどの貸出遊具　2.3
8 そば・めん類の価格	0.5	17 フードコートのメニューの種類　5.2	26 ひとつもない　5.2
9 菓子類の品揃え	−	18 フードコートのメニューの味　1.9	27 不明・無回答　62.9

Q7 あなたはまたこの施設を訪れたいと思いますか。（ひとつだけ）　　全体ベース N=213

1 訪れたいと思う	61.5	3 どちらともいえない　8.9	5 まったく訪れたいと思わない　−
2 まあ訪れたいと思う	16.9	4 あまり訪れたいと思わない　−	6 不明・無回答　11.3

●「道の駅 よつくら港」に対する期待についておうかがいします

Q8 あなたはこの施設にどのようなことを期待しますか。（いくつでも）

A 直売所の品揃え・サービスについて　　全体ベース N=213

1 新鮮な農産物を販売していること	46.0	11 食品などの放射線測定結果が表示されてあること　8.0
2 新鮮な海産物を販売していること	36.6	12 産地明記してあること　10.8
3 土産物の品揃えが多いこと	20.2	13 店舗レイアウトが掲示されていること　3.3
4 ここでしか手に入らない商品を販売していること	36.2	14 商品に関する説明書きが多いこと　2.8
5 地元ブランドの商品があること（例：ビストロ綿など）	18.3	15 「おすすめ商品ベスト3」のような販売者コメントがあること　8.0
6 どこに何が置いてあるか分かりやすい売場であること	4.7	16 「生産者の一言」のような生産者からのコメントがあること　6.6
7 試食できる商品があること	15.5	17 配送サービスなど（ネット販売など）があること　2.3
8 スーパーのような洗練された売場であること	1.4	18 その他　1.4
9 商品がいつも同じ所にあること	0.9	19 ひとつもない　0.9
10 行くたびに変化がある売り場であること	9.4	20 不明・無回答　12.2

B フードコートの品揃え・サービスについて

全体ベース N= 213

1 うどん・そば・ラーメンなど麺類があること	25.8	
2 丼ものがあること	18.8	
3 ハンバーガーやフライドチキンなどがあること	4.2	
4 ドリンクバーがあること	3.8	
5 おしゃれなカフェがあること	6.1	
6 日替わりのランチなどがあること	11.3	
7 とにかく安くてたくさん食べられること	17.8	
8 バイキングがあること	4.7	
9 アルコール類が飲めること	5.2	
10 無料ウォーターサーバーがあること	6.6	
11 低価格のドリンクバーがあること	4.2	
12 勉強や読書ができること	1.4	
13 長時間話し込んだりできること	4.2	
14 直売所で買ったものを飲食できること	22.5	
15 雑誌や新聞がおいてあること	1.9	
16 テレビなどが置いてあること	0.5	
17 スポーツ観戦等ができること（例：パブリックビューイング）	1.4	
18 インターネットが使えること	2.8	
19 携帯電話やパソコンなどの充電ができること	2.8	
20 その他	4.2	
21 ひとつもない	4.2	
22 不明・無回答	22.1	

C イベントスペースについて

全体ベース N= 213

1 農業体験型イベントがあること	8.5	
2 海に関する体験イベントがあること	21.6	
3 料理やお菓子作りイベントがあること	9.9	
4 見本市があること	10.3	
5 工芸体験などができるイベントがあること	6.1	
6 ライブイベントやショーがあること	17.8	
7 展覧会が実施されること	10.8	
8 趣味仲間やサークルで〇〇教室などがあること	2.3	
9 子どもが通える塾があること	-	
10 サークルなどで発表会やライブなどに使えること	5.2	
11 子どもたちが自由に遊べるスペースがあること	14.1	
12 その他	2.3	
13 ひとつもない	4.7	
14 不明・無回答	27.7	

D 情報・施設・その他について

全体ベース N= 213

1 震災・復興関連の情報が詳しくわかること	35.2	
2 原発関連の情報がわかること（例：ライブカメラ）	11.7	
3 トイレや休憩施設が清潔であること	43.7	
4 祭やイベントなどの催事が充実していること	18.8	
5 地域の歴史や名所などの情報があること	16.4	
6 地域のお店や宿泊施設の情報があること	9.4	
7 地域住民の活動がわかる情報があること	15.5	
8 お得なクーポン券が置いてあること	8.0	
9 地域のイベントカレンダーが掲示されていること	6.6	
10 その他	1.4	
11 ひとつもない	0.9	
12 不明・無回答	16.4	

●統計処理のため以下の質問にお答えください

F1　あなたの性別は（ひとつだけ）

全体ベース N= 213

1 男性	41.3	
2 女性	48.8	
3 不明・無回答	9.9	

F2　あなたの年齢は（数字を記入）

全体ベース N= 213

1 10代	6.6	
2 20代	8.5	
3 30代	16.4	
4 40代	18.8	
5 50代	18.8	
6 60代以上	20.7	
7 不明・無回答	10.3	

F3　あなたご自身は以下に示されている立場のどれにあてはまりますか。（ひとつだけ）

全体ベース N= 213

1 中学、高校在学中	5.6	
2 予備校、専門学校、大学などの学生	3.3	
3 独身者	16.9	
4 子供がいない夫婦	14.1	
5 末っ子が、小学校入学前の親	5.6	
6 末っ子が、小学生の親	5.6	
7 末っ子が、中学、高校、大学などの学生の親	8.5	
8 末っ子が卒業して就職、または結婚した子供の親	22.5	
9 不明・無回答	17.8	

F4　この施設まで誰と一緒に来ましたか。（いくつでも）

全体ベース N= 213

1 ひとりで	10.3	
2 配偶者・恋人	45.5	
3 子供	16.0	
4 親兄弟	19.2	
5 友人知人	11.3	
6 その他	2.8	
7 不明・無回答	13.6	

F5　この施設まで来られた交通手段は何ですか。（ひとつだけ）

全体ベース N= 213

1 自家用車	76.5	
2 バス・タクシーなどの交通機関	0.9	
3 自転車	1.4	
4 徒歩	6.6	
5 その他	0.9	
6 不明・無回答	13.6	

F6　この施設に来るまでの時間はどれくらいでしたか。（ひとつだけ）

全体ベース N= 213

1 10分未満	14.1	
2 10分～30分未満	22.1	
3 30分～1時間未満	15.0	
4 1時間以上	36.2	
5 不明・無回答	12.7	

F7.1　あなたのお住まいはどこですか。（ひとつだけ）

全体ベース N= 213

1 いわき市四倉町	17.4	
2 その他の地域	70.0	
3 不明・無回答	12.7	

F7.2　あなたのお住まいはどこですか。（都道府県レベル）

四倉在住以外ベース N= 176

1 北海道	0.6	18 福井県	-	35 山口県	0.6
2 青森県	-	19 山梨県	0.6	36 徳島県	-
3 岩手県	0.6	20 長野県	1.7	37 香川県	-
4 宮城県	0.6	21 岐阜県	-	38 愛媛県	-
5 秋田県	-	22 静岡県	-	39 高知県	-
6 山形県	16.9	23 愛知県	1.1	40 福岡県	1.1
7 福島県	36.4	24 三重県	-	41 佐賀県	-
8 茨城県	2.8	25 滋賀県	-	42 長崎県	-
9 栃木県	-	26 京都府	-	43 熊本県	-
10 群馬県	2.3	27 大阪府	1.1	44 大分県	-
11 埼玉県	8.5	28 兵庫県	-	45 宮崎県	-
12 千葉県	7.4	29 奈良県	-	46 鹿児島県	-
13 東京都	10.8	30 和歌山県	-	47 沖縄県	-
14 神奈川県	5.1	31 鳥取県	-	48 海外	-
15 新潟県	1.1	32 島根県	0.6	49 不明・無回答	16.5
16 富山県	-	33 岡山県	-		
17 石川県	-	34 広島県	-		

F7.3　あなたのお住まいはどこですか。(福島県内、市町村レベル)　　　　　　　　　　　　　　　　福島県居住者ベース N= 64

#	市町村	%	#	市町村	%	#	市町村	%
1	会津坂下町	-	21	桑折町	-	41	西郷村	-
2	会津美里町	-	22	郡山市	7.8	42	二本松市	4.7
3	会津若松市	-	23	鮫川村	-	43	塙町	3.1
4	浅川町	-	24	下郷町	-	44	磐梯町	-
5	飯舘村	1.6	25	昭和村	-	45	檜枝岐村	-
6	石川町	-	26	白河市	-	46	平田村	-
7	泉崎村	-	27	新地町	-	47	広野町	1.6
8	猪苗代町	1.6	28	須賀川市	-	48	福島市	6.3
9	いわき市	70.3	29	相馬市	-	49	双葉町	-
10	大熊町	-	30	只見町	-	50	古殿町	-
11	大玉村	-	31	棚倉町	-	51	三島町	-
12	小野町	-	32	玉川村	-	52	三春町	-
13	鏡石町	-	33	田村市	-	53	南相馬市	-
14	葛尾村	-	34	伊達市	-	54	南会津町	-
15	金山町	-	35	天栄村	-	55	本宮市	-
16	川内村	-	36	富岡町	-	56	柳津町	-
17	川俣町	-	37	中島村	-	57	矢吹町	-
18	喜多方市	-	38	浪江町	1.6	58	矢祭町	-
19	北塩原村	-	39	楢葉町	-	59	湯川村	-
20	国見町	-	40	西会津町	-	60	不明・無回答	1.6

【資料2.1　いわき市自治会・町内会等調査】

I　はじめに、あなたの自治会・自治会の全般的な事柄についてご記入下さい。

Q1　自治会の名称

Q2　自治会の所在する地区（ひとつだけ）　全体ベース N= 259

1 平	23.6	6 四倉	11.6	11 田人	1.5
2 小名浜	22.0	7 遠野	1.9	12 川前	2.7
3 勿来	11.2	8 小川	6.9	13 久之浜・大久	3.5
4 常磐	7.3	9 好間	3.1	14 不明・無回答	0.4
5 内郷	1.5	10 三和	2.7		

Q3　自治会の沿革について

Q3.1　自治会の発足した時期（ひとつだけ）　全体ベース N= 259

1 1940年代以前(戦前からあり、禁止期間もかたちを変えて存続し、講和条約後に再う)	8.1	6 1970年代	4.2
2 1940年代以前(戦前からあり、禁止期間にばらばらになったが、講和条約後に再発)	0.8	7 1980年代	5.8
3 1940年代以前(戦前からあるが、経緯についてはよくわからない)	40.2	8 1990年代	3.5
4 1950年代	6.2	9 2000年代	2.3
5 1960年代	6.9	10 わからない	22.0

Q3.2　（再）発足のきっかけ（いくつでも）　全体ベース N= 259

1 講和条約を受けて発足	2.7	7 区画整理とともに発足	8.5
2 旧来の自治会から分かれて発足	9.3	8 市町村合併により発足	4.2
3 新来住民によって発足	3.1	9 住民らの意志により発足	25.9
4 団地・社宅・マンション等ができて発足	6.2	10 その他	2.7
5 地域の実力者の意向で発足	12.0	11 わからない	44.4
6 行政のすすめで発足	11.6		

Q3.3　（再）発足時の主な目的（いくつでも）　全体ベース N= 259

1 住民同士の親睦をはかるため	57.9	5 共有地、共有施設の管理のため	23.6
2 町内の生活上の問題を共同解決するため	54.1	6 マンションや団地の管理組合として	1.9
3 行政等への働きかけ・陳情のため	52.9	7 その他	1.9
4 行政等との連絡・調整のため	56.8	8 わからない	25.5

Q3.4　現在の主な目的（いくつでも）　全体ベース N= 259

1 住民同士の親睦をはかるため	79.2
2 町内の生活上の問題を共同解決するため	77.6
3 行政等への働きかけ・陳情のため	78.0
4 行政等との連絡・調整のため	83.0
5 共有地、共有施設の管理のため	33.6
6 マンションや団地の管理組合として	2.3
7 その他	2.3
8 何もしていない	0.8
9 不明・無回答	1.2

Q4　自治会に加入している世帯数等

Q4.1	加入世帯数（事業所を除く）	回答者ベース N= 254	246.1 戸
Q4.2	加入事業所数	回答者ベース N= 241	4.9 事業所
Q4.3	町内の区の数	回答者ベース N= 237	3.3 区
Q4.4	町内の班もしくは隣組の数	回答者ベース N= 249	22.1 班・組

Q4.5　自治会への世帯加入率（ひとつだけ）　全体ベース N= 259

1 全戸加入	32.8
2 90%以上加入	39.4
3 70%以上～90%未満加入	18.1
4 50%以上～70%未満加入	3.9
5 30%以上～50%未満加入	0.4
6 30%未満加入	0.4
7 わからない	2.7
8 不明・無回答	2.3

Q5　自治会等の「地縁による団体」が、その団体名義で土地建物の不動産登記等ができるよう、法人格取得が可能になりましたが、「地縁による団体」として法人格を取得していますか。（ひとつだけ）　全体ベース N= 259

1 取得している（　　　年に取得）	18.5
2 取得する予定である	4.6
3 取得する予定はない	57.9
4 取得するかどうか検討中である	10.0
5 不明・無回答	8.9

Q6　自治会内の状況について

Q6.1　建物・土地の特色（多いものを2つまで）　全体ベース N= 259

1 事業所	7.7
2 商店	8.5
3 工場	3.1
4 一戸建て	81.9
5 集合住宅（単身向け）	5.4
6 集合住宅（家族向け）	20.8
7 田畑	31.3
8 その他	5.4
9 不明・無回答	8.9

Q6.2　最近10年間くらいの人口の変化（ひとつだけ）　全体ベース N= 259

1 大いに増加	4.2
2 やや増加	12.0
3 あまり変化はない	29.3
4 やや減少	37.5
5 大いに減少	13.5
6 その他	0.0
7 不明・無回答	3.5

Q6.3　非加入世帯を含む居住世帯の特色（多いものを2つまで）　全体ベース N= 259

1 非高齢者のみの核家族世帯	21.6
2 高齢者のみの核家族世帯	30.5
3 非高齢者と高齢者からなる親族世帯	50.2
4 非高齢者の単身世帯	11.2
5 高齢者の単身世帯	16.2
6 その他	9.7
7 不明・無回答	12.0

Q6.4　新旧住民の世帯数の割合（ひとつだけ）　全体ベース N= 259

1 古くからの地付きの世帯がほとんど	34.4
2 古くからの地付きの世帯のほうが多い	28.6
3 同じくらい	12.0
4 外からの新しい世帯のほうが多い	13.5
5 外からの新しい世帯がほとんど	8.1
6 不明・無回答	3.5

Q6.5　計画的開発（区画整理等）（いくつでも）　全体ベース N= 259

1 最近5年以内に実施	2.3	5 実施していない	43.2
2 5～10年前に実施	3.1	6 わからない	14.3
3 10年以上前に実施	22.0	7 不明・無回答	6.6
4 時期は不明だが実施	9.3		

Q7　あなたの自治会で現在自治会の運営上困っていることがありますか。困っているものすべて（いくつでも）　　全体ベース N= 259

1 町内会のルールを守らない住民の存在	16.6	15 住民間の摩擦	2.7
2 未加入世帯の増加	20.8	16 世代間のズレ	10.4
3 町内会行事への住民の参加の少なさ	38.6	17 役員内のあつれき	0.8
4 町内会の役員のなり手不足	59.8	18 政治や選挙の相談・依頼事	0.8
5 予算の不足	22.8	19 運営のための経験や智恵が足りない	9.3
6 会員の高齢化	49.0	20 町内会の財産をめぐるトラブル	0.8
7 行政との関係（依頼の多さ等）	14.7	21 伝えるべき情報が伝わっていない	4.2
8 行政以外の団体との関係（負担金等）	10.4	22 どんな情報を伝えればよいかわからない	1.5
9 家族世帯数の多さによる障害	0.0	23 他の自治会との交流が少ない	13.5
10 単身世帯数の多さによる障害	2.7	24 まとめ役がいない、力不足	7.7
11 構成世帯数の少なさによる障害	6.2	25 その他	6.9
12 加入世帯の家族構成が把握できない	16.2	26 困っていることはない	3.9
13 日中、留守の世帯が多い	24.7	27 不明・無回答	2.7
14 集会施設がない／狭い／不便	15.1		

II 次に、あなたの自治会の活動状況についてお伺いします。

Q8　あなたの自治会では、次のような活動が行なわれていますか。また、それぞれの活動の10年前と現在の全体的な活動状況はどうなっていますか。

Q8A　活動の有無、活動組織（いくつでも）

全体ベース N= 259	自治会	自治会の別単組位織	会員別組織	自治会連合の組織	地域その他の組織	実施していない	わからない	不明・無回答
1 ごみ処理収集協力	73.0	6.6	0.8	3.1	5.0	2.7	1.5	10.4
2 資源・廃品回収	56.4	10.4	3.5	2.3	11.6	5.8	1.5	13.9
3 バザー	5.8	3.5	0.8	1.2	6.2	42.5	1.9	35.1
4 地域の清掃美化	78.4	5.8	4.6	3.1	5.4	0.4	1.2	10.8
5 防犯パトロール	26.6	11.6	6.9	6.6	15.8	16.2	1.5	22.0
6 防火パトロール	18.1	19.7	5.0	3.5	20.8	15.1	0.8	24.3
7 交通安全対策	19.7	13.1	3.5	5.8	20.1	12.0	2.3	28.6
8 集会所等の施設管理	64.5	5.8	2.3	1.2	5.4	5.4	1.5	16.6
9 街灯等の設備管理	80.7	5.4	1.5	1.2	3.1	0.4	1.5	10.4
10 公園・広場の管理	49.8	7.3	1.2	0.8	5.0	12.0	3.1	24.3
11 私道の管理	27.4	2.3	1.2	0.0	3.5	24.3	1.9	33.6
12 乳幼児保育の支援	3.9	3.5	0.4	1.9	4.2	37.1	9.7	39.4
13 学童保育の支援	14.3	5.4	2.7	3.1	12.7	24.7	4.6	33.6
14 青少年教育・育成	15.4	7.3	6.6	5.4	12.7	20.5	4.2	31.7
15 高齢者福祉	23.6	12.0	4.2	5.8	9.3	17.0	3.9	28.2
16 その他	1.5	0.8	0.0	0.4	0.0	1.9	2.3	93.1

＊Q8Aで1～6を選んだ場合

Q8B　10年前の町内での活動状況（ひとつだけ）

Aで「わからない」「不明」を除いた人ベース		非常に活発に実施されていた	活発に実施されていた	あまり盛んに実施されていなかった	ほとんど実施されていなかった	実施されていない	わからない	不明・無回答
1 ごみ処理収集協力	N= 228	12.7	49.6	17.1	2.2	3.5	6.6	8.3
2 資源・廃品回収	N= 219	14.2	40.6	16.4	5.0	4.6	5.9	13.2
3 バザー	N= 153	2.6	8.5	9.8	4.6	51.6	11.8	11.1
4 地域の清掃美化	N= 228	20.2	43.9	17.1	2.2	2.2	4.8	9.6
5 防犯パトロール	N= 198	8.1	30.3	18.7	4.0	18.2	8.6	12.1
6 防火パトロール	N= 194	10.3	41.2	10.8	4.6	12.4	7.2	13.4
7 交通安全対策	N= 179	7.8	39.1	14.5	5.0	14.0	6.1	13.4
8 集会所等の施設管理	N= 212	18.9	45.3	9.9	1.4	8.0	3.8	12.7
9 街灯等の設備管理	N= 228	23.2	49.6	8.3	0.9	0.9	3.9	13.2
10 公園・広場の管理	N= 188	11.7	39.4	13.3	5.3	11.7	7.4	11.2
11 私道の管理	N= 147	7.5	25.9	11.6	4.8	26.5	11.6	12.2
12 乳幼児保育の支援	N= 132	3.0	8.3	11.4	4.5	48.5	12.9	11.4
13 学童保育の支援	N= 155	5.2	18.1	16.1	4.5	31.6	11.6	12.9
14 青少年教育・育成	N= 166	7.2	25.3	18.7	6.0	21.1	10.8	10.8
15 高齢者福祉	N= 176	9.1	23.9	20.5	5.7	18.2	9.7	13.1
16 その他	N= 12	8.3	33.3	0.0	0.0	25.0	8.3	25.0

＊Q8Aで1～5を選んだ場合

Q8C　現在の町内での活動状況（10年前と比べて）（ひとつだけ）

Aで「実施している」と答えた人ベース		非常に活発化している	活発化している	変わらない	やや衰退している	非常に衰退している	わからない	不明・無回答
1 ごみ処理収集協力	N= 221	24.4	30.8	31.2	4.1	0.0	2.7	6.8
2 資源・廃品回収	N= 204	19.6	33.3	28.4	4.4	0.5	1.5	12.3
3 バザー	N= 43	7.0	25.6	44.2	4.7	2.3	2.3	14.0
4 地域の清掃美化	N= 227	20.7	31.3	32.6	2.6	0.4	2.2	10.1
5 防犯パトロール	N= 156	12.2	35.9	35.3	3.2	0.0	3.8	9.6
6 防火パトロール	N= 155	7.7	35.5	40.6	1.9	1.3	3.2	9.7
7 交通安全対策	N= 148	9.5	37.2	34.5	2.7	1.4	2.7	12.2
8 集会所等の施設管理	N= 198	19.7	27.8	36.9	1.0	1.0	2.0	11.6
9 街灯等の設備管理	N= 227	24.2	26.4	35.2	0.4	0.0	1.8	11.9
10 公園・広場の管理	N= 157	16.6	32.5	35.0	3.2	0.6	1.9	10.2
11 私道の管理	N= 84	14.3	19.0	53.6	1.2	0.0	2.4	9.5
12 乳幼児保育の支援	N= 36	2.8	38.9	41.7	0.0	2.8	5.6	8.3
13 学童保育の支援	N= 91	5.5	31.9	44.0	1.1	2.2	5.5	9.9
14 青少年教育・育成	N= 113	8.8	27.4	43.4	2.7	1.8	5.3	10.6
15 高齢者福祉	N= 132	11.4	35.6	34.1	2.3	0.0	3.8	12.1
16 その他	N= 7	14.3	28.6	28.6	0.0	0.0	14.3	14.3

Q9　あなたの自治会では、次のような行事が組織的に行なわれていますか。
また、自治会が中心に行なっている活動については「参加対象」と「参加状況」についてもお答え下さい。

Q9A　行事の有無、実施組織（いくつでも）

全体ベース N= 259	自治会が実施	別組織が単位自治会	が自治会連合会実施	別組織が単位自治会連合会実施	連合会が実施地域	組織その他の	い実施していな	わからない	不明・無回答
1 神社祭礼	47.1	17.0	3.5	3.1	13.5	7.7	1.5		11.2
2 盆踊り・夏祭り	19.3	10.8	4.2	2.7	9.3	27.4	1.2		26.3
3 花見	3.5	5.8	0.8	1.9	4.6	46.7	3.5		33.6
4 食事会・飲み会	12.4	8.9	1.9	1.9	5.0	35.1	2.7		35.1
5 成人式	0.8	1.9	2.3	3.1	5.4	46.7	2.7		37.1
6 冠婚葬祭	8.9	2.7	0.4	0.4	3.9	43.2	4.2		36.3
7 運動会	15.4	6.6	8.9	6.9	4.6	37.1	1.2		27.8
8 運動会以外の体育活動	15.1	8.9	5.8	4.2	7.7	30.5	3.1		27.4
9 宿泊旅行	6.9	7.7	2.3	2.3	6.9	39.4	2.3		34.7
10 新年会・忘年会	27.4	8.5	3.9	1.5	5.0	27.4	1.2		28.6
11 ラジオ体操	1.9	6.9	0.4	1.9	12.0	41.7	1.5		33.6
12 研修会・講習会	19.7	4.6	3.5	1.9	7.3	32.4	1.5		32.0
13 映画上映・演劇鑑賞	3.1	1.2	0.8	0.8	2.3	53.3	2.7		36.3
14 自治会の総会	84.6	1.9	3.5	1.5	1.9	2.3	1.2		10.0
15 その他	4.2	0.4	0.0	0.4	0.8	2.7	1.9		90.0

* Q9Aで1～5を選んだ場合
Q9B.1　自治会中心の行事の参加対象（ひとつだけ）
Q9B.2　自治会中心の行事の参加程度（ひとつだけ）

Aで「実施している」と答えた人ベース		参加対象						参加程度					
		自治会の全会員（義務）	自治会の全会員（自由参加）	実施組織のメンバー	属する	わからない	不明・無回答	ほとんどの会員が参加	自治会の半数程度の会員が参加	一部の会員が参加	ほとんどいない	わからない	不明・無回答
1 神社祭礼	N= 206	18.0	44.2	23.8	1.5	12.6		28.6	15.5	37.4	3.9	1.9	12.6
2 盆踊り・夏祭り	N= 117	4.3	56.4	21.4	0.9	17.1		11.1	24.8	40.2	5.1	3.4	15.4
3 花見	N= 42	4.8	38.1	38.1	2.4	16.7		14.3	9.5	40.5	4.8	2.4	28.6
4 食事会・飲み会	N= 70	1.4	47.1	28.6	4.3	18.6		11.4	12.9	47.1	2.9	5.7	20.0
5 成人式	N= 35	5.7	20.0	34.3	14.3	25.7		2.9	5.7	31.4	2.9	31.4	25.7
6 冠婚葬祭	N= 42	16.7	31.0	26.4	4.8	19.0		16.7	4.8	40.5	2.4	9.5	26.2
7 運動会	N= 88	12.5	67.0	4.5	0.0	15.9		12.5	33.0	39.8	1.1	0.0	13.6
8 運動会以外の体育活動	N= 101	3.0	59.4	15.8	2.0	19.8		3.0	15.8	57.4	3.0	1.0	19.8
9 宿泊旅行	N= 61	3.3	24.6	50.8	0.0	21.3		3.3	13.1	52.5	4.9	0.0	26.2
10 新年会・忘年会	N= 111	9.0	40.5	22.5	0.9	27.0		15.3	14.4	44.1	2.7	0.0	23.4
11 ラジオ体操	N= 60	1.7	20.0	48.3	6.7	23.3		6.7	5.0	40.0	10.0	13.3	25.0
12 研修会・講習会	N= 88	2.3	48.9	22.7	3.4	17.0		6.8	10.2	54.5	5.7	4.5	18.2
13 映画上映・演劇鑑賞	N= 20	5.0	45.0	20.0	5.0	25.0		5.0	15.0	55.0	10.0	0.0	10.0
14 自治会の総会	N= 224	48.2	24.6	13.4	0.4	13.4		37.5	19.2	29.5	0.0	0.4	13.0
15 その他	N= 14	35.7	21.4	14.3	0.0	28.6		42.9	21.4	7.1	0.0	0.0	28.6

* Q9Aで1～6を選んだ場合
Q9C　10年前の町内での活動状況（ひとつだけ）

Aで「わからない」「不明」を除いた人ベース		非常に活発に実施されていた	活発に実施されていた	あまり盛んではなかった	ほとんど実施されていない	実施されていない	わからない	不明・無回答
1 神社祭礼	N= 226	15.9	40.7	15.9	1.3	2.7	7.5	15.9
2 盆踊り・夏祭り	N= 188	8.0	32.4	13.8	3.2	9.6	9.6	23.4
3 花見	N= 163	0.6	9.2	14.1	6.7	25.2	9.8	34.4
4 食事会・飲み会	N= 161	2.5	15.5	16.1	5.6	18.6	12.4	29.2
5 成人式	N= 156	0.0	9.6	5.8	4.5	26.9	11.5	41.7
6 冠婚葬祭	N= 154	3.2	17.5	6.5	3.2	20.1	11.0	38.3
7 運動会	N= 184	8.7	33.2	7.6	3.3	10.9	5.4	31.0
8 運動会以外の体育活動	N= 180	3.3	31.1	11.1	2.2	11.7	7.8	32.8
9 宿泊旅行	N= 163	1.2	16.6	8.0	6.7	21.5	11.0	35.0
10 新年会・忘年会	N= 182	3.8	30.2	12.6	3.3	13.2	9.9	26.9
11 ラジオ体操	N= 168	0.6	16.1	7.1	6.0	20.8	13.1	36.3
12 研修会・講習会	N= 172	2.3	14.5	15.7	8.1	18.0	11.6	29.7
13 映画上映・演劇鑑賞	N= 158	0.6	5.1	8.2	6.3	27.8	13.9	38.0
14 自治会の総会	N= 230	15.7	45.7	11.7	0.4	1.7	7.4	17.4
15 その他	N= 21	19.0	33.3	14.3	0.0	4.8	9.5	28.6

* Q9Aで1～5を選んだ場合
Q9D　現在の町内での活動状況（10年前と比べて）（ひとつだけ）

Aで「実施している」と答えた人ベース		非常に活発化している	活発化している	変わらない	衰退化している	非常に衰退化している	わからない	不明・無回答
1 神社祭礼	N= 206	5.8	26.2	37.4	12.6	1.9	2.9	13.1
2 盆踊り・夏祭り	N= 117	7.7	25.6	34.2	9.4	1.7	3.4	17.9
3 花見	N= 42	0.0	19.0	40.5	14.3	0.0	4.8	21.4
4 食事会・飲み会	N= 70	7.1	10.0	38.6	10.0	4.3	10.0	20.0
5 成人式	N= 35	0.0	8.6	34.3	5.7	5.7	11.4	34.3
6 冠婚葬祭	N= 42	4.8	7.1	45.2	7.1	2.4	4.8	28.6
7 運動会	N= 88	1.1	23.9	38.6	14.8	4.5	1.1	15.9
8 運動会以外の体育活動	N= 101	3.0	18.8	37.6	9.9	6.9	5.9	17.8
9 宿泊旅行	N= 61	3.3	11.5	45.9	8.2	4.9	3.3	23.0
10 新年会・忘年会	N= 111	3.6	16.2	36.9	12.6	2.7	4.5	23.4
11 ラジオ体操	N= 60	1.7	3.3	40.0	13.3	6.7	16.7	18.3
12 研修会・講習会	N= 88	4.5	22.7	35.2	9.1	2.3	8.0	18.2
13 映画上映・演劇鑑賞	N= 20	5.0	10.0	60.0	0.0	0.0	0.0	25.0
14 自治会の総会	N= 224	12.1	21.9	41.5	4.9	0.4	3.1	16.1
15 その他	N= 14	14.3	50.0	14.3	7.1	0.0	0.0	14.3

Ⅲ 次に、あなたの自治会の組織構成と機能についてお尋ねします。

Q10 役員(班長・組長は除く)はどのように構成されていますか。また、手当てはありますか。

Q10A 人数

役職	回答者ベース	人数	役職	回答者ベース	人数
会長	N=242	1.0 名	庶務	N=187	0.7 名
副会長	N=224	1.2 名	部長	N=155	1.5 名
会計	N=230	1.1 名	監事	N=198	2.0 名

＊Q10Aで1名以上の場合
- Q10B 役員手当て(定額)(ひとつだけ)
- Q10C 活動ごとの手当て(ひとつだけ)
- Q10D 手当てと持出しの割合(ひとつだけ)

		手当て(定額)			活動毎手当て			手当てと持出しの割合				
回答者かつ各役職が1人以上いる人ベース		無し	有り	回不答明・無	無し	有り	回不答明・無	方手が当多てい	い同らじぐ	方持が出多し い	いらわなか	回不明・無
1 会長	N=240	17.1	79.2	3.8	76.3	14.6	9.2	15.0	20.4	31.7	12.9	20.0
2 副会長	N=193	11.4	85.5	3.1	75.1	15.0	9.8	20.2	16.2	20.2	16.6	23.3
3 会計	N=218	11.9	85.8	2.3	76.6	14.2	9.2	18.3	19.3	20.6	17.9	23.9
4 庶務	N=110	11.8	82.7	5.5	70.9	18.2	10.9	20.0	20.9	20.0	16.4	22.7
5 部長	N=56	16.1	82.1	1.8	78.6	16.1	5.4	19.6	16.1	30.4	12.5	21.4
6 監事	N=158	16.5	75.9	7.6	76.6	10.8	12.7	20.9	16.5	17.7	13.3	31.6

＊Q10Aで1名以上の場合
Q10E 役員の主たる就業状況(副会長は除く)(ひとつだけ)

		引退	現役	主婦	らなかいわ	無不回答
回答者かつ各役職が1人以上いる人ベース						
1 会長	N=240	59.2	29.2	0.8	2.5	10.0
2 副会長	N=193	48.7	42.5	2.6	1.6	10.9
3 会計	N=218	37.2	47.7	4.6	1.8	11.9
4 庶務	N=110	38.2	48.2	3.6	1.8	14.5
5 部長	N=56	48.2	58.9	12.5	1.8	12.5
6 監事	N=158	48.7	50.6	3.8	1.9	12.0

＊Q10Aで1名以上の場合
Q10F 役員の主たる職業(引退の場合は現役時の主たる職業をお答え下さい)(ひとつだけ)

		農林漁業	商業自営	工業自営	勤務～常勤	ト勤務～パート派遣	自由業	専業主婦	いわらなか	答不明・無回
回答者かつ各役職が1人以上いる人ベース										
1 会長	N=240	15.4	6.3	2.9	48.8	2.1	4.6	0.8	5.0	16.7
2 副会長	N=193	11.9	8.8	3.1	50.8	4.1	6.2	1.0	4.1	16.6
3 会計	N=218	9.2	10.1	4.1	47.7	1.4	6.4	0.9	5.0	17.0
4 庶務	N=110	4.5	11.8	1.8	50.0	2.7	5.5	2.7	4.5	20.0
5 部長	N=56	5.4	10.7	5.4	53.4	7.1	10.7	10.7	3.6	21.4
6 監事	N=158	9.5	9.5	7.6	51.3	1.3	5.7	2.5	4.4	18.4

Q11.1 どのようにして会長に選ばれましたか。(いくつでも) 全体ベース N=259

1 総会で立候補	5.0
2 総会の話し合いで推された	21.2
3 役員会での互選	22.8
4 選考委員会等による推薦	28.2
5 前会長からの指名	32.0
6 持ち回り(当番制)	13.5
7 抽選(くじ引き)	0.8
8 その他	2.3
9 不明・無回答	5.0

Q11.2 自治会役員(班長を除く)はどのように選ばれましたか。(いくつでも) 全体ベース N=259

1 総会で立候補	3.9
2 総会の話し合い	20.1
3 新会長からの指名	23.6
4 選考委員会等による推薦	27.4
5 前会長からの指名	17.4
6 持ち回り(当番制)	22.4
7 抽選(くじ引き)	0.8
8 その他	3.5
9 不明・無回答	7.3

Q12 会長の1任期は何年ですか。(ひとつだけ) 全体ベース N=259

1 半年	0.0
2 一年	20.8
3 二年	66.0
4 三年	1.9
5 三年より長い	1.2
6 決まっていない	5.0
7 わからない	0.0
8 不明・無回答	5.0

＊Q12で1～5の場合
Q12A 複数の任期にわたって会長職を務めることは会則等で認められていますか。(ひとつだけ) 任期が決まっている人ベース N=233

1 認められていない	4.7
2 認められている	59.7
3 決まりはないが1期のみが普通	12.4
4 決まりはないが複数任期になることが多い	18.5
5 不明・無回答	4.7

Q13 自治会の(総会で提案される)予算案はどのように作成されていますか。(ひとつだけ) 全体ベース N=259

1 会長がすべて作成	9.7	5 役員会で協議して一から作成	19.7
2 会長が素案を示し役員会で審議の上、作成	27.8	6 その他	2.3
3 担当役員がすべて作成	8.9	7 作成していない	8.5
4 担当役員が素案を示し役員会で審議の上、作成	38.6	8 不明・無回答	4.2

Q14 自治会の1年間の財政規模(一般会計)と、収入・支出の内訳をご記入下さい。

A. 収入

	回答者ベース	千円
総額	N=189	2,264
1 会費	N=182	1,292
2 市からの助成や補助金	N=98	91
3 公園や街路樹の管理費	N=86	108
4 広報誌等の配布手数料	N=59	37
5 資源・廃品回収やバザーの売上げ	N=113	61
6 コミセン・集会所等の使用料	N=79	85
7 事務所や住民からの寄付	N=94	74
8 その他	N=93	265
9 前年度繰越金	N=176	732

B. 支出

	回答者ベース	千円
総額	N=181	1,938
1 役員手当て	N=175	260
2 会議・事務費	N=170	138
3 祭典・文化費	N=137	215
4 祭典・文化費以外の事業費	N=117	269
5 寄付(募金)・負担金	N=144	153
6 地域団体への補助・助成金	N=148	175
7 共同施設・設備維持管理費	N=151	347
8 その他	N=104	312
9 次年度繰越金	N=165	733

Q15.1 日赤や共同募金への寄付金にはどのように対応されていますか。(ひとつだけ) 全体ベース N=259

1 割り当て分を全額納めている	44.0
2 割り当て分のほとんどを納めている	21.6
3 割り当て分の一部を納めている	1.2
4 会員から集まった額だけ納めている	25.5
5 一切、納めていない	1.9
6 その他	1.5
7 不明・無回答	4.2

Q15.2 連合会自治会組織への負担金にはどのように対応されていますか。(ひとつだけ) 全体ベース N=259

1 割り当て分を全て納めている	79.9
2 治めていない分もある	5.8
3 ほとんど納めていない	1.9
4 一切、納めていない	0.8
5 その他	5.0
6 不明・無回答	6.6

Q16　自治会費はどのように集めていますか。

Q16.1　一般世帯（ひとつだけ）

全体ベース N= 259

1 各世帯から平等に（同額を）集めている	65.6
2 各世帯の状況によって差のある額を集めている	20.5
3 その他の基準で集めている	8.1
4 集めることになっていない	0.8
5 不明・無回答	5.0

Q16.2　事業所（ひとつだけ）

全体ベース N= 259

1 各事業所から平等に（同額を）集めている	15.1
2 各事業所の状況によって差のある額を集めている	25.5
3 その他の基準で集めている	6.9
4 集めることになっていない	6.2
5 そもそも事業所がない	14.7
6 不明・無回答	31.7

Q17　ひと月の会費は平均して1世帯、1事業所あたりいくらですか。

回答者ベース

A. 1世帯あたりの月額（平均）　　N= 206　　600 円

B. 1事業所あたりの月額（平均）　　N= 109　　1,535 円

Q18　この10年の間に、自治会で特別会計を組み、何か事業をされたこと（されていること）はありますか。（いくつでも）

全体ベース N= 259

1 集会所の新築・改築	28.2
2 街路灯の新設・補修	24.3
3 その他	19.3
4 ない	35.1
5 わからない	2.7
6 不明・無回答	5.8

Q19　自治会会計の収支決算報告や事業報告をどのようなかたちで行なっていますか。（いくつでも）

全体ベース N= 259

1 総会で報告	92.3
2 役員会で報告	30.5
3 監事に報告	19.3
4 決算の概算書を会員に送付する	15.8
5 その他	5.4
6 報告はしない	1.9
7 不明・無回答	2.3

Q20　あなたの自治会には集会施設がありますか。（いくつでも）

全体ベース N= 259

1 自治会独自の集会所がある	65.3
2 他の自治会と共有の集会所がある	6.9
3 他の団体と共有の集会所がある	7.7
4 公民館など、利用している施設が周りにある	11.2
5 その他	4.6
6 集会所はなく、利用できる施設も周りにない	6.2
7 不明・無回答	3.1

＊Q20で1の場合

Q20A　自治会独自の集会所について以下の問いにお答え下さい。

Q20A.1　建物はどなたが所有している財産ですか（登記の有無は問いません）。（ひとつ）

独自に集会所がある人ベース N= 169

1 自治会の共有財産（個人名義の場合を含む）	74.6
2 いわき市	20.7
3 個人の私有財産	0.0
4 その他	4.1
5 不明・無回答	0.6

Q20A.2　建物が建っている土地はどなたの財産ですか。（ひとつだけ）

独自に集会所がある人ベース N= 169

1 自治会の共有財産（個人名義の場合を含む）	32.5
2 いわき市の財産	28.4
3 福島県の財産	0.0
4 国有の財産	1.2
5 個人の私有財産	25.4
6 法人の財産	5.3
7 その他	4.1
8 不明・無回答	3.0

Q20A.3　集会所の利用状況はどのようですか。（ひとつだけ）

独自に集会所がある人ベース N= 169

1 容量の限度まで利用されている	11.8
2 容量の範囲内で十分に利用されている	73.4
3 あまり利用されていない	10.7
4 ほとんど利用されていない	3.0
5 その他	0.0
6 わからない	0.0
7 不明・無回答	1.2

Q20A.4　その集会所にはどのような情報通信機器が設置されていますか。

独自に集会所がある人ベース N= 169

1 電話やFAX	24.9
2 パソコン	4.7
3 プリンタやコピー機	24.3
4 その他	4.7
5 設置されていない	53.8
6 不明・無回答	3.6

Q20A.5　（4で「2．」とお答えの方に）パソコンはどのように使っていますか。（いくつでも）

集会所にパソコンが設置されているベース N= 8

1 資料作成	100.0
2 ネットで情報収集・発信	12.5
3 電子メールで連絡	0.0
4 MLに配信	0.0
5 その他	0.0
6 使っていない	0.0

Q21　あなたの自治会がある地域には次のような組織や団体がありますか。

Q21A　もしある場合には、それぞれの組織・団体の最小の単位をお教えください。（ひとつだけ）

全体ベース N= 259

	自治会で構成されている	自治会で構成された組織単位	自治会連合で構成された単位	別の自治会組織で構成された単位	その他の地域の構成されている組織	構成されていない	わからない	不明・無回答
1 子供会育成会	14.3	21.2	2.7	4.6	20.5	3.5	9.7	23.6
2 民生・児童委員会	8.9	11.6	7.7	6.9	12.7	4.2	6.9	40.9
3 少年補導委員会	2.7	4.6	5.0	3.9	8.5	6.6	8.9	59.8
4 体育協会	5.0	5.4	12.0	7.7	9.3	7.3	5.4	47.9
5 防犯協会	10.4	8.9	14.3	8.9	10.4	5.0	5.8	36.3
6 消防団（分団）	8.5	17.4	5.8	8.5	17.8	4.6	8.5	29.0
7 社会福祉協議会	4.6	3.9	6.6	9.3	9.7	8.5	6.6	51.0
8 婦人会	7.3	11.2	1.9	3.9	7.3	10.8	4.6	52.9
9 青年団	6.2	8.9	1.9	4.2	5.4	12.4	5.0	56.0
10 老人クラブ	10.0	23.2	2.7	5.0	10.8	5.8	5.8	36.7
11 商工会・商店会	1.2	3.5	1.5	4.2	5.8	13.1	7.3	63.3
12 農協・漁業	1.5	3.5	3.1	2.3	8.5	10.8	8.1	62.2
13 生協	0.4	0.4	0.4	0.0	3.1	16.6	6.6	72.6
14 氏子会・檀家組織	12.0	12.7	1.9	1.9	12.7	7.7	4.2	46.7
15 講	1.5	3.1	0.0	0.0	2.3	12.4	10.4	70.3
16 その他	0.8	0.4	0.0	0.4	0.4	0.4	3.1	94.6

* Q21Aで1～5の場合

Q21B　それぞれの組織・団体とあなたの自治会はどのような関係にありますか。（いくつでも）

各自治会で構成されているものベース		自治会の活動に協力	自治会から役員を出している	自治会に役員を出している	自治会が情報を提供	自治会内に部会を設置	自治会で負担している	集会所等の施設を使用	不明・無回答
1 子供会育成会	N= 164	57.3	8.5	6.1	6.1	6.7	7.3	59.1	45.1	5.5
2 民生・児童委員会	N= 124	43.5	27.4	0.8	8.1	9.7	4.0	4.0	7.3	21.8
3 少年補導委員会	N= 64	40.6	21.9	4.7	7.8	9.4	1.6	6.3	3.1	29.7
4 体育協会	N= 102	48.0	41.2	3.9	5.9	4.9	6.9	38.2	9.8	14.7
5 防犯協会	N= 137	45.3	32.8	5.1	6.6	10.2	5.1	33.6	8.8	16.1
6 消防団（分団）	N= 150	46.7	7.3	4.0	8.7	1.3	48.7	16.0	19.3	
7 社会福祉協議会	N= 88	38.6	23.9	3.4	3.4	3.4	0.0	35.2	3.4	25.0
8 婦人会	N= 82	45.1	15.9	6.1	4.9	4.9	6.1	42.7	31.7	18.3
9 青年団	N= 69	44.9	8.7	5.8	7.2	10.1	4.3	33.3	33.3	20.3
10 老人クラブ	N= 134	48.5	12.7	3.0	6.0	6.7	4.5	48.5	35.1	19.4
11 商工会・商店会	N= 42	28.6	9.5	2.4	0.0	2.4	2.4	2.4	4.8	50.0
12 農協・漁業	N= 49	36.7	14.3	2.0	2.0	6.1	2.0	0.0	18.4	40.8
13 生協	N= 11	9.1	9.1	0.0	0.0	9.1	0.0	0.0	0.0	72.7
14 氏子会・檀家組織	N= 107	49.5	19.6	3.7	1.9	5.6	2.8	21.5	16.8	28.0
15 講	N= 18	38.9	5.6	0.0	0.0	5.6	0.0	5.6	38.9	22.2
16 その他	N= 5	40.0	40.0	0.0	0.0	0.0	40.0	60.0	40.0	

Q22　自治会での情報発信についておうかがいします。あなたの自治会ではどのような情報を加入者に伝えていますか。（いくつでも）　全体ベース N= 259

1 国や自治体が発行する広報誌の内容	79.9
2 セールなどの近隣の買い物情報	4.6
3 冠婚葬祭に関する情報	20.1
4 防犯に関する情報	61.0
5 防災に関する情報	59.5
6 婦人会、老人会などに関する情報	25.5
7 役員会、例会、総会に関する情報	76.8
8 まちづくり全般に関する情報	44.4
9 その他	3.1
10 情報発信をしていない	0.8
11 不明・無回答	6.9

Q22-a　それでは情報をどのような方法で伝えていますか。（いくつでも）　全体ベース N= 259

1 自治会独自の会報	23.2
2 自治会以外が発行するチラシ・パンフレットの配布	32.8
3 回覧板	92.3
4 ネットのHPで掲載	0.0
5 MLで加入者へ配信	0.4
6 その他	1.2
7 不明・無回答	5.0

Q22-b　（問22-aで「1.自治会独自の会報」とお答えの方に）会報はどれくらいの頻度で発行していますか。（ひとつだけ）自治会独自の会報発行ベース N= 60

1 毎月2回以上	8.3
2 月1回	18.3
3 年に数回	56.7
4 年に1回	8.3
5 不定期	8.3
6 発行していない	0.0

Q22-c　（問22-aで「4.インターネットのホームページで掲載」とお答えの方に）HPはどれくらいの頻度で更新していますか　HP掲載ベース N= 0

1 毎週	0.0
2 月2回以上	0.0
3 月1回	0.0
4 半年に1回以上	0.0
5 年に1回以上	0.0
6 年に1回未満	0.0

Q22-d　（問22-aで「5.メーリングリストで加入者へ配信」とお答えの方に）メーリングリストをどのくらいの頻度で配信していますか。（ひとつだけ）ML配信ベース N= 1

1 毎週	0.0
2 月2回以上	0.0
3 月1回	100.0
4 半年に1回以上	0.0
5 年に1回以上	0.0
6 年に1回未満	0.0

Q23　あなたの自治会では、役所からの広報配布や依頼業務についてどう対処していますか。広報誌伝達 N= 207

1 当然のこととして積極的に協力している	49.3
2 果たすべき義務として協力している	33.3
3 最低限のことのみ協力している	1.9
4 原則として協力していない	1.9
5 不明・無回答	13.5

Q24　現状の自治会での情報伝達や共有について、どう思われますか。（ひとつだけ）　全体ベース N= 259

1 十分に伝達・共有されている	26.6
2 伝達や共有されている	51.0
3 あまり伝達・共有されていない	13.5
4 まったく伝達・共有されていない	0.4
5 不明・無回答	8.5

Q25　今後、あなたの自治会ではどのような情報を加入者に伝えていく必要があると考えますか。（いくつでも）　全体ベース N= 259

1 国や自治体が発行する広報誌の内容	75.7
2 セールなどの近隣の買い物情報	2.7
3 冠婚葬祭に関する情報	14.3
4 防犯に関する情報	67.2
5 防災に関する情報	73.7
6 婦人会、老人会などに関する情報	28.6
7 役員会、例会、総会に関する情報	68.0
8 まちづくり全般に関する情報	54.1
9 その他	1.5
10 ひとつもない	1.2
11 不明・無回答	6.6

Q25-a　問25でお選びになった情報はどのような方法で伝えていけばよいと考えますか。（いくつでも）　全体ベース N= 259

1 自治会独自の会報	23.2
2 自治会以外が発行するチラシ・パンフレットの配布	27.4
3 回覧板	90.7
4 ネットのHPで掲載	1.5
5 MLで加入者へ配信	0.4
6 その他	1.2
7 不明・無回答	6.9

Q26　地方議会の議員選挙のときに、自治会として推薦や応援をしていますか。

Q26.1　現在（ひとつだけ）　全体ベース N= 259

1 いつも推薦している	8.5
2 推薦することもある	13.9
3 推薦はしないが応援はいつもしている	8.5
4 推薦はしないが応援することはある	21.2
5 何もしていない	42.1
6 わからない	1.2
7 不明・無回答	4.6

Q26.2　過去（ひとつだけ）　全体ベース N= 259

1 いつも推薦していた	7.7
2 推薦することもあった	17.0
3 推薦はしないが応援はいつもしていた	12.7
4 推薦はしないが応援することもあった	19.7
5 何もしていなかった	32.8
6 わからない	8.9
7 不明・無回答	7.7

Q27 今後の自治会などの地域住民組織が果たすべき役割について、どのように考えていますか。(ひとつだけ)

全体ベース N=259	速さらに促	継続このまま	見直し	とりやめ	実検討に向け	今後いなもや	いわからな	その他	不明・無回答
1 日常的な防犯対策	22.4	53.7	1.2	0.0	7.3	1.2	3.5	0.0	10.8
2 日常的な防火対策	18.9	55.6	1.5	0.0	8.1	1.2	3.5	0.0	11.2
3 自然災害等緊急時の備え	26.3	39.4	5.4	0.0	11.6	1.2	4.2	0.0	12.0
4 会員間での交流促進	15.4	50.2	4.6	0.4	4.2	1.5	9.7	0.0	13.9
5 自治会内外への情報発信・共有	12.7	48.6	5.4	0.0	5.4	3.1	9.7	0.0	15.1
6 行政等への陳情・依頼	17.8	64.1	1.9	0.0	3.1	2.3	2.3	0.0	8.5
7 行政からの依頼仕事	6.2	69.9	5.8	0.4	3.5	0.8	2.7	0.4	10.4
8 日赤・共同募金への協力	4.6	77.2	7.3	1.2	0.0	0.0	1.5	0.0	8.1
9 警察・交番との連携・調整	16.2	64.9	1.2	0.0	2.3	0.4	4.2	0.0	10.8
10 学校との連携・調整	11.6	69.1	0.4	0.0	2.3	0.8	5.0	0.4	10.4
11 民生委員との連携	13.5	57.9	4.2	0.0	3.1	1.9	7.3	0.4	11.6
12 NPO等組織との連携の推進	3.5	32.0	6.2	0.4	5.8	7.7	27.8	0.4	16.2
13 企業との連携・調整	5.8	31.7	4.6	0.4	6.6	8.5	22.8	0.4	19.3
14 高齢者の福祉	19.3	41.7	5.0	0.4	9.7	1.2	10.4	0.0	12.7
15 障害者の福祉	16.2	40.5	5.0	0.0	6.9	1.9	13.9	0.0	15.4
16 青少年の健全育成	14.3	55.2	2.3	0.0	5.8	0.4	7.7	0.0	14.3
17 冠婚葬祭	1.9	45.6	7.7	0.8	1.2	10.0	13.9	1.2	17.8
18 運動会やスポーツ大会の開催	5.4	40.9	6.6	2.3	5.8	10.8	12.0	0.8	15.4
19 公民館運営への協力	10.0	58.7	1.2	0.0	2.7	2.7	8.9	0.0	14.3
20 開発計画・事業への参加・関与	5.4	32.8	3.9	0.4	3.9	6.9	29.0	0.4	17.0
21 市議会へ代表者を送ること	7.7	18.9	2.7	1.2	1.9	20.1	35.1	1.5	16.6
22 その他	0.0	1.2	0.0	0.0	0.4	0.4	1.2	0.8	96.1

Q28 あなたの自治会では、ここ数年、地域生活を営む上で困った問題がありましたか(現在、ありますか)。ある場合には、そうした問題について、解決や改善のために何らかの働きかけを行ないましたか。(ひとつだけ)

全体ベース N=259	困った問題があった		各ベース	式課役所に所属依頼等への対応して当	に役所の幹部に働きかけ	き市役所以外の議員に働きかけ	かけた議員以外の地域団体への働きかけ	かの地域団体に働きかけ	他働きかけ	談警察・交番に相	対応 自治会が自力で	
1 住宅の建て込み等の住宅問題	21.2		N=55	14.5	3.6	3.6	1.8	0.0	0.0	0.0	12.7	
2 ゴミ処理の問題	60.6		N=157	38.9	2.5	2.5	2.5	1.9	1.9	4.5	51.6	
3 商売・スーパー等の買い物施設の不足	27.8		N=72	11.1	1.4	0.0	4.2	1.4	1.4	1.4	19.4	
4 開発による住環境や自然環境の悪化	23.9		N=62	45.2	3.2	3.2	16.1	1.6	3.2	1.6	9.7	
5 治安・少年非行・風紀の悪化	29.7		N=77	7.8	2.6	0.0	2.6	1.3	7.8	50.6	6.5	
6 移動や交通の問題	42.5		N=110	72.7	0.9	4.5	14.5	1.8	1.8	1.8	2.3	
7 保育園・学校等育児・教育施設の不足	18.9		N=49	24.5	0.0	2.0	6.1	2.0	2.0	2.0	2.0	
8 公園・運動場・体育施設の不足	21.6		N=56	33.9	0.0	3.6	12.5	1.8	0.0	1.8	1.8	
9 集会所等文化交流施設の不足・老朽化	28.6		N=74	47.3	0.0	5.4	13.5	1.4	1.4	0.0	14.9	
10 病院等医療・福祉施設の不足	22.4		N=58	24.1	0.0	1.7	13.8	3.4	0.0	1.7	3.4	
11 都市型災害に対する基盤整備の不足	23.9		N=62	40.3	0.0	1.6	8.1	3.2	1.6	1.6	4.8	
12 ひとり暮らしの高齢者への対応	42.1		N=109	36.7	0.9	1.8	4.6	0.9	6.4	4.6	19.3	
13 幼児虐待などの子育て上の問題	19.7		N=51	29.4	0.0	3.9	2.0	0.0	0.0	0.0	2.0	
14 住民間のトラブル	27.8		N=72	18.1	2.8	1.4	2.8	1.4	0.0	20.8	33.3	
15 民間企業とのトラブル	19.3		N=50	16.0	0.0	0.0	2.0	0.0	0.0	6.0	12.0	
16 行政とのトラブル	20.1		N=52	38.5	0.0	1.9	5.8	1.9	0.0	0.0	7.7	
17 商店や工場を経営していく上での障害	17.0		N=44	13.6	0.0	0.0	2.3	2.3	2.3	0.0	9.1	
18 土地問題(土地利用規制や共有地)	25.5		N=66	34.8	3.0	0.0	6.1	0.0	0.0	1.5	21.2	
19 その他	5.0		N=13	38.5	0.0	0.0	0.0	0.0	0.0	0.0	15.4	
20 困っていることはない	4.6											
21 不明・無回答	14.3											

各ベース	トワークし、自治会等の問題を組織ネットを組んで解決	を解決するためには自治会とは別にNPO等問題組織を生み	具体的に何もしていない	その他	不明・無回答
1 住宅の建て込み等の住宅問題 N=55	0.0	0.0	7.3	60.0	3.6
2 ゴミ処理の問題 N=157	0.6	1.3	2.5	7.0	2.5
3 商売・スーパー等の買い物施設の不足 N=72	0.0	4.2	6.9	59.7	9.7
4 開発による住環境や自然環境の悪化 N=62	0.0	0.0	6.5	35.5	3.2
5 治安・少年非行・風紀の悪化 N=77	1.3	2.6	7.8	23.4	2.6
6 移動や交通の問題 N=110	0.0	0.0	1.8	11.8	2.7
7 保育園・学校等育児・教育施設の不足 N=49	0.0	2.0	6.1	55.1	4.1
8 公園・運動場・体育施設の不足 N=56	0.0	1.8	3.6	44.6	7.1
9 集会所等文化交流施設の不足・老朽化 N=74	0.0	4.1	2.7	21.6	4.1
10 病院等医療・福祉施設の不足 N=58	0.0	1.7	5.2	53.4	3.4
11 都市型災害に対する基盤整備の不足 N=62	0.0	1.6	6.5	33.9	6.5
12 ひとり暮らしの高齢者への対応 N=109	4.6	1.8	6.4	24.8	2.8
13 幼児虐待などの子育て上の問題 N=51	2.0	3.9	5.9	49.0	3.9
14 住民間のトラブル N=72	0.0	0.0	1.4	5.6	23.6
15 民間企業とのトラブル N=50	0.0	0.0	8.0	54.0	4.0
16 行政とのトラブル N=52	0.0	0.0	13.5	32.7	3.8
17 商店や工場を経営していく上での障害 N=44	2.3	0.0	6.8	63.6	0.0
18 土地問題(土地利用規制や共有地) N=66	0.0	0.0	4.5	30.3	4.5
19 その他 N=13	0.0	0.0	7.7	23.1	15.4

IV あなたの自治会の防犯活動についてお尋ねします。

Q29 あなたの自治会の周辺におけるこれまでと現在(ここ数年)の犯罪の発生状況・危険性と今後の傾向についてどのようにお考えですか。

Q29A これまで(ひとつだけ) 全体ベース N= 259

	くまなっていた	どほとんいど	なあいまり	多い	非常に多い	なわいから	無回答・不明
1 自転車バイクの盗難・破損	10.0	20.8	28.2	11.6	0.0	8.1	21.2
2 車上荒らし・自動車破損	12.7	18.1	28.6	7.7	0.8	8.1	23.9
3 落書きや器物の損壊	12.0	24.3	22.8	5.8	0.4	7.7	27.0
4 不審者の侵入	11.2	22.8	24.7	4.6	0.0	9.7	27.0
5 空き巣狙い	9.7	20.5	29.0	8.5	0.4	9.3	22.8
6 放火・不審火	29.7	21.2	11.6	1.5	0.0	8.9	27.0
7 詐欺(サギ)	17.0	25.9	14.3	0.4	0.0	13.9	28.6
8 悪徳商法	12.4	28.2	20.5	2.7	0.0	15.4	28.2
9 すり・ひったくり	21.6	21.6	12.7	0.4	0.0	13.5	30.1
10 下着等洗濯物の盗難	17.4	23.9	14.7	0.8	0.0	14.7	28.6
11 痴漢・変質者	15.4	23.6	18.9	0.8	0.0	13.5	27.8
12 ストーカー	18.9	22.0	12.4	0.8	0.0	16.2	29.7
13 恐喝・脅迫	20.8	22.4	11.2	0.4	0.0	15.4	29.7
14 暴行・傷害・強盗	20.5	24.3	11.2	0.8	0.0	14.3	29.0
15 不法なゴミ捨て	3.9	10.0	22.0	33.2	10.0	4.2	16.6
16 その他	0.4	0.8	0.4	0.8	0.0	1.9	95.8

Q29B 現在(これまでと比べて)(ひとつだけ) 全体ベース N= 259

	減っつしたく	減った	な変いわら	増えた	増えしたく	なわいから	無回答・不明
1 自転車バイクの盗難・破損	2.7	13.9	39.4	1.5	0.0	13.5	29.0
2 車上荒らし・自動車破損	5.0	13.9	35.5	0.8	0.0	14.7	30.1
3 落書きや器物の損壊	5.0	8.5	37.1	1.2	0.0	14.3	34.0
4 不審者の侵入	3.5	10.0	35.5	0.0	0.0	16.2	34.7
5 空き巣狙い	4.6	10.8	35.9	0.8	0.0	15.8	32.0
6 放火・不審火	7.7	5.8	33.2	0.0	0.0	16.6	36.7
7 詐欺(サギ)	4.6	5.4	32.4	0.0	0.4	20.1	37.1
8 悪徳商法	3.9	5.0	33.2	0.4	0.4	21.6	35.5
9 すり・ひったくり	3.9	5.0	32.4	0.0	0.0	21.2	37.5
10 下着等洗濯物の盗難	3.9	5.4	32.0	0.8	0.0	21.2	36.7
11 痴漢・変質者	3.5	5.8	33.6	1.2	0.0	20.1	35.9
12 ストーカー	3.9	3.5	32.0	0.4	0.0	22.8	37.5
13 恐喝・脅迫	4.6	5.0	32.4	0.0	0.0	22.0	37.1
14 暴行・傷害・強盗	3.5	3.9	34.4	0.0	0.0	21.2	37.1
15 不法なゴミ捨て	4.2	9.3	39.4	15.8	2.3	8.1	20.8
16 その他	0.4	0.4	4.2	0.0	0.0	1.5	93.4

Q29C これから(現在と比べて)(ひとつだけ) 全体ベース N= 259

	減るしく	減る	な変いわら	増える	増えしたく	なわいから	無回答・不明
1 自転車バイクの盗難・破損	1.5	12.4	30.5	7.3	0.0	16.6	31.3
2 車上荒らし・自動車破損	1.2	12.4	29.0	6.6	0.4	17.0	33.6
3 落書きや器物の損壊	3.1	7.3	31.7	4.6	0.0	16.2	36.7
4 不審者の侵入	1.5	6.9	32.0	5.4	0.4	17.8	35.9
5 空き巣狙い	1.2	7.7	31.3	8.5	0.0	17.0	34.4
6 放火・不審火	3.1	6.6	31.3	1.9	0.0	19.3	37.8
7 詐欺(サギ)	1.2	7.3	29.7	3.9	0.4	19.3	38.2
8 悪徳商法	1.5	5.8	29.7	5.4	0.8	19.3	37.5
9 すり・ひったくり	3.1	6.6	29.0	1.9	0.0	20.5	39.0
10 下着等洗濯物の盗難	1.9	7.7	28.6	2.7	0.0	20.1	39.0
11 痴漢・変質者	1.5	6.6	28.6	3.5	0.0	22.0	37.8
12 ストーカー	2.7	5.8	27.4	2.7	0.0	22.0	39.4
13 恐喝・脅迫	3.1	5.4	28.2	1.9	0.0	22.0	39.4
14 暴行・傷害・強盗	1.9	6.9	27.8	2.7	0.0	21.6	39.0
15 不法なゴミ捨て	1.2	10.0	30.1	19.7	3.1	10.8	25.1
16 その他	0.0	0.0	3.1	0.0	0.0	2.3	94.6

Q30 あなたの自治会では、防犯のためにどのような組織的な取り組みをしていますか。(いくつでも) 全体ベース N= 259

1 防犯パトロールの実施	43.2	8 公園等の見通し、見晴らしの改善	18.9
2 回覧板やチラシによる防犯情報の共有	63.7	9 不審者に遭遇したときの連絡先・駆け込み先	14.3
3 携帯電話やネットによる防犯情報の共有	2.7	10 防犯セミナー・講習会等への参加	14.7
4 防犯マップの作成	3.9	11 小・中学校との情報交換	39.4
5 防犯灯・街路灯の設置	80.3	12 その他	0.4
6 監視カメラの設置	3.5	13 ひとつもない	3.1
7 声かけの実施	30.9	14 不明・無回答	6.2

Q31 あなたの自治会の周辺で、過去数年、治安の不安を感じさせてきたのはどのようなことですか。また現在はどうなっていますか。
そして、そうした問題に対して住民の方々で何か対策をとっていますか。
Q31A 過去数年の状況（ひとつだけ）
Q31B 現在の状況がもたらす不安（ひとつだけ）
Q31C 自主的な対応や対策（ひとつだけ）

全体ベース N=259	過去数年の状況					現在の状況がもたらす不安					自主的な対応・対策		
	大いに問題	あまり問題	あまり問題なし	問題なし	不明・無回答	大いに不安	やや不安	あまり不安なし	不安なし	不明・無回答	行っている	行っていない	不明・無回答
1 路上や空き地のゴミの散乱	17.8	35.5	21.2	8.9	16.6	17.0	33.6	21.6	7.3	20.5	52.1	25.5	22.4
2 自動車、バイク、自転車の不法放置	7.7	33.2	22.4	15.1	21.6	7.3	29.0	26.6	11.6	25.5	30.5	41.3	28.2
3 不審者の出没	3.5	10.4	34.0	22.0	30.1	2.3	15.8	33.6	15.4	32.8	16.6	47.9	35.5
4 不良のたまり場	1.9	9.7	29.3	27.8	31.3	1.9	9.7	31.7	21.6	35.1	13.9	47.9	38.2
5 深夜の暴走族	6.6	20.5	18.5	27.4	27.0	7.3	16.2	25.9	21.6	29.0	6.6	60.6	32.8
6 悪質なチラシやビラ	1.2	3.5	25.9	37.1	32.4	1.5	5.8	28.2	29.0	35.5	6.2	56.0	37.8
7 わいせつなビデオ・雑誌の自販機	0.4	3.9	13.5	49.8	32.4	0.8	4.6	20.1	38.6	35.9	3.5	58.3	38.2
8 深夜営業の店舗	2.3	5.4	17.0	43.6	31.7	3.1	6.6	20.1	35.9	34.4	3.5	59.1	37.5
9 町内のよくわからない住民	1.9	10.4	20.8	33.6	33.2	2.3	10.8	24.7	27.4	34.7	7.3	56.0	36.7
10 新聞・テレビ・ラジオの犯罪報道	4.2	10.8	20.5	30.5	34.0	5.4	12.0	20.8	26.3	35.5	4.6	56.8	38.6
11 その他	0.0	0.4	0.0	0.8	98.8	0.0	0.4	0.4	0.8	98.5	0.4	0.8	98.8

Q33 地域での防犯活動について、あなたの自治会では、独自の取り組みをされていますか。また、自治会以外で、防犯活動に取り組んでいる地域団体はありますか。
Q33A 安全・安心なまちづくりについて
あなたの自治会の周辺でこれまでどのような取り組みをしてきましたか。（いくつでも）

全体ベース N=259

1 防犯灯・街路灯の整備	86.1	7 防犯活動の組織化の支援	22.8
2 監視カメラの設置・整備	7.7	8 防犯キャンペーンの実施	29.3
3 犯罪発生状況の情報提供	35.5	9 防犯パトロールの強化・連携	46.7
4 護身の知識・技術の提供	9.7	10 自治体の安全・安心条例の制定	8.1
5 防犯のための講習会の開催	26.6	11 防犯活動に関する情報提供	39.4
6 防犯活動のリーダー育成	19.7	12 ひとつもない	12.0

Q33B そうした取り組みの主体はどこですか。（いくつでも）

各ベース		あなたの自治会	他の自治会	自治会連合	一支部協議会	民防犯組織地域住民以	団体NPO・ボランティ・アポ	行政	警察	不明・無回答
1 防犯灯・街路灯の整備	N=223	89.7	1.8	3.1	7.2	1.8	0.4	10.8	3.6	3.6
2 監視カメラの設置・整備	N=20	15.0	5.0	10.0	5.0	5.0	0.0	70.0	20.0	5.0
3 犯罪発生状況の情報提供	N=92	23.9	0.0	6.5	37.0	2.2	0.0	7.6	67.4	3.3
4 護身の知識・技術の提供	N=25	0.0	8.0	4.0	28.0	4.0	8.0	8.0	64.0	4.0
5 防犯のための講習会の開催	N=69	36.2	0.0	5.8	47.8	1.4	0.0	2.9	44.9	2.9
6 防犯活動のリーダー育成	N=51	27.5	2.0	7.8	52.9	2.0	0.0	15.7	25.5	2.0
7 防犯活動の組織化の支援	N=59	39.0	0.0	13.6	54.2	3.4	1.7	15.3	25.4	3.4
8 防犯キャンペーンの実施	N=76	26.3	0.0	9.2	61.8	5.3	0.0	10.5	34.2	2.6
9 防犯パトロールの強化・連携	N=121	38.0	2.5	13.2	49.6	3.3	1.7	5.0	28.9	5.0
10 自治体の安全・安心条例の制定	N=21	4.8	0.0	14.3	9.5	14.3	0.0	61.9	9.5	4.8
11 防犯活動に関する情報提供	N=102	33.3	2.0	7.8	34.3	2.0	0.0	11.8	45.1	6.9

Q33C そうした活動にもっとも熱心に取り組んでいる主体はどこですか。（ひとつだけ）

各ベース		あなたの自治会	他の自治会	自治会連合	一支部協議会	民防犯組織地域住民以	団体NPO・ボランティ・アポ	行政	警察	不明・無回答
1 防犯灯・街路灯の整備	N=223	57.4	0.9	0.9	3.6	1.3	0.0	1.8	0.4	33.6
2 監視カメラの設置・整備	N=20	10.0	0.0	5.0	0.0	0.0	0.0	30.0	15.0	40.0
3 犯罪発生状況の情報提供	N=92	10.9	0.0	3.3	13.0	1.1	0.0	0.0	31.5	40.2
4 護身の知識・技術の提供	N=25	0.0	4.0	0.0	4.0	0.0	0.0	0.0	56.0	36.0
5 防犯のための講習会の開催	N=69	15.9	0.0	1.4	23.2	0.0	0.0	1.4	18.8	39.1
6 防犯活動のリーダー育成	N=51	15.7	2.0	2.0	29.4	0.0	0.0	3.9	13.7	35.3
7 防犯活動の組織化の支援	N=59	18.6	0.0	0.0	27.1	1.7	1.7	1.7	10.2	39.0
8 防犯キャンペーンの実施	N=76	13.2	0.0	0.0	34.2	2.6	0.0	2.6	11.8	35.5
9 防犯パトロールの強化・連携	N=121	18.2	1.7	5.0	24.8	1.7	1.7	1.7	8.3	38.0
10 自治体の安全・安心条例の制定	N=21	4.8	0.0	9.5	9.5	9.5	0.0	38.1	9.5	42.2
11 防犯活動に関する情報提供	N=102	14.7	2.0	1.0	14.7	2.0	1.0	1.0	23.5	42.2

Q33AA あなたの自治会では行政や警察がとくに行うべきだと考えている取り組みについてお選びください。（いくつでも）

全体ベース N=259

1 防犯灯・街路灯の整備	45.6	8 防犯キャンペーンの実施	21.6
2 監視カメラの設置・整備	26.3	9 防犯パトロールの強化・連携	56.0
3 犯罪発生状況の情報提供	40.5	10 自治体の安全・安心条例の制定	9.3
4 護身の知識・技術の提供	8.1	11 防犯活動に関する情報提供	30.5
5 防犯のための講習会の開催	26.3	12 その他	1.5
6 防犯活動のリーダー育成	13.5	13 ひとつもない	3.9
7 防犯活動の組織化の支援	20.8	14 不明・無回答	11.2

V あなたの自治会の防災活動についてお尋ねします。

Q34 あなたの自治会では、大地震等（火災、水害を含む）が起きたときの対応について具体的に話し合いを行なってきましたか。（ひとつだけ）

全体ベース N=259

1 話し合ってきた	42.1	3 わからない	3.5
2 話し合っていない	51.0	4 不明・無回答	3.5

＊Q34で1の場合
Q34A 具体的に話し合った内容（いくつでも） 話し合いを行ってきた人ベース N=109

1 心がまえについて	46.8	6 家屋の安全度について	11.9
2 避難の方法、時期、場所について	73.4	7 地域の災害危険箇所について	49.5
3 食料・飲料水について	33.0	8 外国人等の短期居住者・一時滞在者の安全について	0.9
4 非常持ち出品について	23.9	9 その他	9.2
5 住民間の連絡について	51.4	10 不明・無回答	2.8

Q35　あなたの自治会では、大地震等が起こった場合に備えて、どのような対策をとっていますか。(いくつでも)
全体ベース　N= 259

1 消火器、懐中電灯、医薬品等を準備しておくよう住民に呼びかけている	24.3
2 食料品や飲料水の備蓄を住民にすすめている	12.0
3 家具や冷蔵庫を固定しブロック塀を点検する等、倒壊を防止するよう呼びかけている	5.8
4 地震保険に加入するよう住民に働きかけている	1.9
5 住民間の連絡方法等を決めている	16.6
6 近くの学校や公園等避難する場所を決めている	40.2
7 防災に関するセミナーや講演を開く等して啓蒙活動を行なっている	15.8
8 市や消防署が主催している防災訓練や講演に積極的に参加している	39.4
9 高齢者世帯・子どもの状況把握につとめている	17.8
10 外国人等の短期居住者・一時滞在者の状況把握につとめている	0.0
11 その他	3.1
12 とくに何もしていない	26.6
13 不明・無回答	10.0

Q36　あなたの自治会では、防災マップや災害危険予想図(ハザードマップ)等の防災対策資料を持っていますか。(ひとつだけ)
全体ベース　N= 259

1 持っている	32.8
2 作成中である	1.9
3 持っていない	49.8
4 作成予定である	3.5
5 わからない	5.8
6 不明・無回答	6.2

＊Q36で1または2の場合
Q36A　作成しているまたは作成に取り組んだ主体はどこですか。(いくつでも)
防災対策資料を持っている人ベース　N= 90

1 あなたの自治会	28.9	6 NPO・ボランティア団体	0.0
2 他の自治会	1.1	7 行政	70.0
3 自治会連合会	5.6	8 警察	5.6
4 地域防災組織	26.7	9 その他	3.3
5 地域防災組織以外の地域住民組織	4.4		

＊Q36で1または2の場合
Q36B　作成しているまたは作成にさいして、地域住民に加えて特にどのような主体に視点が向けられていましたか。(いくつでも) 防災対策資料を持っている人ベース　N= 90

1 高齢者	78.9	4 外国人等の短期居住者・一時滞在者	0.0
2 子ども	46.7	5 その他	13.3
3 女性	24.4	6 不明・無回答	8.9

Q37　あなたの自治会や自治会連合会、地区協議会では、近年、大地震等を想定した防災訓練を独自に行なっていますか(消防署や市から協力を受ける訓練も含みます)。またその際、住民は参加したり見学したりしていますか。

Q37A　自治会単位(ひとつだけ)
Q37B　自治会連合会単位(ひとつだけ)
全体ベース　N= 259

	自治会単位	自治会連合会単位
1 行なっており、数多くの会員が参加したり見学したりしている	3.9	2.3
2 行なっており、一定数の熱心な会員が参加したり見学したりしている	8.9	6.6
3 行なっているものの、参加や見学をする会員は非常に限られている	17.0	12.7
4 行なっていないが、いずれ行ないたいと考えている	27.0	7.7
5 行なっていないし、今後も行なう予定はない	11.6	5.0
6 その他	0.4	0.4
7 不明・無回答	31.3	65.3

Q38　大地震のさい、あなたの自治会のある地域の救援活動では、どのようなアクター(組織や人)が重要な役割を果たすと考えていますか。
Q38A　発生時の救援活動
　　　　重要なもの(いくつでも)
　　　　もっとも重要なもの(ひとつだけ)
Q38B　発生後の救援活動
　　　　重要なもの(いくつでも)
　　　　もっとも重要なもの(ひとつだけ)
全体ベース　N= 259

	A 発生時の救援活動		B 発生後の救援活動	
	重要なもの	もっとも重要なもの	重要なもの	もっとも重要なもの
1 個人(個人的な人間関係)	45.6	4.2	40.9	3.9
2 隣近所・隣組	79.2	32.0	69.5	15.8
3 自治会	68.7	9.7	62.9	12.0
4 自治会連合会	18.5	1.5	18.5	0.8
5 消防団	70.7	8.9	62.9	6.6
6 NPO等のネットワーク組織	14.7	0.0	18.5	1.2
7 民間企業	9.3	0.0	10.4	0.0
8 新聞・テレビ・ラジオ等	27.0	0.4	23.6	0.8
9 地方自治体	36.3	3.1	42.9	12.4
10 消防署	61.4	7.3	60.6	6.9
11 警察	51.4	0.4	54.1	0.0
12 自衛隊	32.0	3.5	40.5	6.6
13 国家	21.2	2.7	27.8	6.6
14 その他	0.4	0.4	0.4	0.4
15 不明・無回答	10.4	26.3	12.4	26.6

Ⅵ　あなたの自治会の福祉活動についてお聞きします。
Q39　福祉のまちづくりについて、あなたの自治会の周辺でこれまでどのような取り組みをしてきましたか。また、自治会以外で取り組んでいる地域団体はありますか。
Q39A　あなたの自治会の周辺でこれまでどのような取り組みをしてきましたか。(いくつでも)
全体ベース　N= 259

1 高齢者の生活支援	22.4	6 バリアフリー化への働きかけ	5.8
2 高齢者との交流イベントなどの実施	35.1	7 福祉まちづくりに関する勉強会実施	12.7
3 障害者の生活支援	8.5	8 福祉まちづくりに関する情報発信	18.5
4 障害者との交流イベントなどの実施	8.1	9 その他	3.1
5 子育て家庭への支援	12.0	10 ひとつもない	48.6

Q39B そうした取り組みの主体はどこですか。(いくつでも)
Q39C もっとも熱心に取り組んでいる主体はどこですか。(ひとつだけ)

	各ベース	取組主体						もっとも熱心な主体					
		あなたの自治会	他の自治会	自治会連合	団体NPO・ボランティア	不明・無回答	答	あなたの自治会	他の自治会	自治会連合	団体NPO・ボランティア	答	不明・無回答
1 高齢者の生活支援	N= 58	60.3	1.7	20.7	24.1	5.2		36.2	1.7	13.8	24.1		24.1
2 高齢者との交流イベントなどの実施	N= 91	65.9	7.7	24.2	17.6	2.2		46.2	1.1	15.4	14.3		23.1
3 障害者の生活支援	N= 22	13.6	9.1	18.2	50.0	9.1		9.1	4.5	9.1	40.9		36.4
4 障害者との交流イベントなどの実施	N= 21	28.6	0.0	14.3	52.4	4.8		28.6	0.0	9.5	47.6		14.3
5 子育て家庭への支援	N= 31	35.5	6.5	19.4	45.2	3.2		22.6	6.5	6.5	35.5		29.0
6 バリアフリー化への働きかけ	N= 15	40.0	0.0	26.7	46.7			13.3	0.0	26.7	33.3		26.7
7 福祉まちづくりに関する勉強会実施	N= 33	33.3	3.0	27.3	33.3	9.1		18.2	0.0	15.2	30.3		36.4
8 福祉まちづくりに関する情報発信	N= 48	39.6	0.0	35.4	25.0	8.3		14.6	0.0	22.9	22.9		39.6
9 その他	N= 8	25.0	12.5	12.5	37.5	50.0		0.0	0.0	0.0	25.0		75.0

Q39AA 今後、あなたの自治会でとくに行う必要があると考えている取り組みについてお選びください。(いくつでも) 全体ベース N= 259

1 高齢者の生活支援	43.6
2 高齢者との交流イベントなどの実施	41.3
3 障害者の生活支援	13.9
4 障害者との交流イベントなどの実施	8.5
5 子育て家庭への支援	17.8
6 バリアフリー化への働きかけ	7.3
7 福祉まちづくりに関する勉強会実施	14.7
8 福祉まちづくりに関する情報発信	19.7
9 その他	1.2
10 ひとつもない	5.0
11 不明・無回答	20.1

Ⅶ いわき市の自治会と行政の関わりについてお聞きします。

Q41 いわき市の自治会の未来イメージについて、どのようにお考えですか。(ひとつだけ) 全体ベース N= 259

1 地域社会の役割が高まり、自治会のしごとが増える	44.4
2 地域社会の役割が高まるが、自治会のしごとは変わらない	18.1
3 地域社会の役割は変わらず、自治会のしごとも変わらない	9.3
4 地域社会の役割は変わらないが、自治会のしごとは増える	11.2
5 その他	0.0
6 わからない	10.0
7 不明・無回答	6.9

Q42 これからの市役所行政との関係について、どのようにお考えですか。(ひとつだけ) 全体ベース N= 259

1 これまでも関係は強く、これからも強い	58.7
2 これまでは関係が深かったが、これからは弱くなる	8.1
3 これまでも、これからも関係は弱い	5.4
4 これまでは関係が弱かったが、これからは強くなる	8.5
5 わからない	12.7
6.0 不明・無回答	6.6

Q43 あなたの自治会では、昨年度、行政側から以下のような支援がありましたか。またそれぞれの支援を、今年度以降、どの程度受けたいと思いますか。
Q43A 支援の有無 (ひとつだけ)
Q43B 今年度以降の支援の期待 (ひとつだけ)

全体ベース N= 259

	支援の有無				今年度以降の支援の期待							
	あり	なし	わからない	不明・無回答	ほぼ今年同様で充実させて欲しい	今年度より支援が増えても良い	昨年度と同様で良い	今年度より支援が減っても良い	やめても支援は要らない	支援は要らない	その他	不明・無回答
1 自治会活動全般にかかる費用の助成	12.7	66.4	2.7	18.1	34.4	18.5	1.5	3.9	2.7		8.1	30.9
2 防犯灯電気料の助成	13.5	65.3	2.7	18.5	37.5	18.5	1.9	2.3	1.5		7.7	30.9
3 防犯灯灯具交換補修費の助成	12.0	68.3	1.5	18.1	39.0	17.4	1.2	2.3	1.9		6.9	31.3
4 自治会活動への指導、介入	4.6	67.6	6.9	20.8	14.3	21.2	2.3	4.2	3.9		13.9	40.2
5 次世代のリーダーづくり	1.2	70.7	6.6	21.6	20.5	17.8	1.2	3.5	3.5		14.3	39.4
6 災害予防・対策などの防災活動	42.1	35.1	4.6	18.1	30.9	22.8	3.1	1.5	10.0			31.3
7 情報発信・提供のしくみづくり	21.6	45.6	9.3	23.6	21.6	23.2	1.9	1.9	2.3		12.4	38.2
8 他の自治会との情報交換の場の設置	17.4	53.3	6.6	22.8	20.8	22.4	1.5	2.3	2.3	1.5	13.1	37.5
9 その他	0.8	1.5	1.2	96.5	0.8	0.8	0.4	0.0	0.4		1.2	96.5

Q44 自治会の今後はどんな組織になるとお考えでしょうか。(ひとつだけ) 全体ベース N= 259

1 これまで通り、地縁的組織の代表的組織として続く	70.3
2 これまでは関係が深かったが、これからは弱くなる	16.6
3 その他の組織	0.8
4 わからない	8.5
5 不明・無回答	3.9

Q45 自治会と市との連携について
Q45.1 自治会は、現在、市との連携が十分になされていると思いますか。(ひとつだけ) 全体ベース N= 259

1 そう思う	57.1
2 そう思わない	32.4
3 わからない	7.3
4 不明・無回答	3.1

Q45.2 自治会は、今以上に市との連携が必要だと思いますか。(ひとつだけ) 全体ベース N= 259

1 必要である	72.2
2 どちらともいえない	23.6
3 必要でない	1.2
4 不明・無回答	3.1

Q46 「市民協働」やそのための「地域内分権」が実行された場合、あなたの地域はどう変わっていくと思いますか。

Q46.1 「地域住民同士の連携」(ひとつだけ) 全体ベース N= 259

1 強くなる	23.2
2 弱くなる	15.1
3 変わらない	40.2
4 わからない	17.0
5 不明・無回答	4.6

Q46.2 「自治会活動(住民活動)への参加者」(ひとつだけ) 全体ベース N= 259

1 増える	17.0
2 減る	20.5
3 変わらない	44.8
4 わからない	13.1
5 不明・無回答	4.6

Q46.3 「地域の自主性・独自性」(ひとつだけ) 全体ベース N= 259

1 強まる	21.2
2 弱まる	16.6
3 変わらない	44.0
4 わからない	13.5
5 不明・無回答	4.6

Q46.4 「地域内での問題解決力」(ひとつだけ) 全体ベース N= 259

1 強まる	22.0
2 弱まる	17.8
3 変わらない	39.8
4 わからない	15.8
5 不明・無回答	4.6

Ⅷ 最後に、自治会長さんご自身についてお尋ねします。

F1　会長さんの性別（ひとつだけ）　全体ベース N= 259

1 男性	95.4
2 女性	1.5
3 不明・無回答	3.1

F2　会長さんの年齢（ひとつだけ）　全体ベース N= 259

1 20歳代	0.0	5 60歳代	52.1
2 30歳代	0.0	6 70歳代	34.4
3 40歳代	1.2	7 80歳代以上	4.6
4 50歳代	4.6	8 不明・無回答	3.1

F3　会長さんが現在お住まいの家（ひとつだけ）　全体ベース N= 259

1 持家（一戸建て）	92.3
2 持家（集合住宅）	1.2
3 公営の借家・住宅	1.9
4 民間の借家・住宅	0.4
5 その他	1.2
6 不明・無回答	3.1

F4　会長さんの家の家族構成（ひとつだけ）　全体ベース N= 259

1 非高齢者のみの核家族世帯	10.8
2 高齢者のみの核家族世帯	27.0
3 非高齢者と高齢者からなる親族世帯	39.0
4 非高齢者の単身世帯	0.8
5 高齢者の単身世帯	3.1
6 二世帯以上がともに居住	12.0
7 その他	1.2
8 不明・無回答	6.2

F5　会長さんのご家族は、現在お住まいの場所に、いつ頃から住んでいますか。（ひとつだけ）　全体ベース N= 259

1 江戸時代以前から	18.1	6 昭和50年代から	9.3
2 明治・大正～昭和戦前期から	30.1	7 昭和60年代から	6.2
3 昭和20年代から	6.2	8 平成7年以降から	6.9
4 昭和30年代から	8.5	9 わからない	0.8
5 昭和40年代から	10.4	10 不明・無回答	3.5

F6　会長さんの在任年数　回答者ベース N= 241　4.9 年目（通算）

F7A　会長さんは、自治会以外の地域組織・行政組織の役職（理事職）を引き受けていますか。現在、引き受けている役職（いくつでも）
F7B　会長就任以前に引き受けたことがある役職（いくつでも）　全体ベース N= 259

	現在引き受けている	過去に引き受けた		現在引き受けている	過去に引き受けた		現在引き受けている	過去に引き受けた
1 自治会役員	―	46.7	9 消防後援会役員	3.1	0.8	17 NPO・ボランティア組織役員	1.9	2.3
2 自治会連合会役員	31.3	7.7	10 消防団役員	3.5	15.8	18 町内趣味余暇集団の世話人	6.6	6.6
3 民生・児童委員	6.9	4.6	11 公園愛護協会役員	3.1	1.5	19 商工会・商店会役員	5.0	3.9
4 PTA役員	5.0	26.6	12 婦人会役員	0.0	0.0	20 議員後援会役員	8.1	8.9
5 社会福祉協議会役員	17.4	6.9	13 老人クラブ役員	5.4	3.9	21 政治団体役員	1.2	1.5
6 体育会役員	10.4	9.7	14 青年団役員	3.9	12.4	22 宗教団体役員	5.4	5.0
7 防犯協会役員	29.3	9.3	15 日赤奉仕団団長	0.0	0.0	23 その他	8.1	3.1
8 交通安全協会	14.3	10.8	16 共同募金会役員	8.5	3.1	24 ひとつもない		25.1

F8　自治会とそれに関連するお仕事は、ご自身の生活のおおよそ何％を占めていると感じていますか　回答者ベース N= 230　31.7 ％

F8A　自治会内の仕事（行政からの依頼仕事を除く）、自治会連合会の仕事、行政からの依頼仕事、その他の町外の付き合いは、負担に感じますか。（ひとつだけ）

	負担に感じる	どちらともいえない	負担にならない	不明・無回答		負担に感じる	どちらともいえない	負担にならない	不明・無回答
全体ベース N= 259									
1 自治会単位の仕事・付き合い	29.3	32.0	31.3	7.3	3 行政からの依頼仕事	27.4	34.4	30.5	7.7
2 自治会連合会単位の仕事・付き合い	27.8	33.6	27.8	10.8	4 その他	5.0	10.8	5.8	78.4

F9　会長としての正規の仕事以外に個人的に地域活動に関わっていますか。（いくつでも）　全体ベース N= 259

1 とくに何もしていない	40.2
2 地域の任意団体が活動しやすいように調整や働きかけをしている	23.9
3 地域の任意団体の活動に積極的に顔を出している	33.2
4 ポケット・マネーで地域の団体や活動を支援している	8.5
5 自らが発起人となって地域イベントを開催している	8.1
6 自らが発起人となって地域組織・NPOなどを立ち上げている	1.2
7 その他	4.6
8 不明・無回答	6.9

【資料2.2 薄磯・豊間区における被災住民の生活とコミュニティに関するアンケート調査】

●震災以前(2010年3月～2011年3月)の交友関係についてお聞きします。

Q1　震災以前、どういった人と交流がありましたか。（いくつでも）

	全体	薄磯	豊間		全体	薄磯	豊間
N=	180	48	132	N=	180	48	132
1 家族・親戚	94.4	89.6	96.2	7 NPO等の団体の人たち	4.4	4.2	4.5
2 友人・知人	89.4	89.6	89.4	8 クラブ・サークルや習い事の仲間	24.4	20.8	25.8
3 職場や取引先など仕事関係での付き合い	64.4	60.4	65.9	9 インターネットを通じた知り合い	1.7	-	2.3
4 隣近所	87.2	81.3	89.4	10 その他	3.3	6.3	2.3
5 自分が住んでいた区の人	81.7	83.3	81.1	11 ひとつもない	-	-	-
6 沼の内等の隣の区の人	45.0	56.3	40.9	12 不明・無回答	2.2	-	3.0

Q1SQ1　Q1でお選びのなかで、特にやりとりするのはどこ・だれですか。（3つまで）

	全体	薄磯	豊間		全体	薄磯	豊間
N=	180	48	132	N=	180	48	132
1 家族・親戚	76.1	64.6	80.3	7 NPO等の団体の人たち	1.7	2.1	1.5
2 友人・知人	62.2	62.5	62.1	8 クラブ・サークルや習い事の仲間	8.9	10.4	8.3
3 職場や取引先など仕事関係での付き合い	26.7	27.1	26.5	9 インターネットを通じた知り合い	0.6	-	0.8
4 隣近所	47.2	43.8	48.5	10 その他	1.1	4.2	-
5 自分が住んでいた区の人	22.2	20.8	22.7	11 ひとつもない	-	-	-
6 沼の内等の隣の区の人	2.2	4.2	1.5	12 不明・無回答	15.6	16.7	15.2

Q1SQ2.1.1　Q1SQ1でお選びの中で、どんな内容の話をされましたか。（家族・親戚）

家族・親戚と話す人 N=	全体 137	薄磯 31	豊間 106	家族・親戚と話す人 N=	全体 137	薄磯 31	豊間 106
1 自分や家族の人間関係について	65.0	71.0	63.2	7 自分や家族の仕事について	59.1	58.1	59.4
2 自分や家族の健康について	77.4	77.4	78.3	8 自治会・町内会等の地域活動について	12.4	12.9	12.3
3 子どもの教育について	40.9	38.7	41.5	9 趣味等のサークル活動について	8.0	6.5	8.5
4 高齢者・障がい者の介護・福祉について	32.1	19.4	35.8	10 地域の防犯・防災について	16.8	16.1	17.0
5 移動手段・交通機関について	16.8	9.7	18.9	11 その他	1.5	-	1.9
6 買い物について	48.9	51.6	48.1	12 不明・無回答	6.6	3.2	7.5

Q1SQ2.1.2　Q1SQ1でお選びの中で、どんな内容の話をされましたか。（友人・知人）

友人・知人と話す人 N=	全体 112	薄磯 30	豊間 82	友人・知人と話す人 N=	全体 112	薄磯 30	豊間 82
1 自分や家族の人間関係について	46.4	50.0	45.1	7 自分や家族の仕事について	33.9	36.7	32.9
2 自分や家族の健康について	42.0	53.3	37.8	8 自治会・町内会等の地域活動について	13.4	20.0	11.0
3 子どもの教育について	33.9	30.0	35.4	9 趣味等のサークル活動について	28.6	30.0	28.0
4 高齢者・障がい者の介護・福祉について	29.5	26.7	30.5	10 地域の防犯・防災について	14.3	20.0	12.2
5 移動手段・交通機関について	13.4	16.7	12.2	11 その他	2.7	6.7	1.2
6 買い物について	28.6	26.7	29.3	12 不明・無回答	12.5	10.0	13.4

Q1SQ2.1.3　Q1SQ1でお選びの中で、どんな内容の話をされましたか。（仕事関係の付き合い）

仕事関係の付き合いの人と話す人 N=	全体 48	薄磯 13	豊間 35	仕事関係の付き合いの人と話す人 N=	全体 48	薄磯 13	豊間 35
1 自分や家族の人間関係について	20.8	30.8	17.1	7 自分や家族の仕事について	39.6	46.2	37.1
2 自分や家族の健康について	39.6	30.8	42.9	8 自治会・町内会等の地域活動について	4.2	-	5.7
3 子どもの教育について	33.3	15.4	40.0	9 趣味等のサークル活動について	12.5	7.7	14.3
4 高齢者・障がい者の介護・福祉について	18.8	15.4	20.0	10 地域の防犯・防災について	8.3	-	11.4
5 移動手段・交通機関について	14.6	23.1	11.4	11 その他	4.2	7.7	2.9
6 買い物について	27.1	15.4	31.4	12 不明・無回答	14.6	15.4	14.3

Q1SQ2.1.4　Q1SQ1でお選びの中で、どんな内容の話をされましたか。（隣近所の人たち）

隣近所の人たちと話す人 N=	全体 85	薄磯 21	豊間 64	隣近所の人たちと話す人 N=	全体 85	薄磯 21	豊間 64
1 自分や家族の人間関係について	25.9	38.1	21.9	7 自分や家族の仕事について	23.5	23.8	23.4
2 自分や家族の健康について	40.0	57.1	34.4	8 自治会・町内会等の地域活動について	42.4	38.1	43.8
3 子どもの教育について	14.1	19.0	12.5	9 趣味等のサークル活動について	9.4	14.3	7.8
4 高齢者・障がい者の介護・福祉について	25.9	23.8	26.6	10 地域の防犯・防災について	23.5	23.8	23.4
5 移動手段・交通機関について	17.6	14.3	18.8	11 その他	3.5	4.8	3.1
6 買い物について	29.4	9.5	35.9	12 不明・無回答	16.5	19.0	15.6

Q1SQ2.1.5　Q1SQ1でお選びの中で、どんな内容の話をされましたか。（自分の住んでいる区の人たち）

自分の住んでいる区の人たちと話す人 N=	全体 40	薄磯 10	豊間 30	自分の住んでいる区の人たちと話す人 N=	全体 40	薄磯 10	豊間 30
1 自分や家族の人間関係について	20.0	30.0	16.7	7 自分や家族の仕事について	20.0	20.0	16.7
2 自分や家族の健康について	20.0	20.0	20.0	8 自治会・町内会等の地域活動について	35.0	30.0	36.7
3 子どもの教育について	20.0	30.0	20.0	9 趣味等のサークル活動について	17.5	10.0	20.0
4 高齢者・障がい者の介護・福祉について	12.5	-	13.3	10 地域の防犯・防災について	35.0	20.0	40.0
5 移動手段・交通機関について	12.5	-	16.7	11 その他	2.5	10.0	-
6 買い物について	13.3	-	13.3	12 不明・無回答	15.0	10.0	16.7

Q1SQ2.1.6　Q1SQ1でお選びの中で、どんな内容の話をされましたか。（隣の区の人たち）

隣の区の人たちと話す人 N=	全体 4	薄磯 2	豊間 2	隣の区の人たちと話す人 N=	全体 4	薄磯 2	豊間 2
1 自分や家族の人間関係について	25.0	-	50.0	7 自分や家族の仕事について	25.0	50.0	-
2 自分や家族の健康について	25.0	-	50.0	8 自治会・町内会等の地域活動について	25.0	-	50.0
3 子どもの教育について	25.0	50.0	-	9 趣味等のサークル活動について	-	-	-
4 高齢者・障がい者の介護・福祉について	-	-	-	10 地域の防犯・防災について	25.0	-	50.0
5 移動手段・交通機関について	25.0	-	50.0	11 その他	-	-	-
6 買い物について	-	-	-	12 不明・無回答	50.0	50.0	50.0

Q1SQ2.1.7 Q1SQ1でお選びの中で,どんな内容の話をされましたか.(NPO等の団体の人たち)

NPO等の団体の人たちと話す人 N=	全体 3	薄磯 1	豊間 2	NPO等の団体の人たちと話す人 N=	全体 3	薄磯 1	豊間 2
1 自分や家族の人間関係について	-	-	-	7 自分や家族の仕事について	-	-	-
2 自分や家族の健康について	-	-	-	8 自治会・町内会等の地域活動について	33.3	-	50.0
3 子どもの教育について	-	-	-	9 趣味等のサークル活動について	-	-	-
4 高齢者・障がい者の介護・福祉について	-	-	-	10 地域の防犯・防災について	-	-	-
5 移動手段・交通機関について	-	-	-	11 その他	-	-	-
6 買い物について	-	-	-	12 不明・無回答	66.7	100.0	50.0

Q1SQ2.1.8 Q1SQ1でお選びの中で,どんな内容の話をされましたか.(クラブ・サークルの仲間)

クラブ・サークルの仲間と話す人 N=	全体 16	薄磯 5	豊間 11	クラブ・サークルの仲間と話す人 N=	全体 16	薄磯 5	豊間 11
1 自分や家族の人間関係について	12.5	20.0	9.1	7 自分や家族の仕事について	6.3	-	9.1
2 自分や家族の健康について	31.3	20.0	36.4	8 自治会・町内会等の地域活動について	-	-	-
3 子どもの教育について	31.3	40.0	27.3	9 趣味等のサークル活動について	75.0	60.0	81.8
4 高齢者・障がい者の介護・福祉について	18.8	20.0	18.2	10 地域の防犯・防災について	18.8	20.0	18.2
5 移動手段・交通機関について	6.3	-	9.1	11 その他	-	-	-
6 買い物について	12.5	20.0	9.1	12 不明・無回答	-	-	-

Q1SQ2.1.9 Q1SQ1でお選びの中で,どんな内容の話をされましたか.(電子メールやネットを通じた知り合い)

電子メールやネットを通じた知り合いと話す人 N=	全体 1	薄磯 -	豊間 1	電子メールやネットを通じた知り合いと話す人 N=	全体 1	薄磯 -	豊間 1
1 自分や家族の人間関係について	-	-	-	7 自分や家族の仕事について	-	-	-
2 自分や家族の健康について	-	-	-	8 自治会・町内会等の地域活動について	-	-	-
3 子どもの教育について	-	-	-	9 趣味等のサークル活動について	-	-	-
4 高齢者・障がい者の介護・福祉について	-	-	-	10 地域の防犯・防災について	-	-	-
5 移動手段・交通機関について	-	-	-	11 その他	100.0	-	100.0
6 買い物について	-	-	-	12 不明・無回答	-	-	-

Q1SQ2.1.10 Q1SQ1でお選びの中で,どんな内容の話をされましたか.(その他)

その他の人と話す人 N=	全体 2	薄磯 2	豊間 -	その他の人と話す人 N=	全体 2	薄磯 2	豊間 -
1 自分や家族の人間関係について	50.0	50.0	-	7 自分や家族の仕事について	-	-	-
2 自分や家族の健康について	50.0	50.0	-	8 自治会・町内会等の地域活動について	-	-	-
3 子どもの教育について	50.0	50.0	-	9 趣味等のサークル活動について	50.0	50.0	-
4 高齢者・障がい者の介護・福祉について	50.0	50.0	-	10 地域の防犯・防災について	-	-	-
5 移動手段・交通機関について	50.0	50.0	-	11 その他	-	-	-
6 買い物について	-	-	-	12 不明・無回答	-	-	-

●震災以前(2010年3月~2011年3月)の自治会活動についてお聞きします.

Q2 以下にあげる,自治会の役職にあなたは就いていましたか.(いくつでも)

N=	全体 180	薄磯 48	豊間 132	N=	全体 180	薄磯 48	豊間 132
1 区長・会長	2.2	4.2	1.5	5 その他	5.0	2.1	6.1
2 副区長・副会長	1.7	2.1	1.5	6 役職に就いていない	63.3	66.7	62.1
3 会計・庶務・部長・監事・評議員・協議員等の役職	7.8	6.3	8.3	7 不明・無回答	8.9	10.4	8.3
4 隣組・班の長	16.1	12.5	17.4				

Q3 あなたの地区で行われている活動で,震災前の1年以内(2010年3月~2011年3月)にあなたが参加したものはどれですか.(いくつでも)

N=	全体 180	薄磯 48	豊間 132	N=	全体 180	薄磯 48	豊間 132
1 ごみ処理収集協力,地域の清掃美化	80.6	81.3	80.3	7 青少年教育・育成	6.1	10.4	4.5
2 資源・廃品回収	16.1	18.8	15.2	8 高齢者・障がい者福祉	4.4	6.3	3.8
3 防犯・防火パトロール,交通安全対策	14.4	14.6	14.4	9 その他	4.4	6.3	3.8
4 集会所等の施設管理	7.2	2.1	9.1	10 ひとつもない(参加していなかった)	11.1	10.4	11.4
5 街灯等の設備や公園・広場の管理	8.3	6.3	9.1	11 不明・無回答	3.9	4.2	3.8
6 乳幼児や学童保育の支援	2.2	4.2	1.5				

Q4 あなたの地区で行われている行事で,震災前の1年以内(2010年3月~2011年3月)にあなたが参加したものはどれですか.(いくつでも)

N=	全体 180	薄磯 48	豊間 132	N=	全体 180	薄磯 48	豊間 132
1 神社祭礼	60.0	62.5	59.1	8 研修会・講習会	7.2	6.3	7.6
2 盆踊り・夏祭り	10.6	6.3	12.1	9 防災訓練	2.8	2.1	3.0
3 食事会・飲み会	15.6	12.5	16.7	10 町内会・自治会の総会	27.8	31.3	26.5
4 冠婚葬祭	53.9	52.1	54.5	11 その他	0.6	2.1	-
5 運動会等の体育活動	25.0	25.0	25.0	12 ひとつもない(参加していなかった)	15.6	16.7	15.2
6 新年会・忘年会	17.8	12.5	19.7	13 不明・無回答	2.8	2.1	3.0
7 ラジオ体操	5.0	-	6.8				

Q4SQ1 (Q4で防災訓練が行われていたとお答えの方に)どのような種類の防災訓練が行われていましたか.(いくつでも)

防災訓練に参加した人 N=	全体 5	薄磯 1	豊間 4	防災訓練に参加した人 N=	全体 5	薄磯 1	豊間 4
1 津波に対する避難訓練	-	-	-	4 その他	60.0	-	75.0
2 地震に対する避難訓練	-	-	-	5 不明・無回答	20.0	100.0	-
3 火災に対する避難訓練	20.0	-	25.0				

Q5　あなたの地区で活動していた組織で、震災前の1年以内(2010年3月~2011年3月)にあなたが参加したものはどれですか。(いくつでも)

	全体	薄磯	豊間			全体	薄磯	豊間
N=	180	48	132		N=	180	48	132
1 子供会育成会	12.2	8.3	13.6	8 婦人会		5.0	6.3	4.5
2 民生・児童委員会	1.7	-	2.3	9 青年団		2.2	6.3	0.8
3 少年補導委員会	3.3	4.2	3.0	10 老人クラブ		5.0	2.1	6.1
4 体育協会	13.9	12.5	14.4	11 氏子会・檀家組織		18.9	10.4	22.0
5 防犯協会	7.8	10.4	6.8	12 その他		6.1	2.1	7.6
6 消防団(分団)	5.0	8.3	3.8	13 ひとつもない(参加していなかった)		46.1	52.1	43.9
7 社会福祉協議会	2.2	2.1	2.3	14 不明・無回答		6.7	10.4	5.3

以下に地域や自治会の参加に対する考えがあげられています。あなたのお気持ちにあてはまるものをお選びください。

Q6.1　活動・行事・組織へ参加するのは当然である(ひとつだけ)

	全体	薄磯	豊間			全体	薄磯	豊間
N=	180	48	132		N=	180	48	132
1 あてはまる	41.1	43.8	40.2	3 あてはまらない		6.1	10.4	4.5
2 どちらともいえない	39.4	31.3	42.4	4 不明・無回答		13.3	14.6	12.9

Q6.2　親の代から住んでいるので、参加している(ひとつだけ)

	全体	薄磯	豊間			全体	薄磯	豊間
N=	180	48	132		N=	180	48	132
1 あてはまる	53.3	66.7	48.5	3 あてはまらない		18.9	12.5	21.2
2 どちらともいえない	16.7	10.4	18.9	4 不明・無回答		11.1	10.4	11.4

Q6.3　隣近所とのつきあいがあるため、参加している(ひとつだけ)

	全体	薄磯	豊間			全体	薄磯	豊間
N=	180	48	132		N=	180	48	132
1 あてはまる	65.6	60.4	67.4	3 あてはまらない		6.7	6.3	6.8
2 どちらともいえない	18.3	22.9	16.7	4 不明・無回答		9.4	10.4	9.1

Q6.4　地域の必要な情報が得られる(ひとつだけ)

	全体	薄磯	豊間			全体	薄磯	豊間
N=	180	48	132		N=	180	48	132
1 あてはまる	47.2	39.6	50.0	3 あてはまらない		7.2	8.3	6.8
2 どちらともいえない	33.3	37.5	31.8	4 不明・無回答		12.2	14.6	11.4

Q6.5　参加するメリットがない(ひとつだけ)

	全体	薄磯	豊間			全体	薄磯	豊間
N=	180	48	132		N=	180	48	132
1 あてはまる	10.0	14.6	8.3	3 あてはまらない		34.4	25.0	37.9
2 どちらともいえない	40.0	41.7	39.4	4 不明・無回答		15.6	18.8	14.4

Q6.6　近所の人々と親しくなれる(ひとつだけ)

	全体	薄磯	豊間			全体	薄磯	豊間
N=	180	48	132		N=	180	48	132
1 あてはまる	65.6	64.6	65.9	3 あてはまらない		1.1	2.1	0.8
2 どちらともいえない	21.1	18.8	22.0	4 不明・無回答		12.2	14.6	11.4

Q6.7　いざという時、周囲の人に助けてもらえる(ひとつだけ)

	全体	薄磯	豊間			全体	薄磯	豊間
N=	180	48	132		N=	180	48	132
1 あてはまる	50.0	39.6	53.8	3 あてはまらない		5.0	10.4	3.0
2 どちらともいえない	30.6	33.3	29.5	4 不明・無回答		14.4	16.7	13.6

Q6.8　地域をよくするのに役立ちたい(ひとつだけ)

	全体	薄磯	豊間			全体	薄磯	豊間
N=	180	48	132		N=	180	48	132
1 あてはまる	50.6	39.6	54.5	3 あてはまらない		3.9	8.3	2.3
2 どちらともいえない	32.2	35.4	31.1	4 不明・無回答		13.3	16.7	12.1

Q6.9　自治会の活動・行事・組織に参加したい(ひとつだけ)

	全体	薄磯	豊間			全体	薄磯	豊間
N=	180	48	132		N=	180	48	132
1 あてはまる	27.2	18.8	30.3	3 あてはまらない		12.8	12.5	12.9
2 どちらともいえない	46.1	50.0	44.7	4 不明・無回答		13.9	18.8	12.1

Q6.10　活動・行事・組織へ参加するのは当然である(ひとつだけ)

	全体	薄磯	豊間			全体	薄磯	豊間
N=	180	48	132		N=	180	48	132
1 あてはまる	23.3	25.0	22.7	3 あてはまらない		30.6	33.3	29.5
2 どちらともいえない	31.1	29.2	31.8	4 不明・無回答		15.0	12.5	15.9

Q6.11　活動・行事・組織へ参加するのは当然である(ひとつだけ)

	全体	薄磯	豊間			全体	薄磯	豊間
N=	180	48	132		N=	180	48	132
1 あてはまる	22.2	22.9	22.0	3 あてはまらない		28.9	31.3	28.0
2 どちらともいえない	31.7	31.3	31.8	4 不明・無回答		17.2	14.6	18.2

Q6.12　活動や運営の状況がよくわからない(ひとつだけ)

	全体	薄磯	豊間			全体	薄磯	豊間
N=	180	48	132		N=	180	48	132
1 あてはまる	23.3	25.0	22.7	3 あてはまらない		18.3	14.6	19.7
2 どちらともいえない	40.6	43.8	39.4	4 不明・無回答		17.8	16.7	18.2

Q6.13 今，住んでいる区に長く住みたい（ひとつだけ）

	全体	薄磯	豊間			全体	薄磯	豊間
N=	180	48	132		N=	180	48	132
1 あてはまる	43.3	33.3	47.0		3 あてはまらない	13.3	18.8	11.4
2 どちらともいえない	30.6	35.4	28.8		4 不明・無回答	12.8	12.5	12.9

Q6.14 自治会の役員や会員と親しくなりたい（ひとつだけ）

	全体	薄磯	豊間			全体	薄磯	豊間
N=	180	48	132		N=	180	48	132
1 あてはまる	16.7	14.6	17.4		3 あてはまらない	21.7	29.2	18.9
2 どちらともいえない	48.3	41.7	50.8		4 不明・無回答	13.3	14.6	12.9

Q6.15 高齢や病気のために参加できない（ひとつだけ）

	全体	薄磯	豊間			全体	薄磯	豊間
N=	180	48	132		N=	180	48	132
1 あてはまる	11.7	12.5	11.4		3 あてはまらない	57.2	60.4	56.1
2 どちらともいえない	16.1	14.6	16.7		4 不明・無回答	15.0	12.5	15.9

Q6.16 活動・行事・組織に必要性を感じない（ひとつだけ）

	全体	薄磯	豊間			全体	薄磯	豊間
N=	180	48	132		N=	180	48	132
1 あてはまる	6.7	8.3	6.1		3 あてはまらない	32.8	29.2	34.1
2 どちらともいえない	43.9	47.9	42.4		4 不明・無回答	16.7	14.6	17.4

Q6.17 参加するのには敷居が高い（ひとつだけ）

	全体	薄磯	豊間			全体	薄磯	豊間
N=	180	48	132		N=	180	48	132
1 あてはまる	13.9	10.4	15.2		3 あてはまらない	31.1	29.2	31.8
2 どちらともいえない	40.6	47.9	37.9		4 不明・無回答	14.4	12.5	15.2

● 自治会での情報発信・共有についてお聞きします．

Q8 自治会ではどのような情報発信・共有が行われていましたか．（いくつでも）

	全体	薄磯	豊間			全体	薄磯	豊間
N=	180	48	132		N=	180	48	132
1 直接会って（集会，会合，役員会等）	36.7	33.3	37.9		6 ホームページで掲載	0.6	-	0.8
2 回覧板	88.3	79.2	91.7		7 メーリングリストで加入者へ配信	-	-	-
3 国・自治体発行の広報誌	35.6	22.9	40.2		8 その他	1.1	-	1.5
4 自治会発行の広報誌	27.2	16.7	31.1		9 ひとつもない	1.1	2.1	0.8
5 区内に設置してある掲示板	13.3	18.8	11.4		10 不明・無回答	4.4	4.2	4.5

Q9 発信・共有された情報はどのような内容でしたか．（いくつでも）

	全体	薄磯	豊間			全体	薄磯	豊間
N=	180	48	132		N=	180	48	132
1 国や都道府県が発行する広報誌の内容	57.8	52.1	59.8		6 役員会，例会，総会に関する情報	43.9	45.8	43.2
2 セールなどの近隣の買い物情報	3.3	-	4.5		7 まちづくり全般に関する情報	33.9	27.1	36.4
3 冠婚葬祭に関する情報	10.6	8.3	11.4		8 その他	1.1	-	1.5
4 防災・防犯に関する情報	41.7	29.2	46.2		9 不明・無回答	7.8	6.3	8.3
5 婦人会，老人会などに関する情報	22.8	20.8	23.5					

Q10 行われていた情報発信・共有についてどうお考えですか．（ひとつだけ）

	全体	薄磯	豊間			全体	薄磯	豊間
N=	180	48	132		N=	180	48	132
1 非常に満足している	4.4	8.3	3.0		4 あまり満足していない	20.6	35.4	15.2
2 まあ満足している	26.1	10.4	31.8		5 まったく満足していない	5.0	4.2	5.3
3 どちらともいえない	36.7	33.3	37.9		6 不明・無回答	7.2	8.3	6.8

● 防災対応についてお聞きします．

Q11 あなたは大地震等（火災，水害等を含む）が起きたときの対応について具体的に話し合いを行ってきましたか．（ひとつだけ）

	全体	薄磯	豊間			全体	薄磯	豊間
N=	180	48	132		N=	180	48	132
1 話し合ってきた	39.4	25.0	44.7		3 わからない	6.1	8.3	5.3
2 話し合っていない	48.9	58.3	45.5		4 不明・無回答	5.6	8.3	4.5

Q11SQ1 以下にあげる，自治会の役職にあなたは就いていましたか．（いくつでも）

	全体	薄磯	豊間			全体	薄磯	豊間
話し合ってきた人 N=	71	12	59		話し合ってきた人 N=	71	12	59
1 自分の家族・親戚	85.9	83.3	86.4		6 学校や職場関係の人	7.0	-	8.5
2 近所に住んでいる人	49.3	50.0	49.2		7 NPO等の団体の人	-	-	-
3 区の人	19.7	16.7	20.3		8 その他	4.2	-	5.1
4 役場の人	8.5	-	10.2		9 不明・無回答	-	-	-
5 警察や消防関係の人	1.4	-	1.7					

Q11SQ2 （Q11で1とお答えの方に）具体的に話し合った内容を教えてください．（いくつでも）

	全体	薄磯	豊間			全体	薄磯	豊間
話し合ってきた人 N=	71	12	59		話し合ってきた人 N=	71	12	59
1 心構えについて	43.7	33.3	45.8		7 地域の災害危険箇所について	19.7	8.3	22.0
2 避難の方法，時期，場所について	77.5	83.3	76.3		8 外国人等の短期居住者・一時滞在者の安全	-	-	-
3 食料・飲料水について	39.4	8.3	45.8		9 高齢者・子供・障がい者の安全について	18.3	16.7	18.6
4 非常持ち出し品について	35.2	-	42.4		10 その他	7.0	16.7	5.1
5 住民間の安否確認等の連絡について	16.9	8.3	18.6		11 不明・無回答	5.6	8.3	5.1
6 家屋の安全度について	23.9	8.3	27.1					

●地震発生直後（2011年3月11日）の状況についておうかがいします。

Q12　ご自宅から避難したタイミングを教えてください。（ひとつだけ）

	全体	薄磯	豊間			全体	薄磯	豊間
N=	180	48	132		N=	180	48	132
1 津波が来る前（15分前後までに）	57.8	52.1	59.8		3 避難しなかった	12.2	12.5	12.1
2 津波が来た後	22.8	20.8	23.5		4 不明・無回答	7.2	14.6	4.5

Q13　以下にあげる、自治会の役職にあなたは就いていましたか。（いくつでも）

	全体	薄磯	豊間			全体	薄磯	豊間
避難した人 N=	145	35	110		避難した人 N=	145	35	110
1 地震により自宅が半壊・倒壊したから	20.7	5.7	25.5		9 自治会から避難を呼びかけられたから	10.3	-	13.6
2 津波により自宅が半壊・倒壊したから	42.8	40.0	43.6		10 消防団から避難を呼びかけられたから	19.3	8.6	22.7
3 原発事故により退避または屋内待避指示が出た	12.4	8.6	13.6		11 警察や消防署に避難を呼びかけられたから	4.8	5.7	4.5
4 （指示は出なかったが）原発事故への不安	10.3	5.7	11.8		12 自治体（防災無線含む）等から避難呼びかけ	6.9	2.9	8.2
5 （余震などによる）津波や土砂崩れ発生への不安	19.3	14.3	20.9		13 その他	15.9	22.9	13.6
6 ライフライン（電気、ガス、水道等）が使えなくなった	29.0	8.6	35.5		14 особにない	-	-	-
7 自分の家族・親戚に避難を呼びかけられたから	25.5	17.1	28.2		15 不明・無回答	1.4	2.9	0.9
8 近所の住民や隣組に避難を呼びかけられたから	31.7	31.4	31.8					

Q14　どなたと一緒に避難しましたか。（いくつでも）

	全体	薄磯	豊間			全体	薄磯	豊間
避難した人 N=	145	35	110		避難した人 N=	145	35	110
1 ひとりで	11.7	11.4	11.8		6 都道府県によるとりまとめで集団で避難した	-	-	-
2 家族・親戚	77.2	71.4	79.1		7 その他	4.8	8.6	3.6
3 友人・知人	11.7	8.6	12.7		8 ひとついない（避難しなかった）	-	-	-
4 隣近所の人たち	34.5	22.9	38.2		9 不明・無回答	2.8	2.9	2.7
5 区の人たち	3.4	8.6	1.8					

Q15　この地区（豊間）で受けた東日本大震災の津波被害に対してどうお感じでしたか。（ひとつだけ）

	全体	薄磯	豊間			全体	薄磯	豊間
N=	180	48	132		N=	180	48	132
1 津波被害はまったく予想もしていなかった	57.8	60.4	56.8		4 津波被害は予想していた	11.7	8.3	12.9
2 津波被害はあまり予想していなかった	13.3	12.5	13.6		5 不明・無回答	5.0	4.2	5.3
3 津波被害は少し予想していた	12.2	14.6	11.4					

Q16　避難後の生活（3月11日から半年以内）で、どういった人と交流がありましたか。（いくつでも）

	全体	薄磯	豊間			全体	薄磯	豊間
N=	180	48	132		N=	180	48	132
1 家族・親戚	90.0	87.5	90.9		7 沼ノ内区などの隣の区	25.0	31.3	22.7
2 友人・知人	75.6	75.0	75.8		8 NPO等の団体の人たち	23.3	31.3	20.5
3 職場や取引先など仕事関係での付き合い	46.7	45.8	47.0		9 インターネットを通じた知り合い	2.2	4.2	1.5
4 隣近所の人たち	57.8	56.3	58.3		10 その他	7.8	8.3	7.6
5 自分の住んでいた区役員	37.2	45.8	34.1		11 ひとついない	0.6	-	0.8
6 その他自区の人たち	47.2	50.0	46.2		12 不明・無回答	2.2	2.1	2.3

Q16SQ1　Q16でお選びのなかで、特にやりとりするのはどこ・だれですか。（3つまで）

	全体	薄磯	豊間			全体	薄磯	豊間
N=	180	48	132		N=	180	48	132
1 家族・親戚	76.7	68.8	79.5		7 沼ノ内区などの隣の区	2.8	2.1	3.0
2 友人・知人	55.0	56.3	54.5		8 NPO等の団体の人たち	4.4	4.2	4.5
3 職場や取引先など仕事関係での付き合い	26.1	27.1	25.8		9 インターネットを通じた知り合い	1.1	2.1	0.8
4 隣近所の人たち	31.1	29.2	31.8		10 その他	5.0	4.2	5.3
5 自分の住んでいた区役員	10.6	10.4	10.6		11 ひとついない	-	-	-
6 その他自区の人たち	16.7	16.7	16.7		12 不明・無回答	16.7	16.7	16.7

Q16SQ2.1.1　Q16SQ1でお選びの中で、どんな内容の話をされましたか。（家族・親戚）

	全体	薄磯	豊間			全体	薄磯	豊間
家族・親戚と話す人 N=	138	33	105		家族・親戚と話す人 N=	138	33	105
1 自分や家族の人間関係について	59.4	54.5	61.0		7 区内の被害状況について	63.8	72.7	61.0
2 自分や家族の健康について	74.6	75.8	74.3		8 自分や家族の仕事について	42.8	51.5	40.0
3 子どもの教育について	29.7	30.3	29.5		9 自治会等の地域運営・活動について	18.8	21.2	18.1
4 高齢者・障がい者の介護・福祉について	21.7	12.1	24.8		10 地域の防災・防犯について	22.5	21.2	22.9
5 移動手段・交通機関について	39.9	36.4	41.0		11 その他	6.5	9.1	5.7
6 区内に住む他の人の安否について	58.0	66.7	55.2		12 不明・無回答	4.3	-	5.7

Q16SQ2.1.2　Q16SQ1でお選びの中で、どんな内容の話をされましたか。（友人・知人）

	全体	薄磯	豊間			全体	薄磯	豊間
友人・知人と話す人 N=	99	27	72		友人・知人と話す人 N=	99	27	72
1 自分や家族の人間関係について	43.4	44.4	43.1		7 区内の被害状況について	59.6	59.3	59.7
2 自分や家族の健康について	45.5	44.4	45.8		8 自分や家族の仕事について	31.3	37.0	29.2
3 子どもの教育について	22.2	18.5	23.6		9 自治会等の地域運営・活動について	18.2	22.2	16.7
4 高齢者・障がい者の介護・福祉について	16.2	7.4	19.4		10 地域の防災・防犯について	20.2	29.6	16.7
5 移動手段・交通機関について	36.4	29.6	38.9		11 その他	7.1	14.8	4.2
6 区内に住む他の人の安否について	58.6	55.6	59.7		12 不明・無回答	8.1	3.7	9.7

Q16SQ2.1.3　Q16SQ1でお選びの中で、どんな内容の話をされましたか。（職場や仕事関係）

	全体	薄磯	豊間			全体	薄磯	豊間
仕事関係の付き合いの人と話す人 N=	47	13	34		仕事関係の付き合いの人と話す人 N=	47	13	34
1 自分や家族の人間関係について	23.4	23.1	23.5		7 区内の被害状況について	51.1	53.8	50.0
2 自分や家族の健康について	40.4	30.8	44.1		8 自分や家族の仕事について	40.4	69.2	29.4
3 子どもの教育について	14.9	7.7	17.6		9 自治会等の地域運営・活動について	6.4	-	8.8
4 高齢者・障がい者の介護・福祉について	12.8	15.4	11.8		10 地域の防災・防犯について	17.0	15.4	17.6
5 移動手段・交通機関について	31.9	30.8	32.4		11 その他	10.6	7.7	11.8
6 区内に住む他の人の安否について	34.0	46.2	29.4		12 不明・無回答	10.6	7.7	11.8

Q16SQ2.1.4 Q16SQ1でお選びの中で、どんな内容の話をされましたか。(隣近所)

隣近所の人たちと話す人 N=	全体 56	薄磯 14	豊間 42	隣近所の人たちと話す人 N=	全体 56	薄磯 14	豊間 42
1 自分や家族の人間関係について	25.0	28.6	23.8	7 区内の被害状況について	67.9	85.7	61.9
2 自分や家族の健康について	23.2	21.4	23.8	8 自分や家族の仕事について	19.6	21.4	19.0
3 子どもの教育について	12.5	14.3	11.9	9 自治会等の地域運営・活動について	32.1	64.3	21.4
4 高齢者・障がい者の介護・福祉について	16.1	28.6	11.9	10 地域の防災・防犯について	33.9	42.9	31.0
5 移動手段・交通機関について	39.3	28.6	42.9	11 その他	8.9	7.1	9.5
6 区内に住む他の人の安否について	60.7	57.1	61.9	12 不明・無回答	10.7	7.1	11.9

Q16SQ2.1.5 Q16SQ1でお選びの中で、どんな内容の話をされましたか。(自地区の役員・復興協議会の人たち)

自分の住んでいる区役員などと話す人 N=	全体 19	薄磯 5	豊間 14	自分の住んでいる区役員などと話す人 N=	全体 19	薄磯 5	豊間 14
1 自分や家族の人間関係について	31.6	60.0	21.4	7 区内の被害状況について	78.9	80.0	78.6
2 自分や家族の健康について	15.8	-	21.4	8 自分や家族の仕事について	15.8	20.0	14.3
3 子どもの教育について	-	-	-	9 自治会等の地域運営・活動について	68.4	80.0	64.3
4 高齢者・障がい者の介護・福祉について	26.3	20.0	28.6	10 地域の防災・防犯について	57.9	60.0	57.1
5 移動手段・交通機関について	42.1	40.0	42.9	11 その他	5.3	20.0	-
6 区内に住む他の人の安否について	68.4	80.0	64.3	12 不明・無回答	5.3	-	7.1

Q16SQ2.1.6 Q16SQ1でお選びの中で、どんな内容の話をされましたか。(その他自区の人たち)

その他自区の人たちと話す人 N=	全体 30	薄磯 8	豊間 22	その他自区の人たちと話す人 N=	全体 30	薄磯 8	豊間 22
1 自分や家族の人間関係について	20.0	12.5	22.7	7 区内の被害状況について	66.7	75.0	63.6
2 自分や家族の健康について	20.0	12.5	22.7	8 自分や家族の仕事について	20.0	25.0	18.2
3 子どもの教育について	16.7	-	22.7	9 自治会等の地域運営・活動について	40.0	50.0	36.4
4 高齢者・障がい者の介護・福祉について	10.0	-	13.6	10 地域の防災・防犯について	40.0	37.5	40.9
5 移動手段・交通機関について	36.7	25.0	40.9	11 その他	6.7	25.0	-
6 区内に住む他の人の安否について	56.7	37.5	63.6	12 不明・無回答	6.7	-	9.1

Q16SQ2.1.7 Q16SQ1でお選びの中で、どんな内容の話をされましたか。(隣の区の人たち)

隣の区の人たちと話す人 N=	全体 5	薄磯 1	豊間 4	隣の区の人たちと話す人 N=	全体 5	薄磯 1	豊間 4
1 自分や家族の人間関係について	-	-	-	7 区内の被害状況について	80.0	100.0	75.0
2 自分や家族の健康について	40.0	-	50.0	8 自分や家族の仕事について	40.0	-	50.0
3 子どもの教育について	20.0	-	25.0	9 自治会等の地域運営・活動について	40.0	-	50.0
4 高齢者・障がい者の介護・福祉について	-	-	-	10 地域の防災・防犯について	40.0	-	50.0
5 移動手段・交通機関について	80.0	100.0	75.0	11 その他	20.0	-	25.0
6 区内に住む他の人の安否について	60.0	-	75.0	12 不明・無回答	20.0	-	25.0

Q16SQ2.1.8 Q16SQ1でお選びの中で、どんな内容の話をされましたか。(NPO等の団体の人たち)

NPO等の団体の人たちと話す人 N=	全体 8	薄磯 2	豊間 6	NPO等の団体の人たちと話す人 N=	全体 8	薄磯 2	豊間 6
1 自分や家族の人間関係について	37.5	-	50.0	7 区内の被害状況について	37.5	-	50.0
2 自分や家族の健康について	50.0	-	66.7	8 自分や家族の仕事について	37.5	-	50.0
3 子どもの教育について	37.5	-	50.0	9 自治会等の地域運営・活動について	12.5	50.0	-
4 高齢者・障がい者の介護・福祉について	37.5	-	50.0	10 地域の防災・防犯について	-	-	-
5 移動手段・交通機関について	37.5	-	50.0	11 その他	50.0	100.0	33.3
6 区内に住む他の人の安否について	37.5	-	50.0	12 不明・無回答	12.5	-	16.7

Q16SQ2.1.9 Q16SQ1でお選びの中で、どんな内容の話をされましたか。(電子メールやネットを通じた知り合い)

電子メールやネットを通じた知り合いと話す人 N=	全体 2	薄磯 1	豊間 1	電子メールやネットを通じた知り合いと話す人 N=	全体 2	薄磯 1	豊間 1
1 自分や家族の人間関係について	-	-	-	7 区内の被害状況について	50.0	100.0	-
2 自分や家族の健康について	-	-	-	8 自分や家族の仕事について	-	-	-
3 子どもの教育について	-	-	-	9 自治会等の地域運営・活動について	-	-	-
4 高齢者・障がい者の介護・福祉について	-	-	-	10 地域の防災・防犯について	-	-	-
5 移動手段・交通機関について	-	-	-	11 その他	-	-	-
6 区内に住む他の人の安否について	-	-	-	12 不明・無回答	50.0	-	100.0

Q16S2.1.10 Q16SQ1でお選びの中で、どんな内容の話をされましたか。(その他)

その他の人と話す人 N=	全体 9	薄磯 2	豊間 7	その他の人と話す人 N=	全体 9	薄磯 2	豊間 7
1 自分や家族の人間関係について	33.3	-	42.9	7 区内の被害状況について	44.4	50.0	42.9
2 自分や家族の健康について	11.1	-	14.3	8 自分や家族の仕事について	22.2	50.0	14.3
3 子どもの教育について	11.1	-	14.3	9 自治会等の地域運営・活動について	-	-	-
4 高齢者・障がい者の介護・福祉について	11.1	-	14.3	10 地域の防災・防犯について	11.1	-	14.3
5 移動手段・交通機関について	22.2	50.0	14.3	11 その他	33.3	100.0	14.3
6 区内に住む他の人の安否について	33.3	50.0	28.6	12 不明・無回答	11.1	-	14.3

Q17 地震発生から、どのタイミングで自治会による安否確認が行われましたか。(いくつでも)

N=	全体 180	薄磯 48	豊間 132	N=	全体 180	薄磯 48	豊間 132
1 津波が来る前までに	10.0	8.3	10.6	5 4月12日以降に行われた	10.0	14.6	8.3
2 その日(3月11日)のうちに行われた	24.4	10.4	29.5	6 その他	6.7	6.3	6.8
3 一週間以内に行われた	24.4	27.1	23.5	7 安否確認は行われなかった	22.8	29.2	20.5
4 一ヶ月以内に行われた	12.8	10.4	13.6	8 不明・無回答	8.9	12.5	7.6

Q17SQ1 安否確認はどのような方法で行われましたか。(いくつでも)

安否確認が行われた人ベース N=	全体 123	薄磯 28	豊間 95	安否確認が行われた人ベース N=	全体 123	薄磯 28	豊間 95
1 直接会って	65.9	71.4	64.2	4 紙面(手紙、はがき、アンケート等)	13.0	10.7	13.7
2 電話	38.2	32.1	40.0	5 その他	17.9	21.4	16.8
3 メール	4.1	3.6	4.2	6 不明・無回答	1.6	-	2.1

Q18 自治会ではどのような情報発信・共有が行われていましたか。(いくつでも)

	全体 N=180	薄磯 48	豊間 132			全体 N=180	薄磯 48	豊間 132
1 直接会って(集会,会合,役員会等)	42.8	50.0	40.2	6 ホームページで掲載	1.1	2.1	0.8
2 回覧板	27.8	8.3	34.8	7 メーリングリストで加入者へ配信	1.1	-	1.5
3 国・自治体発行の広報誌	28.9	31.3	28.0	8 その他	5.6	4.2	6.1
4 自治会発行の広報誌	30.6	18.8	34.8	9 ひとつもない	12.2	12.5	12.1
5 区内に設置してある掲示板	25.6	43.8	18.9	10 不明・無回答	8.9	10.4	8.3

Q19 発信・共有された情報はどのような内容でしたか。(いくつでも)

	全体 N=180	薄磯 48	豊間 132			全体 N=180	薄磯 48	豊間 132
1 国や自治体が発行する広報誌の内容	35.6	33.3	36.4	7 婦人会・老人会に関する情報	4.4	6.3	3.8
2 震災復興等の情報	56.7	56.3	56.8	8 会合に関する情報	12.2	20.8	9.1
3 区内に住む他の人の安否について	36.7	33.3	37.9	9 まちづくり全般に関する情報	26.7	25.0	27.3
4 区内の被害状況について	41.7	33.3	44.7	10 その他	5.0	6.3	4.5
5 補償に関する情報	21.1	22.9	20.5	11 不明・無回答	16.7	16.7	16.7
6 冠婚葬祭に関する情報	5.6	4.2	6.1					

Q20 行われていた情報発信・共有についてどうお考えですか。(ひとつだけ)

	全体 N=180	薄磯 48	豊間 132			全体 N=180	薄磯 48	豊間 132
1 非常に満足している	2.8	4.2	2.3	4 あまり満足していない	22.8	37.5	17.4
2 まあ満足している	18.9	8.3	22.7	5 まったく満足していない	17.2	16.7	17.4
3 どちらともいえない	29.4	22.9	31.8	6 不明・無回答	8.9	10.4	8.3

Q21 現在,どういった方と交流がありますか。(いくつでも)

	全体 N=180	薄磯 48	豊間 132			全体 N=180	薄磯 48	豊間 132
1 家族・親戚	89.4	79.2	93.2	7 沼ノ内区等の隣の区	23.9	37.5	18.9
2 友人・知人	82.2	79.2	83.3	8 NPO等の団体の人たち	12.2	18.8	9.8
3 職場や取引先など仕事関係での付き合い	49.4	45.8	50.8	9 インターネットを通じた知り合い	0.6	-	0.8
4 近所の人たち	51.7	37.5	56.8	10 その他	3.3	4.2	3.0
5 自分の住んでいた区役員	26.7	35.4	23.5	11 ひとつもない	1.1	4.2	-
6 その他自区の人たち	46.1	58.3	41.7	12 不明・無回答	2.8	2.1	3.0

Q21SQ1 Q21でお選びのなかで,特にやりとりするのはどこ・だれですか。(3つまで)

	全体 N=180	薄磯 48	豊間 132			全体 N=180	薄磯 48	豊間 132
1 家族・親戚	74.4	62.5	78.8	7 沼ノ内区等の隣の区	1.7	2.1	1.5
2 友人・知人	61.1	64.6	59.8	8 NPO等の団体の人たち	2.8	6.3	1.5
3 職場や取引先など仕事関係での付き合い	27.2	22.9	28.8	9 インターネットを通じた知り合い	0.6	-	0.8
4 近所の人たち	21.7	12.5	25.0	10 その他	3.3	4.2	3.0
5 自分の住んでいた区役員	11.1	12.5	10.6	11 ひとつもない	-	-	-
6 その他自区の人たち	21.7	20.8	22.0	12 不明・無回答	18.3	20.8	17.4

Q21SQ2.1.1 Q21SQ1でお選びの中で,どんな内容の話をされていますか。(家族・親戚)

家族・親戚と話す人	全体 N=134	薄磯 30	豊間 104		家族・親戚と話す人	全体 N=134	薄磯 30	豊間 104
1 自分や家族の人間関係について	65.7	73.3	63.5	7 区内の被害状況について	30.6	40.0	27.9
2 自分や家族の健康について	86.6	90.0	85.6	8 自分や家族の仕事について	44.0	56.7	40.4
3 子どもの教育について	34.3	30.0	35.6	9 自治会等の地域運営・活動について	22.4	26.7	21.2
4 高齢者・障がい者の介護・福祉について	23.9	16.7	26.0	10 地域の防災・防犯について	17.2	23.3	15.4
5 移動手段・交通機関について	22.4	16.7	24.0	11 その他	6.7	10.0	5.8
6 区内に住む他の人の安否について	28.4	23.3	29.8	12 不明・無回答	4.5	3.3	4.8

Q21SQ2.1.2 Q21SQ1でお選びの中で,どんな内容の話をされていますか。(友人・知人)

友人・知人と話す人	全体 N=110	薄磯 31	豊間 79		友人・知人と話す人	全体 N=110	薄磯 31	豊間 79
1 自分や家族の人間関係について	36.4	38.7	35.4	7 区内の被害状況について	31.8	38.7	29.1
2 自分や家族の健康について	51.8	51.6	51.9	8 自分や家族の仕事について	27.3	29.0	26.6
3 子どもの教育について	23.6	25.8	22.8	9 自治会等の地域運営・活動について	24.5	25.8	24.1
4 高齢者・障がい者の介護・福祉について	20.0	9.7	24.1	10 地域の防災・防犯について	17.3	25.8	13.9
5 移動手段・交通機関について	19.1	19.4	19.0	11 その他	14.5	19.4	12.7
6 区内に住む他の人の安否について	33.6	45.2	29.1	12 不明・無回答	9.1	9.7	8.9

Q21SQ2.1.3 Q21SQ1でお選びの中で,どんな内容の話をされていますか。(職場や仕事関係)

職場や仕事関係の人と話す人	全体 N=49	薄磯 11	豊間 38		職場や仕事関係の人と話す人	全体 N=49	薄磯 11	豊間 38
1 自分や家族の人間関係について	28.6	36.4	26.3	7 区内の被害状況について	28.6	27.3	28.9
2 自分や家族の健康について	46.9	36.4	50.0	8 自分や家族の仕事について	36.7	63.6	28.9
3 子どもの教育について	22.4	18.2	23.7	9 自治会等の地域運営・活動について	6.1	-	7.9
4 高齢者・障がい者の介護・福祉について	14.3	-	15.8	10 地域の防災・防犯について	16.3	9.1	18.4
5 移動手段・交通機関について	24.5	27.3	23.7	11 その他	12.2	18.2	10.5
6 区内に住む他の人の安否について	14.3	18.2	13.2	12 不明・無回答	6.1	-	7.9

Q21SQ2.1.4 Q21SQ1でお選びの中で,どんな内容の話をされていますか。(隣近所)

隣近所の人たちと話す人	全体 N=39	薄磯 6	豊間 33		隣近所の人たちと話す人	全体 N=39	薄磯 6	豊間 33
1 自分や家族の人間関係について	17.9	16.7	18.2	7 区内の被害状況について	43.6	33.3	45.5
2 自分や家族の健康について	35.9	50.0	33.3	8 自分や家族の仕事について	12.8	-	15.2
3 子どもの教育について	5.1	-	6.1	9 自治会等の地域運営・活動について	38.5	83.3	30.3
4 高齢者・障がい者の介護・福祉について	10.3	16.7	9.1	10 地域の防災・防犯について	35.9	83.3	27.3
5 移動手段・交通機関について	28.2	16.7	30.3	11 その他	2.6	-	3.0
6 区内に住む他の人の安否について	41.0	33.3	42.4	12 不明・無回答	12.8	16.7	12.1

Q21SQ2.1.5 Q21SQ1でお選びの中で、どんな内容の話をされていますか。(自区の役員・復興協議会の人たち)

自区の役員・復興協議会の人たちと話す人 N=	全体 20	薄磯 6	豊間 14		自区の役員・復興協議会の人たちと話す人 N=	全体 20	薄磯 6	豊間 14
1 自分や家族の人間関係について	20.0	33.3	14.3		7 区内の被害状況について	45.0	50.0	42.9
2 自分や家族の健康について	15.0	33.3	7.1		8 自分や家族の仕事について	5.0	16.7	-
3 子どもの教育について	10.0	33.3	-		9 自治会等の地域運営・活動について	70.0	83.3	64.3
4 高齢者・障がい者の介護・福祉について	15.0	-	21.4		10 地域の防災・防犯について	65.0	66.7	64.3
5 移動手段・交通機関について	30.0	33.3	28.6		11 その他	5.0	16.7	-
6 区内に住む他の人の安否について	50.0	50.0	50.0		12 不明・無回答	15.0	-	21.4

Q21SQ2.1.6 Q21SQ1でお選びの中で、どんな内容の話をされていますか。(その他自区の人たち)

その他自区の人たちと話す人 N=	全体 39	薄磯 10	豊間 29		その他自区の人たちと話す人 N=	全体 39	薄磯 10	豊間 29
1 自分や家族の人間関係について	23.1	30.0	20.7		7 区内の被害状況について	28.2	30.0	27.6
2 自分や家族の健康について	46.2	50.0	44.8		8 自分や家族の仕事について	17.9	30.0	13.8
3 子どもの教育について	23.1	-	31.0		9 自治会等の地域運営・活動について	51.3	60.0	48.3
4 高齢者・障がい者の介護・福祉について	10.3	10.0	10.3		10 地域の防災・防犯について	28.2	50.0	20.7
5 移動手段・交通機関について	20.5	10.0	24.1		11 その他	15.4	30.0	10.3
6 区内に住む他の人の安否について	41.0	30.0	44.8		12 不明・無回答	10.3	10.0	10.3

Q21SQ2.1.7 Q21SQ1でお選びの中で、どんな内容の話をされていますか。(隣の区の人たち)

隣の区の人たちと話す人 N=	全体 3	薄磯 1	豊間 2		隣の区の人たちと話す人 N=	全体 3	薄磯 1	豊間 2
1 自分や家族の人間関係について	66.7	-	100.0		7 区内の被害状況について	66.7	100.0	50.0
2 自分や家族の健康について	66.7	-	100.0		8 自分や家族の仕事について	-	-	-
3 子どもの教育について	33.3	100.0	-		9 自治会等の地域運営・活動について	33.3	100.0	-
4 高齢者・障がい者の介護・福祉について	33.3	-	50.0		10 地域の防災・防犯について	33.3	-	50.0
5 移動手段・交通機関について	33.3	-	50.0		11 その他	-	-	-
6 区内に住む他の人の安否について	33.3	100.0	-		12 不明・無回答	-	-	-

Q21SQ2.1.8 Q21SQ1でお選びの中で、どんな内容の話をされていますか。(NPO等の団体の人たち)

NPO等の団体の人たちと話す人 N=	全体 5	薄磯 3	豊間 2		NPO等の団体の人たちと話す人 N=	全体 5	薄磯 3	豊間 2
1 自分や家族の人間関係について	-	-	-		7 区内の被害状況について	20.0	33.3	-
2 自分や家族の健康について	-	-	-		8 自分や家族の仕事について	20.0	-	50.0
3 子どもの教育について	-	-	-		9 自治会等の地域運営・活動について	20.0	33.3	-
4 高齢者・障がい者の介護・福祉について	-	-	-		10 地域の防災・防犯について	-	-	-
5 移動手段・交通機関について	-	-	-		11 その他	40.0	66.7	-
6 区内に住む他の人の安否について	20.0	33.3	-		12 不明・無回答	20.0	-	50.0

Q21SQ2.1.9 Q21SQ1でお選びの中で、どんな内容の話をされていますか。(電子メールやネットを通じた知り合い)

電子メールやネットを通じた知り合いと話す人 N=	全体 1	薄磯 -	豊間 1		電子メールやネットを通じた知り合いと話す人 N=	全体 1	薄磯 -	豊間 1
1 自分や家族の人間関係について	-	-	-		7 区内の被害状況について	-	-	-
2 自分や家族の健康について	-	-	-		8 自分や家族の仕事について	100.0	-	100.0
3 子どもの教育について	-	-	-		9 自治会等の地域運営・活動について	-	-	-
4 高齢者・障がい者の介護・福祉について	-	-	-		10 地域の防災・防犯について	-	-	-
5 移動手段・交通機関について	-	-	-		11 その他	-	-	-
6 区内に住む他の人の安否について	-	-	-		12 不明・無回答	-	-	-

Q21S2.1.10 Q21SQ1でお選びの中で、どんな内容の話をされていますか。(その他)

その他の人と話す人 N=	全体 6	薄磯 2	豊間 4		その他の人と話す人 N=	全体 6	薄磯 2	豊間 4
1 自分や家族の人間関係について	33.3	-	50.0		7 区内の被害状況について	16.7	-	25.0
2 自分や家族の健康について	33.3	-	50.0		8 自分や家族の仕事について	16.7	-	25.0
3 子どもの教育について	16.7	-	25.0		9 自治会等の地域運営・活動について	33.3	-	50.0
4 高齢者・障がい者の介護・福祉について	33.3	-	50.0		10 地域の防災・防犯について	16.7	-	25.0
5 移動手段・交通機関について	16.7	-	25.0		11 その他	-	-	-
6 区内に住む他の人の安否について	33.3	-	50.0		12 不明・無回答	50.0	100.0	25.0

Q22 自治会ではどのような情報発信・共有が行われていますか。(いくつでも)

N=	全体 180	薄磯 48	豊間 132		N=	全体 180	薄磯 48	豊間 132
1 直接会って(集会, 会合, 役員会等)	40.6	54.2	35.6		6 ホームページで掲載	1.7	4.2	0.8
2 回覧板	50.6	43.8	53.0		7 メーリングリストで加入者へ配信	1.1	-	1.5
3 国・自治体発行の広報誌	50.6	47.9	51.5		8 その他	3.9	4.2	3.8
4 自治会発行の広報誌	56.1	37.5	62.9		9 ひとつもない	4.4	2.1	5.3
5 区内に設置してある掲示板	31.1	50.0	24.2		10 不明・無回答	6.1	8.3	5.3

Q22SQ1 Q22でお選びのなかで、特によく情報の発信・共有が行われているのはどれですか。(3つまで)

N=	全体 180	薄磯 48	豊間 132		N=	全体 180	薄磯 48	豊間 132
1 直接会って(集会, 会合, 役員会等)	28.9	35.4	26.5		6 ホームページで掲載	0.6	2.1	-
2 回覧板	35.0	29.2	37.1		7 メーリングリストで加入者へ配信	0.6	-	0.8
3 国・自治体発行の広報誌	35.0	37.5	34.1		8 その他	1.7	2.1	1.5
4 自治会発行の広報誌	35.0	14.6	42.4		9 ひとつもない	1.1	-	1.5
5 区内に設置してある掲示板	14.4	25.0	10.6		10 不明・無回答	31.7	33.3	31.1

Q22SQ2.1.1 (Q22SQ1でお選びのなかで)どれくらいの頻度で行われていますか。(直接会って)

※1~3番目の各手段の和であるため、合計が100%を超える場合もある(以下同)

直接会って話す人 N=	全体 52	薄磯 17	豊間 35		直接会って話す人 N=	全体 52	薄磯 17	豊間 35
1 週4~5回以上	9.6	5.9	11.4		4 月1回未満	34.6	35.3	34.3
2 週1~3回	13.5	17.6	11.4		5 不明・無回答	3.8	5.9	2.9
3 月1~3回	38.5	35.3	40.0					

Q22SQ2.1.2 (Q22SQ1でお選びのなかで)どれくらいの頻度で行われていますか. (回覧板)

	全体	薄磯	豊間			全体	薄磯	豊間
回覧板を見る人 N=	63	14	49		回覧板を見る人 N=	63	14	49
1 週4～5回以上	3.2	7.1	2.0		4 月1回未満	11.1	14.3	10.2
2 週1～3回	20.6	28.6	18.4		5 不明・無回答	11.1	7.1	12.2
3 月1～3回	54.0	42.9	57.1					

Q22SQ2.1.3 (Q22SQ1でお選びのなかで)どれくらいの頻度で行われていますか. (国・自治体発行の広報誌)

	全体	薄磯	豊間			全体	薄磯	豊間
国・自治体発行の広報誌を読む人 N=	63	18	45		国・自治体発行の広報誌を読む人 N=	63	18	45
1 週4～5回以上	-	-	-		4 月1回未満	44.4	50.0	42.2
2 週1～3回	3.2	11.1	-		5 不明・無回答	6.3	-	8.9
3 月1～3回	46.0	38.9	48.9					

Q22SQ2.1.4 (Q22SQ1でお選びのなかで)どれくらいの頻度で行われていますか. (自治会発行の広報誌)

	全体	薄磯	豊間			全体	薄磯	豊間
自治会発行の広報誌を読む人 N=	63	7	56		自治会発行の広報誌を読む人 N=	63	7	56
1 週4～5回以上	-	-	-		4 月1回未満	42.9	57.1	41.1
2 週1～3回	4.8	-	5.4		5 不明・無回答	15.9	14.3	16.1
3 月1～3回	36.5	28.6	37.5					

Q22SQ2.1.5 (Q22SQ1でお選びのなかで)どれくらいの頻度で行われていますか. (区内設置の掲示板)

	全体	薄磯	豊間			全体	薄磯	豊間
区内設置の掲示板を見る人 N=	26	12	14		区内設置の掲示板を見る人 N=	26	12	14
1 週4～5回以上	-	-	-		4 月1回未満	57.7	66.7	50.0
2 週1～3回	3.8	8.3	-		5 不明・無回答	11.5	-	21.4
3 月1～3回	26.9	25.0	28.6					

Q22SQ2.1.6 (Q22SQ1でお選びのなかで)どれくらいの頻度で行われていますか. (ホームページ)

	全体	薄磯	豊間			全体	薄磯	豊間
ホームページを見る人 N=	1	1	-		ホームページを見る人 N=	1	1	-
1 週4～5回以上	-	-	-		4 月1回未満	100.0	100.0	-
2 週1～3回	-	-	-		5 不明・無回答	-	-	-
3 月1～3回	-	-	-					

Q22SQ2.1.7 (Q22SQ1でお選びのなかで)どれくらいの頻度で行われていますか. (メーリングリスト)

	全体	薄磯	豊間			全体	薄磯	豊間
メーリングリストを見る人 N=	1	-	1		メーリングリストを見る人 N=	1	-	1
1 週4～5回以上	-	-	-		4 月1回未満	100.0	-	100.0
2 週1～3回	-	-	-		5 不明・無回答	-	-	-
3 月1～3回	-	-	-					

Q22SQ2.1.8 (Q22SQ1でお選びのなかで)どれくらいの頻度で行われていますか. (その他)

	全体	薄磯	豊間			全体	薄磯	豊間
その他 N=	3	1	2		その他 N=	3	1	2
1 週4～5回以上	-	-	-		4 月1回未満	100.0	100.0	100.0
2 週1～3回	-	-	-		5 不明・無回答	-	-	-
3 月1～3回	-	-	-					

Q23 発信・共有されている情報はどのような内容ですか. (いくつでも)

	全体	薄磯	豊間			全体	薄磯	豊間
N=	180	48	132		N=	180	48	132
1 国や自治体が発行する広報誌の内容	47.2	47.9	47.0		7 婦人会・老人会に関する情報	7.8	10.4	6.8
2 震災復興等の情報	68.9	70.8	68.2		8 会合に関する情報	18.3	27.1	15.2
3 区内に住む他の人の安否について	13.3	14.6	12.9		9 まちづくり全般に関する情報	36.7	39.6	35.6
4 区内の被害状況について	17.2	10.4	19.7		10 その他	3.9	6.3	3.0
5 補償に関する情報	23.9	31.3	21.2		11 不明・無回答	10.6	8.3	11.4
6 冠婚葬祭に関する情報	5.6	8.3	4.5					

Q24 行われている情報発信・共有についてどうお考えですか. (ひとつだけ)

	全体	薄磯	豊間			全体	薄磯	豊間
N=	180	48	132		N=	180	48	132
1 非常に満足している	3.3	6.3	2.3		4 あまり満足していない	24.4	31.3	22.0
2 まあ満足している	23.9	16.7	26.5		5 まったく満足していない	10.0	6.3	11.4
3 どちらともいえない	32.2	31.3	32.6		6 不明・無回答	6.1	8.3	5.3

Q25 今後,どのような情報を提供して欲しいですか. (いくつでも)

	全体	薄磯	豊間			全体	薄磯	豊間
N=	180	48	132		N=	180	48	132
1 震災復興等,まちづくり全般に関する情報	86.7	77.1	90.2		7 補償に関する情報	8.9	6.3	9.8
2 補償に関する情報	53.3	56.3	52.3		8 冠婚葬祭に関する情報	27.2	14.6	31.8
3 国や自治体が発行する広報誌の内容	35.0	35.4	34.8		9 婦人会・老人会に関する情報	5.0	6.3	4.5
4 セールなど近隣の買い物情報	4.4	8.3	3.0		10 会合に関する情報	9.4	20.8	5.3
5 区内に住む他の人の安否について	16.1	18.8	15.2		11 その他	1.1	4.2	-
6 区内の被害状況について	15.6	10.4	17.4		12 不明・無回答	6.1	6.3	6.1

Q26 今後,どのような方法で情報を提供して欲しいですか. (いくつでも)

	全体	薄磯	豊間			全体	薄磯	豊間
N=	180	48	132		N=	180	48	132
1 自治会独自の会報	60.6	68.8	57.6		5 メーリングリストで加入者へ配信	3.3	4.2	3.0
2 自治会以外が発行するチラシ・パンフレットの配布	36.1	29.2	38.6		6 タブレット端末を配布し,ネット配信	6.1	8.3	5.3
3 回覧板	43.3	37.5	45.5		7 その他	2.2	2.1	2.3
4 ホームページで掲載	11.1	8.3	12.1		8 不明・無回答	12.2	16.7	10.6

●集団移転先についてお聞きします.

Q27 あなたがもっとも希望しているところはどこですか。(ひとつだけ)

	全体	薄磯	豊間
N=	180	48	132
1 自分の住んでいた区	59.4	56.3	60.6
2 沼の内区などの隣の区	1.1	-	1.5
3 上記行政区以外のいわき市内	22.2	22.9	22.0
4 それ以外の福島県内	-	-	-
5 福島県外	1.7	2.1	1.5
6 まだ決めていない	7.2	14.6	4.5
7 不明・無回答	8.3	4.2	9.8

Q27SQ1 その理由を教えてください。(ひとつだけ)

移転先を決めている人	全体	薄磯	豊間
N=	152	39	113
1 震災前に住んでいたところに近いから	22.4	25.6	21.2
2 生まれ育った場所であるから	34.2	43.6	31.0
3 気候等の自然環境が似ているから	1.3	-	1.8
4 家族や親戚が近いところに住んでいるから	3.9	-	5.3
5 友人・知人が近いところに住んでいるから	0.7	-	0.9
6 周辺の住民に気兼ねしなくてよいから	0.7	2.6	-
7 職場や学校が近いから	3.3	2.6	3.5
8 商業施設が多いから	2.0	-	2.7
9 既に住宅を購入しているから	6.6	7.7	6.2
10 生活の拠点になっているから	4.6	5.1	4.4
11 その他	6.6	5.1	7.1
12 不明・無回答	13.8	7.7	15.9

●過去の津波等の自然災害についておうかがいします.

Q28 この地区において、以下にあげることを聞いたことがありますか。(いくつでも)

	全体	薄磯	豊間
N=	180	48	132
1 災害に関する言い伝え	36.7	39.6	35.6
2 昔からの行事や祭事の由来	44.4	52.1	41.7
3 区・組・班内での取り決め方に関するしきたり	25.6	31.3	23.5
4 住民同士で問題が起きた際の解決方法	3.9	6.3	3.0
5 近所の子供に対する見守り方や叱り方	7.2	10.4	6.1
6 その他言い伝えやルール	2.8	6.3	1.5
7 ひとつもない	25.6	18.8	28.0
8 不明・無回答	10.0	4.2	12.1

Q28SQ1 (Q28で1とお答えの方に)それはどのような災害に関する言い伝えでしたか。(いくつでも)

災害に関する言い伝えを聞いたことがある人	全体	薄磯	豊間
N=	66	19	47
1 地震	40.9	26.3	46.8
2 火事	12.1	15.8	10.6
3 津波	74.2	63.2	78.7
4 高潮	24.2	21.1	25.5
5 洪水	6.1	-	8.5
6 落雷	12.1	15.8	10.6
7 土砂崩れ	9.1	-	12.8
8 その他災害	3.0	5.3	2.1
9 不明・無回答	1.5	-	2.1

Q29 あなたはチリ地震による津波(1960年5月)を、この地区(豊間・薄磯)で経験しましたか。(ひとつだけ)

	全体	薄磯	豊間
N=	180	48	132
1 経験した	47.2	47.9	47.0
2 経験していない	50.6	50.0	50.8
3 不明・無回答	2.2	2.1	2.3

Q29SQ1 (Q29で1とお答えの方に)その当時はどのような行動をとりましたか。(ひとつだけ)

経験したことがある人	全体	薄磯	豊間
N=	85	23	62
1 津波を警戒して避難した	14.1	-	19.4
2 津波は警戒していなかったが避難をした	5.9	4.3	6.5
3 津波は警戒していたが避難をしなかった	35.3	43.5	32.3
4 津波は警戒していなかったので避難をしなかった	28.2	43.5	22.6
5 不明・無回答	16.5	8.7	19.4

Q29SQ2 (Q29SQ1で1または2とお答えの方に)避難した理由を教えてください。(いくつでも)

経験かつ避難したことがある人	全体	薄磯	豊間
N=	17	1	16
1 この地区に過去に大きな津波被害があったことを聞い	17.6	-	18.8
2 海の様子が異常があったから	29.4	-	31.3
3 自分の家族・親戚に避難を呼びかけられたから	23.5	-	25.0
4 近所の住民や隣組に避難を呼びかけられたから	29.4	-	31.3
5 自治会から避難を呼びかけられたから	17.6	-	18.8
6 消防団から避難を呼びかけられたから	29.4	-	31.3
7 警察や消防署に避難を呼びかけられたから	17.6	100.0	12.5
8 自治体(防災無線含む)等の避難呼びかけ	-	-	-
9 その他	29.4	-	31.3
10 不明・無回答	5.9	-	6.3

Q29SQ3 (Q29SQ1で3または4とお答えの方に)避難した理由を教えてください。(いくつでも)

経験かつ避難したことがない人	全体	薄磯	豊間
N=	54	20	34
1 過去に大きな話を聞いたことがなかった	50.0	50.0	50.0
2 避難の呼びかけがなかったため	40.7	40.0	41.2
3 その時いた場所で津波がくるとは思わなかった	37.0	25.0	44.1
4 海の様子を見たが異常がなかったため	11.1	10.0	11.8
5 家族が避難する意思がなかったため	25.9	25.0	26.5
6 迷ってるうちに避難し損ねたため	9.3	10.0	8.8
7 その他	13.0	15.0	11.8
8 わからない	5.6	10.0	2.9
9 不明・無回答	9.3	10.0	8.8

●統計処理のため以下の質問にお答えください

F1 あなたの性別は(ひとつだけ)

	全体	薄磯	豊間
N=	180	48	132
1 男	67.2	60.4	69.7
2 女	30.6	35.4	28.8
3 不明・無回答	2.2	4.2	1.5

F2 あなたの年代は(ひとつだけ)

	全体	薄磯	豊間
N=	180	48	132
1 20代	1.1	2.1	0.8
2 30代	6.7	10.4	5.3
3 40代	11.1	10.4	11.4
4 50代	20.6	27.1	18.2
5 60代以上	57.2	45.8	61.4
6 不明・無回答	3.3	4.2	3.0

F3　あなたご自身は以下に示されている立場のどれにあてはまりますか。（ひとつだけ）

	全体	薄磯	豊間			全体	薄磯	豊間
N=	180	48	132		N=	180	48	132
1 学生	-	-	-	5 末子が、小学生の親		3.9	2.1	4.5
2 独身者	13.3	22.9	9.8	6 末子が中学、高校、大学などの学生の親		15.6	14.6	15.9
3 子供がいない夫婦	7.8	4.2	9.1	7 末子が卒業して就職、または結婚した子供の親		43.9	43.8	43.9
4 末子が、小学校入学前の親	2.2	4.2	1.5	8 不明・無回答		13.3	8.3	15.2

F4　あなたの家の家族構成を教えてください。

	全体	薄磯	豊間			全体	薄磯	豊間
N=	180	48	132		N=	180	48	132
1 非高齢者のみの核家族世帯	14.4	18.8	12.9	5 高齢者の単身世帯		5.6	8.3	4.5
2 高齢者のみの核家族世帯	16.7	10.4	18.9	6 二世帯以上が共に居住		18.9	14.6	20.5
3 非高齢者と高齢者からなる親族世帯	23.3	18.8	25.0	7 その他		7.2	2.1	9.1
4 非高齢者の単身世帯	6.7	14.6	3.8	8 不明・無回答		7.2	12.5	5.3

F5　震災前はどこにお住まいでしたか

	全体	薄磯	豊間			全体	薄磯	豊間
N=	180	48	132		N=	180	48	132
1 大平	-	-	-	14 大の作		1.1	-	1.5
2 北ノ作	1.7	6.3	-	15 八幡町		6.1	-	8.3
3 北街	2.2	8.3	-	16 柳町		1.7	-	2.3
4 小塚	0.6	2.1	-	17 原町		9.4	-	12.9
5 中街	8.3	29.2	-	18 下町		6.1	-	9.1
6 根本	-	-	-	19 榎町		-	-	-
7 三反田	-	-	-	20 樋口		0.6	-	0.8
8 南作	1.7	4.2	-	21 兎渡路		15.6	-	21.2
9 南街	11.1	41.7	-	22 合磯		13.3	-	18.2
10 宿崎	-	-	-	23 塩場		3.3	-	4.5
11 神之前	0.6	-	0.8	24 その他		6.1	4.2	7.6
12 洞	4.4	-	6.1	25 不明・無回答		3.3	4.2	3.0
13 塩屋町	2.8	-	3.8					

F6　現在はどこにお住まいですか。

	全体	薄磯	豊間			全体	薄磯	豊間
N=	180	48	132		N=	180	48	132
1 大平	-	-	-	21 兎渡路		4.4	-	6.1
2 北ノ作	-	-	-	22 合磯		10.6	-	14.4
3 北街	-	-	-	23 塩場		-	-	-
4 小塚	-	-	-	24 沼ノ内		6.7	12.5	4.5
5 中街	-	-	-	25 小名浜		9.4	6.3	10.6
6 根本	-	-	-	26 江名		0.6	-	0.8
7 三反田	-	-	-	27 中之作		-	-	-
8 南作	-	-	-	28 平		13.3	14.6	12.9
9 南街	-	-	-	29 中央台		9.4	16.7	6.8
10 宿崎	-	-	-	30 内郷		8.3	14.6	6.1
11 神之前	0.6	-	0.8	31 常磐		5.6	10.4	3.8
12 洞	3.3	-	4.5	32 自由ヶ丘		-	-	-
13 塩屋町	-	-	-	33 泉ヶ丘		-	-	-
14 大の作	1.1	-	1.5	34 泉町		1.7	-	2.3
15 八幡町	0.6	-	0.8	35 それ以外のいわき市内		7.8	8.3	7.6
16 柳町	-	-	-	36 福島県内（いわき市を除く）		1.1	-	1.5
17 原町	3.3	-	4.5	37 福島県外		3.3	4.2	3.0
18 下町	1.7	-	2.3	38 その他		3.9	8.3	2.3
19 榎町	-	-	-	39 不明・無回答		2.8	4.2	2.3
20 樋口	0.6	-	0.8					

F7　あなたの震災前の居住地域（豊間、薄磯）での居住年数を教えてください。（ひとつだけ）

	全体	薄磯	豊間			全体	薄磯	豊間
N=	180	48	132		N=	180	48	132
1 1年未満	2.2	2.1	2.3	4 50年以上		41.1	33.3	43.9
2 1年以上10年未満	8.3	10.4	7.6	5 不明・無回答		1.7	2.1	1.5
3 10年以上50年未満	46.7	52.1	44.7					

F8　震災前の居住形態を教えてください。（ひとつだけ）

	全体	薄磯	豊間			全体	薄磯	豊間
N=	180	48	132		N=	180	48	132
1 持ち家（一戸建て）	90.0	85.4	91.7	5 社宅・寮		0.6	-	0.8
2 持ち家（分譲マンション等）	-	-	-	6 その他		0.6	2.1	-
3 賃貸住宅（民間・公社等）	3.9	4.2	3.8	7 不明・無回答		1.7	2.1	1.5
4 市営住宅	3.3	6.3	2.3					

F9　現在の居住形態を教えてください。（ひとつだけ）

	全体	薄磯	豊間			全体	薄磯	豊間
N=	180	48	132		N=	180	48	132
1 震災前から住んでいた自宅	27.8	-	37.9	5 仮設住宅		5.6	12.5	3.0
2 震災後購入した自宅	12.8	12.5	12.9	6 その他		8.9	18.8	5.3
3 自分で借りた住宅	5.6	8.3	4.5	7 不明・無回答		1.7	2.1	1.5
4 国や自治体の借り上げ住宅	37.8	45.8	34.8					

F10　現在あなたの世帯がお持ちの情報機器をお選びください。（いくつでも）

	全体	薄磯	豊間			全体	薄磯	豊間
N=	180	48	132		N=	180	48	132
1 固定電話	63.3	43.8	70.5	6 パソコン（インターネット接続無）	2.8	-	3.8
2 携帯電話	85.6	77.1	88.6	7 FAX	22.2	16.7	24.2
3 スマートフォン	18.3	27.1	15.2	8 その他	1.1	2.1	0.8
4 タブレットPC	2.2	-	3.0	9 不明・無回答	1.7	2.1	1.5
5 パソコン（インターネット接続有）	35.0	35.4	34.8				

【資料2.3 「本震災の避難と生活」についてのアンケート調査】

●「被災前の行動」についておうかがいします

Q1 あなたやご家族の人は、大地震等（火災、水害等を含む）が起きたときの対応を話したり、考えてきましたか。（ひとつだけ）　　　　全体ベース N=171

1 はい　52.0	3 不明・無回答　1.2
2 いいえ　46.8	

＊Q1で「1. はい」とお答えの方

Q2 どんな人たちと話してきましたか。（いくつでも）　　　被災時の対応を話したり考えてきた人ベース N=89

1 自分の家族　79.8	6 警察や消防関係の人　3.4
2 自分の親戚　27.0	7 学校や職場関係の人　11.2
3 近所に住んでいる人　44.9	8 NPO等の団体との人　3.4
4 町内会・自治会の人　11.2	9 その他　2.2
5 市役所や役場の人　11.2	10 不明・無回答　2.2

Q3 どんなことを話してきましたか。（いくつでも）　　被災時の対応を話したり考えてきた人ベース N=89

1 心がまえについて　34.8	7 家族や親戚間の連絡方法について　32.6
2 津波や土砂崩れ発生時の避難方法、時期、場所について　36.0	8 自治会・町内会員間の連絡について　6.7
3 原発事故発生時の避難方法、時期、場所について　24.7	9 家屋の安全度について　34.8
4 その他災害発生時の避難の方法、時期、場所について　22.5	10 地域の災害危険箇所について　12.4
5 食料・飲料水について　30.3	11 その他　0.0
6 非常持ち出し品について　34.8	12 不明・無回答　3.4

●「被災時の行動」についておうかがいします

Q4 ご自宅から避難した理由は何ですか。（いくつでも）　　　　全体ベース N=171

1 地震により自宅が半壊・倒壊したから　28.7	5 津波や土砂崩れ発生への不安があったから　12.9
2 津波により自宅が半壊・倒壊したから　31.0	6 ライフライン（電気、ガス、水道等）が使えなくなったから　26.9
3 原発事故により避難または屋内待避指示が出たから　40.9	7 その他　8.2
4 （指示は出なかったが）原発事故への不安があったから　9.4	8 不明・無回答　2.9

Q5 避難する決め手となった情報源は何ですか。（いくつでも）　　　　全体ベース N=171

1 テレビ・ラジオによる情報　25.7	9 近所に住んでいる人からの情報　20.5
2 携帯やインターネットによる情報　7.6	10 警察や消防署からの情報　5.3
3 国、県、自治体からの情報（防災無線含む）　22.2	11 学校関係の人からの情報　0.0
4 町内会や自治会からの情報　14.6	12 職場関係の人からの情報　7.0
5 消防団からの情報　11.1	13 その他　0.0
6 NPO等の団体からの情報　0.0	14 ひとつもない　4.7
7 自分の家族からの情報　18.7	15 不明・無回答　2.9
8 自分の親戚からの情報　12.3	

Q6 ここまでの避難手段は何でしたか。（いくつでも）　　　　全体ベース N=171

1 徒歩・自転車　26.9	4 その他　1.8
2 自家用車　63.2	5 不明・無回答　4.1
3 バス・タクシー（自治体用意含む）　10.5	

Q7 避難所の生活について、満足しているものと不満なものをそれぞれ記入してください。（それぞれいくつでも）

満足している　　　　全体ベース N=171

1 食料や飲料について　47.4	11 地元の状況に関する情報提供について　4.1
2 居住環境（スペース、衛生状況）について　25.7	12 仕事や学校への通勤・通学方法について　8.2
3 風呂・トイレについて　18.1	13 国や自治体の生活支援について　9.9
4 個人のプライバシーについて　14.0	14 ボランティアによる生活支援について　39.8
5 避難所での人づきあいについて　29.2	15 医療・福祉への対応について　29.2
6 避難者同士の助け合いについて　36.8	16 カウンセラーによる悩み相談について　13.5
7 自治会・町内会による情報提供について　9.4	17 その他　1.2
8 テレビ・ラジオによる情報提供について　20.5	19 不明・無回答　20.5
9 新聞・雑誌による情報提供について　39.8	
10 国・自治体による情報提供について　6.4	

不満である

1 食料や飲料について　11.1	11 地元の状況に関する情報提供について　37.4
2 居住環境（スペース、衛生状況）について　25.7	12 仕事や学校への通勤・通学方法について　12.9
3 風呂・トイレについて　40.4	13 国や自治体の生活支援について　33.9
4 個人のプライバシーについて　36.8	14 ボランティアによる生活支援について　7.6
5 避難所での人づきあいについて　15.8	15 医療・福祉への対応について　12.3
6 避難者同士の助け合いについて　9.9	16 カウンセラーによる悩み相談について　10.5
7 自治会・町内会による情報提供について　22.8	17 その他　2.9
8 テレビ・ラジオによる情報提供について　20.5	18 ひとつもない　21.6
9 新聞・雑誌による情報提供について　8.2	19 不明・無回答
10 国・自治体による情報提供について　33.9	

●「被災後生活への期待」についておうかがいします

Q8 避難所の生活について、今後期待するものは何ですか。（いくつでも）　　　　全体ベース N=171

1 食料や飲料を十分に供給してほしい　19.3	11 地元の状況に関する情報をもっと提供してほしい　36.8
2 避難所の居住環境を改善してほしい　23.4	12 職場や学校への通勤・通学方法を確保してほしい　8.2
3 仮設住宅等の提供をしてほしい　40.9	13 国や自治体の生活支援を提供してほしい　34.5
4 風呂・トイレを整備してほしい　34.5	14 ボランティアによる生活支援をしてほしい　12.3
5 個人のプライバシーを守れるようにしてほしい　33.3	15 医療・福祉への対応をしてほしい　16.4
6 避難所にいる人たちと交流したい　21.6	16 カウンセラーによる悩み相談をやってほしい　7.6
7 避難者同士の助け合いをしていきたい　11.1	17 その他　2.9
8 テレビ・ラジオによる震災・復興情報をもっと提供してほしい　26.9	18 ひとつもない　18.1
9 新聞・雑誌による震災・復興情報をもっと提供してほしい　14.0	19 不明・無回答
10 国・自治体による震災・復興情報をもっと提供してほしい　33.3	

●統計処理のため以下の質問にお答えください

F1 あなたの性別は（ひとつだけ）　　　　全体ベース N=171

1 男性　50.9	3 不明・無回答　4.7
2 女性　44.4	

F2 あなたの年齢は（数字を記入）　　　　全体ベース N=171

1 10代　1.2	6 60代　23.4
2 20代　4.7	7 70代　14.0
3 30代　5.8	8 80代以上　4.7
4 40代　9.4	9 不明・無回答　7.0
5 50代　29.8	

F3	あなたご自身は以下に示されている立場のどれにあてはまりますか。(ひとつだけ)			全体ベース N= 171	
	1 中学、高校在学中	1.2	6 末っ子が、小学生の親		2.9
	2 予備校、専門学校、大学などの学生	1.2	7 末っ子が、中学、高校、大学などの学生の親		7.6
	3 独身者	35.7	8 末っ子が卒業して就職、または結婚した子供の親		17.5
	4 子供がいない夫婦	5.3	9 不明・無回答		27.5
	5 末っ子が、小学校入学前の親	1.2			

F4	あなたが被災時にお住まいの家はどれですか。(ひとつだけ)			全体ベース N= 171	
	1 持ち家(一戸建て)	57.3	4 民間の借家・住宅		22.2
	2 持ち家(集合住宅)	1.8	5 その他		0.6
	3 公営の借家・住宅	8.8	6 不明・無回答		9.4

F5	あなたの家の家族構成はどうなっていますか。(ひとつだけ)			全体ベース N= 171	
	1 非高齢者のみの核家族世帯	12.3	5 高齢者の単身世帯		9.9
	2 高齢者のみの核家族世帯	15.2	6 二世帯以上が共に居住		17.0
	3 非高齢者と高齢者からなる親族世帯	13.5	7 その他		7.6
	4 非高齢者の単身世帯	9.9	8 不明・無回答		14.6

F6	あなたの被災時のお住まいは、また自治会・町内会はどこに所属していますか。(ひとつだけ)			全体ベース N= 171	
	1 いわき市内	51.5	3 不明・無回答		
	2 いわき市外	48.5			

F7	あなたの家の家族構成はどうなっていますか。(ひとつだけ)			全体ベース N= 171	
	1 自治会	5.3	3 未加入		11.7
	2 町内会	31.0	4 不明・無回答		52.0

F8	個別調査について(ひとつだけ)			全体ベース N= 171	
	1 協力してもよい	27.5	4 その他		9.9
	2 場合によっては協力してもよい	21.1	5 不明・無回答		14.6
	3 協力できない	26.9			

【資料3 楢葉町コミュニティ調査】

さっそくですが、あなたの**震災前と現在の職業**についておうかがいします。

Q1 あなたの震災前と現在のお仕事は何ですか。(ひとつだけ)

A 震災前　　　全体ベース N=477

1	常時雇用されている管理職従業者	10.1	10 商業系自営業主	4.4
2	常時雇用されている管理職以外の従業者	24.5	11 自営業の家族従事者	3.6
3	会社経営者	2.3	12 農林水産業	8.8
4	公務員	4.2	13 その他の職業	6.5
5	派遣社員・契約社員	1.9	14 アルバイト・フリーター	1.5
6	パートタイマー	5.0	15 学生	-
7	自由業(フリーのデザイナーやライター、プログラマーなど)	-	16 専業主婦	4.4
8	開業医や弁護士など専門系自営業主	0.4	17 仕事はしていない	18.2
9	工業系自営業主	1.7	18 不明・無回答	2.5

B 現在　　　全体ベース N=477

1	常時雇用されている管理職従業者	6.1	10 商業系自営業主	1.0
2	常時雇用されている管理職以外の従業者	17.4	11 自営業の家族従事者	1.0
3	会社経営者	1.0	12 農林水産業	1.0
4	公務員	4.0	13 その他の職業	2.9
5	派遣社員・契約社員	2.3	14 アルバイト・フリーター	2.1
6	パートタイマー	2.5	15 学生	-
7	自由業(フリーのデザイナーやライター、プログラマーなど)	0.2	16 専業主婦	4.2
8	開業医や弁護士など専門系自営業主	-	17 仕事はしていない	46.8
9	工業系自営業主	1.3	18 不明・無回答	7.1

Q1SQ1 (Q1A、Q1Bでそれぞれ1から14とお答えの方へ) あなたのお仕事の業種は何ですか。(ひとつだけ)

A 震災前　　　有職者ベース N=357

1	農林漁業・鉱業	7.8	11 飲食業・宿泊サービス業	2.8
2	建設業	16.5	12 医療・福祉サービス業	4.8
3	消費関連の製造業(食料品、繊維・衣服、家具など)	2.8	13 教育・学習支援サービス業	2.0
4	素材関連の製造業(木材・パルプ、化学、鉄鋼・非鉄・金属など)	3.9	14 複合サービス事業(郵便局、協同組合など)	3.4
5	機械関連の製造業(一般機械、電気機器、輸送機器など)	2.8	15 専門サービス業(法律事務所・経営コンサルタント・デザイン業など)	0.8
6	電気・ガス・熱供給・水道業	7.0	16 生活サービス業(クリーニング、理容・美容、旅行業など)	1.1
7	情報通信業	0.6	17 事業サービス業(映画館などの娯楽業、修理業、物品賃貸業など)	-
8	運輸業	3.6	18 その他のサービス業	5.3
9	卸売・小売業	4.8	19 その他	9.0
10	金融・保険業、不動産業	0.8	20 不明・無回答	20.2

B 現在　　　有職者ベース N=200

1	農林漁業・鉱業	0.5	11 飲食業・宿泊サービス業	2.0
2	建設業	21.0	12 医療・福祉サービス業	5.0
3	消費関連の製造業(食料品、繊維・衣服、家具など)	3.0	13 教育・学習支援サービス業	2.5
4	素材関連の製造業(木材・パルプ、化学、鉄鋼・非鉄・金属など)	5.5	14 複合サービス事業(郵便局、協同組合など)	4.0
5	機械関連の製造業(一般機械、電気機器、輸送機器など)	2.0	15 専門サービス業(法律事務所・経営コンサルタント・デザイン業など)	-
6	電気・ガス・熱供給・水道業	10.5	16 生活サービス業(クリーニング、理容・美容、旅行業など)	1.0
7	情報通信業	1.0	17 事業サービス業(映画館などの娯楽業、修理業、物品賃貸業など)	-
8	運輸業	3.0	18 その他のサービス業	8.0
9	卸売・小売業	3.0	19 その他	10.5
10	金融・保険業、不動産業	1.5	20 不明・無回答	15.5

震災前(2011年3月11日以前)の生活についておうかがいします。

Q2 あなたは以前、以下のどのような人たちとのつきあいがありましたか。(いくつでも)　　　全体ベース N=477

1	親兄弟、従兄弟などの親戚	91.8	7 クラブ・サークルや習い事の仲間	23.1
2	友人・知人	91.2	8 電子メールや掲示板等、インターネットを通じた知り合い	3.4
3	職場(パートやアルバイトも含む)や取引先など仕事関係での付き合い	59.5	9 その他	1.9
4	隣近所の人たち	83.0	10 ひとつもない	0.2
5	町内会・自治会の人たち(マンションの管理組合、消防団なども含む)	45.1	11 不明・無回答	0.6
6	NPO等の団体の人たち	2.9		

Q2SQ1 Q2SQ1でお選びのなかで、どんな手段でやりとりされましたか。(いくつでも)　　　つきあいのある人ベース N=473

1	直接会って話す	93.9	4 その他	2.5
2	電話で話す	86.0	5 不明・無回答	1.7
3	インターネットや電子メールを使う	17.1		

Q2SQ2 Q2SQ1でお選びのなかで、どんな内容の話をされますか。(それぞれいくつでも)　　　つきあいのある人ベース N=473

1	自分や家族の人間関係について	74.6	7 自分や家族の仕事について	56.4
2	自分や家族の健康について	71.9	8 自治会・町内会等の地域活動について	42.5
3	子どもの教育について	32.8	9 趣味等のサークル活動について	37.0
4	高齢者・障がい者の介護・福祉について	35.3	10 地域の防犯・防災について	29.6
5	移動手段・交通機関について	19.2	11 その他	4.2
6	買い物について	44.4	12 不明・無回答	1.3

Q3 以下にあげる情報源のうち、震災前によく利用されていたものをお選びください。(いくつでも)　　　全体ベース N=477

1	新聞・雑誌	89.3	6 mixi、facebook、twitter等のSNS	1.7
2	テレビ・ラジオ	93.9	7 家族の話	64.4
3	企業のホームページ	-	8 友人・知人の話	78.6
4	インターネット上のニュースサイト	23.3	9 その他	1.9
5	ブログやインターネット上の掲示板	5.7	10 不明・無回答	0.4

震災前の町内会・自治会についておうかがいします。

Q4 あなたの世帯は町内会・自治会に加入していましたか。　　　全体ベース N=477

1	加入していた	91.0	3 不明・無回答	0.4
2	加入していなかった	8.6		

Q4SQ1 (Q4「加入している」とお答えの方に)どの地区の町内会・自治会に加入していましたか。(ひとつだけ)
さしつかえなければ町内会・自治会名もお答え下さい。　　　加入者ベース N=434

1	上井出	13.8	9 下繁岡	5.1	17 山田浜	3.5
2	下井出	5.3	10 波倉	3.7	18 椴木下	-
3	北田	6.0	11 営団	4.6	19 女平	0.7
4	大谷	4.1	12 乙次郎	-	20 大坂	0.2
5	松館	2.8	13 上小塙	6.2	21 その他	0.2
6	上繁岡	5.8	14 下小塙	13.4	22 不明・無回答	0.9
7	旭ヶ丘	0.5	15 山田岡	14.5		
8	繁岡	4.8	16 前原	3.9		

Q5 以下にあげる、町内会・自治会の役職にあなたは就いていましたか。(いくつでも) 　加入者ベース N= 434

項目	%	項目	%
1 会長	3.5	5 その他	3.7
2 副会長	3.5	6 役職に就いていない	56.0
3 会計・庶務・部長・監事・評議員・協議員等の役職	12.2	7 不明・無回答	8.5
4 隣組・班の長	21.0		

Q5SQ1A (Q5で1とお答えの方に) あなたご自身の仕事ぶりはどうでしたか。(いくつでも) 　各経験ベース N= 15

項目	%	項目	%
1 推いりも率先して仕事を行い、仕事への意欲が高い	53.3	9 現状の利点を踏まえた上で、問題意識と色々な視点から改善案を出している	46.7
2 町内会・自治会活動への意識を高めている	60.0	10 仕事を一緒に進めるにあたって信頼がおける	40.0
3 町内会・自治会内の雰囲気を自ら率先して良い方向に変えようとしている	53.3	11 人(ひと)として尊敬している	20.0
4 総会などで決めた町内会・自治会の目標を達成しようとする意識が高い	53.3	12 区別をつけず、裏表なく公平な態度で役員や会員に接することができる	60.0
5 役員や会員の話に積極的に耳を傾け、個々の活動を理解しようと努めている	46.7	13 指示がその都度バラバラでなく、一貫している	33.3
6 役員や会員の自主性を尊重し、仕事を任せて後進の人材育成につなげている	46.7	14 あるべき姿をイメージして、明確な町内会・自治会の目標や方針を持っている	33.3
7 状況の変化や課題に対して、柔軟に対応し積極的に解決しようとしている	26.7	15 現状を的確にとらえて、何をすれば良いのか具体的な戦略を持っている	26.7
8 問題解決に必要な資源(人・物・金)について、適切にメンバーに割り当てている	26.7	16 不明・無回答	20.0

Q5SQ1B (Q5で2~6とお答えの方に) あなたから見た会長の仕事ぶりはどうでしたか。(いくつでも) 　各経験ベース N= 394

項目	%	項目	%
1 推いりも率先して仕事を行い、仕事への意欲が高い	30.2	9 現状の利点を踏まえた上で、問題意識と色々な視点から改善案を出している	14.7
2 町内会・自治会活動への意識を高めている	32.5	10 仕事を一緒に進めるにあたって信頼がおける	21.3
3 町内会・自治会内の雰囲気を自ら率先して良い方向に変えようとしている	29.7	11 人(ひと)として尊敬している	21.3
4 総会などで決めた町内会・自治会の目標を達成しようとする意識が高い	34.5	12 区別をつけず、裏表なく公平な態度で役員や会員に接することができる	27.9
5 役員や会員の話に積極的に耳を傾け、個々の活動を理解しようと努めている	29.4	13 指示がその都度バラバラでなく、一貫している	12.7
6 役員や会員の自主性を尊重し、仕事を任せて後進の人材育成につなげている	15.2	14 あるべき姿をイメージして、明確な町内会・自治会の目標や方針を持っている	17.0
7 状況の変化や課題に対して、柔軟に対応し積極的に解決しようとしている	13.5	15 現状を的確にとらえて、何をすれば良いのか具体的な戦略を持っている	14.5
8 問題解決に必要な資源(人・物・金)について、適切にメンバーに割り当てている	14.2	16 不明・無回答	30.2

Q6 あなた(の世帯)の地区ではどの活動が行われていましたか。(いくつでも) 　全体ベース N= 477

項目	%	項目	%
1 ごみ処理収集協力、地域の清掃美化	82.8	7 青少年教育・育成	18.2
2 資源・廃品回収	26.0	8 高齢者・障がい者福祉	19.9
3 防犯・防火パトロール、交通安全対策	42.6	9 その他	5.2
4 集会所等の施設管理	40.3	10 ひとつもない	5.2
5 街灯等の設置や公園・広場の管理	21.8	11 不明・無回答	5.0
6 乳幼児や学童保育の支援	15.9		

Q6SQ1 その中で震災前の1年以内に参加したものはどれですか。(いくつでも) 　全体ベース N= 477

項目	%	項目	%
1 ごみ処理収集協力、地域の清掃美化	61.0	7 青少年教育・育成	7.3
2 資源・廃品回収	14.3	8 高齢者・障がい者福祉	2.9
3 防犯・防火パトロール、交通安全対策	19.3	9 その他	2.9
4 集会所等の施設管理	19.1	10 ひとつもない	23.5
5 街灯等の設置や公園・広場の管理	9.9	11 不明・無回答	23.5
6 乳幼児や学童保育の支援	5.5		

Q7 あなた(の世帯)の地区ではどの行事が行われていましたか。(いくつでも) 　全体ベース N= 477

項目	%	項目	%
1 神社祭礼	70.2	8 研修会・講習会	12.2
2 盆踊り・夏祭り	63.7	9 防災訓練	30.0
3 食事会・飲み会	37.1	10 町内会・自治会の総会	70.2
4 冠婚葬祭	43.2	11 その他	4.0
5 運動会等の体育活動	38.6	12 何もない	2.5
6 新年会・忘年会	38.6	13 不明・無回答	5.0
7 ラジオ体操	8.0		

Q7SQ1 その中で震災前の1年以内に参加したものはどれですか。(いくつでも) 　全体ベース N= 477

項目	%	項目	%
1 神社祭礼	41.7	8 研修会・講習会	7.8
2 盆踊り・夏祭り	37.3	9 防災訓練	15.9
3 食事会・飲み会	23.7	10 町内会・自治会の総会	42.1
4 冠婚葬祭	29.6	11 その他	2.9
5 運動会等の体育活動	20.1	12 何もない	11.7
6 新年会・忘年会	24.1	13 不明・無回答	18.4
7 ラジオ体操	2.7		

Q8 あなた(の世帯)の地区ではどの組織がありましたか。(いくつでも) 　全体ベース N= 477

項目	%	項目	%
1 子供会育成会	51.4	8 婦人会	42.8
2 民生・児童委員会	35.4	9 青年団	22.0
3 少年補導委員会	11.9	10 老人クラブ	63.3
4 体育協会	31.2	11 氏子会・檀家組織	44.4
5 防犯会	49.9	12 その他	3.6
6 消防団(分団)	67.3	13 いずれもない	5.9
7 社会福祉協議会	31.4	14 不明・無回答	9.2

Q8SQ1 その中で震災前の1年以内に関与していた組織はどれですか。(いくつでも) 　全体ベース N= 477

項目	%	項目	%
1 子供会育成会	9.9	8 婦人会	8.2
2 民生・児童委員会	5.2	9 青年団	2.5
3 少年補導委員会	2.9	10 老人クラブ	15.1
4 体育協会	6.9	11 氏子会・檀家組織	22.0
5 防犯会	14.7	12 その他	1.9
6 消防団(分団)	8.8	13 いずれもない	31.2
7 社会福祉協議会	10.5	14 不明・無回答	31.2

Q9 あなた(の世帯)の地区では、ここ数年、地域生活を営む上で困った問題がありましたか。(いくつでも) 　全体ベース N= 477

項目	%	項目	%	項目	%
1 ゴミ処理の問題	15.1	10 ひとり暮らしの高齢者への対応	14.5	19 他地区との交流が少ない	12.4
2 商店・スーパー等の買い物施設の不足	20.8	11 幼児虐待などの子育て上の問題	0.4	20 とりまとめ役の不在	8.0
3 治安・少年非行・風紀の悪化	3.1	12 住民間のトラブル	4.0	21 民間企業とのトラブル	0.6
4 移動や交通の問題	12.8	13 名前を知らない人の増加	12.8	22 行政とのトラブル	1.3
5 保育園・学校等の教育施設の不足	2.3	14 世代間のズレ	11.9	23 トラブルや問題解決の手順・ノウハウ不足	2.7
6 公園・運動場・体育施設等の不足	4.4	15 自治会等のルールを守らない住民の存在	8.2	24 店や工場を経営していく上での障害	0.6
7 集会所・図書館等文化交流施設の不足・老朽化	4.2	16 自治会等主催行事への住民の参加の少なさ	18.4	25 その他	1.3
8 病院等医療・福祉施設の不足	9.4	17 町内会・町内会役員のなり手不足	9.4	26 困っていることはなかった	21.8
9 災害に対する基盤整備の不足	11.3	18 住民の高齢化	39.4	27 不明・無回答	10.1

Q10 あなたの町内会・自治会ではどのような情報が伝えられていましたか。(いくつでも) 　全体ベース N= 477

項目	%	項目	%
1 国や都道府県が発行する広報誌の内容	57.9	6 役員会、例会、総会に関する情報	46.8
2 セールなどの近隣の買い物情報	24.1	7 まちづくり全般に関する情報	41.1
3 冠婚葬祭に関する情報	33.1	8 その他	4.8
4 防災・防犯に関する情報	52.2	9 情報発信はなかった	4.2
5 婦人会、老人会などに関する情報	44.9	10 不明・無回答	5.0

Q10SQ1 それでは情報をどのような方法で伝えられていましたか。(いくつでも)　情報伝達があった人ベース N=433

1 町内会・自治会独自の会報	48.7	5 メーリングリストで加入者へ配信	0.5
2 町内会・自治会以外が発行するチラシ・パンフレットの配布	41.8	6 その他	2.8
3 回覧板	90.1	7 不明・無回答	2.5
4 インターネットのホームページで掲載	2.3		

Q11 あなたは、大地震等(火災、水害等を含む)が起きたときの対応について具体的に話し合いを行ってきましたか。(ひとつだけ)　全体ベース N=477

1 話し合ってきた	29.8	3 わからない	7.3
2 話し合っていない	58.7	4 不明・無回答	4.2

Q11SQ1 (Q11で1とお答えの方に)話したのはどんな人たちですか。(いくつでも)　話し合った人ベース N=142

1 自分の家族・親戚	83.8	6 学校や職場関係の人	10.6
2 近所に住んでいる人	45.1	7 NPO等の団体との人	2.1
3 町内会・自治会の人	33.8	8 その他	2.8
4 役場の人	26.8	9 不明・無回答	2.1
5 警察や消防関係の人	11.3		

Q11SQ2 (Q11で1とお答えの方に)具体的に話し合った内容(いくつでも)　話し合った人ベース N=142

1 心がまえについて	43.0	7 地域の災害危険箇所について	30.3
2 避難の方法、時期、場所について	59.9	8 外国人等の同居居住者・一時滞在者の安全について	1.4
3 食料・飲料水について	42.3	9 高齢者・子ども・障がい者の安全について	22.5
4 非常持ち出し品について	56.3	10 その他	2.1
5 住民間の安否確認等の連絡について	22.5	11 不明・無回答	8.5
6 家屋の安全度について	40.8		

震災直後(2011年3月11日から避難所等まで)の生活についておうかがいします。

Q12 ご自宅から避難した理由は何ですか。(いくつでも)　全体ベース N=477

1 地震により自宅が半壊・倒壊したから	14.9	5 (余震等による)津波や土砂崩れ発生への不安があったから	9.0
2 津波により自宅が半壊・倒壊したから	5.2	6 ライフライン(電気、ガス、水道等)が使えなくなったから	27.9
3 原発事故により避難または屋内待避指示が出たから	89.5	7 その他	3.4
4 (指示は出なかったが)原発事故への不安があったから	8.0	8 不明・無回答	1.5

Q12SQ1 避難する決め手となった情報源は何ですか。(いくつでも)　全体ベース N=477

1 テレビ・ラジオによる情報	20.5	7 自分の家族・親戚からの情報	21.4
2 携帯やインターネットによる情報	3.1	8 近所に住んでいる人からの情報	18.9
3 国、県、市町村からの情報(防災無線含む)	50.9	9 職場・学校関係の人からの情報	6.3
4 警察や消防署、消防団からの情報	21.2	10 その他	4.0
5 町内会や自治会からの情報	20.8	11 ひとつもない	0.6
6 NPO等の団体からの情報	0.4	12 不明・無回答	1.5

Q12SQ2 一番目の避難場所は以下のどれでしたか。(いくつでも)　全体ベース N=477

1 避難所(体育館、公民館等)	74.8	4 その他	3.8
2 親や親族関係の住宅	24.7	5 不明・無回答	0.6
3 友人・知人関係の住宅	6.9		

Q12SQ3 一番目の避難場所までの避難手段は何でしたか。(いくつでも)　全体ベース N=477

1 徒歩・自転車	5.9	4 その他	1.9
2 自家用車・バイク(原付含む)	88.1	5 不明・無回答	0.8
3 バス・タクシー(都道府県用意含む)	5.7		

Q12SQ4 誰と一緒に避難しましたか。(いくつでも)　全体ベース N=477

1 ひとりで	9.2	5 町内会・自治会の人たち	2.3
2 家族・親戚	77.4	6 その他	4.2
3 友人・知人	8.0	7 都道府県によるとりまとめで集団で避難した	1.9
4 隣近所の人たち	10.5	8 不明・無回答	1.9

Q12SQ5 現在お住まいのところまでで、何ヵ所の避難所で生活しましたか。(数字を記入)一番目の避難場所も含めた数字をご記入下さい。　回答者ベース N=465　4.8ヶ所

Q13 避難所等での生活において、以下のどのような人たちとのつきあいがありましたか。(いくつでも)　全体ベース N=477

1 避難所等、震災後に知り合った人たち	46.8	7 NPO等の団体の人たち	8.0
2 親兄弟、従兄弟などの親戚	71.9	8 クラブ・サークル等の趣味や習い事の仲間	3.8
3 友人・知人	54.5	9 電子メールや掲示板、インターネットを通じた知り合い	1.9
4 職場(パートやアルバイト等も含む)や取引先など仕事関係での付き合い	20.8	10 その他	1.3
5 震災前に住んでいた隣近所の人たち	37.5	11 ひとつもない	0.8
6 震災前に加入していた町内会・自治会の人たち	15.1	12 不明・無回答	1.7

Q13SQ1 (Q13でお選びのなかで)どんな手段でやりとりされましたか。(いくつでも)　つきあいのあった人ベース N=461

1 直接会って話す	87.0	4 その他	1.7
2 電話で話す	70.9	5 不明・無回答	0.7
3 インターネットや電子メールを使う	8.7		

Q13SQ2 (Q13でお選びのなかで)どんな内容の話をされましたか。(それぞれいくつでも)　つきあいのあった人ベース N=461

1 町内・家周辺の震災状況について	83.3	9 買い物について	33.2
2 一時帰宅について	65.1	10 自分や家族の仕事について	34.7
3 帰町・集団移転先について	29.7	11 避難所等の運営・活動について	11.7
4 自分や家族の人間関係について	30.6	12 趣味等のサークル活動について	6.5
5 自分や家族の健康について	54.7	13 今後の住宅制度について	24.5
6 子どもの教育について	16.1	14 政府・都道府県等による補償問題について	41.0
7 高齢者・障がい者の介護・福祉について	19.7	15 その他	3.7
8 移動手段・交通機関について	30.2	16 不明・無回答	1.7

(仮設住宅等へ転居してからの)現在の生活についておうかがいします。

Q14 現在、あなたがお住まいはどちらになりますか。(ひとつだけ)　全体ベース N=477

1 会津美里町宮里応急仮設住宅	4.0	11 いわき市作町1丁目応急仮設住宅	2.1
2 いわき市高久第6応急仮設住宅	0.6	12 いわき市常磐銭田工業団地応急仮設住宅	0.6
3 いわき市高久第6応急仮設住宅	0.2	13 いわき市下船尾宿舎(雇用促進住宅)	
4 いわき市高久第8応急仮設住宅	4.0	14 いわき市常磐宿舎(雇用促進住宅)	0.6
5 いわき市高久第9応急仮設住宅	5.0	15 福島県内(いわき市を除く)	13.0
6 いわき市高久第10応急仮設住宅	5.5	16 福島県外	18.9
7 いわき市飯野応急仮設住宅	0.6	17 その他	
8 いわき市上荒川応急仮設住宅	5.2	18 いわき市	37.1
9 いわき市四倉細谷応急仮設住宅	1.0	19 不明・無回答	0.4
10 いわき市内郷白水応急仮設住宅	0.6		

Q15 (Q14で15から18とお答えの方に)今、お住まいの住居形態は以下のどれにあてはまりますか。(ひとつだけ)　仮設・雇用促進住宅居住者外ベース N=331

1 国・都道府県による借り上げ住宅	72.2	5 友人・知人関係の住宅	0.3
2 企業による借り上げ住宅	3.6	6 その他	6.0
3 個人で借りている住宅	8.5	7 不明・無回答	3.3
4 親や親族関係の住宅	6.0		

Q15SQ1 (Q14で15から18とお答えの方に)住居形態は以下のどれですか。(ひとつだけ)　仮設・雇用促進住宅居住者外ベース N=331

	%		%
1 一戸建て	26.0	3 その他	1.8
2 集合住宅	67.4	4 不明・無回答	4.8

Q16 あなたはふだん、以下のどのような人たちとのつきあいがありますか。(いくつでも)　全体ベース N=477

	%		%
1 仮設住宅等への転居前に知り合った人たち	33.3	8 仮設住宅等への転居後に加入した町内会・自治会の人たち	9.0
2 避難所で知り合った人たち	19.5	9 NPO等の団体の人たち	3.1
3 親兄弟、従兄弟などの親戚	78.0	10 クラブ・サークル等の趣味や習い事の仲間	7.1
4 友人・知人	75.5	11 電子メールや掲示板等、インターネットを通じた知り合い	1.9
5 職場(パートやアルバイトも含む)や取引先など仕事関係での付き合い	34.2	12 その他	2.9
6 震災前に住んでいた隣近所の人たち	34.8	13 ひとつもない	3.1
7 震災前に加入していた町内会等の人	10.5	14 不明・無回答	2.5

Q16SQ1 Q16でお選びのなかで、特にやりとりされるのはどこ・だれですか。Q16からお選び下さい。(3つまで)　全体ベース N=477

	%		%
1 仮設住宅等への転居後に知り合った人たち	19.9	8 仮設住宅等への転居後に加入した町内会・自治会の人たち	4.6
2 避難所で知り合った人たち	11.7	9 NPO等の団体の人たち	1.3
3 親兄弟、従兄弟などの親戚	66.5	10 クラブ・サークル等の趣味や習い事の仲間	3.1
4 友人・知人	58.9	11 電子メールや掲示板等、インターネットを通じた知り合い	1.0
5 職場(パートやアルバイトも含む)や取引先など仕事関係での付き合い	29.6	12 その他	2.3
6 震災前に住んでいた隣近所の人たち	20.5	13 ひとつもない	16.4
7 震災前に加入していた町内会等の人(マンションの管理組合、消防団など)	3.6		

Q16SQ2 (Q16SQ1でお選びのなかで)どれくらいの頻度でやりとりされますか。(それぞれひとつずつ)　全体ベース N=477

	%		%
1 週4～5回以上	37.3	4 月1回未満	22.6
2 週1～3回	52.4	5 不明・無回答	14.7
3 月1～3回	46.3		

Q16SQ3 (Q16SQ1でお選びのなかで)どんな手段でやりとりされますか。(それぞれいくつでも)　全体ベース N=477

	%		%
1 直接会って話す	75.9	4 その他	1.7
2 電話で話す	70.6	5 不明・無回答	12.4
3 インターネットや電子メールを使う	15.5		

Q16SQ4 (Q16SQ1でお選びのなかで)どんな内容の話をされますか。(それぞれいくつでも)　全体ベース N=477

	%		%
1 町内・家周辺の震災状況について	65.0	9 買い物について	32.9
2 一時帰宅について	69.2	10 自分や家族の仕事について	37.3
3 帰宅・集団移転先について	40.9	11 自治会・町内会等の地域運営・活動について	13.4
4 自分や家族の人間関係について	45.5	12 趣味等のサークル活動について	13.4
5 自分や家族の健康について	58.1	13 今後の住宅制度について	33.5
6 子どもの教育について	20.3	14 政府や都道府県等による補償問題について	55.1
7 高齢者・障がい者の介護・福祉について	26.4	15 その他	10.7
8 移動手段・交通機関について	15.5	16 不明・無回答	13.4

Q17 以下にあげる情報のうち、現在、よく利用しているものをお選びください。(いくつでも)　全体ベース N=477

	%		%
1 新聞・雑誌	85.1	6 mixi、facebook、twitter等のSNS	2.5
2 テレビ・ラジオ	93.3	7 家族の話	45.5
3 企業のホームページ	7.3	8 友人・知人の話	60.0
4 インターネット上のニュースサイト	30.2	9 その他	2.7
5 ブログやインターネット上の掲示板	8.4	10 不明・無回答	1.9

Q17SQ1 (Q17で選んだもので)「東日本大震災」関連の記事等の情報源はどれですか。(いくつでも)　全体ベース N=477

	%		%
1 新聞・雑誌	71.9	6 mixi、facebook、twitter等のSNS	0.8
2 テレビ・ラジオ	75.9	7 家族の話	26.6
3 企業のホームページ	4.4	8 友人・知人の話	41.5
4 インターネット上のニュースサイト	23.1	9 その他	2.5
5 ブログやインターネット上の掲示板	5.9	10 不明・無回答	13.0

Q18 「東日本大震災」に関する記事・ニュース等の報道を見て、どうお感じですか。(それぞれひとつだけ)　全体ベース N=477

	そう思う	いちえともいとも	そう思わない	不明・無回答
1 あまり良い気持ちはしない	44.0	28.1	18.4	9.4
2 自分たちが日本を励ましていると感じる	9.0	32.3	46.1	12.6
3 震災者への支援・応援の気持ちを感じる	47.6	29.4	12.8	10.3
4 震災者に寄りそう、共感の気持ちが伝わってくる	30.0	40.7	17.2	12.2
5 私たちの気持ちを正しく伝えてくれていない	45.3	32.3	11.7	10.7
6 私たちの状況を正確に伝えている	10.3	36.7	41.5	11.5
7 注目され続けるのは居心地が悪い	20.8	41.3	24.9	13.0
8 真剣に震災地の復興を考えてくれているように感じる	12.6	35.4	40.9	11.1
9 報道が震災地の復興につながっていると思う	25.2	39.2	23.1	12.6
10 私たちは一方的な被害者ではないのに、と思う	25.8	38.4	22.0	13.8
11 伝えられていることには偏りがあり、中立・公平ではないと思う	39.8	38.2	9.9	12.2
12 報道にはいつも、どこか違和感を感じる	34.8	42.8	11.3	11.1
13 報道されている「被災者」に、自分は含まれていないように感じる	21.4	34.6	31.7	12.4
14 興味本位や、ワイドショー的な番組が多いように思う	35.0	41.3	12.6	11.1
15 報道されているよりも、現実はもっと大変だ	75.3	14.5	3.4	6.9

(仮設住宅等へ転居してからの)現在の町内会・自治会活動についておうかがいします。

Q19 あなたのお住まいの地区に町内会・自治会はありますか。(ひとつだけ)　全体ベース N=477

	%		%
1 ある	46.8	3 知らない	26.0
2 ない	21.0	4 不明・無回答	6.3

Q19SQ1 (Q19で1とお答えの方に)あなたの世帯は町内会・自治会に加入していますか。　設置町内会等認識者ベース N=223

	%		%
1 加入していた	64.6	3 不明・無回答	3.6
2 加入していなかった	31.8		

Q20 以下にあげる、町内会・自治会の役職にあなたは就いていますか。(いくつでも)　認識者&加入ベース N=144

	%		%
1 会長	0.7	5 その他	1.4
2 副会長	2.1	6 役職に就いていない	71.5
3 会計・庶務・部長・監事・評議員・協議員等の役職	4.2	7 不明・無回答	9.0
4 隣組・班の長	13.9		

Q20SQ1A (Q20で1とお答えの方に) あなたご自身の仕事ぶりはどうでしたか。(いくつでも)
認識者&加入&各経験者ベース N= 1

#	項目	%	#	項目	%
1	誰よりも率先して仕事を行い、仕事への意欲が高い	100.0	9	現状の利点を踏まえた上で、問題意識と色々な視点から改善案を出している	100.0
2	町内会・自治会活動への意欲を高めている	100.0	10	仕事を一緒に進めるにあたって信頼がおける	-
3	町内会・自治会内の雰囲気を自ら率先して良い方向に変えようとしている	100.0	11	人(ひと)として尊敬できる	-
4	総会などで決めた町内会・自治会の目標を達成しようとする意識が高い	100.0	12	区別をつけず、裏表なく公平な態度で役員や会員に接することができる	100.0
5	役員や会員の話に積極的に耳を傾け、個々の活動を理解しようと努めている	100.0	13	指示がその都度バラバラでなく、一貫している	-
6	役員や会員の自主性を尊重し、仕事を任せて後進の人材育成につなげている	-	14	あるべき姿をイメージして、明確な町内会・自治会の目標や方針を持っている	-
7	状況の変化や課題に対して、柔軟に対応し積極的に解決しようとしている	-	15	現状を的確にとらえて、何をすれば良いのか具体的な戦略を持っている	100.0
8	問題解決に必要な資源(人・物・金)について、適切にメンバーに割り当てている	-			

Q20SQ1B (Q20で2~6とお答えの方に) あなたから見た会長の仕事ぶりはどうでしたか。(いくつでも)
認識者&加入&各経験者ベース N= 130

#	項目	%	#	項目	%
1	誰よりも率先して仕事を行い、仕事への意欲が高い	20.0	9	現状の利点を踏まえた上で、問題意識と色々な視点から改善案を出している	8.5
2	町内会・自治会活動への意欲を高めている	27.7	10	仕事を一緒に進めるにあたって信頼がおける	16.2
3	町内会・自治会内の雰囲気を自ら率先して良い方向に変えようとしている	24.6	11	人(ひと)として尊敬できる	9.2
4	総会などで決めた町内会・自治会の目標を達成しようとする意識が高い	22.3	12	区別をつけず、裏表なく公平な態度で役員や会員に接することができる	13.1
5	役員や会員の話に積極的に耳を傾け、個々の活動を理解しようと努めている	20.8	13	指示がその都度バラバラでなく、一貫している	7.7
6	役員や会員の自主性を尊重し、仕事を任せて後進の人材育成につなげている	7.7	14	あるべき姿をイメージして、明確な町内会・自治会の目標や方針を持っている	10.0
7	状況の変化や課題に対して、柔軟に対応し積極的に解決しようとしている	12.3	15	現状を的確にとらえて、何をすれば良いのか具体的な戦略を持っている	9.2
8	問題解決に必要な資源(人・物・金)について、適切にメンバーに割り当てている	7.7	16	不明・無回答	51.5

Q21 あなた(の世帯)の地区ではどの活動が行われていますか。(いくつでも)
Q19 = 1or2 ベース N= 323

#	項目	%	#	項目	%
1	ごみ処理や集団力、地域の清掃美化	56.0	8	高齢者・障がい者福祉	16.7
2	資源・廃品回収	28.8	9	親睦・レクリエーション	29.7
3	防犯・防火パトロール、交通安全対策	19.8	10	行政への陳情	10.2
4	集会所等の施設管理	20.4	11	各種説明会・勉強会	21.1
5	街灯等の設備や公園・広場の管理	11.1	12	その他	3.4
6	乳幼児や学童保育の支援	9.0	13	ひとつもない	7.4
7	青少年教育・育成	7.7	14	不明・無回答	20.7

Q21SQ1 その中でこれまでに参加したものはどれですか。(いくつでも)
Q19 = 1or2 ベース N= 323

#	項目	%	#	項目	%
1	ごみ処理や集団協力、地域の清掃美化	36.5	8	高齢者・障がい者福祉	2.2
2	資源・廃品回収	15.5	9	親睦・レクリエーション	14.2
3	防犯・防火パトロール、交通安全対策	3.4	10	行政への陳情	1.5
4	集会所等の施設管理	3.7	11	各種説明会・勉強会	9.0
5	街灯等の設備や公園・広場の管理	1.9	12	その他	-
6	乳幼児や学童保育の支援	0.6	13	ひとつもない	19.8
7	青少年教育・育成	0.6	14	不明・無回答	30.0

Q22 あなた(の世帯)の地区ではどの行事が行われていますか。(いくつでも)
Q19 = 1or2 ベース N= 323

#	項目	%	#	項目	%
1	神社祭礼	24.1	8	研修会・講習会	10.5
2	盆踊り・夏祭り	29.4	9	防災訓練	12.7
3	食事会・飲み会	21.1	10	町内会・自治会の総会	37.8
4	冠婚葬祭	11.1	11	その他	6.5
5	運動会等の体育活動	16.7	12	ひとつもない	13.0
6	新年会・忘年会	8.0	13	不明・無回答	26.0
7	ラジオ体操	2.8			

Q22SQ1 その中で震災前の1年以内に参加したものはどれですか。(いくつでも)
Q19 = 1or2 ベース N= 323

#	項目	%	#	項目	%
1	神社祭礼	7.4	8	研修会・講習会	4.6
2	盆踊り・夏祭り	10.5	9	防災訓練	4.0
3	食事会・飲み会	13.0	10	町内会・自治会の総会	15.5
4	冠婚葬祭	7.4	11	その他	2.2
5	運動会等の体育活動	6.5	12	ひとつもない	31.6
6	新年会・忘年会	3.7	13	不明・無回答	34.4
7	ラジオ体操	0.6			

Q23 あなた(の世帯)の地区ではどの組織がありましたか。(いくつでも)
Q19 = 1or2 ベース N= 323

#	項目	%	#	項目	%
1	子供会育成会	20.4	8	婦人会	13.0
2	民生・児童委員会	17.6	9	青年団	7.1
3	少年補導委員会	6.2	10	老人クラブ	20.7
4	体育協会	11.8	11	氏子会・檀家組織	12.1
5	防犯協会	19.5	12	その他	6.8
6	消防団(分団)	22.0	13	ひとつもない	19.2
7	社会福祉協議会	19.5	14	不明・無回答	37.2

Q23SQ1 その中で震災前の1年以内に関与していた組織はどれですか。(いくつでも)
Q19 = 1or2 ベース N= 323

#	項目	%	#	項目	%
1	子供会育成会	2.2	8	婦人会	2.2
2	民生・児童委員会	1.9	9	青年団	0.6
3	少年補導委員会	0.9	10	老人クラブ	5.3
4	体育協会	1.2	11	氏子会・檀家組織	4.3
5	防犯協会	4.3	12	その他	1.2
6	消防団(分団)	3.4	13	ひとつもない	39.6
7	社会福祉協議会	2.8	14	不明・無回答	46.1

Q24 あなた(の世帯)の地区で、これまでに地域生活を営む上で困った問題がありましたか。(いくつでも)
全体ベース N= 477

#	項目	%	#	項目	%	#	項目	%
1	生活費、住宅ローン等の経済的な問題	5.9	14	家族や親戚が離れて居住	18.9	27	声の大きいものだけの意見が尊重される	2.7
2	ゴミ処理の問題	9.6	15	友人・知人が離れて居住	17.4	28	一部のものだけが参加	3.8
3	商店・スーパー等の買い物施設の不足	8.2	16	名前を知らない人の増加	12.8	29	地域・地区のまとまりのなさ	3.8
4	異なった自然環境への対応(雪降ろし等)	3.4	17	高齢者や単身者の孤立化	17.0	30	活動が多すぎて負担である	0.8
5	治安・少年非行・風紀の悪化	2.7	18	世代間のズレ	4.0	31	行政とのトラブル	1.0
6	移動や交通の問題	8.2	19	自治会のルールを守らない住民の存在	5.0	32	トラブルや問題解決の手段・ノウハウ不足	2.5
7	保育園・学校等育児・教育施設の不足	1.9	20	自治会等主催行事への住民参加の少なさ	4.4	33	居住地区における放射能への不安	9.4
8	公園・運動場・体育施設の不足	2.1	21	自治会・町内会役員のなり手不足	2.1	34	周辺住民によるいやがらせ	0.6
9	集会所等文化交流施設の不足・老朽化	1.0	22	住民の高齢化	8.8	35	その他	9.9
10	病院等医療・福祉施設の不足	6.3	23	他地区との交流が少ない	8.4	36	困っていることはない	12.2
11	ひとり暮らしの高齢者への対応	7.1	24	相談相手の不足・不在	1.9	37	不明・無回答	35.6
12	幼児虐待等の子育て上の問題	0.2	25	以前から居住している周辺住民とのトラ	1.7			
13	市民間のトラブル	4.0	26	とりまとめ役の不在	3.4			

Q25 あなたの町内会・自治会ではどのような情報が伝えられていますか。(いくつでも)
全体ベース N= 477

#	項目	%	#	項目	%
1	国や都道府県が発行する広報誌の内容	49.5	6	震災復興等、まちづくり全般に関する情報	34.8
2	セールなどの近隣の買い物情報	19.1	7	補償に関する情報	25.4
3	冠婚葬祭に関する情報	21.8	8	その他	6.9
4	防災に関する情報	9.9	9	情報発信はなかった	10.5
5	婦人会、老人会などに関する情報	10.9	10	不明・無回答	22.2

Q25SQ1　それでは情報をどのような方法で伝えられていましたか。（いくつでも）　　　　　　　　　　　情報伝達がある人ベース N=321

	%		%
1 町内会・自治会独自の会報	36.4	5 メーリングリストで加入者に配信	1.2
2 町内会・自治会以外が発行するチラシ・パンフレットの配布	48.0	6 その他	9.0
3 回覧板	36.8	7 不明・無回答	8.7
4 インターネットのホームページで掲載	5.6		

Q26　あなたは将来に向けた帰町・集団移転への対応・取り組みについて具体的に話し合いを行ってきましたか。（ひとつだけ）　全体ベース N=477

	%		%
1 話し合ってきた	47.6	3 わからない	13.4
2 話し合っていない	30.2	4 不明・無回答	8.8

Q26SQ1　（Q26で1とお答えの方に）誰と話し合いましたか。（いくつでも）　　　　　　　　　　　　　話し合った人ベース N=227

	%		%
1 自分の家族	93.4	7 町役場の人	32.6
2 自分の親戚	57.7	8 警察や消防関係の人	2.2
3 震災前に住んでいた近所の人	47.1	9 学校や職場関係の人	7.9
4 震災後に住んでいる近所の人	15.0	10 NPO等の団体との人	0.4
5 震災前に住んでいた町内会・自治会の人	15.4	11 その他	4.8
6 震災後に住んでいる町内会・自治会の人	5.7	12 不明・無回答	-

Q26SQ2　（Q25で1とお答えの方に）帰町・集団移転に関して具体的に話し合った内容は何ですか。（いくつでも）　話し合った人ベース N=227

	%		%
1 帰町・集団移転について	56.4	8 高齢者・障がい者等への介護・福祉について	24.2
2 帰町・集団移転の時期について	58.6	9 仕事先について	33.0
3 生活環境（除染、水道等のインフラ、医療、消防等）について	71.8	10 買い物・商業施設について	35.7
4 住宅制度について	34.8	11 農林水産業について	21.1
5 コミュニティづくりについて	10.1	12 町全体の復興について	52.4
6 町内会・自治会活動について	9.7	13 その他	2.6
7 子どもの教育について	22.0	14 不明・無回答	3.1

Q27　帰町・集団移転先はどこを希望していますか。（いくつでも）　　　　　　　　　　　　　　　　全体ベース N=477

	%		%
1 震災前に住んでいた町（楢葉町）	48.2	5 それ以外の福島県内	2.1
2 震災前に住んでいた以外の双葉郡内の町村	5.2	6 福島県外	6.5
3 いわき市	37.7	7 まだ決めていない	15.5
4 いわき市以外の隣接の都道府県	1.9	8 不明・無回答	8.0

Q27SQ1　もっとも希望しているところはどれですか。（ひとつだけ）　　　　　　　　　　　　　　　　全体ベース N=477

	%		%
1 震災前に住んでいた町（楢葉町）	29.1	5 それ以外の福島県内	1.3
2 震災前に住んでいた以外の双葉郡内の町村	1.9	6 福島県外	2.5
3 いわき市	22.9	7 まだ決めていない	19.5
4 いわき市以外の隣接の都道府県	0.8	8 不明・無回答	22.0

Q27SQ2　（Q27SQ1でお答えのものについて）その理由は何ですか。（いくつでも）　　　　　　　　　　全体ベース N=477

	%		%
1 震災前に住んでいた町に近いから	25.8	7 職場や学校が近いから	9.4
2 生まれ育った場所であるから	27.3	8 商業施設が多いから	9.4
3 気候等の自然環境が似ているから	15.3	9 既に住宅を購入しているから	8.2
4 家族や親戚が近いところに住んでいるから	21.8	10 生活の拠点になっているから	15.5
5 友・知人が近いところに住んでいるから	17.4	11 その他	9.0
6 周囲の住民に気兼ねしなくてよいから	12.2	12 不明・無回答	26.4

Q28　帰町・集団移転先での住居は以下のどれを希望していますか。（いくつでも）　　　　　　　　　　全体ベース N=477

	%		%
1 持ち家一戸建て	67.3	5 社宅・寮	0.8
2 持ち家集合住宅	6.3	6 その他	5.0
3 借家一戸建て	14.9	7 不明・無回答	14.5
4 賃貸集合住宅	10.5		

Q29　帰町・集団移転はどの単位で実施したいですか。（いくつでも）　　　　　　　　　　　　　　　全体ベース N=477

	%		%
1 個人単位	20.1	6 震災後に結成された町内会・自治会における班組単位	2.3
2 家族単位	52.2	7 震災後に結成された町内会・自治会単位	1.7
3 家族・親族単位	16.1	8 その他	4.0
4 震災前の町内会・自治会における班・隣組単位	26.0	9 不明・無回答	15.3
5 震災前の町内会・自治会単位	20.5		

（仮設住宅等へ転居してからの）現在のお気持ちについておうかがいします。

Q30　あなたは現在の生活をどのように評価していますか。「最高」を10点、「最悪」を0点とすると、あなたは何点ぐらいになると思いますか。　　　　　　　　　　　回答者ベース N=415　3.9 点

Q31　あなたの現在のお気持ちをお聞かせください。「とても幸せ」を10点、「とても不幸」を0点とすると、あなたは何点ぐらいになると思いますか。　　　回答者ベース N=416　3.7 点

Q31SQ1　今から1年後、現在と比べてどの程度のお気持ちだと思いますか。現在と同じであれば0、今より幸せであると思われる場合にはその程度に応じて+1～+5まで、今より不幸せになっていると思われる場合はその程度に応じて−1～−5まで回答してください。　　回答者ベース N=409　▲0.5 点

あなたがふだんお感じになっていることについておうかがいします。

Q32　以下には世の中の見方やふだんの暮らし方についてのさまざまな意見があげてあります。
それぞれについて、あなたのお気持ちにもっとも近いものをお選びください。（それぞれひとつずつ）

全体ベース N=477

	そう思う	どちらともいえない	そう思わない	不明・無回答
1 人間関係をひろげたい	28.7	36.3	17.4	17.6
2 あたたかな家庭や社会をつくりたい	67.5	14.3	1.9	16.4
3 伝統や歴史あるものに豊かさを感じる	32.5	38.2	11.9	17.4
4 義理や人情を大切にしたい	57.4	23.1	2.9	16.6
5 自由気ままな生活をしたい	21.8	32.3	27.7	18.2
6 新鮮で変化のある生活がしたい	30.4	37.3	14.9	17.4
7 自分の能力や可能性を試したい	21.0	45.5	15.1	18.4
8 周りの人の意見より自分の考えで行動する	22.4	44.2	15.1	18.2
9 生まれ育った土地に愛着を感じる	57.9	21.0	5.5	15.7
10 これからの生活を、もっと質素なものにしたい	25.4	43.8	12.6	18.2
11 結局頼れるのは自分自身だけだ	32.9	29.1	21.2	16.8
12 自分の人生に、いつ何が起こるかわからない	75.7	7.5	1.3	15.5
13 世間体が気になる	13.4	39.8	28.5	18.2
14 ふだんの生活で、ストレスを感じている	50.7	26.2	6.7	16.4
15 最後に頼りになるのは家族だ	64.4	15.5	4.0	16.1
16 誰かに守って欲しい	18.9	38.4	24.5	18.2
17 日常から解放されたい	19.7	40.5	21.2	18.7
18 人助けのためなら、自分が損をしてもかまわない	13.0	53.9	15.5	17.6
19 特別なことをするよりも日常生活を楽しみたい	50.1	29.1	3.8	17.0

Q33 あなたは、ふだんの生活の中で「不安」をどうお感じですか。（ひとつだけ）

全体ベース N= 477

1 非常に不安を感じる 31.9	3 どちらともいえない 14.0	5 まったく不安を感じない 1.0
2 まあ不安を感じる 36.3	4 あまり不安を感じない 8.4	6 不明・無回答 8.4

Q34 （全員の方へ）あなたは、どんなことに不安を感じていますか。

全体ベース N= 477

1 地震などの自然災害 56.0	9 景気の悪化 36.7	17 自分の将来が見えないこと 42.3
2 原子力発電所の事故による放射能汚染 76.3	10 財政赤字など、政府の財政悪化 34.8	18 自分や家族の健康 61.8
3 原子力災害に対する補償問題 75.3	11 消費税率の上昇 39.8	19 子供や孫の将来 54.1
4 治安の悪化 26.2	12 社会保障制度があてにならないこと 45.1	20 その他 3.1
5 個人情報の漏洩 12.2	13 医療費の増加 27.5	21 ひとつもない 0.2
6 食品の安全性 47.0	14 自分や家族の失業 32.1	22 不明・無回答 5.0
7 日本の人口減少 15.7	15 収入が不安定になること 41.7	
8 自分が住む地域の過疎化 48.6	16 地域の人づきあいが希薄化すること 30.2	

統計処理のため以下の質問にお答えください

F1.1 あなたの性別は（ひとつだけ）

全体ベース N= 477

1 男性 64.6	3 不明・無回答 1.7	
2 女性 33.8		

F1.2 あなたの年齢は（数字を記入）

全体ベース N= 477

1 20代 1.9	5 60代 24.5
2 30代 8.0	6 70代以上 26.2
3 40代 10.7	7 不明・無回答 3.1
4 50代 25.6	

F99 個別調査について（ひとつだけ）

全体ベース N= 477

1 協力してもよい 16.1	3 協力できない 38.6
2 場合によっては協力してもよい 32.9	4 不明・無回答 12.4

【資料4 富岡町コミュニティ調査】

さっそくですが、あなたの震災前と現在の職業についておうかがいします。

Q1 あなたの震災前と現在のお仕事は何ですか。(ひとつだけ)

A 震災前
全体ベース N= 1,389

		%			%
1	常時雇用されている管理職従事者	10.4	10	商業系自営業主	4.6
2	常時雇用されている管理職以外の従業者	28.9	11	自営業の家族従事者	2.2
3	会社経営者	3.6	12	農林水産業	5.5
4	公務員	4.7	13	その他の職業	2.4
5	派遣社員・契約社員	2.6	14	アルバイト・フリーター	1.3
6	パートタイマー	4.7	15	学生	0.1
7	自由業(フリーのデザイナーやライター、プログラマーなど)	0.5	16	専業主婦	2.7
8	開業医や弁護士など専門系自営業主	0.6	17	仕事はしていない	22.8
9	工業系自営業主	0.6	18	不明・無回答	1.8

B 現在
全体ベース N= 1,389

		%			%
1	常時雇用されている管理職従事者	6.0	10	商業系自営業主	0.4
2	常時雇用されている管理職以外の従業者	19.5	11	自営業の家族従事者	0.4
3	会社経営者	1.5	12	農林水産業	0.4
4	公務員	3.7	13	その他の職業	1.0
5	派遣社員・契約社員	2.6	14	アルバイト・フリーター	1.5
6	パートタイマー	1.7	15	学生	0.2
7	自由業(フリーのデザイナーやライター、プログラマーなど)	0.2	16	専業主婦	3.2
8	開業医や弁護士など専門系自営業主	0.2	17	仕事はしていない	51.0
9	工業系自営業主	0.2	18	不明・無回答	6.1

Q1SQ1 (Q1A、Q1Bでそれぞれ1から14とお答えの方へ) あなたのお仕事の業種は何ですか。(ひとつだけ)

A 震災前
有職者ベース N= 1,008

		%			%
1	農林漁業・鉱業	5.2	11	飲食店・宿泊サービス業	3.1
2	建設業	17.4	12	医療・福祉サービス業	3.8
3	消費関連の製造業(食料品、繊維、衣服、家具など)	1.3	13	教育・学習支援サービス業	2.5
4	素材関連の製造業(木材・パルプ、化学、鉄鋼・非鉄・金属など)	2.2	14	複合サービス事業(郵便局、協同組合など)	0.8
5	機械関連の製造業(一般機械、電気機器、輸送機器など)	3.1	15	専門サービス業(法律事務所・経営コンサルタント・デザイン業など)	0.8
6	電気・ガス・熱供給・水道業	9.7	16	生活サービス業(クリーニング、理容・美容、旅行業など)	1.0
7	情報通信業	0.9	17	娯楽業(映画館などの娯楽業、修理業、物品賃貸業など)	0.5
8	運輸業	2.6	18	その他のサービス業	6.0
9	卸売・小売業	5.1	19	その他	5.6
10	金融・保険業、不動産業	0.9	20	不明・無回答	28.2

B 現在
有職者ベース N= 548

		%			%
1	農林漁業・鉱業	2.2	11	飲食店・宿泊サービス業	1.5
2	建設業	22.8	12	医療・福祉サービス業	4.9
3	消費関連の製造業(食料品、繊維、衣服、家具など)	1.3	13	教育・学習支援サービス業	3.5
4	素材関連の製造業(木材・パルプ、化学、鉄鋼・非鉄・金属など)	2.4	14	複合サービス事業(郵便局、協同組合など)	1.3
5	機械関連の製造業(一般機械、電気機器、輸送機器など)	4.7	15	専門サービス業(法律事務所・経営コンサルタント・デザイン業など)	0.7
6	電気・ガス・熱供給・水道業	15.1	16	生活サービス業(クリーニング、理容・美容、旅行業など)	0.5
7	情報通信業	1.6	17	娯楽業(映画館などの娯楽業、修理業、物品賃貸業など)	–
8	運輸業	2.6	18	その他のサービス業	8.4
9	卸売・小売業	3.5	19	その他	7.5
10	金融・保険業、不動産業	0.9	20	不明・無回答	14.6

震災前(2011年3月11日以前)の生活についておうかがいします。

Q2 あなたは以前、以下のどのような人たちとのつきあいがありましたか。(いくつでも)
全体ベース N= 1,389

		%			%
1	親兄弟、従兄弟などの親戚	91.5	7	クラブ・サークルや習い事の仲間	26.1
2	友人・知人	92.4	8	電子メールや掲示板等、インターネットを通じた知り合い	5.5
3	職場(パートやアルバイトも含む)や取引先など仕事関係での付き合い	64.4	9	その他	2.9
4	隣近所の人たち	78.5	10	ひとつもない	0.2
5	町内会・自治会の人たち(マンションの管理組合、消防団なども含む)	46.7	11	不明・無回答	0.6
6	NPO等の団体の人たち	3.8			

Q2SQ1 Q2SQ1でお選びのなかで、どんな手段でやりとりされましたか。(いくつでも)
つきあいのある人ベース N= 1,377

		%			%
1	直接会って話す	94.0	4	その他	3.1
2	電話で話す	84.7	5	不明・無回答	1.3
3	インターネットや電子メールを使う	22.9			

Q2SQ2 Q2SQ1でお選びのなかで、どんな内容の話をされますか。(それぞれいくつでも)
つきあいのある人ベース N= 1,377

		%			%
1	自分や家族の人間関係について	74.1	7	自分や家族の仕事について	57.0
2	自分や家族の健康について	72.4	8	自治会・町内会等の地域活動について	41.9
3	子どもの教育について	29.6	9	趣味等のサークル活動について	40.1
4	高齢者・障がい者の介護・福祉について	28.6	10	地域の防犯・防災について	21.1
5	移動手段・交通機関について	19.2	11	その他	4.4
6	買い物について	43.2	12	不明・無回答	1.8

Q3 以下にあげる情報源のうち、震災前によく利用されていたものをお選びください。(いくつでも)
全体ベース N= 1,389

		%			%
1	新聞・雑誌	87.7	6	mixi、facebook、twitter等のSNS	3.2
2	テレビ・ラジオ	93.3	7	家族の話	63.9
3	企業のホームページ	8.3	8	友人・知人の話	79.0
4	インターネット上のニュースサイト	28.2	9	その他	1.4
5	ブログやインターネット上の掲示板	8.6	10	不明・無回答	1.4

震災前の町内会・自治会についておうかがいします。

Q4 あなたの世帯は町内会・自治会に加入していましたか。
全体ベース N= 1,389

		%
1	加入していた	85.6
2	加入していなかった	13.8
3	不明・無回答	0.6

Q4SQ1 (Q4で「加入している」とお答えの方に)どの地区の町内会・自治会に加入していましたか。(ひとつだけ)
さしつかえなければ町内会・自治会名もお答え下さい。
加入者ベース N= 1,189

		%			%			%
1	杉内	2.4	11	王塚	9.3	21	西原	6.5
2	仲町	4.1	12	本町	6.6	22	中央	5.4
3	高津戸	2.6	13	岩井戸	1.5	23	小浜	6.1
4	下千里	2.5	14	清水	7.7	24	深谷	1.5
5	大菅	4.0	15	上郡	0.9	25	小良ヶ浜	2.9
6	夜の森駅前北	4.1	16	桜田	0.8	26	栄町	1.1
7	夜の森駅前南	4.1	17	下郡山	2.4	27	新夜ノ森	8.9
8	新町	5.9	18	毛萱	0.7	28	その他	0.3
9	赤木	1.1	19	仏浜	0.7	29	不明・無回答	0.8
10	上本町	1.1	20	駅前	2.4			

Q5 以下にあげる、町内会・自治会の役職にあなたは就いていましたか。(いくつでも) 加入者ベース N= 1,189

#	選択肢	%	#	選択肢	%
1	会長	2.8	5	その他	3.4
2	副会長	1.7	6	役職に就いていない	58.0
3	会計・庶務・部長・監事・評議員・協議員等の役職	10.7	7	不明・無回答	9.3
4	隣組・班の長	22.1			

Q5SQ1 お住まいだった地区で地域リーダーに期待したものは何でしたか。(いくつでも) 加入者ベース N= 1,189

#	選択肢	%	#	選択肢	%
1	誰よりも率先して仕事を行い、仕事への意欲が高い	27.1	9	現状の利点を踏まえた上で、問題意識と色々な視点から改善案を出している	17.7
2	町内会・自治会活動への意欲を高めている	35.5	10	仕事を一緒に進めるにあたって信頼がおける	24.6
3	町内会・自治会内の雰囲気を自ら率先して良い方向に変えようとしている	40.3	11	人(ひと)として尊敬できる	25.1
4	総会などで決めた町内会・自治会の目標を達成しようとする意識が高い	33.1	12	区別をつけず、裏表なく公平な態度で役員や会員に接することができる	36.2
5	役員や会員の話に積極的に耳を傾け、個々の活動を理解しようと努めている	31.9	13	指示がその都度バラバラでなく、一貫している	15.3
6	役員や会員の自主性を尊重し、仕事を任せて後進の人材育成につなげている	13.9	14	あるべき姿をイメージして、明確な町内会・自治会の目標や方針を持っている	17.2
7	状況の変化や課題に対して、柔軟に対応し積極的に解決しようとしている	24.9	15	現状を的確にとらえて、何をすれば良いのか具体的な戦略を持っている	22.6
8	問題解決に必要な資源(人・物・金)について、適切にメンバーに割り当てている	12.6	16	不明・無回答	16.2

Q6 あなた(の世帯)の地区ではどの活動が行われていましたか。(いくつでも) 全体ベース N= 1,389

#	選択肢	%	#	選択肢	%
1	ごみ処理収集協力、地域の清掃美化	79.4	7	青少年教育・育成	18.8
2	資源・廃品回収	42.9	8	高齢者・障がい者福祉	19.7
3	防犯・防火パトロール、交通安全対策	46.4	9	その他	3.0
4	集会所等の施設管理	45.8	10	ひとつもない	3.3
5	街灯等の設備や公園・広場の管理	26.8	11	不明・無回答	9.6
6	乳幼児や学童保育の支援	13.3			

Q6SQ1 その中で震災前の1年以内に参加したものはどれですか。(いくつでも) 全体ベース N= 1,389

#	選択肢	%	#	選択肢	%
1	ごみ処理収集協力、地域の清掃美化	57.1	7	青少年教育・育成	7.6
2	資源・廃品回収	26.6	8	高齢者・障がい者福祉	7.2
3	防犯・防火パトロール、交通安全対策	18.9	9	その他	2.0
4	集会所等の施設管理	25.8	10	ひとつもない	13.9
5	街灯等の設備や公園・広場の管理	11.7	11	不明・無回答	19.6
6	乳幼児や学童保育の支援	4.3			

Q7 あなた(の世帯)の地区ではどの行事が行われていましたか。(いくつでも) 全体ベース N= 1,389

#	選択肢	%	#	選択肢	%
1	神社祭礼	44.8	8	研修会・講習会	9.6
2	盆踊り・夏祭り	57.0	9	防災訓練	17.4
3	食事会・飲み会	26.1	10	町内会・自治会の総会	70.7
4	冠婚葬祭	32.3	11	その他	3.2
5	運動会等の体育活動	40.7	12	ひとつもない	2.6
6	新年会・忘年会	36.6	13	不明・無回答	8.9
7	ラジオ体操	10.7			

Q7SQ1 その中で震災前の1年以内に参加したものはどれですか。(いくつでも) 全体ベース N= 1,389

#	選択肢	%	#	選択肢	%
1	神社祭礼	23.5	8	研修会・講習会	5.3
2	盆踊り・夏祭り	30.5	9	防災訓練	8.6
3	食事会・飲み会	18.8	10	町内会・自治会の総会	44.8
4	冠婚葬祭	23.3	11	その他	2.1
5	運動会等の体育活動	18.1	12	ひとつもない	17.6
6	新年会・忘年会	23.2	13	不明・無回答	17.1
7	ラジオ体操	3.7			

Q8 あなた(の世帯)の地区ではどの組織がありましたか。(いくつでも) 全体ベース N= 1,389

#	選択肢	%	#	選択肢	%
1	子供会育成会	52.5	8	婦人会	41.6
2	民生・児童委員会	25.2	9	青年団	24.1
3	少年補導委員会	10.4	10	老人クラブ	54.1
4	体育協会	26.7	11	氏子会・檀家組織	31.5
5	防犯協会	37.6	12	その他	2.0
6	消防団(分団)	63.5	13	ひとつもない	3.9
7	社会福祉協議会	24.1	14	不明・無回答	16.0

Q8SQ1 その中で震災前の1年以内に関与していた組織はどれですか。(いくつでも) 全体ベース N= 1,389

#	選択肢	%	#	選択肢	%
1	子供会育成会	14.6	8	婦人会	7.0
2	民生・児童委員会	4.6	9	青年団	3.5
3	少年補導委員会	2.4	10	老人クラブ	15.6
4	体育協会	7.8	11	氏子会・檀家組織	16.6
5	防犯協会	11.8	12	その他	2.0
6	消防団(分団)	9.1	13	ひとつもない	28.4
7	社会福祉協議会	6.6	14	不明・無回答	30.2

Q9 あなた(の世帯)の地区では、ここ数年、地域生活を営む上で困った問題がありましたか。(いくつでも) 全体ベース N= 1,389

#	選択肢	%	#	選択肢	%	#	選択肢	%
1	ゴミ処理の問題	20.1	10	ひとり暮らしの高齢者への対応	11.4	19	他地区との交流が少ない	10.9
2	商店・スーパーなどの買い物施設の不足	7.9	11	幼児虐待などの子育て上の問題	0.1	20	とりまとめの役の不在	5.7
3	治安・少年非行・風紀の悪化	4.8	12	住民のトラブル	4.1	21	民間企業とのトラブル	0.7
4	移動や交通の問題	6.7	13	名前を知らない人の増加	17.1	22	行政とのトラブル	0.9
5	保育園・学校等育児・教育施設の不足	1.3	14	世代間のズレ	8.4	23	トラブル解決の手段・ノウハウ不足	2.2
6	公園・運動場・体育施設の不足	2.7	15	自治会等のルールを守らない住民の存在	12.6	24	商店や工場を経営していく上での障害	1.2
7	集会所・図書館等文化交流施設の不足・老朽化	3.5	16	自治会等を主催する住民の参加の少なさ	19.8	25	その他	2.4
8	病院等医療・福祉施設の不足	12.5	17	自治会・町内会役員のなり手不足	12.8	26	困っていることはなかった	26.4
9	災害に対する基盤整備の不足	7.2	18	住民の高齢化	27.1	27	不明・無回答	11.1

Q10 あなたの町内会・自治会ではどのような情報が伝えられていましたか。(いくつでも) 全体ベース N= 1,389

#	選択肢	%	#	選択肢	%
1	国や都道府県が発行する広報誌の内容	70.6	6	役員会、例会、総会に関する情報	50.8
2	セールなどの近隣の買い物情報	21.6	7	まちづくり全般に関する情報	28.5
3	冠婚葬祭に関する情報	23.5	8	その他	3.0
4	防犯・防災に関する情報	46.9	9	情報発信はなかった	6.7
5	婦人会、老人会などに関する情報	40.6	10	不明・無回答	4.8

Q10SQ1 それでは情報をどのような方法で伝えられていましたか。(いくつでも) 情報伝達があった人ベース N= 1,229

#	選択肢	%	#	選択肢	%
1	町内会・自治会独自の会報	41.9	5	メーリングリストで加入者へ配信	0.4
2	町内会・自治会以外が発行するチラシ・パンフレットの配布	42.8	6	その他	1.1
3	回覧板	86.5	7	不明・無回答	1.7
4	インターネットのホームページに掲載	2.4			

Q11 あなたは、大地震等(火災、水害等を含む)が起きたときの対応について具体的に話し合いを行ってきましたか。(ひとつだけ) 全体ベース N= 1,389

#	選択肢	%	#	選択肢	%
1	話し合ってきた	26.0	3	わからない	7.8
2	話し合っていない	62.1	4	不明・無回答	4.0

Q11SQ1 (Q11で1とお答えの方に)話したのはどんな人たちですか。(いくつでも)　　　　話し合った人ベース N= 361

1	自分の家族・親戚	86.1	6 学校や職場関係の人	10.2
2	近所に住んでいる人	39.9	7 NPO等の団体との人	1.1
3	町内会・自治会の人	24.7	8 その他	1.4
4	役場の人	11.1	9 不明・無回答	2.5
5	警察や消防関係の人	8.0		

Q11SQ2 (Q11で1とお答えの方に)具体的に話し合った内容(いくつでも)　　　　話し合った人ベース N= 361

1	心がまえについて	47.4	7 地域の災害危険箇所について	17.7
2	避難の方法、時期、場所について	63.7	8 外国人等の短期滞在者の安全について	0.3
3	食料・飲料水について	35.2	9 高齢者・子ども・障がい者の安全について	15.5
4	非常持ち出し品について	46.8	10 その他	1.9
5	住民間の安否確認等の連絡について	21.6	11 不明・無回答	4.4
6	家屋の安全度について	35.7		

震災直後(2011年3月11日から避難所等まで)の生活についておうかがいします。

Q12 ご自宅から避難した理由は何ですか。(いくつでも)　　　　全体ベース N= 1,389

1	地震により自宅が半壊・倒壊したから	11.4	5 (余震等による)津波や土砂崩れ発生への不安があったから	4.2
2	津波により自宅が半壊・倒壊したから	3.3	6 ライフライン(電気、ガス、水道等)が使えなくなったから	31.6
3	原発事故により退避または屋内待機指示が出たから	86.3	7 その他	5.0
4	(指示はなかったが)原発事故への不安があったから	11.2	8 不明・無回答	2.1

Q12SQ1 避難する決め手となった情報源は何ですか。(いくつでも)　　　　全体ベース N= 1,389

1	テレビ・ラジオによる情報	17.4	7 自分の家族・親戚からの情報	20.9
2	携帯やインターネットによる情報	3.0	8 近所に住んでいる人からの情報	26.0
3	国、県、都道府県からの情報(防災無線含む)	49.1	9 職場・学校関係の人からの情報	5.0
4	警察や消防署、消防団からの情報	21.7	10 その他	4.0
5	町内会や自治会からの情報	13.1	11 ひとつもない	1.7
6	NPO等の団体からの情報	0.1	12 不明・無回答	2.2

Q12SQ2 一番目の避難場所は以下のどれでしたか。(いくつでも)　　　　全体ベース N= 1,389

1	避難所(体育館、公民館等)	72.3	4 その他	5.2
2	親や親族関係の住宅	22.5	5 不明・無回答	2.3
3	友人・知人関係の住宅	5.5		

Q12SQ3 一番目の避難場所までの避難手段は何でしたか。(いくつでも)　　　　全体ベース N= 1,389

1	徒歩・自転車	8.5	4 その他	2.2
2	自家用車・バイク(原付含む)	83.9	5 不明・無回答	2.0
3	バス・タクシー(都道府県用意含む)	5.7		

Q12SQ4 誰と一緒に避難しましたか。(いくつでも)　　　　全体ベース N= 1,389

1	ひとりで	10.8	5 町内会・自治会の人たち	2.6
2	家族・親戚	76.2	6 その他	3.1
3	友人・知人	8.4	7 都道府県によるとりまとめで集団で避難した	0.6
4	隣近所の人たち	11.3	8 不明・無回答	1.7

Q12SQ5 現在お住まいのところまでで、何カ所の避難所で生活しましたか。(数字を記入)
一番目の避難場所も含めた数字をご記入下さい。　　　回答者ベース N= 1,363　　4.5 ヶ所

Q13 避難所等での生活において、以下のどのような人たちとのつきあいがありましたか。(いくつでも)　　　　全体ベース N= 1,389

1	親戚で話し合った人たち、震災後に知り合った人たち	84.0	7 NPO等の団体の人たち	6.4
2	親兄弟、従兄弟などの親戚	67.1	8 クラブ・サークル等の趣味や習い事の仲間	4.8
3	友人・知人	52.5	9 電子メールや掲示板等、インターネットを通じた知り合い	2.4
4	職場(パートやアルバイトも含む)や取引先など仕事関係での付き合い	23.0	10 その他	2.8
5	震災前に住んでいた隣近所の人たち	27.2	11 ひとつもない	3.7
6	震災前に加入していた町内会・自治会の人たち	13.6	12 不明・無回答	1.8

Q13SQ1 (Q13でお選びのなかで)どんな手段でやりとりされましたか。(いくつでも)　　　　つきあいのあった人ベース N= 1,297

1	直接会って話す	84.0	4 その他	1.1
2	電話で話す	71.2	5 不明・無回答	1.3
3	インターネットや電子メールを使う	12.7		

Q13SQ2 (Q13でお選びのなかで)どんな内容の話をされましたか。(それぞれいくつでも)　　　　つきあいのあった人ベース N= 1,297

1	町内・家周辺の震災状況について	85.3	9 買い物について	28.8
2	一時帰宅について	64.1	10 自分や家族の仕事について	34.0
3	帰町・集団移転先について	30.9	11 避難所等の運営・活動について	11.5
4	自分や家族の人間関係について	33.1	12 趣味等のサークル活動について	7.1
5	自分や家族の健康について	51.9	13 今後の住宅制度について	33.2
6	子どもの教育について	16.3	14 政府や都道府県による補償問題について	47.0
7	高齢者・障がい者の介護・福祉について	17.3	15 その他	3.2
8	移動手段・交通機関について	28.7	16 不明・無回答	1.2

(仮設住宅等へ転居してからの)現在の生活についておうかがいします。

Q14 現在、あなたがお住まいはどちらになりますか。(ひとつだけ)　　　　全体ベース N= 1,389

1	南一丁目応急仮設住宅	2.5	10 安達太良応急仮設住宅	2.4
2	緑ヶ丘東七丁目応急仮設住宅	0.9	11 上好間応急仮設住宅	0.4
3	富田若宮前応急仮設住宅	3.4	12 泉玉露応急仮設住宅	3.1
4	三春の里応急仮設住宅	0.4	13 福島県内(いわきを除く)	27.3
5	沢石応急仮設住宅	0.4	14 福島県外	30.1
6	平沢応急仮設住宅	0.4	15 その他	-
7	熊耳応急仮設住宅	0.6	16 いわき市	27.2
8	もみじ山応急仮設住宅	0.4	17 不明・無回答	0.4
9	柴原萩久保応急仮設住宅	0.4		

Q15 (Q14で15から18とお答えの方に)今、お住まいの住居形態は以下のどれにあてはまりますか。(ひとつだけ)　　仮設・雇用促進住宅居住者外ベース N= 1,175

1	国・都道府県による借り上げ住宅	71.1	5 友人・知人関係の住宅	0.7
2	企業による借り上げ住宅	4.3	6 その他	3.7
3	個人で借りている住宅	13.0	7 不明・無回答	3.6
4	親や親族関係の住宅	7.0		

Q15SQ1 (Q14で15から18とお答えの方に)住居形態は以下のどれですか。(ひとつだけ)　　仮設・雇用促進住宅居住者外ベース N= 1,175

1	一戸建て	24.2	3 その他	1.2
2	集合住宅	71.6	4 不明・無回答	3.1

Q16 あなたはふだん、以下のどのような人たちとのつきあいがありますか。(いくつでも)

全体ベース N= 1,389

	%		%
1 仮設住宅等への転居後に知り合った人たち	28.7	8 仮設住宅等への転居後に加入した町内会・自治会の人たち	11.3
2 避難所で知り合った人たち	18.4	9 NPO等の団体の人たち	4.7
3 親兄弟、従兄弟などの親戚	78.5	10 クラブ・サークル等の趣味や習い事の仲間	10.6
4 友人・知人	72.4	11 電子メールや掲示板等、インターネットを通じた知り合い	12.2
5 職場(パートやアルバイトも含む)や取引先など仕事関係での付き合い	34.1	12 その他	3.0
6 震災前に住んでいた隣近所の人たち	25.8	13 ひとつもない	3.3
7 震災前に加入していた町内会等の人	13.7	14 不明・無回答	1.7

Q16SQ1 Q16でお選びのなかで、特によくやりとりするのはどこ・だれですか。Q16からお選び下さい。(3つまで)

全体ベース N= 1,389

	%		%
1 仮設住宅等への転居後に知り合った人たち	15.8	8 仮設住宅等への転居後に加入した町内会・自治会の人たち	4.1
2 避難所で知り合った人たち	8.2	9 NPO等の団体の人たち	1.7
3 親兄弟、従兄弟などの親戚	66.3	10 クラブ・サークル等の趣味や習い事の仲間	6.3
4 友人・知人	57.4	11 電子メールや掲示板等、インターネットを通じた知り合い	1.1
5 職場(パートやアルバイトも含む)や取引先など仕事関係での付き合い	27.3	12 その他	2.2
6 震災前に住んでいた隣近所の人たち	12.2	13 ひとつもない	17.0
7 震災前に加入していた町内会等の人(マンションの管理組合、消防団など	5.3		

Q16SQ2 (Q16SQ1でお選びのなかで)どれくらいの頻度でやりとりされますか。(それぞれひとつずつ)

全体ベース N= 1,389

	%		%
1 週4〜5回以上	34.1	4 月1回未満	28.0
2 週1〜3回	49.1	5 不明・無回答	14.5
3 月1〜3回	49.0		

Q16SQ3 (Q16SQ1でお選びのなかで)どんな手段でやりとりされますか。(それぞれいくつでも)

全体ベース N= 1,389

	%		%
1 直接会って話す	72.6	4 その他	1.4
2 電話で話す	71.1	5 不明・無回答	13.0
3 インターネットや電子メールを使う	18.6		

Q16SQ4 (Q16SQ1でお選びのなかで)どんな内容の話をされますか。(それぞれいくつでも)

全体ベース N= 1,389

	%		%
1 町内・家周辺の復興状況について	62.2	9 買い物について	28.3
2 一時帰宅について	63.7	10 自分や家族の仕事について	37.6
3 帰町・集団移転先について	43.5	11 自治会・町内会等の地域運営・活動について	12.1
4 自分や家族の人間関係について	39.8	12 趣味等のサークル活動について	20.2
5 自分や家族の健康について	56.2	13 今後の住宅制度について	44.5
6 子どもの教育について	19.5	14 政府や都道府県等による補償問題について	58.2
7 高齢者・障がい者の介護・福祉について	18.6	15 その他	6.8
8 移動手段・交通機関について	18.1	16 不明・無回答	13.3

Q17 以下にあげる情報源のうち、現在、よく利用しているものをお選びください。(いくつでも)

全体ベース N= 1,389

	%		%
1 新聞・雑誌	85.5	6 mixi、facebook、twitter等のSNS	4.0
2 テレビ・ラジオ	93.4	7 家族の話	40.8
3 企業のホームページ	6.4	8 友人・知人の話	57.2
4 インターネット上のニュースサイト	32.6	9 その他	3.4
5 ブログやインターネット上の掲示板	9.6	10 不明・無回答	2.4

Q17SQ1 (Q17であげたものなので)「東日本大震災」関連の記事等の情報源はどれですか。(いくつでも)

全体ベース N= 1,389

	%		%
1 新聞・雑誌	68.9	6 mixi、facebook、twitter等のSNS	2.3
2 テレビ・ラジオ	76.0	7 家族の話	23.5
3 企業のホームページ	4.3	8 友人・知人の話	37.4
4 インターネット上のニュースサイト	25.7	9 その他	3.0
5 ブログやインターネット上の掲示板	5.8	10 不明・無回答	15.0

Q18 「東日本大震災」に関する記事・ニュース等の報道を見て、どうお感じですか。(それぞれひとつだけ)

全体ベース N= 1,389

	そう思う	どちらかといえばそう思う	いえばそう思わない	そう思わない	不明・無回答
1 あまり良い気持ちはしない	40.2	31.5	18.2		10.2
2 自分たちが日本を励ましていると感じる	6.6	28.2	53.1		12.0
3 震災者への支援・応援の気持ちを感じる	44.1	34.1	12.3		9.6
4 震災者に寄りそう、共感の気持ちが伝わってくる	22.8	46.6	19.4		11.2
5 私たちの気持ちを正しく伝えてくれていない	47.9	35.7	8.1		8.4
6 私たちの状況を正確に伝えている	7.3	39.2	43.1		10.4
7 注目され続けるのは居心地が悪い	22.2	45.1	21.3		11.4
8 真剣に震災地の復興を考えてくれているように感じる	9.7	35.9	45.1		9.4
9 報道が震災地の復興につながっていると思う	21.0	41.3	27.7		9.9
10 私たちは一方的な被害者ではないのに、と思う	26.3	38.4	23.9		11.4
11 伝えられていることには偏りがあり、中立・公平ではないと思う	41.7	40.9	7.6		9.9
12 報道にはいつも、どこか違和感を感じる	41.5	39.2	10.2		9.1
13 報道されている「被災者」に、自分は含まれていないように感じる	21.1	40.0	28.2		10.7
14 興味本位や、ワイドショー的な番組が多いように思う	40.3	39.0	11.0		9.6
15 報道されているよりも、現実はもっと大変だ	80.0	12.2	2.3		5.5

(仮設住宅等へ転居してからの)現在の町内会・自治会活動についておうかがいします。

Q19 あなたのお住まいの地区に町内会・自治会はありますか。(ひとつだけ)

全体ベース N= 1,389

	%		%
1 ある	53.9	3 知らない	28.8
2 ない	16.2	4 不明・無回答	1.1

Q19SQ1 (Q19で1とお答えの方に)あなたの世帯は町内会・自治会に加入していますか。

設置町内会等認識者ベース N= 749

	%		%
1 加入していた	59.9	3 不明・無回答	3.3
2 加入していなかった	36.7		

Q20 以下にあげる、町内会・自治会の役職にあなたは就いていますか。(いくつでも)

認識者&加入ベース N= 449

	%		%
1 会長	2.2	5 その他	2.2
2 副会長	2.4	6 役職に就いていない	79.1
3 会計・庶務・部長・監事・評議員・協議員等の役職	4.9	7 不明・無回答	5.1
4 隣組・班の長	7.1		

Q20SQ1 現在お住まいの地区においてリーダーに期待するものは何ですか。(いくつでも)

認識者&加入&各経験者ベース N= 449

	%		%
1 誰よりも率先して仕事を行い、仕事への使命感が高い	23.8	9 現状の利点を踏まえた上で、問題意識と色々な視点から改善案を出している	17.1
2 町内会・自治会活動へ意欲を高めている	25.8	10 仕事を一緒に進めるにあたって信頼がおける	16.7
3 町内会・自治会内の雰囲気を自ら率先して良い方向に変えようとしている	32.3	11 人(メンバー)として尊敬する	19.2
4 総会などで決めた町内会・自治会の目標を達成しようとする意識が高い	27.2	12 区別をつけず、裏表なく公平な態度で役員や会員に接することができる	29.6
5 役員や会員の話に積極的に耳を傾け、個々の活動理解しようと努めている	24.9	13 指示がその都度バラバラでなく、一貫している	10.9
6 役員や会員の自主性を尊重し、一任すると同時に後進の人材育成にしている	8.0	14 あるべき姿をイメージして、明確な町内会・自治会の目標や方針を持っている	15.4
7 状況変化や課題に対して、柔軟に対応し積極的に解決しようとしている	22.7	15 現状を的確にとらえて、何をすれば良いのか具体的な戦略を持っている	17.8
8 問題解決に必要な資源(人・物・金)について、適切にメンバーに割り当てている	9.8	16 不明・無回答	29.0

Q21	あなた(の世帯)の地区ではどの活動が行われていますか。(いくつでも)			Q19 = 1or2 ベース N= 974	
	1 ごみ処理収集協力、地域の清掃美化	53.7		8 高齢者・障がい者福祉	12.3
	2 資源・廃品回収	39.8		9 親睦・レクリエーション	30.3
	3 防犯・防火パトロール、交通安全対策	26.1		10 行政への陳情	11.3
	4 集会所等の施設管理	20.2		11 各種説明会・勉強会	14.9
	5 街灯等の設備や公園・広場の管理	12.9		12 その他	2.3
	6 乳幼児や学童保育の支援	7.0		13 ひとつもない	2.0
	7 青少年教育・育成	7.8		14 不明・無回答	32.4

Q21SQ1	その中でこれまでに参加したものはどれですか。(いくつでも)			Q19 = 1or2 ベース N= 974	
	1 ごみ処理収集協力、地域の清掃美化	34.2		8 高齢者・障がい者福祉	1.8
	2 資源・廃品回収	18.6		9 親睦・レクリエーション	13.3
	3 防犯・防火パトロール、交通安全対策	4.5		10 行政への陳情	2.4
	4 集会所等の施設管理	5.1		11 各種説明会・勉強会	8.3
	5 街灯等の設備や公園・広場の管理	3.0		12 その他	0.6
	6 乳幼児や学童保育の支援	1.0		13 ひとつもない	28.9
	7 青少年教育・育成	1.0		14 不明・無回答	26.1

Q22	あなた(の世帯)の地区ではどの行事が行われていますか。(いくつでも)			Q19 = 1or2 ベース N= 974	
	1 神社祭礼	20.3		8 研修会・講習会	8.8
	2 盆踊り・夏祭り	41.4		9 防災訓練	10.8
	3 食事会・飲み会	15.1		10 町内会・自治会の総会	36.8
	4 冠婚葬祭	5.4		11 その他	1.6
	5 運動会等の体育活動	13.1		12 ひとつもない	1.6
	6 新年会・忘年会	9.8		13 不明・無回答	36.2
	7 ラジオ体操	13.3			

Q22SQ1	その中で震災前の1年以内に参加したものはどれですか。(いくつでも)			Q19 = 1or2 ベース N= 974	
	1 神社祭礼	5.4		8 研修会・講習会	3.3
	2 盆踊り・夏祭り	15.3		9 防災訓練	3.4
	3 食事会・飲み会	7.2		10 町内会・自治会の総会	16.1
	4 冠婚葬祭	2.2		11 その他	1.0
	5 運動会等の体育活動	3.8		12 ひとつもない	38.9
	6 新年会・忘年会	3.6		13 不明・無回答	28.0
	7 ラジオ体操	5.2			

Q23	あなた(の世帯)の地区ではどの組織がありましたか。(いくつでも)			Q19 = 1or2 ベース N= 974	
	1 子供会育成会	17.1		8 婦人会	10.0
	2 民生・児童委員会	11.0		9 青年団	5.4
	3 少年補導委員会	5.0		10 老人クラブ	15.6
	4 体育協会	9.0		11 氏子会・檀家組織	4.8
	5 防犯協会	13.0		12 その他	1.1
	6 消防団(分団)	13.9		13 ひとつもない	5.2
	7 社会福祉協議会	14.3		14 不明・無回答	61.7

Q23SQ1	その中で震災前の1年以内に関与していた組織はどれですか。(いくつでも)			Q19 = 1or2 ベース N= 974	
	1 子供会育成会	3.2		8 婦人会	0.4
	2 民生・児童委員会	0.8		9 青年団	0.3
	3 少年補導委員会	0.4		10 老人クラブ	2.7
	4 体育協会	1.1		11 氏子会・檀家組織	1.3
	5 防犯協会	1.6		12 その他	0.8
	6 消防団(分団)	1.0		13 ひとつもない	52.0
	7 社会福祉協議会	2.0		14 不明・無回答	38.4

Q24	あなた(の世帯)の地区で、これまでに地域生活を営む上で困った問題がありましたか。(いくつでも)					全体ベース N= 1,389	
	1 生活費、住宅ローン等の経済的な問題	11.6		14 家族や親戚が離れて居住	38.9	27 声の大きいものだけの意見が尊重されている	2.5
	2 ゴミ処理の問題	6.2		15 友人・知人が離れて居住	37.7	28 一部のものだけが参加	4.6
	3 商店・スーパー等の買い物施設の不足	7.3		16 名前を知らない人の増加	17.3	29 地域・地区のまとまりのなさ	2.4
	4 異なった自然環境への対応(雪降らし等)	9.7		17 高齢者や単身者などの孤立化	6.7	30 風紀の乱れが多い	0.9
	5 治安・少年非行・風紀の悪化	3.7		18 世代間のズレ	4.8	31 行政とのトラブル	0.6
	6 移動や交通の問題	14.0		19 自治会のルールを守らない住民の存在	5.5	32 トラブルや問題解決のための手段・ノウハウ	2.2
	7 保育園・学校等育児・教育施設の不足	1.9		20 自治会等主催行事への住民参加の少なさ	3.9	33 居住地区における放射能への不安	7.2
	8 公園・運動場・体育施設等の不足	3.5		21 自治会・町内会役員のなり手不足	2.1	34 周辺住民によるいやがらせ	0.9
	9 集会所等文化交流施設の不足・老朽化	1.6		22 住民の高齢化	6.8	35 地区の人との交流がない	26.1
	10 病院等医療・福祉施設の不足	4.8		23 他地区との交流が少ない	7.0	36 地区のことがわからない、把握できない	31.1
	11 ひとり暮らしの高齢者への対応	5.5		24 相談相手の不足・不在	13.2	37 その他	4.0
	12 幼児虐待等の子育て上の問題	0.1		25 以前から居住している周辺住民とのトラブル	1.9	38 困っていることはない	13.7
	13 住民間のトラブル	4.2		26 とりまとめ役の不在	2.1	39 不明・無回答	14.4

Q25	あなたの町内会・自治会ではどのような情報が伝えられていますか。(いくつでも)			全体ベース N= 1,389	
	1 国や都道府県が発行する広報誌の内容	58.5		7 補償に関する情報	19.9
	2 セールなどの近隣の買い物情報	15.6		8 その他	2.8
	3 防災・防犯に関する情報	16.6		9 情報発信はなかった	5.3
	4 婦人会、老人会などに関する情報	6.0		10 わからない	18.0
	5 役員会、例会、総会に関する情報	11.2		11 不明・無回答	11.3
	6 震災復興等、まちづくり全般に関する情報	22.8			

Q25SQ1	それでは情報をどのような方法で伝えられていましたか。(いくつでも)			情報伝達がある人ベース N= 909	
	1 町内会・自治会独自の会報	42.1		5 メーリングリストで加入者へ配信	1.5
	2 町内会・自治会以外が発行するチラシ・パンフレットの配布	46.1		6 その他	6.9
	3 回覧板	32.2		7 不明・無回答	10.0
	4 インターネットのホームページで掲載	5.8			

Q25SQ2	現在の情報提供全般について、どうお感じですか。(ひとつだけ)			情報伝達がある人ベース N= 909	
	1 非常に満足している	4.4		4 あまり満足していない	22.8
	2 まあ満足している	28.9		5 まったく満足していない	7.6
	3 どちらともいえない	33.4		6 不明・無回答	2.9

Q26	今後、どのような情報を提供してもらいたいですか。(いくつでも)			全体ベース N= 1,389	
	1 国や都道府県が発行する広報誌の内容	45.3		6 補償に関する情報	51.0
	2 セールなどの近隣の買い物情報	6.5		7 その他	60.6
	3 防災・防犯に関する情報	12.3		8 情報発信はなかった	3.6
	4 婦人会、老人会などに関する情報	2.8		9 わからない	8.0
	5 役員会、例会、総会に関する情報	3.2		10 不明・無回答	12.2

Q26SQ1 情報をどのような方法で提供してもらいたいですか。(いくつでも)
情報伝達がある人ベース N＝1,108

	%		%
1 町内会・自治会独自の会報	42.2	5 メーリングリストで加入者へ配信	4.1
2 町内会等以外が発行するチラシ・パンフレットの配布	28.6	6 町貸与予定のタブレット端末	41.2
3 回覧板	22.7	7 その他	5.0
4 インターネットのホームページで掲載	18.4	8 不明・無回答	7.9

Q27 あなたは将来に向けた帰町・集団移転への対応・取り組みについて具体的に話し合いを行ってきましたか。(ひとつだけ)
全体ベース N＝1,389

	%		%
1 話し合ってきた	56.6	3 わからない	10.3
2 話し合っていない	29.2	4 不明・無回答	4.0

Q27SQ1 (Q27で1とお答えの方に)誰と話し合いましたか。(いくつでも)
話し合った人ベース N＝786

	%		%
1 自分の家族	93.1	7 町役場の人	11.6
2 自分の親戚	57.3	8 警察や消防関係の人	1.7
3 震災前に住んでいた近所の人	36.4	9 学校や職場関係の人	6.2
4 震災後に住んでいる近所の人	9.2	10 NPO等の団体との人	1.5
5 震災前に住んでいた町内会・自治会の人	11.1	11 その他	4.8
6 震災後に住んでいる町内会・自治会の人	5.0	12 不明・無回答	0.6

Q27SQ2 (Q27で1とお答えの方に)帰町・集団移転に関して具体的に話し合った内容は何ですか。
話し合った人ベース N＝786

	%		%
1 帰町・集団移転について	71.5	8 高齢者・障がい者への介護・福祉について	21.8
2 帰町・集団移転の時期について	58.7	9 仕事先について	30.2
3 生活環境(除洗、水道等のインフラ、医療、消防等)について	57.8	10 買い物・商業施設について	26.5
4 住宅制度について	44.7	11 農林水産業について	9.9
5 コミュニティづくりについて	10.2	12 町全体の復興について	39.3
6 町内会・自治会活動について	6.6	13 その他	4.7
7 子どもの教育について	19.7	14 不明・無回答	3.6

Q28 帰町・集団移転先はどこを希望していますか。(いくつでも)
全体ベース N＝1,389

	%		%
1 震災前に住んでいた町(楢葉町)	33.9	5 それ以外の福島県内	11.2
2 震災前に住んでいた以外の双葉郡内の町村	6.6	6 福島県外	10.0
3 いわき市	45.5	7 まだ決めていない	20.4
4 いわき市以外の隣接の都道府県	4.8	8 不明・無回答	5.7

Q28SQ1 もっとも希望しているところはどれですか。(ひとつだけ)
全体ベース N＝1,389

	%		%
1 震災前に住んでいた町(富岡町)	17.1	5 それ以外の福島県内	4.9
2 震災前に住んでいた以外の双葉郡内の町村	1.2	6 福島県外	5.8
3 いわき市	27.3	7 まだ決めていない	23.5
4 いわき市以外の隣接の都道府県	1.4	8 不明・無回答	18.9

Q28SQ2 (Q28SQ1でお答えのものについて)その理由は何ですか。(いくつでも)
全体ベース N＝1,389

	%		%
1 震災前に住んでいたところに近いから	28.3	7 職場や学校が近いから	8.8
2 生まれ育った場所であるから	19.4	8 商業施設が多いから	9.9
3 気候等の自然環境が似ているから	25.8	9 既に住宅を購入しているから	8.6
4 家族や親戚が近いところに住んでいるから	27.7	10 生活の拠点になっているから	13.1
5 友人・知人が近いところに住んでいるから	19.8	11 その他	11.4
6 周辺の住民に気兼ねしなくていいから	11.0	12 不明・無回答	26.2

Q29 帰町・集団移転先での住居は以下のどれを希望していますか。(いくつでも)
全体ベース N＝1,389

	%		%
1 持ち家一戸建て	68.3	5 社宅・寮	1.2
2 持ち家集合住宅	8.0	6 その他	2.9
3 借家一戸建て	28.8	7 不明・無回答	10.1
4 賃貸集合住宅	10.9		

Q30 帰町・集団移転はどの単位で実施したいですか。(いくつでも)
全体ベース N＝1,389

	%		%
1 個人単位	20.2	6 震災後に結成された町内会・自治会における班・隣組単位	3.1
2 家族単位	55.7	7 震災後に結成された町内会・自治会単位	2.4
3 家族・親族単位	19.7	8 その他	2.8
4 震災前の町内会・自治会における班・隣組単位	25.4	9 不明・無回答	11.5
5 震災前の町内会・自治会単位	18.9		

(仮設住宅等へ転居してからの)現在のお気持ちについておうかがいします。

Q31 あなたは現在の生活をどのように評価していますか。「最高」を10点、「最悪」を0点とすると、あなたは何点ぐらいになると思いますか。 回答者ベース N＝1,338 3.9 点

Q32 あなたの現在のお気持ちをお聞かせください。「とても幸せ」を10点、「とても不幸」を0点とすると、あなたは何点ぐらいになると思いますか。 回答者ベース N＝1,331 3.8 点

Q32SQ1 今から1年後、現在と比べてどの程度のお気持ちだと思いますか。現在と同じであれば0、今より幸せであると思われる場合には+1～+5まで、今より不幸せになっていると思われる場合はその程度に応じて－1～－5まで回答してください 回答者ベース N＝1,317 ▲ 0.2 点

あなたがふだんお感じになっていることについておうかがいします。

Q33 以下には世の中の見方やふだんの暮らし方についてのさまざまな意見があげてあります。それぞれについて、あなたのお気持ちにもっとも近いものをお選びください。(それぞれひとつずつ)

全体ベース N＝1,389

	そう思う	どちらともいえない	そう思わない	不明・無回答
1 人間関係をひろげたい	37.3	36.6	18.0	8.1
2 あたたかな家庭や社会をつくりたい	70.1	17.5	3.8	8.6
3 伝統と歴史あるものに豊かさを感じる	33.3	42.4	14.7	9.6
4 義理や人情を大切にしたい	61.1	26.2	4.4	8.3
5 自由気ままな生活をしたい	25.8	41.2	24.0	9.0
6 新鮮で変化のある生活がしたい	32.7	44.1	14.3	9.0
7 自分の能力や可能性を試したい	23.5	48.5	18.3	9.8
8 周りの人の意見より自分の考えで行動する	24.8	47.7	17.8	9.7
9 生まれ育った土地に愛着を感じる	66.2	20.7	6.2	6.9
10 これからの生活を、もっと質素なものにしたい	26.9	48.3	15.8	9.0
11 結局頼れるのは自分自身だけ	41.3	30.5	20.2	8.1
12 自分の人生に、いつ何が起こるかわからない	80.6	10.2	1.6	7.6
13 世間体が気になる	15.8	45.0	29.8	9.4
14 ふだんの生活で、ストレスを感じている	57.8	27.1	7.8	7.3
15 最後に頼りになるのは家族だ	70.3	18.2	4.2	7.3
16 誰かに守って欲しい	22.2	46.4	22.0	9.3
17 日常から解放されたい	22.9	43.7	23.7	9.6
18 人助けのためなら、自分が損をしてもかまわない	13.7	61.2	15.8	9.4
19 特別なことをするよりも日常生活を楽しみたい	56.9	31.8	3.9	7.4

Q34	あなたは、ふだんの生活の中で「不安」をどうお感じですか。(ひとつだけ)				全体ベース N= 1,389	
	1 非常に不安を感じる	38.5	3 どちらともいえない	14.0	5 まったく不安を感じない	0.6
	2 まあ不安を感じる	33.9	4 あまり不安を感じない	8.6	6 不明・無回答	4.4

Q35	(全員の方へ)あなたは、どんなことに不安を感じていますか。				全体ベース N= 1,389	
	1 地震などの自然災害	49.4	9 景気の悪化	32.3	17 自分の将来が見えないこと	50.8
	2 原子力発電所の事故による放射能汚染	72.1	10 財政赤字など、政府の財政悪化	33.3	18 自分や家族の健康	58.6
	3 原子力災害に対する補償問題	75.9	11 消費税率の上昇	36.4	19 子供や孫の将来	51.5
	4 治安の悪化	16.4	12 社会保障制度があてにならないこと	39.7	20 その他	2.4
	5 個人情報の漏洩	15.0	13 医療費の増加	25.6	21 ひとつもない	0.3
	6 食品の安全性	34.3	14 自分や家族の失業	33.4	22 不明・無回答	3.7
	7 日本の人口減少	11.6	15 収入が不安定になること	44.0		
	8 自分が住む地域の過疎化	31.5	16 地域の人づきあいが希薄化すること	31.6		

統計処理のため以下の質問にお答えください

F1.1	あなたの性別は(ひとつだけ)				全体ベース N= 1,389	
	1 男性	69.0	3 不明・無回答	2.6		
	2 女性	28.4				

F1.2	あなたの年齢は(数字を記入)				全体ベース N= 1,389	
	1 20代	3.5	5 60代			26.6
	2 30代	9.6	6 70代以上			23.9
	3 40代	13.2	7 不明・無回答			3.5
	4 50代	19.7				

F99	個別調査について(ひとつだけ)				全体ベース N= 1,389	
	1 協力してもよい	16.0	3 協力できない			37.9
	2 場合によっては協力してもよい	35.2	4 不明・無回答			10.9

索 引

あ行

新しい近隣　13, 433, 453, 454, 455, 469-471
アマチュアリズム　128
「誤った」民衆知　290
安全・安心　29, 105, 117, 247
安全・安心まちづくり　229, 252, 264
アンテナショップ　36, 50, 146, 159
安否確認　3, 4, 135
暗黙知　9
意思決定　8-10, 32, 37, 80, 89, 127, 160, 164, 167, 269, 330, 459, 463, 464
移動　7, 17, 20-23, 29-31, 120, 471
イメージ　23, 29, 30, 114, 119, 120, 121, 123, 309, 321
いわき市防災訓練　309, 330
因子分析　22, 24, 112, 113, 121, 319
インプット　13, 206, 221
ABC分析　76-79, 86
営利活動　82, 84, 88, 93
営利組織　81, 82, 84, 86, 89, 93
STP　60, 61, 88
NPO　5, 6, 10, 32, 36, 104, 124, 127, 136, 138, 141, 162, 455
応急仮設住宅　337, 338, 352, 367, 372, 375, 380, 381, 419

か行

会長（人的）資源　237, 246, 264
ガヴァナンス　9, 127, 128
ガヴァニング　330
格差　319
仮説検討シート　52-54, 66-68
仮設商店街　11, 458

活動資源　210, 222, 237
カテゴリ　105, 107
借り上げ住宅　7, 337, 338, 367, 371, 375, 419
監視カメラ　250
観測変数　321
帰還　309, 325, 330, 349, 437, 455, 465, 467, 468
帰還意思　13, 309
帰還困難区域　465
絆　4-7, 135, 139-141, 167, 291, 301, 303, 324
期待イメージ　114
帰町・集団移転意識　351, 353, 355, 369, 370
共　10, 470, 471, 473
行政区長　204, 469
行政嘱託員制度　204
競争力　93
協働　37, 457, 461, 465
共分散構造分析　321, 350
居住制限区域　465
空間性　31
草の根　4, 102-104, 124
区長会　216, 218
クライシス　4, 247, 294
グランドデザイン　36, 44, 47, 463, 464
グローバル化　29, 31, 126
クロック・タイム　21
経験された時間　21
形式知　9
経路依存性　330
血縁　5, 138, 141, 329
現在の地域資源　353-355, 368-370
原発災害　297, 298

広域自治会　13, 389, 401, 403, 420, 432, 436, 468, 471
公共性　162
公式組織化　162
購入チャネル　23, 104, 113, 119, 120
交流館　33, 35, 80, 81, 83, 84, 136, 138, 171, 172, 190, 458
交流サロン　385, 389, 399, 400, 420, 468
交流体験　57, 97
顧客志向　93
個人情報保護　301, 303-305, 470
ご当地　119
コミュニケーション　5, 298
コミュニタリアン　5
コミュニティ　3, 7, 140, 269, 284, 305, 371, 380, 383, 420, 422, 432, 454, 455, 467, 470, 471
コミュニティ・ビジネス　104, 124
コミュニティ・リーダー　13, 432, 450, 454, 455, 466, 469
雇用促進住宅　298, 324, 372, 375
コンセプト　17, 37, 80, 167, 189, 191

さ行

SA・PA（サービスエリア・パーキングエリア）　17, 105, 119
災害公営住宅　457
再来訪意向　99-101
差別化　19, 20, 105, 120, 123, 126, 162
産官学　32, 34, 52
惨事便乗型資本主義　8, 470
散住　135, 297-299, 337, 380
産直提携　127
自主的避難　282, 286, 287
自主防災組織　291, 294-296, 301, 302, 305
支所　8, 203, 204, 241
事前対応　313, 314, 342, 358
自治会・町内会　3, 4, 6, 135, 136, 204, 305, 330
自治会資源　237, 264
自治会長　135, 204, 261, 291, 386, 469, 470
自治会連合会　218
実態イメージ　112, 113
品揃え　29, 84, 88, 111, 157, 189
集住　298
消極的離脱　445
消費　21, 24, 31, 127, 142
消費者　18, 101, 107, 123, 127
商品・サービス　29, 107, 176, 180
JANコード　101
JCO臨界事故　193
情報　3, 4, 7, 9, 31, 269, 290, 309
情報格差　319, 399
情報館　33, 35, 37, 80, 81, 138, 459
情報交換　158, 309, 350, 420, 450
情報資源　351, 367
情報伝達・共有　310, 321, 324
情報の偏在　299
情報ネットワーク　275
食品スーパー　105
震災後役職経験　462, 464, 465
震災後やりとり　437
震災前活動資源　321
震災前の地域資源　12, 350
震災前役職経験　437
人的ネットワーク　82
人的ネットワーク資源　367
親密圏　162
水平化　29
生活の場　5, 321
生産物直売所　17
セーフティネット　3
セグメント　221, 237, 245, 264, 265
セグメント化　53
世間　140
潜在変数　321
選択と集中　458
線量　298
線量計　298
線量マップ　298
総合スーパー　105
創発性　455, 470, 471

索　引　541

創発的　140
疎外感　86
訴求　171
組織小売業　84, 93

た行

第三セクター　32
「正しい」民衆知　289
脱成長　127
タブレットPC　339
単位自治会　216, 218, 219
地域活性化　12, 17
地域資源　11, 297, 367
地域住民組織　3, 6, 8, 9, 11, 284, 290, 305, 309, 324, 325, 330, 460
地域性　23, 29, 101, 104, 105, 117, 119, 123, 161, 453, 455
地縁　5, 138, 141
地産地消　83, 86, 105, 167
知識の偏在　9, 10
地方型観光　32
チャネル　105, 107, 119, 159
中間集団　140, 245, 300, 462
直売所　17, 21, 29, 83, 86, 93, 97, 103-105, 119, 123, 124, 136, 160, 171
直売所ブーム　18, 21
チリ津波　268, 277, 287
つながり　97, 99, 102-104, 123, 124, 140, 141, 160, 161, 162, 166, 167, 188
津波警報　91, 285, 296
津波災害　297
津波てんでんこ　267
低線量被曝　136
DIG　293, 302
テナント　84, 160, 167, 459
東京電力福島第一原子力発電所　142, 170, 267, 380
統合型　141
統合型（bonding）　89
動線　83, 191
東北地方太平洋沖地震　3, 12, 142, 160, 170, 245, 335, 375, 431

特異性　167
都市型観光　32
トップ・ヘヴィ　236, 240, 243, 301
トップダウン型　8, 255
隣組単位　11, 290, 297, 298
『富岡町史』　273
トレード・オフ　3

な行

『楢葉町史』　272
ナレッジマネジメント　9
ニーズ　18, 35, 123, 141, 144, 171, 188, 458, 459
『日本被害津波総覧』　273
ネットワーク　5, 9, 29, 31, 83, 88, 93, 120, 135, 138, 164, 167, 170, 301, 309, 325, 454, 461

は行

ハザードマップ　282, 283, 287, 293, 329
場所　20, 21, 120, 371, 471, 472
場所性　21, 471
橋渡し型（bridging）　89
パブリック・セクター　127
叛逆　471, 472
阪神・淡路大震災　161, 294, 375
非営利組織　82, 84, 89, 93
被災地関心軸　190
非線形性　31
避難所　5, 275, 292, 297, 301, 338, 431, 432
避難指示解除準備区域　355, 465
非日常性　123
開いて守る　250
フードコート　33, 89, 134, 138, 190, 191, 458
風評被害　6, 137, 142, 144, 156, 159, 171, 189
福島第一原発　3, 12, 171, 298, 337, 387
ふだん使い　29, 99, 100, 187, 191
プチこもり　28
復旧・復興　5, 6, 8-11, 137, 138, 160,

　　　　　　　170, 191, 458, 470
復興公営住宅　457, 467
物産館　32, 80, 84, 92, 102, 104, 160, 171
物販　33, 81, 83, 105, 123
ブランド　156
ブランド・ロイヤルティ　156, 157
古い隣近所　469, 470, 472
噴火災害　382, 383
防災・減災　309, 330
防災訓練　13, 91, 291-293, 297, 301-303
防災マップ　245
放射能風評軸　190
POSデータ　85, 86, 101
ボーダレス化　29, 126
ポジショニング　58, 104, 105, 121
ボトムアップ型　8
ボランティア　4, 102, 162, 165, 454
ボランタリー・アソシエーション　162

ま行

マーケティング　88, 93, 101, 120, 124, 144, 189, 458
マーケティング戦略　120, 171, 188
マーチャンダイジング　189
マネジメント　20, 84, 93, 296, 452, 458
マルチチュード　10, 127
道の駅　17-20, 29, 105, 107, 119, 120,

　　　　　　　127, 137, 141, 142, 156, 158, 191
道の駅協力会　158, 159
民衆知　269, 273, 277, 284, 288-290, 309, 330
昔ながらの有力者　451, 455
モビリティ　119, 120

や行

有人直売所　107
より新しい近隣　455
4P　60

ら行

来街者　19, 81, 98, 101, 123, 160, 189
リーダーシップ　9, 138, 170, 233, 299, 300, 451, 455
リスク　4, 347
リピーター　20, 100, 149, 155, 156, 165, 166, 170
利便性　117, 309, 324, 325, 355
ルール形成　301
ロイヤルティ　97, 124, 324

わ行

ワークシップ　11, 32, 80, 81, 86, 88, 97, 462
ワン・コミュニティ　452, 455

図・表・写真索引

第1章 「道の駅」化に向けた地域の役割

図1.1.1 道の駅の登録数の推移 ･･･ 18
図1.3.1 施設全体地図と「交流館」施設内レイアウト ･･････････････････ 82
表1.1.1 移動・観光イメージ ･･ 22
表1.1.2 居住都市規模別の移動・観光の価値観 ･･････････････････････････ 24
表1.1.3 消費意識 ･･ 25
表1.1.4 居住都市規模別の消費意識 ････････････････････････････････････ 25
表1.1.5 居住都市規模別の労働時間 ････････････････････････････････････ 26
表1.1.6 居住都市規模別の仕事後の過ごし方 ･･･････････････････････････ 26
表1.1.7 居住都市規模別の同居人数 ････････････････････････････････････ 27
表1.1.8 居住都市規模別の休日に一緒に過ごす人 ･･････････････････････ 27
表1.1.9 居住都市規模別の休日の過ごし方 ･････････････････････････････ 28
表1.1.10 居住都市規模別の「道の駅」に期待すること ･･････････････････ 30
写真1.2.1 四倉ふれあい物産館 ･･ 33
写真1.2.2 会議風景 ･･･ 60
写真1.2.3 受容性調査 ･･･ 68
写真1.2.4 推薦作品選定の様子 ･･ 69
写真1.3.1 店内準備風景 ･･･ 82
写真1.3.2 ふぞろいのソフトクリームたち ････････････････････････････ 83
写真1.3.3 内覧会風景 ･･･ 83
写真1.3.4 オープン風景 ･･･ 84
写真1.3.5 イベント風景 ･･･ 90
写真1.3.6 催事コーナーの展開 ･･ 91
写真1.3.7 「津波警報」による対応 ････････････････････････････････････ 92

第2章 活性化がもたらす運営組織内外の葛藤

図2.3.1 チャネル別産直品利用・購入頻度 ････････････････････････････ 109
図2.3.2 チャネル別でみた利用・購入した産直品 ･････････････････････ 109
図2.3.3 チャネル別でみた産直品を利用・購入した理由 ･･････････････ 110
図2.3.4 満足した人の各チャネルの利用・購入理由 ･･･････････････････ 111

図2.3.5	チャネル別の産直品に関する商品・サービス期待	111
図2.3.6	実態イメージのポジショニング	113
図2.3.7	期待のポジショニング	115
図2.3.8	都市規模別の「地域性」イメージ	115
図2.3.9	都市規模別の「洗練された売場」イメージ	116
図2.3.10	都市規模別の「顔がわかる安心」イメージ	116
図2.3.11	都市規模別の「地域性」期待	118
図2.3.12	都市規模別の「洗練された売場」期待	118
図2.3.13	都市規模別の「顔がわかる安心」期待	119
図2.3.14	Ⅰ軸（買い物重視）×Ⅱ軸（観光重視）	122
図2.3.15	Ⅱ軸（観光重視）×Ⅲ軸（休憩重視）	122
図2.3.16	Ⅰ軸（買い物重視）×Ⅲ軸（休憩重視）	122
図2.4.1	直売所の展開を通じて地域づくりを実現するまでのフロー	125
図2.4.2	物産館から道の駅への移行に伴う「つながり」創出実態の変遷	125
表2.1.1	施設利用回数	98
表2.1.2	施設利用理由	98
表2.1.3	利用・購入した物販・サービス	100
表2.1.4	再来訪意向	100
表2.2.1	運営組織内での意識のギャップ	103
表2.3.1	回収結果	106
表2.3.2	ライフステージ別のチャネル利用率	106
表2.3.3	LS別でみた産直品購入率	108
表2.3.4	LS別チャネル別産直品購入率	108
表2.3.5	実態イメージ	112
表2.3.6	期待イメージ	114
表2.3.7	因子分析による3つの軸	121

第3章 「道の駅」が果たす復旧・復興への役割

図3.2.1	風評被害の発生プロセス	144
図3.2.2	歩留りからみたリピーターの購入率	149
図3.2.3	よつくら港の評価要因	150
図3.2.4	ふるどのの評価要因	151
図3.2.5	よつくら港の利用目的	151

図3.2.6	ふるどのの利用目的	151
図3.2.7	よつくら港での購入商品	152
図3.2.8	ふるどのでの購入商品	152
図3.2.9	よつくら港の評価	153
図3.2.10	ふるどのの評価	153
図3.2.11	よつくら港に対する期待	154
図3.2.12	ふるどのに対する期待	154
図3.2.13	セグメント別にみた道の駅の利用者層	156
図3.4.1	利用頻度と利用者居住地域の変化	172
図3.4.2	認知経路の変化	173
図3.4.3	利用目的の変化	175
図3.4.4	利用購入商品・サービスの変化	177
図3.4.5	施設の印象の変化	178
図3.4.6	満足した商品・サービスの変化	180
図3.4.7	再来訪意向の変化	182
図3.4.8	意向別でみた施設の印象	183
図3.4.9	意向別でみた満足した商品・サービス	183
補図1	震災前後のよつくら港への来場目的	196
補図2	よつくら港における購入品目	196
補図3	震災前後のよつくら港への評価	197
補図4	震災前後のよつくら港への今後の期待	197
表3.2.1	4つの道の駅における震災以降の歩み	143
表3.2.2	震災前後で何が変化し、何が変わらないと思うか	145
表3.2.3	風評被害だと感じること	146
表3.2.4	風評被害に対する各駅の取り組み評価	146
表3.2.5	風評被害に対する取り組みはあるか	147
表3.2.6	外販・イベント参加・開催時に感じること	148
表3.2.7	アンケート回収結果	149
表3.2.8	利用者実態の変化	155
表3.3.1	道の駅およびNPO関係者の2011年3月～4月の主な行動	168
表3.3.2	道の駅およびNPO関係者の2011年5月～9月までの主な行動	169
表3.4.1	居住地域からみた利用頻度	173
表3.4.2	居住地域からみた認知経路	174

表3.4.3　居住地域からみた利用目的 …………………………………… 176
表3.4.4　居住地域からみた利用購入商品・サービス ………………… 177
表3.4.5　居住地域からみた施設の印象 ………………………………… 179
表3.4.6　居住地域からみた満足した商品・サービス ………………… 181
表3.4.7　居住地域からみた満足した再来訪意向 ……………………… 182
表3.4.8　利用者居住地域からみた直売所の期待 ……………………… 184
表3.4.9　居住地域からみたフードコートの期待 ……………………… 186
表3.4.10　居住地域からみたイベントスペース他の期待 …………… 187
写真3.1.1　道の駅「交流館」被害状況 ………………………………… 134
写真3.1.2　道の駅「情報館」被害状況 ………………………………… 134
写真3.1.3　「仮営業」中の道の駅 ……………………………………… 136
写真3.1.4　「仮営業」中の道の駅 ……………………………………… 139
写真3.5.1　本開業時の道の駅よつくら港 ……………………………… 190
写真3.5.2　春の四倉イベント …………………………………………… 191

第4章　合併による広域自治体の地域差

図4.1.1　いわき市各支所の位置関係 …………………………………… 203
図4.1.2　セグメントの考え方 …………………………………………… 223
図4.1.3　会長セグメントの考え方 ……………………………………… 232
図4.2.1　いわき市自治会の支所別資源分布とその比率 ……………… 238
図4.2.2　4セグメントの布置状況 ……………………………………… 242
図4.2.3　いわき市自治会の課題と問題解決の方向性 ………………… 244
表4.1.1　いわき市支所別の人口推移 …………………………………… 204
表4.1.2　支所別の区会・自治会・町内会 ……………………………… 205
表4.1.3　発足時期 ………………………………………………………… 207
表4.1.4　発足のきっかけ ………………………………………………… 207
表4.1.5　世帯加入率 ……………………………………………………… 207
表4.1.6　法人格の取得状況 ……………………………………………… 208
表4.1.7　集会施設の有無 ………………………………………………… 208
表4.1.8　集会施設の所有状況 …………………………………………… 209
表4.1.9　建物・土地の特色と過去10年の人口変化 ………………… 209
表4.1.10　居住世帯の特色 ……………………………………………… 210
表4.1.11　自治会とその他組織との関係（人材育成） ……………… 211

表4.1.11	（続）自治会とその他組織との関係（高齢者福祉、防災・防犯、産業）	212
表4.1.12	各種日常活動の組織主体	213
表4.1.12	（続）各種日常活動の組織主体	214
表4.1.13	自治会の防犯対策	215
表4.1.14	大地震への対策	215
表4.1.15	各種行事の組織主体	216
表4.1.15	（続）各種行事の組織主体	217
表4.1.16	運営上の問題点	218
表4.1.17	会長の社会的性格	220
表4.1.18	会長の選出方法と任期	221
表4.1.19	兼職状況（現在）	222
表4.1.20	兼職状況（過去）	223
表4.1.20	自治会の発足した時期	224
表4.1.21	自治会の主な目的	224
表4.1.22	自治会の世帯加入率	225
表4.1.23	自治会における建物・土地の特色	225
表4.1.24	自治会における人口変化	225
表4.1.25	自治会における新旧住民の割合	226
表4.1.26	自治会における運営上の困りごと	226
表4.1.27	自治会活動内容	227
表4.1.28	自治会の実施行事	227
表4.1.29	自治会予算	228
表4.1.30	自治会構成組織	228
表4.1.31	自治会情報発信状況	229
表4.1.32	市からの広報配布・依頼業務	229
表4.1.33	情報伝達や共有の評価	230
表4.1.34	防犯に向けた組織的取組	230
表4.1.35	まちづくりに向けた組織的取組	231
表4.1.36	大震災に向けた組織的取組	231
表4.1.37	福祉のまちづくりに向けた組織的取組	232
表4.1.38	会長手当て支給実績	233
表4.1.39	会長手当て／持ち出し割合	233
表4.1.40	会長選出方法	233

表4.1.41	会長任期	234
表4.1.42	予算案作成方法	234
表4.1.43	会長が抱く自治会の未来イメージ	234
表4.1.44	行政との今後の関係	235
表4.1.45	会長が考える自治会組織の未来像	235
表4.1.46	会長の性別・年齢	235
表4.1.47	会長宅の家族構成	236
表4.1.48	会長が兼務する役職数	236
表4.1.49	会長が個人的に関わっている地域活動	237
表4.2.1	支所別でみた各資源の偏差値	238
表4.2.2	セグメント別の加入世帯数・加入率	239
表4.2.3	セグメント別の自治会発足時期	239
表4.2.4	自治会予算規模	239
表4.2.5	セグメント別でみた自治会運営上の困りごと	240
表4.2.6	セグメント別でみた自治会における生活上の困りごと	241
表4.2.7	セグメント別でみた負担に感じるもの	241
表4.2.8	4セグメントの基本属性	243
表4.3.1	今後の自治会が果たすべき活動	246
表4.3.2	これまでの犯罪発生状況	247
表4.3.3	現在の犯罪発生状況	248
表4.3.4	今後の犯罪発生見込み	249
表4.3.5	自治会で現在行っている防犯の取組	249
表4.3.6	過去数年における治安への不安	250
表4.3.7	現在の治安への不安	251
表4.3.8	自治会で対応や対策を行っているもの	251
表4.3.9	安全・安心まちづくりに向けた取組	252
表4.3.10	所属する自治会で行っている取組	253
表4.3.11	行政や警察が行うべき取組	253
表4.3.12	大地震等発生時の対応	254
表4.3.13	具体的に話し合った内容	254
表4.3.14	大地震等に備えた対策	255
表4.3.15	独自の防災対策資料の作成有無	256
表4.3.16	作成時における取組主体	256
表4.3.17	作成時において特に留意した主体	256

表4.3.18	自治会単位での防災訓練実施状況	257
表4.3.19	自治会連合会単位での防災訓練実施状況	257
表4.3.20	発生時の救援活動で重要な主体	258
表4.3.21	発生後の救援活動で重要な主体	258
表4.3.22	自治会周辺で行う福祉のまちづくり活動	259
表4.3.23	所属する自治会が行う取組	260
表4.3.24	自治会が特に行う必要がある取組	260
表4.3.25	自治会の未来イメージ	261
表4.3.26	これからの行政との関連	261
表4.3.27	行政から支援があったもの	262
表4.3.28	行政への支援充実を望むもの	262
表4.3.29	自治会組織の将来像	263
表4.3.30	現在の市との連携状況	263
表4.3.31	今後における市との連携の必要性	263
表4.3.32	地域住民同士の連携の将来像	263
表4.3.33	地域内の問題解決力の変化	264

第5章　復旧・復興に向けた地域住民組織の果たす役割

図5.1.1	福島県浜通り地方	270
図5.1.2	いわき市平薄磯区	271
図5.1.3	いわき市平豊間区	271
図5.1.4	双葉郡楢葉町	272
図5.1.5	双葉郡富岡町	273
図5.1.6	呼びかけと避難の迅速さ	288
図5.2.1	自主防災組織における活動班の例	295
図5.2.2	情報伝達と共有における3つのネットワーク・タイプ	300
表5.1.1	言い伝えの有無と避難タイミングの関係	275
表5.1.2	言い伝えの内容と避難タイミングの関係	276
表5.1.3	避難タイミングと避難のきっかけ	276
表5.1.4	調査対象者プロフィール	281
表5.1.5	民衆知、地域活動、避難	285
表5.1.6	危機意識を共有する範囲	286
表5.1.7	民衆知と避難呼びかけの関係	289

補表1　言い伝えの有無と津波襲来予想の関係 ……………………………… 306
補表2　言い伝えの内容と津波襲来予想の関係 ……………………………… 306
写真5.2.1、写真5.2.2　大高区のDIG資料 …………………………………… 294
写真5.2.3　金山自治会作成の世帯地図 ……………………………………… 304

第6章　住まい、安全・安心、利便性の葛藤

図6.1.1　コミュニティ関与・活動に関する意識 …………………………… 320
図6.1.2　地域資源、イメージと復帰意向の関係（薄磯区） ……………… 323
図6.1.3　地域資源、イメージと復帰意向の関係（豊間区） ……………… 323
図6.1.4　期待する情報伝達・共有の内容と方法 …………………………… 324
表6.1.1　震災前につきあいがあった／特につきあいのあった人 ……… 310
表6.1.2　震災前の活動・行事・組織への参加 ……………………………… 311
表6.1.3　自治会評価 …………………………………………………………… 312
表6.1.4　自治会評価と情報評価の関係 ……………………………………… 313
表6.1.5　情報伝達・共通の方法と内容 ……………………………………… 314
表6.1.6　大地震等への事前対応 ……………………………………………… 315
表6.1.7　現在の居住形態 ……………………………………………………… 315
表6.1.8　現在の人づきあい …………………………………………………… 316
表6.1.9　話題の内容 …………………………………………………………… 317
表6.1.10　情報伝達・共有の方法 …………………………………………… 318
表6.1.11　情報伝達・共有の内容 …………………………………………… 318
表6.1.12　情報伝達・共有の評価 …………………………………………… 319
表6.1.13　コミュニティ関与・活動の因子分析結果 ……………………… 320
表6.1.14　希望する居住先 …………………………………………………… 321

第7章　大震災がもたらすコミュニティの変容

図7.1.1　楢葉町 ………………………………………………………………… 335
図7.1.2　富岡町 ………………………………………………………………… 337
図7.2.1　震災前後のコミュニティと帰町・集団移転意識との関係 …… 351
図7.3.1　震災前後のコミュニティと帰町・集団移転意識との関係 …… 367
表7.1.1　楢葉町の行政区別の班数・世帯数・人口 ……………………… 336
表7.1.2　楢葉町の避難状況 …………………………………………………… 336
表7.1.3　富岡町の行政区別の班数・世帯数・人口 ……………………… 338

表7.1.4	富岡町の避難状況	338
表7.2.1	調査対象者の性別	339
表7.2.2	調査対象者の年代	340
表7.2.3	震災前の人づきあい	340
表7.2.4	震災前の情報源	341
表7.2.5	震災前居住地区における生活上の問題点	341
表7.2.6	震災前居住地区におけるコミュニティ活動	342
表7.2.7	話をした相手	342
表7.2.8	話の内容	343
表7.2.9	避難生活時の人づきあい	343
表7.2.10	現在の人づきあい	344
表7.2.11	話す内容	344
表7.2.12	現在の情報源	345
表7.2.13	現在住んでいる地域の自治会有無	345
表7.2.14	現在住んでいる地域の自治会加入の有無	346
表7.2.15	現在の生活上の問題点	347
表7.2.16	現在のコミュニティ活動	348
表7.2.17	現在のコミュニティ行事	348
表7.2.18	現在のコミュニティ組織	349
表7.2.19	帰町・集団移転希望先	349
表7.2.20	帰町・集団移転希望単位	350
表7.2.21	共分散構造分析結果	352
表7.3.1	調査対象者の性別	356
表7.3.2	調査対象者の年代	356
表7.3.3	震災前の人づきあい	357
表7.3.4	震災前の情報源	357
表7.3.5	震災前居住地区における生活上の問題点	358
表7.3.6	震災前居住地区におけるコミュニティ活動	359
表7.3.7	話をした相手	359
表7.3.8	話の内容	359
表7.3.9	避難生活時の人づきあい	359
表7.3.10	現在の人づきあい	360
表7.3.11	話す内容	361
表7.3.12	現在の情報源	361

表7.3.13	現在住んでいる地域の自治会有無	362
表7.3.14	現在住んでいる地域の自治会加入の有無	362
表7.3.15	現在の生活上の問題点	363
表7.3.16	現在のコミュニティ活動	364
表7.3.17	現在のコミュニティ行事	365
表7.3.18	現在のコミュニティ組織	365
表7.3.19	帰町・集団移転希望先	366
表7.3.20	帰町・集団移転希望単位	366
表7.3.21	共分散構造分析結果	368

第8章 仮設／広域自治会の実態と課題

図8.2.1	楢葉町各施設の立地	388
図8.2.2	富岡町各施設の立地	400
表8.1.1	自治会の有無（楢葉町）	376
表8.1.2	自治会加入の有無（楢葉町）	376
表8.1.3	生活上の問題（楢葉町）	377
表8.1.4	自治会の有無（富岡町）	378
表8.1.5	自治会加入の有無（富岡町）	378
表8.1.6	生活上の問題点（富岡町）	379
表8.1.7	楢葉町の経緯	384
表8.1.8	富岡町の経緯	386
表8.1.9	県内避難者の避難先	387
表8.2.1	いわき市内の楢葉町応急仮設住宅概要	389
表8.2.2	仮設住宅でのインタビュー調査結果概要	390
表8.2.3	借上住宅等居住者への調査結果概要	398
表8.2.4	富岡町応急仮設住宅の概要	401
表8.2.5	広域自治会一覧	401
表8.2.6	仮設住宅でのインタビュー調査結果概要	402
表8.2.7	広域自治会でのインタビュー調査結果概要	403
表8.2.8	借上住宅等居住者への調査結果概要	418
表8.3.1	居住形態別のコミュニティの現状と課題	419

第9章　震災前後におけるコミュニティ・リーダーの出来

図9.1.1　震災前後におけるつきあいの種類 …………………………………… 436
図9.2.1　震災前後におけるコミュニティ関与の類型 ………………………… 437
図9.3.1　震災前後におけるコミュニティの関わり（パターンⅠ）………… 451
図9.3.2　震災前後におけるコミュニティの関わり（パターンⅡ）………… 452
図9.3.3　震災前後におけるコミュニティの関わり（パターンⅢ）………… 453
図9.3.4　震災前後におけるコミュニティの関わり（パターンⅣ）………… 454

表9.1.1　調査対象者一覧（楢葉町）…………………………………………… 434
表9.1.2　調査対象者一覧（富岡町）…………………………………………… 435
表9.2.1　質問紙調査における各タイプの出現率 ……………………………… 438

終章　むすびにかえて

図終.3.1　震災前後におけるコミュニティ関与の類型 ………………………… 466

ABSTRACT

Survey analysis of coastal areas in Fukushima prefecture: The real situation and changes in the devastated communities

MATSUMOTO Michimasa

The coastal region in Fukushima prefecture continues to suffer from harmful rumors, because it was damaged by the tsunami caused by the 2011 Tohoku Earthquake off the Pacific coast. The purpose of this book is to document the real situation in refugee communities—which has to date been obscured by mass media that has continued to purvey the image of *"Fukushima = Nuclear accident"* to people outside Fukushima—and to describe how the resources that have been developed in the communities since the tsunami have depended on the resources that had been brought together before the disaster. Through research and interpretation of the communities' actual conditions, conducted using a written questionnaire and oral survey, we will show that discourses such as *"3.11 will change/has changed the society"* are unrealistic, and that there has been little change in the lives of the people who now live/or once lived there.

This book consists of three parts—each of which includes three chapters—a concluding chapter, and an afterword. Summary questionnaire data are included in the Appendix. In the introduction, we review various aspects of the communities from the perspective of the information available, including information on community ties and the nuclear accident, while integrating three topics, namely, commerce revitalization/town planning, community association/post disaster recovery, and reconstruction, the communities, and their leaders. In so doing, we demonstrate comprehensive awareness of the issues.

In part I, taking a time series view of pre-open/open/after the disaster, we describe a nonprofit organization (NPO) that was formed by the residents' network, referred to as the residents' association in this book, and discuss how its management of *Michinoeki Yotsukura-kou* has taken on the role of commerce revitalization in the region, and caused conflicts among the residents who make up the NPO.

In chapter 1, we discuss the environment surrounding Michinoeki (which is composed of farmers' markets, parking areas, and rest spaces), and shoppers' and pedestrians' consciousness of mobility with access to these amenities. The primary results are as follows. When the residents of a big city buy local products often, they do not need more such products than are available to them in a provincial city. The results of this research show that while people who live in a local area develop an identity that is tied to the "local" image, individuals living in a big city have a relatively lesser need for a local image.

Next, we review how it was established. In doing so, the difficulties of cooperating encountered by the residents' association (NPO), the government (Iwaki City), and academia (Fukushima National College of Technology), and particularly academia's positioning, become clear.

Observing the trends post-opening, we reveal the merits and demerits of commerce management as practiced by the NPO, and regional revitalization. A number of points are clearly affirmed in doing so. The merits are that management by the residents' organization enables its users to be aware of the community's situation. On the other hand, it becomes obvious that management by NPO results in poor operations.

In chapter 2, based on findings from the user surveys conducted both pre/post open, we discuss the "ties" that have formed among stakeholders, and the problems related to the formation and preservation of these ties. Our findings indicate that the change for Michinoeki has led to a gap in the management organization. Identifying the differences in users' needs for Michinoeki reveals a gap that results in the loss of these ties.

In chapter 3, we show that there has been little change in the actual situation of the users who come to Michinoeki, which is located 35 km from the Fukushima No. 1 nuclear power plant, and consider the role the NPO is taking in the recovery/reconstruction of Michinoeki. The details are as follows. First, "ties" appeared, as stakeholders developed a clear motivation to promote the recovery/reconstruction following the disaster. Second, in the autumn of 2011,

ABSTRACT 557

the people who came to Michinoeki in the Fukushima prefecture did not care so much about reputational risk. Third, there have been few changes in users' buying behaviors or evaluations of the relative safety of the area, in comparison with their behaviors and evaluations pre-disaster.

In part II, focusing on the residents' association, we discuss how the disaster divided a wide area such as Iwaki City, and how the resources which had been brought together in a community by the deliberate efforts and activities that occurred before the disaster, affected the recovery/reconstruction after the disaster.

In chapter 4, by means of an analysis of the responses to a "questionnaire survey for neighborhood association leader" before the disaster, we identify elements that vitalize a neighborhood association. Specifically, we analyze the circumstances of the association from three viewpoints: activity resources, human resources, and association resources. These investigations reveal differences in the circumstances and problems of the association, and we consider them from every aspect.

Chapter 5 considers the roles of residents' organizations immediately after the disaster, and how these organizations contributed to the recovery/reconstruction of town planning capabilities, which make disaster prevention/reduction possible. Specifically, we know that the community, and especially the neighborhood association, plays an important role in providing training and refugee assistance, and in the recovery/reconstruction process, not only pre-disaster, but also post-disaster. We show that utilizing community resources is key to town planning for disaster prevention/reduction.

In chapter 6, by means of a questionnaire survey for residents in Toyoma, and specifying the field of "Toyoma in the coastal area of Iwaki City," we explain the relationship between the desires to return and participate in local activities, and the residents' own network. Various types of emergency drills are planned in every district. The primary results are as follows. These experiences, including community activities before and after the disaster, the evaluation of the neighborhood association, and the actual conditions of the evacuees, correspond to the after-effects of the tsunami caused by the Chile earthquake in 1960. Desires to return, or images of residential areas before the disaster, appear differently. Post-disaster activities, including evacuation drills and so on, also depend on community activities and the form of governance in place.

In part Ⅲ, we show that the communities formed in the towns of Naraha and Tomioka, from which people were forced to evacuate, have been maintained from the view of local resources such as people and activities.

In chapter 7, using the same analytical method used in chapter 6, we discuss the relationship between desires to return and activities in the community before and after the disaster, and the effect that different housing types (temporary or rental housing) have on their willingness to return. People who engaged in community activities before the disaster have relationships with other townspeople, although they cannot make any predictions with regard to the situation of all the residents who evacuated following the nuclear accident. Therefore, they are not isolated, and have not severed their relationships.

In chapter 8, based on responses to the survey for refugee community leaders and tenants, we reveal relationships that extend inside and outside the communities, and identify problems in forming communities as a result of massive emigrations or by returning in the future. Specifically, we indicate that "forming a community and engaging in it" enables residents in temporary or rental housing to solve difficulties in daily life. Moreover, we argue that it is important to develop a process for forming a community, "which can make residents independent of massive emigrations or returns in the future."

In chapter 9, we discuss the possibility of being a "new neighbor," in a community that does not/did not exist before, but nevertheless exists before refugees' eyes, by classifying patterns of community participation before and after the disaster, and extracting patterns that have been identified in community leaders. The details are as follows. There are eight types of participation, which occur on three axes of participation in a neighborhood association, before the disaster, after the disaster, and in a community association after the disaster. Next, we classify community leaders who form a "new neighbor" as one of four types of community leaders: "an influential person from the ages," "only one who participates in the community," "forming a new neighbor," or "forming a new advanced neighbor."

In the final chapter, we refer to "subsequent attitudes" in three fields, and discuss future issues. Furthermore, Appendixes I, II, and III include simple tabulation tables of questionnaire survey responses, which were conducted in Michinoeki, Iwaki City, and Naraha/Tomioka Town.

CONTENTS

INTRODUCTION

PART I Community network association and commerce revitalization: a case study of *Michinoeki Yotsukura-kou*

Chapter 1 Community role in constructing and managing "Michinoeki": before and after the opening

   1. The various environments surrounding Michinoeki
   2. The process of institution in Michinoeki
   3. Circumstances before and after the opening
   4. Conclusion

Chapter 2 Conflicts between inside/outside management organizations for revitalization: before the disaster

   1. Gaps caused by management or users
   2. Problems for NPOs managing commercial facilities
   3. Direction taken by NPOs managing Michinoeki
   4. Conclusion: Can an NPO manage Michinoeki?

Chapter 3 Role of recovery and reconstruction taken by Michinoeki: after the disaster

   1. How Michinoeki was affected
   2. The current situation and issues for disaster recovery

3. Local residences and disaster recovery

4. Aspects of Michinoeki's user and marketing strategy

5. Conclusion

PART II　Divisions in areas after the disaster: a case study based on the questionnaire survey for the neighborhood association

Chapter 4　The gap between regions due to the municipal merger: based on the survey of the neighborhood association leader

1. Overview of the neighborhood association in Iwaki City
2. Current situations and issues in every region
3. Planning for a safe town and a neighborhood association
4. Conclusion

Chapter 5　The community association's role in recovery and reconstruction

1. The actual disaster and refugee situation
2. Building a relationship using activities for the prevention of disaster and crime
3. Conclusion

Chapter 6　Affected people's difficulties related to housing, safety, and convenience

1. Information transition/sharing and the desire to return
2. Reconstruction of the organization and implementing activities for the prevention of disaster and crime
3. Conclusion

PART III　The gap between constructing and reconstructing a community: a case study of the Towns of Naraha and Tomioka

Chapter 7　Changes to the communities caused by the disaster

1. Overview of the Towns of Naraha and Tomioka
2. A case study of Naraha Town
3. A case study of Tomioka Town
4. Conclusion

Chapter 8   Current situations and issues in temporary housing/wide-area neighborhood associations: based on the survey of community leaders and residents
  1. Sequence of the development of temporary housing/wide-area neighborhood association
  2. Current situations and issues in every neighborhood association
  3. Conclusion
Chapter 9   The emergence of a community leader before and after the disaster
  1. Did relationships between residents and the community change?
  2. Classifying the patterns of community participation
  3. The community leader and the community
  4. Conclusion
Final chapter   Conclusion
  1. Yotsukura Area and *Michinoeki Yotsukura-kou*
  2. The Taira Toyoma Area
  3. The towns of Naraha and Tomioka in Futaba County
  4. Does an emergency create a "Rebel"?

Afterword: Toward reconstruction in "Fukushima"

Appendixes
  I   Simple tabulation tables of responses to the questionnaire survey in Michinoeki
  II Simple tabulation tables of responses to the questionnaire survey in Iwaki City
  III Simple tabulation tables of responses to the questionnaire survey in the towns of Naraha and Tomioka

著者紹介

松本 行真（まつもと・みちまさ）
- 1972年　茨城県に生まれる。
- 1996年　中央大学理工学部土木工学科卒業。
- 2002年　東北大学大学院情報科学研究科博士課程後期修了。
　　　　　株式会社JMR生活総合研究所。
- 2007年　福島工業高等専門学校コミュニケーション情報学科専任講師。
- 2013年　東北大学災害科学国際研究所准教授。

《主要著書》
『東日本大震災と被災・避難の生活記録』（編著）六花出版、2015年。

被災コミュニティの実相と変容
——福島県浜通り地方の調査分析——

2015年2月17日　第1版第1刷発行

著　者　松　本　行　真
発行者　橋　本　盛　作

〒113-0033　東京都文京区本郷5-30-20
発行所　株式会社　御茶の水書房
　　　　　　電話　03-5684-0751

Printed in Japan
©MATSUMOTO Michimasa 2015

組版・印刷・製本：シナノ印刷㈱

ISBN978-4-275-02004-8 C3036

- 安全・安心コミュニティの存立基盤
 ——東北6都市の町内会分析
 吉原直樹 編著　A5判・四五六頁　価格 七二〇〇円

- 防災コミュニティの基層
 ——東北6都市の町内会分析
 吉原直樹 編著　A5判・三五二頁　価格 四六〇〇円

- グローバル・ツーリズムの進展と地域コミュニティの変容
 ——バリ島のバンジャールを中心として
 吉原直樹 編著　菊判・五〇四頁　価格 七八〇〇円

- アジア・メガシティと地域コミュニティの動態
 ——ジャカルタのRT／RWを中心にして
 吉原直樹 編著　菊判・四一〇頁　価格 六〇〇〇円

- アジアの地域住民組織
 ——町内会・街坊会・RT／RW
 吉原直樹 著　A5判・三三〇頁　価格 五三〇〇円

- 直接立法と市民オルタナティブ
 ——アメリカにおける新公共圏創生の試み
 前山総一郎 著　菊判・四二六頁　価格 八四〇〇円

- インドネシアの地域保健活動と「開発の時代」
 ——カンポンの女性に関するフィールドワーク
 齊藤綾美 著　菊判・四一八頁　価格 八〇〇〇円

- 持続可能性の危機
 ——町内会・街坊会・RT／RW
 長谷部俊治 編著　菊判・三〇四頁　価格 四二〇〇円

- 「3・11」からの再生
 ——三陸の港町・漁村の価値と可能性
 舩橋晴俊 編著　菊判・三〇四頁　価格 四二〇〇円

- 「3・11」からの再生
 ——三陸の港町・漁村の価値と可能性
 吉野馨子 編著　菊判・三六六頁　価格 五六〇〇円

- 持続可能な未来の探求：「3・11」を超えて
 ——地震・津波・原発事故災害に向き合って
 河村哲二・岡本哲志 編著　菊判・二九四頁　価格 四〇〇〇円

- 開発主義の構造と心性
 ——戦後日本がダムでみた夢と現実
 町村敬志 著　A5判・四八四頁　価格 七四〇〇円

――御茶の水書房――
（価格は消費税抜き）